Höllen-Lärm

Höllen-Lärm

DIE KOMPLETTE,
SCHONUNGSLOSE,
EINZIGARTIGE
GESCHICHTE DES

HEAVY METAL

IAN CHRISTE

AUS DEM ENGLISCHEN VON CONNY LÖSCH

hannibal

Titel der Originalausgabe:
Sound of the Beast – The Complete Headbanging History of Heavy Metal

4. Ausgabe 2017

Lektorat: Kirsten Borchardt
Buchdesign: Adrian Leichter
Produktion: bw works
Druck: CPI books GmbH, D-89075 Ulm
ISBN: 978-3-85445-402-1

Für die Gefallenen

und die Getreuen

INHALT

EINE KURZE HEADBANGER-ZEITGESCHICHTE:

Das Hardrock-Jahrzehnt: die Siebziger

HIER GEHT'S LOS

13. Februar 1970: Das erste Black-Sabbath-Album wird veröffentlicht

4. Juni 1971: *Black Sabbath* wird in Amerika vergoldet

Dezember 1975: Judas Priest nehmen *Sad Wings Of Destiny* auf

1977: Die erste offizielle Motörhead-LP erscheint

Die NWOBHM-Ära: 1978–1982

28. Oktober 1978: *Kiss Meets The Phantom Of The Park* wird auf NBC ausgestrahlt

11. Dezember 1978: Abschlusskonzert der letzten Black-Sabbath-Tournee mit Ozzy Osbourne

1980: Judas Priest liefern mit *British Steel* das Glanzstück in einer ganzen Reihe von LPs, darunter *Iron Maiden*, Def Leppards *On Through The Night*, *Wheels Of Steel* von Saxon und *Ace Of Spades* von Motörhead

20. Februar 1980: Bon Scott, der Sänger von AC/DC, stirbt

13. Oktober 1980: *Back In Black* von AC/DC erhält Platin in den USA

Juni 1981: Die erste Ausgabe von *Kerrang!* erscheint in London

1982: Judas Priest und Iron Maiden touren durch Amerika

Januar 1982: Ozzy Osbourne beißt auf der Bühne in Iowa einer Fledermaus den Kopf ab

Januar 1982: Venom veröffentlichen *Black Metal*

März 1982: Der Gitarrist Randy Rhoads stirbt bei einem Flugzeugabsturz

14. Juni 1982: Metal Blade Records veröffentlichen *Metal Massacre*

20. August 1982: Die Elektra-Wiederveröffentlichung von *Too Fast For Love* von Mötley Crüe erreicht Platz 157 der *Billboard*-Charts

Das Zeitalter des klassischen Metal: 1983–1987

1983: David Lee Roth von Van Halen schließt eine Versicherung über eine Million Dollar gegen Vaterschaftsklagen ab

18. Mai 1983: *Screaming For Vengeance* von Judas Priest erhält Platin in den USA

29. Mai 1983: Sechshunderttausend Fans besuchen das U.S. Festival '83 mit Judas Priest, den Scorpions, Van Halen und Ozzy Osbourne

26. November 1983: *Metal Health* von Quiet Riot wird Nummer eins der *Billboard*-Charts

April 1983: Kirk Hammett ersetzt Dave Mustaine als Gitarrist von Metallica

Juli 1983: Metallica veröffentlichen *Kill 'Em All*

Herbst 1983: Die erste Ausgabe der Zeitschrift *Metal Forces* erscheint

Power Metal: 1982–1985

November 1983: Mercyful Fate veröffentlichen *Melissa*

Dezember 1983: Slayer veröffentlichen *Show No Mercy* und schminken sich ab

31. Mai 1984: Hellhammer lösen sich auf – Celtic Frost erheben sich aus der Asche

August 1984: Iron Maiden spielen auf ihrer *Powerslave*-Tournee in Osteuropa

3. September 1984: Metallica unterschreiben bei Elektra Records, Raven bei Atlantic

12. Oktober 1984: *Pyromania* von Def Leppard erhält Sechsfach-Platin in den USA

Dezember 1984: Der Schlagzeuger der Hanoi Rocks, Nicholas „Razzle“ Dingley, kommt bei einem Autounfall ums Leben, den Vince Neil von Mötley Crüe verursachte

Thrash Metal: 1985–1988

Frühjahr 1985: *Hell Awaits* von Slayer verkauft sich einhunderttausendmal

Frühjahr 1985: Tipper Gore und Susan Baker geben die Gründung des Parents' Music Resource Center bekannt

März 1985: Death nehmen ihr „Infernal Death“-Demo in West-Florida auf

April 1985: Nach einjähriger Verzögerung veröffentlichen Exodus *Bonded By Blood*

17. Mai 1985: Das erste Megadeth-Album erscheint mit einer Coverversion eines Nancy-Sinatra-Songs

Sommer 1985: MTV führt die „Crüe Rule“ ein, um zu verhindern, dass Metal-Bands die Zuschauerwunschsendungen dominieren

Sommer 1985: Metallica spielen erstmals „Last Caress“ von den Misfits

Juli 1985: S.O.D. nehmen *Speak English Or Die* auf

17. August 1985: Metallica spielen beim Monsters-of-Rock-Festival in Castle Donington, England

19. September 1985: Der Handelsausschuss des amerikanischen Senats hält Anhörungen zur Auszeichnungspflicht von Plattenhüllen ab

Oktober 1985: Possessed veröffentlichen *Seven Churches*

Herbst 1985: Mayhem veröffentlichen ihr „Pure Fucking Armageddon“-Demo

Dezember 1985: Die RIAA erklärt sich freiwillig bereit, Plattenhüllen mit Parental-Advisory-Warnaufklebern zu versehen

Die Glam-Metal-Ära: 1987–1992

1986: Der Fall um Ozzy Osbournes „Suicide Solution“ wird in Kalifornien verhandelt

1986: Sepultura veröffentlichen *Morbid Visions* in Brasilien

März 1986: Metallica starten ihre Tournee mit Ozzy Osbourne

FORTSETZUNG NÄCHSTE SEITE

FORTSETZUNG

Herbst 1986: Motörhead touren mit den Cro-Mags als Vorgruppe

27. September 1986: Cliff Burton, der Bassist von Metallica, stirbt bei einem Busunfall in Schweden

Oktober 1986: Slayer veröffentlichen *Reign In Blood*

4. November 1986: *Master Of Puppets* von Metallica erhält Gold in Amerika

1987: Mötley Crüe veröffentlichen *Girls, Girls, Girls*

1987: MTV startet die wöchentliche Sendung *Headbangers Ball*

1987: Premiere des Films *The Decline of Western Civilization, Part II: The Metal Years*

1987: Napalm Death veröffentlichen *Scum* und beenden damit das Wettrennen um die schnellste und lauteste Platte

Juli 1987: Das erste jährliche Milwaukee Metalfest findet statt

August 1987: Guns N' Roses veröffentlichen *Appetite For Destruction*

14. Januar 1988: Dokken erhalten Platin für ihr viertes Album in Folge

April 1988: Public Enemy verwenden ein Slayer-Sample auf „She Watch Channel Zero"

19. August 1988: Die Anthrax-EP *I'm The Man* erhält Gold in den USA

1989: Morbid Angel veröffentlichen *Altars Of Madness*

19. Juli 1989: Metallicas *... And Justice For All* erhält Doppel-Platin in den USA

Februar 1990: Metallica erhalten ihren ersten Grammy

Juni 1990: *The Real Thing* von Faith No More knackt ein Jahr nach seiner Veröffentlichung die *Billboard*-Top-Ten

1991: Der Fall um den Doppelselbstmord, den Judas Priest vermeintlich durch rückwärts verschlüsselte Botschaften befahlen, wird in Reno, Nevada, verhandelt

April 1991: Mayhem-Sänger Dead begeht Selbstmord

12. August 1991: Das Schwarze Album von Metallica steigt auf Platz eins in die *Billboard*-Charts ein

1992: Rob Halford verlässt Judas Priest, Bruce Dickinson verlässt Iron Maiden

1992: Morbid Angel sind die erste Death-Metal-Band bei einem Major-Label

Juni 1992: Die Stabkirche von Fantoft in Norwegen wird von Brandstiftern angezündet

Black Metal & die Avantgarde: 1989–1993

12. Juni 1992: *Nevermind* von Nirvana erhält Vierfach-Platin in den USA

10. Dezember 1992: Das Schwarze Album von Metallica erhält Sechsfach-Platin in den USA

1993: Das Label Earache unterschreibt einen Vertrag mit Sony/Columbia für Napalm Death, Carcass, Cathedral und Godflesh

10. April 1993: Tumulte bei Metallica-Konzerten in Indonesien führen zu einem Verbot ausländischer Bands

August 1993: Emperor nehmen *In The Nightside Eclipse* auf

10. August 1993: Euronymous, der Gitarrist von Mayhem, wird in seiner Wohnung ermordet

17. August 1993: Burzum-Frontmann Varg Vikernes wird wegen Mordes an Euronymous verhaftet

Frühjahr 1994: Die West Memphis Three werden in West Memphis, Arkansas, verurteilt

1995: *Headbangers Ball* wird von MTV abgesetzt

Nu Metal & weiter: 1996 bis heute

1996: *Vile* von Cannibal Corpse steigt in die *Billboard*-Two-Hundred ein

1996: Der Dokumentarfilm *Paradise Lost,* der den Prozess um die West Memphis Three kritisch durchleuchtet, wird ausgestrahlt

10. April 1996: Metallica treten mit neuen Frisuren bei Alice in Chains' *MTV Unplugged* auf

27. Juni 1996: Metallica, die Ramones und Soundgarden starten die Festival-Tour Lollapalooza '96

25. Oktober 1996: Das erste Ozzfest findet in Phoenix, Arizona, statt

29. Juni 1997: Auf dem *Spawn*-Soundtrack findet sich ein Slayer-Remix von Atari Teenage Riot

4. Dezember 1997: Wiedervereinigung von Black Sabbath in Originalbesetzung im englischen Birmingham

Neue Popularität: 1998 bis heute

April 1999: Metallica arbeiten in Berkeley mit dem San Francisco Symphony Orchestra zusammen

2. Mai 2000: Slipknot erhalten Platin in den USA, die Tantiemen werden durch neun geteilt

11. Juli 2000: Lars Ulrich sagt vor dem US-Kongress gegen Napster.com aus

August 2000: Das Konzert von Iron Maiden und Halford im Madison Square Garden wird innerhalb von zwei Stunden ausverkauft

Herbst 2000: Cradle of Filth unterschreiben bei Sony

19. Oktober 2000: *Chaos A.D.* von Sepultura wird in den USA vergoldet

April 2001: *Brujerizmo* von Brujeria wird in der Kategorie „bestes Rockalbum" für die *Billboard*-Latin-Music-Awards nominiert

2. Mai 2002: *The Osbournes* ist mit über sechs Millionen Zuschauern die beliebteste Sendung im Kabelfernsehen

PROLOG

Freitag, 13. Februar 1970

Am Anfang waren die düsteren Weiten des Nachthimmels und des Unbekannten. Die ungelüfteten Geheimnisse der Geschichte wirbelten dort in Besorgnis erregender Besinnungslosigkeit umher, belebt durch Kräfte so alt wie die Zivilisation selbst – rauchig, silbrig, religiös und dunkel. Diese starken Strömungen lagen oft still und vergessen da, bis sie ihre entsetzliche Macht in Zeiten des Kriegs, der Krise und des Aufruhrs entfesselten. Sie besaßen keinen eigenen Sound und keine eigene Definition, bis sie gebändigt und unterworfen wurden durch das Erscheinen von Black Sabbath – den weisen Unschuldigen, den Erfindern des Heavy Metal.

Von Anfang an brachten Black Sabbath eine kraftvolle, leidenschaftliche Einstellung zum Ausdruck, wie sie sonst in der Öffentlichkeit nicht geäußert wurde. Sie waren Propheten, aufgewachsen auf der Schattenseite der englischen Gesellschaft, unter Arbeitslosen – Menschen, die als moralisch zweifelhaft und als Leute von minderem sozialem Wert galten. Alle vier Mitglieder wurden 1948 beziehungsweise 1949 im englischen Birmingham geboren, einer heruntergekommenen Industriestadt, die sich schwer tat in einer Zeit, in der die Industrie längst nicht mehr der Stolz Europas war. Sänger John Michael Osbourne alias Ozzy, eins von sechs Kindern und bereits wegen Diebstahl verurteilt, arbeitete gelegentlich in einem Schlachthof. Gitarrist Tony Iommi, der ständig zu Streichen aufgelegte Sohn eines Süßwarenladenbesitzers, hatte sich bei einem Unfall in einer Metallwerkstatt zwei Fingerkuppen der rechten Hand abgehackt. Der eigenwillige Bassist der Band, Terry „Geezer" Butler, war für seine extravaganten grünen Secondhandklamotten bekannt. Schlagzeuger Bill Ward kam aus rasender Verzweiflung zur Musik, wie er selbst das einmal formulierte; ein Umstand, der sich an der eleganten Unordnung seines Spiels durchaus ablesen ließ. Die vier wuchsen in den Jahren nach dem Zweiten Weltkrieg auf, umgeben von dem Schutt und den Trümmern, welche die massiven Bombenangriffe der Nazis hinterlassen hatten. In der Welt, die man ihnen überließ, schien eine Karriere als Außenseiter und Abenteurer das einzig Sinnvolle.

Unter dem Namen Polka Tulk, den sie einem Birminghamer Teppichhändler abgeguckt hatten, schlugen Ozzy und die anderen den Weg ein, wie ihn Bands wie die Yardbirds, Ten Years After und Cream vorgezeichnet hatten: Sie spielten endlos und schön laut die Standardnummern amerikanischer Bluesmusiker. Deren melancholischer Sound wandelte sich allerdings drastisch auf seiner Reise von Birmingham, Alabama, nach Birmingham, England – nun wurden die traurigen Töne durch industrietaugliche Verstärker und die Drogenszene der späten Sechzigerjahre grotesk verzerrt. Nachdem sie ihren Namen in Earth geändert hatten, erlangte das Quartett durch seine die Sinne betäubende Lautstärke und Bühnenshow größere Bekanntheit.

Dann kam der Durchbruch – die spontane Entstehung des Songs „Black Sabbath". Für die Band markierte er einen bedeutenden Neubeginn, und er sollte zur Grundlage des Heavy Metal insgesamt werden. Es war ein Song, der nur auf drei Tönen beruhte, zwei davon waren ein D. Der Erzähler berichtet darin mit Furcht erregender Angespanntheit vom Jüngsten Tag und keucht mit stockendem Atem: „What is this, that stands before me? Figure in black, which points at me … – Was ist das, was dort vor mir steht? Eine Gestalt ganz in Schwarz, die auf mich zeigt …" Angetrieben durch surrendes Feedback verstärkt sich der Horror stetig und explodiert schließlich auf dem Höhepunkt der Anspannung, als der sich sträubende Protagonist vom Jüngsten Gericht verschlungen wird. Eine grausige Geschichte, die Edgar Allan Poe alle Ehre gemacht hätte, erzählt mit Gitarren, Schlagzeug und einem knackenden Mikrofon.

Mit seiner Ehrfurcht erregenden Kraft nahm „Black Sabbath" das Publikum sofort gefangen. Der Song hatte eine unumkehrbare Wirkung auf die Band, die in ihrer drogenverklärten Unschuld plötzlich das Gefühl hatte, ihren Händen sei durch eine unsichtbare Macht Genialität verliehen worden. Auf diese Weise inspiriert, erhob sich das Ensemble bald über sein Umfeld, ließ den Rock 'n' Roll hinter sich und begann sich den jüngsten musikalischen Befreiungsschlägen von Musikern wie beispielsweise Miles Davis zuzuwenden, die sich den starren Grenzen der Genres widersetzten. Gemeinsam mit dem unheilvollen „Warning", einem Jam, den sie von der hippen Bluesgruppe Aynsley Dunbar's Retaliation übernommen hatten, wurde „Black Sabbath" zum Kernstück eines neuen Sounds, zum Grundsignal einer akustischen Todesangst, die es notwendig machte, dass sich die Band in Black Sabbath umbenannte.

Tony Iommi, der mit beiden Beinen fest auf dem Boden der ihn umgebenden Welt stand, nahm die Musik der Vergangenheit, ohne sich allzu sehr um Tradition zu kümmern, und spielte sich mit eigenem Rhythmus und eigener Finesse durch die Bluestonleitern. Damit er die Gitarrensaiten ausdrucksvoll dehnen konnte, ohne dass ihn die gekappten Fingerkuppen schmerzten, stimmte sich die Gruppe auf tiefere Tonarten ein. Die zeitlose Spannung, die seine meisterhaften Töne erzeugten, verlieh Black Sabbath geniale Tiefe. So entstand aus Not, beinahe zufällig, ein überwältigender Sound. Aus einer Deformierung ergab sich eine merkwürdige Schönheit – und eine Verbindungslinie von dem Gittaristen mit den drei Fingern zu dem Zigeuner Django Reinhardt, der eine von Iommis zahlreichen ungewöhnlichen Inspirationsquellen darstellte.

Neben Iommis vielseitiger Gitarre trieb die Rhythmusgruppe den endlosen Strom kraftvoller Riffs mit hektischen Breakbeats und elektrisierenden Akzenten an. Bill Ward behauptete, Black Sabbath hätten nie „den Rhythmus gehalten", dennoch aber durch ein ungeheures Einfühlungsvermögen eine starke Einheit geschaffen – sozusagen mittels eines sechsten Sinns, der die Schwerkraft der Musik verstärkte und den Zuschauer in diese Struktur hineinzog. Die so entstandene Klangmauer war überwältigend und strotzte vor Wildheit: In alten Filmen sieht man Ward und Geezer Butler herumzappeln wie überdrehte Marionetten in der Hand Gottes.

Der junge Zeremonienmeister Ozzy Osbourne führte das Publikum entzückt an das neue Paradigma heran, indem er in charismatischem Kontrast zur steinernen Maske der Musik in die Hände klatschte, tanzte und nickte. Dekadent und besinnungslos, aber damals noch nicht aufgedunsen oder drogenvernebelt, durchdrang Ozzy die ihn umgebende Schwere mit seinem wütenden Geheul. Seine schizophrene Gesangstechnik kam von doppelt aufgenommenen Stimmen – einer hohen und einer tiefen –, die eine Oktave auseinander lagen. Wenn die Band tiefer spielte, sang Ozzy höher. Welche Rockstar-Protzerei der Sänger auch an den Tag legte, sie wurde von der leidenschaftlichen Entschlossenheit der Band aufgehoben und durch das allzu wahrhaftige persönliche Delirium der Texte Butlers ausgeglichen: „I tell you to enjoy life / I wish I could but it's too late – Ich kann nur sagen, genießt euer Leben / ich wünschte, ich könnte es, aber es ist zu spät."

Im Verlauf ihres Aufstiegs absolvierten Black Sabbath ihre Lehrzeit in den gleichen europäischen Clubs wie einst die Beatles. Dabei knackten sie den Hausrekord der Liverpooler im Hamburger *Star Club* auf der Reeperbahn, wo sie vor Touristen und Go-go-Tänzerinnen jede Nacht sieben fünfundvierzigminütige Sets spielten. Dieses mörderische Programm ließ die vier bis an die Grenze der Perfektion proben, bis sie schließlich so erschöpft waren, dass ihnen Inspiration und Innovation vergingen.

Phillips Records boten Sabbath 1969 einen Vertrag an, und daraufhin spielte die Band in einer zweitägigen Session für sechshundert Pfund ihr erstes bahnbrechendes Album ein. Die Bänder wurden am nächsten Tag von einem Studioproduzenten abgemischt, der es der Band nicht gestattete, ihm auch nur irgendwie ins Handwerk zu pfuschen. Trotz der überstürzten Arbeitsweise (die jedoch damals durchaus typische Aufnahmebedingungen für Rockbands darstellte) blieb kaum Platz auf der Platte übrig. Der Produzent schnitt ein achtzehnminütiges Gitarrensolo von Tony Iommi aus „Warning" heraus, ohne dies mit der Band abzusprechen. Auf Drängen der Plattenfirma koppelten Sabbath eine neue Version von „Evil Woman“ als erste Single aus – der Song war erst kürzlich durch die Band Crow zum Hit geworden, und die Firma erhoffte sich von dieser Neuauflage schnellen Erfolg.

Am Freitag, dem 13. Februar 1970, wurde *Black Sabbath* bei Vertigo Records, einer neuen experimentellen Tochtergesellschaft von Phillips, veröffentlicht. *Black Sabbath,* das erste vollständige Heavy-Metal-Werk der ersten echten Heavy-Metal-Band, war wie ein süchtig machendes, bewegungsloses Zeitfenster, das von einer unheilvollen Präsenz durchdrungen war, welche die munteren Rhythmen der populären Rockmusik erschütterte. Die selbst geschriebenen Songs „N.I.B.“ und „Wicked World“ gleiten zusammen mit „Black Sabbath“, „Warning“ und „Evil Woman“ auf einer ungeheuren Lautstärke und anhaltendem Feedback dahin. Auf dieser Platte, die sich jeder Kategorisierung widersetzte, wurde die Härte dieses Frontalangriffs durch die traumähnliche Sanftheit von „Sleeping Village“ und „Behind The Wall Of Sleep“ ausgeglichen.

In Anlehnung an *Children of the Damned* und andere billige englische Psycho-Horrorfilme war auf dem Cover von *Black Sabbath* ein verfallenes, von kargem Gestrüpp überwuchertes Cottage abgebildet, das die Gestalt einer blassgrünen Zauberin teilweise verdeckte. Das Innere des Klappcovers enthielt außer einigen Details ein grimmiges Schauergedicht, das einem riesigen umgekehrten Kruzifix eingeschrieben war.

> *Still falls the rain, the veils of darkness shroud the blackened trees, which contorted by some unseen violence, shed their tired leaves, and bend their boughs toward a grey earth of severed bird wings. Among the grasses, poppies bleed before a gesticulating death, and young rabbits, born dead in traps, stand motionless, as though guarding the silence that surrounds and threatens to engulf all those that would listen …*

> *Leise fällt der Regen, die Schleier der Dunkelheit umhüllen die geschwärzten Bäume, die – verbogen und verzerrt von einer ungesehenen Gewalt – ihre müden Blätter abwerfen und ihre Äste einer grauen Erde voll abgetrennter Vogelschwingen entgegenbiegen. Unten auf dem Gras bluten Mohnblüten einem zuckenden Tod entgegen, und junge Kaninchen, tot in Fallen geboren, stehen bewegungslos da, als bewachten sie die Stille, die sie umgibt und alle zu verschlingen droht, die zuzuhören wagen …*

Mit silbernen Kreuzen kultivierten die Mitglieder von Black Sabbath ein Bild des Unheimlichen – ein Image, das stark vom damals angesagten Interesse an Hexerei und Mystizismus geprägt war. Das machte die Band bei selbst ernannten Satanisten berühmt und berüchtigt und sorgte für ein paar kleine öffentliche Proteste von Kirchgängern. Rockstars vor ihnen hatten das Popbewusstsein mit Blumen und Straßenparaden verzaubert und versprochen, die Welt zu verändern. Black Sabbath liefen am Ende der Prozession, predigten noch immer die Notwendigkeit der Liebe, warnten aber die Nachzügler, dass es keine Rückkehr zur Gnade Gottes gab. Während die meisten populären Zeitgenossen auf dem „Mädchen beißt Mann"-Gebiet versackten, sangen Sabbath von vaterlosen Kindern und der Schlechtigkeit der Welt. Bill Ward beschrieb die edle Außenseiterperspektive der Band später als „gesunde Wut".

Wie ein nachhallendes Echo aus lange vergangener Zeit inszenierte die Musik Konflikte zwischen Menschen auf Erden, und zwar nicht als Tagesgeschehen, sondern als mythische Auseinandersetzungen. Mit der gesamten Zeremonie läutete die Totenglocke für die bis dahin als Rock 'n' Roll bekannte Musik, die seither nichts weiter sein sollte als eine gezähmte Verwandte des Heavy Metal. „Black Sabbath haben jede einzelne Band beeinflusst, die es gibt", sagt Peter Steele von Type O Negative, einer Band, die sich dreißig Jahre später von Sabbath inspirieren ließ. „Für mich waren sie das Heftigste überhaupt, und das sind sie immer noch. Härter kann man nicht werden. Ich liebe diesen langsamen, monotonen Sound, der so klingt, als ob ein Dinosaurier durch den Wald stapft."

Sie waren aufgetaucht wie der Monolith in Stanley Kubricks Film *2001: Odyssee im Weltraum,* der damals gerade höchst aktuell war, und sie ließen sich ebenso wenig klein reden wie der bodenlose Ozean, der immer währende Himmel und die sterbliche Seele. Es gab keine Vorläufer – und es war keine Erklärung ihrer Macht nötig. Ihre düsteren Klänge glichen einem Sirenenruf, gerichtet an eine tiefe, unbefriedigte Leere im modernen Bewusstsein. Die donnernde Lawine des Heavy Metal ließ sich nun nicht mehr aufhalten – sie hatte lange genug darauf gewartet, von Black Sabbath 1970 losgetreten und von Menschenmassen ungeahnten Ausmaßes angebetet zu werden.

In den folgenden dreißig Jahren flüchteten einhundert Millionen Hörer in den sich schnell ausbreitenden Trend und fanden dort unverklärte Reinheit, frei von kleinlichen Zweifeln oder Ablenkungen. Sabbath erfanden den Heavy Metal, eine Musikform, die später in doppelter Intensität zum Power Metal werden sollte und aus der dann der Thrash Metal hervorging. Von dort aus kreuzten sich die Wege dieser Musik mit anderen Formen, bis sie schließlich den Black Metal hervorbrachten, sich zum unglaublichen Soundgefüge des Death Metal veredelten und sich schließlich mit jeder anderen Art von Musik verbanden. Nach drei Jahrzehnten der Marshall-Verstärker, Gitarrenmassaker und Schlagzeugtrümmer bilden Black Sabbath noch immer die Grundlage – die schwere Steinplatte, auf deren Fundament sich der Heavy Metal erhebt.

I

Die Siebzigerjahre: Auftakt zur Härte

- **13. Februar 1970:** Black Sabbath veröffentlichen ihr Debütalbum
- **4. Juni 1971:** *Black Sabbath* erhält Gold in Amerika
- **Dezember 1975:** Judas Priest nehmen *Sad Wings Of Destiny* auf
- **28. Oktober 1978:** NBC zeigt den Fernsehfilm *Kiss Meets the Phantom of the Park*
- **11. Dezember 1978:** Das letzte Konzert von Ozzy Osbourne auf seiner Abschiedstour mit Black Sabbath

Heavy Metal entstand zu einem Zeitpunkt, als sich der Rock 'n' Roll, die Heilslehre der vorangegangenen Generation, in einem schrecklichen Auflösungsprozess befand. Vier Tote bei einem Gratiskonzert der Rolling Stones am Altamont Raceway im Dezember 1969 erschütterten die Rockgemeinde und desillusionierten die Jugend mitsamt ihren pazifistischen Idealen. Als *Black Sabbath* in die Popcharts einstieg, verkündete Paul McCartney das Ende der Beatles. Statt ihr Publikum in einer unsicheren Welt zu trösten, waren die Rockgiganten Janis Joplin, Jimi Hendrix und Jim Morrison längst tot, alle innerhalb eines Jahres an einer Überdosis Drogen gestorben.

Kurz nachdem John F. Kennedy, Robert Kennedy und Martin Luther King den Kugeln von Attentätern zum Opfer gefallen waren, erlagen die Initiatoren des Rock 'n' Roll ihren naiven Exzessen. Erledigt und frustriert verließen die Kinder der Love Generation, die diese Gegenkultur einst geschaffen hatten, scharenweise die Städte, kehrten in ihre Heimatorte zurück oder verkrochen sich in den Bergen, um irgendwie den kollektiven Albtraum einer gescheiterten Utopie zu vertreiben. Es war das Ende der Sechzigerjahre und dessen, wofür sie standen. Als die gewaltlosen Blumenkinder durch die militanten Black Panthers, das Massaker auf dem Campus der Kent-State-Universität und die zunehmend brutaleren Straßenrevolten frustrierter Studenten in Paris, Berlin und Italien verdrängt wurden, warf man die alten Hoffnungen über Bord und wandte sich einem neuen Pragmatismus zu.

Black Sabbath schienen in dieser Misere zu gedeihen: Abgesehen von gelegentlichen Appellen an die Nächstenliebe gaben sie niemals vor, Antworten parat zu haben. Obwohl die Legende sie als zu spät gekommene Underdogs darstellt, eroberte die Band mit ihrem Debüt sehr bald die britischen Top Ten und setzte sich dort monatelang fest. Die erste Amerikatournee, die für den Sommer 1970 geplant war, wurde wegen des Mordprozesses gegen die Manson Family abgesagt. In den Vereinigten Staaten herrschte ein extrem feindseliges Klima gegenüber gefährlichen Hippies. Dennoch stieg das Album auch in den amerikanischen Charts und verkaufte sich im ersten Jahr über eine halbe Million Mal.

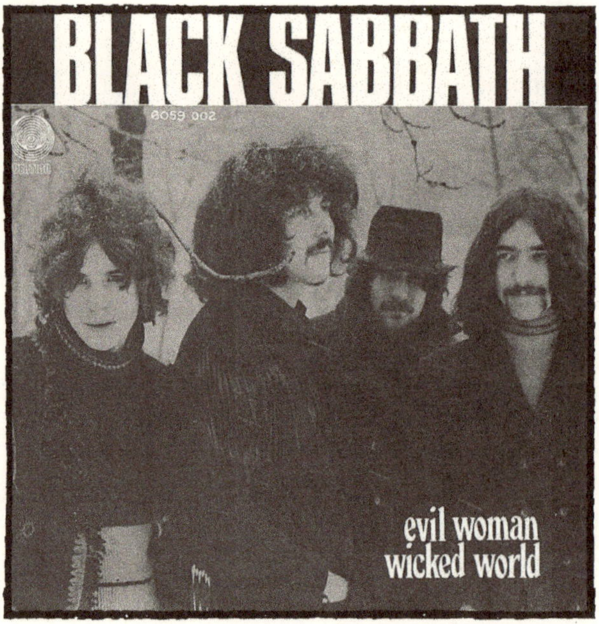

Das Cover von Black Sabbaths *Evil Woman*

Vertigo Records gaben sich alle Mühe, mehr Material aus ihren finsteren und geheimnisvollen Vertragspartnern herauszuquetschen, und unterbrachen die pausenlosen Tourneen der Band im September 1970 für eine weitere Aufnahmesession. Gut eingespielt wie immer und mit verstärkter kreativer Entschlossenheit trat die Band nach zwei Tagen mit dem gigantischen *Paranoid* auf den Plan, dem bestverkauften Sabbath-Album, auf dem Songs wie „War Pigs", „Paranoid" und „Iron Man" zu hören waren. Sie wurden zu ihren Markenzeichen.

Obwohl *Paranoid* den gespenstischen Geist von *Black Sabbath* beibehielt, waren die Themen des zweiten Albums weniger mystisch, dafür greifbarer. Fasziniert von Zerstörung und Kontrollverlust, beklagte Ozzy Osbourne mit melancholischer Stimme das Elend der Drogenabhängigkeit in „Hand Of Doom", den Atomkrieg in „Electric Funeral" und quälende Kriegsneurosen in „Iron Man". Wie das packende Titelstück auf *Black Sabbath* entwuchs die Seele von *Paranoid* ebenfalls einem okkult ausgerichteten Titel, „Walpurgis", dessen starke Bildlichkeit Hexen bei schwarzen Messen und todbringende Zauberer – „witches at black masses" und „sorcerers of death's construction" – heraufbeschwor. Als der Song jedoch für *Paranoid* aufgenommen wurde, schrieb man ihn in „War Pigs" um und machte daraus eine vernichtende Antikriegshymne, in der Politikern vorgeworfen wird, junge und arme Männer loszuschicken und sie die blutige Arbeit für Banken und Nationen verrichten zu lassen.

Sabbath waren nun erfahrener, nicht nur als Musiker, sondern auch als Sprachrohr einer Generation. Wenn Veränderung durch Musik herbeigeführt werden sollte, so wusste der Sabbath-Texter Geezer Butler, dass er Hässlichkeit an vorderster Front bekämpfen musste. Die neuen Black-Sabbath-Songs strebten nach Frieden und Liebe – nicht in den Blumenbeeten von Donovan und Jefferson Airplane, sondern in der harten Realität der Schlachtfelder und Verbrennungsöfen. Ozzy Osbourne sang diese Texte wie in Trance – als läse er in den Himmel geschriebene Wahrheiten ab.

Das *Billboard*-Magazin schrieb gut gelaunt, *Paranoid* „verspricht so groß zu werden wie ihr erstes Album", und tatsächlich knackten die Songs „Paranoid" und „Iron Man" beinahe die amerikanischen Top Forty der Singlecharts. Es schien, als hätten die musikalischen Veränderungen der Sechzigerjahre nur stattgefunden, um das Publikum an die harten Prophezeiungen von Sabbath heranzuführen. Die manische Dreiminutensingle „Paranoid" – ein Stück, das angeblich schneller geschrieben als gespielt wurde – brachte das zweite Album der Band auf Platz eins der britischen und auf Platz acht der amerikanischen Charts.

Während um sie herum die Rock 'n' Roll-Hierarchie zerbarst, fühlten sich Beobachter von der Einsicht überwältigt, dass mit Black Sabbath ein vollkommen neues musikalisches Zeitalter begonnen hatte. „*Paranoid* ist ein Anker", meint Rob Halford, der Sänger von Judas Priest, die zu jener Zeit als Birminghamer Lokalband aktiv waren. „Es fasst die gesamte Metal-Bewegung auf einer einzigen Platte zusammen. Da ist alles drauf: die Riffs, die Stimme von Ozzy, die Songtitel, das, wovon die Texte handeln. Es ist einfach ein Klassiker, der das ganze Genre definierte."

Schon bald nisteten sich Mitbewohner in Sabbaths riesigem Klangraum ein. Begeisterte Sabbath-Jünger, die es bis zum Vertrag für ein einzelnes Album geschafft hatten, spielten in den Studentenclubs der Universitäten und ließen dem großen Knall ein frühzeitiges und schnelllebiges Nachbeben folgen. Die bizarre Flower Travelin' Band aus Japan und die stümperhaften Suck aus Südafrika nahmen schon 1970, als das Vinyl der Originalplatten kaum trocken war, Black-Sabbath-Coverversionen auf. Andere waren durch die Aussicht auf schnelles Geld motiviert, Sabbath nachzuahmen. Auf einem Album des Duos Attila von 1970 präsentierte sich Billy Joel, der junge Schnulzensänger aus Long Island (damals Rockkritiker und zeitweise Psychiatriepatient), in einem mongolischen Kriegeranzug, spielte eine laute Hammond-B3-Orgel zu einem Hardrockbeat und verursachte mit den Songs „Amplifier Fire" und „Tear This Castle Down" Ohrenschmerzen.

Vor Black Sabbath bezog sich „heavy" eher auf ein Gefühl als auf einen besonderen Musikstil, so, wie es auch in der Hippiesprache alles bezeichnete, was mit einer starken Stimmung verbunden war. Jimi Hendrix und die Beatles schrieben oft Songs, die auf einen „heavy break" zuliefen, einen Übergang zwischen Melodien, der starke widerstreitende Gefühle und Vorstellungen in Einklang zu bringen versuchte. Das „Metal" in Heavy Metal brachte eine stählerne Widerstandskraft in dieses Bemühen, eine unumstößliche thematische Stärke, die Spannung und ungehemmte Emotionen gewährleistete. So, wie er durch Black Sabbath definiert wurde, war Heavy Metal ein komplizierter Sog aus Neurosen und Wünschen. Geformt zu einer unbeugsamen Kraft von trügerischer Einfachheit, besaß er einen unstillbaren Lebenshunger.

Was die Formulierung selbst betrifft: In seinem Roman *Nova Express* nannte der Beat-Schriftsteller William S. Burroughs eine Figur „Uranium Willy, the heavy metal kid". Der Kritiker Lester Bangs, ein früher und belesener Fürsprecher von Black Sabbath, wendete den Begriff später auf Musik an. Davor war „Heavy Metal" ein Ausdruck aus dem neunzehnten Jahrhundert, der in der Kriegsführung zur Beschreibung von Feuerkraft und in der Chemie als Bezeichnung für neu entdeckte Elemente von hoher Molekulardichte benutzt wurde. Als John Kay von Steppenwolf 1968 in seinem Song „Born To Be Wild" von „heavy metal thunder" sang, beschrieb er lediglich das dröhnende Geräusch von Motorrädern. Ohne Black Sabbath war die Formulierung nur ein poetischer Zufall.

Es gab wenige Steine, die ein eifriger Soundarchäologe hätte umdrehen können, um Vorläufer für den revolutionären Neuanfang zu entdecken, den Black Sabbath ausgelöst hatten und verkörperten. Ein weiterer Verdächtiger für die Urheberschaft am Heavy Metal, Jimi Hendrix, stritt klugerweise jede Verantwortung ab. In einem Interview mit einem Journalisten kurz vor seinem Tod trat der Visionär der E-Gitarre beiseite und verkündete, Heavy Metal sei „die Musik der Zukunft".

In den Gründerjahren teilten sich Black Sabbath das Heavy-Metal-Rampenlicht mit zwei anderen englischen Bands, Led Zeppelin und Deep Purple. Ihnen vorausgegangen waren Cream, ein kurzlebiges, von verzerrtem Sound begeistertes

BLACK SABBATH

Black Sabbath wurden Ende der Sechzigerjahre im englischen Birmingham gegründet und gelten als die Erfinder des Heavy Metal. Sie waren die erste laute Gitarrenband, die sich von gerade angesagten Trends verabschiedete und die einzigartigen, stimmungsvollen Dimensionen dieses explosiven neuen Sounds erkundete. Das Originalquartett (Gitarrist Tony Iommi, Bassist Geezer Butler, Schlagzeuger Bill Ward und Sänger Ozzy Osbourne) brachte in der ersten Hälfte der Siebziger eine Reihe unerreicht einflussreicher Alben heraus. Sie waren allen anderen zwei Schritte voraus – lauter und schneller, erfindungsreicher und vielseitiger. Vor allem aber hatten sie die besten Riffs, eine unübertroffene Gitarre und Bassläufe, die man ein Leben lang nicht vergisst. Geezer Butler sagte viele Jahre später gegenüber *Guitar Player:* „Lars Ulrich von Metallica erzählte, er hätte als Kind nie von Led Zeppelin gehört. Er wuchs mit Black-Sabbath-Alben auf."

Kommt zum Sabbath – die wichtigsten Ozzy-Alben

- *Black Sabbath* (1970)
- *Paranoid* (1970)
- *Master Of Reality* (1971)
- *Vol. 4* (1972)
- *Sabbath Bloody Sabbath* (1973)
- *Sabotage* (1975)
- *Technical Ecstasy* (1976)
- *Never Say Die* (1978)

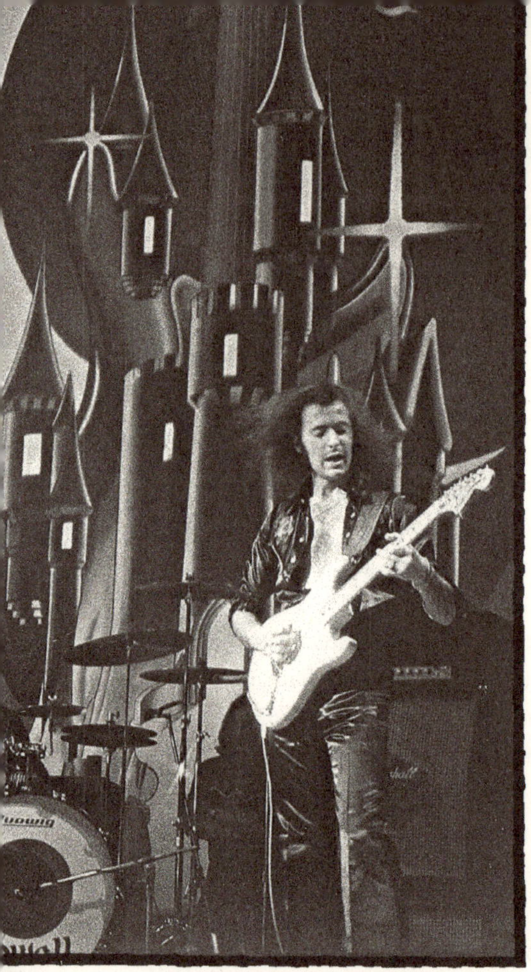

Ritchie Blackmore bei Rainbow
(Roy Dressel Photography)

Bluestrio, das Eric Clapton 1966 gegründet hatte. Während Black Sabbath das Wesen des Heavy Metal entfesselten, arbeiteten Led Zeppelin und Deep Purple seine Konturen aus und verliehen ihm Sexappeal. Wie es zu jener Zeit, als Filmstars der Church of Satan beitraten, modern war, umgaben sie ihre druckvolle Musik mit allerlei Hexenkunst.

Während Sabbath Vorwürfe der Teufelsanbetung zurückwiesen, war der Zeppelin-Gitarrist Jimmy Page in das ehemalige Anwesen des hedonistischen englischen Häretikers Aleister Crowley eingezogen und hielt dort Hof. Ritchie Blackmore, der Gitarrist bei Purple, krönte sein explosives Naturell gewöhnlich mit einem spitzen schwarzen Hexenhut.

Led Zeppelin hatten als Inbegriff der Hardrockbands der Siebziger enormen Einfluss auf die Entwicklung des Heavy Metal – der Samen der Band fand sich vielerorts, und das nicht nur im körperlichen Sinn. Jede Geste von Zeppelin war grandios – vielleicht nicht unbedingt majestätisch, aber zumindest verlangte sie nach königlicher Aufmerksamkeit. Sänger Robert Plant, Gitarrist Jimmy Page, Bassist John Paul Jones und Schlagzeuger John Bonham stellten übermächtige Stereotypen dar, langhaarige Hedonisten, deren Großtaten in dicken Rockschmökern wie *Hammer of the Gods* für die Ewigkeit festgehalten wurden. Fans hatten so etwas, vor allem bei den Rolling Stones, bereits zuvor erlebt, aber niemals so ausgeprägt. Der Nervenkitzel dabei machte es zu Metal.

Anders als beliebte Zeitgenossen wie Grand Funk Railroad, die sich damit zufrieden gaben, einfach draufloszudreschen, teilten Led Zeppelin und Black Sabbath das Gespür für Herausforderungen. Während Black Sabbath jedoch die Revolution forderten, waren Led Zeppelin eher eine Gruppe musikalischer Interpreten, weniger Initiatoren. Zeppelins liebreizendes und etwas schleppendes Traumgedicht „Stairway To Heaven" besaß harte Momente, nahm aber insgesamt eine recht anständige und entspannte Haltung ein. Black Sabbaths „War Pigs" war andererseits ganz und gar Katastrophe, brennend und zutiefst unbefriedigt. In ganz ähnlicher Weise stellte auch die Vorstadtszene auf der Rückseite der Plattenhülle von Led Zeppelins *IV* eine buchstäblich zivilisierte Version der überwucherten Landschaft dar, die auf *Black Sabbath* abgebildet war. Es gab immer mehr Bands, die wie Led Zeppelin klangen – das war einfacher. „Stairway" mag in den Siebzigerjahren das Rockradio dominiert haben, aber wenn „War Pigs" aus der Jukebox kam, ähnelte das stets einer Zeremonie.

Im Gegensatz zu den schmucklosen Konzepten von Sabbath and Zeppelin stellten Deep Purple eine ungeheure Rock 'n' Roll-Urgewalt dar, die sich aus der dynamischen Klangmauer von Jon Lords Hammondorgel, Ritchie Blackmores melancholischer Fender Stratocaster und Ian Gillans unvergesslichem, durchdringendem Gesang zusammensetzte. In „Highway Star" und „Space Truckin'" beschrieb die Band das Hochgefühl, das schnelle Autos vermitteln; es waren Glaubensbekenntnisse der ersten Generation reicher Teenager mit Zugangsberechtigung zu den staatlichen Autobahnen. Diese donnernden Songs schienen wie dafür geschaffen, die winzigen Eisenpartikel der Acht-Songs-Cartridges zu durchdringen, die damals in den USA ein beliebtes Accessoire fürs Autoradio darstellten.

Obwohl „Smoke On The Water" eine einwandfreie Metal-Hymne war und das Basisriff für das erste Repertoire eines jeden langhaarigen Gitarristen lieferte, begriff sich die Band selbst nicht als Heavy Metal. „Das waren wir nie", sagte der Organist Jon Lord zehn Jahre später der Zeitschrift *Kerrang!*. „Wir haben niemals Nietenarmbänder getragen oder mit Blut in den Mundwinkeln für Fotos posiert. Solche Sachen sind okay, aber etwas für Leute, die auf einen anderen Musikstil abfahren als wir." Trotzdem waren Deep Purple auf *In Rock* von 1970 und *Machine Head* von 1972 nach allen Regeln der Kunst heavy und drückten elegant eine beinahe magische technologische Raserei aus.

Als die Beatles loslegten, konnten sie ihre winzigen Verstärker wegen des Lärms der schreienden Massen nicht hören. Anfang der Siebzigerjahre hatten Hersteller wie Marshall, Orange und Sunn eine Industrie begründet, die widerstandsfähigere Vakuumröhren produzierte und damit dem betäubenden Aufschrei der Gitarren unendliche Möglichkeiten schuf. Für Sabbath, Zeppelin und Purple wurde Lautstärke selbst zu einem zusätzlichen Bandmitglied – ebenso bei dem textlich anspruchsvollen kanadischen Hardrock-Act Rush, den aufregenden Blue Öyster Cult aus Long Island, der überzogen theatralischen Londoner Band Queen oder den beeindruckenden britischen Virtuosen King Crimson. Innerhalb dieses neu entdeckten Universums waren sie die Götter, die definierten, was Exzess und bombastische musikalische Zauberkunst in der Rockmusik bedeuteten. Durch ihre Karrieren setzten sie den Standard, der nicht an Hitsingles gemessen wurde, sondern an langen Reihen hart erarbeiteter Alben. Ihre wilden, erschöpfend innovativen Experimente wurden in den folgenden zehn Jahren unablässig nachgeahmt.

Sehr viele Bands bedienten sich einer ganzen Bandbreite unausgereifter Stile und wetteiferten beim Dezibelniveau mit den Flughäfen ihrer Umgebung. Vergessene Melodien des Proto-Metal durchzogen die Musik von The Asterix, Titanic (aus Norwegen), Lucifer's Friend (aus England und Deutschland), den harten Krautrockern Guru Guru, den schwermütigen May Blitz (ebenfalls bei Vertigo), Master's Apprentices (aus Australien), Captain Beyond (gegründet von Mitgliedern von Deep Purple und Iron Butterfly), Bang, den relativ sanften Armageddon, den morbiden Texanern Bloodrock, den langlebigen britischen Budgie und den von Tony Iommi produzierten Necromandus. Diese obskuren Bands hatten die Szene mit einigen kraftvollen Eindrücken gepfeffert, aber ihre Aufnahmeaktivitäten meist innerhalb weniger Jahre eingestellt. Dennoch hatte ihre Existenz kleinere Fangemeinden mit Potenzial angelockt.

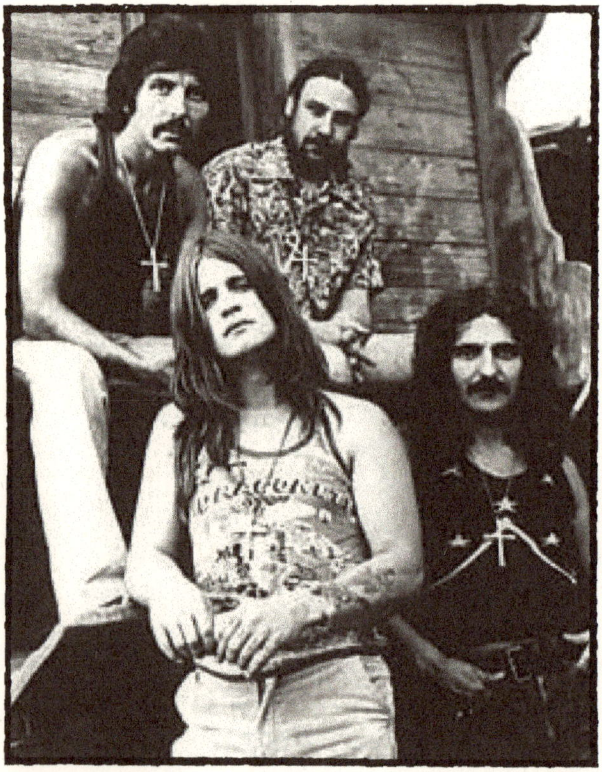

Black Sabbath um 1973 *(Warner Bros.)*

Black Sabbath, die sich bereits die Trophäen für eine Million verkaufter Alben hinter die Ledergürtel klemmen konnten, blieben eine gewagte und originelle Band und veröffentlichten bald schon zwei mitreißende Partyalben für katatonische Seelen. *Master Of Reality* brach mit dem epischen, endlosen Husten von „Sweet Leaf" über das Jahr 1971 herein, einem Liebeslied, das dem Marihuana gewidmet war. Verankert in einigen der härtesten Riffs, die Tony Iommi je hervorgebracht hatte, sandten Sabbath ihren Friedenswunsch in die hoffnungsvolle Unterwelt der „Children Of The Grave" und starteten temporeich in die verlorene Raumfahrtmission von „Into The Void". Trotz ihrer Morbidität waren dies mitfühlende Songs voller Sanftheit und Stärke. Auf dem ultrazerbrechlichen und trostlosen „Solitude" traute sich Iommi sogar wieder eine Flöte einzubauen – er hatte sie Jahre vorher aus Angst, Sabbath würden mit Jethro Tull verglichen, aufgegeben.

Das sinnigerweise *Vol. 4* betitelte vierte Album wurde 1972 veröffentlicht und erstrahlte im Licht schöner akustischer Melodien. Sowohl der Kokainschrei von „Snowblind" und das an Santana erinnernde Instrumental „Laguna Sunrise" spiegeln den unbeschwerten Einfluss der Zeit, die Black Sabbath auf Tourneen in Amerika und besonders in Kalifornien verbracht hatten. „Wheels Of Confusion" und „Supernaut" jedoch beschäftigten sich ebenso intensiv mit dem Wahnsinn wie die Songs auf *Paranoid.* Geezer Butler lieferte Ozzy nach wie vor Texte, die tief in die Psyche drangen, und die Stimmung der Musik blieb ausgesprochen heavy. Mit *Vol. 4* konnten Sabbath ihren Erfolgskurs ausbauen, das Album folgte *Master Of Reality* in die *Billboard*-Top-Twenty in Amerika. Die Band feierte ihren Erfolg und genoss zum ersten Mal die Vorzüge des Rockstardaseins: neue Häuser, Luxusautos, Mädchen und Drogen – nach Ozzys zunehmend bizarren Verhaltensweisen zu urteilen nicht unbedingt immer in dieser Reihenfolge.

Die große Rock'n' Roll-Explosion schleuderte in den frühen Siebzigern kleine Heavy-Metal-Splitter über ganz Amerika, die schon zuvor bei Woodstock sichtbar geworden, bei Monterey aufgeflammt und bei Altamont in Blut getaucht worden waren. Sie kamen nun auf gigantischen Festivals wie Cal Jam zusammen – wo Black Sabbath 1974 völlig stoned im Hubschrauber einflogen, um vor vierhundertfünfzigtausend Fans zu spielen. Es war eine Zeit relativer Mediendürre, und Konzerte waren die einzige Möglichkeit, harte Musik selbst zu erleben. In dieser zukunftsweisenden Zeit setzte man, wenn man auf Hardrock stand, alles daran, Konzerte zu besuchen – man schwänzte die Schule, nahm sich von der Arbeit frei und fuhr so weit wie nötig, um die Katharsis live aus erster Hand zu erleben.

Superstarbands wie Led Zeppelin, die von Stadt zu Stadt jetteten, transportierten den Sound der Hochgeschwindigkeitsgitarren aus den kleineren Konzerthallen in die Sportarenen. Statt wochenlang in einer Reihe kleiner Clubs zu gastieren, konnten die Musiker quer durch Amerika reisen und in wenigen Monaten vor der Hälfte der gesamten Teenagerbevölkerung des Landes spielen. Das bedeutete auch, dass man keinen festen Wohnsitz hatte. Auf ihren Tourneen lernten Rockstars, ein Leben auszuhalten und zu genießen, das sich ausschließlich in Garderoben und Motels abspielte, während sie den Vorsitz bei der acidgetränkten Entstehung einer riesigen Konzertkultur übernahmen. Die Fans taten das Ihre, übernachteten vor den Kartenverkaufsstellen in Schlafsäcken, schmuggelten Grass und Schnaps in die Hallen und verhandelten über den Zutritt zum wilden Paradies hinter der Bühne.

1975 verblasste die Macht von Deep Purple, als Ritchie Blackmore ausstieg und Rainbow gründete, eine von mythologischen Elementen inspirierte Band.

HARDROCK

Dutzende früher Zeitgenossen von Black Sabbath beteiligten sich an der Entwicklung dessen, was später als Heavy Metal bezeichnet werden sollte. Einige orientierten sich am Blues wie Led Zeppelin und Deep Purple; King Crimson, Queen, Rush und andere verwendeten Elemente klassischer Musik. Blue Cheer und die Stooges drehten dagegen einfach ihre Verstärker bis zum Anschlag auf und ließen es scheppern. Alle waren langhaarig und laut, trugen Schlaghosen und hatten Courage. Sie hatten sich vorgenommen, die Rock 'n' Roll-Explosion der Sechziger in zehnfacher Lautstärke zu überdröhnen. Selbst als ihre Musik schließlich in Vergessenheit geriet, blieb Heavy Metal der Kühnheit dieses Pionierzeitalters verpflichtet.

Freakografie

- Alice Cooper, *Killer* (1971)
- Blue Cheer, *Vincebus Eruptum* (1967)
- Blue Öyster Cult, *Tyranny And Mutation* (1973)
- Deep Purple, *Machine Head* (1972)
- Flower Travelin' Band, *Satori* (1972)
- Hawkwind, *Hall Of The Mountain Grill* (1974)
- Jimi Hendrix, *Electric Ladyland* (1968)
- King Crimson, *Starless And Bible Black* (1974)
- Led Zeppelin, *IV* (1971)
- Queen, *A Night At The Opera* (1975)
- Rush, *2112* (1976)
- The Stooges, *Raw Power* (1973)
- Cream, *Disraeli Gears* (1967)
- MC5, *Kick Out The Jams* (1969)

Von Elf warb er den jungen Sänger Ronnie James Dio ab, der sich ganz der Dekadenz jener Zeit hingab. Er war mit Ronnie Dio and the Prophets in den Sechzigern im ländlichen Norden des Bundesstaats New York ein Teenidol gewesen, aber von Liebestränken wie „Love Potion #9“ war das neue Gebräu weit entfernt. „Bei Rainbow war ich ja noch sehr jung und hatte das erste Mal die Chance zu erleben, was Erfolg ist. Ich hatte so etwas ja noch nie gesehen“, sagt Dio. „In der Anfangszeit ging's darum, Fernseher aus dem Fenster zu werfen. Wir dachten halt: ‚Hey, wir können das jetzt einfach machen? Okay!‘ Es ist blöd, echt, wenn man drüber nachdenkt. Man sollte ja Rockstar sein, und das hat man dann eben gemacht. Man hat die ganze Nacht gevögelt, mit allen, und Sex war wunderbar. Es gab kein Aids – schlimmstenfalls konnte man sich 'nen Tripper holen. Wir lebten das Leben, das Zeppelin und Sabbath und Purple uns vorgemacht hatten.“

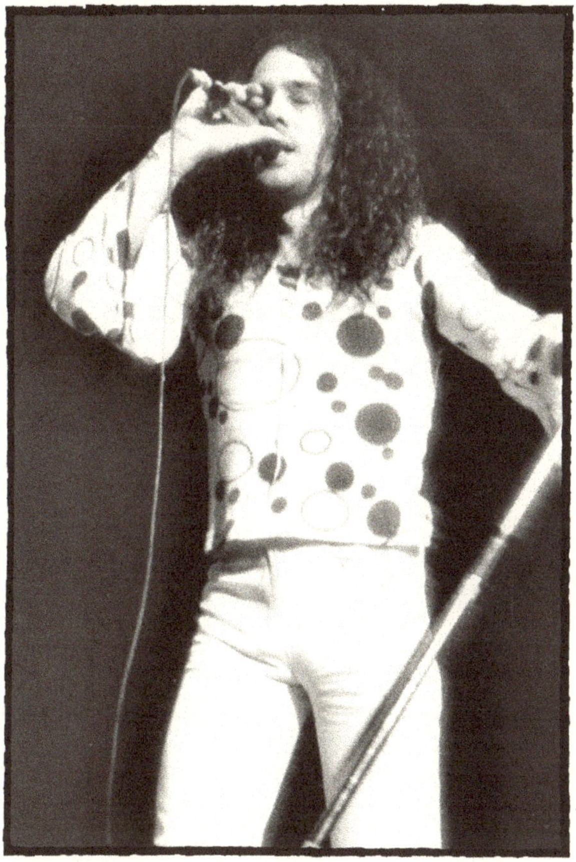

Ronnie James Dio *(Roy Dressel Photography)*

Außerhalb des Allerheiligsten beobachtete die Öffentlichkeit, wie die bei Rockkonzerten entfesselte Energie auf die Gemeinden in der Umgebung übergriff und kleinere Aufstände losbrachen. Spätere Heavy-Metal-Musiker, damals noch unschuldige, naive Jungs, erinnern sich an Straßenschlägereien. Thomas Fischer alias Tom Warrior, der später Celtic Frost gründete, ging zu dieser Zeit noch in der Schweiz zur Schule. „Anfang der Siebziger habe ich Deep Purple gesehen“, erzählt er, „und in den Nachrichten wurde gezeigt, dass die Konzerthalle hinterher kurz und klein geschlagen wurde. Ich erinnere mich, dass Eltern total ausgeflippt sind, wenn sich ihre Kinder so etwas angehört haben.“

Nachdem sich der revolutionäre Geist der Sechzigerjahre in eine lockerere, liberalere Haltung gegenüber Drogen, Sex und bacchantischer Pracht verwandelt hatte, widmete sich Amerika in den Siebzigern dem leichten Leben – eine Wohltat angesichts der sozialen Veränderungen der jüngeren Vergangenheit. Rockmusik, von jeher eine Bastion jugendlicher Rebellion, wurde schnell zum ersehnten Lebensstil, und die konservative Mittelklasse wusste nicht, wie sie damit umgehen sollte. Eine verzweifelte Mutter, deren Tochter davongelaufen war, um mit langhaarigen Rockern in einem Tourbus zu leben, wandte sich auf der Kummerkastenseite einer Zeitung an die Ratgeberkolumnistin Ann Landers, die ihr riet, die Tochter nicht zu verstoßen. Stattdessen solle sie die Schmach ertragen, die ihr die widerspenstige Jugend zufügte, sei es auch nur um der vielen unvermeidlichen unehelichen Kinder willen – eine triste Perspektive für die junge Freiheit.

Während Teenager mit ihrer Vorliebe für Sex und Drogen Erwachsenen allerorts einen Schrecken einjagten, versetzten die okkulten Aspekte des Heavy Rock besonders die Bewohner der bibeltreuen US-Gebiete in Angst. „In den Siebzigern war es keine leichte Aufgabe, nach Miami oder Baton Rouge in Louisiana zu fahren oder nach Corpus Christi in Texas zu reisen", meint Bill Ward, der Schlagzeuger von Sabbath. „Wir mussten den Bürgermeistern Rede und Antwort stehen. Wir bekamen ständig Auftrittsverbot. Sie hatten Angst vor uns. Die haben wirklich gedacht, wir würden sie mit einem Fluch belegen. Wir bekamen es mit vierzig oder fünfzig Bullen oder so zu tun."

Die auffälligsten Rocker reagierten auf die bürgerliche Entrüstung, indem sie die Grenzen des Geschmacks weiter dehnten und den Angstfaktor verstärkten. Der wunderbar schauerliche Alice Cooper trat in die hochhackigen Fußstapfen der *Crazy World Of Arthur Brown* und entwickelte eine blutrünstige Bühnenshow, die mit kostümierten Zwergen und Eimern voller Blut auf dem französischen Grand-Guignol-Straßentheater des neunzehnten Jahrhunderts aufbaute. 1975 hatte Cooper sich dahin gehend gesteigert, dass er allabendlich auf der Bühne seinen eigenen Selbstmord vortäuschte. „Es schien, als wäre er gar kein Mensch", sagt der Metaller Kim Bendix Peterson alias King Diamond, der sein Gesicht hinter einer Maske aus Schminke verbarg. „Wenn man ihn berührt hätte, hätte er sich wahrscheinlich in Luft aufgelöst. Es kam einfach so wahnsinnig gut rüber."

Eine opportunistische Gruppe von New-Yorkern namens Kiss intensivierte Alice Coopers Bemühungen und setzte dem Durchschnittsamerika ein völlig durchgeknalltes Image vor die Nase. Das silberne Make-up der Band, die Glitzerkostüme und die speziell angefertigten Gitarren gaben dem Rockgemisch aus langen Haaren und Leder einen kräftigen Schuss Raumfahrtzeitalter und NASA und fassten zwei große Sechziger-Ereignisse in Form einer spektakulären Entfesselung zusammen – die Mondlandung und die Erfindung lauter Gitarren. Die ersten drei Kiss-Alben, die zwischen Februar 1974 und August 1975 entstanden – *Kiss, Hotter Than Hell* und *Dressed To Kill* – verkauften sich eher schleppend. Der nächste Streich war das böse und gemeine Doppel-Livealbum *Alive!,* das ebenfalls 1975 erschien und wegen der Überzeugungskraft lauter, eingängiger Lieder wie „Deuce“ und „Cold Gin“ Platin erhielt. Es handelte sich um Rockbonbons mit Heavy-Metal-Zuckerguss, eine Art Kaugummi mit Black-Sabbath-Geschmack.

Kiss wendeten sich an ein Publikum, das zu jung war, um Vietnam zu verstehen. Die an Cartoon-Ästhetik angelehnte Bühnenshow strotzte nur so von ägyptischen Katzenstatuen, Kristallgebilden und verfallenen Steinmauern. Es war ein finanzielles Risiko, das man zugunsten eines unvergesslichen Ereignisses auf sich nahm. „Als wir anfingen, waren die Leute einfach nur verwirrt“, meint der Gitarrist Stanley Eisen alias Paul Stanley. „Wir trugen Plateaustiefel. Unser Make-up war absurd. Der größte Künstler in Amerika war damals John Denver. Wir waren nicht cool, aber wir waren von unserer Sache überzeugt. Es war eine Kamikazemission. Wir ließen uns keine andere Wahl, als erfolgreich zu sein. Es hätte entsetzlich schief gehen können.“

Die *Destroyer*-Tour schlug 1976 den Bogen zwischen jung und hungrig auf der einen und überlebensgroß auf der anderen Seite. Trotz ihrer extravaganten Plastikpräsenz wateten Kiss noch immer im Schlamm – bei einer Show in El Paso, Texas, spielte die Gruppe vor zehntausend Grenzstadtarbeitern in einer Scheune, die sonst regelmäßig für Viehauktionen genutzt wurde. In diesem Sommer kämpften Kiss in ganz Amerika einen Lautstärkekrieg, überdröhnten Vorbands wie Bob Seger und Ted Nugent und zahlten später die doppelte Stromrechnung für ihren gleißend hellen Bühnenhintergrund aus grellen Scheinwerfern. In einer Zeit, in der es noch keine allmächtige Konzertkartenagentur wie Ticket Master, keine professionellen Sicherheitsunternehmen oder Metalldetektoren gab, trafen Kiss auf ein schlecht organisiertes Chaos. Am Ende waren sie Superstars und halfen bei der Entstehung einer professionellen Konzertkultur, die zur Nabelschnur des Heavy Metal wurde.

Das Make-up, das Blut und das Feuer hinterließen einen unauslöschlichen Eindruck bei den Fans, von denen viele die Musik zuvor überhaupt nicht gehört hatten. Kiss überbrückten die sich vergrößernde Kluft zwischen den Generationen mit Merchandise, schufen Puppen, Schlafanzüge, Kaugummiaufkleber, ein Gesellschaftsspiel, ein von Marvel veröffentlichtes Comicheft und einen Flipperautomaten. Längst waren sie kostümierte Überwesen und wurden bald Stars ihres eigenen Sciencefiction-Films, *Kiss Meets the Phantom of the Park*. Bald gehörte es zum Initiationsritual in amerikanischen Grundschulen, Kinderbuchautor Dr. Seuss den Rücken zu kehren und sich stattdessen für „Dr. Love“ zu entscheiden. Derart geprägt, wendete sich ein riesiger Teil der Bevölkerung nach dem Ende der Kindheit mit versengten Augen dem Heavy Metal zu – in der Erwartung, dort denselben Schock und Donner zu erleben.

Black Sabbath boten dem Hörer mehr als nur drei Akkorde und eine gute Show – aber Sounds von ähnlicher Durchschlagskraft musste das Publikum noch immer suchen. Mitte der Siebziger konnte man die Heavy-Metal-Ästhetik wie ein mythisches Ungeheuer in dem traurigen Bass und den komplexen Gitarren von Thin Lizzy, der Bühnenkunst von Alice Cooper, der zischenden Gitarre und dem protzigen Gesang bei Queen oder den wuchtigen mittelalterlichen Themen bei Rainbow entdecken. Dann kamen Judas Priest 1974 im Gefolge von Black Sabbath aus Birmingham und vereinigten und erweiterten die verschiedenen Highlights auf der Klangpalette des Hardrock. Zum ersten Mal wurde Heavy Metal ein wirklich eigenständiges Genre.

Judas Priest stellten die schleppende Wucht von Deep Purple in den Dienst eines bedrohlichen Angriffs, neben dem die theatralischen Höhen von Led Zeppelin im Vergleich wie kleine Scharmützel wirkten. Nichts zuvor kam an das Tempo von Glenn Tipton und K. K. Downings Gitarren oder die großartige Theatralik in Rob Halfords phänomenaler Stimme heran. Judas Priest schöpften die intensivsten Momente aus der Vergangenheit in einen Kessel und mixten sie zu einer neuen magischen Art der Wahrnehmung zusammen. „Ich habe meine Gesangstechnik eigentlich beim Singen erfunden", sagt Rob Halford. „Ich habe mich nie nach Leuten umgesehen, die sich cool anhörten, und dann versucht, genauso zu klingen."

Judas Priest machten kein Geheimnis aus ihrem Ziel: Sie wollten die ultimative Heavy-Metal-Band der Welt sein. Dabei bestanden durchaus einige witzige Verbindungen zu Sabbath. Die hatten beispielsweise der jüngeren Band ihren Probenraum überlassen, und ein Judas-Priest-Musiker hatte kurzzeitig mit Earth zu tun, der Band, aus der Black Sabbath entstanden war.

Verglichen mit Sabbath jedoch war die Musik von Judas Priest sehr formal, streng um Breaks, Bridges und dynamische Höhepunkte herum organisiert. Während sich Black Sabbath eher nach „Gefühl" richteten und nicht nach einem stetigen Metronomtakt, bevorzugten Judas Priest eine stark geordnete Herangehensweise. Bei dem melodischen, bewusstseinserweiternden Zusammenspiel von Tipton und Downing wurden zwei Leadgitarren wie Schnitzwerkzeug verwendet, um den Sound bei hoher Dezibelstärke geschickt herauszuschneiden und zu formen. Jeder sengende Break der Leadgitarre war in eine perfekte Songvertiefung eingelassen, die den Weg zu neuen unverwüstlichen Kreationen wies. Anders als bei den ausgesprochen urwüchsigen Black Sabbath eiferten junge Musiker Priest nach, ohne aber wie deren Kopie zu klingen – das erstaunliche Repertoire musikalischer Techniken verlangte nach eingehenderer Beschäftigung mit der Band.

So, wie bei *Paranoid* Politik und Machtkämpfe angesprochen wurden, so bediente sich Rob Halford beim Erzeugen der unheimlichen Momente auf *Sad Wings Of Destiny* bei den Ausführungen von Sunzi *(Die Kunst des Krieges)* und den Dramen von Shakespeare. Er entzündete sie mit glühendem Gesangsfeuerwerk. „Ich bin mit außergewöhnlichen Stimmbändern gesegnet, mit denen ich einige bizarre Sachen anstellen kann", sagt Halford, „und ich versuche immer eher, von Song zu Song zu sehen, was man anders und neu machen kann. Es ging vor allen Dingen immer ums Experimentieren."

Obwohl die „flashing senseless sabers" in „Genocide" als Schlachtfeldfantasie aufgefasst werden konnten, wurde der Song im selben Jahr geschrieben, in dem Pol Pot den Gefängnisstaat Kambodscha von ethnischen Minderheiten „säuberte" und viele dieser eineinhalb Millionen Menschen mit Schwertern enthauptet wurden. Denn darin bestand die Mission des Heavy Metal: sich dem ganzen Bild zu stellen – eine Verbindung zwischen dem Leben und dem Kosmos zu schaffen. Wenn es Liebeslieder gab, dann waren es epische Erzählungen, keine Oden oder niedliche Teenagergeschichten über Liebe im Limoladen. Konflikte wurden in den Texten immer im großen Maßstab behandelt, was in den Siebzigerjahren bedeutete, dass man auf Despoten, Diktatoren und antidemokratische Watergate-Einbrecher eindrosch. „Ich habe Rock immer als Form der Revolution jüngerer Leute gegen das Establishment verstanden", sagt der Metaller Tom Warrior von Celtic Frost. „Obwohl es heute natürlich eine einzige große kommerzielle Maschinerie ist, steckt dieser Geist noch immer in mir drin. Das kann ich nicht verleugnen, weil ich mit dieser Vorstellung groß geworden bin."

Andere Heavy-Metal-Bands der neuen Generation waren skrupellos ketzerisch und mussten sich sehr harscher Kritik stellen. Nach ihrem Space-Rock-Debüt 1972 komprimierten die deutschen Hardrocker Scorpions achtminütige Jams zu gitarrengetriebenem Overdrive. Sie flirteten mit Tabus. Auf ihrem Album *Virgin Killer* von 1976 war ein nacktes vierzehnjähriges Mädchen mit einer zerbrochenen Glasscheibe vor ihrer pubertären Schamgegend zu sehen – prompt wurde die Platte in Amerika verboten. Das Bild war eine Überzeichnung der vorherrschenden Haltung gegenüber sexueller Experimentierlust, und die Musik zeugte von einer wilden neuen Mentalität, die lautstark erregende Konzepte forderte. Das Heavy-Metal-Publikum wollte geschockt werden, und es sehnte sich nach dem Reiz schwieriger Themen. „Wir haben andere Bands wie Deep Purple und Led Zeppelin respektiert, aber wir wollten es anders machen", sagt Rudolf Schenker, Gitarrist der Scorpions. „Wir waren eine andere Generation."

Black Sabbath, die vorzeitig als Minimalisten abgestempelt wurden, behaupteten ihre metallische Meisterschaft auf ihrem sechsten Album, dem 1975 erschienenen *Sabotage*. Die Band raste wie von realen Albträumen bedrängt durch dieses Album, verfolgte dabei aber den Weg, den sie mit *Sabbath Bloody Sabbath* 1973 beschritten hatte, konsequent weiter. „Hole In The Sky" und „Symptom Of The Universe" waren seit langem überfällige, eindringliche psychedelische Meisterwerke einer Gruppe, die allmählich neue Realitäten schuf; das vorherrschende Thema auf *Sabotage* war jedoch die protzige Darstellung der eigenen Größe gegenüber kalten, finanzstarken Eindringlingen – die übermächtige Klaustrophobie in „Megalomania“ und „The Writ“ schubste die Anwälte und Manager weg, welche die Band hatten ausbluten lassen. Zu diesem Zeitpunkt durchlebten Sabbath die für Rockstars typischen ersten Scheidungen und Drogenzusammenbrüche, und „Am I Going Insane“ dokumentierte Ozzys Moment der Klarheit, nachdem er die gesamte Zeit von 1972 bis 1974 angeblich im LSD-Rausch verbracht hatte. *Sabotage* war ein Höhepunkt für die Band. Black Sabbath, die bei dem opulenten „Supertzar“ vom English Chamber Choir unterstützt wurden, behaupteten stolz ihren Wahn und ihre Größe.

Judas Priest traten aus dem Schatten ihrer Mentoren heraus und präsentierten sich auf der 1978 erschienenen *Stained Class* mit einem rundum modernisierten Sound. Als Kommentar auf das Informationszeitalter bildete das Cover einen metallischen, menschenähnlichen Kopf ab, der von bunten Lichtstrahlen durchbohrt wurde. Statt protestierend gegen die herrschenden Mächte aufzuschreien, sprachen Songs wie „Exciter“ und „Saints In Hell“ vom autoritären Standpunkt aus und schwenkten die unnachgiebige Kraft der Musik wie eine Waffe. Obwohl Ozzy Osbournes Stimme eine bemerkenswerte emotionale Qualität besaß, wurde er im Allgemeinen nicht als begabter Sänger betrachtet; Rob Halford jedoch perfektionierte den brennenden, vibrierend-erschütternden Gesangsstil, der von gespenstischem Heulen bis zum wütenden, gepressten Knurren reichte. In Kombination mit modernen Studioeffekten und dem Zwiegespräch der knackigen Gitarren von Tipton und Downing führte die Verbindung von Talent und Technik zu genialem Metal-Sound auf höchstem Niveau.

Da Heavy Metal in der Presse noch immer marginalisiert wurde, richtete er sich an ein noch unentdecktes Publikum – und Künstler aus dem Metal-Sektor begannen sich auf der Suche nach ihrer Gefolgschaft zu langen Konzerttourneen zusammenzutun. „Mit jedem weiteren Album haben wir wirklich und wahrhaftig mehr und mehr Metal-Fans geschaffen“, meint Rob Halford. „Damals gab es keine breite Metal-Kultur. Wir fuhren durch England und Europa und schließlich rüber nach Amerika, und die Leute sprangen auf diesen brandneuen Stil und Sound erst sehr langsam an. Jede Generation sucht nach einer Musik, die sie ihrem Lebensgefühl zuordnen kann, sie will sich mit etwas identifizieren, das nur ihr gehört – und so entstand die Beziehung zu unseren ersten Fans.“

Die Nahrung, von der Heavy Metal während seines langen Lebens zehren sollte, war bereitgestellt. Als Black Sabbath auftauchten, war der Sound eine Abweichung, die viele nachahmten, aber kaum weiterentwickelten und ausbauten. Mit der Ankunft von Judas Priest wurde aus Heavy Metal eine voll ausgereifte Bewegung, die ihre Flugbahn von A nach B zurückverfolgen konnte. Als sich die nächste Welle von Bands auf den Weg machte, glich die Bewegung einer Lawine, die sich mit wachsender Wucht ihren Weg bahnte.

PROTO-METAL DER SIEBZIGER

Ende der Siebzigerjahre spürten junge Bands die Härte in den unerforschten Felsspalten auf, welche die Dinosaurier des Hardrock hinterlassen hatten. Kiss und AC/DC komprimierten die großartigsten Sounds der Vergangenheit zu mundgerechten Hymnen. Judas Priest und die Scorpions fügten elektrifizierende, sich duellierende Gitarren hinzu – eine unglaubliche neue Dimension, die schließlich das Fundament des Heavy-Metal-Songwritings bildete. Obwohl sie wie Hardrocker aussahen, schufen diese Bands die Grundlage für etwas Neues. Ihre Texte waren weniger abstrakt und stärker dem Leben verpflichtet, wie es sich tatsächlich auf den Straßen abspielte. In den Siebzigern gewannen sie an Macht, nacheinander ließen sie die schleppende Gangart des Hardrock hinter sich und gingen ganz und gar zum Heavy Metal über.

Aller Anfang ist hart

- AC/DC, *If You Want Blood, You've Got It* (1978)
- Judas Priest, *Sad Wings Of Destiny* (1976)
- Kiss, *Double Platinum* (1978)
- Led Zeppelin, *Presence* (1976)
- New York Dolls, *New York Dolls* (1973)
- Rainbow, *Rising* (1976)
- The Runaways, *Queens Of Noise* (1977)
- Scorpions, *In Trance* (1975)
- Scorpions, *Tokyo Tapes* (1978)
- Robin Trower, *Live* (1976)
- UFO, *Lights Out* (1977)
- Bloodrock, *3* (1971)
- Thin Lizzy, *Jailbreak* (1976)

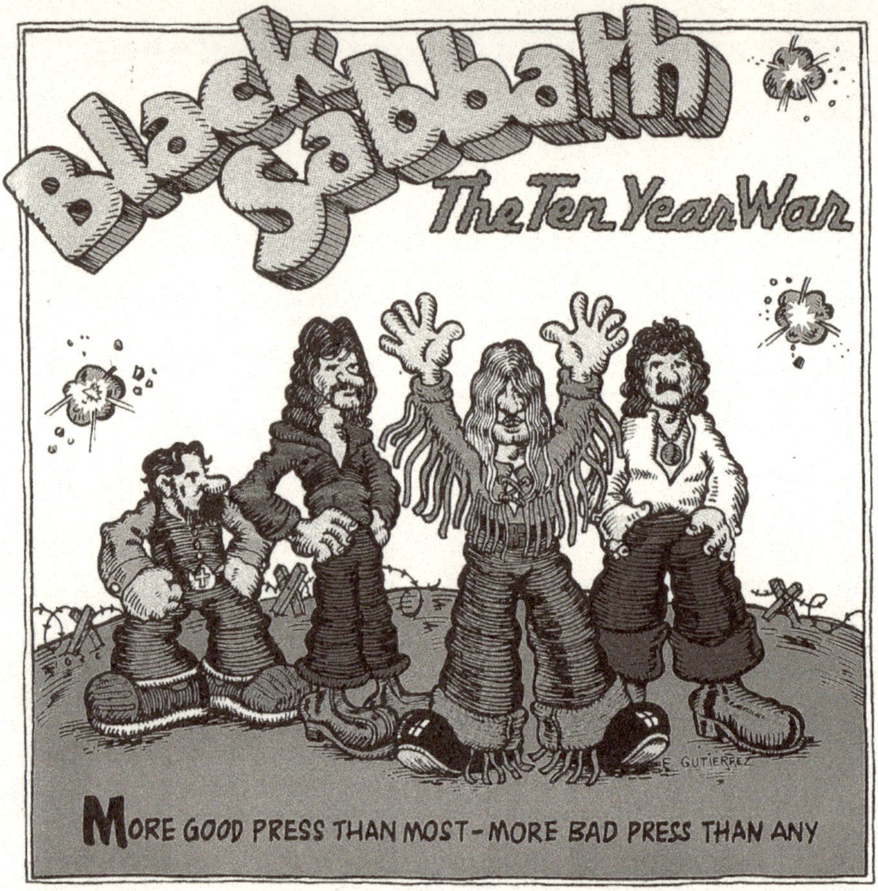

Das Programm der *Never Say Die*-Tour *(aus der Sammlung von Omid Yamini)*

Gegen Ende der Siebzigerjahre fiel der Name Black Sabbath in Großbritannien häufig, wenn neue Bands über ihre Einflüsse sprachen – dennoch versagte die Band als Einheit. Die siedende Energie einer neuen Generation von Bewunderern hätte den Lebensgeistern von Sabbath Auftrieb geben können, allerdings hatte die Band 1976 England verlassen und war nach Los Angeles gezogen, um die exorbitant hohe britische Einkommensteuer zu umgehen. Ozzy, Iommi, Butler und Ward waren zu weit entfernt und erlebten die damalige Musikszene Großbritanniens der späten Siebzigerjahre wie abwesende Väter – nur bei gelegentlichen Besuchen. Die abgeschlossene Welt, in der sie lebten, begann sich aufzulösen, und zehn Jahre der Tourneen, persönliche Isolation, juristische Probleme und der Missbrauch harter Drogen forderten ihren Tribut.

Ozzy Osbourne, der sich in sein Alkoholikerdasein verkrochen hatte, verließ Black Sabbath vor den Aufnahmen für *Never Say Die* von 1978 und wurde kurzerhand durch den Sänger von Savoy Brown, Dave Walker, ersetzt. Zwar kehrte Ozzy zurück, um das Album fertig zu stellen, verließ Sabbath aber endgültig im Anschluss an eine katastrophale Tour durch Großbritannien, die sich niederschmetternd auf die Stimmung der Band ausgewirkt hatte. Eine merkwürdige New-Yorker Band namens The Ramones spielte in jenem Jahr als Sabbath-Vorgruppe in den Vereinigten Staaten, während Van Halen aus Los Angeles – die sich ursprünglich nach einem Instrumentalstück auf *Paranoid* Rat Salad genannt hatten – anlässlich ihres zehnjährigen Bestehens im Vorprogramm von Sabbaths Englandtournee auftraten. Die athletischen Auftritte von Van Halen stellten die alternden Dämonen aus Birmingham Abend für Abend in den Schatten. „Die waren so gut", sagt Ozzy, „und wir waren am Ende unserer Kräfte."

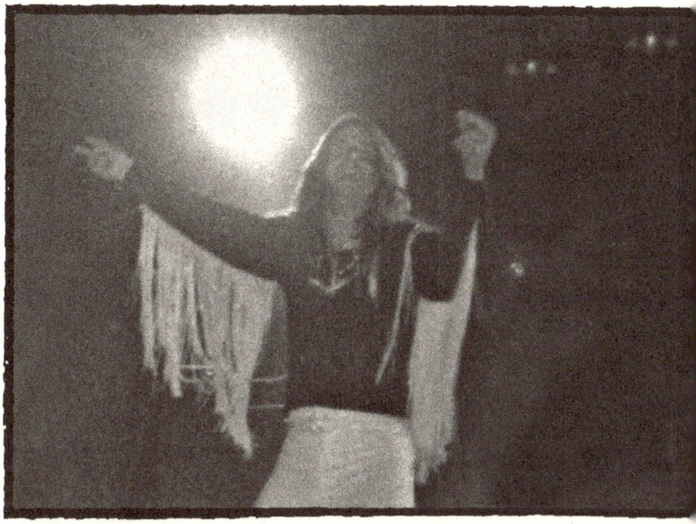

Ozzy Osbourne 1977 *(Austin [Hardrock69] Majors)*

Die beiden letzten Alben der Ozzy-Ära, *Never Say Die* und *Technical Ecstasy* von 1976 zeigten eine erschöpfte Band. Es scheint, als hätten sich Black Sabbath auf dem siebten Album ausgeruht – und auf dem achten schon wieder. Die mitreißende Härte von *Sabotage* machte einem lässigen, bluesartigen Swing Platz, der den Zuhörern eine Verschnaufpause gewährte; die großartig beklemmenden Gefühle wurden durch Zuversicht ersetzt. Die Band wollte den Fortschritt, zog sich dann aber doch wieder oft auf reine Therapie zurück. Wie *Let It Be* von den Beatles war es der Sound alter Freunde, die sich gegenseitig bei einer allerletzten Runde unter die Arme griffen. Bill Ward erinnert sich sogar daran, bei den Aufnahmen für *Never Say Die* als Orientierungshilfe für Ozzy Gesangsspuren eingesungen zu haben.

Als Ozzy Osbourne Black Sabbath schließlich verließ, war es mehr als nur das Ende einer Ära. Mit seinem Weggang verschwand die persönliche Chemie, die seit der Zeit bestanden hatte, als der Schulhofrüpel Tony Iommi Ozzy als Teenager verprügelte und die acht Alben lang Musik in eine schwermütige, dröhnende, neue, verheerende Tiefe getrieben hatte. Ob Black Sabbath ohne Ozzy weitermachen würden, stand nicht fest. Wer auch immer seinen Platz einnehmen würde – wenn die Band überhaupt ohne ihn weitermachen wollte –, musste in die Fußstapfen eines Riesen treten.

So, wie sich die Beatles trennten, löste auch Ozzy die Band auf, indem er die Anweisungen für ein neues musikalisches Protokoll einprogrammierte. Obwohl sie vorübergehend selbst nicht am Drücker waren, beeinflussten Black Sabbath weiterhin die jüngere Generation, wenn auch von der anderen Seite des Ozeans. Wie sich herausstellen sollte, wurde Heavy Metal immer wieder am besten aus der Ferne inspiriert – von dort, wo starke Eindrücke, Erinnerungen und Bilder dazu führen, dass die Fantasie Amok läuft. Als immer mehr Bands auftauchten, die sich die von Sabbath in Gang gesetzten Kräfte zunutze machten, sollten schließlich der Erfolg und die Exzesse aller anderen Hardrock-Supergroups der Siebzigerjahre daneben verblassen.

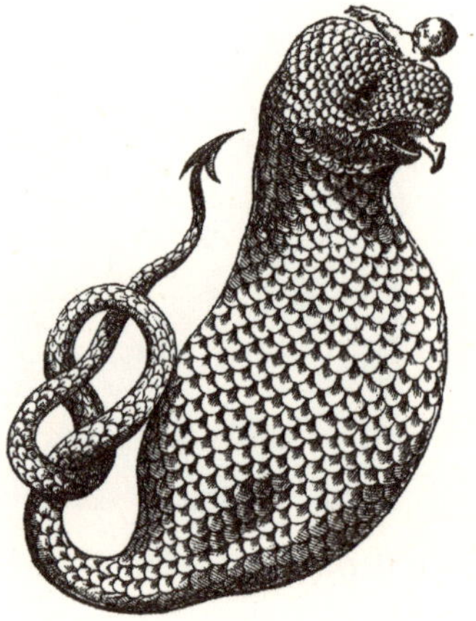

11

England rockt hart: die New Wave of British Heavy Metal

- **1977:** Die erste offizielle Motörhead-LP wird veröffentlicht
- **1980:** *British Steel* von Judas Priest krönt einen Reigen hervorragender LPs, darunter Iron Maidens gleichnamiges Debüt, *On Through The Night* von Def Leppard, *Wheels Of Steel* von Saxon und *Ace Of Spades* von Motörhead
- **20. Februar 1980:** AC/DC-Sänger Bon Scott stirbt
- **Juni 1981:** Die erste Ausgabe von *Kerrang!* wird in London veröffentlicht
- **1981:** Judas Priest und Iron Maiden touren durch Nordamerika

Als Judas Priest und andere Mitte der Siebziger den Heavy Metal von seinen Hardrockwurzeln befreiten, war eine andere musikalische Revolution, Punk genannt, ebenfalls mit Großreinemachen im Hause Rock 'n' Roll beschäftigt. Punk ging mit schlichter visueller Brutalität gegen den überentwickelten Fließbandglamour von Millionärsbands wie Kiss und Led Zeppelin vor: grelle Haarfarbe, Sicherheitsnadeln, die als Schmuck getragen wurden, teilweise rasierte Schädel. Es war ein Mischmasch, eine zusammengewürfelte Musikmode, welche die kulturellen Werte übertrieb und hinterfragte, das Anständige umkehrte und das Kranke feierte.

Wie bei der Ted- und der Mod-Szene zuvor befanden sich auch die Boutiquen der Punks in den Londoner Modevierteln im Zentrum der Stadt – besonders wichtig war der von dem Sex-Pistols-Manager Malcolm McLaren gegründete Laden auf der King's Road. Als sich der Punkrock Ende der Siebzigerjahre nach New York und Los Angeles verlagerte, brachte er persönliche Stile und Moden durcheinander und entzündete eher eine soziale Rebellion, als dass er eine musikalische Revolution auslöste. Vor allem aber erlaubte Punk seinen Vertretern die Freiheit, so zu spielen, wie sie wollten, und offen ihre Meinung zu sagen. Mitglieder der großen Punkbands Sex Pistols und The Clash hatten vor dem befreienden Ausbruch des Punk in den Pubs Hardrock gespielt. Dementsprechend schockierten Hymnen wie „Anarchy In The UK" und „London Calling" sehr viel weniger durch ihren Sound als durch das, was sie über die Zustände in Großbritannien aussagten.

Für Bands wie die süffisanten Fall oder die strengen Wire war musikalische Einfachheit bereits eine Aussage an sich. Bei anderen wie X-Ray Spex war sie bedingt durch ihre Unerfahrenheit. Für die radikalen Black Flag aus Los Angeles bedeutete ein derart mangelndes Interesse an musikalischem Können eine Einschränkung. Gitarrist Greg Ginn sagte gegenüber *L. A. Weekly:* „Ich dachte, wenn man sich schon eine Band schimpft und behauptet, Musik zu machen, dann ist es nicht zu viel verlangt, dass man an fünf Abenden pro Woche ein paar Stunden übt. Aber viele Leute haben gedacht: ‚Na ja, wir machen lieber Party oder hängen rum oder so.' Und im Punkrock gab es diese Mentalität sehr oft: ‚Warum muss man denn so viel üben?' Die angesagte Einstellung war ja schließlich: Alles ist nichtig, und das Leben ist nichts wert, also warum soll man sich die Mühe machen und üben?"

Viele Brandreden im Punk waren unausgegorene Heavy-Metal-Versuche. Die Londoner The Damned verwendeten zum Beispiel harte Powerakkorde in ihren Stücken, und der gespenstische Sänger Dave Vanian hatte sich bleich geschminkt und kleidete sich wie ein Vampir. Auf die Idee, eine Band zu gründen, kamen The Damned – wie die meisten britischen Punks – durch die Ramones, ein Quartett aus Queens, New York, deren Großbritannientour 1976 das Schneller-und-lauter-Zeitalter einläutete. Gekleidet in eine Uniform aus Bluejeans und schwarzen Motorradlederjacken, verheimlichten die Ramones ihre Liebe zu Black Sabbath nicht. Sie leiteten ihr hartes, treibendes Repertoire, das zudem deutliche Spuren ihrer Schwäche für die Rockerbands der Fünfziger und für Doo-Wop trug, beinahe vollständig aus den durchdringenden Akkorden von „Paranoid" ab.

Das Interesse der Musikszene für Heavy Metal, das ohnehin nie groß gewesen war, verschwand vollkommen, als sich die Majorlabels darum rissen, alles unter Vertrag zu nehmen, was einen Irokesenschnitt und Sicherheitsnadeln vorzuweisen hatte. Die Sex Pistols verspotteten eine der sie inzwischen verklagenden Firmen mit dem Song „EMI“ und stichelten auch dann noch gegen die Kapitalisten, als sie gerade selbst versuchten, einen besseren Vertrag auszuhandeln. Nach nur drei Jahren jedoch war die Schlacht am Punkbuffet vorbei, die ungehobelte Revolte hatte sich selbstzerstörerisch aufgerieben. Der Bassist der Sex Pistols, Sid Vicious, starb des Mordes angeklagt und auf Kaution auf freiem Fuß; die Band und ihr Gefolge hatten sich in alle Winde zerstreut. „Ich glaube, Punk war wichtig, sei es auch nur, um zu zeigen, wie ein Crash-and-burn-System in der Rockmusik funktioniert“, meint Rob Halford von Judas Priest. „Das war aber auch schon alles. Es gab da nur wenige große Momente von bleibender Bedeutung.“

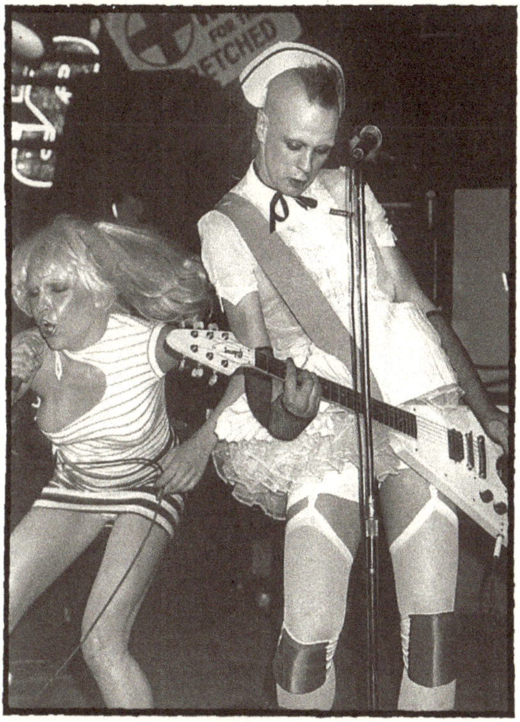

Wendy O. Williams und Richie Stotts von den Plasmatics *(John Michaels)*

Trotz der spastischen Spuckerei auf den Straßen machte sich im Punk genau der Snobismus breit, den Black Sabbath zehn Jahre lang gemieden hatten. Nachdem die Punks vom Erfolg gekostet hatten, gewann Standesbewusstsein die Oberhand über die Drohgebärden. Wie die Rolling Stones einige Jahre zuvor legten sich jetzt auch Punks Grundbesitz zu und gingen musikalisch dazu über, ihre Ideen bei der jamaikanischen Reggaemusik zu klauen. „Die Überalterung ist dem Punk schon eingebaut“, meint Paul Stanley von Kiss, „dadurch, dass man darüber singt, ein Habenichts zu sein. Aber durch den Erfolg hat man plötzlich was, und die Wut darüber, dass man arm ist, wird ganz schnell begraben, sobald sich die Platte verkauft. Die Idee ist toll, genau wie die Wut und die Emotionen, aber letztlich muss man sich weiterentwickeln, und die Musik muss für sich sprechen können.“

Punk erneuerte das englische Verständnis der eigenen musikalischen Identität und brachte eine frische Welle von rudimentärem Heavy Metal ins Rollen. 1977, im selben Jahr, in dem das Label auch The Damned erstmals vorstellte, veröffentlichten Stiff Records das Debütalbum von Motörhead, einer Band, deren Hingabe an Extreme selbst Punkrock zahm und zahnlos wirken ließ. Der Chef von Motörhead, Ian Kilminster alias Lemmy, war ehemals Roadie der Jimi Hendrix Experience und ein beliebtes Mitglied der LSD-erprobten Space-Rock-

Hilfsarbeiter Hawkwind gewesen. Lemmy – mit Warzen im Gesicht und Zahnlücken im Mund – setzte sich mit einer BORN TO LOSE lautenden Tätowierung über die Regeln natürlicher Schönheit hinweg und bildete noch einen wesentlich stärkeren Gegenpol zu hübschen Rockstarjungs als die gemeinen Burschen Johnny Rotten und Sid Vicious von den Sex Pistols. Er war ein schlagfertiges und charismatisches Argument für ein gefährliches Leben und wurde zum Großherzog der dreckigen Gleichgültigkeit; Fans imitierten seine Outlawkleidung aus Patronengürteln, Jeanswesten, Cowboyhemden und Motörhead-Aufnähern.

Die ungehobelten, langhaarigen Mitglieder von Motörhead waren sich der Kluft zwischen Black Sabbath und der Punkexplosion durchaus bewusst und gaben sich mit hämmernden Bassakkorden, verzerrten Gitarren und donnerndem Schlagzeug einem Speedgelage hin. Lemmy, der mit Politik ebenso wenig am Hut hatte wie mit mythischen Helden, sang mit Schottersteinen anstelle von Stimmbändern und erzählte in verdorbenen Songs von Sex, Drugs und Rock 'n' Roll. Die ersten drei furiosen Motörhead-Alben – *Overkill, Bomber* und *Ace Of Spades* – setzten sich in den englischen Musikcharts fest und machten den Metal-Fans klar, dass eine Band kommerziell erfolgreich sein konnte, ohne ihre ungeglättete Energie und Integrität dafür opfern zu müssen. Black Sabbath hatten den Heavy Metal eingeführt, Judas Priest verliehen ihm Glanz, und Motörhead stabilisierten ihn mit neuem Mumm. Heavy Metal schluckte den Punkrock und drängte weiter voran.

In der Zwischenzeit ging die Sonne über dem britischen Empire unter, das allmählich in Umweltverschmutzung und Chaos versank. In den späten Siebzigerjahren erreichte die Arbeitslosigkeit zwanzig Prozent, und in Verbindung mit einer wachsenden Inflation entstand so ein Zustand der Stagnation bei steigenden Preisen – ein gefürchteter ökonomischer Würgegriff. Die Lebensbedingungen waren so schlecht wie seit dem Zweiten Weltkrieg nicht mehr, und im Vereinigten Königreich herrschte Bedarf an kreativen Kräften jeglicher Art. Von Punk sprang ein katalysierender Funke über: die Dreistigkeit zu glauben, dass jeder eine Rockband gründen könne. „Mit Punk kam die Idee, dass man in der eigenen Garage oder im eigenen Schlafzimmer eine Plattenfirma gründen kann", sagt Jess Cox von Tygers of Pan Tang – einer schnelllebigen Mischung aus Riffs und Haaren, die ihre Musik als etwas völlig Neues begriffen. „Auf der rein künstlerischen Ebene war es egal, ob man spielen oder singen konnte – die Idee war, dass man auf eine Bühne stieg und Krach schlug." Die Ergebnisse begeisterten eine ganze Generation von Teenagern, die es nicht abwarten konnten, sich auf Vinyl zu verewigen.

Ozzy Osbourne gab zu, als Jugendlicher vor dem Spiegel im Schlafzimmer zu Beatles-Songs gesungen zu haben. In ähnlicher Manier gründeten John und

PUNKROCK

Punkrock war ein kurzer enthusiastischer Ausbruch mit dem Ziel, die übersättigte Rockszene zu stürzen. Er eroberte London, New York und dann Los Angeles und ersetzte die pseudowissenschaftliche musikalische Hexerei durch einen optisch sehr schroffen Stil. Punk vertrat einen äußerst eigenen Look – man hätte die Sex Pistols und The Clash für Barbands halten können, hätten sie keine orangefarbenen Haare oder rasierte Schädel gehabt. In Kalifornien bewiesen Bands wie Black Flag, Germs und X, dass das Leben nicht allein aus Strandpartys und Sonnenschein bestand. Während der Amtszeit von Gouverneur Reagan attackierten sie die Ideale Hollywoods mit der Wut und der Bedrohlichkeit gesellschaftlicher Außenseiter. Die New-Yorker Szene war dagegen intellektueller, sieht man einmal von ihrer sagenumwobensten Band ab: den legendär minimalistischen Einfaltspinseln The Ramones, die alle die gleichen Jeans und Motorradjacken trugen und nicht müde wurden, von Black Sabbath zu reden.

Sicherheitsnadel-Klassiker

- Black Flag, *Everything Went Black* (1982)
- The Clash, *The Clash* (1979)
- The Damned, *Damned Damned Damned* (1976)
- The Fall, *Live At The Witch Trials* (1979)
- Germs, *GI* (1979)
- The Plasmatics, *New Hope For The Wretched* (1980)
- The Ramones, *Ramones* (1976)
- The Ramones, *Rocket To Russia* (1977)
- Sex Pistols, *Never Mind The Bollocks, Here's The Sex Pistols* (1977)
- X, *Los Angeles* (1980)

Mark Gallagher mit einer akustischen Gitarre – einem Mitbringsel von einem Familienurlaub in Spanien – ihre Gruppe Raven. John, der am Bass noch keinerlei Erfahrung hatte, stimmte das Instrument einfach tiefer, wenn er mit Üben an der Reihe war. Auf dem BBC-Jugendsender Radio One und in der Fernsehshow *Top of the Pops* bekamen die Brüder den Glamrock von Slade, Status Quo und Sweet zu hören und saugten ihn voller Begeisterung auf. Obwohl Slade eher eingängigen Fußballrock als Heavy Metal spielten, verstärkten Imitatoren wie Raven den exzentrischen Faktor um ein Tausendfaches und verwandelten das Grundrezept in astreine Heavy-Metal-Handelsware.

Als sie schließlich auf echte Instrumente umstiegen, spielten Raven zunächst an halb privaten Veranstaltungsorten, den Working Men's Clubs in Newcastle, in denen es billiges Bier und ein Unterhaltungsangebot für die ausgelaugten Hafen- und Fabrikarbeiter gab. Einige dieser Clubs warben Hotelbarsänger an. Andere ließen schlechte Komiker und ein paar um Anerkennung kämpfende Rockbands auftreten. Die Zuschauer warteten auf riesigen Holzbänken an langen aufgebockten Tischen darauf, beeindruckt zu werden. „Man stellte sich vor ein Publikum, das gar nicht die Absicht hatte, sich unterhalten zu lassen, und brachte sie so erst mal gegen sich auf, bis sie reagierten", erinnert sich John Gallagher. „Die Leute warfen mit Biergläsern nach uns. Wir machten Auftritte mit drei Sets. Nachdem wir da auf der Bühne völlig ausgerastet waren, gab es zwischen den Sets eine Runde Bingo. Wir saßen hinter der Bühne und versuchten uns das Lachen zu verkneifen, während die Zahlen aufgerufen wurden."

Auch Judas Priest sammelten Erfahrungen in Working Men's Clubs, ebenso wie die frisch gegründeten Saxon aus dem englischen Norden, die damals unter dem charmanten Namen Sonofabitch bekannt waren. Selbst die beinahe schon glamourösen Tygers of Pan Tang bestiegen diese Bretter. „Der ‚Turn', wie sie einen nannten, spielte zwei Sets von fünfundvierzig Minuten zwischen dem Bingo und der Fleischtombola", erinnert sich Tygers-Sänger Jess Cox. „Die Stammkunden kauften sich ein Los, und der Gewinner, dessen Nummer aus dem Hut gezogen wurde, ging mit einem Riesenteller kaltem Fleisch nachhause! Während die Bingozahlen aufgerufen wurden, musste die Band mucksmäuschenstill sein. Man erwartete eine Menge Coverversionen von uns, und wir polsterten unsere Sets mit Stücken von den Beatles, Motörhead, Ted Nugent und AC/DC auf. Um zehn Uhr abends konnten die Leute tanzen – vorher nicht, wohlgemerkt. Sonst wäre irgendein bulliger Affe im grellen Anzug gekommen und hätte ihnen gesagt, dass sie sich hinsetzen sollen. Das war eine sehr merkwürdige Erfahrung, aber eine großartige Vorbereitung auf die wirkliche Welt."

Zehn Jahre, nachdem Black Sabbath regelmäßig im *Star Club* aufgetreten waren, wurden die liberalen Musikclubs in Hamburg geschlossen – britische Bands konnten nun nicht mehr die Fähre nach Deutschland nehmen und sich dort ihre Lorbeeren verdienen. Londoner Bands hatten ein etwas besseres

Leben, da es in der britischen Hauptstadt mehr Gelegenheiten gab, eigenes Material zu entwickeln und nicht nur Coversongs zu präsentieren. 1979 gab es in allen Vierteln Londons unzählige kleinere Clubs, in denen vor allem harte Musik gespielt wurde, dazu gehörten *Soundhouse, Music Machine, Marquee* und *Bandwagon.* Sie alle waren Sprungbretter für das berühmte *Hammersmith Odeon,* die wichtigste Konzerthalle in Westlondon mit einer Kapazität von dreitausendfünfhundert Besuchern, in der Motörhead, später auch Iron Maiden und Venom, triumphale Livealben aufnahmen.

Angesichts des Desinteresses, das ihnen seitens der Majorlabels entgegenschlug, nahmen die britischen Bands die Sache selbst in die Hand und gründeten unabhängige, spezialisierte Plattenfirmen. Kleinere Unternehmen konnten durch den Verkauf weniger tausend Platten überleben, wenn es ihnen gelang, Minihits in produktiver Abfolge zu veröffentlichen. „Die Bewegung entstand durch das ganze Do-it-yourself-Ethos der Plattenfirmen", sagt Jess Cox. „Heavy Metal Records, Ebony Records, Music for Nations und so weiter. Neat Records ist ein gutes Beispiel. Neat [das Stammlabel von Raven] konnte nicht mit den Majors konkurrieren, aber plötzlich war es cool, unabhängig und klein zu sein. Die Medien unterstützten das, also nahmen die Läden das Zeug in ihre Bestände auf, und die Kids kauften es."

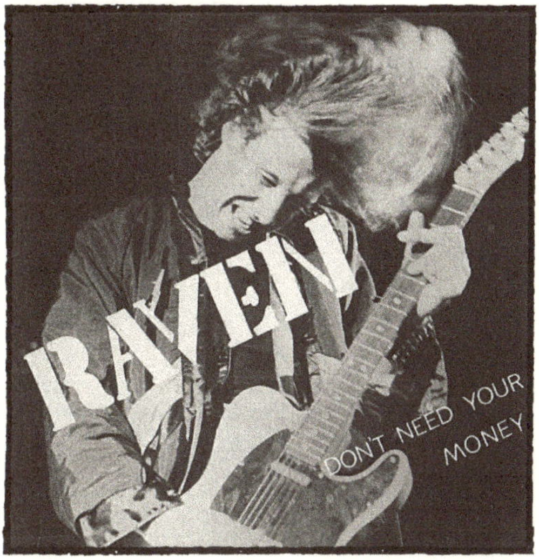

Die erste Single von Raven, 1980 erschienen

Bands entwarfen ihre eigenen Plattencovers, gewöhnlich in Schwarzweiß, und machten deren Schlichtheit durch auffällige Logos und apokalyptische Bilder aus Fantasy- und Sciencefiction-Comics wieder wett. Als Raven und Tygers of Pan Tang allmählich berühmter wurden, begannen schließlich auch die etablierten britischen wöchentlichen Musikzeitschriften wie *Sounds* und *New Musical Express* über sie zu berichten. Sie stellten ihren Lesern die Londoner Spitzenreiter Iron Maiden und die neuen Hoffnungsträger aus Sheffield, Def Leppard, vor, schrieben daneben auch über eine ganze Reihe weniger bekannter Bands, die noch immer in den englischen Provinzclubs ihre „Turns" ableisteten. *Sounds*-Autor Geoff Barton sorgte dafür, dass sich für diese Bewegung der Ausdruck „New Wave of British Heavy Metal" durchsetzte, das mit dem schrecklich umständlichen Akronym NWOBHM abgekürzt wurde. „Die NWOBHM gab es schon lange zuvor", sagt John Gallagher von Raven, „aber irgendeiner von der Presse hat sie irgendwann entdeckt und ihr diesen Namen gegeben."

Es war eine sehr zusammengewürfelte Szene, und das „New" in NWOBHM war oft einfach gleichbedeutend mit unerfahren. Bei Iron Maiden jedoch war wenig Amateurhaftes im Spiel. Auf sehr schlaue Weise synthetisierten sie das Schaurige von Judas Priest mit der unmittelbaren Bedrohlichkeit des Punkrock – eine tödliche und beeindruckende Kombination. Der Sänger Paul Di'Anno, ein geläuterter Skinhead, der schwarze Hemden sowie Nietenarmbänder und -gürtel trug, setzte sich in den Clubs durch, indem er wie Tom Jones herumstolzierte, das Mikrofonkabel in seiner Hand aufrollte und den kleinen Finger mit unübersehbarer Autorität abspreizte. Iron Maiden schienen zehnmal so viele Töne zu spielen wie alle anderen, und ihr überwältigender kompositorischer Ansatz hob das musikalische Niveau auf Jahrzehnte hin entscheidend an.

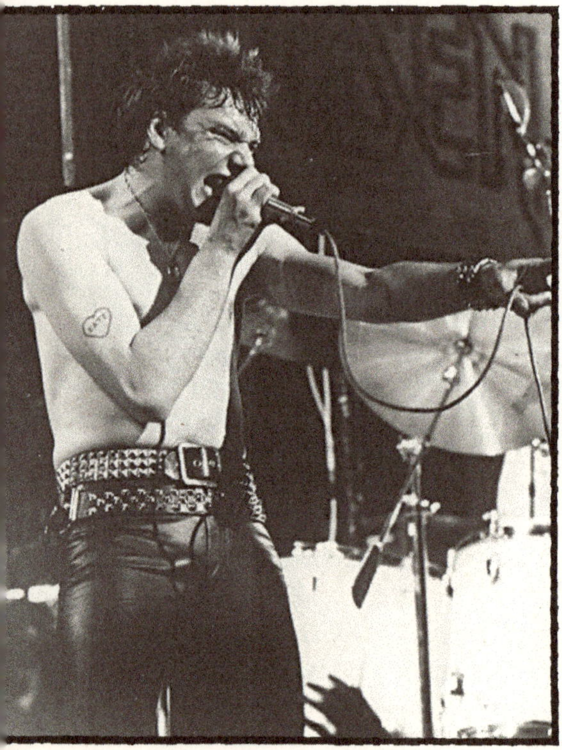

Paul Di'Anno von Iron Maiden
(EMI Records)

Obwohl Iron Maiden ebenso sarkastisch und direkt waren wie die Sex Pistols oder Motörhead, griffen sie mit schneller, vereinter Gitarrenfront statt mit sägenden, dröhnenden Akkorden an. Die meisten Maiden-Songs wurden von dem ungewöhnlich präsenten Bassisten Steve Harris geschrieben, der einen Sturm komplexer Melodiebogen zupfte, während die beiden Gitarristen loshämmerten und trickreiche harmonische Ergänzungen einwarfen. Von Judas Priest übernahmen Maiden die superschnellen Arpeggiogitarren und den theatralischen Gesang, und wie Priest waren sie stolz darauf, eine Heavy-Metal-Band zu sein. Einer früheren Maiden-Besetzung war 1976 bereits ein Plattenvertrag angeboten worden, unter der Bedingung, dass sie „auf Punk machen" würden, aber Harris und Konsorten waren hart geblieben und hatten ihre eigene Karriere unbeirrt vorangetrieben, bis die Plattenindustrie gezwungen war, von ihnen Notiz zu nehmen, so, wie sie waren. 1979, in dem Jahr, in dem Margaret Thatcher Premierministerin wurde, erschien Iron Maidens selbst herausgebrachte EP *Soundhouse Tapes* zeitgleich mit einer ganzen Flut von Singles gleichgesinnter Bands. Mit den viel versprechenden Riffs von „Iron Maiden", „Invasion" und „Prowler", die deutlich bewiesen, dass Maiden keine Angst davor hatten, musikalische Handkantenschläge auszuteilen, wurden sie zur Speerspitze der NWOBHM-Szene – und sie signalisierten, dass nicht nur in der Politik, sondern auch in der Musik ein Führungswechsel stattgefunden hatte. Nachdem diese drei energiegeladenen Songs vorab bereits von einem Londoner Radiosender gespielt worden waren, wählten dessen Hörer die *Tapes* noch vor ihrer offiziellen Veröffentlichung auf Platz eins der dortigen Wunschhitparade.

England feierte Iron Maiden, weil die Band ihr Land offensichtlich liebte. Die makabren Texte entwuchsen den ausgefeilten Bildern von „London town streets, when there's darkness and fog", wie sie Judas Priest in dem Song „The Ripper" von 1976 heraufbeschworen hatten. Von The Damned und den hexenartigen Goth-Punks Siouxsie and the Banshees übernahmen Iron Maiden shakespeareartige Bühnentricks wie Nebelmaschinen und unheimliche Requisiten. Sie schlugen Kapital aus ihrer Umgebung und evozierten typisch britische Schrecken wie die mittelalterlichen Folterwerkzeuge, die man im Londoner Tower besichtigen konnte. Das war lustig, makaber und machte großen Spaß.

Im Februar 1980 spielten Iron Maiden „Running Free" live bei *Top of the Pops* und veröffentlichten im Mai ihr Album *Iron Maiden*. Der britische Heavy Metal war jetzt Prime-Time-tauglich, und dementsprechend erschien zur gleichen Zeit eine ganze Reihe Alben dieser Richtung. *Iron Maiden* teilte sich das Rampenlicht mit *Wheels Of Steel* von Saxon, einer verchromten Sammlung solider, halsbrecherischer Kostbarkeiten. Def Leppard, eine Gruppe von Teenagern aus Sheffield, gaben ihr Debüt mit *On Through The Night*, auf dem sie ihren rohen Überschwang mit melodischen Gitarren nach Thin-Lizzy-Muster dämpften. Dann veröffentlichten Motörhead *Ace Of Spades*, den wichtigsten ihrer frühen Geschwindigkeitsausbrüche, und lüfteten das Geheimnis von Lemmys Unsterblichkeit mit Geschichten über sexuelle Eroberungen und den Höhepunkten des Tourneelebens. Diese beeindruckende Auswahl an Alben kappte die Verbindung zur Vergangenheit und paarte gnadenlose Härte mit schwereloser Euphorie – gemeinsam bildeten sie den Kern des NWOBHM-Universums.

Heavy Metal war Musik unter Druck; die vielen verschiedenen Schichten an Rhythmen und Melodien ergaben ein Feuerwerk des Hochgeschwindigkeitssounds. Die Energie mehrerer Gitarren wurde zu einem einzigartig zentralen Element, sie steigerte das protzige Ethos im Heavy-Metal-Songwriting und trug zu einer komplexeren musikalischen Entwicklung bei. Selbst die schlichtesten NWOBHM-Schurken variierten ihre drei Akkorde mit Tempowechseln, Gitarrensoli und Energie- oder Stimmungsumschwüngen. Dave Mustaine,

Gründer von Megadeth und ehemaliges Mitglied von Metallica, erklärt: „Die NWOBHM brachte eine Menge weniger bekannter Bands hervor, aber der Musikstil sprach mich sehr an. Alles beruhte auf zyklischen Riffmustern."

Da die Karriere von Black Sabbath vorübergehend auf Eis lag, sprangen Judas Priest als Anführer der Metal-Renaissance in die Bresche. Sie krönten die Albumflut von 1980 mit dem triumphalen *British Steel,* das in seinem Titel und in Songs wie „Metal Gods" direkt auf das englische Heavy-Metal-Phänomen anspielte. Judas Priest hatten bereits den Punk überlebt und waren kurzzeitig mit Kiss durch die USA getourt. Sie hatten daraus gelernt und wurden nun stromlinienförmiger. „Living After Midnight" und „Breaking The Law" legten die Betonung eher auf Refrains zum Mitsingen anstatt auf ausgefeilte klassische Konstruktionen. „Das war der große Durchbruch für Priest", sagt Rob Halford. „Das war die Platte, die im großen Stil den Ausbruch aus der Unterdrückung einläutete. Als Songs wie ‚Living After Midnight' und ‚Breaking The Law' tatsächlich im Radio gespielt wurden, setzte das einen Prozess in Bewegung."

Generell waren die Hardrockbands der Siebziger und die Bands der NWOBHM nicht vergleichbar. Nach 1980 wirkte sogar das Aussehen der Musiker aggressiver – statt geblümter offener Hemden, Schlaghosen und Schnurrbärten bevorzugten Heavy-Metal-Bands nun enge schwarze Lederklamotten und glatte synthetische Stoffe, die mit abstrakten spitzen Winkeln, Blitzen und glänzendem Metall verziert waren. „Ich erinnere mich, dass ich mal ein Clash-T-Shirt auf der Bühne getragen habe", sagt Jess Cox. „Wir hatten auch normale Hosen statt Schlaghosen. Die Haare trugen wir mit gerade geschnittenem Pony statt des alten Mittelscheitels. Ich weiß, das klingt blöd, aber früher, Ende der Siebziger, hatten die meisten älteren Rockbands balkendicke Schnurrbärte!"

Die NWOBHM berührte auch die allgemeineren, von Punk aufgeworfenen Themen und machte sich eine raffinierte, wenn auch eher indirekte Herangehensweise an Politik zu Eigen. Das Cover der Iron-Maiden-Single „Sanctuary" zeigte Premierministerin Thatcher, wie sie bei dem Versuch, in einer Seitengasse ein Poster der Band herunterzureißen, mit einer Axt erschlagen wird. Die britische Regierung reagierte auf die Beliebtheit der Platte mit Zensur und verlangte, dass bei der nächsten Auflage ein schwarzer Balken das Gesicht der gemarterten Staatschefin verbergen solle. Übrigens wurde Thatcher, die Sozialleistungen strich, Regierungsbehörden zum Verkauf anbot und die Gewerkschaften bekämpfte, wegen ihrer Maßnahmen von der Presse später der Spitzname „the Iron Maiden" – „die Eiserne Jungfrau" – verliehen.

Heavy-Metal-Fans ersetzten die orangefarbenen Irokesenschnitte der Punks durch einen eigenen Look, der sich vor allem auf die harten europäischen Rocker der Siebziger bezog (wie man sie in der Rockoper *Quadrophenia* von The Who 1973 um Lagerfeuer herumstehen sieht). Diese jungen Deutschen, Engländer, Holländer und Italiener hatten den Terrorismus, den wirtschaftlichen Niedergang und die Anwesenheit der NATO- oder Ostblock-Truppen in ihren Ländern während des Kalten Kriegs überlebt. Wie die Hells Angels trugen sie schwarze Lederjacken unter zerrissenen Jeanswesten, die sie liebevoll mit Anstecknadeln und Aufnähern von Motörhead, Thin Lizzy oder Deep Purple schmückten. „Ich hatte mein Leben lang immer mit Bikern zu tun", sagt Tom Warrior, dessen Vater Motorradrennfahrer und Motorsportjournalist war. „Ich fand, dass die Bikergangs in Amerika – egal, wie unglaublich radikal sie aussahen – die tollsten Leute überhaupt waren. In Europa, besonders Anfang der Achtzigerjahre, waren sie gewalttätiger und in Konkurrenzkämpfe und Prostitution verwickelt. Das war die Fanbasis von Deep Purple und Motörhead. Die ganze Heavy-Metal-Uniform ist im Prinzip davon abgekupfert."

Diese ersten „Headbanger", die sich am Bühnenrand festhielten und ihre verschwitzten Köpfe in Verehrung der pulsierenden Musik schüttelten, klammerten sich religiös an ihre neuen Klassiker. Sie entdeckten aber auch bald das Universum hunderter neuer Heavy-Bands – Diamond Head, Angel Witch und Raven an vorderster Stelle. In einem manischen Ringen um Aufmerksamkeit produzierten diese Gruppen eine Musik aus purer Energie – hyperaktiv und unüberhörbar. Die ersten beiden Alben von Raven, *Rock Til You Drop* und *Wiped Out,* stürmten mit kreischendem Gesang und Gitarren drauflos, als seien sie rasend geworden durch den Kitzel der Geschwindigkeit und des Klangfeuerwerks aus reinem, unverfälschtem Heavy Metal. „Es liegen keine Nervosität, keine Finesse, keine Tücke in dem, was sie machen", schrieb *Sounds.* „Raven sind schlicht und einfach die reine Leidenschaft."

Das Jahr 1980 wurde durch die Wiederveröffentlichung von Black Sabbaths *Paranoid* abgerundet, das nach wie vor ausgezeichnete Kritiken bekam. Die mehr als zehn Jahre alte archetypische Metal-Platte stieg wieder in die britischen Charts – gemeinsam mit dem Debüt von Iron Maiden, das bis auf Platz vier kletterte. Im August 1980 präsentierte *Sounds* ein Konzert mit dem Titel Monsters of Rock, bei dem Judas Priest, Saxon, die Scorpions, Rainbow, Riot, April Wine und sechzigtausend Fans auf dem Gelände von Castle Donington zum ersten reinen Heavy-Metal-Festival zusammenkamen. Das Ereignis vernetzte Metal-Musiker mit der mitreißenden Energie des riesigen englischen Publikums und bewies, dass die Szene ihrer bescheidenen Pub-Herkunft entwachsen war. Doch am wichtigsten schien, dass die loyalen Heavy-Metal-Fans in Massen herbeiströmten, sobald sie zeigen durften, wie zahlreich sie waren.

Obwohl sich täglich neue Heavy-Metal-Bands gründeten, konnten britische Headbanger die jüngsten Entwicklungen nur in den Randspalten von *Sounds* verfolgen oder indem sie eine Ausgabe von *Aardschok* ausfindig machten – eine

Zeitschrift aus Holland, die leider den kleinen Nachteil hatte, dass sie ausschließlich in holländischer Sprache erschien. Doch der Erfolg von Monsters of Rock veranlasste die Londoner Publizisten, der neuen Heavy-Metal-Energie endlich einen größeren Anteil ihrer Veröffentlichungen zu widmen. *Sounds* gliederte seine Berichterstattung über die NWOBHM im Juni 1981 in Form eines reinen Metal-Ablegers aus. *Kerrang!* war ein lautmalerischer Titel, der das Heulen der Gitarren, das Krachen der Becken und das Aneinanderschlagen headbangender Köpfe ausdrückte. Lemmy behauptete, der Name stamme von einem Bühnentransparent von Motörhead.

Kerrang! avancierte sofort zur Metal-Bibel. Zu seinem Stamm von Schreibern, die der gedeihenden Unterwelt Stimme und Identität verliehen, gehörte eine Reihe alter *Sounds*-Autoren wie Geoff Barton und Malcolm Dome. Wie geistige Brüder von Lester Bangs und Hunter S. Thompson im Geschwindigkeitswahn tauchten sie begeistert in die Metal-Szene ein und verwöhnten ihre Leser mit weitschweifigen, beinahe berauschten Berichten. In der ersten Ausgabe von *Kerrang!* erschienen Artikel über Diamond Head, Venom, Raven und Jaguar, herrliche Farbfotos von Lemmy, Girlschool und dem exzentrischen Gitarrenwunder Michael Schenker von UFO sowie eine Betrachtung des erstaunlich gediegenen Privatlebens von Saxon, die sich als bieder-britische Teetrinker zu erkennen gaben. Eine kleine Fotostrecke mit Meatloaf, Duran-Duran-Sänger Simon LeBon und Paul Di'Anno von Iron Maiden beschäftigte sich mit der Frage, wer von den drei Herren derzeit am untersetztesten war.

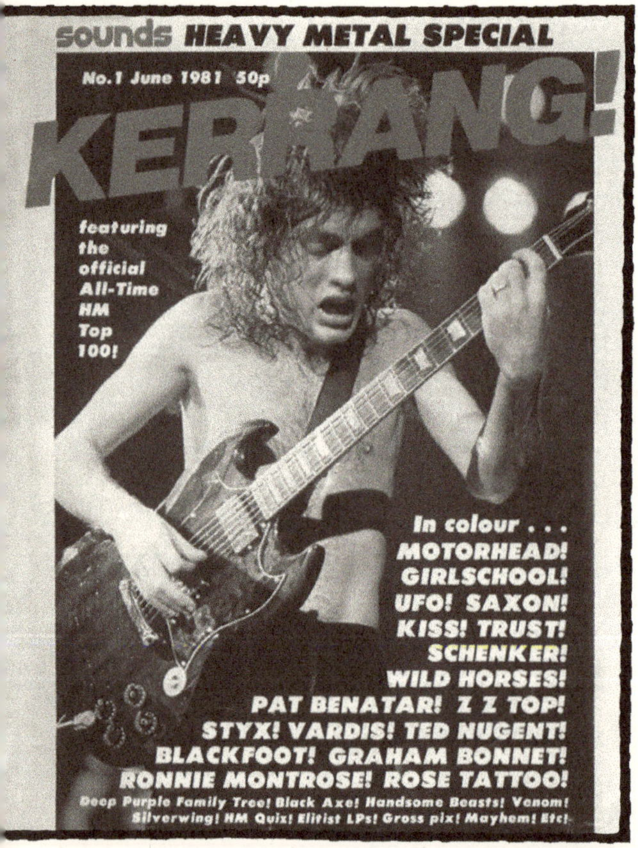

Kerrang! Nr. 1: Die Geburt der Headbanger-Bibel

Kerrang! lasen so viele, dass die Bands, die dort gefeiert wurden, meist zu einflussreichen, wenn auch nicht in jedem Fall langlebigen Ikonen des Metal aufstiegen. Zu den Lieblingen des Hauses zählten beispielsweise die beeindruckenden Girlschool, eine reine Mädchenband aus dem Süden Londons, die heavy genug war, um mit Motörhead die Klingen zu kreuzen; auf der *St. Valentine's Day Massacre*-EP coverten sich die beiden liebreizenden Bands gegenseitig. Jon-Mikl Thor – seines Zeichens ehemaliger Bodybuilder und „Mister Teen" aus Kanada, der in seiner Muskelshow Wärmflaschen zu Ballons aufblies und Stahlrohre mit den Zähnen verbog – erhielt in *Kerrang!* deutlich mehr Raum, als ihm und der nach ihm benannten Band aufgrund der reinen musikalischen Überzeugungskraft gebührt hätte. Zu den zahmeren Bands, welche die Zeitschrift feierte, gehörten Samson, deren ungewöhnlicher Schlagzeuger, Thunderstick – ein frühes und nur kurzzeitiges Mitglied von Iron Maiden –, eine paillettenbesetzte Kapuze trug, niemals etwas sagte und in einem um sein Schlagzeug herum gebauten Zookäfig auftrat.

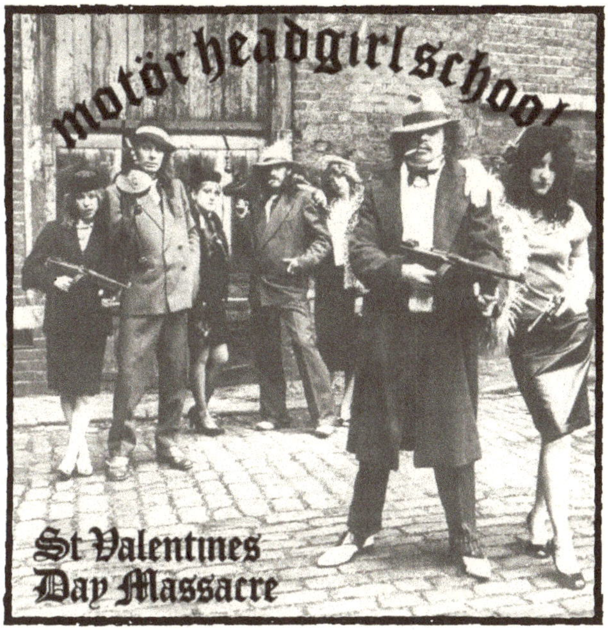

Motörhead/Girlschool-Single

Die Zeitschrift besaß unglaubliches Gespür für Talent. Die Titelseite der *Kerrang!*-Ausgabe Nummer eins zeigte den verschwitzten Gitarristen Angus Young von AC/DC in der Schuluniform, die zu seinem Markenzeichen wurde. Die Liste mit den einhundert besten Heavy-Metal Singles aller Zeiten wurde im selben Heft von AC/DCs „Whole Lotta Rosie" angeführt. Obwohl sie im eigentlichen Sinn keine britische Band waren, da sie erst 1976 wieder aus der früheren Strafkolonie Australien nach England gezogen waren, stellten AC/DC mit ihrem druckvollen Geradeaus-Rock dennoch den gemeinsamen Nenner der NWOBHM dar. Sie hatten die harten Bewährungsproben Australiens überstanden, ähnlich wie Black Sabbath die Bluesläden Hamburgs. Bisweilen hatte der Terminplan von AC/DC drei Auftritte pro Tag vorgesehen: am Nachmittag in den Highschools, am Abend in den Cocktailbars und nachts in den Schwulenclubs. Dieses unbarmherzige Programm prägte eine Reihe grobkörniger, ausgefeilter LPs, darunter *High Voltage*, *Powerage* und *Let There Be Rock*. Die Band tourte unermüdlich als Vorband von Kiss, Black Sabbath, den Scorpions, UFO, Alice Cooper, Aerosmith und Rainbow und zeichnete sich auf der Bühne durch angstfreie Wucht aus. Ihre ungebändigte

LP *Highway To Hell* von 1979 war mit ihren kraftvollen, sengenden Gitarren und ihrem wütenden Downbeat ein Meilenstein unheilvoller Kraft.

Ledermacho Rob Halford von Judas Priest und Peter „Biff" Byford von Saxon folgten Angus Young auf das Cover von *Kerrang!* – Sänger, die dafür sorgten, dass es ab sofort zur Rolle eines Heavy-Metal-Frontmanns gehörte, geschickt die Massen zu beherrschen und mit den Stimmbändern Kristall bersten zu lassen. Wie auf der herausragenden Live-Veröffentlichung von 1982, *The Eagle Has Landed,* zu hören ist, konnte Byford ein Konzert ohne weiteres in eine interaktive Mitsingveranstaltung verwandeln, die er mit seinem charakteristischen Pfeifen dirigierte. Mit dem Frage-Antwort-Muster, das er von englischen Fußballgesängen übernahm, ließ er dabei Loge gegen Parkett antreten. Er schien sich in glänzenden weißen Stretchhosen und mit dem Mikrofon in der Hand auf der Bühne ebenso zuhause zu fühlen, als säße er noch immer in seinem eigenen Garten bei einer Tasse Tee und erzählte Kriegsgeschichten.

Die schnellen Saxon-Songs „Strong Arm Of The Law" und „Wheels Of Steel" waren melodisch und aufrüttelnd, ein bisschen wie unbeschwertere Ableger von Motörhead-Nummern. Härtere Saxon-Tracks wie „Machine Gun" basierten auf den unablässig stampfenden Rhythmen zweier Gitarren, die das Grundmuster des Speed Metal bereits vorwegnahmen. Ein ungewöhnlicher Song im Saxon-Repertoire war das aufwühlende „Dallas 1 PM" auf *Strong Arm Of The Law,* auf dem original Radiomitschnitte von der Ermordung John F. Kennedys zu hören waren. Typischerweise aber drückten Saxons Texte einfach die Lebenseinstellung eines gewöhnlichen Headbangers aus – einer Figur, die in „Denim And Leather" verewigt wurde, der großartigen Metalhead-Hymne der Band: „Where were you in '79 when the dam began to burst? Did you check us out down at the local show? Were you wearing denim, wearing leather? Did you run down to the front? Did you queue for your ticket through the ice and snow? – Wo wart ihr 1979, als der Damm zu brechen begann? Wart ihr damals beim Konzert, als wir bei euch um die Ecke gespielt haben? Hattet ihr Jeans und Leder an? Seid ihr gleich nach vorn an die Bühne gerannt? Habt ihr bei Schnee und Eis um Karten angestanden?"

1981 hatte sich der Heavy Metal bereits eine Art kleineres Vermächtnis geschaffen, das er für sich arbeiten lassen konnte. Für echte Fanatiker aber gab es keine Ruhepause. Punk war als Modeerscheinung in den Hintergrund getreten, und Hardrock schleppte sich als routiniertes Alltagsgeschäft dahin, doch Heavy Metal bot ständig neue Anreize und bediente sich gierig anderer Stile. Neben den bekannteren harten Riffproduzenten rückten nun die Boogie-Woogiebeeinflussten Spider, die dreisten Sabbath-Nachahmer Witchfinder General

NWOBHM

Obwohl die „alte Welle“ des britischen Heavy Metal größtenteils nur in der Fantasie der Hardrockfans existierte, war der sperrige Begriff „New Wave of British Heavy Metal“ trotzdem so einprägsam, dass er sich dauerhaft durchsetzte. Musikalisch verarbeitete die NWOBHM den Hardrock der Siebzigerjahre zu Häppchen von Punkformat mit hoch konzentrierter Form von Gitarrenenergie. Angeregt durch den Do-it-yourself-Geist des Punk erschienen die ersten Erzeugnisse von Iron Maiden und Diamond Head in Eigenregie oder bei Schlafzimmerlabels wie Neat und Heavy Metal Records. Überall in England und Europa tummelten sich Fans und trugen mit den Aufnähern und Ansteckern ihrer Lieblingsbands verzierte Jeanswesten über schwarzen Lederjacken. 1980 stand die Bewegung in voller Blüte, hunderte von Singles und eine Hand voll wegweisender Langspielplatten von Motörhead, Saxon, Iron Maiden und Judas Priest befanden sich in Umlauf. Obwohl es sich hauptsächlich um aufstrebende Londoner Bands handelte, dominierten sie mit ihren überzeugenden Liveauftritten den Heavy Metal des kommenden Jahrzehnts.

Diskografie

- AC/DC, *Highway To Hell* (1979)
- Angel Witch, *Angel Witch* (1981)
- Def Leppard, *On Through The Night* (1980)
- Diamond Head, *Lightning To The Nations* (1980)
- Girlschool, *Hit And Run* (1981)
- Iron Maiden, *Iron Maiden* (1980)
- Iron Maiden, *Killers* (1981)
- Judas Priest, *British Steel* (1980)
- Motörhead, *Ace Of Spades* (1980)
- Motörhead, *Overkill* (1979)
- Raven, *Wiped Out* (1982)
- Saxon, *Wheels Of Steel* (1980)
- diverse Interpreten, *Metal For Muthas* (1980)
- Tank, *Filth Hounds Of Hades* (1982)

und die frechen Angel Witch nach, die den schamlosen Metal-Gesang mit manischen Punkrhythmen verschmolzen und dabei ein besonderes Interesse an einem zeitgemäßen Thema wie der Gleichberechtigung der Frau zeigten.

In einer so vielfältigen Szene wie der NWOBHM musste es jemanden geben, der als Sammelbecken für den ganzen verachteten Schmutz und Dreck fungierte, der andernorts verabscheut wurde. Das waren Venom, die Lieblinge des *Kerrang!*, die mit militantem Satanismus und einer „Sie wollen Böses? Wir geben ihnen Böses!"-Philosophie vor allem aggressivere Gelüste bedienten. Dabei hatten sie sich von Kiss inspirieren lassen, sich bezüglich der Umsetzung des Ganzen allerdings auch am perversen römischen Kaiser Caligula orientiert. Venom spielten schnelles, dreckiges Zeug, bei dem es nur um die Geschwindigkeit ging, und garnierten es mit okkulter Bildlichkeit, um die Kritiker zu verschrecken. Venoms Debüt von 1981, *Welcome To Hell*, und der 1982 erschienene Nachfolger *Black Metal* waren mit gold- und silberfarbenen Pentagrammen, Ziegenköpfen und satanistischem Unsinn übersät. Zudem waren Bassist und Sänger Conrad Lant alias Cronos, Gitarrist Jeff Dunn alias Mantas und Schlagzeuger Tony Bray alias Abaddon darauf abgebildet, wie sie Waffen schwangen und schleimig wie neugeborene Teufel aussahen. Neben ihnen wirkten Motörhead zivilisiert und die Sex Pistols wie eine freundliche Kinderbande.

Obwohl dies zu jener Zeit kaum zu erahnen war, wurden Venom zu einer der einflussreichsten Bands der NWOBHM. Zwar wurde ihr albernes Auftreten in der Regel von Journalisten und anderen Musikern ignoriert, aber die Fans waren fasziniert. Venom konnten kein stimmiges Tempo halten und mischten ihren Sound mit überzogenem Einsatz von Hall und Verzerrern ab, damit ihr Unvermögen verborgen blieb; Songs wie „Poison" und „Live Like An Angel, Die Like A Devil" lösten sich gegen Ende in heulendem Lärm auf. Mit anderen Worten: Venom brachen mit den Vorstellungen von Sorgfalt und künstlerischer Raffinesse und ersetzten sie durch einen aufregenden chaotischen Strudel.

Wie Cronos in einem Interview mit *The 7 Gates of Hell* erzählte, begann das Chaos in einer malerischen englischen Kapelle: „Wir haben in Newcastle in einer Methodistenkirche geprobt, die wir für fünf Pfund jeden Samstag gemietet hatten. Und jedes Mal nahm Abaddon kleine Sprengkörper mit, die er während der Proben zündete. Wir haben geprobt, und er hat diese Scheiß-Feuerwerkskörper abgeschossen! Einmal hat ein Nachbar die verdammte Feuerwehr gerufen, weil überall aus der Kirche riesige rote Rauchwolken aufstiegen. Das war ein idealer Probenraum, und ich glaube, es war auch genau die richtige Atmosphäre, um Liebeslieder an den Satan zu schreiben!"

Zwischen Venom und ihren ebenfalls aus Newcastle stammenden Labelkollegen Raven bestand eine kaum freundlich zu nennende Rivalität. „Wir mögen Raven nicht", sagt Venom-Schlagzeuger Abaddon. „Es ist so: Wir sind nicht auf die harte Tour nach oben gekommen, von wegen ‚erst mal zwanzig

Jahre lang in den Clubs spielen, und dann darf man seinen Durchbruch haben'. Neat Records haben uns wirklich übers Ohr gehauen. Wir haben denen bergeweise Geld eingebracht, aber sie haben es benutzt, um Raven und Tygers of Pan Tang zu promoten. Wir mögen sie als Bands, aber irgendwie ist alles schief gelaufen." Venom wurden allgemein als Witz betrachtet, aber sie trotzten der Herablassung mit Arroganz. Durch sie entstand schließlich eine Kluft zwischen dem ambitionierten, traditionellen Heavy Metal und dem unheiligen Black Metal, wie er Jahre später aus Venoms feurigem Atem geformt werden sollte.

Während sich Heavy Metal zu einem festen Bestandteil der englischen Musikkultur entwickelte, gab es ein neues, gemeinsames Ziel: die Eroberung hunderter anderer Städte von der Größe Londons. Nach der Aufnahmeflut von 1980 stürzten sich Judas Priest, Iron Maiden, Def Leppard und Motörhead auf ausgiebige Tourneen im Ausland. Raven, die Veteranen der NWOBHM, mieteten einen Laster und machten sich südwärts über Belgien auf eine lange Europatournee, um einem aufgeschlossenen Publikum zuvor ungehörte Musik nahe zu bringen. „Das war ein echter Kulturschock", sagt John Gallagher. „Das letzte Mal waren wir als Kinder in Spanien gewesen. Das war kaum zu glauben. Die Leute haben total durchgedreht. In einem Club in Mailand haben sie eine Trennwand platt gemacht – so einen Raumteiler, wie es ihn in Schulkantinen gibt. Nach der Show wurden wir von Leuten überrannt, die alle Autogramme wollten, und von Frauen, die uns verständlich machten, dass

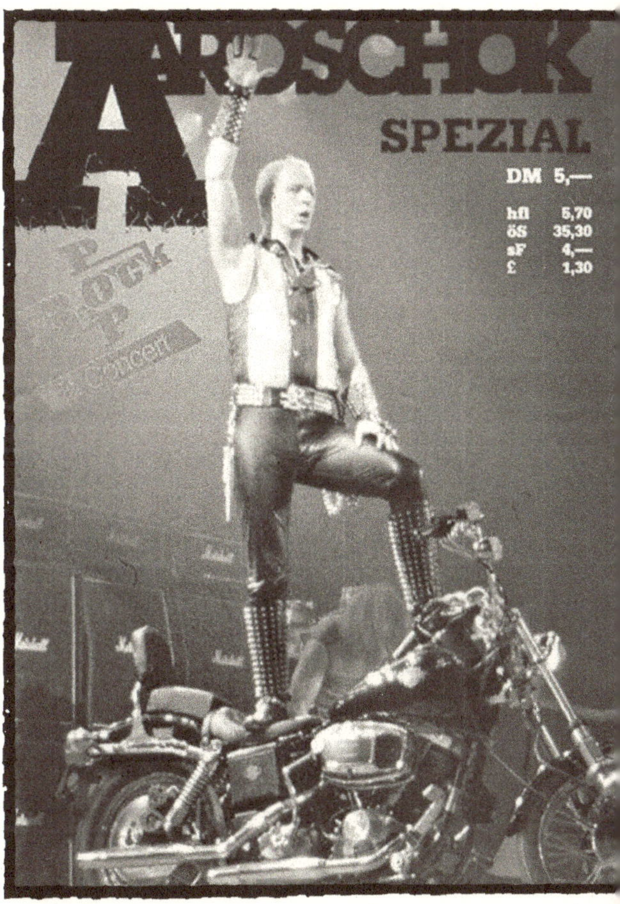

Kerrang!-Konkurrenz aus dem Ausland: *Aardschok*

sie was ganz Bestimmtes vorhatten. Das war uns noch nie vorher passiert. Wir fanden das toll."

Durch den internationalen Export von *Kerrang!* wurde England zum Orientierungspunkt für Heerscharen von ausländischen Metalheads, von denen jeder Einzelne eigene Verbesserungen zur NWOBHM-Formel beitrug. Accept aus Deutschland bedienten einen wachsenden Metal-Markt mit knackigen, stampfenden Rhythmen. Loudness aus Japan, Riot und Manowar aus New York sowie Anvil aus Kanada hatten dichtere Riffs und elegantere Kostüme zu bieten als beispielsweise britische Kombos mit dubiosen Namen wie Split Beaver und Bitches Sin. Gleichzeitig fühlten sich die Londoner Headbanger von den zunehmend „amerikanisierten" Def Leppard im Stich gelassen und zeigten sich bereit, Importe zu kaufen.

Um die NWOBHM zu überleben, brauchte eine Band neben musikalischen Fähigkeiten und gestreiften Hosen auch reichlich Hartnäckigkeit und Glück. „Da gab es zweitklassige und drittklassige Bands, die auf den Zug aufzuspringen versuchten", sagt John Gallagher von Raven und meint Bands wie Brooklyn, Crucifixion, Fist und Tytan. „Alle Bands waren unterschiedlich, was man eigentlich nicht so oft hat. Die Szene war nicht homogen. Wie immer war es so: Ein oder zwei Bands hatten die richtigen Beziehungen, sahen gut aus oder trafen die richtigen Leute, aber eine Menge anderer blieben auf der Strecke. Wir hatten wirklich Glück, und wir taten, was wir konnten, damit sich die Leute für uns interessierten."

Von den Bands der NWOBHM-Ära schrammten Diamond Head besonders knapp am Erfolg vorbei. *Lightning To The Nations,* ihr bestes Album, wurde 1980 aufgenommen und in einer einfachen weißen Hülle mit den Autogrammen der vier Bandmitglieder veröffentlicht. Auch ihre Songs waren sauber und modern, voll schneller, antiseptischer Härte, die Iron Maidens dunkle Gassen verließ und sich an den glänzenden Hochhäusern und Lebensmittelgeschäften eines neuen, noch unbekannten Großbritannien orientierte. Obwohl sie mit ihren kraftvollen Akkorden und ihrem Optimismus dazu beitrugen, die NWOBHM zu definieren, wurden sie zu geisterhaften Beobachtern ihrer eigenen, zum Scheitern verurteilten Karriere. Diamond Head ähnelten einem ätherischen Gespenst, das die Vergleiche mit Led Zeppelin in eine Verdammnis geschickt hatte, aus der es keinen Weg zur Erlösung fand.

Doch in dem unvollendeten Vermächtnis von Diamond Head entdeckten jüngere Musiker eine Art von Metal, der abseits dessen lag, was Judas Priest und Iron Maiden bisher vorgegeben hatten. Die ehrgeizigen Diamond-Head-Anhänger bei Metallica nahmen später vier der sieben Songs von *Lightning To The Nations* als Coverversionen auf (neben anderen ausgewählten NWOBHM-Titeln von Savage, Holocaust, Sweet Savage und Blitzkrieg). Dave Mustaine, der entscheidende vierzehn Monate bei Metallica spielte, bevor er Megadeth grün-

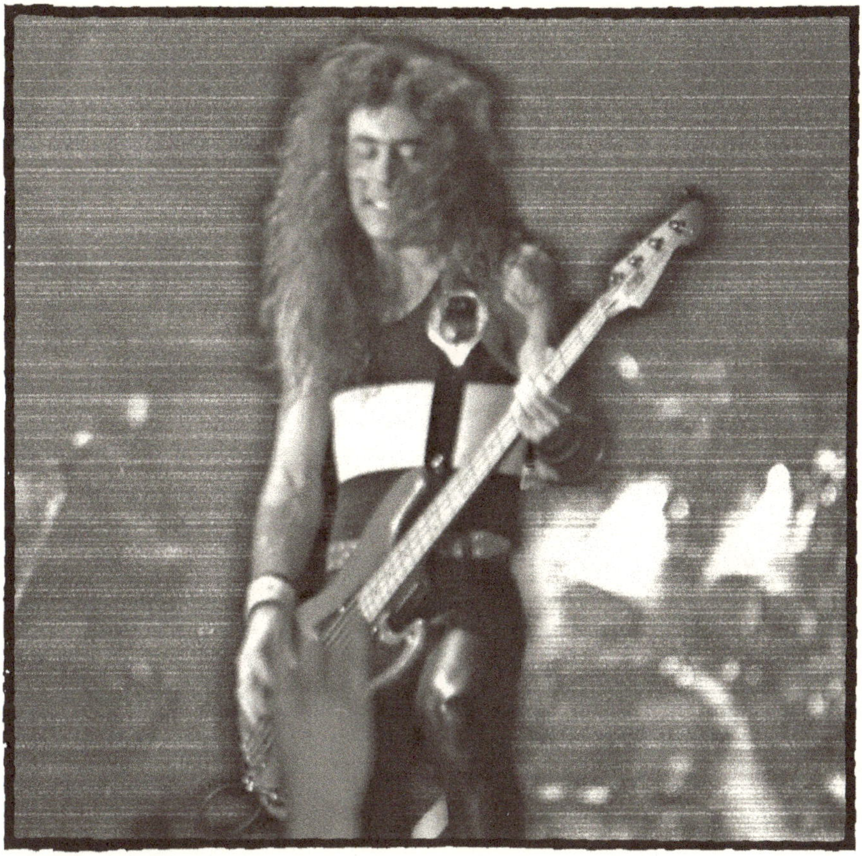

Steve Harris, der Mastermind von Iron Maiden
(Todd Nakamine)

dete, sagt: „Ich komme immer wieder auf Diamond Head zurück. Als ich mit [dem Metallica-Gitarristen] James Hetfield gesoffen und rumgehangen habe, haben wir immer Venom, Motörhead und Raven, Tank und Mercyful Fate, Diamond Head, Angel Witch, Witchfinder General und so ein Zeug gehört."

Wollte eine Band aber internationalen Erfolg, musste sie ihr Schicksal selbst in die Hand nehmen. Trotz der Rockstarträume auf „It's Electric" von Diamond Head – „I'm gonna be a rock and roll star, gotta groove from night to day" – waren rückblickend wohl das wesentlich besser gestaltete Songmaterial und das überlegene Arbeitsethos von Iron Maiden dafür verantwortlich, dass Platten wie *Lightning To The Nations* letztlich nie vom Startblock der NWOBHM loskamen. Iron Maiden setzten das kreative Potenzial der Bewegung vollständig um, verschmolzen ihr raffiniertes Image mit dem Konzept der Horrortexte und hoch entwickelten dualen Gitarren – und arbeiteten unermüdlich mit ihrem ebenso ehrgeizigen Management, um jedwede Hindernisse zu überwinden.

Iron Maidens großartiges zweites Album, *Killers*, knackte die amerikanischen *Billboard*-Charts auf Platz sechzig und verkaufte sich allein 1981 zweihunderttausendmal. Die steigende Popularität führte auf der darauf folgenden Welttournee zu Problemen mit dem Sänger. Paul Di'Anno hatte sein Handwerk in den Clubs gelernt, aber Iron Maiden waren keine Clubband mehr. Man entschied sich dafür, Di'Anno zu feuern, bevor sein Verhalten den professionellen Bemühungen der Band in die Quere kam. Im September 1981 rasierte sich der Sänger Bruce Dickinson alias Bruce Bruce den Schnurrbart ab und trennte sich von Samson, um Frontmann bei Iron Maiden zu werden – der Beginn einer energiegeladenen zehnjährigen Partnerschaft. Der physisch sehr präsente und theatralische Dickinson, ein begeisterter Fechter, stieß genau zu dem Zeitpunkt zur Band, als Iron Maiden zum ersten Mal versuchsweise in Stadien spielten und sie überlebensgroße Armbewegungen und Sirenenstimmen entwarfen, die wie in der Oper Menschen bis zu den billigen Plätzen ganz hinten beeindrucken sollten.

Dickinsons Debüt bei Iron Maiden, *The Number Of The Beast*, das im April 1982 veröffentlicht wurde, war ein Meisterwerk. „Diese Platte bewies, dass Maiden auch nach der New Wave of British Heavy Metal eine Weltmacht sein würden", sagt Rob Halford von Judas Priest. „Der Titel ist toll, und die Platte zeigte eine andere Seite des Metal, der zu der Zeit in Großbritannien entstand. Es gibt Nischen im Metal – wie in vielen anderen musikalischen Bereichen –, die wichtig sind, und die hier war ganz besonders wichtig."

Obwohl sie der *Kansas City Star* wegen ihrer US-Auftritte mit Kiss 1978 spöttisch als „humorlose" Spaßmetaller bezeichnete, füllten Judas Priest inzwischen kleinere Stadien in Texas und Pennsylvania und nahmen Iron Maiden mit, die dort einen ersten Vorgeschmack auf größere Veranstaltungsorte bekamen. „Damals waren die Kommunikationswege wirklich noch lang", sagt Rob Halford. „Man musste einfach auf Tour gehen, und das für eine lange Zeit. Die ganzen Jahre, die ich bei Priest gespielt habe, waren buchstäblich zwanzig Jahre auf Tour mit nur sehr wenigen Unterbrechungen. Es ging ununterbrochen so. Man hatte kein MTV, es gab kein Internet, es gab keine Zeitschriften für die breite Masse. Es war einfach alles sehr primitiv und steckte noch in den Kinderschuhen."

Im Ausgleich dazu war aber auch die Loyalität, die Judas Priest bei beeinflussbaren neuen Bands im Ausland erweckten, so groß, dass sich nach beinahe jedem Song vom großartigen, 1979 erschienenen Livealbum *Unleashed In The East* eine Band benannte – Exciter, Running Wild, Sinner, Ripper, Green Manalishi, Victim of Changes, Genocide und Tyrant. Nur das Joan-Baez-Cover „Diamonds And Rust" wurde nicht als Bandname erwählt. Für diese junge Armada von Bands und die hunderten weiteren, noch unbenannten Gruppen waren die ersten zehn Jahre Heavy Metal noch immer gerade einmal der Anfang. Großbritannien hatte den klassischen Heavy Metal hervorgebracht – aber in Europa, Asien und Amerika war die Zukunft noch zu haben.

III

1980: Die amerikanische Einöde wartet

- **13. Oktober 1980:** *Back In Black* von AC/DC erhält Platin in den USA
- **Januar 1982:** Ozzy Osbourne beißt einer Fledermaus, die ihm in Iowa auf die Bühne geworfen wird, den Kopf ab
- **März 1982:** Der Gitarrist Randy Rhoads kommt bei einem Flugzeugabsturz ums Leben
- **14. Juni 1982:** Metal Blade Records veröffentlichen *Metal Massacre*
- **20. August 1982:** *Too Fast For Love* von Mötley Crüe wird von Elektra wiederveröffentlicht und steigt auf Platz einhundertsiebenundfünfzig in die *Billboard*-Charts ein

Während in den englischen Heavy-Metal-Schmieden eifrig weitergearbeitet wurde, erwachte Amerika 1980 aus einem Disco-Traum. Nachdem sie die Sorgen der vorangegangenen zehn Jahre weggetanzt hatten, kannten nur sehr wenige amerikanische Rockfans Iron Maiden, Motörhead und Judas Priest – weniger bekannte Bands wie Diamond Head oder Angel Witch schon gar nicht. „Disco hat Leute, die auf Hardrock standen, fünf Jahre lang in die Ecke gedrängt", meint Ron Quintana, ein DJ und Plattensammler aus San Francisco. „Man kam sich vor wie eine der Ratten, die um anderer Leute Füße herumwuseln – man versuchte sich gegenseitig zu finden und sich von diesen neuen Metal-Bands zu erzählen, die plötzlich auftauchten."

Dabei hatten Heavy Metal und die Disco-Musik durchaus Gemeinsamkeiten: In beiden Bereichen gab es divenhafte Sänger, und beide boten energiegeladene Gemeinschaftserlebnisse. Aber für Kids, die zu jung waren, um das Tanzbein zu schwingen, war das Disco-Nachtleben wieder nur ein ausschweifender Luxus für die von sich selbst eingenommene „Ich"-Generation. Twisted Sister, eine in den New-Yorker Vorstädten beliebte Clubband, mobilisierten die Abweichler mit dem majestätischen „Rock And Roll Saviors", dessen Text unverblümt „Disco is dead! – Disco ist tot!" verkündete. „Darauf konnte sich jugendlicher Hass konzentrieren", meint der Sänger der Band, Dee Snider. „Disco war so dominant, dass es Rockbands schwer hatten, Arbeit zu finden. Disco war ungeheuer ausgeufert. Rückblickend war es eine Frage des Lebensstils. Die Musik war nicht nur ein Sound, den wir nicht mochten – sie stand für einen bestimmten Teil der Bevölkerung. Die Disco-Kids waren eine Gruppe und die Heavy-Metal-Kids eine andere."

Vielerorts in Amerika wollte man dem Disco-Taumel ein hässliches Ende bereiten. Die Plasmatics, eine apokalyptische Punkrock-Freakshow, die in der zwielichtigen Gegend um den New-Yorker Times Square entstand, waren abstoßend, dreist und bereit, den Niedergang des einundzwanzigsten Jahrhunderts einzuleiten. Sie liebten einen Sound, der wie eine Barrikade aus Stacheldraht klang. Sängerin Wendy O. Williams, die sich auf der Bühne in Rasierschaum und strategisch angebrachte schwarze Klebebandstreifen kleidete, zersägte Gitarren mit der Kettensäge und bearbeitete Schrottautos mit dem Vorschlaghammer. Sie wirkten, als seien sie einem völlig überzeichneten Comic entsprungen, und feierten sensationslüstern die Zerstörung amerikanischer Ikonen. „Wir produzierten Chaos und Durcheinander", meint Gitarrist Richie Stotts. „Manchmal war es gefährlich, aber uns hat es Spaß gemacht. Ein paar Leute haben sich auf uns gestürzt, aber die haben es nicht kapiert. Die haben uns danach beurteilt, was *sie* sich unter einer Band vorstellten. Wir haben ja nicht mal behauptet, dass wir überhaupt eine Band sind!"

Als die Wahl Ronald Reagans 1980 die lockeren Siebzigerjahre mit einem nachhallenden konservativen Donnerschlag beendete, war der Einfluss des Punk auf Amerikas Mainstream bereits verpufft. Wie beim Zusammenbruch des Londoner Punk war auch die Szene in Los Angeles, die X und die Germs aus der Taufe gehoben hatten, durch Drogen und Zerstörung ausgebrannt, und die Musikindustrie formte aus ihrer Gefährlichkeit und Schärfe wenig später die discobeeinflusste New Wave. Als der Anblick des Germs Sängers Darby Crash, der sich in dem Dokumentarfilm *The Decline of Western Civilization* die Haut aufritzt, die großen Kinokomplexe der vorstädtischen Einkaufszentren erreichte, blieb seine antiautoritäre Haltung im Gedächtnis, nicht aber der scharfkantige Sound. Seines Protestpotenzials entkleidet, wurde Punk kommerzialisiert und in Form seichter Kost von Wall of Voodoo, Oingo Boingo oder The Knack als Soundtrack für Teeniefilme wieder aufgekocht. Wie der Außenseiter Slash in der Highschool-Fernsehsitcom *Square Pegs* richtig stellte:

„Ich bin kein Punk, ich bin New Wave – das ist 'ne ganz andere Frisur." Lachen vom Band.

Aus dem Glitzer des Disco und den Ruinen des Punk erhob sich die Metal-Revolution. „In Hollywood gab es auf dem Parkplatz von Capitol Records regelmäßig einen Flohmarkt", sagt Brian Slagel, der Gründer von Metal Blade Records. „Da gab es nur Musik, und es wurde von seltenen Platten bis zu alten Singles alles gehandelt, darunter auch jede Menge Bootlegs. Ich habe da immer eingekauft, und als ich mich erst mal mit Leuten angefreundet hatte, die in Plattenläden arbeiteten und die auch wussten, dass ich auf Metal wie Kiss und AC/DC stand, sagten die: ‚Hey, du, hier ist 'ne Cassette von einer Band, die du dir mal anhören solltest. Die sind auch cool.'"

Andernorts bildeten Heavy-Metal-Fans Cliquen innerhalb der Hardrockszene. Die „Ratten, die um anderer Leute Füße herumwuselten", schickten einander über Kleinanzeigen in Sammlerzeitschriften wie *Goldmine* und *Record Trader* Signale oder erkannten einander bei den wichtigen Rockveranstaltungen. „Wir sahen den Sänger von Exodus, Paul Baloff, immer bei den Konzerten von Yesterday and Today [den späteren Y&T]", erinnert sich Ron Quintana an die Szene in San Francisco. „Die waren damals das Härteste, was bei uns lief. Bei den coolen Shows traf man immer wieder die gleichen Leute, und Baloff war einer davon. Y&T führten eine Menge Leute aus der Bay Area an den Hardrock heran; das war echt gut."

Während sich die Metalfans wie Bienenschwärme zusammenfanden, lieferten selbst aufgenommene Cassetten sozusagen den Blütenstaub, mit dem sie ihre genetischen Codes zur Vergrößerung des Bienenstocks übertrugen. „Ab 1979 stand ich auf die ganze NWOBHM-Szene", sagt Brian Slagel. „Ich habe Livecassetten und Demotapes mit Leuten auf der ganzen Welt getauscht. Der britische Heavy Metal begann mich zu interessieren, weil ein paar meiner europäischen Freunde sagten: ‚Hey, hier gibt's eine Band, die heißt Iron Maiden.' Sie packten mir ein paar von deren Songs ans Ende einer Cassette. Wenn man jemanden traf, dann empfahl der einem gleich eine neue Band, und so kam der Ball ins Rollen."

In Amerika lief es genauso. Ein paar erklärte Gläubige predigten die Frohe Botschaft der NWOBHM und sammelten mit viel Elan Nachrichten über neue Bands und Konzertaktivitäten. Die heiligen Themen der Headbanger verbreiteten sich über zerlesene Ausgaben des *Kerrang!* und hielten die Glaubensgemeinde zusammen. „Wir stritten die ganze Zeit über Fachfragen. Wir waren eine informierte Geheimgesellschaft", sagt Ron Quintana. „Wenn man jemanden aus England oder Europa kennen lernte, wie zum Beispiel Lars Ulrich, fragten wir denjenigen über jede einzelne Band aus: ‚Wie klingen Dragster? Wer steckt hinter Wrathchild?' Die meisten waren Scheiße, so wie Dragster, aber man war in einer Zeitung auf den Namen gestoßen und hatte gedacht, die wären heavy." Als Metalhead musste man außergewöhnlich engagiert sein, um an neue Musik zu kommen. „Nicht mal die Punks haben die englischen Zeitungen gelesen", sagt Quintana, „weil die Szene hier bei uns groß genug war. Die Metaller aber mussten sich anderswo umsehen, um harte Sachen zu finden."

Da es in Amerika kein echtes Pendant gab, war es an der Londoner Presse, nordamerikanische Bands in ihrer eigenen Heimat vorzustellen, so zum Beispiel die druckvollen Anvil aus Toronto und die hartgesottenen Twisted Sister aus New York. „Nur weil wir ziemlich oft in *Kerrang!* waren, wurden wir mit der NWOBHM in Verbindung gebracht", sagt Dee Snider. „Dann hatten wir den Durchbruch in England, und als wir wieder nachhause kamen, wurden wir ständig gefragt: ‚Wieso habt ihr denn keinen britischen Akzent?' Wie Hendrix, Joan Jett und die Stray Cats vor uns sind wir nach England gegangen, um zu Ruhm und Reichtum zu gelangen, und erst von dort aus starteten wir weltweit durch."

Nachdem *Kerrang!* positiv über Twisted Sister berichtet hatte, reiste ihr geschäftstüchtiger Gitarrist Jay Jay French nach England, um der Gruppe einen Plattenvertrag in Europa zu sichern. Diese unkonventionelle, aber notwendige Reise war ein Erfolg und führte dazu, dass auf *You Can't Stop Rock 'N' Roll* von 1982 ein stärkerer britischer Einfluss spürbar wurde. „Jay kam mit einer Cassette von Iron Maidens *Killers* zurück nach New York", erinnert sich Dee Snider, „und er hat sie mir gegeben, weil der Bassist Mark Mendoza und ich die Metalheads waren. Ich habe sie eingelegt und war sofort total hin und weg. Und dann wurde ich auch noch ein großer Fan von Saxon."

Spielte man 1980 in Los Angeles etwas, das auch nur entfernt nach Heavy Metal klang, ohne Van Halen zu sein ... galt man als Idiot. Obwohl sie unablässig die Vorzüge von Bikinis und Sportwagen priesen, lagen die Ursprünge selbst dieser Band, die als so archetypisch kalifornisch galt, in Europa. Eddie Van Halen und sein Bruder Alex waren aus Holland eingewandert und 1962 als holländisch sprechende Grundschüler nach Pasadena gezogen. Vielleicht entsprang die einfallsreiche musikalische Herangehensweise der beiden der Erfahrung, von einer Kultur in eine andere gewechselt zu sein.

In vielerlei Hinsicht stellten Van Halen das sportliche amerikanische Gegenstück zu Led Zeppelin dar und waren als Band eigentlich zu großspurig, um wahr zu sein. Mit ihren ersten vier Alben verbreiteten sie erfolgreich kalifornischen Sonnenschein und verkauften den wilden Hollywood-Lebensstil mit einer ausgelassenen Partystimmung, die ihr offensichtlich vorhandenes Talent nicht schmälerte. Das Maskottchen der Band, der akrobatische, löwenmähnige Sänger David Lee Roth, verband die unglaublichen Schreie eines Ian Gillan von Deep Purple mit dem lüsternen, unverblümten Gehabe eines Jim Dandy

Mangrum von Black Oak Arkansas. Obwohl Van Halen unschlagbar waren, hatten sie gewöhnliche Bedürfnisse, aßen weiterhin Hamburger und tranken kaltes Bier wie ganz normale Leute.

Es war der wunderbar fingerfertige Gitarrist Eddie Van Halen, der die Band über die Maßen aufregend machte. Seine technisch versierten, protzigen Soli, wie er sie beispielsweise bei „Eruption" zeigte, machten aus der Heavy-Metal-Gitarre eine äußerst komplizierte Wissenschaft. Anstatt nur Bluestonleitern das Griffbrett rauf und runter zu jagen, griffen Van Halen aus allen Richtungen an. „Ich war ein großer Fan von Van Halen, Judas Priest, Jimi Hendrix und Michael Schenker von UFO – Gitarristen mit einem ganz besonderen Gefühl", sagt George Emmanuel alias Trey Azagthoth, später Gitarrenheld bei Morbid Angel. „Damals war es angesagt, ziemlich extrem zu spielen. Eddie Van Halen hatte solche Wucht und so viel Gefühl – sein Sound und seine Art des Ausdrucks hatten etwas Elektrisierendes."

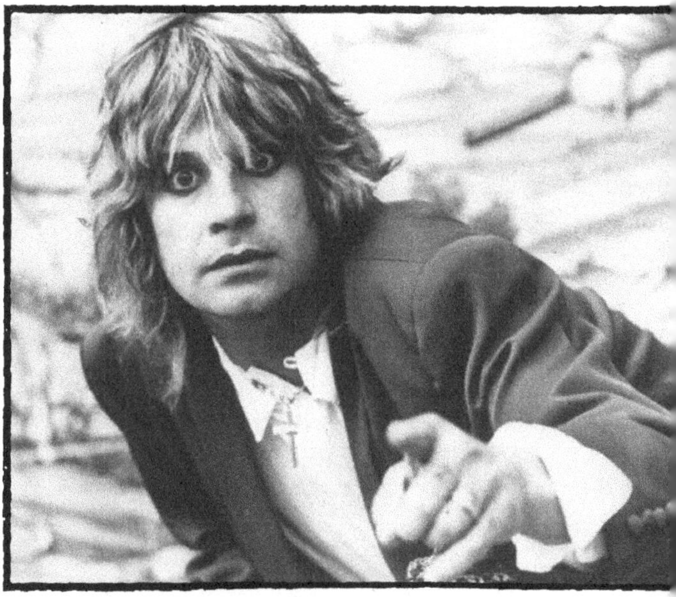

Ozzy Osbourne: der Madman des Metal *(Jet Records)*

Die wenigen anderen Heavy-Metal-Bands in Los Angeles versuchten ebenfalls, bodenständigem Heavy Metal hausgemachtes Showbusiness-Flair zu verleihen. Emsige kleine Fische wie Quiet Riot, Snow und Xciter ahmten die markerschütternden Hymnen von Judas Priests *British Steel* nach und verbeugten sich in Richtung Van Halen, wenn sie ihre eigenen Gitarrenhelden antreten ließen. Quiet Riot beschäftigten den geschmeidigen Solisten Randy Rhoads, Snow den hyperaktiven Carlos Cavazo, der Rhoads später bei Quiet Riot ablöste. Das Aushängeschild von Xciter war die faszinierende, melodische Leadgitarre von George Lynch, der später Dokken gründete.

Ozzy Osbourne, der in Los Angeles wohnte, seit er mit Black Sabbath 1976 dorthin übersiedelt war, schaffte den Brückenschlag zwischen den europäischen und amerikanischen Einflüssen. Nach seinem Abschied von Sabbath gelang ihm mit seinem Soloalbum *Blizzard Of Ozz* nach beinahe völliger Selbstzerstörung der Wiedereinstieg. Nach einer Reihe von ungünstigen Geschäftsabschlüssen pleite, rettete ihn die Beziehung zu Sharon Arden, der Tochter von Sabbath-

Manager Don Arden. Sharon brach mit ihrem Vater, um den alkoholkranken Rockstar zu managen, kaufte Osbourne von seinen vertraglichen Verpflichtungen frei, und das Paar fing bei null neu an.

Auf ihrer letzten Tour waren Black Sabbath von Van Halen in den Schatten gestellt worden – das hatte Ozzy offenbar tief beeindruckt. Auf *Blizzard Of Ozz* ahmte er Van Halens metallischen Rock mit dem grandiosen Gitarristen Randy Rhoads und den Studiomusikern Bob Daisley und Lee Kerslake nach. Ozzys Band steckte den rifflastigen Black-Sabbath-Stil ins Gewand eines melodischen, radiofreundlichen Kalifornien-Sounds, den sie 1980 auf zwei Alben verewigte, *Blizzard Of Ozz* und *Diary Of A Madman*, Letzteres nach einer Kurzgeschichte des russischen Schriftstellers Nikolai Gogol benannt. Viele frühere Black-Sabbath-Fans hörten nicht mehr hin, aber es gab eine neue Generation, die auf einen Neuanfang und eine ordentliche Ladung Härte wartete.

Mollakkorde und dunkler Metal fegten über Amerika, als *Back In Black* von AC/DC im November 1980 auf Platz vier der US-Charts kletterte. Das Album war eine lautstarke Auflehnung gegen den Rockstartod des langjährigen Sängers Bon Scott am 20. Februar 1980, der infolge übermäßigen Alkoholkonsums an Erbrochenem erstickt war. Scott, der sein Handwerk mit der Ausstrahlung einer derben Kneipendiva versehen hatte, war laut ärztlichem Bericht einem „Unfall mit tödlichem Ausgang“ zum Opfer gefallen, und nachdem sich das herumgesprochen hatte, schrieben Ozzy und Randy Rhoads ihm zu Ehren den Antialkoholsong „Suicide Solution“. Statt durch diesen Schicksalsschlag ruhiger zu werden, kamen AC/DC wütend um sich spuckend aus den Grabgewölben nach oben getobt. Zwar gab es Partyhymnen wie „You Shook Me All Night Long“, aber mit dem unheilvollen Läuten der „Hells Bells“ und dem schleppend langsamen „Rock And Roll Ain't Noise Pollution“ lag bei *Back In Black* die Betonung vor allem auf grollendem, donnerndem Heavy Metal. Leadgitarrist Angus Young jagte mit seinen Riffs der präzisen Rhythmusabteilung seines Bruders Malcolm immer einen Atemzug voraus – ein Zauberer von kleiner Statur, dessen einziges Werkzeug eine große Gitarre war, an der er alle Regler – außer dem für die Lautstärke – entfernt hatte.

Back In Black bewies, dass Heavy Metal ein bislang unerwartet großes Publikum ansprach. Wie sich herausstellte, gab es eine ganze Generation von Leuten, die von Disco die Nase voll hatten. Bot man ihnen etwas Heftigeres an, griffen sie schnell zu und hielten sich dran fest. Als das 1976 noch in Australien erschienene AC/DC-Album *Dirty Deeds Done Dirt Cheap* wiederveröffentlicht wurde, verkaufte es sich 1981 fünf Millionen Mal, und das Studioalbum *For Those About To Rock, We Salute You*, das später im selben Jahr entstand, ging drei

FRÜHER AMERIKANISCHER METAL

In den Achtzigerjahren entstand in Los Angeles eine lokale Hardrockszene, die sich im Namen von Van Halen gegen Disco zur Wehr setzte. Einige Bands legten ein sonderbares Bühnengebaren an den Tag, um die Monotonie zu durchbrechen – die meisten brutzelten in der Sonne, färbten sich die Haare blond und stürzten sich in Erwartung des großen Loses in ein Meer geklonter Clubgänger. In New York konnte niemand etwas mit Bands wie Riot oder Twisted Sister anfangen. Trotzdem war es wichtig, dass diese Bands mit der Welle aus England konkurrierten. Von ihrer ganzen Ausrichtung her war Ozzy Osbournes neue Band amerikanisch. Zusammen mit Van Halen trug er dazu bei, Aerosmith, Heart und dem Rest der Hardrock-Mitläufer Anfang der Achtzigerjahre den Hahn abzudrehen. Schon bald führten Mötley Crüe, Ratt und die *Metal Massacre*-Gang den Heavy Metal in eine vollkommen neue Richtung.

Heiße Rocker

- Lita Ford, *Out For Blood* (1983)
- Mötley Crüe, *Too Fast For Love* (1981)
- Ozzy Osbourne, *Blizzard Of Ozz* (1980)
- Ozzy Osbourne, *Diary Of A Madman* (1981)
- Quiet Riot, *II* (1979)
- Ratt, *Ratt* EP (1983)
- Riot, *Fire Down Under* (1981)
- Twisted Sister, *Under The Blade* (1982)
- Van Halen, *I* (1978)
- Van Halen, *Women And Children First* (1980)
- diverse Interpreten, *Metal Massacre* (1982)
- Y&T, *Earthshaker* (1981)

Millionen Mal über den Ladentisch. Während Eddie Van Halen die Sitcom-Schauspielerin Valerie Bertinelli heiratete und selbst den Rang eines gefeierten Stars erlangte, hatte AC/DC-Sänger Brian Johnson Probleme, bei seinen eigenen Auftritten an den Sicherheitskräften vorbeizukommen. Dennoch verkaufte sich *Back In Black* mit seinem rohen, irritierenden Sound während der folgenden zwei Jahrzehnte in Amerika beinahe zwanzig Millionen Mal – mehr als die ersten vier Van-Halen-Alben mit David Lee Roth zusammengenommen.

Mit Angus Young, der auf der Bühne eine Schuluniform trug und in einem grenzenlos wahnsinnig wirkenden Tanz über die Bühne zuckte und zappelte, wurden AC/DC zur überwältigenden Stadionband. Sie ersetzten Led Zeppelin, die sich aufgelöst hatten, nachdem ihr Schlagzeuger John Bonham am 25. September 1980 ebenfalls den Rockstartod gestorben und volltrunken an seinem Erbrochenen erstickt war. Bei beiden Bands spielte Blues in voller Lautstärke eine große Rolle, und obwohl sie nicht unbedingt sexy waren, griffen beide auf hormonell aufgeladenes Songmaterial zurück. Als Led Zeppelin im Lauf der Siebzigerjahre verblassten, wurden nun AC/DC zu der Brücke, über die unzählige Hardrockfans den Weg in die Heavy-Metal-Verdammnis fanden.

Für Amerikaner, die AC/DC live erlebt, die Fotos oder ein seltenes Video von Motörhead oder Saxon bei Auftritten in Europa vor tausenden von Fans gesehen hatten, stand außer Frage, dass Van Halen mit ihrem Gute-Laune-Rock nicht mithalten konnten. Ron Quintana, der mit der Suche nach in limitierter Auflage erschienenen Platten von kaum bekannten Bands alle Hände voll zu tun hatte, schrieb auf der Suche nach Brieffreunden an *Kerrang!*. „Ich wollte mich mit anderen Amerikanern vernetzen, die auch auf Heavy Metal standen", sagt er, „mehr als auf Ted Nugent oder auch nur den ganzen typischen Lynyrd-Skynyrd-Hardrock, auf den hier sonst alle abfuhren. An eine englische Zeitung zu schreiben war die einzige Möglichkeit, um mit anderen hippen Amerikanern in Kontakt zu kommen und Metal-Demos und Bootlegs zu tauschen. Mein Brief wurde in der *Kerrang!*-Ausgabe Nummer vier abgedruckt. In diesem Sommer bekam ich im Schnitt zehn oder zwanzig Briefe täglich – da war jeder Tag wie Weihnachten. Ich bekam unglaubliche Päckchen mit unglaublichen Bands, von denen niemand je etwas gehört hatte."

Mit neuen Aufnahmen überschüttet, erweiterte Ron Quintana seine lange, fotokopierte Tauschliste um Fotos und ausführlichere Besprechungen neuer Platten und Bands. Sechs Monate, nachdem sein Notsignal in *Kerrang!* erschienen war, hatte sich diese Liste von der einfachen Bestandsaufnahme eines Sammlers in ein voll ausgereiftes Fanzine mit Liveberichten und einleitenden Texten des Herausgebers verwandelt. Bei der Suche nach einem Namen entschied sich Quintana unter einer Vielzahl anderer Möglichkeiten für *Metal Mania*. „Ich wollte mein Magazin eigentlich *Metallica* nennen", erzählt er, „aber Lars Ulrich wollte den Namen lieber für seine Band haben, also habe ich ihn ihm überlassen."

Quintanas Freund Lars Ulrich, ein Anfänger am Schlagzeug, hatte kürzlich begonnen, mit dem Gitarristen James Hetfield zu jammen. Ihren neuen Bandnamen „Metallica" hatten sie von *Encyclopedia Metallica* abgeleitet – dem einzigen damals erhältlichen Nachschlagewerk zu Hardrock und Heavy Metal. Metallica klang deutlich besser als die Namen, die Hetfield zuvor seinen anderen Ensembles gegeben hatte: Leather Charm und Phantom Lord. Nicht dass das eine große Rolle gespielt hätte – die Aktivitäten der Gruppe beschränkten sich auf das Herunterspielen klobiger Diamond-Head-Coverversionen in Ulrichs Jugendzimmer, wenn Hetfield abends vorbeikam, um sich LPs aus Ulrichs umfassender Sammlung auf Cassette zu überspielen.

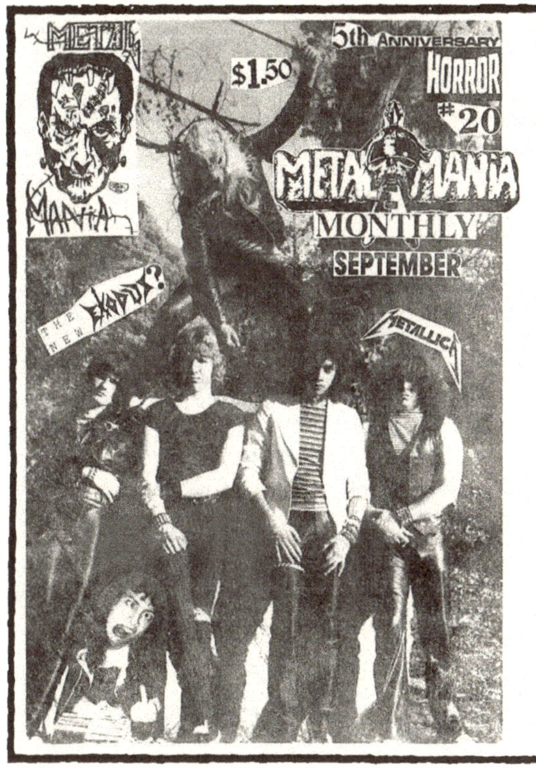

Das Fanzine *Metal Mania*

Im August 1981 startete der Plattenladenverkäufer und Radiomoderator Brian Slagel in Los Angeles das Fanzine *New Heavy Metal Revue*, das lokale Bands und NWOBHM-Platten rezensierte, die er gespielt und importiert hatte. „Slagel hat mit seinem Magazin echt gute Arbeit geleistet", meint Ron Quintana, „aber die Szene in L. A. war so mies, dass er musikalisch nicht viel fand, womit er arbeiten konnte." Das Elend vor Ort wurde nur gelegentlich und kurzfristig durch Konzerte gemildert, wie zum Beispiel im August 1981 beim ausverkauften Gastspiel der einflussreichen Rock-Metal-Band UFO, in deren Vorprogramm Iron Maiden vor vierzehntausend Fans in der Long Beach Arena auf der Bühne standen.

Slagels Plattenladen bildete einen großen Anziehungspunkt auf die Metalheads der Region, und so entstand dort unter den vormals isolierten Metal-Ratten ein Netzwerk an Beziehungen. „Ein paar Typen kamen rein und erzählten mir von Bands hier vor Ort", sagt Slagel. „Davor gab es nur Van Halen und Quiet Riot. Nun hörte ich von Mötley Crüe und Bitch, und ich sah mir die dann an. Endlich gab es eine Metal-Szene in L. A. – das war irgendwie kaum zu glauben. Wir haben angefangen, im Fanzine darüber zu berichten, und ich habe auch viele dieser Bands im Radio gespielt. Allmählich kam die Sache ins Rollen; schließlich habe ich auch Auftritte in den Clubs hier in der Gegend organisiert."

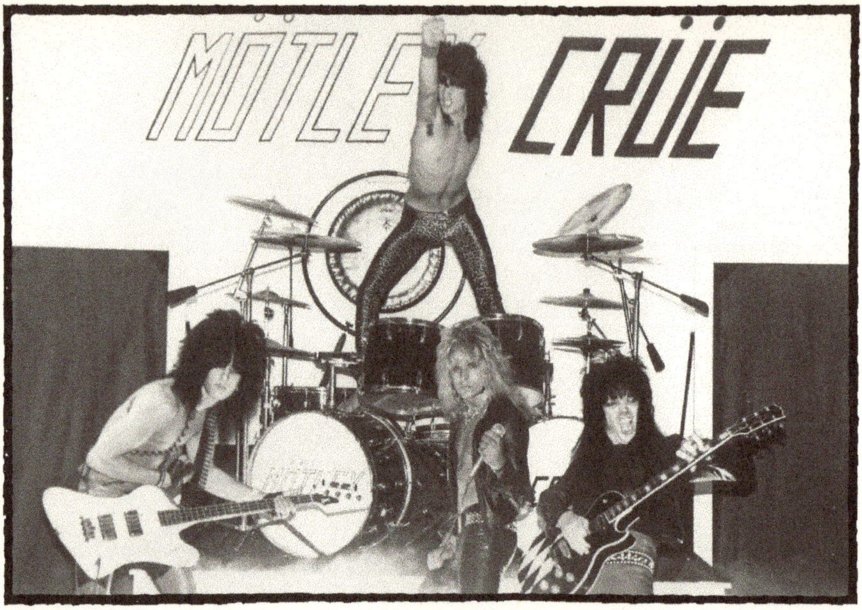

Mötley Crüe im *Square One (Coffman & Coffman Productions)*

Bald entwickelte sich eine Clubszene in Los Angeles, die mit dem, worüber *Kerrang!* aus London berichtete, mithalten konnte. Jeden Mittwochabend spielten Mötley Crüe und Ratt im *Troubadour* in Hollywood; der Eintritt kostete einen Dollar. Anders als die melodischen Rocker Van Halen waren die neuen Heavy-Metal-Clubbands mit dem rasend schnellen und donnernden Sound von Iron Maiden vertraut. „Diese ganzen Bands – Ratt und Steeler und Mötley Crüe – haben echt heavy angefangen", erklärt Slagel. „Besonders Ratt – die waren im Prinzip wie Judas Priest. Sie trugen alle Schwarz, und zwei Typen spielten Flying-V-Gitarren. [Der spätere Ozzy-Mitstreiter] Jake E. Lee war in der Band. Schließlich haben sich diese Bands irgendwie zu dieser Hardrock-Metal-Geschichte entwickelt."

Auftrieb erhielt die Szene besonders durch die punkigen Mötley Crüe mit ihrer wilden, okkult angereicherten Bühnenshow, bei der Bandleader und Bassist Frank Ferrano alias Nikki Sixx großzügige Mengen an Blut, Rauch und Feuer zum Einsatz brachte, was er den früheren Schockrockern Alice Cooper und Kiss abgeschaut hatte. Sixx gab später zu, einiges von Sister übernommen zu haben, einer Band der Metal-Anfangstage, deren Frontmann ein gewisser Steven Duren gewesen war, den man inzwischen als Blackie Lawless von W.A.S.P. kannte. „Unser Logo war ein Pentagramm, und ich zündete mich immer an", sagt Lawless. „Als wir beschlossen, dass ich so was nicht mehr machen sollte, kam Nikki Sixx zu mir und fragte, ob es mich stören würde, wenn er diese Sachen übernähme. Ich sagte: ‚Nein, nein, mach nur, ist dein Ding.' Aber ich hab ihn vor beidem gewarnt."

Die frühen Mötley Crüe besaßen die Monstrosität von Kiss, die ausweglose Energie der Plasmatics und die Umlaute von Motörhead. Sie stellten eine ernsthafte Konkurrenz für die englischen Bands dar, und die Metalheads vor Ort kamen scharenweise, um sie zu unterstützen. „James Hetfield führte mich an Mötley Crüe heran, weil er total auf die stand", sagt L.-A.-Headbanger Katon W. DePena. „Wir sind ständig zu den Konzerten gegangen. Für so eine Haarsprayband waren die echt gut."

Im Zuge der wachsenden Popularität des Heavy Metal wurden auch die ersten beiden Soloalben Ozzy Osbournes vergoldet, obwohl sie ursprünglich von einer ganzen Reihe desinteressierter Plattenfirmen abgelehnt worden waren. Zwei Vorfälle trugen dem liebenswerten Sänger schon bald landesweit berüchtigte Berühmtheit ein. Erstens biss Ozzy bei dem Versuch, sein neues Label CBS zu beeindrucken, einer lebendigen Taube während einer Vorstandsversammlung 1981 den Kopf ab. Dann, im Januar 1982, aß er den Kopf einer Fledermaus, die von einem Fan in Des Moines, Iowa, auf die Bühne geworfen worden war. Ozzy musste wegen dieses bizarren Einfalls einige Tollwutspritzen in den Bauch über sich ergehen lassen, erbte allerdings dafür von Alice Cooper den Thron des Top-Buhmanns im Rock. Zuvor waren die Geschichten vom „Acid Rock" Schulhofmythen gewesen, die man hinter der Schulkantine beim heimlichen Zigarettenrauchen erzählte, um anzugeben. Unbestätigte Gerüchte, dass Cooper einen Eimer voll LSD-angereicherten Schleims getrunken oder dass sich Angus Young von AC/DC mit einer Gibson SG aufgespießt habe, setzten die Maßstäbe der Rockmystik. Durch seine Beiß-Eskapaden wurde Ozzy Osbourne zum bereitwilligen Vertreter für Rockstarwahnsinn und erwarb sich die entschlossene Loyalität der Heavy-Metal-Außenseiter.

Eltern fühlten sich durch Ozzys Ruf abgestoßen, dabei war seine Musik nach Black Sabbath sehr viel freundlicher als sein Image. Er hoffte noch immer auf Frieden, ein unmodernes Ansinnen in der Reagan-Thatcher-Ära, und in „Crazy Train" äußerte er sich mitfühlend über die „heirs of a Cold War, that's what we've become". Junge Teenies vertrauten Ozzys weiser Stimme in Songs wie „Goodbye To Romance" oder „Over The Mountain", und sie vergötterten das angenehme Songwriting und die Gitarrensoli von Randy Rhoads, dessen Markenzeichen nicht Pentagramme, sondern große Tupfen waren. Dieser verrückte Abstecher in Ozzys Karriere endete jedoch tragisch, als der begabte fünfundzwanzigjährige Rhoads während der *Diary Of A Madman*-Tour im März 1982 bei einem Flugzeugunglück starb. Der Pilot verlor die Kontrolle, als er versuchte, den Ozzy-Tourbus zu überfliegen, und raste in ein nahe stehendes Haus. Der Verlust war verheerend und wirkte sich auf Ozzys bereits angeschlagene Psyche traumatisch aus.

Im Heavy Metal gab es wenige Künstler, die über Nacht erfolgreich wurden. Wer sich aber traute, Neuland zu betreten, erhielt schließlich seinen gerechten Lohn. Unterstützt durch ausgedehnte Tourneen kamen 1982 die Alben *Screaming For Vengeance* von Judas Priest, *Number Of The Beast* von Iron Maiden und *High 'n' Dry* von Def Leppard in die amerikanischen Charts. Flankiert von den deutschen Scorpions, deren *Blackout* die *Billboard*-Top-Ten knackte, bewirkten diese marodierenden englischen Bands nur ein leichtes Beben in der Popmusikszene, aber in ihrem Erscheinen lag der Ursprung einer sehr viel großartigeren Entwicklung. Die eingefleischten Heavy-Metal-Fans bekamen das ansteckende Gefühl, dass die Musik von Tag zu Tag an Bedeutung gewann. „Im Verlauf der Achtzigerjahre ist die Szene einfach explodiert", sagt Rob Halford von Judas Priest. „Als die Amerikaner erst mal von dieser britischen Geschichte Besitz ergriffen hatten und ihr ihren eigenen Stil und ihre eigene Herangehensweise verpassten, setzte sich der Sound weltweit durch."

Angeregt durch die zunehmenden Aktivitäten und die Do-it-yourself-Botschaft der Platten des NWOBHM-Zeitalters, machte sich der Herausgeber der *New Heavy Metal Revue*, Brian Slagel, daran, mit *Metal Massacre* die erste LP seines brandneuen Labels Metal Blade Records zu produzieren. „Ich rief die Vertriebsleute an, mit denen ich im Plattenladen arbeitete", sagt er, „und fragte sie, wenn ich eine Compilation mit Metal-Bands zusammenstellen würde, ob sie die verkaufen würden." Nachdem ihm seitens der Geschäftspartner Unterstützung zugesichert worden war, verpflichtete Slagel örtliche Bands, für die er Auftritte gebucht hatte, darunter Ratt, Malice und Steeler. Er schickte auch ein paar unbekannte Pferdchen ins Rennen, die bisher nur selbst aufgenommene Democassetten vorzuweisen hatten, wie Pandemonium aus Alaska und die merkwürdigen Cirith Ungol aus Ventura, Kalifornien.

Auch Mötley Crüe hätten beinahe etwas zu dem Wohnzimmersampler beigetragen. „Ich habe eine Menge Shows für sie gebucht", sagt Slagel. „Sie hatten einen Song für die Platte fertig, aber als wir den Sampler endlich in Angriff nahmen, ging *Too Fast For Love* [das in Eigenregie veröffentlichte Debüt der Band] schon richtig ab. Ihre beiden Manager kamen eines Tages ins Haus meiner Mutter und fragten: ‚Wir haben hier neunhundert Pressungen von diesem Mötley-Crüe-Album. Was machen wir denn am besten damit?' Ich habe sie zu einem Vertrieb geschickt, und der Rest ist Geschichte." Angekurbelt durch eine anzügliche Fotostrecke in der Zeitschrift *Oui* (eine Ehre, die im selben Jahr auch Motörhead zuteil wurde), verkaufte sich *Too Fast For Love* zwanzigtausendmal in sechs Monaten, was zu einem Vertrag mit Elektra Records und einer Platzierung auf Nummer einhundertsiebenundfünfzig der *Billboard*-Albumcharts führte.

Um die letzten noch offenen Minuten auf *Metal Massacre* zu füllen, erklärte sich Slagel bereit, einen Beitrag des jungen Metal-Enthusiasten Lars Ulrich anzunehmen. „Mein Freund John Kornarens und ich lernten Lars 1982 bei einem Auftritt von Michael Schenker im *Country Club* kennen", sagt Slagel. „John stand nach dem Gig auf dem Parkplatz und sah da einen Jungen mit einem europäischen Tour-T-Shirt von Saxon. So was hatten wir noch nicht gesehen. Er sagte, er sei gerade erst aus Dänemark hierher gezogen und er würde total auf Metal abfahren. Am nächsten Tag sind wir alle bei Lars zuhause gelandet und wurden Freunde. Er schien ungefähr sechzehn zu sein, ich war neunzehn, und John war zwanzig. Wir klapperten ständig alle Plattenläden ab und suchten stundenlang nach britischem Metal."

Obwohl er überzeugt war, dass Ulrich Geschmack besaß und über einen breiten Kreis an Kontakten verfügte, wusste Slagel nicht einmal genau, ob der junge Däne überhaupt eine Band hatte. „Das war echt komisch. Er war einfach ein irrer junger Typ, und er hatte ein Schlagzeug in seinem Zimmer, das eigentlich gar nicht ganz aufgestellt war. Er hatte eine Weile mit James Hetfield rumprobiert, aber da passierte nichts. Als er sagte, dass er eine Band gründen würde, dachten alle: ‚Ja klar, Lars, sicher.'"

Das Paar Hetfield und Ulrich repräsentierte den Zusammenschluss zweier typischer Metalhead-Charaktere. James Hetfield war ein Einzelgänger aus der Mittelklasse, der sich still einem brutalen häuslichen Trott widersetzte – einer ständigen Herausforderung für seinen freien Willen. Er wuchs in Downey auf, einem allmählich verödenden industriellen Vorort von Los Angeles, besuchte eine Privatschule und bekam Klavierstunden. Die Hetfields waren Christian Scientists, und James verglich sein Leben daheim mit dem Aufwachsen in einem Dampfkochtopf. Er bekam Entschuldigungen für den Biologieunterricht an der Highschool, weil seine Eltern befürchteten, er könne zu viel über seinen Körper erfahren. Als Mrs. Hetfield, eine ehemalige Opernsängerin, 1979 an Krebs erkrankte, lehnte sie medizinische Hilfe ab und starb – James blieb ohne emotionale Unterstützung zurück. Auf der Junior High entdeckte er Ladendiebstahl als neues Hobby und führte ellenlange Listen seiner Beutestücke, bis er – zur Erleichterung der Drogerien in seiner Umgebung – seine Geschicklichkeit aufs Gitarrespielen verlagerte.

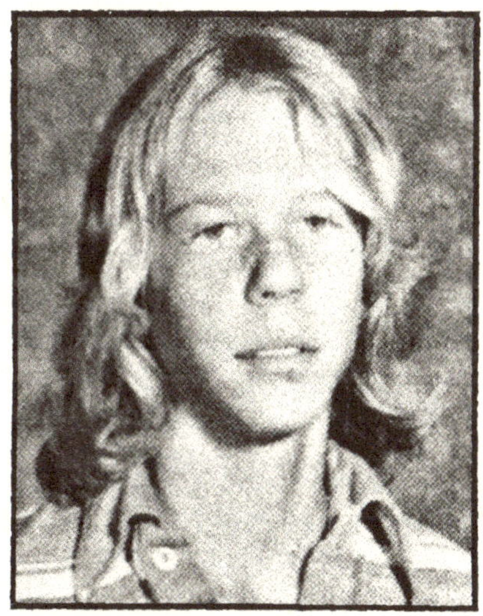

James Hetfield – noch vor den Zeiten von Leather Charm

Lars Ulrich andererseits war ein privilegierter Sprössling, dessen eigene Ansprüche ihm verboten, sich profanen, normalen Teenagerbeschäftigungen hinzugeben. Ulrichs Familie verließ ihre Heimatstadt Gentofte in Dänemark Ende 1980 und ließ sich im kalifornischen Newport Beach nieder, einer Ortschaft im Umland von Los Angeles, die sich durch einen besonders hohen Anteil sonnengebräunter Ferrari-Fahrer auszeichnete. Von dort aus reiste sein Vater, Torben Ulrich, oft zu Weltklasse-Tennisturnieren, zu Worldcup oder Daviscup, und es sah zunächst so aus, als würde der junge Ulrich dieselbe Laufbahn einschlagen. Lars, der als Teenager in Dänemark ein konkurrenzfähiger Tennisspieler gewesen war, geriet allerdings völlig ins Hintertreffen, als er gegen die kalifornischen Sportskanonen antreten musste.

Nach dem Scheitern seiner Sportlerkarriere widmete Lars Ulrich seine Begeisterung dem Heavy Metal – vor allem den besonders heftigen Spielarten. Da er in seiner Kindheit seinen Vater oft zu internationalen Turnieren begleitet hatte, dachte sich Ulrich nichts dabei, 1981 nach England zu fliegen, um sich ein paar Auftritte seiner Idole Diamond Head anzusehen. Er stellte der Band nach und wurde unglaublicherweise eingeladen, zwei Monate bei den Eltern des Sängers Sean Harris zu wohnen. Ulrich, der damals einige schlecht zusammenpassende Schlagzeugteile besaß, aber kaum schon als Musiker zu bezeichnen war, beobachtete die Band tagelang bei weniger glamourösen Tätigkeiten wie Proben und Songschreiben.

Später folgte Ulrich Motörhead durch Amerika. Er kannte kaum Grenzen, wenn es darum ging, nicht nur die glorreichen Momente, sondern auch die winzigen Details der von ihm geliebten Metal-Bands begierig in sich aufzusaugen. „So ist er", meint Ron Quintana, der sich gut an den Fanatismus seines Freundes erinnert. Ulrich war so vollständig von Heavy Metal besessen, dass er ihn zu seinem Lebensinhalt machte – die nächsten Jahrzehnte verbrachte er nicht nur damit, Metal zu spielen, sondern auch neue Wege zu finden, seine Begeisterung für diese Musik den Menschen weltweit in den Kopf zu hämmern.

Mit *Metal Massacre* gab es nun einen konkreten Ansporn für Ulrich und Hetfield, Mitspieler für Metallica zu suchen und tatsächlich eine Band zu gründen. Zwar hatten die beiden bereits früher einmal darüber gesprochen, aber Hetfield war nicht völlig von Ulrich überzeugt gewesen. Im Januar 1982 rekrutierten sie den jamaikanischen Headbanger Lloyd Grant für die Leadgitarre auf „Hit The Lights", einem Song, den sie von Hetfields voriger Band Leather Charm übernommen hatten. „James bekam die Leadgitarre nicht richtig hin", sagt Slagel, „und Lars kannte Lloyd, der ein ziemlich guter Gitarrist war, also holte er ihn für die Aufnahme dazu."

Zwar war mit Metallica als Band noch nicht viel Staat zu machen, aber sie stellten ihre Aufnahme fertig – wenn auch nur mit knapper Not. „Natürlich waren sie die letzte Band, von der ich einen Song bekam", sagt Slagel. „Ich glaube, sie haben ihn zwei Abende, bevor wir die Platte gemastert haben, aufgenommen." Slagel, der sich vom Fan zum Fanzineautor und von dort zum aufstrebenden Plattenfirmenmogul entwickelte hatte, ließ mehrere tausend Stück von *Metal Massacre* pressen. Das Geld dafür hatte er durch seine Arbeit bei Sears verdient und von seiner Tante geborgt. Schon bald führten alle kleinen Metal-Läden in Amerika *Metal Massacre* neben den verführerischen Importwaren, die dort regelmäßig in Form von Überlebenspaketen aus Übersee ankamen.

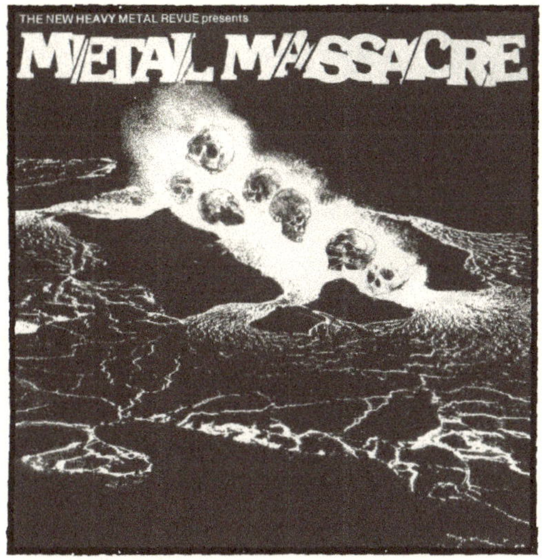

Metal Massacre

Metallica hatten jetzt einen Song auf Platte, aber noch keine Liveauftritte absolviert. Grant, das einzige Mitglied mit halbwegs ausgereiften musikalischen Fähigkeiten, verabschiedete sich wieder. In dieser Zeit verbrachte die Band die Tage oft im Metal-Wahn. „Damals, als Lloyd Grant noch in der Band war, machte Metallica echt Spaß", sagt der Headbanger Katon DePena, der in dem Haus abhing, in dem James Hetfield und der Metallica-Bassist Ron McGovney wohnten. „Wir gingen immer in einen Plattenladen, Middle Earth, und kauften ausschließlich Importe – Saxon, Motörhead, Riot, Angel Witch, Anvil, Satan, Trust, Tank, sogar das erste Def-Leppard-Album. Trotzdem dachten wir, wir könnten das selbst noch ein bisschen besser und härter."

Wenn das Konzerterlebnis mit einem Hochamt vergleichbar war, dann waren die verstreuten spezialisierten Plattenläden die Kapellen an den Wegrändern der Metal-Welt. Im Record Vault in San Francisco traf sich die Metal-Gang, die sich um das *Metal Mania*-Magazin und das harte Programm des Radiosenders KUSF geschart hatte. In London war es die Boutique Shades am St. Anne's Court, in der Tom Warrior von Hellhammer auf einer touristischen Pilgertour auf die erste Single von Venom stieß. In Tokio gab es die Läden The Black und Metal Kids. Diese Schlupflöcher versorgten die Headbanger mit lebensnotwendigen Dingen: Hier gab es *Kerrang!*, Nietenarmbänder, faszinierende britische Importe und Picture-Discs von Accept, Oz, Mercyful Fate und Earthshaker. „Ganz früher war Record Exchange in Walnut Creek in Kalifornien der härteste Laden in den Staaten, so weit ich weiß", sagt Ron Quintana. „Ich glaube, ich habe das erste *Kerrang!* da gekauft. Als ich Lars Ulrich kennen lernte, sind wir da hingegangen und haben uns den Laden angesehen. Wir haben die Leute da ganz schön erschreckt – die konnten kaum glauben, dass jemand so viel über Metal wusste. Wir haben sie dazu gebracht, lauter komisches Zeug zu bestellen, und dadurch kam der Ball ins Rollen."

Im Februar 1982 war *Kerrang!* so beliebt, dass die Herausgeber nicht mehr nur monatlich, sondern sogar zweiwöchentlich eine neue Ausgabe veröffentlichten. *Kerrang!* wurde zum kulturellen Kitt, der die vereinzelten amerikanischen Metalheads zusammen- und bei Laune hielt. Selbst ein Junge aus Downey wie James Hetfield, der niemals außer Landes gereist war, benutzte inzwischen hin und wieder britische Ausdrücke und nannte die Fans beispielsweise „punters" – ein Wort, das im *Kerrang!* die Headbanger in den ersten Reihen bezeichnete.

Die noch unausgeformten Metallica gaben sich alle Mühe, „ein bisschen besser und härter" zu werden, und durchliefen in den ersten Monaten eine Reihe personeller Veränderungen, als sie im Vorprogramm lokaler Hoffnungsträger wie Roxx Regime, die später als Stryper bekannt wurden, spielen durften. Bei einem der frühen Metallica-Konzerte in Costa Mesa, Kalifornien, probierten sie es mit einer Besetzung aus fünf Personen, zu der auch die Gitarristen Dave Mustaine und Brad Parker alias Damian C. Phillips gehörten. Hetfield übernahm den Leadgesang. Wie der Bassist Ron McGovney *Shock Waves* mitteilte, endete das Experiment, als Phillips sich rasch als ungeeignet für den Job erwies. „Während James, Lars und ich uns anzogen, um auf die Bühne zu gehen, hörten wir ein Gitarrensolo, also schauten wir über das Geländer vom Umkleideraum und sahen Brad ganz allein auf der Bühne, wie er einfach auf seiner Gitarre loslegte! Das war der erste und letzte Metallica-Auftritt mit Damian C. Phillips."

Phillips tauchte später bei den Lippenstift-Glamrockern Odin wieder auf, aber trotz solcher Fehltritte stand die Ampel für Metallica grell leuchtend auf Grün. Die Besetzung der Band festigte sich rund um Lars Ulrich, James Hetfield, Ron McGovney und Dave Mustaine. Innerhalb eines Jahres hatte sich Ulrich von einem außergewöhnlichen Fan zum Schlagzeuger einer aufstrebenden Heavy-Metal-Macht gemausert, und Bootleg-Aufnahmen von Metallica-Konzerten kursierten nicht nur an der Westküste, sondern sogar auf der anderen Seite des Großen Teichs, in Europa. Schon bald nach der Veröffentlichung von *Metal Massacre* im Juni 1982 konnte Lars Ulrich nach einer Party bei Dave Mustaine zuhause den Verlust seiner Jungfräulichkeit vermelden.

Für Brian Slagel brachte der *Metal Massacre*-Schachzug eine andere Art von Erfolg. Die erste Pressung von viertausendfünfhundert Exemplaren war nach einer Woche komplett ausverkauft – die Fans rissen sich um eine Platte, auf der ein Dutzend beinahe unbekannter regionaler Bands vertreten war. Slagel hatte den Geschmack des erwachenden Heavy-Metal-Publikums richtig erraten; er hatte dessen Ausmaße sogar noch unterschätzt. Seine Auswahl stellte mit Sicherheit die Crème der noch ungehobenen Schätze dar. Die meisten davon – Ratt, Ron Keel und Yngwie Malmsteens Band Steeler, Malice, Black 'N Blue, sogar die schlichten Metallica – unterschrieben letztlich Plattenverträge bei Majorfirmen. (Ratt und Steeler wurden deshalb von den folgenden *Metal Massacre*-Pressungen entfernt, und auch die inzwischen erfahreneren Metallica ersetzten ihr Stück durch eine neuere Version von „Hit The Lights", die sie mit Mustaine aufnahmen.)

In diesem Stadium erwarteten die Metal-Fanatiker nicht, mit ihrer Do-it-yourself-Musik Geld zu verdienen, und Slagel besaß nicht die finanziellen Möglichkeiten, um die wachsende Szene zu managen. „Alle Vertriebe riefen bei mir an und verlangten Nachschub, aber ich hatte kein Geld und wusste nicht, was ich tun sollte", sagt er. „Wir hatten ein Treffen mit einem Typ, der die Dixie Dregs managte, und er hatte einen Labelvertrag mit RCA. Wir bekamen nie Geld, es war einfach ein Albtraum. Ich hatte nicht den blassesten Schimmer, was ich da tat. Ich war bloß ein einundzwanzigjähriger Typ, der die ganze Sache toll fand."

Slagel machte sich daran, seinen Erfolg 1982 mit der Compilation *Metal Massacre II* zu wiederholen. Wieder führte er kalifornische Bands wie Warlord, Savage Grace und Trauma mit abseitigeren Gruppen wie Aloha aus Hawaii zusammen, bei denen der spätere Gitarrist von Megadeth, Marty Friedman, mitspielte. Slagel hoffte, die Platte mit einem Stück der mystischen dänischen Truppe Mercyful Fate krönen zu können, aber als deren Management wechselte, riss der Kontakt ab. Stattdessen wandte er sich an die in Leder gekleideten Armored Saint vor Ort, die mit dem aufrüttelnden „Lesson Well Learned" an den Start gingen.

Metallica entwickelten sich ebenso schnell weiter und nahmen im Juli 1982 „No Life 'Til Leather" auf, ein Demoband mit den Songs „Hit The Lights", „Mechanix", „Motorbreath", „Seek & Destroy", „Metal Militia", „Jump In The Fire" und „Phantom Lord". Der Sound war grell und ruppig und verströmte eine Energie, die gründlich mit den traditionellen Vorstellungen von Melodie und Schönklang aufräumte. Hetfields Stimme und die Gitarrensoli von Dave Mustaine klangen aggressiv und manisch. Die Stücke wirkten wie eine schnellere, heftigere, jüngere amerikanische Version des Sounds, den die Briten von Diamond Head geprägt hatten. Obwohl Metallica noch nicht über die fließende Kraft verfügten, die zu ihrem Markenzeichen werden sollte, bewies das Tape, dass sie inzwischen spielen gelernt hatten. Es erntete zudem den Beifall der Fans, die scharf auf eine Weiterentwicklung der NWOBHM waren.

„No Life 'Til Leather" ebnete Metallica den Weg über die Stadtgrenzen hinaus und führte zu ihrem ersten Auftritt in San Francisco am 18. September 1982. Bei einer Show für die Promotion von *Metal Massacre* begegnete die Band, die in Los Angeles ruhig ihr eigenes Ding durchgezogen hatte, plötzlich Leuten, die Cassetten tauschten und das Metallica-Tape bereits kannten. „Metallica, Bitch und Cirith Ungol sollten spielen", sagt Brian Slagel, „aber Cirith Ungol sagten in letzter Minute ab. Als Metallica auf die Bühne kamen, war das magisch. Die Menge war nicht mehr zu halten, und die Band rastete einfach aus. Sie hatten

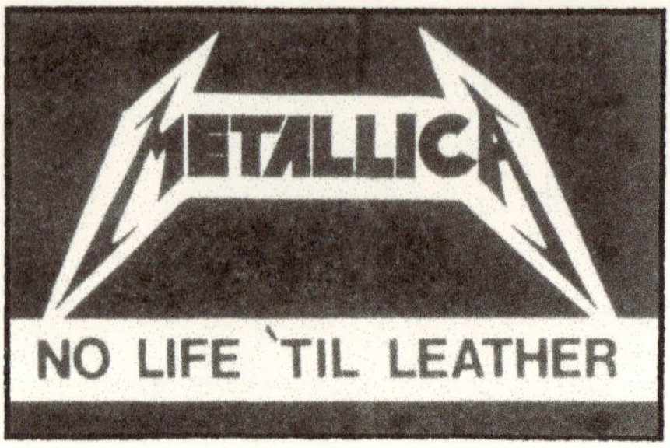

Demo-Hülle von „No Life 'Til Leather"

in L. A. ein paar Fans, aber so etwas hatten sie noch nicht erlebt. Es war unglaublich. Das war der Punkt, an dem mir klar wurde, dass sie L. A. verlassen mussten."

Im Vergleich zu Los Angeles, das letztlich den Futtertrog der Musikindustrie darstellte, bildete San Francisco eine kulturelle Insel und ein kreatives Paradies. Die Stadt wies eine höhere Dichte an Clubs, Plattenläden und Radiosendern auf, und überall dort arbeiteten Freunde, die bestrebt waren, harte Sachen noch ein wenig mehr anzuschieben. So, wie die Bands der NWOBHM den zerfransten britischen Hardrock entwirrten, so übernahmen Bands wie Trauma und Exodus freudig den Vorsitz über die Auslöschung der Bay-Area-Waschlappenrocker Starship und Journey. Jeff Hanneman von Slayer sagt: „Als wir das erste Mal Exodus hörten, waren wir überrascht, dass es eine Band gab, die irgendwie so klang wie wir, die dieselbe Art von Musik spielte. Ich war total aufgeregt, als wir das erste Mal in Frisco spielten, weil da tatsächlich jemand einen ähnlichen Stil draufhatte."

Im Rückblick erscheint es fast unwahrscheinlich, dass die pickeligen Jeansjackenträger Metallica eine solche Akzeptanz in Los Angeles erreichten, wo das Showbusiness immer mehr zählte als musikalisches Können. Das extremste Beispiel waren W.A.S.P., deren dröhnender Schockrock in einer Bühnenshow präsentiert wurde, zu der Folterinstrumente, aufgespießte Schädel und mehr Feuer, Rauch und Lichter gehörten, als an Halloween bei den Munsters im Wohnzimmer zu finden war. „Bevor wir erfolgreich wurden, hatte mein Dad ein Baugeschäft", erklärt der Bandleader Blackie Lawless, „und daher arbeitete ich, als ich nach Kalifornien zog, für eine Spezialeffektefirma und baute Nebelmaschinen und Feuertechnik. Eine Menge davon ist in die Show eingeflossen. Da ich Informationen aus erster Hand besaß, wusste ich, was möglich war und was nicht. Besonders, was den explodierenden Hosenlatz und so ein Zeug anging."

Das Erscheinungsbild von Metallica, ohne Make-up oder explodierende Hosenlätze, verweigerte sich einem bestimmten Image. Sie blieben bei Lederjacken, Jeanswesten, T-Shirts und dem einen oder anderen Nietengürtel. Metallica sahen aus wie die Headbanger in der ersten Reihe eines Iron-Maiden- oder Judas-Priest-Konzerts. Ihre Anstecker und Aufnäher entsprachen dem klassischen Image des Metal-Fans, nicht dem des extravaganten Rockstars. Plötzlich gab es in L. A. eine aufregende Metal-Szene – Mötley Crüe, Ratt, Quiet Riot und Dokken sicherten sich alle bis Ende 1982 Plattenverträge bei Majorfirmen. Die Ironie war, dass Metallica, welche die Werbetrommel dafür gerührt hatten, nicht in die neue Umgebung passten.

Der entscheidende Faktor für den Weggang von Metallica aus Los Angeles war jedoch der Wunsch, Ron McGovney durch den drahtigen und kraftvollen Bassisten Cliff Burton zu ersetzen. Burton, ein in den Siebzigerjahren hängen gebliebener Typ mit langen glatten Haaren und Schlaghosen, spielte bei Trauma, einer Band aus San Francisco, die auf *Metal Massacre II* vertreten gewesen war. „Trauma machten ziemlich astreinen Hardrock", sagt Ron Quintana, „und sie hatten einen merkwürdig aussehenden Bassisten [Burton], der echt gut war. Sie trugen passende Outfits und hatten sich bei Judas Priest Gesten wie dieses Gitarrenschwingen abgeschaut. Das Gitarristenpaar und der Sänger trugen handgefertigte Blitze auf ihrem Leder. Cliffs Outfit wirkte stets, als käme er gerade von der Haight Street, aber die anderen drei sahen einer wie der andere aus. Wir fanden sie cool, wenigstens war das kein Pop-Glam-Scheiß."

Burton mochte den bodenständigen, aggressiven Ansatz von Metallica. Nach monatelangem Überreden erklärte er sich am 28. Dezember 1982 bereit, von Trauma zu Metallica zu wechseln, jedoch unter der Bedingung, dass er sich nicht von Familie und Freunden in der Bay Area würde trennen müssen. Sechs Wochen später kam der Berg bereitwillig zum Propheten. Ulrich, Hetfield und Mustaine schleppten ihren Kram in den Norden Kaliforniens und verstauten ihre Marshall-Verstärker und Cassettensammlungen in einem schon bald sehr ramponierten Haus in El Cerrito, das sie sofort mit Postern von Michael Schenker, UFO und Motörhead sowie Werbetransparenten für verschiedene Billigbiersorten dekorierten.

Auch für eine so ehrgeizige Band wie Metallica war es wagemutig, der Musikindustrie von Los Angeles den Rücken zu kehren, aber in San Francisco waren die Fans, und Metallica investierten in ihre Beziehung zu Letzteren. Während im Hintergrund die Lobeshymnen auf den von Amerika neu entdeckten Heavy Metal immer deutlicher zu vernehmen waren, konzentrierten sich Metallica auf ihr Publikum und ihr Handwerk. Promoter und Anwälte aus dem Musikbusiness konnten sie auch später noch kennen lernen.

IV

Heavy Metal America: bunte Bühnen, bunte Bilder

- **18. Mai 1983:** *Screaming For Vengeance* von Judas Priest erhält Platin in den Vereinigten Staaten
- **29. Mai 1983:** Sechshunderttausend Fans besuchen das U.S. Festival '83 mit Judas Priest, den Scorpions, Van Halen und Ozzy Osbourne
- **26. November 1983:** *Metal Health* von Quiet Riot erreicht Platz eins in den *Billboard*-Charts
- **12. Oktober 1984:** *Pyromania* von Def Leppard erhält in den Vereinigten Staaten Sechsfach-Platin

In Amerika war Heavy Metal 1983 dank der Luftbrücke aus Europa nicht mehr ausschließlich die Spielwiese der hartgesottenen Ultrafans, sondern wurde durch größere und regelmäßigere Konzerttourneen immer beliebter. Fans, die bereits durch AC/DC eine andere Vorstellung von packender Musik erhalten hatten, waren angesichts von Judas Priest, Iron Maiden, Black Sabbath und anderen britischen Invasoren völlig von den Socken. Schon bald sollten diese Bands durch ihre Videoclips ihren Bekanntheitsgrad enorm vergrößern, aber die Grundlage bildeten jahrelange Tourneen, die ein wachsendes und unglaublich loyales Publikum pflegten.

Die seltenen Auftritte von Iron Maiden und Judas Priest im Radio und die wenigen Berichte in den amerikanischen Rockzeitschriften entsprachen nicht einmal annähernd dem Status, den diese Bands in den Herzen der Headbanger einnahmen. „Manche Leute kaufen Songs", bemerkt der Manager von Iron Maiden, Rod Smallwood, „und andere Leute kaufen Bands." Nachdem sie jahrelang am Rand der Musikindustrie verharrt hatten, bekamen Judas Priest für *Screaming For Vengeance* im April 1983 ihre erste Platin-Schallplatte in den Vereinigten Staaten. *Number Of The Beast* und *Piece Of Mind* von Iron Maiden wurden im selben Jahr vergoldet, und die Anzeichen mehrten sich, dass *Pyromania* von Def Leppard bald nachziehen würde. Die besten britischen Heavy-Metal-Bands hatten in Amerika, dem größten und lukrativsten Markt der Welt, endlich Erfolg – und zwar unter ihren eigenen Bedingungen.

Für amerikanische Teenager wurde Heavy Metal zum Soundtrack einer Kulturrevolution, zu der auch Kabelfernsehen und die ersten Heimcomputer und Videospiele gehörten. Während Judas Priest in „Electric Eye" von hoch technisierten Satelliten sangen, stöpselten sich die Fans ihre Kopfhörer in ein neues tragbares Cassettenabspielgerät, den Sony-Walkman, ein und knallten dann bei elektronischen Spielereien wie *Vanguard, Robotron, Asteroids, Battlezone* und *Defender* reihenweise Aliens ab. Eine Nation von Adrenalinabhängigen, die ständig das Universum rettete und im Hintergrund hoch energetische Musik laufen ließ, fand erneut Hoffnung in der Zukunft. Die Spiele wurden immer schneller und raffinierter – der Heavy Metal schließlich auch.

Das Land hungerte nach Abenteuerszenarien und alternativen Wirklichkeiten. Das beliebte Rollenspiel *Dungeons & Dragons* orientierte sich an einem klassischen Thema der Fantasy-Literatur, der Abenteuerfahrt zur Lösung einer großen Aufgabe, wie sie sich beispielsweise in J. R. R. Tolkiens Romantrilogie *Der Herr der Ringe* fand – Tolkien stammte übrigens auch aus dem englischen Birmingham. In dem vielschichtigen eskapistischen Universum von *D & D* übernahmen die Spieler die Rollen von Wesen aus verschiedenen sozialen und ethnischen Gruppen, wie Elfen, Krieger, Zauberer und Barden. Die Handlung dieser Spiele basierte hauptsächlich darauf, auf dem Weg zur Erfüllung eines großen heroischen Ziels eine Reihe von Monstern aus dem Weg zu räumen und Schätze zu sammeln. Ein Großteil des Heavy Metal bewegte sich in demselben Fahrwasser, einem Reich der dunklen Türme und der undurchdringlichen Wildnis, voller Schlachten und Elend. „Man muss über harte Themen schreiben, darauf fahren die Metaller ab", sagte Dan Beehler von Exciter in der kanadischen Fernsehshow *The New Music*. „Nicht so ein Zeug wie ‚Neulich kam ich die Straße runter, da da da', verstehst du? Die Zeiten im Mittelalter waren hart, die meisten Menschen fanden früh den sicheren Tod. Darum geht's im Metal – es ist ein Kampf."

Black Sabbath stießen mit einem neuen Frontmann, Ronnie James Dio, wieder zum Heavy-Metal-Feldzug, und Dio veränderte und erneuerte ehrfurchtsvoll die majestätisch verhängnisvolle Aura der Band durch grandiose Konzepte. Auf den beiden Sabbath-Studioalben *Heaven And Hell* und *Mob*

Rules, auf denen er mitwirkte, fand Dio einen fruchtbaren Fantasy-Rahmen für die großen Sabbath-Themen Wahnsinn und Trostlosigkeit – sein „Children Of The Sea" beklagte die Zerstörung der Umwelt aus der Sicht eines sterbenden Ozeanplaneten.

Dio hatte bereits mit seiner Band Elf in den frühen Siebzigern im Wesentlichen Fantasy-Texte geschrieben. Bei Rainbow gehörten dazu auch „Man On The Silver Mountain" und die Parabel „Stargazer" – über einen Zauberer, der die Zivilisation durch den Versuch zerstört, einen Turm aus Stein bis zu den Sternen zu bauen. „Ich bin mit Sir Walter Scott und der Sage von König Artus aufgewachsen", sagt Dio. „Dann bin ich echt auf Sciencefiction abgefahren, wo viele Figuren mit mittelalterlicher Redeweise und mittelalterlichen Kostümen ausgestattet werden. Mir ging auf, dass das Leute waren, die mir was über die Zukunft erzählten. Wenn man ein Buch von Arthur Clarke oder von Isaac Asimov las und die einem sagten, irgendetwas würde in zehn Jahren passieren, dann behielten sie Recht. Sie waren einfach genial, und sie ließen mir die Freiheit, meine Fantasie zu benutzen. Als ich anfing, Songs zu schreiben, was hätte da besser sein können, als das zu tun, was sonst niemand tut, nämlich Fantasy-Märchen zu erzählen? Das Klügste, was ich je gemacht habe."

Nachdem er Sabbath verlassen und seine Solokarriere gestartet hatte, vereinfachte Dio seine Geschichten für ein jüngeres Heavy-Metal-Publikum. Das Debüt seiner Band Dio, *Holy Diver* von 1983, reduzierte gehaltvolle moralische Geschichten auf einfache Gut-gegen-Böse-Konflikte, bei denen die lyrischen Gegensätze von „Rainbow In The Dark" und „Holy Diver" benutzt wurden, um Fragen über Betrug und Heuchelei in der Liebe und in der Religion aufzuwerfen. In den scharfen Gegensätzen von Dios Bildlichkeit gab es immer einen eingebauten Widerspruch, der jugendliche Rebellion schürte: Jedes helle Licht hatte eine dunkle Seite, und jede lautstarke Verkündigung von Wahrheit enthielt ein verborgenes Geheimnis. Auf ganz ähnliche Weise brachte auch Dios Musik Ausbrüche von Raserei durch kurze akustische Passagen ins Gleichgewicht.

Selbst als Judas Priest und Iron Maiden zu ihrem Pionierzug in den amerikanischen Westen ansetzten, blieben ihre Botschaften noch immer sehr viel bissiger als der Durchschnittsfraß, den man im kommerziellen Radio vorgesetzt bekam. Iron Maidens „Run To The Hills" von *Number Of The Beast* verurteilte in kreischendem Sound die Eroberung eines wilden und freien Amerika durch die Europäer: „White man came across the sea / Brought us pain and misery – Der weiße Mann kam übers Meer / Brachte uns Schmerz und Elend." Das exakt gleiche Thema behandelten Judas Priest auf *Stained Class* 1978, wo sie mit „Savage" die europäischen Kolonialisten abstraften: „You poisoned my tribe with civilized progress / Baptizing our blood with disease / You christened our bodies with sadness and suffering / Saying then that your god is well pleased – Ihr vergiftetet meinen Stamm mit zivilisiertem Fortschritt / Brachtet Seuchen in unser Blut / Ihr tauftet unsere Körper mit Trauer und Leid / Und sagtet dann, euer Gott sei zufrieden."

Diese anklagenden Geschichtslektionen waren keine typischen Rockthemen, aber das Publikum schien die beeindruckenden Erzählungen dankbar aufzunehmen. „Ich war noch nie ein Titten-und-Ärsche-Texter", meint Rob Halford. „ Ich habe noch nie so etwas wie ‚The Thong Song' schreiben können – ‚Breakin' The Law' dagegen schon. Letztlich geht es bei Musik natürlich darum, verdammt viel Spaß zu haben, aber wenn man da noch ein bisschen mehr rausholen kann, dann ist das einfach befriedigender. Ich bin auf keinen Fall ein Typ mit einer Botschaft, aber ich hätte gern das Gefühl, dass das, worüber ich schreibe, wichtige Themen sind, die nicht nur mich was angehen, sondern alle anderen auch."

Während im Radio nur der Diätrock von toupierten Gestalten wie Journey, Foreigner und Asia gespielt wurde, ignorierten Heavy-Metal-Bands die Playlists und gediehen in einer abgeschiedenen Sphäre, der Konzerthalle. Ronnie James Dio, der inzwischen in den USA zum Publikumsmagneten geworden war, inszenierte die Dramatik seiner neuzeitlichen Madrigale auf den geräumigen Bühnen der Sportarenen. „Ich begann in den Dimensionen großer Bühnen zu denken, nachdem ich das erste Alice-Cooper-Konzert gesehen hatte", sagt Dio. „Ich sah die erste Show, wo sie ihn gehenkt haben. Bei der nächsten Show kam Alice auf den elektrischen Stuhl. Bei der nächsten hackten sie ihm den Kopf ab. Ich war im Publikum ungeheuer beeindruckt davon, dass ich sehr viel mehr bekam, als ich erwartet hatte – nicht nur die Musik, sondern auch so eine Art Disneyland."

Das visuelle Flair und das Geprotze passten zu den großen Arenen, und Heavy-Metal-Bands bildeten Gewinnerteams an den Konzertkassen. Als sie 1981 das erste Mal mit Judas Priest durch Amerika tourten, spielten Iron Maiden bereits in größeren Hallen vor achttausend Zuschauern. Im Sommer 1983 kehrten sie als Headliner mit der gigantischen *Piece Of Mind*-Show zurück, zu der Filme aus dem Zweiten Weltkrieg und eine nachgestellte Gehirnoperation an einem knapp zwei Meter großen Zombie gehörten. Zwei Veteranen der NWOBHM folgten im Schlepptau: Fastway, gegründet von ehemaligen Motörhead- und UFO-Mitgliedern, und Saxon, deren neue, millionenfach verkaufte LP *Power & The Glory* den Höhepunkt ihrer Karriere markierte. Für Iron Maiden ging es währenddessen immer weiter aufwärts – ihre *Powerslave*-Tour führte 1985 durch ganze fünfundzwanzig Länder. Dabei hatten sie ein ägyptisch gestaltetes, riesiges Bühnenbild von Broadway-Ausmaßen im Gepäck, für das sie eine Beleuchtungsanlage mit über siebenhundert Scheinwerfern benötigten. Auf dem Höhepunkt seiner Popularität, während seiner *Sacred Heart*-Tour 1986, ver-

Klassischer Heavy Metal

Dies ist die Definition von Heavy Metal im eigentlichen Sinn – die Crème der NWOBHM plus Bands, die in der Lage waren, Melodien von der Größe eines Bergmassivs rüberzubringen. Riesige wogende Wellen schwappten in Form von Tourbussen über Amerika, brachten gewagte Aussagen mit und bestimmten von nun an das Leben unzähliger Teenager. Sie hatten Computer, sie hatten Videospiele, und sie hatten stapelweise explosive Audiocassetten in ihren Walkmen, die futuristische Sounds in Warp-Geschwindigkeit wiedergaben. Während AC/DC und Black Sabbath urwüchsig, dunkel und brillant blieben, verwandelten Def Leppard, Iron Maiden und Judas Priest doppelte Gitarrenharmonien in eine echte Wissenschaft und schufen so das gigantische neue Vokabular des Heavy Metal. Die Songs handelten von den erschreckenden Tatsachen des wahren Lebens, und die Musiker machten richtig Ernst, warfen ihre fransigen Lederjacken in die Ecke und trugen nun elegante, maßgeschneiderte, synthetische Kostüme mit Nieten. Irgendwo unter der Oberfläche lauerten noch ein paar Rockriffs, aber spätestens ab 1984 war Heavy Metal nicht mehr aufzuhalten.

Wer noch nicht headbangt, hat verpennt

- AC/DC, *Back In Black* (1981)
- AC/DC, *For Those About To Rock, We Salute You* (1981)
- Black Sabbath, *Heaven And Hell* (1980)
- Black Sabbath, *Mob Rules* (1981)
- Def Leppard, *High 'n' Dry* (1982)
- Dio, *Holy Diver* (1983)
- Iron Maiden, *Number Of The Beast* (1982)
- Iron Maiden, *Piece Of Mind* (1983)
- Judas Priest, *Screaming For Vengeance* (1982)
- Judas Priest, *Defenders Of The Faith* (1984)
- Queensryche, *Queensryche* EP (1983)
- Saxon, *Power & The Glory* (1983)
- Scorpions, *Blackout* (1982)

wendete Ronnie James Dio eine Burgenkulisse. Die Konzerte begannen damit, dass ein Bild von Dio auf eine gigantische, über der Menge schwebende Kristallkugel projiziert wurde. Gegen Ende der Show kämpfte der Sänger mit leuchtendem Laserschwert gegen einen Drachen. Dafür waren sechs Sattelschlepper, eine ganze Flotte von Bussen und eine kleine Armee von fünfzig Crewmitgliedern nötig – darunter vier Lasertechniker und ein Drachendompteur – die sich alle auf eine zweijährige Expedition rund um den Globus begaben. „Das war ein ziemlicher Wanderzirkus", meint Dio. „Aber so konnten wir den Kids etwas mehr bieten. Sie bekamen einen Drachen, sie konnten zwei Stunden in eine Fantasy-Welt eintauchen und hatten eine Möglichkeit, dem Alltag zu entfliehen. Wir fanden das wichtig."

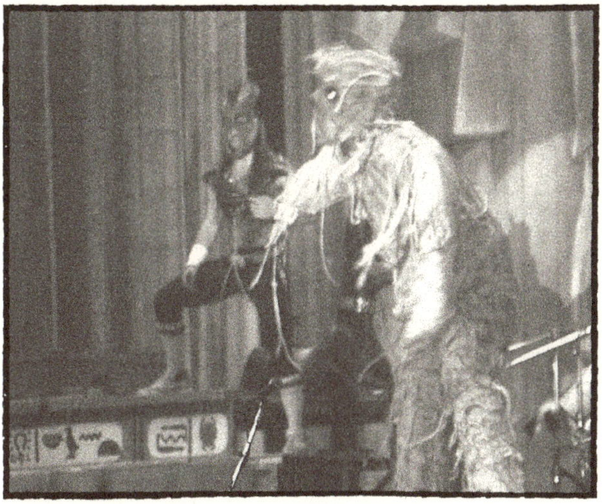

Bruce Dickinson und Eddie von Iron Maiden
(Todd Nakamine)

Die Arbeit mit ausgetüftelten Bühnenbildern war teuer und das Reisen anstrengend, aber Radiopromotion war auch nicht billig, und kostenlose Sendezeit fiel für Heavy Metal selten ab. Auf Tour fingen die Bands die Kosten für Licht und Laser mit dem Umsatz aus dem Verkauf ihrer umfangreichen Merchandise-Produkte auf, mit Tourprogrammen, Schals und dem offiziellen schwarzen Pflicht-Konzert-T-Shirt, dessen Rückenteil die Daten der jeweiligen Tour zierten. Im Vergleich mit den Einnahmen aus Plattenverkäufen nahmen die Bands hier einen größeren Anteil an den Profiten mit nachhause – und die authentische Aura, die diese Konzertsouvenirs ausstrahlten, machte sie zu einer Art Metal-Uniform für die Fans. Larry Lalonde von Possessed erinnert sich an die Junior High School in einer kalifornischen Vorstadt: „Ich musste unbedingt am ersten Tag in der siebten Klasse mein Iron-Maiden-T-Shirt anziehen."

Prächtig bedruckte Tour-T-Shirts waren fantastische Promotion, welche die Bildwelt des Heavy Metal aus den Plattenläden hinaus auf die Straßen trug. Iron Maiden, die im Bereich Produktdesign federführend waren, gehörten 1982 bereits zu den größten drei Merchandise-Kräften in Amerika. Im selben Jahr gründete der Grafikdesign-Student Carlton Ridenhour alias Chuck D die einflussreiche Rapgruppe Public Enemy. Er erinnert sich, dass er die Illustrationen von Iron Maiden beeindruckend fand. „Dass Public Enemy Konzepte für ihre

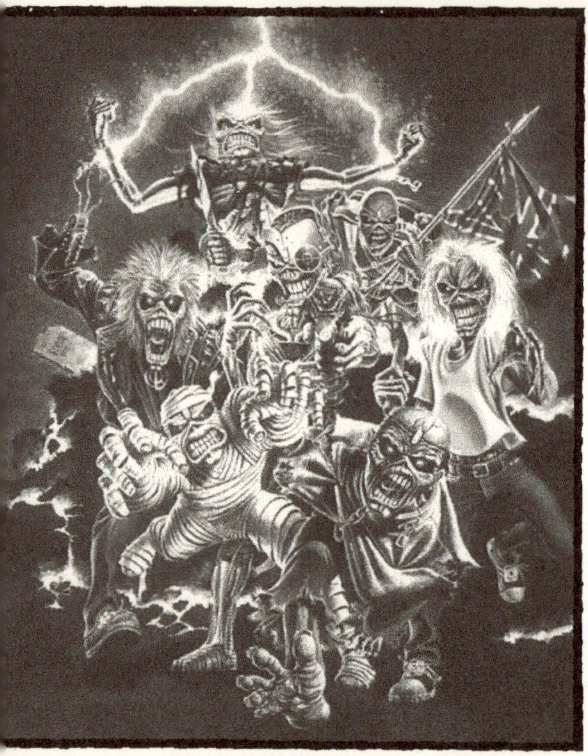

Eine ganze Bande Eddies: Iron Maidens Alter Ego *(Castle Records)*

Alben entwickelten, war eigentlich eine Idee von mir und dem Produzenten Hank Shocklee – wir waren fasziniert davon, wie Gruppen wie Iron Maiden mit ihren Albumcovers eine ganze Reihe von Konzepten transportierten, die zeigten, wie wichtig Grafik für sie war."

Das Iron-Maiden-Logo an sich hatte der Bassist Steve Harris entworfen, ein ausgebildeter Zeichner, und es zierte hunderte von LPs, Singles und T-Shirts. Beinahe alle waren gleichzeitig mit Bildern des bekannten Iron-Maiden-Maskottchens „Eddie" (ein Kosewort für „Headbanger") geschmückt, einer Kreation des Künstlers Derek Riggs. „Eddie habe ich ungefähr eineinhalb Jahre, bevor ich Iron Maiden kennen lernte, entworfen, noch bevor die überhaupt einen Plattenvertrag hatten", erinnert sich Riggs. „Das war während der englischen Punkbewegung der späten Siebziger und frühen Achtziger. Ich experimentierte mit Symbolen, die ich in Bilder einbaute, damit man sie wie eine Erzählung lesen konnte. Ich habe über die Philosophie der Zeit nachgedacht und über die Vorstellung, dass die damalige Jugend von der Gesellschaft auf den Hund gebracht wird. Ich habe diese Idee der ‚verschwendeten Jugend' genommen und in Eddie personifiziert."

Eddie, diese schaurige Ikone des Verfalls, starrte die Fans zum ersten Mal 1980 aus lidlosen Augen vom Cover von *Iron Maiden* an, auf dem er als jugendlicher Messerstecher unter einer elektrischen Straßenlaterne stand. „Eddie war ursprünglich für ein Punkalbumcover entworfen worden, deshalb waren seine Haare kurz, orange und standen ab", sagt Riggs. „Bei seinem Aussehen hatte ich mich von einem Foto inspirieren lassen, das einen vertrockneten und verwesenden Kopf zeigte, den man auf einen Panzer gesteckt hatte, ein Bild, das sowohl im Zweiten Weltkrieg als auch im Vietnamkrieg zu Propagandazwecken benutzt wurde. Ich gab meiner Figur diesen Kopf, zog ihr ein T-Shirt an und platzierte sie dann in einer städtischen Kulisse – man sollte ihr jederzeit ganz normal auf der Straße begegnen können, so, als lebte sie um die Ecke, nicht Millionen von

Meilen entfernt. Die Band bat mich, der Gestalt ein bisschen mehr Haare zu geben, damit sie besser in die Metal-Szene passte, und dieses Bild wurde dann das erste Iron-Maiden-Cover."

Eddie war so oft zu sehen, dass er sich zu einem Allzweckmaskottchen entwickelte, einem unsterblichen Glücksbringer für die langlebigen Iron Maiden. Auf späteren Bildern verließ er die Straße und stieg in die Handlung von Songs ein, zum Beispiel als fahneschwenkender englischer Rotrock in „The Trooper", als Pilot der Luftwaffe im Zweiten Weltkrieg in „Aces High" und als ägyptisches sphinxartiges Gebilde in „Powerslave". Die Kraft von Eddies Image rief ein ganzes Bataillon anderer Heavy-Metal-Maskottchen auf den Plan, darunter den Raumfahrer von Y&T, den Voivod von Voivod, Sergeant D. von S.O.D. oder auch Sacred Reichs Mutanten mit der Gasmaske, Flossie, das Meerungeheuer von Flotsam & Jetsam, und Vic Rattlehead von Megadeth. Der Band ein Alter Ego zu geben war einer der wenigen Kunstgriffe, die Metallica nicht von den sonst sehr ergiebigen Iron-Maiden-Mustern übernahmen.

Als bei Iron Maiden später überladene, wilde Instrumentals die kurzen Heavy-Metal-Ausbrüche ersetzten, prangten auf ihren Albumcovers Szenen, die an die psychedelischen Traumlandschaften des Art-Rock der Siebziger erinnerten. Eddies beruhigende Anwesenheit half Iron Maiden zweifelsohne, den Hörern diesen Wandel nahe zu bringen. Wie die Verkaufszahlen der Merchandise-Produkte und die Verbreitung von Imitationen belegten, gehörte Eddie zur Volkskultur – wie eine Art untote Mickymaus. „In England sägte jemand einen riesigen Eddie aus einer Holzplatte aus und befestigte ihn so am Hausdach, dass er mit ausgebreiteten Armen hoch über den First ragte. Es war der Eddie von *Number Of The Beast*, und er war ungefähr fünfzehn Meter groß. Ich habe ihn auf Kühlerhauben gesehen, als Tätowierung oder als Geisterbahnfigur, und es gab eine spanische Rockband, die einfach das *Number Of The Beast*-Cover kopiert und für ihr eigenes Album benutzt hat. Die bekamen eine Menge Ärger mit Maiden."

Neben den T-Shirts der Bands gab es noch einige andere Schmuckstücke für den alltäglichen Gebrauch, die für die Fans zum Metal-Abenteuer dazugehörten. „Man muss einen Nietengürtel haben – das hat mit der Seele des Metal zu tun", meint der schlaksige Metal-Bassist Dan Lilker. „Ich schätze mal, so um 1982 habe ich plötzlich eine Menge Bilder von Iron Maiden, Priest und Venom gesehen. Daraufhin ging ich zu Butterfly auf der Achten Straße West [in New York] und habe mir für die stolze Summe von fünfunddreißig Dollar einen Nietengürtel gekauft. Mann, war ich stolz darauf. Eigentlich wollte man ja sein T-Shirt nie in die Hose stecken, aber ich kam schon in Versuchung – nur, um damit anzugeben."

Während sich Heavy Metal in den Randbereichen der öffentlichen Aufmerksamkeit allmählich ein wenig durchsetzen konnte, waren Heavy-Metal-Klamotten und -Accessoires nützliche Utensilien, an denen Metalheads andere echte Fans erkannten. Celtic Frost machten zum Beispiel in der Schweiz von den Züricher Randbezirken aus auf sich aufmerksam. „Das waren ein paar recht kleine Bauerndörfer", sagt der Gründer Tom Warrior. „Man kannte eigentlich nur die Teenager aus den anderen Dörfern. Es gab da nur recht wenige Heavy-Metal-Fans, und wir fielen natürlich auf wie bunte Hunde. Man schloss sich sofort zusammen, weil wir ganz allein gegen tausende von Leuten standen, die uns auslachten."

Die Musiker unterstrichen ihr lebendiges visuelles Erscheinungsbild durch aggressive Kleidung. Rob Halford, Sänger von Judas Priest und ein wandelnder Schrein aus Nieten und Leder, erweiterte sein Metal-Outfit 1978 um eine Peitsche, die er gern auf die Schultern der Fans in der ersten Reihe niedersausen ließ – was der Band einmal ein Auftrittsverbot bei der Fernsehsendung *Top of the Pops* eintrug. Während Judas Priest immer beliebter wurden, vervollständigte Halford sein Image des harten Burschen und fuhr allabendlich mit dem Motorrad auf die Bühne. Seine Kleidung wurde oftmals kopiert und auf wildeste Art übertrieben – nicht nur von schmeichlerischen Metal-Extremisten wie Venom und Exciter. In dem Versuch, im neuen Zeitalter konkurrenzfähig zu bleiben, trugen viele Rocker aus den Siebzigern nun plötzlich schwarzes Leder, weil sie im Metal-Chic absahnen wollten. Ted Nugent, einst berühmt dafür, sich nur mit einem Lendenschurz zu bekleiden, tauchte auf seinem Soloalbum *Nugent* von 1981 in schwarzem Leder auf. Selbst Thin Lizzy, die alternden Idole von Iron Maiden und Motörhead, trugen auf einem Pressefoto von 1983 Nietenhandschuhe aus schwarzem Leder.

Außenstehende fanden die Kleiderwahl merkwürdig, faszinierend oder sogar bedrohlich. Für die meisten Metal-Fans stand und fiel die Bedeutung der Kleidung mit der energiegeladenen Musik, gleichzeitig aber stellte sie auch eine aggressive Schutzschicht gegen Selbstgefälligkeit dar. Eugene Klein alias Gene Simmons, der Feuer speiende Dämon von Kiss, trug in den frühen Siebzigerjahren Leder und Nieten und behauptet, keine Ahnung davon gehabt zu haben, dass diese Kleidung allgemein mit Bondage-Sex in Verbindung gebracht wurde. „Wir lebten in New York, aber auf gewisse Weise waren wir sehr behütet", sagt er. „Wir beschlossen, Nieten auf Leder zu tragen, im Schritt oder auf dem Gitarrengurt, weil wir das cool fanden. Wir haben nicht damit angefangen, weil es ein Underground-SM-Ding war."

Merkwürdig geformte Gitarren spielten im visuellen Lexikon des Heavy Metal ebenfalls eine große Rolle. Die Gibson Flying V symbolisierte die ultramodernen Stile von Gitarristen wie Michael Schenker, K. K. Downing von Judas Priest und später Kirk Hammett und James Hetfield von Metallica. Obwohl die Raumschiffform sehr dem Achtziger-Zeitgeist zu entsprechen schien, stammte die Flying V bereits aus dem Jahr 1957, als der Präsident von Gibson, Ted McCarty, als Reaktion auf Sticheleien seines Rivalen Leo Fender über das vermeintlich veraltete Design seiner Gitarren neben der im Metal ebenfalls sehr beliebten Gibson Explorer ein weiteres unkonventionelles Instrument herstellen ließ. Obwohl sie 1983 schon einige Jahre auf dem Buckel hatten, wurden diese eckigen Gitarren – im Englischen allgemein gern „axe", also „Axt", genannt – zu den bevorzugten Waffen des Heavy Metal, zu aerodynamischen Requisiten neu choreografierter Bühnenbewegungen, wie Zauberstäbe zur Entfesselung der Macht einer mächtigen Wand aus Marshall-Verstärkern.

Ums Überleben kämpfende neue Bands, die nicht über die entsprechenden finanziellen Mittel verfügten, hatten zwar ähnlich ausgefallene Vorstellungen, konnten sich aber oft nicht mehr als ein bisschen Make-up leisten, um eine Show auf die Beine zu stellen. Das schwermetallische Quartett Manowar versuchte sich bei den hartgesottenen Metal-Fans mit Tierfellkleidung nach Conan-Manier einen Namen zu machen. Raven, die bereits dafür bekannt waren, auf der Bühne wie verrückt gegeneinander zu rennen, trugen Knieschoner, und nachdem Schlagzeuger „Wacko" Hunter sich 1982 angewöhnte, zum Schutz seines Kopfs einen Hockeyhelm zu tragen, wenn er auf die Becken eindrosch, bekamen sie das Etikett „Sportler-Rock" verpasst. „Wir waren in New York, und Rob ging in einen Laden und sah den Eishockeyhelm", sagt John Gallagher von Raven. „Er hat ihn benutzt, um eine bestimmte Figur zu erschaffen, wie beim Wrestling. Allerdings sah er eher aus wie irgendetwas aus dem Film *Tron*."

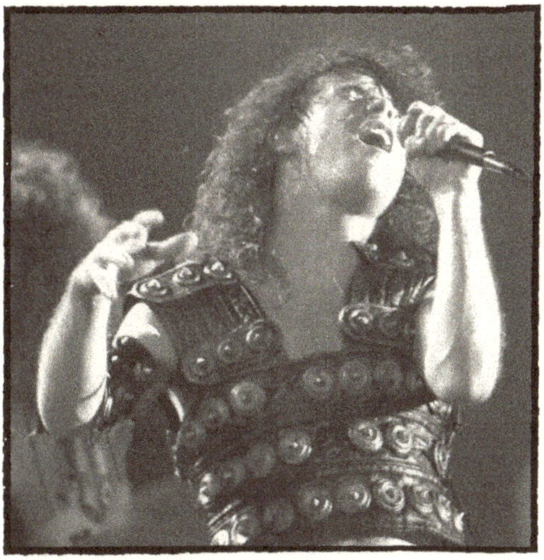

John Bush von Armored Saint
(Todd Nakamine)

Im *Country Club* in Los Angeles – der in einer Einkaufsstraße in Reseda lag und zuvor in der Fernsehserie *CHiPs* einmal als Schauplatz der Begegnung von Motorradpolizisten und Punks gedient hatte – traten oft Entdeckungen von Metal Blade Records auf, Armored Saint beispielsweise oder die verrufenen Bitch. Selbst auf Amateurebene wusste man um die Bedeutung und Überzeugungskraft der Heavy-Metal-Bildsprache – Armored Saint spielten in überzeugender selbst gemachter Kampfaufmachung, während die Sängerin von Bitch, Betsy, wie eine Domina gekleidet war und eine Peitsche schwang. Solche Versuche umfangreicher Kostümierung kollidierten jedoch mit der Realität der einfachen Verhältnisse. „Es hat tierisch genervt, dieses ganze Zeug anzuziehen", sagt der Sänger von Armored Saint, John Bush. „Unser Kleiderkoffer hat so schlimm gestunken. Im Winter war es noch grässlicher. Man musste diesen riesigen

Anzug anziehen, und er war kalt und noch immer nass, und er stank. Rückblickend könnte ich mich darüber kaputtlachen, aber damals war es cool. Heute wirkt es, als ob man sich Fotos von früher ansieht, auf denen man als kleiner Junge mit einer richtig blöden Frisur zu sehen ist."

Wie dominant Heavy Metal innerhalb der Musikszene inzwischen geworden war, zeigte sich am sengend heißen letzten Wochenende des Mai 1983 beim U.S. Festival, einem im Fernsehen übertragenen viertägigen Openair im kalifornischen San Bernardino, das der Erfinder des Apple-Computers, Steve Wozniak, uneigennützig finanziert hatte. Fast dreihunderttausend Zuschauer sahen am Samstag die New-Waver INXS, A Flock of Seagulls, Men at Work und The Clash, und ein ähnlich großes Publikum versammelte sich am Montag bei den Auftritten von U2, den Pretenders und David Bowie. Diese Künstler waren die Lieblinge der Radiosender und größtenteils von der Industrie unterstützte Punk-Abkömmlinge – doch das Metal-Programm am Sonntag zog überraschend eine Menschenmenge von sechshunderttausend an und stahl der traditionellen Rockgarde die Schau.

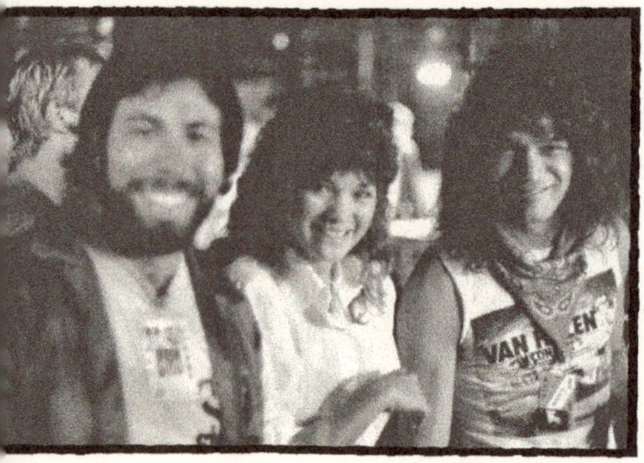

Apple-Erfinder Steve Wozniak mit den Van Halens *(Dan Sokol)*

Den Anfang machte Sonntagmittag die Clubband Quiet Riot, darauf folgten die kaum bekannten Mötley Crüe, die trotz der drückenden Hitze schwarzes Leder und Nieten trugen. Am frühen Nachmittag kam Ozzy Osbourne mit einem kunstvoll mit Federn verzierten Kopfschmuck eines Medizinmanns auf die Bühne und spielte unterstützt von seinem neuen Gitarristen Jake E. Lee eine Mischung aus Black-Sabbath-Material und den Hits seiner Solozeit. Dann spielten die unbeugsamen Judas Priest, deren Sänger zu Beginn des Auftritts auf einem Motorrad durch eine Wand aus Marshall-Verstärkern gefahren kam. „Der Tag war ein Highlight", sagt Rob Halford. „Es war der Höhepunkt der sensationellen *Screaming For Vengeance*-Tour, die 1981 begonnen hatte. Das Album hatte Platin erhalten, und das U.S. Festival war absolut unglaublich. Es war einfach eine echte Bestätigung, mit dieser Show am Ende die Platte und die Tour abzuschließen. Natürlich bedeutete das auch Stress. Wir dachten danach: ‚O Gott, jetzt müssen wir das überbieten!'"

Nachdem das kanadische Powertrio Triumph für etwas nachlassende Spannung gesorgt hatte, überflog bei Anbruch der Dunkelheit eine Staffel von vier deutschen Kampfflugzeugen die unvermindert große Menge und kündigte die Scorpions an. Die tourneeerfahrene Band lieferte ein langes, kraftvolles Set, das in einer fünfminütigen Orgie ekstatischen Lärms und Gitarrenfeedbacks kulminierte. Und schließlich beschlossen die Headliner, Van Halen, ihre härteste Phase und diesen Tag mit metallischem Glanz, der von dem lallenden Vortrag ihres Sängers David Lee Roth kein bisschen beeinträchtigt wurde.

Der Sender Showtime zeigte den Sommer über mehrfach ein zweistündiges Special zum U.S. Festival, das die Bilder der Metal-Kreuzritter in das neue Medium Kabelfernsehen übertrug. Kabel war eine technische Innovation, die sich, wie zuvor die Audiocassette, schon bald als ganz wesentlicher Verbündeter des Heavy Metal entpuppte. Fernsehsendungen wie *Radio 1990* und *Night Flight* von USA Network oder *Much Music* aus Kanada, die Sendeplätze für Musikvideos bereithielten, begannen auf Metal aufmerksam zu werden und setzten verstärkt Clips von Bands wie Def Leppard, den Scorpions und Krokus ein. Als nun also auch das Fernsehen den Erfolg der tourneeerprobten Metal-Bands würdigte, schien es, als hätte man einen Sieg über Adam and the Ants, Duran Duran und ihresgleichen errungen – jene speziell fernsehfreundlich gestylten Bands der englischen „New Romantic"-Bewegung, die Metalheads stets als ihre erklärten Feinde betrachtet hatten.

Während sich das Radio allerhöchstens einmal an die zahmsten Balladen heranwagte, investierte der Musikfernsehsender MTV 1983 in die steigende Popularität des Heavy Metal. Ursprünglich hatte der Kabelkanal dieselben Programmstrategien wie das kommerzielle Radio verfolgt, von dem er auch seine Moderatoren rekrutierte. Um sich gegen das mächtige Radionetz zu behaupten, musste MTV neue Dimensionen erschließen. Die Neuartigkeit von New-Wave-Videos wie beispielsweise von A Flock of Seagulls und Devo hatte dem Sender zunächst die dringend benötigte Aufmerksamkeit eingebracht, aber die Werbeinvestoren wurden unruhig. Um ein vor Nachahmung und feindlicher Übernahme sicheres Imperium zu errichten, musste sich das Unternehmen weiterentwickeln und sowohl auffälliger als auch lukrativer werden.

Heavy Metal war dafür perfekt geeignet: ein neues Musikgenre mit großem Platin-Potenzial, dazu Aufsehen erregende Bühnenshows, lebendige Coverkunst und grelle Kostüme. „MTV stieg ein und suchte Bands, die visuell etwas hergaben", erinnert sich der Sänger von Twisted Sister, Dee Snider. „Sie ließen sich unter anderem deshalb auf Heavy Metal ein und förderten diesen Sound, weil Metal und Hardrock schon immer sehr stark visuell geprägt waren. Für uns war das ganz selbstverständlich. Wir waren es gewöhnt, uns zu verkleiden und auf der Bühne eine gute Show zu zeigen – man musste uns nur noch eine Kamera vor die Nase halten, und es konnte losgehen."

Herausgeputzt und grimmig, wie sie waren, eigneten sich Metal-Musiker hervorragend als glamouröse, Aufsehen erregende Pin-ups. Und während die Stars der Progressive-Rock-Band Genesis, Peter Gabriel und Phil Collins, videogestützt zu Solostars wurden, gelang es dem Heavy Metal, die alten Rock 'n' Roll-Klischees durch frische Sounds und fröhliche Feindseligkeit zu ersetzen. „Es gab Künstler, die mit der Geburt von MTV eingingen, wie Supertramp und Joe Jackson", erklärt Dee Snider. „Ich erinnere mich, dass .38 Special eine Menge Platin-Platten und Hitsingles hatten, aber sie waren furchtbar öde anzusehen. Metal-Bands hatten dagegen eine echte Show zu bieten."

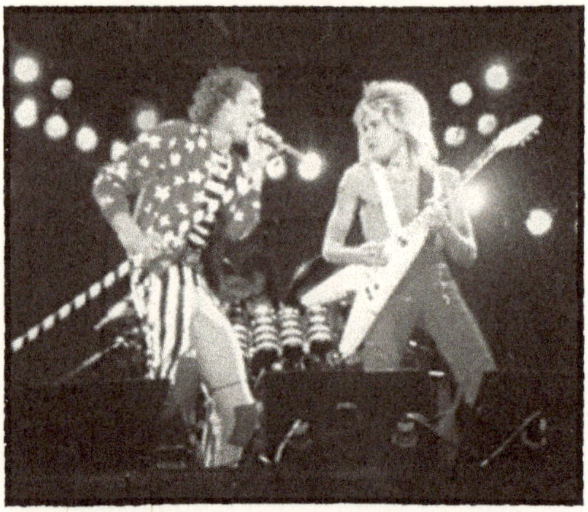

Die Gesundheitsfreaks des Metal: Quiet Riot *(Deborah Laws/Metalflakes.com)*

Angeschoben von den Videos für „Photograph", „Foolin'" und „Rock Of Ages" wurden Def Leppard, die inzwischen eher niedlichen als gefährlichen Wunderkinder der NWOBHM, zum auffälligsten Heavy-Metal-Act des Sommers 1983. Obwohl ihnen die Spitze der *Billboard*-Charts durch den beispiellosen Erfolg von Michael Jacksons *Thriller*, das siebenunddreißig Wochen lang Platz eins blockierte, verwehrt blieb, verkaufte die Gruppe ihr drittes Album, *Pyromania*, dennoch vier Millionen Mal.

Die Clubveteranen Quiet Riot aus Los Angeles entthronten Jackson schließlich im November 1983 mit ihrem Album *Metal Health*. Quiet Riot hatten, obwohl ein bisschen abgedroschen, einen unzweifelhaften Einfluss auf das, was kommen sollte – James Hetfield und Ron McGovney coverten vor der Gründung von Metallica mit ihrer damaligen Band den Titel „Slick Black Cadillac", der von *Metal Health* stammte. Kevin DuBrow, der scheidende Sänger von Quiet Riot, teilte *Kerrang!* mit: „Ich glaube, wir haben jetzt zwei Millionen Alben verkauft, und diese Woche müsste die Single in die Top Ten kommen. Das Aufregende daran ist, dass es das erste Mal sein wird, dass eine echte Heavy-Metal-Single in die amerikanischen Top Ten einsteigt!" Und tatsächlich, Heavy Metal, nur drei Jahre zuvor ausschließlich in Underground-Kreisen zu hören, wurde nun in Aerobickursen im ganzen Land lauthals gepriesen; an der Spitze der Charts verkündete „Metal Health" eindringlich: „Bang your head! Metal health will drive you mad!"

Im Gefolge von Quiet Riot brachte eine Reihe harter Videostars aus Südkalifornien Metal den Massen näher. Zuerst gelang Mötley Crüe 1983 der Durchbruch mit *Shout At The Devil*, einem grellen, mit Pentagrammen, Feuer und schwarzem Leder ausgeschmückten Song, der wie geschaffen dazu war, die Faust rhythmisch in die Luft zu strecken. Die Nächsten, die durchstarteten, waren Ratt, deren Videos für „Round And Round“ und „Wanted Man“ ihr 1984 erschienenes Debüt *Out Of The Cellar* in den USA auf Platz sieben schoben und dazu beitrugen, dass es sich in kurzer Zeit drei Millionen Mal verkaufte. Ebenfalls 1984 bekam *Stay Hungry* von Twisted Sister zweimal Platin, und auch das war der Ausdrucksstärke ihrer stilbildenden Musikvideos für „We're Not Gonna Take It“ und „I Wanna Rock“ zu verdanken.

Das Erscheinen auf MTV wirkte sich deutlich auf die Promotion der Bands aus und führte zu doppelt oder dreifach so hohen Plattenverkäufen, wie durch Tourneen allein möglich gewesen wäre, aber seltsamerweise führte das bei nur wenigen Bands dazu, dass sie ihre harten Seiten stärker auslebten. Def Leppard, die Veteranen der NWOBHM, waren nach *Pyromania* nichts sagend und kaum mehr wiederzuerkennen. Sie blieben nicht die Einzigen. Die Dynamik des Erfolgs verwandelte die meisten Bands in Los Angeles in aufgedonnerte Balladenschreiber. Ratt hatten in Clubs begonnen, schwarzes Leder getragen und den britischen Metal imitiert, aber auf ihrem zweiten Album klang die Band eher nach Gary Numan, einem eckigen, aber emotionslosen Videorock-Zeitgenossen. Nur die Gitarren und die Frisuren schimmerten noch metallisch, als Produzenten Bands überredeten, das Live-Element zugunsten kommerzieller Kompromisse zu vernachlässigen.

Ausgiebige Tourneen und MTV-Videos stellten zwei deutlich verschiedene Karrierestrategien dar. Bei der einen wurde Wert auf die Musik gelegt, und die andere betonte das Image. Ursprünglich gehörten beide Aspekte zur Karriere eines Metal-Superstars. „Man kann zu Recht sagen, dass sogar Judas Priest die Möglichkeiten genossen, die Radio und Fernsehen in Amerika boten“, meint Rob Halford. „Wenn man einen bestimmten Look und Sound hat, kann einem das ein potenziell größeres Publikum eröffnen. Priest sind damit so umgegangen, dass wir von Anfang an klipp und klar gesagt haben: Wir sind keine Band für den Ausverkauf. Uns ging es nie ums Geld. Es gibt Möglichkeiten, damit klarzukommen, sich weiterzuentwickeln und trotzdem seinen eigenen musikalischen Überzeugungen treu zu bleiben. Dennoch haben wir gehofft, dass wir mehr Leute erreichen. Dieses Gleichgewicht aufrechtzuerhalten ist wirklich kompliziert.“

Auf einer Reihe von erfolgreichen Touren taten sich glaubwürdige Metal-Helden mit MTV-Metallern zusammen. Black Sabbath rekrutierten den ehemaligen Deep-Purple-Sänger Ian Gillan 1983 für ihr letztes energiegeladenes Aufbäumen vor einer langen Dürreperiode und tourten mit den MTV-Emporkömmlingen Quiet Riot. Ganz ähnlich paktierte Ozzy Osbourne mit der hungrigen jungen Supportband Mötley Crüe, und Iron Maiden fuhren 1984 ausgiebig mit Twisted Sister durchs Land. Wenn die Headliner im Vergleich zu ihren massenhaft vermarkteten Supportbands einen Rückgang der Verkaufszahlen hinnehmen mussten, so sparten sie andererseits an den Kosten für Videopromotion und machten einiges beim T-Shirt-Verkauf wieder wett. Während dieses ersten unschuldigen Popularitätsschubs goutierten die Fans zum Vorteil aller Beteiligten jede Art von Heavy Metal gleichermaßen.

Selbst als der Heavy Metal nun mit rasender Geschwindigkeit kommerziell erfolgreich wurde, traf dies die Lakaien des Rock 'n' Roll noch immer vollkommen unvorbereitet. *The New Rolling Stone Record Guide*, ein 1983 veröffentlichter Verbraucherratgeber, fasste die ersten neun Alben von Judas Priest in beleidigenden zwanzig Wörtern zusammen, darunter „grunzend" und „vulgär". Das renommierte Musikmagazin erkannte nicht, dass sich die Regeln geändert hatten. „So stumpfsinnig und schwülstig wie eh und je", schrieb der *Rolling Stone* über *Mob Rules* von Black Sabbath. „Dios Texte sind einfallslos und voller Klischees." Über den Durchbruch von Iron Maiden schrieb die Zeitschrift: „*Number Of The Beast* poltert ziellos dahin und beweist einmal mehr, dass schlechte Musik die Hölle ist." Def Leppard, Saxon und die ganze NWOBHM-Bewegung wurden vollkommen ignoriert. Von den entscheidenden Bands wurden nur Motörhead wohlwollend besprochen. Lemmys Texte erfuhren angemessene Anerkennung, da sie den Autor an The Clash erinnerten – die zu diesem Zeitpunkt bereits irrelevante Casbah-Rocker waren.

Obwohl die vergreiste amerikanische Rockmusikpresse Judas Priest ablehnte und die komplette Diskografie von Black Sabbath in herablassenden Kritiken mit einem einzigen von fünf möglichen Sternchen bedachte, waren es die Musik und die Energie, die den Fortschritt vorantrieben, nicht das Kommando der Rezensenten aus der Generation der Beatles. Das neue umkämpfte Publikum bestand aus den Kindern der Babyboomer. Das war eine andere Generation als die der Siebziger, die ihren Beziehungsschmerz mit den Folksongs von James Taylor und Carly Simon verarbeitet hatte. Die Heavy-Metal-Fans waren selbst oft Scheidungskinder, die im überzogen pathetischen Ausdruck menschlicher Gefühle Orientierung suchten.

Schon bald reagierten die weniger prestigeträchtigen Teenrock-Zeitschriften *Circus* und *Hit Parader* auf die vom *Rolling Stone* im Stich gelassenen Leser. *Circus* hatte einige Verwandlungen durchgemacht und in den Siebzigern eine Zeit lang als *Circus Weekly* firmiert – damals ein Vorgänger von *Teen People*, das Porträts von Stars wie Miss Piggy und Clint Eastwood brachte. *Hit Parader* schürte bereits seit den Tagen von Teenidolen wie Elvis und Fabian pubertäre Passionen. Diese Zeitschriften bauten ihre Metal-Berichterstattung immer mehr aus, bis die Pat-Benatar-Interviews, Robert-Plant-Poster und REO-Speedwagon-Songtexte schließlich ganz verschwunden waren.

VIDEO-METAL

Heavy Metal war ein Komplettpaket, das aus rasantem Tempo und einer fantastischen Bildsprache bestand. 1983 nahm sich der ums Überleben kämpfende Kabelkanal MTV des Heavy-Metal-Looks in großem Stil an. Von den frühen Bands, die in den Achtzigerjahren Platin-Schallplatten erhielten, hatten dies viele unter anderem der Überzeugungskraft ihrer Videos zu verdanken.

Videografie

- Def Leppard, *Pyromania* (1983)
  „Rock Of Ages", „Photograph", „Foolin'",
  „Rock Rock 'Til You Drop"
- Dokken, *Tooth and Nail* (1984)
  „Tooth And Nail", „Alone Again"
- Mötley Crüe, *Shout at the Devil* (1983)
  „Looks That Kill", „Too Young To Fall In Love"
- Quiet Riot, *Metal Health* (1983)
  „Metal Health", „Cum On Feel The Noize"
- Ratt, *Out of the Cellar* (1984)
  „Round And Round", „Wanted Man"
- Scorpions, *Love at First Sting* (1984)
  „Rock You Like A Hurricane", „Still Loving You"
- Twisted Sister, *Stay Hungry* (1984)
  „I Wanna Rock", „We're Not Gonna Take It",
  „The Price"

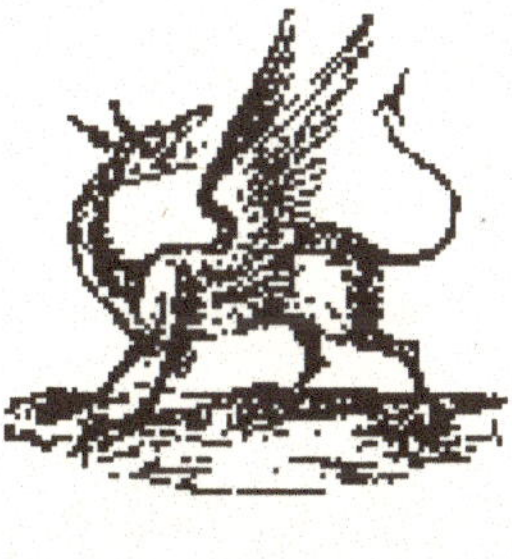

Die beiden Zeitschriften (später kam *Rip* dazu) überschütteten amerikanische Supermärkte und Drugstores mit übergroßen Titelfotos von Mötley Crüe, den Scorpions und Iron Maiden. Dankenswerterweise waren die Prioritäten der Herausgeber den Vorlieben der Metal-Fans verpflichtet und nicht den kurzfristigen Bedürfnissen der Plattenfirmen. „*Circus* stützte sich auf die Wunschlisten der Leser", sagt Ben Liemer, damals geschäftsführender Herausgeber. „Die ganzen Promotionleute fragten: ‚Was muss ich machen, damit ich auf die Titelseite eurer Zeitschrift komme?' Ich antwortete dann stets: ‚Du kannst überhaupt nichts tun, wenn der Name deiner Band nicht in diesem kleinen Kasten da auftaucht.' Und in dem stand: ‚Bitte nennt uns die Namen der fünf Bands oder Künstler, über die wir ausführlicher berichten sollen.' Wir haben gemacht, was die Leser wollten."

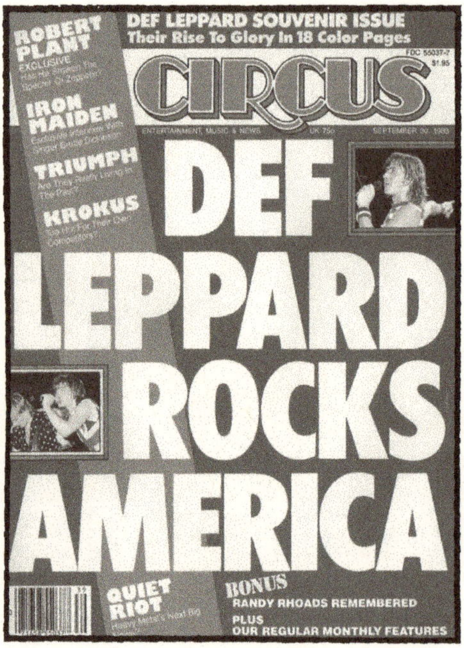

Heavy-Metal-Schlagzeilen: *Circus* 1983

Voll gestopft mit verschwitzten Livefotos funktionierten die Metal-Fanzeitschriften wie Verlängerungen des Konzerterlebnisses für zuhause, sie veröffentlichten Tourdaten und Neuigkeiten über riesige Bühnenshows, die gerade entwickelt wurden. Obwohl die homogenisierende Wirkung von MTV auf die Musik beunruhigend war, wurde in vierundzwanzig Stunden Videos täglich nur die Spitze des Metal-Eisbergs gezeigt. „Es gab sowieso nie genug Metal auf MTV, um die Metalheads wirklich zufrieden zu stellen", sagt Liemer. „Die spielten sowieso dauernd Michael Jackson und kitschige norwegische Popbands."

Mit einer monatlichen Auflage von zirka vierhundertfünfzigtausend *(Circus)* und zweihundertfünfzigtausend Exemplaren *(Hit Parader)* stellten diese Metal-Hochglanzzeitschriften eine Versorgungsplattform dar, die das noch immer einflussreiche, aber spezialisiertere Importprodukt *Kerrang!* schließlich übertrumpfte. Der Schlüssel lag nicht darin, ein möglichst breit gefächertes Spektrum an Heavy-Metal-Bands abzudecken, sondern über die Größten immer wieder und unaufhörlich zu berichten. „Wir standen neuen Bands sehr viel weniger offen gegenüber, als man glauben sollte", sagt Liemer. „Sie mussten sich erst einmal selbst ihren Weg in die Popularität bahnen. Ich kann mich erinnern, dass Dokken 1983 in Gebieten, wo sie nicht im Radio gespielt wurden und es kein MTV gab, Platten verkauften, und ihr Label, Elektra, schrieb das der Berichterstattung von Zeitschriften wie *Circus* und *Hit Parader* zu, die Monat für Monat über sie berichteten. Wir hatten da draußen definitiv eine ungeheure Wirkung – ein Grund, weswegen wir Gold- und Platin-Schallplatten geschenkt bekamen."

Durch gut besuchte Tourneen, Kabelfernsehen und überregionale Monatszeitschriften waren die Metal-Fans schließlich nicht mehr unsichtbar, sondern stellten eine boomende Subkultur mit einem zunehmend öffentlichen Gesicht und einer Menge vorwärts gerichteter Schubkraft dar. Für Fans, die den Aufstieg des Metal vom Capitol-Records-Parkplatz bis zur landesweiten Berichterstattung miterlebt hatten, schien nun alles möglich. So sagt beispielsweise Blackie Lawless von W.A.S.P. – deren Debütsingle von 1984, „Animal (F**k Like A Beast)", wegen ihrer Anstößigkeit von ihrem Label in den USA erst gar nicht veröffentlicht werden sollte, die aber später durch MTV doch noch zu Stars wurden: „Es ist erstaunlich. Man hätte meinen können, wir wären für MTV ein bisschen zu extrem gewesen, aber die waren jung, das waren Freigeister, und sie waren bereit, es drauf ankommen zu lassen."

Dennoch, die Unterstützung für härtere Bands auf MTV beschränkte sich auf den einen oder anderen Clip oder ein Konzertspecial. Iron Maiden und Judas Priest gingen weiterhin extrem ausgiebig auf Tournee und spielten an den meisten Abenden des Jahres direkt vor den Fans. MTV war in der Lage, einer Modeerscheinung Auftrieb zu geben, aber eine junge Band wie Metallica – denen das Teenie-Idol-Aussehen von Ratt fehlte und die es auf einen möglichst tiefgründigen Sound abgesehen hatten – musste sich den ersehnten Erfolg anderweitig erarbeiten. Als die Beliebtheit des Heavy Metal einen zuvor ungeahnten Höhepunkt erreichte, drängte die neu entdeckte Macht der Headbanger in andere Richtungen – egal, ob der Rest der Welt dafür bereit war oder nicht.

V

Fans im Fieber: Metallica et Power Metal

- **April 1983:** Kirk Hammett ersetzt Dave Mustaine als Gitarrist bei Metallica
- **Juli 1983:** Metallica veröffentlichen *Kill 'Em All*
- **Herbst 1983:** Die Zeitschrift *Metal Forces* kommt auf den Markt
- **November 1983:** Mercyful Fate veröffentlichen *Melissa*

Als Heavy Metal in den USA landesweit zum Trend wurde, hatten auch die Bands des Do-it-yourself-Sektors weniger Probleme, sich aus eigener Kraft emporzuarbeiten. „Als wir vor zwei Jahren anfingen, sagte man uns, wir müssten Punk oder New Wave spielen", erzählte Dan Beehler von der Gruppe Exciter aus Ottawa 1983 in einem Fernsehinterview. „Wo ist Punk heute? Ich glaube, Metal gab es seit Ende der Sechziger, nur war er damals Underground. Im vergangenen Jahr ist er größer geworden als je zuvor. Viele Leute denken, Heavy Metal ist hirnlos, weil es keine Harmonien gibt, aber ich würde sagen, es ist einfach totale Energie."

Das mächtige *Kerrang!* verbreitete weiter aus London die neuesten heiligen Worte des Metal, doch neue Stimmen aus der Wildnis bedrohten die Vorherrschaft und Autorität der Zeitschrift. Neben den amerikanischen Mainstream-Publikationen *Circus* und *Hit Parader* hatte jetzt auch jedes europäische Land sein eigenes gut aufgemachtes Heavy-Metal-Magazin: *Enfer* in Frankreich, *Metal Hammer* in Deutschland und das schon betagte *Aardschok* in Holland boten jeweils eine eigene bunte Hochglanzperspektive auf die Geschehnisse in der Szene. Der Einfluss des Cassettentauschens wurde stärker, als das bodenständige *Metal Forces* mit Sitz in London 1983 auf den Markt kam. Es konzentrierte sich mehr auf die Musik als auf die eigene Szene vor Ort, brachte Artikel über die Überlebenden der NWOBHM oder Glambanger aus Hollywood ohne Plattenvertrag und rezensierte auch Democassetten extremer Underground-Dämonen.

In den Vereinigten Staaten erschienen neben *Metal Mania* und *New Heavy Metal Revue* Dutzende selbst produzierter Metal-Fanzines, darunter *Whiplash, Headbanger, Midwest Metal Militia* und *Powerthrash.* Der König unter diesen Einmannunternehmen war der New-Yorker Bob Muldowney, der ab 1981 *Kick Ass Monthly* herausgab. Er betrachtete Metal nicht unter regionalen Gesichtspunkten, sondern sah es als übergreifende, stolze Ideologie, deren Erträge eingebracht werden sollten, wo auch immer sie gediehen. Der „Journalistic Poser Holocaust", wie er sich selbst bezeichnete, hielt selten seine monatliche Erscheinungsweise ein, dennoch wurde *Kick Ass* dank der Vehemenz, mit der Muldowney seine Meinung kundtat, zur vorherrschenden kritischen Stimme. „Warum glauben kommerzielle Metal-Bands, erfolgreiche Musik müsse schwach, lahm und so aufregend wie Toastbrot klingen?", begann im Mai 1984 eine Schmährede gegen Quiet Riot und Mötley Crüe. „Für mich war *Kick Ass Monthly* die Bibel", meint der A & R-Chef von Roadrunner Records, Monte Conner. „Ich habe diesen Kerl verehrt. Er war ein Meister – der Erste, der richtig brutal sagte, wie es war."

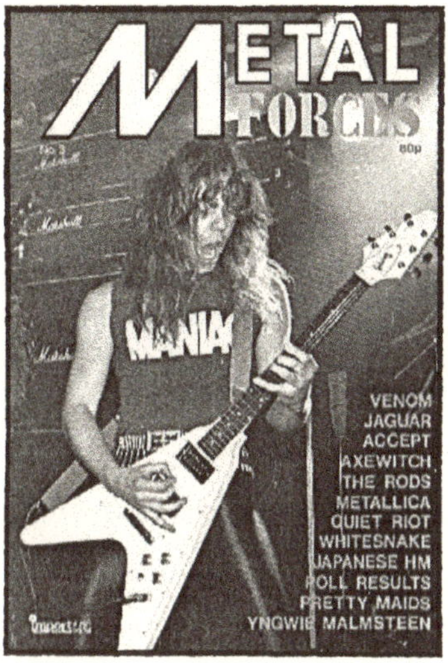

Metal Forces Nr. 3

Zur gleichen Zeit verwandelte der ehemalige Herausgeber der *New Heavy Metal Revue*, Brian Slagel, Metal Blade Records in ein Vollzeitunternehmen, das zwar noch immer nicht voll ausgereift war, aber bereits professionell agierte. Von seinem winzigen Zimmer im Haus seiner Mutter aus überwachte Slagel die Aufnahmesessions, entwarf Albumcovers und rief Radiosender und Plattenläden an, um seine wenigen Neuerscheinungen zu bewerben. Die Metal-Blade-Entdeckung Metallica, deren Bekanntheitsgrad nach ihrem Erscheinen auf *Metal Massacre* deutlich gestiegen war, schienen nun bereit, ein ganzes Album aufzunehmen. Sie hatten bereits einen chicen Titel: *Metal Up Your Ass.* „Natürlich bin ich davon ausgegangen, dass ich die erste Metallica-LP herausbringe", sagt Slagel. „Aber sie kamen zu mir und verlangten achttausend Dollar für die Veröffentlichung der Platte. So viel Geld hatte ich nicht, und ich wusste auch nicht, woher ich es bekommen könnte. Ich konnte daher nur sagen: ‚Tut mir leid, Jungs.' Sie hatten eine klare Vorstellung von dem, was sie machen wollten, und dafür brauchten sie etwas mehr Geld, also haben sie woanders weitergemacht."

Metallica entdeckten andere Möglichkeiten. Als sich die Qualität ihres „No Life 'Til Leather"-Demos allmählich herumsprach, wurde die Band von einem anderen Low-Budget-Unternehmen umworben, Megaforce Records in Old Bridge, New Jersey. Der Betreiber Jon Zazula alias Johnny Z. hatte wie Slagel damit begonnen, Metal-Shows zu buchen, und aufgestachelt von dem, was er in *Kerrang!* über sie gelesen hatte, Raven aus England und Anvil aus Kanada nach New York gebracht. Er verkaufte Metal-Ware in seinem Plattenladen Rock & Roll Heaven, der sich am nicht unbedingt günstig gelegenen Route-Eighteen-Flohmarkt in Jersey befand. Zazula hatte ebenfalls kein Geld, also versuchte er zunächst mit mehreren New-Yorker Majorlabels einen Deal für Metallica auszuhandeln. Nachdem man ihn bei einer Reihe von Geschäftsterminen ausgelacht hatte, borgten sich Zazula und seine Frau Marsha das Budget für die Aufnahmen. „Marsha und ich haben uns in eine Menge Schulden gestürzt, um das Album zu machen", erzählte er *Kerrang!*. „Wir haben wirklich unsere Existenz aufs Spiel gesetzt. Wir wollten eigentlich gar keine Plattenfirma gründen, aber zum Schluss haben wir die Platte eben selbst rausgebracht, weil anderswo das Interesse fehlte."

Im April 1983 fuhren Metallica, die nicht ganz begriffen hatten, dass Zazulas Angebot von eher bescheidener Größe war, fast sechstausend Kilometer quer durch die USA von San Francisco nach New York. Da sie sich kein Hotel leisten konnten, übernachteten die zwanzigjährigen Musiker auf ihrem ersten Ausflug in den Big Apple unter Decken im Music Building in Jamaica, Queens. Sie übten in einem Probenraum auf dem gleichen Gang wie Anthrax – eine Lokalband, die Metallica wegen „No Life 'Til Leather" ehrfürchtig bewunderte. Die Anthrax-Mitglieder – kaum alt genug, um selbst Zigaretten zu kaufen – hatten mit Coverversionen von Siebzigerjahre-Hardrock wie „Satan's Wheels" angefangen, aber inzwischen einen schnelleren Sound entwickelt, der etwas an Iron Maiden erinnerte. Dan Lilker, der bei Anthrax Bass spielte, erinnert sich, wie er sich um die Kollegen von der Westküste kümmerte. „Wir nahmen sie mit runter zum Markt und so", sagt er. „Wir saßen in ihrem Zimmer und tranken Bier. Cliff rauchte Grass und ich auch, wie typische Bassisten. Das waren Kids, die weit weg von zuhause und deshalb ganz schön aufgeregt waren. Sie waren mit wenig Aussicht auf Erfolg gekommen. Sie waren pleite. Sie haben Johnny Z. einfach vertraut, dass er sie ins Studio bringen und ihnen was zu essen geben würde."

Dave Mustaine wäre im Traum nicht eingefallen, dass er mitten in diesem Abenteuer, in dem Mahlzeiten sehr oft durch Bier ersetzt wurden, wegen seines Alkoholkonsums aus der Band geworfen werden würde. Aber die Spannungen wurden stärker, und als der zügellose Gitarrist auf der Fahrt von Kalifornien in betrunkenem Zustand fast einen tödlichen Unfall verursacht hätte, brachte das seine drei Bandkollegen endgültig gegen ihn auf. „Für mich war das echt hart, weil ich keine Vorwarnung bekam", sagt Mustaine. Erst Jahre später konnte er mit seiner Wut umgehen – und auch dann nur begrenzt. „Sie haben nicht gesagt: ‚Dave, du säufst zu viel.' Die Wahrheit ist, dass ich mir genauso viel reingeschüttet habe wie sie, nur reagierte ich auf Alkohol sehr aggressiv, und das machte sie natürlich glücklich. Ich wusste, dass ich viel gesoffen habe, aber mir war nicht klar, dass mich das den Job kosten würde."

Anders als bei dem gefeuerten Bassisten Ron McGovney (der begriff, dass er draußen war, als die Band, nachdem sie Cliff Burton kennen gelernt hatte, seine Schuhe und Klamotten ein Stück nach dem anderen aus dem Tourbus warf) war Mustaines Rauswurf aus Metallica hart, abrupt und allen Berichten zufolge völlig unerwartet. „Lange Zeit ist es mir echt schwer gefallen, mir die Musik anzuhören", meint Mustaine. „Rückblickend betrachtet: Wir hatten ja den Plan, die ganze Welt zu erobern. Wenn sich also jemand anders in der Band so verhalten hätte, hätte ich gezögert ihm zu sagen, dass er sich verpissen soll? Nein. Hätte ich ihn vorgewarnt? Ich weiß es nicht. Vielleicht."

Obwohl sie jeden Tag mit Metallica abhingen, hatten Dan Lilker und Anthrax von der bevorstehenden Veränderung „überhaupt nichts gemerkt". „[Anthrax-Gitarrist] Scott Ian und ich kamen von der Probe", erzählt Lilker, „und wir sahen Cliff Burton und James Hetfield in der Lobby. Sie hatten gerade was zu essen eingekauft und meinten: ‚Wir haben Dave heute morgen rausgeschmissen.' Scott sagte: ‚Quatsch!' Und Cliff sah ihn an und sagte: ‚Quatsch, Quatsch' – und wir wissen ja alle, dass sich zwei Minus aufheben und Plus ergeben."

Ausgeschlossen aus der Band, die er mit aufbauen half, machte sich Dave Mustaine auf eine lange, einsame Reise im Greyhound-Bus von Port Authority in Manhattan nach Los Angeles. Schon am nächsten Abend flog der zwanzigjährige Gitarrist von Exodus, Kirk Hammett, nach New York und ersetzte ihn. Exodus hatten kürzlich im Vorprogramm von Metallica gespielt, aber obwohl beide Bands in San Francisco zuhause waren, kannten sie einander nicht besonders gut. Der Tourmanager von Exodus aber hatte Metallica ein Demotape seiner Schützlinge aufgedrängt, und Metallica waren von Hammetts protzigem „europäischem" Gitarrenstil beeindruckt.

Hammett, der als Kind auf eine katholische Schule gegangen und später auf eine Privatschule gewechselt war, war ein lustiger Vogel und zeigte großes Engagement an der Gitarre. Obwohl Cliff Burton die Hippierolle bekleidete, war es Hammett, der in der Stadt San Francisco aufgewachsen war, und er erinnert sich, wie man ihm, als er noch klein war, bei einem Peace-and-Love-Straßenfest Blumen ins Gesicht gemalt hatte. Les Claypool von Primus, der Hammett in El Sobrante, Kalifornien, kennen lernte, meint: „Kirk und ich hatten in der neunten Klasse zusammen Matheunterricht bei Mr. Kelly, der Kirk überhaupt nicht leiden konnte. Er hatte es jeden Tag auf ihn abgesehen, weil

Kirk einfach so ausgeklinkt drauf war, so wie Cheech and Chong, von wegen ‚Hey, Mann' und so. Mr. Kelly hat eine Büroklammer zurechtgebogen, sie in sein Ohr gesteckt und ganze Klumpen Ohrenschmalz rausgeholt. Kirk und ich saßen einfach nur da und haben zugesehen."

Im Gegensatz zu dem arroganten und kontaktfreudigen Mustaine war Hammett ein schüchterner Thrasher – „der Kleine aus S. F.", laut Dan Lilker. Seinen ersten Auftritt mit Metallica hatte er im Sommer 1983 im *Showplace* in Dover, New Jersey; im Vorprogramm spielten Anthrax. „Kirk sah ganz schön nervös aus", erinnert sich Lilker. „Er sah die ganze Zeit zu James hinüber, um sicherzugehen, dass er alles richtig spielte – aber er hat deswegen nicht aufs Headbanging verzichtet, er hielt nur den Kopf dabei zur Seite gedreht."

Hammett passte sich den Umständen an und fügte sich rasch in Metallica ein, übernahm einige von Mustaines Gitarrensoli und fügte ein paar eigene hinzu. Nach nur vierwöchigen Proben machte sich die neue Besetzung im Mai 1983 nach Norden in die abgelegene Metal-Festung von Rochester im Staat New York auf, um ihr Debütalbum in den mittlerweile geschlossenen Music-America-Studios aufzunehmen. Joey DeMaio von Manowar, der in der Gegend wohnte, hatte ihnen den Ort wegen des Tanzsaals im oberen Stockwerk empfohlen, der mit seiner dramatischen Atmosphäre eine ideale Umgebung für die Aufnahme von Lars Ulrichs Schlagzeugspiel darstellte. Das Material, das Metallica dort einspielten, war im Wesentlichen identisch mit „No Life 'Til Leather" – aber inzwischen klang das völlig anders.

Metallicas *Kill 'Em All,* das im Juli 1983 veröffentlicht wurde, war von unangreifbarer Qualität – es war fest verankert in der noch jungen Metal-Tradition, verbesserte und erweiterte sie aber gleichzeitig. Die Texte zeigten eine vom Metal-Universum faszinierte Band. Der Opener „Hit The Lights" war derartig mit einer Überfülle an Gitarrensoli, Schlagzeugeinlagen und wilder Energie angereichert, dass er die Intensität eines Liveauftritts zu überbieten schien. Dann kam „Motorbreath" mit seinen wie im Drogenwahn herausgeknallten Riffs, die heiße Leidenschaft von „Jump In The Fire", der emotionale Overdrive von „No Remorse", und all diese Songs rasten auf die behelmten Legionen der „Metal Militia" zu. In „Whiplash", einer mitreißenden Ode an das Headbanging, prahlte – oder prophezeite – die Band: „Hotel rooms and motorways, life out here is raw / But we will never stop, we will never quit, cause we are Metallica – Hotelzimmer und Autobahnen, das Leben hier draußen ist hart / Aber wir werden nie aufhören, denn wir sind Metallica."

Mit beinahe jedem Song priesen sie die Herrlichkeit des Metal. Da Songwriter Dave Mustaine nicht mehr dabei war, schreiben sie das sexuell doppel-

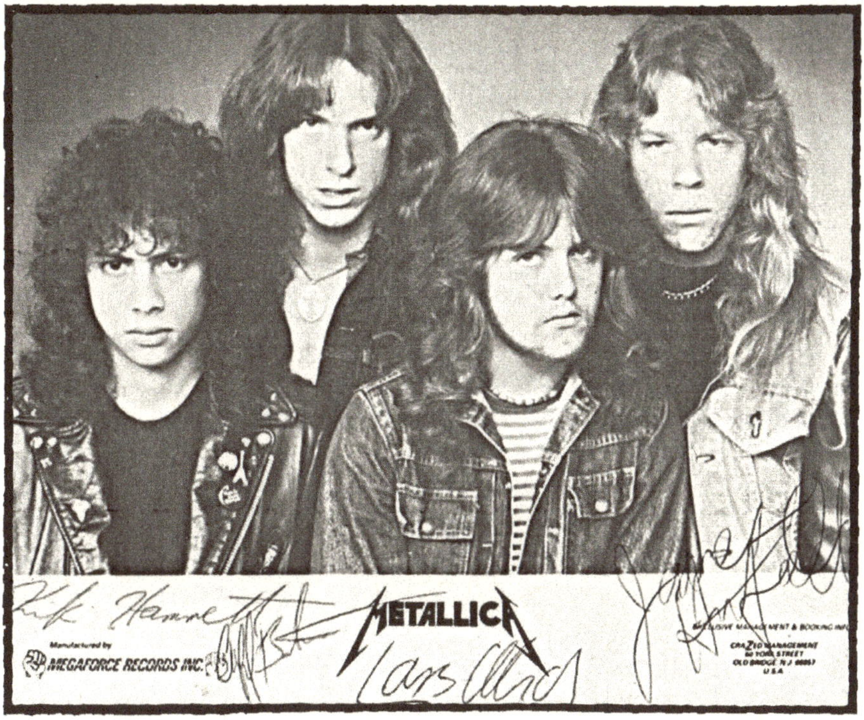

Das erste offizielle Metallica-Foto *(Megaforce Records)*

deutige „Mechanix" vom Demoband in „Four Horsemen" um, ein eindringliches Weltuntergangsszenario, das sich vor den unbarmherzigen Riffs von Hetfield und Hammett abspielte. Der Text war aus dem biblischen Buch der Offenbarung abgeguckt und erinnerte an die Katastrophenbeschreibungen der frühen Black Sabbath und Judas Priest. Dennoch gab es wenig Zweifel, dass die fraglichen vier Reiter Metallica selbst waren, die alles, außer dem heftigsten, kraftvollsten Metal, hinwegfegten.

Cliff Burton war es, der die hyperaktive Band bei seinem Aufnahmedebüt mit Metallica mit seinem soliden Bassspiel immer wieder auf den Boden der Tatsachen zurückholte und ihnen durch sein Beharren auf einen launischen Kontrapunkt ein neues Drehmoment verlieh. Burtons emotionaler Monolog „Anesthesia (Pulling Teeth)" war der Joker auf *Kill 'Em All*, das kontrollierte Um-sich-Schlagen eines hemmungslosen Irren, ein Statement der Coolness innerhalb eines von verwichsten Van-Halen-Gitarrensoli übersättigten Universums. Dreieinhalb Minuten lang betonte Burton, ganz Antipode, nicht so sehr die Bassnoten selbst, sondern die unregelmäßigen, vom Wah-Wah-Pedal modulierten Pausen dazwischen.

Mit dem schroffen Gesang, den herausstechenden Bassläufen und einer unerschütterlichen Rhythmusgitarre ersetzte *Kill 'Em All* die hohen, weinerlichen Töne des Metal der frühen Achtzigerjahre durch dichte, beunruhigende Klänge, die mit der unsagbar schweren und unaufhaltsamen Wucht von Black Sabbath daherkamen, jedoch ohne deren Melancholie zu transportieren. Das Tuckern der beiden Gibson-Flying-V-Gitarren von Hetfield und Hammett wirkte hypnotisch und explosiv, die immer wiederkehrenden Tempowechsel wurden von Hammetts mit rasend schnellen Fingern gespielten Gitarreneinschüben zusammengehalten. Schon bald wurden die typischen gedämpften Gitarrenriffs zum verblüffenden rhythmischen Element und charakteristisch für den Sound von Metallica. Sie wurden erzeugt, indem man den Ballen der zupfenden Hand unten über die Saiten legte: So entstand ein komprimierter gedämpfter Sound anstelle eines eindringlichen Aufheulens.

Außerdem waren die Stücke auf *Kill 'Em All* schneller als die aller anderen, abgesehen von Motörhead, deren Einfluss in den galoppierenden Rhythmen und dem donnernden Schlagzeug spürbar blieb. *Kill 'Em All* mag die erste Platte gewesen sein, die so schnell war, dass ein ganzer Refrain in der Zeit gehört werden konnte, die das Vinyl für eine einzige Umdrehung auf dem Plattenspieler brauchte. Katon DePena, dessen Band Hirax zu den schnellsten der Achtzigerjahre gehörte, bemerkte: „Es ist cool, schnell zu spielen, aber man muss auch in der Lage sein, ein Riff zu schreiben. Das machte Metallica so unglaublich."

Auf der Suche nach einer eigenen Nische wurden Metallica fast zwangsweise schneller. Durch die enge Beziehung, die Heavy-Metal-Bands über lange Jahre mit ihren Fans aufbauten, wurden Judas Priest und Iron Maiden mit dem Alter tatsächlich immer beliebter, anstatt wie viele arbeitslose Radio-Eintagsfliegen im Nichts zu verschwinden. Neue Metal-Bands hatten keine andere Wahl, als sich am stürmischen Firmament weiter hinauszuwagen. Der Schweizer Metal-Visionär Tom Warrior erzählt, wie er Metallica zum ersten Mal hörte: „Nachdem der britische Metal die amerikanische Metal-Welle ausgelöst hatte, konnte ich kaum glauben, mit welchem Druck die amerikanischen Bands alles hinwegfegten. Sie gingen viel klinischer an harte Musik heran. Wo die britischen Bands mit ihrer Aura noch immer etwas an die Pubs erinnerten, klangen die Amerikaner einfach wie schwere Maschinen."

Da ihnen ein starker Leadsänger fehlte, betonten Metallica ihren Groove, und das sorgte für einen ganz grundlegenden Wandel in der Strukturierung der harten Musik. In einer Szene, in der es vor extravaganten Sängern wimmelte, versteckte Hetfields barscher, gelassener Gesang die Melodiebogen hinter Killergitarren und einem raffinierten Schlagzeug. Der Gesang gab nicht mehr die Richtung vor, ein Unterschied, durch den sich Metallica von den anderen Metal-Acts der damaligen Zeit abhoben. „Ich habe wirklich eine Menge Achtung vor James", sagt Katon W. DePena. „Ich erinnere mich, dass ich bei ‚No Life 'Til Leather' dachte: ‚Wenn James doch nur singen würde wie James, anstatt klingen zu wollen wie Vince Neil, dann wäre es gut.' Als *Kill 'Em All* rauskam, hat er genau das gemacht."

Doch auch nach der Veröffentlichung ihres Debüts waren Metallica von Hetfield als Sänger noch nicht recht überzeugt. Obwohl er sich immer sicherer in seiner Rolle fühlte, sang er nur, weil es niemand sonst tun wollte. Die Band dachte noch immer darüber nach, einen konventionellen Leadsänger und Frontmann zu engagieren und Hetfield an die Rhythmusgitarre zu verbannen. „So was wirkt sich auf den Auftritt aus, wenn man mittendrin ein Songarrangement ändern muss", erzählte Lars Ulrich *Kick Ass Monthly*. „Besonders wenn man keinen Frontmann hat, der bei technischen Problemen einfach mal fünf Minuten lang mit der Menge redet. Das ist einer der Gründe, weshalb wir einen Frontmann suchen, den wir wahrscheinlich niemals finden werden, weil niemand irre genug ist, dass er bei uns reinpassen würde."

Selbst 1984 gab es noch einen möglichen Kandidaten. „Es gab nur einen Typen, den wir echt gern in der Band gehabt hätten – das ist eigentlich kein Geheimnis mehr", sagte Ulrich in *Kick Ass*. „Und das ist der Frontmann von Armored Saint, John Bush. Aber die sind wie Kinder, die zusammen aufgewachsen sind, und ich glaube, er wäre sehr unsicher, wenn er sein vertrautes Umfeld verlassen müsste. Er hat verdammt noch mal die beste Stimme. Egal, in welcher Band er ist – in ungefähr fünf Jahren, er ist ja jetzt erst neunzehn, wird er einer der größten Sänger und Frontmänner sein. Der wird auf einer Stufe mit Dio stehen."

John Bush erinnert sich, von Metallica umworben worden zu sein, ein Prozess, bei dem sowohl Ulrich als auch Johnny Z. regelmäßig Druck auf ihn ausübten. „Als sie sich noch die Sache mit dem Sänger überlegten, hatten Armored Saint gerade erst angefangen", meint Bush. „Wir waren cool, und ich nehme an, die fanden mich hip – jedenfalls haben sie mich immer gelöchert, ob ich nicht bei ihnen einsteigen will. Ich kannte die gar nicht und fragte mich anfangs: ‚Was ist das denn für eine Band?' Die Jungs von Armored Saint und ich sind zusammen aufgewachsen, also wollte ich die Band von meinen Kumpels nicht verlassen. Ich hab's niemals bereut – das hätte alles verändert. Es sollte nicht sein, dass ich bei Metallica einsteige. So war das eben."

Um sich von anderen zu unterschieden, bezeichneten junge Bands wie Metallica ihre Musik als „Power Metal". Es gab keinen großen stilistischen Unterschied zwischen etablierten Leuten wie Dio und Newcomern wie Armored Saint und Manowar, aber die Power-Metal-Bands setzten alles daran, die Wirkung der Riffs und der vermittelten Bilder noch zu verstärken. Vielleicht hätte man davon ausgehen können, dass sich diese Kanten mit zunehmendem kommerziellem Erfolg abschleifen würden. 1983 jedoch führten Metallica neue Codes und Tricks ein, die den Sound satter und einfacher machten. Sie schufen damit eine magnetische, durch und durch auf Metal geeichte Musik, die sich für eine kommerzielle Verwandlung kaum eignete.

Kill 'Em All verkaufte sich innerhalb der ersten zwei Wochen nach Veröffentlichung überraschenderweise siebzehntausendmal, und das in erster Linie über die Vertriebswege, die vor allem die kleinen Ein-Mann-Plattenläden bedienten. Viele Headbanger hatten in ihren Plattensammlungen Platz für Intensiveres als Iron Maiden geschaffen. Wie Dan Beehler von Exciter dem kanadischen Fernsehen mitteilte: „Die europäischen Kids von heute haben genug von Priest und Sabbath. Sie scheinen sich mehr für Venom zu interessieren und kommen bei Exciter, Metallica und Anvil – dem jüngeren Metal – auf den Geschmack. Anscheinend stehen sie jetzt auf sehr schnellen Metal, so heavy wie möglich."

Die Offenbarungen der NWOBHM von 1980 waren für junge Fans zu bloßen Glaubensartikeln verblasst – die Zeit war reif für Fortschritt. Im Zuge des Erfolgs von *Kill 'Em All* akquirierte Megaforce eine unschlagbare Mannschaft, die gerade diese neue Art Metal, der sich nicht am Radio oder an MTV orientierte, eindrucksvoll präsentierte. Als befänden sie sich auf einer Mission, nahm das Label Manowar, Exciter, Anthrax und Raven unter Vertrag. Jede dieser Bands brachte ein durchschlagendes Album nach dem anderen heraus. Der Sound hatte nichts Homogenes, doch den Kriegerhymnen von Manowar und dem Hochgeschwindigkeitschaos von Raven war eine faszinierende Sehnsucht nach Neuem gemeinsam.

Anthrax, die noch immer entsetzlich unerfahren wirkten, sich aber rasch weiterentwickelten, reagierten direkt auf Metallica und legten mit *Fistful Of Metal* noch einen Zahn zu; dabei stützten sie sich stärker auf Rhythmusgitarren und ein Schlagzeug mit zwei Bassdrums. Nachdem sie sich dem Power Metal verschrieben hatten, musste dem komplizierten Songhandwerk britischer Prägung auch mit angemessen donnerndem Tempo begegnet werden, was durch Charlie Benante, einen aggressiv schnellen Drummer, möglich wurde. „Er hat uns ganz entschieden gedrängt, Songs wie ‚Panic' ins Programm aufzunehmen – Songs wie gutes geschmolzenes Metall", meint Bassist Dan Lilker, „und sie dann schneller zu spielen, damit sie eine verzweifelte, panische Kantigkeit bekamen." Anthrax waren Kinder der Siebzigerjahre – sie nahmen den Song „I'm Eighteen" von Alice Cooper für *Fistful Of Metal* auf, einen Tag nach dem neunzehnten Geburtstag des jüngsten Bandmitglieds.

Im Unterschied zu den charmanten, jedoch noch unerprobten Anthrax spielte die erfahrenere dänische Band Mercyful Fate raffinierte, lebendige Kompositionen, die selbst das schroffe Hämmern von Metallica in den Schatten stellten. Leider saß sie in Dänemark auf dem Trockenen, weit entfernt von den Brutstätten des Metal. Das änderte sich, als Roadrunner Records, das Label des holländischen Unternehmers Cees Wessels, begann, amerikanische Produkte von

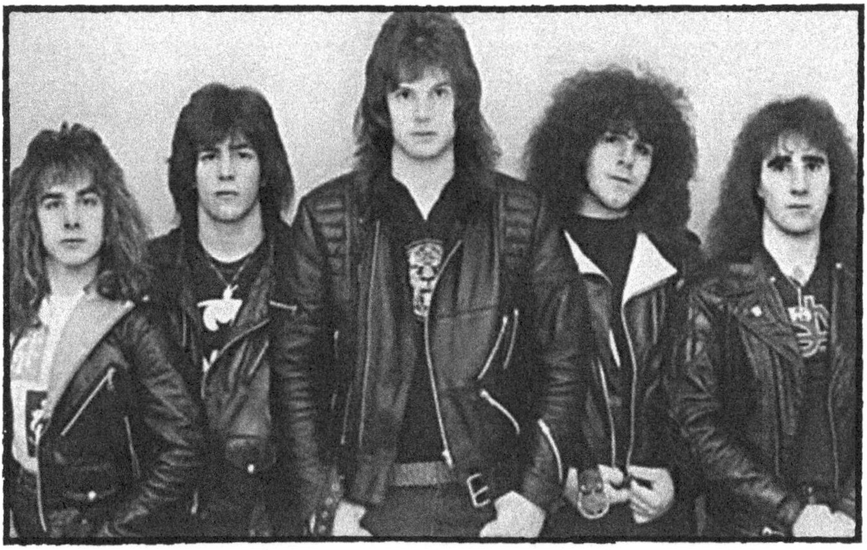

Die New Yorker Thrasher Anthrax mit ihrem hoch gewachsenen Sänger Neil Turbin, 1983

Metal Blade, Megaforce und anderen Firmen für den Verkauf in Europa zu lizenzieren. Zuvor musste jeder, der aus der fanatischen Metal-Begeisterung der Europäer Profit schlagen wollte, seine Koffer packen, jedes Land einzeln bereisen und dort die Plattenläden aufsuchen. Als Roadrunner zur zentralen Lizenzstelle für den Kontinent wurde, ging es für Wessels ebenso aufwärts wie für die Labels auf der anderen Seite des Atlantiks, mit denen er zusammenarbeitete. Music for Nations traf schon bald ähnliche Arrangements in England.

Während Roadrunner Metallica-Platten nach Europa importierte, schloss man auch einen Vertrag mit Mercyful Fate ab, deren Album *Melissa* man dann in Lizenz an Megaforce weiterreichte. *Melissa* kam zu einem wahrhaft magischen Moment – am Scheideweg zwischen klassischem Heavy Metal, Power Metal und dem noch versteckt operierenden Black Metal –, konnte jedoch keinem dieser Stile richtig zugeordnet werden. Dominiert vom vielseitigen und oft verblüffenden Gesang King Diamonds, setzte das dänische Quintett archaische Gitarrentonleitern und eingängige, galoppierende Rhythmusriffs ein, um eine dunkle Abfolge rauchiger Songs über das Übernatürliche heraufzubeschwören. Jeder Track auf *Melissa* – einschließlich „Evil", „Curse Of The Pharaohs" und „Satan's Fall" – lud die Hörer zu einer Fahrt mit einer von schwarzen Pferden gezogenen Kutsche ein, die zu Orten in anderen Welten führte, und verbreitete einen unvergleichlichen mystisch-emotionalen Zauber.

Der ungewöhnliche Sänger King Diamond setzte dem Sound von Mercyful Fate mit seinem Gesangsstil, der von einem hallenden Falsett bis zu einem wütenden Knurren anstieg und wieder abfiel, ein Glanzlicht auf. „Es schien, als wären die Songs heute aufgenommen, aber vor langer Zeit geschrieben worden", sagt Diamond über *Melissa.* „Das hatte natürlich eine Menge mit dem Sound zu tun, zu dem aber immer dieses einzigartige Songwriting kam. Ich habe keine Band gehört, die so klingt. Sogar die einfachsten Passagen kamen von Herzen, und die Leute erkennen Mercyful Fate an nur ganz wenigen Tönen." Wie der Sänger in einem Interview 1983 bemerkte: „Ich möchte, dass Leute nachhause gehen und denken: ‚Ich hab's gehört und gesehen, aber ich weiß nicht, wie sie das gemacht haben.'"

Melissa gilt bis heute als Kultalbum, das gleichermaßen von frühen Thrashern wie Dave Mustaine und Dan Lilker geschätzt wird wie auch von den Mitgliedern der norwegischen Black-Metal-Band Emperor und den Platin einheimsenden Hitschreibern Slipknot. „*Melissa* war wirklich unglaublich", erinnert sich Trey Azagthoth von Morbid Angel fasziniert. „Das ist was ganz Besonderes. Die Songs waren sehr unorthodox strukturiert. Da gab es Gitarrenparts, die waren so merkwürdig. Da hat nicht einfach nur eine Band gespielt – das waren Musiker bei einer Zeremonie, und der Sänger sang wie ein Hohepriester, der eine Geschichte erzählt. Auf mich hat das genauso zeremoniell gewirkt wie Black Sabbath."

Trotz solch künstlerischer Erfolge blieben Megaforce einige Irrtümer nicht erspart. In der zuversichtlichen Annahme, dass die Gruppe Metal Church aus Seattle bei seinem unaufhaltsam im Aufwind begriffenen Label unterschreiben würde, ließ Johnny Z. vorzeitig Anzeigen drucken, in denen er sie gemeinsam mit Metallica und Mercyful Fate ankündigte. „Nichts gegen Johnny Z.", sagt der Sänger von Metal Church, David Wayne, „aber unser Anwalt meinte, der Vertrag sei kompletter Müll, und wir schickten ihn zurück. Johnny hat unseren Anwalt heftig beschimpft, also haben wir das Album schließlich selbst produziert." Unverdrossen versuchte Johnny Z. ein Zeitalter zu überspringen, indem er Blue Cheer, das legendäre Sludge-Power-Trio aus den Sechzigern, unter Vertrag nahm, deren Coverversion von „Summertime Blues" angeblich für eine neue Sorte LSD geworben hatte. Ihr Comebackversuch, das Roots-Metal-Album *The Beast Is Back,* war ein kurzer Trip ins Nirgendwo. Power-Metalheads orientierten sich an der Zukunft.

Das Versprechen, das von den Megaforce-Zöglingen ausging, stand in krassem Gegensatz zu den ärmlichen Verhältnissen, die ihren Alltag prägten. Mercyful Fate, die vor dem Vertragsabschluss mit Roadrunner vier Tage Studiozeit von einem winzigen holländischen Label angeboten bekommen hatten, machten sich auf den Weg in die Niederlande. „Das Studio befand sich auf dem Dach-

Power Metal

Als junge Bands die ohnehin schon umwerfenden Eigenschaften des Heavy Metal noch stärker herausstrichen und seinen explosivsten Momenten Steroide und Sprengstoff zusetzten, entstand Power Metal. Der Begriff bezeichnete allgemein alles, von der Klangmauer von Exciter bis zu den unheilvollen schwarzen Schreien von Mercyful Fate, und er definierte schließlich einen Sound, der die Durchschlagskraft des klassischen Heavy Metal um das Doppelte übertraf. Doppelt so schnell, doppelt so viele Nieten – im Power Metal war alles doppelt so viel. Accept, Jag Panzer und Warlock stärkten die Macht der doppelten Gitarren, des theatralischen Gesangs und des stampfenden Schlagzeugs – ohne die von Judas Priest und Iron Maiden aufgestellten Regeln radikal zu verändern. Durch sie wandelte sich auch das Image des Heavy Metal: Metallica trugen schwarze Spandexhosen und Patronengürtel, Anthrax warfen sich in imitiertes Fell, Manowar schlüpften lieber in echtes, und King Diamond von Mercyful Fate schminkte sich ein Geistergesicht. Ihre Musik schützte den harten Kern des Metal vor MTV-Videokompromissen und ebnete kurze Zeit später dem Thrash Metal den Weg.

Fäuste nach oben

- Accept, *Restless And Wild* (1983)
- Anthrax, *Fistful Of Metal* (1984)
- Anvil, *Metal On Metal* (1982)
- Exciter, *Violence And Force* (1984)
- Jag Panzer, *Ample Destruction* (1984)
- Manowar, *Hail To England* (1984)
- Mercyful Fate, *Don't Break The Oath* (1984)
- Metallica, *Kill 'Em All* (1983)
- Raven, *All For One* (1983)
- Savatage, *Sirens* (1983)
- Thrust, *Fist Held High* (1984)
- Warlock, *Burning The Witches* (1984)
- Warlord, *Deliver Us* (1983)

boden einer Schule – es sah aus wie ein Feldkrankenhaus“, meint King Diamond. „Da haben wir gearbeitet. Dann haben wir drei oder vier Auftritte in Holland gehabt. Unser Auto war voll bis zum Dach mit Equipment, wir saßen drin und hatten Verstärker auf dem Schoß. Die Fahrt von Dänemark nach Holland dauerte achtzehn oder neunzehn Stunden. Als wir ankamen, konnten wir kaum gerade stehen – unsere Beine waren tot, unsere Arme waren tot, das war echt irre. Die Räder vom Transporter hatten sich nach außen verbogen. Unsere Freunde dachten, wir würden es nicht mal bis zur Grenze schaffen.“

Als Mercyful Fate 1984 in Amerika ankamen, hatten sie ihr Erscheinungsbild auf der Bühne ihren zeremoniellen Ansprüchen angepasst. King Diamonds Mikrofon steckte auf einem Stativ, das aussah, als sei es aus Menschenknochen gefertigt; in San Francisco befanden sich die Mitglieder von Metallica unter der wartenden Menschenmasse. „Slayer klangen irgendwie wie Venom, und eine Weile klangen Metallica irgendwie wie eine aufgedrehte Fassung von Motörhead“, erinnert sich Ron Quintana. „Aber niemand klang wie Mercyful Fate, die schockierend gut waren und die, als wir sie dann endlich zu hören bekamen, wesentlich fortschrittlicher wirkten.“

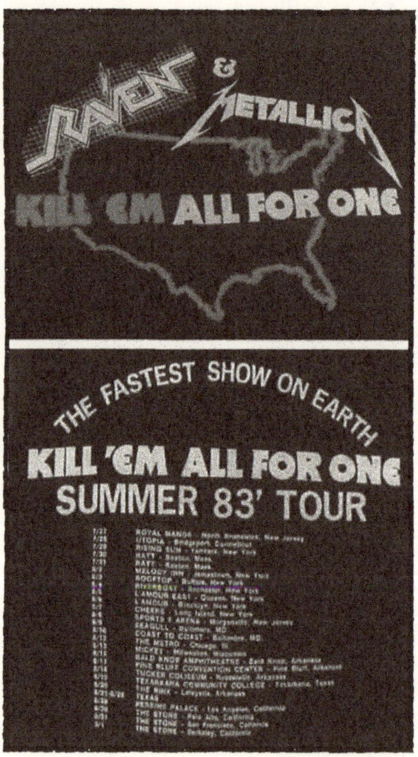

Das Shirt zur *Kill 'Em All For One*-Tour 1983

Die Lebensumstände der Band hatten sich jedoch noch immer nicht verbessert. „Auf unserer ersten Tour durch Amerika mit Motörhead haben wir uns einen Bus geteilt, und es gab einfach kein Geld“, sagt King Diamond. „Ständig hatten wir das Problem, Geld für Benzin auftreiben zu müssen, um in die nächste Stadt zu kommen. Wir bekamen drei Dollar pro Tag, und man musste sich entscheiden, ob man sich ein Päckchen Zigaretten oder einen Burger davon kaufte. Wir mussten uns Geld von zwielichtigen Leuten leihen und es ihnen später zurückzahlen, damit wir es in die nächste Stadt schafften. Wir haben das aber nicht als Problem betrachtet, weil wir es nicht anders gewöhnt waren. Wenn man dann später unter anderen Bedingungen auf Tour ist, weiß man den Erfolg echt zu schätzen. Wenn wir immer noch so touren würden, wäre ich inzwischen tot.“

Trotz dieser Belastungen sehnten sich die neuen, bei kleinen Labels unter Vertrag stehenden Bands danach, die legendären

Touren von Iron Maiden und die Eroberungsfeldzüge, die Judas Priest und Black Sabbath vor ihnen unternommen hatten, neu zu inszenieren. Obwohl sich Metallica mit unzuverlässigem Equipment herumschlugen, war die Band dabei, einen Heavy-Metal-Traum zu verwirklichen: Sie spielte vor einem wachsenden Publikum unermüdlicher Fans bislang ungekannte Musik. Während Iron Maiden und Dio ihre Lkw-Flotten voller Scheinwerfergerüste und Lasertechnik über Amerikas Autobahnen lenkten, waren Metallica bereit, über die Nebenstrecken zu fahren.

1983 organisierte Johnny Z. die erste Amerikatournee für seinen Top-Act Raven, deren energiegeladene LP *All For One* er von Neat Records lizenziert hatte. Auf der Suche nach einer Vorgruppe zog er seinen Joker. „Johnny Z. wollte uns rüberholen, damit wir in Amerika tourten", sagt John Gallagher von Raven. „Er meinte: ‚Wir haben da diese junge Band, in Kalifornien sind das die Größten.' Ich dachte: ‚Was? Größer als Y&T?' Dann legte er eine Cassette von der Band ein und es machte: ‚*RRRRRRR!*' Ich war völlig platt: ‚Was zum Teufel ist das denn?' Das waren natürlich Metallica."

Zwar fiel es den Power-Metal-Bands leicht, in den Fanzines ebenso viel Aufmerksamkeit zu erhalten wie die Heavy-Metal-Stars, aber dennoch blieb es schwierig, ohne Unterstützung durch ein Majorlabel einigermaßen bequem auf Tour zu gehen. Die so genannte *Kill 'Em All For One*-Tour hatte Zazula selbst gebucht, und sie führte Raven, Metallica und die Tourcrew ohne größere Annehmlichkeiten durch das ganze Land. Siebzehn Leute wohnten wochenlang in einem einfachen Winnebago-Wohnmobil, das eigentlich für den Urlaub einer vierköpfigen Familie gebaut worden war. „Nach dem dritten Auftritt trieben wir den Tourmanager in die Ecke", meint John Gallagher. „Wir verlangten: ‚Besorge uns Betten, in denen wir schlafen können, sonst bringen wir dich um.' Wir lebten von zehn Dollar pro Tag. Das war der totale Guerillakrieg."

In den größeren Städten kam das Programm gut an. In Chicago probierte James Hetfield ein paar Showelemente aus, die er von Saxon abgeguckt hatte, und versuchte die Menge dazu zu bewegen, im Chor „Metal up your ass!" mitzugrölen. Zum Mitsingen funktionierte der abgelehnte Albumtitel gut – die Fans stellten sich vor der Bühne auf, reckten die Fäuste und schüttelten ihr schmutziges Haar in Anerkennung dieser derben jungen Band. Ein paar Exemplare von *Kill 'Em All,* die Hetfield in die Menge geworfen hatte, wurden wie rohes Fleisch in den Fängen eines hungrigen Wolfs in Fetzen gerissen. Andere Auftritte waren weniger ermutigend. „In Arkansas wachten wir in einem Freilufttheater auf", erinnert sich John Gallagher, „es war ein Amphitheater in einer natürlichen Senke mit einer Bühne, die von Totempfählen umgeben war. Draußen parkten Lastwagen, von denen herunter Welse verkauft wurden. Die Leute von dort konnten keinen von uns Ausländern verstehen. Wir kamen mit unserer kleinen Ausrüstung an, um vor eintausend Leuten in einem Club zu spielen, und die hatten uns in eine Arena mit zehntausend Plätzen gesteckt. An zwei Gabelstaplern war ein kleines Lichtgerüst befestigt, und es waren vielleicht dreihundert Leute da. Peinlich ist gar kein Ausdruck."

Vor allem aber besaßen beide Bands eine charmante Blauäugigkeit. „James hat die Musik gemacht, und Lars hat ihr den Anstoß gegeben", sagt John Gallagher. „Wir waren ein paar Jahre älter und hatten sehr viel mehr gespielt. Die waren einfach echt glücklich, auf Tour zu sein. Man merkte, dass Lars der Geschäftemacher war. Lars konnte an seinem Schlagzeug oben und unten nicht unterscheiden. Er musste das Resonanzfell seiner Snaredrum wechseln, wusste aber nicht, wie man den Snare-Teppich ausbaut, also hat er ihn mit einer Zange abgezwackt. Das war egal."

Obwohl Power Metal noch weit davon entfernt war, seinen Erfolg in Platin-Platten messen zu können, trieb ihn die Unterstützung der Fans rasch voran. Junge Metal-Fans erinnerten sich an selbst gemachte Demotapes wie „No Life 'Til Leather", die Metallica-Cassette, die inzwischen tausendfach kopiert worden war, gründeten eigene wilde, neue Bands und verbreiteten und bewarben deren Musik in Briefen und Fanzines. Während Brian Slagel kaum genug Bands gehabt hatte, um den ersten *Metal Massacre*-Sampler zu füllen, überfluteten ihn nun jede Woche dutzende Gruppen mit ihrer Musik.

Die fanatische, wilde Anhängerschaft spielte beim Aufstieg des Power Metal eine derart große Rolle, dass sie kaum überschätzt werden kann. Cassettentausch war ein einzigartiges Verbreitungs- und Promotionsystem, das bei zunehmendem Erfolg des betreffenden Künstlers entsprechend an Dynamik gewann, die Kreativität generell anregte und auch Minitrends förderte. Durchgeknallte Bands wie Overkill, Hirax und Voivod verkauften tausende von Demobändern allein deshalb, weil sie in der Fanzinepresse gelobt, in Anzeigen von Cassettenhändlern genannt oder in den Dankeslisten auf den Platten und Cassetten anderer Bands erschienen waren. Danach schlossen sie Plattenverträge ab, durch die ihnen gewisse, wenn auch beschränkte Verkaufszahlen sicher waren.

Wie die NWOBHM bestand auch die Power-Metal-Bewegung aus autarken, innovationssüchtigen Erfindern. Statt sich aber in einer Stadt wie London zu ballen, waren die Bands geografisch verstreut. Während sich ein breites Netzwerk aus Fanzines und winzigsten Plattenlabels entwickelte, hob das öffentliche Bewusstsein die Underground-Szene auf ein neues Niveau der Möglichkeiten. Immer mehr Fans begannen, über MTV hinauszublicken. „Wir hatten keine Ahnung, dass so ein Monster daraus entstehen würde", sagt Dan Lilker von Anthrax. „Es war sehr aufregend, und wir hofften, die ganze Geschichte würde sich gut entwickeln. Das war eine ganz entscheidende Zeit für dieses Zeug in Amerika."

Im ganzen Land entwickelten sich die Musik und das Drumherum immer wilder und abgefahrener. Nasty Savage aus Florida ließen die sensationellen Showeinlagen der Plasmatics wieder aufleben, indem sie einen Fernseher auf der Bühne zerschlugen, verbessert allerdings dadurch, dass er auf dem gepanzerten Brustkorb des Sängers Nasty Ronnie zerschmettert wurde. Die Band Medieval ähnelte einer verzerrten Form von Metallica aus den Vorstädten von Michigan. Auf ihrem Demo „All Knobs To The Right" war schlammiger Thrash von Bandmitgliedern zu hören, die alle den kryptischen Künstlernamen „Ambuist" angenommen hatten. Dann gab es noch Agent Steel aus Los Angeles mit ihrem Frontmann John Cyriis, der sich selbst als Weltraum-Alien bezeichnete. Der naive Schreihals, der eine kurze Afrofrisur trug und sich mit einem Patronengürtel behängte, hatte seine robusten Mitstreiter überredet, ihre Lederklamotten gegen aufeinander abgestimmte orangefarbene Overalls einzutauschen. Die Underground-Metal-Szene förderte derartige Visionen. Die Bezugspunkte, die sich daraus ergaben, definierten – wenn man sie miteinander zu einem Umriss verband – eine Bewegung.

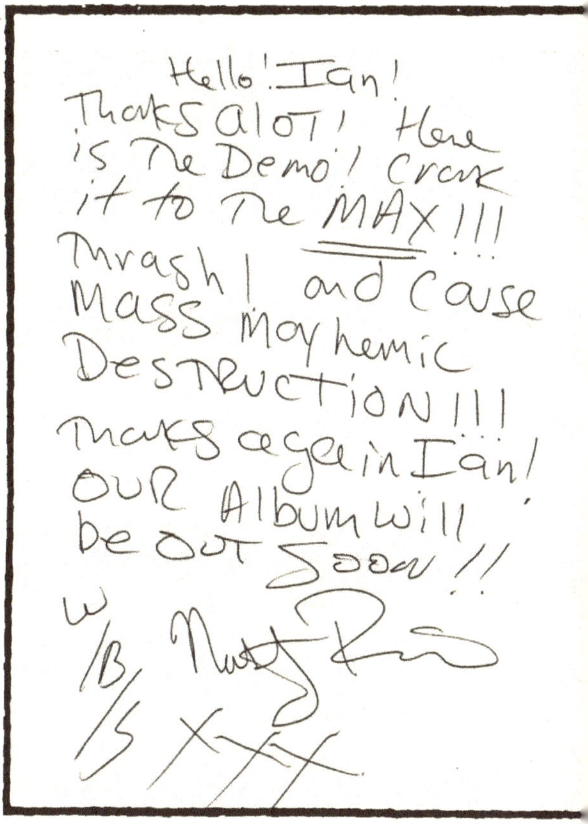
Hello! Ian!
Thanks alot! Here
is the Demo! Crank
it to the MAX!!!
Thrash! and cause
Mass Mayhemic
DESTRUCTION!!!
Thanks again Ian!
OUR Album will
be out soon!!
w/B/S Nasty Ronnie
XXX

Nasty Ronnie von Nasty Savage schreibt nette Zeilen

Obwohl die Bilderwelt des Power Metal unsagbar machomäßig sein konnte, war es dennoch wichtig festzustellen, dass die Musik junge Frauen ebenso ansprach wie Männer. Lange bevor *Xena* dies unter Beweis stellte, gab es bereits viele Frauen, die lieber mit Schwertern als mit Barbiepuppen spielten. „Ein Mädchen sein? Das hat mir überhaupt nichts gesagt", meint „Metal" Maria Ferrero, die sich ihre Motörhead-Platten bei Johnny Z. gekauft hatte, bevor sie die erste Angestellte von Megaforce Records wurde. „Ich hatte nie das Gefühl, dass mich die Tatsache, dass ich eine Frau war, von irgendetwas abgehalten hat oder dass man mich deswegen anders angesehen hätte. Ich fühlte mich eher stärker, weil ich mit dem ganzen Kram zu tun hatte und viele andere Frauen nicht."

In einem Zeitalter der Falsettschreie waren Frauen durch ihre von Natur aus höhere Stimmlage erstaunlich gut als Sängerinnen für Power-Metal-Bands geeignet, die nach den höchsten, durchdringendsten Klagelauten Ausschau hielten. Die Stimmen von Betsy Weiss von der frühen Metal-Blade-Band Bitch, Nicole Lee von Znowhite, Doro Pesch von der deutschen Band Warlock, „Kate" von der belgischen Gruppe Acid, Dawn Crosby von Détente, Ann Boleyn von Hellion, Debbie Gunn von Sentinel Beast aus Sacramento, die französische Thrash-Band Witches und die schwedische Band Ice Age, Lynda „Tam" Simpson von Sacrilege aus Großbritannien und Lori Bravo von Nuclear Death deckten alle das gesamte Spektrum vom Glissando bis zum Kehllaut ab. Diese Musikerinnen bekamen es, als sie dem Vorbild der weiblichen Metal-Pioniere Girlschool folgten, im Plattenbusiness mit Diskriminierung zu tun, aber sie konnten sich gegen die häufigen Chauvinismen zur Wehr setzen, indem sie auf die alte Botschaft des Metal setzten, auf die eigene Kraft zu vertrauen. In dieser Gründerphase war die Metal-Szene eine progressive Bewegung und sehr viel weniger sexistisch als die Rockmusik insgesamt.

Dennoch schien das Musikbusiness noch immer von Heavy Metal überfordert. Noch im September 1984, als jeder, der einen Puls hatte, das Pochen von Metallica spüren konnte, torkelte *Musicians* durch eine Heavy-Metal-Sonderausgabe, in der die lederbejackten Teenybopper Billy Idol und Joan Jett als Highlights präsentiert, die zweitrangigen Bands Fastway und Krokus gepriesen und die heiligen Iron Maiden zur schlechtesten aktuellen Metal-Band erklärt wurden. Es schien, als wollten die Herausgeber metrische Gewichte mit dem Zollstock messen – als seien sie vollkommen unfähig, die Veränderungen um sich herum zur Kenntnis zu nehmen.

Wenn Johnny Z. es jedoch geschafft hätte, Metallica einen Vertrag zu vermitteln, anstatt ihre Alben in Eigenregie zu veröffentlichen, wäre die Flugbahn des Heavy Metal eine ganz entschieden andere gewesen. Zur Zit von *Kill 'Em All* riss sich die Musikindustrie darum, Heavy-Metal-Bands unter Vertrag zu nehmen. Darunter verstand sie häufig „metallisierte" Versionen von Hardrockbands der Siebziger wie Y&T, Rainbow und sogar Michael Bolton. Selbst im Fall so ungestümer Gruppen wie Tygers of Pan Tang und der Schweizer Krokus unterschrieb kein Label einen Vertrag, ohne die Musik in radiofreundliches Gewässer zu lenken und sie damit genau jener Härte zu berauben, welche die Fans in erster Linie ansprach. Glücklicherweise wurde der Sound von Metallica von den Talentsuchern kaum anders wahrgenommen als amateurhafter Lärm, der sich kein bisschen für den öffentlichen Konsum eignete.

Zum Glück begannen die großen Plattenfirmen dem Metal-Underground erst nach den Erfolgen von Megaforce ihre volle Aufmerksamkeit zu schenken. Als diese Zeit schließlich gekommen war, konnten sich die härteren Bands längst auf eine loyale nationale und internationale Anhängerschaft stützen, die sie über Fanzines und aufreibende Touren aufgebaut hatten. Eine wachsende Zahl von Fans hatte gelernt, die großen Namen links liegen zu lassen und sich direkt auf den harten Stoff zu stürzen. Es allein geschafft zu haben gab den Musikern bei Verhandlungen mit der Industrie entscheidende Druckmittel in die Hand – und ambitionierte Bands wie Metallica gewannen dadurch die Zeit, länger an ihrem akustischen Angriff zu feilen und unter ihren eigenen impulsiven Bedingungen zu wachsen.

VI

Slayer: die Könige der Black-Metal-Teufel

- **Januar 1982:** *Black Metal* von Venom erscheint
- **Dezember 1983:** Slayer veröffentlichen *Show No Mercy* und schminken sich schnell ab
- **31. Mai 1984:** Hellhammer lösen sich auf – Celtic Frost erheben sich aus der Asche
- **Oktober 1985:** Possessed veröffentlichen *Seven Churches*
- **Frühjahr 1985:** *Hell Awaits* von Slayer verkauft sich einhunderttausendmal

Brian Slagels hauseigenes Label Metal Blade Records operierte noch immer direkt vor der Nase der Unterhaltungsindustrie von Los Angeles und verkaufte 1984 längst zehntausende Alben von Bands, deren Marotten jeden künftigen Sprung zu einem Majorlabel auszuschließen schienen. Einer steigenden Zahl von Hardcore-Metallern reichte der Underground als Daseinsberechtigung völlig aus. Diese dunklere Musik war der dicke Honig im Zentrum des summenden Bienenstocks Heavy Metal, und als Lohn gab man sich vielfach mit Ruhm und Ehre zufrieden, ohne kommerzielle Interessen zu hegen. „An dem Tag, als die erste *Metal Massacre*-Platte rauskam", meint Slagel, „hat mir jemand gesagt: ‚Du wirst dich noch an diesen Tag erinnern, wenn diese Metal-Geschichte erst richtig groß geworden ist.' Und wir haben so was gesagt wie: ‚Ja, ja.'"

Ebenso wie seine Vorgänger setzte auch *Metal Massacre III* eine ganze Reihe patronenumgürteter Karrieren in Gang, aber keine beeindruckte mehr als die von Slayer aus Los Angeles, die zu den respektiertesten und am meisten Ehrfurcht einflößenden Kämpfern in den formidablen Frontreihen des Metal aufstiegen. Als Brian Slagel sie entdeckte, spielten sie als Vorgruppe von Bitch im *Woodstock* in Anaheim und waren ein noch ungeschliffener Diamant. „Ich war dort, weil ich mit Bitch befreundet war, und Slayer waren unglaublich", sagt Slagel. „Sie spielten acht oder neun Songs, hauptsächlich Coverversionen, und darunter war auch eine umwerfende Version von ‚Phantom Of The Opera' von Iron Maiden. Ich ging hinter die Bühne und redete mit dem Typen, der sie managte. Dann fragte ich sie, ob sie nicht auf die nächste *Metal Massacre* wollten."

Slayer, die sich 1982 in Huntington Park gegründet hatten, standen nicht nur außerhalb des lokalen Glamzirkels, dessen Bands zu MTV hinüberschielten, sondern konnten auch nur am Rand der Power-Metal-Szene zugeordnet werden, die sich inzwischen rund um Metallica entwickelt hatte. Slayer begegneten der NWOBHM zunächst mit vollkommenem Unverständnis. „Wir haben andere Bands mit T-Shirts gesehen und die dazugehörigen Sounds mal gecheckt", erinnert sich Gitarrist Kerry King. „Ich kann mich erinnern, wie ich in den Plattenladen gegangen bin, weil ich wissen wollte, was das für Sachen waren. Wir haben sie uns angehört, aber wir standen nicht drauf. Ich weiß auch noch, dass Metallica ‚Am I Evil?' von Diamond Head live spielten, lange bevor sie es aufnahmen. Ich bekam raus, von wem das war, aber als ich das Original hörte, fand ich es Scheiße, langweilig."

Nachdem Brian Slagel aufgrund fehlender finanzieller Mittel Metallica an Johnny Z. verloren hatte, befand er sich in einer kaum aussichtsreicheren Lage, um Slayer halten zu können; trotzdem blieb er hartnäckig. „Wir blieben in Kontakt, und sie wurden immer besser", sagt er. „Sie waren beeindruckend, also wollten wir ein ganzes Album machen. Zu dem Zeitpunkt hatten wir immer noch kein Geld. Wir konnten das Album nur machen, wenn sie die Aufnahme selbst bezahlten, und das taten sie zum Schluss auch."

Das Ergebnis war *Show No Mercy*, das im Dezember 1983 veröffentlicht wurde, eine umwerfende Sammlung urwüchsiger Genialität, die für Metal Blade drastische Veränderungen zur Folge hatte. Ultrasatanische Hymnen wie „The Antichrist", „Die By The Sword", und „Black Magic" klangen wie bösartige, gehetzte Versionen von Iron Maidens *Killers* – nur im hektischen Tempo von Slayer, und die ausgefeilten Instrumentalbreaks wurden in der gehetzten Gesamtheit auf ein paar Sekunden reduziert. Sänger und Bassist Tom Araya hielt sich nicht mit opernhaftem Gesang auf, sondern stieß Höllenschreie aus. Die Leadgitarristen Kerry King und Jeff Hanneman passten die einstimmigen, melodischen Riffs von Iron Maiden einer Molltonart an oder spielten sie einfach außerhalb jeder Tonart. Besonders King bevorzugte Leadbreaks, die protzig und gebrochen waren und das Vibrato des Whammy-Bars und die zusätzlichen Bünde an seiner Gitarre, einer B. C. Rich Mockingbird, voll ausnutzten. „Kerrys Soli waren echt abgefahren", wertet Hanneman.

Es war ein Heavy-Metal-Holocaust, ohne Hoffnung auf Hübsches oder Poliertes. Slayer gaben dem wilden Tuckern von Metallica eine rücksichtslose, irre Schärfe statt eines unablässigen Grooves, und sie packten *Show No Mercy* voller Satanismen und Hymnen an die Bösartigkeit. „Ich glaube, wir haben einfach den Metal genommen, so, wie er war, ihn mit ein bisschen Punk versetzt und ihn von da aus weiterentwickelt", sagt Kerry King. Metal-Fans waren schon lange davon besessen, die auffälligsten Musiker und die heftigsten Bands zu entdecken, und *Show No Mercy* übertraf – ebenso wie sein etwas glatterer Konkurrent *Kill 'Em All* – alle gängigen Maßstäbe. Plötzlich verwarfen junge Bands doppelte Gitarrenharmonien zugunsten eines neuen Standards: Wer spielte am schnellsten? Dan Lilker, der gerade Anthrax verlassen und Nuclear Assault gegründet hatte, erinnert sich, wie er zum ersten Mal *Show No Mercy* hörte: „Natürlich war eine unserer ersten Reaktionen: ‚O Gott, jetzt gibt's noch eine echt schnelle Band, wir müssen einen Zahn zulegen!' Da bestand schon eine gewisse Rivalität."

Besonders zwischen Metallica und Slayer führte dieser Konkurrenzgedanke manchmal zu scharfen Worten. In einem frühen Interview mit *Kick Ass Monthly* äußerte sich Lars Ulrich ungewöhnlich bissig über seine Kollegen. „Das geht mir auf den Geist, besonders bei Slayer", sagte er. „[Im Oktober 1982] waren wir die Hauptband und sie unsere Vorgruppe. Die haben nur Coverversionen gespielt: Judas Priest, Deep Purple, Iron Maiden und Def Leppard. Slayer hatten nur Coverversionen. An dem Abend, an dem sie mit uns gespielt haben, sagten sie: ‚Verdammte Scheiße! Wir müssen jetzt auch auf schnellen Metal umsteigen!' Es liegt auf der Hand, wer da von wem beeinflusst wurde."

Auch wenn Diamond Head dem Slayer-Tempo wohl nicht entsprachen, so gab es doch ein anderes Relikt aus der britischen Ära mit unübersehbarer Wirkung: die NWOBHM-Außenseiter Venom. Auch nachdem Slayer ihren Iron-Maiden- und Judas-Priest-Coverversionen längst entwachsen waren, gehörte „Witching Hour" von Venom noch immer zu ihrem Liverepertoire – und belegte, welch explosiven Einfluss Venom auf alles Dunkle und Schmutzige besaßen. Auch Metallica waren begeistert, als sie im Februar 1984 in der Schweiz mit Venom zu ihrer kurzen *Seven Dates Of Hell*-Tournee durch Europa starteten. Venom beeindruckten die jungen Metal-Fanatiker enorm. „Kennt ihr James Hetfield von Metallica?", fragte ihr Schlagzeuger Abaddon zwei schwedische Journalisten. „Ich könnte schwören, dass er plötzlich wie Cronos zu laufen anfing [der Sänger von Venom, ein Bodybuilder, der wie ein Neandertaler mit schlenkernden Armen herumstolzierte]."

Venom, die zweifellos extremste Band ihrer Zeit, erlebten den Höhepunkt ihrer Karriere 1984 mit *At War With Satan*, einem Album mit einem gleichnamigen siebzehnminütigen Song. Venom frönten allen Exzessen, die sich ihnen während ihrer recht verrückten Laufbahn boten, und beschäftigten sich ausgiebig mit der gesamten Sage über die Höllenhunde, die das Reich des Himmels angriffen. Die ironiegeladene Geschichte handelt davon, wie Dämonen den Himmel erobern und die Engel rauswerfen, die sich daraufhin in der Hölle versammeln und wutentbrannt zurückkehren, um die dämonische Siegesfeier zu stören und zu zerschlagen. Diesem geisteskranken Konzept eine ganze Albumseite zu widmen kam kommerzieller Gotteslästerung gleich, zumal bei einer Band, die ohnehin kaum darauf hoffen konnte, im Radio gespielt zu werden.

Anstatt sich wie Mercyful Fate oder Raven in Amerika abzurackern, waren es Venom zufrieden, Großbritannien nur selten zu verlassen und ihre Spieleinsätze im Halbjahresrhythmus bei sensationellen, durchgeknallten, opulenten Bühnenshows aus Licht, Flammen und Rauch einzulösen. Auch trieben sie die Albumgestaltung zu neuen Extremen, indem sie *At War With Satan* als luxuriöses, goldgeprägtes, lederartiges Klappcover auf den Markt brachten, mitsamt Hochglanzposter und Werbebeilage für den Vertrieb von Schals, Ansteckern und anderen Kleidungsgegenständen. Wenn die Band schon nicht im Radio punkten konnte, dann wollte sie sich umso mehr in den Plattensammlungen der Fans bemerkbar machen.

Für die ernsthaft Musikinteressierten stellte die Faszination für eine Band, die so sehr übertrieb wie Venom, eine obligatorische, jedoch vorübergehende Phase dar. „Nachdem ich bei Metallica rausgeworfen wurde", erinnert sich Dave Mustaine, „hörte ich mir Mercyful Fate und Diamond Head an, aber Venom eigentlich kaum. Ich mochte das Verstörende an ihnen, aber die Musik war nicht halb so gut wie der Schockfaktor." Trotzdem brachte die anarchische und bizarre Band eine Legion von Nachahmern auf den Weg.

Hellhammer, eine Band aus Nürensdorf in der Schweiz, einem Bauerndorf mit dreitausend Einwohnern vor den Toren Zürichs, gehörten zu den Ersten, die sich an dem chaotischen, satanischen Höllenlärm von Venom orientierten – nachdem sie musikalisch mehrere Gänge hochgeschaltet hatten. „Weil wir nicht gut genug waren, um uns etwas Eigenes auszudenken, haben wir Venom einfach bis zum Verrecken nachgemacht", sagt Tom Warrior, der damals den Namen Satanic Slaughter angenommen hatte. „Die Songtitel, die Riffs, alles – bis hin zu unseren lächerlichen Bühnennamen – hatten wir bei Venom abgekupfert. Wir hielten Venom für die härteste Band, und wir wollten noch heftiger sein. Jeder dachte, wir wären eine neue, richtig harte Band, aber tatsächlich waren wir nur eine ganz traurige Kopie."

Hellhammer waren möglicherweise das extremste Beispiel einer Band, bei der die Fantasie das eigene Können auf der Jagd nach immer merkwürdigeren Extremen klar überholte. Trotzdem war diese Art von Abziehbildkunst an sich ausgesprochen unterhaltsam. Das markerweichende Kreischen zu Beginn von „Triumph Of Death" auf ihrer *Apocalyptic Raids*-EP war ein Paradebeispiel des „Weniger ist mehr" im theatralischen Metal – Gitarrenriffs aus zwei Noten, verbunden mit an Klaus Kinski erinnerndem Gebrüll und einer Produktionsweise nach bester Kerkermanier. Der Journalist Bernard Doe machte sich in *Metal Forces* über Hellhammer lustig. „Ich kann nur sagen, diese Band schreit nach Bestrafung", schrieb er und verglich „The Third Of The Storms (Evoked Damnation)" mit „Whiplash" von Metallica, in einer „von einem Haufen Dreijähriger gespielten Version".

Statt sich seine Low-Budget-Visionen zerstören zu lassen, lernte Tom Warrior aus den Prügeln, die er von der Presse bezog, wie wertvoll jede Art von Publicity war. „Dass Hellhammer nur über begrenzte musikalische Fähigkeiten verfügten – dass wir wie die Bekloppten würden arbeiten müssen –, war uns längst klar, bevor *Metal Forces* über uns berichtete", sagt er. „Wir kamen einfach an unsere Grenzen. Wir hatten keine formale Ausbildung, und wir mussten alles selbst herausfinden. Wir haben eine Reihe echt schlechter Kritiken bekommen, und die haben für eine solche Publicity gesorgt, dass wir sofort danach in aller Munde waren, weil alle wissen wollten, warum wir so schlecht besprochen wurden. Viele Jugendliche hatten genau dieselben Sehnsüchte wie wir, suchten nach derselben Art von musikalischer Rebellion, und die stürzten sich auf das Demo. Egal, ob die Kritiken schlecht waren, wir wurden sofort zum Insidertipp."

Die ungeschliffeneren Underground-Bands, die für Metal Blade und Megaforce noch nicht reif waren, wurden zu Handelswaren der wachsenden Cassettentauschbörsen. In Italien gab es beispielsweise Bulldozer, die sich in ihren unterwürfigen Grabgesängen stark an Venom orientierten. Deutschland brachte Sodom, Destruction und Tormentor hervor. Griechenland hatte Rotting Christ zu bieten. In Kanada entstanden Slaughter und Sacrifice. Aus Brasilien kamen Sepultura, Vulcano und die bis zur Besinnungslosigkeit engagierten Sarcofago, die sich primitive schwarzweiße „Leichenfarbe" ins Gesicht schmierten, um damit ihre kriegerische Auflehnung gegen die Kirche zu symbolisieren. Diese Bands, die ihren Stil nach einem Venom-Album benannten, waren die ersten Black-Metal-Bands – selbstsüchtige Produkte der Metal-Subkultur, ohne Botschaft oder Gesellschaftskritik, die über ihre bloße feindselige Existenz hinausging.

Die Musik war manchmal weniger wichtig als die unheimliche Atmosphäre und eine überzeugende Aura des Geheimnisvollen. So war es zum Beispiel bei Bathory aus Schweden, deren Gitarren wie Kreissägen klangen und deren Schlagzeug aus nasser Pappe gebaut zu sein schien. Auf *Bathory*, dem ersten Album der Band von 1984, war eine gruselige Ziege abgebildet, und das 1985 erschienene zweite Album *The Return* zeigte einfach einen hinter Wolken verschwindenden Mond. Die minimalistischen Bilder erzeugten einen ungeheuren Zauber, der die Fantasie entfachte. „Neunundneunzig Prozent fand in den Köpfen der Leute statt“, sagt der Bandleader von Bathory, Quorthon. „Nach einer Weile stellten wir fest, dass sich die Leute wegen des geheimnisvollen Aspekts für die Band interessierten. Das haben wir gar nicht absichtlich gemacht. In einem Fanzine war einfach ein beschissenes Bild von uns, und die Leute haben die Fantasie gekauft. Das ist die Macht der Unwissenheit. Wenn man jemandem die wahre Geschichte erzählt, dann verdirbt man ihm seine Vorstellung. In Wirklichkeit waren Bathory eine Mischung aus Kate Bush und dem Schlagzeugspiel eines Freundes, wobei die Drums mit einer Computersnare ein bisschen zusammengeflickt wurden. Das wollen die Leute nicht – das ist so, als würde man den Glauben an den Weihnachtsmann verlieren. Jedes Mal, wenn ich darüber rede, töte ich einen kleinen Teil von mir und der Band.“

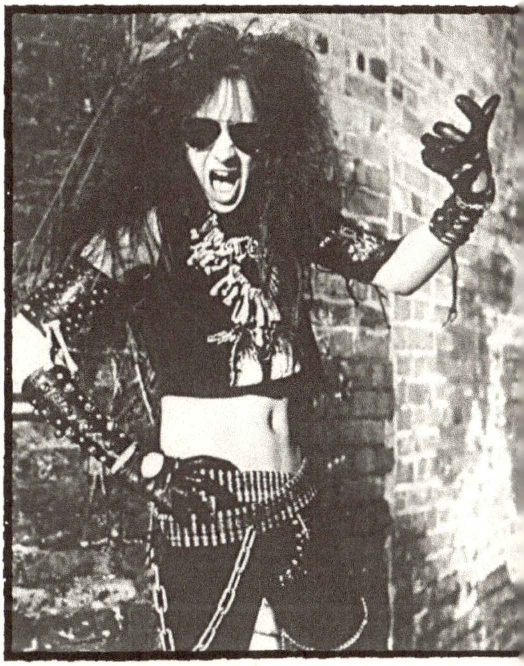

Quorthon von Bathory aus Schweden *(New Renaissance)*

Selbst Venom, die lange verachteten Initiatoren des schmutzigen Black Metal – deren gesamte Karriere King Diamond einen „Werbegag“ nannte –, waren nicht stolz auf ihre immer zahlreicher werdenden Nacheiferer. „Wir werden von dem, was heute so läuft, eigentlich nicht beeinflusst“, erzählte Venom-Sänger Cronos 1985 *Metal Forces*. „Bathory – dieser Typ Quorthon ist ein Idiot. Ich meine, der macht genau das, was wir auf *Welcome To Hell* gemacht haben. Das ist lächerlich!“ Nur ein Jahr nach *At War With Satan* waren Venom jedoch schon durch hunderte jüngerer Bands ersetzt worden, die versuchten, noch wilder und außergewöhnlicher zu sein. Eine hübsche Werbebroschüre von Noise Records versprach: „Im Vergleich zu Hellhammer klingen Venom wie die Bee Gees!“

In vielerlei Hinsicht war es jedoch noch immer so, als würden diese Bands Pantomimen vor dem Schlafzimmerspiegel aufführen – einem Spiegel, der das Bild ihrer vielen Pendants weltweit zurückwarf. Wenn junge Black-Metal-Bands live spielten, zeigte sich ihr peinlich begrenztes Können. Mayhem zum Beispiel, Pioniere des Black Metal in Norwegen, gründeten sich im Herbst 1984 und spielten Venom- und Metallica-Coverversionen. Die Band probte in einer Scheune und beendete ihren ersten Auftritt angeblich, indem sie die Bassgitarre zertrümmerten und ihre Ärsche entblößten. Es handelte sich um plumpe Unterhaltung, die allerdings unendlich viel mehr Spaß brachte als die vorgefertigten Karrieren begabter und selbstgefälliger Musiker.

Wo auch immer Heavy Metal Gefahr lief, zu sauber zu werden, machte sich schnell der Black Metal breit. Bathory waren die Antithese des angeberischen schwedischen Kultgitarristen Yngwie Malmsteen, eines langweiligen Virtuosen. Malmsteen besaß alle Eigenschaften der Metal-Helden Ritchie Blackmore und Eddie Van Halen, aber seine Finger glitten über das Griffbrett seiner Stratocaster-Gitarre, als wäre er Kartenmischer in einem Kasino – zu präzise, besonders in einer Zeit, in der es der besten Musik an Präzision fehlte. Er verkörperte die sterile, egozentrische Richtung im Metal, die in sich zusammenfiel, wenn das grelle Sonnenlicht zu lange darauf schien. Da Hellhammer statt Talent Ideen zu bieten hatten, waren sie seelenloser Kunstfertigkeit jederzeit vorzuziehen.

Zur Zeit von *Show No Mercy* verließen sich Slayer noch immer sehr stark auf Image und Schockwirkung. Im Gegensatz zu den Bluejeans von Metallica trugen Slayer Hals- und Armbänder aus Nietenleder. Vor ihren Auftritten schmierten sich die Bandmitglieder dickes schwarzes Augen-Make-up ins Gesicht und ließen sich so auch auf den Bildern, die ihr erstes Album schmückten, verewigen. „Die ganzen Metal-Bands wie Mötley Crüe und Pandemonium trugen Make-up, aber eher so mädchenmäßig", erklärt Jeff Hanneman. „Wir wollten Männer sein, also machten wir uns nach bester Footballermanier zurecht!"

Als sie mit Exodus, Laaz Rockit und Savage Grace in San Francisco auftraten, wurden Slayer begeistert aufgenommen, so wie vor ihnen Metallica – aber die Headbanger der Bay Area amüsierten sich über die gekünstelte Show der Band. Tom Araya erinnert sich, dem Rat von Fans gefolgt zu sein und seine Fettschminke weggeworfen zu haben. Der ebenfalls bei dem Konzert anwesende Ron Quintana bestätigt das. „Sie wurden schon irgendwie ausgelacht. Die Leute hier erzählten ihnen, dass sie das Make-up weglassen sollten, und tatsächlich: Sie hörten damit auf. Ich glaube nicht, dass sie es jemals wieder aufgetragen haben."

Auch musikalisch stiegen Slayer aus einem tiefen dunklen Schacht empor und blieben die technisch fortgeschrittenen Hohepriester des von Venom inspirierten Teufelsmetal. Auf ihrer *Haunting The Chapel*-EP mit dem unglaublich schnellen „Chemical Warfare" erreichten Slayer einen neuen Höhepunkt im Power Metal. Während sie so schnell spielten, dass einzelne Töne kaum unterscheidbar waren, skizzierten die Gitarristen King und Hanneman grobe Annäherungen an Melodien, die an die Geniestreiche von Iron Maiden und Judas Priest erinnerten. Wenn die beiden Gitarristen aus dem Takt kamen und die

FRÜHER BLACK METAL

Die Fanzineautoren Mitte der Achtzigerjahre hielten Black Metal zunächst für schlechten Power Metal, und die ersten Bands dieses Genres wurden mit ihren Lederklamotten und umgekehrten Kreuzen ebenso geringschätzig aufgenommen wie zuvor der Punkrock. Weil sie jedoch so beliebt und so extrem waren, setzte sich die Berichterstattung fort, und schon bald trieben allerorten Bands in Verehrung für Venom ihr Unwesen. Bei Slayer, Bathory, Possessed und Celtic Frost bekam die Vorliebe für satanistische Extreme schon bald etwas mehr Tiefgang, und es entstand ein engagierter Kult, der sich nicht für die grellen Farben und das Aufmerksamkeitsbedürfnis des normalen Heavy Metal interessierte. Das Tempo war mörderisch und roh, und urwüchsige Emotionen brannten in den Herzen. Als ihre Anhängerschaft schließlich Millionenstärke erreichte, wurde der Black Metal zu einer festen Größe im Underground und bildete die geistige Basis und den direkten musikalischen Ausgangspunkt des Death Metal.

Liebeslieder des Satans

- Bathory, *Under The Sign Of The Black Mark* (1987)
- Destruction, *Sentence Of Death* (1984)
- Hellhammer, *Apocalyptic Raids* (1984)
- Morbid Angel, *Abominations Of Desolation* (1986)
- NME, *Unholy Death* (1985)
- Possessed, *Seven Churches* (1985)
- Sepultura, *Morbid Visions* (1986)
- Slayer, *Hell Awaits* (1985)
- Slayer, *Show No Mercy* (1984)
- Sodom, *Obsessed By Cruelty* (1986)
- Venom, *Black Metal* (1982)
- Venom, *Welcome To Hell* (1981)

Kontrolle zu verlieren drohten, sorgte der Schlagzeuger Dave Lombardo im Zentrum wieder stampfend für Ordnung.

Anfang 1985 brachten Slayer *Hell Awaits* heraus, auf dem sie demonstrieren, wie meisterhaft sie die Kunst des gesteigerten Tempos beherrschen. Während Tracks wie „Kill Again" im kontrollierten Chaos versinken, war die Musik insgesamt eher fortschrittlich und finster. Sowohl „Hell Awaits" als auch „At Dawn They Sleep" sind epische Erzählungen mit Tempowechseln, Instrumentalbreaks und wild schwirrenden Passagen – sie folgten neuen und provisorischen Regeln. Obwohl die Produktion schwammig klang, hatte sich das technische Können der beiden Gitarristen entschieden verbessert. Tom Arayas stimmliche Bandbreite rangierte zwischen Knurren und energiegeladenem Schreien und hatte an musikalischer Qualität nichts eingebüßt. Darüber hinaus waren „In Praise Of Death" und „Hardening Of The Arteries" schneller als alles, was Slayer jemals zuvor gespielt hatten. Es war das Meisterstück einer Band, die seit *Show No Mercy* ein paar Klassen übersprungen hatte, und diese kreativen Quellen sollte sie noch viele Jahre lang weiter anzapfen. Das wegweisende Album *Reign In Blood* zeigte Slayer später in reduzierter Bestform, aber *Hell Awaits* bewies, dass Größe nicht unbedingt etwas mit Präzision zu tun haben musste.

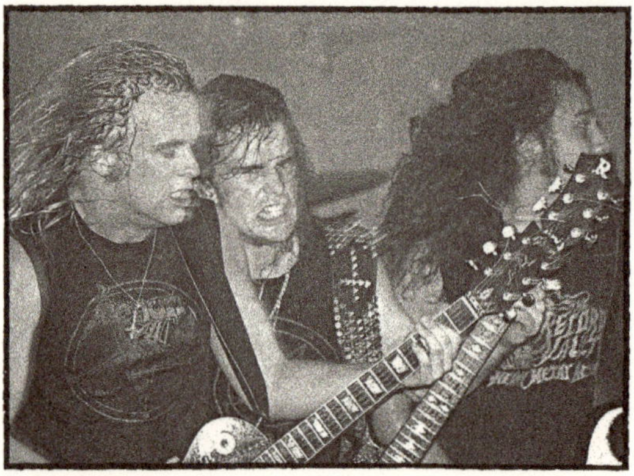

Slayer live 1985 ***(Todd Nakamine)***

Anders als die verspielten Hellhammer und Bathory hatten Slayer ernsthafte Ambitionen. Vielleicht, weil Metallica einen Vorsprung durch Melodien gewannen, drängten Slayer weiter darauf, noch extremer, schneller und härter zu spielen. Sie verfolgten diesen Weg noch lange, nachdem Metallica bereits erklärtermaßen das Interesse an reiner Geschwindigkeit verloren hatten. Das führte dazu, dass Slayer ein kleineres, aber engagierteres Publikum anzogen. *Hell Awaits* verkaufte sich in kurzer Zeit einhunderttausendmal – ein echter Volltreffer, gemessen an den Maßstäben eines Independentlabels, und der erste große Erfolg für Metal Blade. „Das Slayer-Zeug ging so richtig ab, kurz nachdem Armored Saint von einem Majorlabel unter Vertrag genommen wurden", erinnert sich Brian Slagel. „Ungefähr um diese Zeit wurde es auch für Metal Blade so richtig ernst."

Metal Blade hatte mit den Samplern eine Testmöglichkeit für Talente etabliert; den beliebten Bands, die sich dort bewährten, bot man längerfristige Verträge an. Von den Künstlern der 1984 erschienenen *Metal Massacre V* blieben Fates Warning, Omen und Voivod bei dem Label, das Metal Church und Overkill an höher Bietende verlor. Metal Blade lizenzierte außerdem schon früh die besten der europäischen Power-Metal- und Black-Metal-Bands und veröffentlichte die viel gepriesenen Debüt-Mini-LPs von Sodom, Destruction und den auf seltsame Weise faszinierenden Hellhammer.

Für Exciter, deren LP *Heavy Metal Maniac* von 1983 neben Metallicas *Kill 'Em All* an vorderster Front des Power Metal stand, war das Aufkommen des ungeschliffeneren Black-Metal-Genres ein Grund zur Besorgnis. „Diese ganzen Fünfzehnjährigen brachten plötzlich Alben mit einer Geschwindigkeit von zwanzigtausend Stundenkilometern raus, klatschten satanische Texte drauf und verkauften einhunderttausend Stück davon", beschwerte sich Sänger und Schlagzeuger Dan Beehler in *Kick Ass Monthly.* „Diesen Müll kann man nur bis zu einem bestimmten Punkt aushalten. Ein paar Bands wissen, wie man schnell *und* gut spielt, wie Metallica, und die haben deswegen auch Erfolg, aber man kann nicht diese Kids aus dem Keller zerren, sie auf die Bühne vor fünftausend Leute stellen und erwarten, dass sie was taugen."

Obwohl sich Tom Warrior keine Illusionen über Hellhammer machte, die tatsächlich nicht lange zusammenblieben, verteidigt er die einzigartigen Qualitäten der Hochgeschwindigkeitsmetaller allgemein. „Egal, wie niedrig das technische Niveau einiger dieser härteren Bands ist – und sicher, oft liegt die Messlatte tatsächlich sehr tief –, es ist fast unmöglich, überzeugend vor Publikum aufzutreten, wenn man die Musik nicht lebt, atmet und versteht, wenn man sie nicht im Blut hat. Harte Musik lebt sehr stark von primitiven Machtinstinkten – aus dem Bauch raus. Leute von außen können das nur sehr schwer mental und körperlich in den Griff kriegen, egal, wie talentiert und bemüht so ein Außenseiter sein mag."

Warrior und Martin Ain traten als Botschafter einer neuen innovativen Richtung auf und gründeten Celtic Frost, nachdem sie es aufgegeben hatten, Venom in die satanische Metal-Verderbnis hinterherzujagen. Sie lösten die gründlich blamierten Hellhammer auf und „lernten richtig Gitarre spielen", wie Warrior meint. Laut Warrior wählte die Gruppe ihren aus zwei Wörtern bestehenden Namen als Hommage an Cirith Ungol, eine fantasybeeinflusste Band auf *Metal Massacre.* Auf Songs wie „Dawn Of Meggido" und „Tears In A Prophet's Dream" klangen Warrior, der Bassist Ain und der Schlagzeuger Reed St. Mark so kraftvoll wie Slayer, ohne auf den wohlerprobten Kniff zurückzugreifen, sich mit Pentagrammen und Teufelshörnern zu behängen.

Zwischen Celtic Frost und Hellhammer gab es einen Riesenunterschied. Die überwältigenden Frost waren zwar ebenfalls durch und durch auf Härte gepolt, griffen aber auf merkwürdige Einflüsse außerhalb des Metal-Bereichs zurück und verwendeten Elemente wie die komischen Geräusche und außerweltlichen

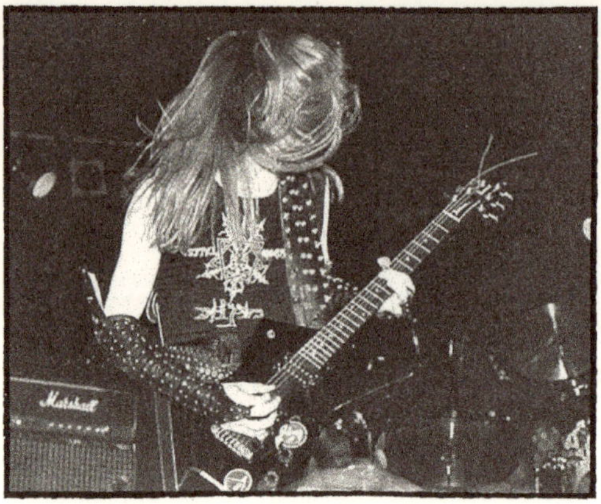

Tom Warrior von Celtic Frost *(Jean-François „Big" Lavallée/Metal K. O. Productions)*

Impulse, die Warrior zum ersten Mal 1970 bei der Band Roxy Music von Brian Eno gehört hatte. In den Achtzigerjahren war Heavy Metal zur vorrangigen Ausdrucksmöglichkeit für fremde und interessante Sounds geworden. Der Schlagzeuger Away von Voivod erzählte *Kick Ass Monthly:* „Da gibt es eine Band, vor der ich echt großen Respekt habe, Celtic Frost. Deren Texte sind originell und intelligent, und wenn man ihnen zuhört, dann kapiert man, dass die Typen echt komisch ticken."

1985 veröffentlichten Celtic Frost *Morbid Tales,* eine hämmernde, wummernde Suite aus exzellenten Power-Riffs. 1986 produzierten sie ihr alle Genregrenzen sprengendes Epos *To Mega Therion* – der griechische Ausdruck für „die große Bestie". Mit ihrem dichten Gitarrensound, den man am ehesten als „ächzend" bezeichnen konnte, besaß die Platte Elemente von Metallica und Slayer, die hier jedoch klangen, als würden sie von einem schwerfälligen, aber choreografisch sicheren und geschickten, agilen Granitmonster gespielt. „*To Mega Therion* war im Grunde ein Ausdruck meiner Unreife und meiner männlichen Triebe", erinnert sich Tom Warrior. „Deshalb hat das Album auch so ein gewisses, an Conan erinnerndes Fantasy-Flair. Die Platte ist ganz klar für Leute in der Pubertät gemacht. Da liegen auf jeden Fall die Wurzeln des Heavy Metal. Dieses ganze Gefühl von Revolution, dieser Wunsch, mächtig zu sein, ist ganz klar ein Pubertätsding. Das muss die Fans nicht kränken. Da muss jeder durch. Deshalb ist Heavy Metal so kraftvoll."

Für das Cover von *To Mega Therion* erlaubte der Schweizer Maler H. R. Giger seinen Landsleuten, sein Werk *Satan I* umsonst zu verwenden. Das Gemälde von 1977 zeigt einen Dämon mit Fangarmen, der mit einer Steinschleuder bewaffnet ist, die aus den ausgestreckten Armen des gekreuzigten Christus besteht. Obwohl sie nur fünfzehn Minuten von dem für *Alien* mit einem Oscar ausgezeichneten Künstler entfernt wohnten, wendeten sie sich in echter Cassettentausch-Tradition schriftlich per Post an Giger und legten ein ausführliches Paket an Erklärungen vor. „Am Muttertag 1984, das Telefon!", schreibt Tom Warrior. „Es ist H. R. Giger persönlich! Er ist nicht nur ein vollkommener Gentleman, sondern versetzt uns auch in Erstaunen, indem er keine Zeit verschwendet und sich sofort in das Thema vertieft, wie eine Zusammenarbeit möglicherweise funktionieren und sein Gemälde großformatig präsentiert werden könnte." Die geschwungenen Tentakel auf *To Mega Therion* gingen über die Totenschädel der kolorierten Bleistiftzeichnungen auf *Metal Massacre V* weit hinaus und markierten den Übergang von amateurhafter Fanbegeisterung hin zu echtem Kunstanspruch.

Während Metallica nach dem Mainstream schielten, veränderten Slayer, Celtic Frost und Bathory schon bald die Regeln, die bisher im Underground geherrscht hatten. Getrennt durch Talent und Geografie, vereint aber durch internationale Geldanweisungen und den Cassettentausch, war dem Briefmarken abschleckenden Black-Metal-Nachwuchs eine fetischhafte Begeisterung für alles Satanische gemein. Trey Azagthoth, der Gitarrist von Morbid Angel, die sich in der aufregenden Anfangszeit 1984 gegründet hatten, sagt: „Damals ging es vor allem darum, das Christentum anzugreifen. Ich bin als Christ erzogen worden, empfand das aber als Gehirnwäsche und hasste diese Überzeugungen. Inzwischen habe ich Psychologie studiert und verstehe, welche Bedeutung Religion hat, wie man Menschen an den Glauben gewöhnt und sie Wahrnehmungsfilter herausbilden lässt."

Slayer bekamen derweil Konkurrenz durch innovative Bands mit ausgezeichneten neuen Musikern, die nicht nur viel Mumm, sondern ebenso viel Talent mitbrachten. Larry Lalonde und Jeff Becerra stammten aus der Gegend von San Francisco und hatten bereits in der Junior High School bei einer Band namens Blizzard gemeinsam UFO-Songs gespielt. Sie trugen ärmellose T-Shirts mit der amerikanischen Flagge und ließen sich die Haare bis zu den Schultern wachsen – so lang, wie ihre Mütter es erlaubten. Als sie in die Highschool kamen, wurden die beiden von Mike Torrao und Mike Sus für die reichlich angeschlagenen Possessed rekrutiert. „Der Sänger hatte sich in den Kopf geschossen", sagt Becerra, „und sie hatten keinen Bassisten. Ich wollte sowieso härter werden. Ich stand auf Härte, sofern das bedeutete, Bier zu trinken, so viele Frauen wie möglich zu haben und so schnell und so heavy wie Motörhead zu spielen. Ich fragte Mike nach dem Namen der Band, und er antwortete: ‚Possessed.' Als ich meinte, das würde ja ganz schön satanisch klingen, erwiderte er: ‚Na ja, das ist es auch!' Das war schon irgendwie unheimlich."

Possessed fanden dennoch schon bald eine Managerin – die Mutter einer Freundin, Debbie Abono, eine Geschäftsfrau jenseits der Fünfzig aus der Bay Area. Abono, eine ungewöhnliche Erscheinung in dieser Szene, war nun für diese Gruppe von satanistischen Teenagern verantwortlich, die auf Nervenkitzel aus waren, tranken wie verdurstende Fische und es dennoch immer am nächsten Morgen in die Schule schafften. „Was Tourneen angeht, haben wir echt nicht

Doom-Metal-Demos

Viele der großartigen, einflussreichen Aufnahmen des Black Metal wurden nie auf Vinyl gepresst, sondern lediglich unter den zehntausenden Cassettentauschern verbreitet. Wenn diese Bands schließlich Plattenverträge erhielten, hatten sie sich bereits einen Namen gemacht – jedenfalls ganz unten in den tiefen Kellern.

Demo-Top-Ten der Cassettentauscher

- Death, „Infernal Death“ (1985)
- Hellhammer, „Triumph Of Death“ (1983)
- Messiah, „Infernal Thrashing“ (1984)
- Slaughter, „Surrender Or Die“ (1984)
- Morbid Angel, „Thy Kingdom Come“ (1985)
- Nasty Savage, „Wage Of Mayhem“ (1984)
- Necrophagia, „Death Is Fun“ (1985)
- Repulsion, „Horrified“ (1986)
- Voivod, „Morgoth Invasion“ (1984)
- Voor, „Evil Metal“ (1984)

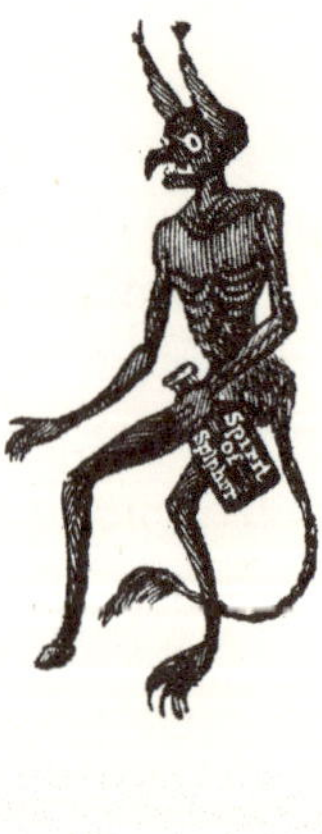

so viel gemacht", erinnert sich Gitarrist Larry Lalonde, obwohl die Gruppe nach Europa und Kanada reiste. „Wir haben die Alben in den Osterferien aufgenommen, damit wir die Schule nicht verpassten."

Das erste Possessed-Album, *Seven Churches,* kanalisierte den ganzen destruktiven Wahnsinn dieser sechzehnjährigen amerikanischen Teenager in ein byzantinisches Fest aus Chaos, Geschwindigkeit und Satanismus. Obwohl unglaublich schien, dass es diesen vier Schülern handwerklich gelingen sollte, einen solch meisterhaften Irrsinn zu erzeugen, trieben Possessed Ende 1985 den Sound von Slayer so tief in finstere Bösartigkeit, dass etwas Neues entstand. Der Sänger Jeff Becerra erinnert sich an die körperliche Anstrengung, die es bedeutete, diese wahnsinnige Musik live zu spielen. „Das ist wie Scheiß-Aerobic. Es war unwahrscheinlich haarig, *Seven Churches* auf Tour vorzustellen; wir hatten echte Probleme. Wenn wir das Zeug in Clubs ohne Klimaanlage gespielt haben, kam ich mir vor wie Muhammad Ali. Ich konnte nichts machen. Ich wusste nicht, ob ich kotzen oder ohnmächtig werden würde. Das war wie high werden beim Joggen."

Seven Churches war nicht wie das primitive Gebrüll von Venom, Bathory oder Hellhammer – als Musiker standen die Bandmitglieder von Possessed ebenso auf Zaubertricks an der Gitarre wie auf Hexerei in den Texten. Die Schlacht zwischen Technik und reiner Energie machte die Platte zu einem brillanten zeitlosen Knüller – sie erhob sich wie eine Kathedrale und ließ die schnellen, brutalen Hardcore-Punk-Platten jener Zeit daneben wie hässliche sowjetische Plattenbauten aussehen. Zusammen mit *Hell Awaits* und den Demotapes von Death aus Florida legte *Seven Churches* das Fundament für das, was einmal Death Metal genannt werden sollte – das unvergleichliche Aufeinandertreffen des satanischen Black-Metal-Wahnsinns und der traditionellen musikalischen Kunstfertigkeit des Metal. „Possessed unterschieden sich von allen anderen Bands, die es damals gab", erzählte Chuck Schuldiner von Death später *Metal Maniacs.* „Das war kein reiner Lärm, und sie versuchten eine ganze Menge unterschiedlicher musikalischer Ideen in ihre Songschreiberei einzubeziehen, anstatt einfach immer wieder dasselbe aufzuwärmen. Es machte ihnen Spaß, sich als Band zu entwickeln, und dabei spornten sie auch andere Gruppen dazu an, ihren Sound zu erweitern und andere Sachen zu versuchen."

Die Ergebenheit gegenüber dem Teufel, die schon ihr Name signalisierte, setzte ein Zeichen gegen den Mainstream. Bis zu einem gewissen Grad leiteten Texte, die sich mit schwarzer Magie beschäftigten, ihre Anhänger sogar zu umfassenderen sozialen und moralischen Diskussionen an. King Diamonds Faszination für das Okkulte kam lange vor Venom oder Slayer bei Bands zum Vorschein, die wie Brats und Black Rose aus der Phase vor Mercyful Fate stammten. „Es steckt eine Bedeutung dahinter", sagt er. „Damals, als wir uns in Dänemark abgerackert haben, ging uns ein Priester auf die Nerven. Er hat alles darangesetzt, sogar unsere Demobänder im Radio zu verbieten. Die haben dann eine Diskussion veranstaltet, bei der wir beide im Radio Stellung beziehen konnten. Der Priester hat [über *Nuns Have No Fun,* ein Minialbum, auf dem die Kreuzigung einer nackten Hexe abgebildet ist] das Übliche gesagt, und ich erwiderte: ‚Das ist eine Abbildung der Religion, die Sie vertreten. Das wurde Millionen von Leuten tatsächlich angetan!'"

Natürlich kann man die Kleidungsvorschriften und die geheimnisumwobenen Bedeutungen des Black Metal als süchtig machende Machtfantasien von Außenseitern betrachten, aber es bedurfte einer besonderen, verfeinerten Empfänglichkeit für bestimmte Muster, wenn sich Fans T-Shirts mit riesigen leuchtenden Pentagrammen anzogen und lange Textzeilen kaum vernehmbarer blasphemischer Songtexte auswendig lernten. Das ständige lautstarke Anrufen Satans klang für daran nicht gewöhnte Ohren verstörend und schockierend, aber wie bei den meisten Jugendideologien brachte die spaßhafte Teufelsverehrung nur das Bedürfnis zum Ausdruck, gesellschaftliche Grenzen zu überwinden und einen Raum für uneingeschränkten Spaß zu schaffen. Oder – mit den Worten von Larry Lalonde von Possessed: „Man muss schon bescheuert sein, wenn man an diesen ganzen Satanskram glaubt!"

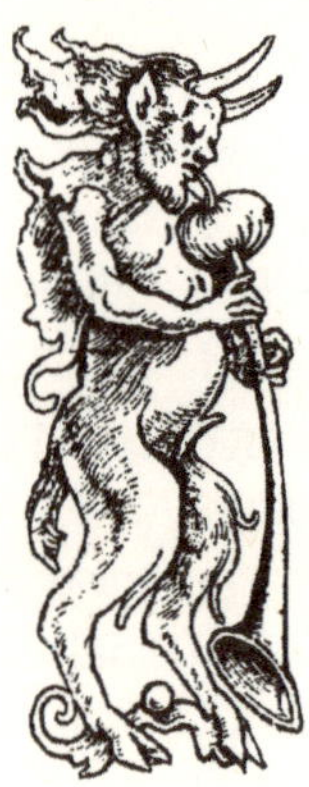

VII

Die Zensur schlägt zu: Anti-Metal-Panik in den USA

- **Frühjahr 1985:** Tipper Gore und Susan Baker geben die Gründung des Parents' Music Resource Center (PMRC) bekannt
- **19. September 1985:** Vor dem Handelsausschuss des amerikanischen Senats finden Anhörungen zur Kennzeichnungspflicht von Tonträgern statt
- **Dezember 1985:** Die RIAA stimmt freiwillig warnenden „Parental Advisory"-Aufklebern zu

Während Slayer in der Unterwelt Gott lästerten, waren Headbanger nun auch überall in der Öffentlichkeit zu sehen, liefen mit langen ungekämmten (und oft auch gekämmten) Haaren in den Einkaufsstraßen herum und trugen stolz T-Shirts zur Schau, auf denen in der Regel Furcht einflößende Namensschriftzüge und Symbole von Bands wie Ratt, Def Leppard, Iron Maiden und Venom abgebildet waren. Die amerikanischen Autoritätspersonen fühlten sich in hohem Maß provoziert – viele Leute hatten noch immer das Gefühl, so etwas wie ein tauber Leopard, ein „deaf leopard", bezeichne einen Akt tierischer Grausamkeit. Der älteren Generation erschien die unübersehbare und scheinbar weltweite Anziehungskraft des Heavy Metal als Invasion von etwas fürchterlich Fehlgeleitetem.

Nachdem MTV die Rockarena ins Haus geholt hatte, blieb der unterhaltsame Hedonismus, vor dem Kummerkastentante Ann Landers in den Siebzigerjahren gewarnt hatte, nicht mehr auf die Konzerthallen beschränkt. Rebellion gehörte nun zum Inventar in den amerikanischen Wohnstuben. Die

Beliebtheit des Fernsehsenders war Bands wie den sexbesessenen Scorpions, den haarigen Transen Twisted Sister und den Lippenstift-Satanisten Mötley Crüe zuzuschreiben, die allesamt den Wahnsinn des Metal propagierten. Die New-Yorker Twisted Sister zum Beispiel warfen sich in übertriebene Frauenkleider, um ihre ironische Botschaft zu transportieren. Chef der Band war Dee Snider, eine grausige Erscheinung, der in *Kerrang!* wegen seines knalligen Makeups und seiner dauergewellten Lockenmähne mit Bette Midler verglichen wurde. Der unglaublich beliebte MTV-Hit der Band, „We're Not Gonna Take It", zeigte die Großstadtmonster, wie sie durch ein Vorstadtviertel trampelten – eine perfekte Karikatur des Kabelsenders selbst, der sich wie eine Schlange über die sauberen Rasenflächen in die Vorgärten des amerikanischen Mittelwestens einschlich.

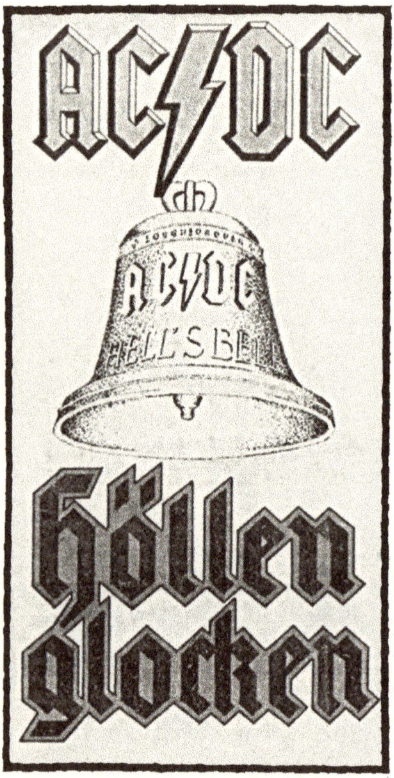

Deutsches Flugblatt gegen AC/DC

Ein Kulturkrieg drohte auszubrechen, und Heavy Metal war der Sandsack, auf den alle eindroschen. Selbst wenn nicht ausdrücklich zu einer Straßenrevolte aufgerufen wurde, bedeutete die im Heavy Metal vertretene Haltung eine deutlich sichtbare Bedrohung der öffentlichen Ordnung. Obwohl Metal nicht die einzige Musik war, an der sich die Moralapostel störten, diente die Bewegung ausgezeichnet als Sündenbock. Aus denselben außermusikalischen Gründen, aus denen *Number Of The Beast* das Interesse der Teenager weckte, entsetzte es leicht reizbare Erwachsene. Schon bald taten sich reaktionäre Kräfte zusammen und lancierten einen überraschend erfolgreichen Angriff auf die gesellschaftliche Macht des Heavy Metal.

1984 gründete sich auf Betreiben von Susan Baker, Tipper Gore und mehreren anderen Ehefrauen ranghoher Kongressmitglieder die politische Lobby des Parents' Music Resource Center, kurz PMRC. Die Gruppe vertrat die Theorie, dass steigende Selbstmordzahlen und Statistiken über Vergewaltigungen unter Teenagern auf obszöne Rocktexte zurückgeführt werden könnten. „Sie hatten das Alter, ab dem man trinken darf, hinaufgesetzt", bemerkt Dee Snider von Twisted Sister, „und es gab bestimmte Zeitschriften [*Playboy* und *Penthouse*], die man in normalen Supermärkten nicht kaufen konnte. Konservative Kräfte machten ihren Einfluss geltend, und das Publikum war zu sehr mit Partys beschäftigt, um darauf zu reagieren."

parents' music resource center

300 Metropolitan Square
655 Fifteenth Street, N.W.
Washington, D.C. 20005

Dear Friend,

Just as we explained on the Phil Donahue show, the Parents' Music Resource Center needs your support. Not for the sake of the Center, but for the young people of America, perhaps your children.

Today's young people are surrounded by music, rock music. It is so pervasive that we almost forget it's even there. But make no mistake, it <u>is</u> there, too much of it drumming more and more destructive messages into the minds of our children.

The average teenager listens to rock music four to six hours daily! That's more hours of rock music than hours of classroom instruction. Unfortunately, in much of that music the message is negative, even harmful.

Because too many of today's rock artists -- through radio, records, television videos, videocassettes -- advocate aggressive and hostile rebellion, the abuse of drugs and alcohol, irresponsible sexuality, sexual perversions, violence and involvement in the occult.

Bettelbrief des PMRC

Obwohl die Washingtoner Ehefrauen oft als gackernde Wichtigtuerinnen mittleren Alters dargestellt wurden, gehörten Susan Baker und Tipper Gore 1984 zu den politisch einflussreichsten Frauen des Landes. Beide waren jahrzehntelang an der Seite ihrer ehrgeizigen Ehemänner aktiv gewesen. Bakers republikanischer Ehemann, James, war Finanzminister und später Außenminister der Vereinigten Staaten. Gores Ehemann Al, demokratischer Senator in Tennessee, wurde 1992 amerikanischer Vizepräsident und scheiterte bei der Aufsehen erregenden Präsidentenwahl 2000 nur knapp. Auf der Liste der Vorsitzenden des PMRC fanden sich die Namen der Ehefrauen von zehn Prozent der Senatsmitglieder – sie traten sanft auf, aber ihr Einfluss war erschreckend.

Das PMRC leistete im Washington der Reagan-Ära ganze Arbeit. Seine wunderbar einfache Erklärung für akute Probleme kostete nichts und schob die Schuld einem Teil der Bevölkerung zu, der politisch nicht sonderlich aktiv und in der Regel nicht einmal im wahlberechtigten Alter war. Der Weltsicht des PMRC zu widersprechen bedeutete darüber hinaus, für moralischen Verfall der schlimmsten Art einzutreten. „Genauso funktionierte das PMRC", sagte James Hetfield von Metallica dem Journalisten K. J. Doughton. „Sie haben nach üblem Zeug gesucht und natürlich was gefunden. Weil man eben findet, was man sucht, auch wenn es für andere gar nicht da ist oder überhaupt nicht existiert."

Weniger demokratische Regierungen begegneten der Bedrohung durch Rockmusik längst mit empfindlichen Sanktionen. 1975 waren mehrere Black-

Sabbath-Songs in Südkorea verboten worden, nachdem ein Regierungskomitee die Musik als „subversiv und gegen Krieg gerichtet“ beurteilt hatte. Koreanische Radiosender, allesamt in Staatsbesitz, spielten keinen Heavy Metal mehr, und mit Scheren bewaffnete Polizeibeamte schnitten langhaarigen Jugendlichen die Haare ab. Das PMRC und seine Freunde hätten ähnliche Maßnahmen in Amerika vielleicht begrüßt, aber der in der Verfassung verankerte Grundsatz der Redefreiheit verlangte nach einer weniger spektakulären Taktik.

Am 19. September 1985 fanden vor dem Handelsausschuss des Senats auf Betreiben von Mrs. Baker und Mrs. Gore Anhörungen statt, in denen sie ihre Überzeugung darlegten, dass Platten ebenso wie Spielfilme eingestuft und entsprechend eingeschränkt verbreitet werden sollten. Tipper Gore teilte den überwiegend republikanischen Versammelten mit: „Wir bitten die Plattenindustrie, besorgte Eltern freiwillig zu unterstützen und Musikprodukte, die aufgrund freizügiger sexueller oder gewalttätiger Inhalte für jüngere Kinder ungeeignet sind, mit warnenden Aufklebern zu kennzeichnen.“ Währenddessen schwangen religiöse Demonstranten draußen vor den Büros des Ausschusses Plakate vor laufenden Fernsehkameras, auf denen ROCKMUSIK ZERSTÖRT KINDER und ES REICHT! zu lesen stand.

Es war keine Einladung zum Dialog – es war ein abgekartetes Spiel. Dee Snider, der charismatische Sänger von Twisted Sister, die zu den ins Visier genommenen Bands gehörten, fuhr dennoch zusammen mit dem intellektuellen Rocker Frank Zappa und dem naturverbundenen Sänger und Songwriter John Denver nach Washington. „Man hatte Kontakt mit meinem Management aufgenommen“, meint Snider, „und angefragt, ob ich mitkommen und aussagen würde. Offenbar dachten die: ‚Wir schnappen uns den derzeit auffälligsten Typen im Metal und benutzen ihn als Aushängeschild für Zensur.‘ Sie hatten offenbar nicht damit gerechnet, dass ich fließend Englisch spreche.“

Um ihre Empörung visuell zu untermauern, stellte das PMRC Plattenhüllen im Großformat aus und zitierte anstößige Textstellen, die meisten davon aus dem Zusammenhang gerissen. Um die Presse aufzuhetzen, stellte die Organisation eine Liste der derzeit schockierendsten Künstler zusammen, eine willkürliche Aneinanderreihung von Namen, darunter Madonna, Def Leppard, Wendy O. Williams, W.A.S.P., Mötley Crüe und die Mentors. Die meisten waren wegen ihrer offenherzigen Darstellung von Sexualität ausgewählt worden, wobei aber auch Songs, die sich mit okkulten Themen beschäftigten, besondere Aufmerksamkeit zuteil wurde. Die meisten von ihnen hatten nie zuvor ein derart großes Publikum erreicht und dies auch nie beabsichtigt. „Ich schätze, das Schlimmste, was uns je passiert ist, war irgendwie gut für uns“, bemerkt King Diamond. „Das PMRC setzte Mercyful Fate auf ihre Liste der fünfzehn verdorbensten Songs. Ich glaube, von uns hatten sie sich ‚Into The Coven‘ oder so was ausgesucht, aber sie hätten auch jeden anderen Song nehmen können!“

Dee Snider beantwortete die Fragen des Ausschusses in angemessenem Outfit – mit einem ärmellosen schwarzen T-Shirt und gekräuseltem, wildem Blondhaar, das aus seinem Kopf heraus zu explodieren schien. Bei der Befragung durch Senator Gore vertrat Snider die Ansicht, nicht die Regierung, sondern Eltern müssten dafür verantwortlich sein, welche Musik ihre Kinder mit nachhause brächten. Auf die Frage Gores, ob eine solche Überwachung zumutbar sei, erklärte der Sänger schlagfertig: „Kinder zu haben ist nicht zumutbar, es ist schwierig. Ich bin selbst Vater, ich muss es wissen."

Frank Zappa, der in seiner Aussage den Senatoren seine Verachtung übermittelte, weil sie den Leuten die Zeit stahlen, schlug schlicht vor, Rocktexte außen auf die Plattenhüllen zu drucken. Vor dem Kapitol erklärte er den Reportern: „Wissen Sie, was mich an dieser Veranstaltung heute beunruhigt? Wie sich die Regierung hier auf Unterhaltungsfragen stürzt. Diese Leute haben eine ganze Menge anderer Sachen zu tun, außer sich darüber zu unterhalten, ob irgendjemandes klein Hänschen das Cover von Blackie Lawless mit dem Kreissägeblatt zwischen den Beinen sieht."

Bei Schockrockern wie Lawless gehörten entrüstete Gemeindemitglieder sozusagen mit zur Show. Lawless erzählt von der ersten W.A.S.P.-Tour durch England: „Die örtlichen Geistlichen und die ganze katholische Kirche folgten uns überallhin, kauften Karten und brachten Leute mit zu den Konzerten. Die kamen mit hundert Leuten auf einen Schlag und standen dann mitten im Raum und beteten, während wir auf der Bühne standen. Das war echt ziemlich surrealistisch."

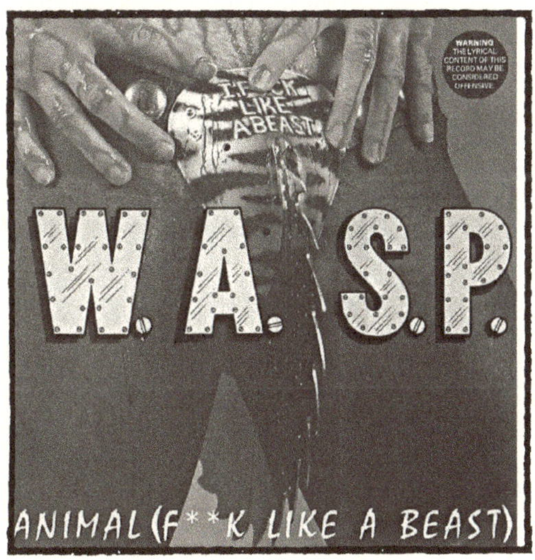

„We Are Sexual Perverts – Wir sind pervers"

Dennoch wuchs die kalkuliert erzeugte Panik während der Zeit der Reagan-Regierung, und durch die Anhörungen des PMRC gewannen die selbst ernannten Okkultismusexperten an Einfluss – bizarre moderne Hexenjäger, die bei Versammlungen der amerikanischen Eltern-Lehrer-Vereinigung PTA Vorträge hielten, zu Briefkampagnen aufriefen und mit beunruhigender Regelmäßigkeit in den Nachrichtensendungen des Fernsehens zu sehen waren. Es entstand eine machtgierige Prozession aus Kabarettisten, die sich als wiedergeborene Christen fühlten, pensionierten Polizisten und missionarisch aufgelegten Priestern, die sich alle ein Stück vom Kuchen abschneiden wollten. So auch der Autor Bob Larson, der einige Bücher verfasst hatte, in denen er Rockmusik scharf angriff. In dem 1983 im Eigenverlag herausgegebenen Buch *Rock* zum Beispiel schürte Larson die Angst der Ahnungslosen mit weit hergeholten Warnungen vor Black Sabbath, denen er nicht nur Praktiken zur Trennung von Körper und Seele, der so genannten Astralprojektion, andichtete, sondern auch Rituale mit Hühnerblut.

Im Anschluss an die Anhörungen des PMRC setzte sich das Säbelrasseln fort, doch King Diamond glaubt, dass die Moral Majority [eine christlich-konservative Organisation] danach gelernt hatte, sich bewusst schwache Angriffsziele auszusuchen. „Wenn dich diese Organisationen fertig machen wollen, dann checken sie dich erst mal. Wenn du einigermaßen helle bist und deine Aussagen begründen kannst, dann wollen sie mit dir keinen Streit anfangen."

Doch auch der missionarisch-christlichen Metal-Band Stryper blieb der Eifer der Selbstgerechten nicht erspart. Die Band zog ihr 1986 erschienenes Album *To Hell With The Devil* aufgrund einer Kontroverse über die vom Neuen Testament inspirierte Covergestaltung zurück. „Christen nahmen uns unter Beschuss, weil sie dachten, wir hätten ein Pentagramm abgebildet, nur um einen Schockeffekt zu erzielen", sagt der Sänger der Band, Michael Sweet. „Einer der Engel hat dem Satan eine Halskette abgerissen und sie fortgeworfen, und das ist das Pentagramm. Die Leute haben das einfach nur falsch interpretiert, also brachten wir die Platte schließlich in einem schlichten schwarzen Cover nur mit dem Stryper-Logo drauf raus, um Kontroversen und mögliche Probleme zu vermeiden."

Den meisten Musikern kam die Aufregung in Washington aber eher so vor, als hämmerten wütende Eltern an die Türen der Kinderzimmer. Letztendlich erwiesen sich die Inquisitoren des PMRC doch nicht als rechtschaffen genug und die Angeklagten nicht als ausreichend verdorben, um ein Eingreifen der Regierung gerechtfertigt erscheinen zu lassen. „Nach allem, was gesagt und getan wurde, blieb es schließlich doch dabei, dass mehr gesagt als getan wurde", meint Blackie Lawless. So schien es, doch der Kreuzzug gegen die Metalheads war noch lange nicht beendet.

Trotz des überzeugenden Auftritts von Dee Snider in Washington gab die führende Handelsgruppe der Plattenindustrie dem Druck des PMRC von sich aus nach. Während die Anhörungen des PMRC stattfanden, bemühte sich die Recording Industry Association of America (RIAA) als Repräsentantin der Musikindustrie um das Recht, eine Steuer auf bespielbare Tonträger erheben zu dürfen. Daher waren Zugeständnisse politisch sinnvoll – um geschäftliche Erfolge verbuchen zu können. „Ich hatte es als gute Gelegenheit betrachtet, die Fahne des Heavy Metal hochzuhalten", sagt Dee Snider über sein Washingto-

„PORNO-ROCK“

Dieses nicht existierende Genre zeichnet sich dadurch aus, dass es von Gesetzeshütern, nicht von Musikern erfunden wurde. Einige der angeführten Bands waren sensationell erfolgreiche Popstars, bei anderen wie W.A.S.P. handelte es sich um obskure Schmutzfinken, die ohne das Mediengewitter, das plötzlich auf sie einprasselte, vielleicht kaum je Beachtung gefunden hätten. Der ursprüngliche Zweck der Aktion war es, Eltern zu informieren, aber tatsächlich wirkten sich die Bemühungen des PMRC verkaufsfördernd auf Heavy-Metal-Platten aus. Selbst die LPs, die den Freudenfeuern der Demonstranten zum Opfer fielen, waren ja bezahlt. Verheerend war jedoch, dass das PMRC die Vorstellung in den Köpfen verankerte, dass das Singen über Teufel und Monster eine Form der Hexerei sei – ein verrücktes Ablenkungsmanöver von tatsächlichen gesellschaftlichen Problemen, das die Metal-Musiker auf Jahrzehnte in die Defensive (und manchmal auch in die Offensive) drängte.

Tipper Gores Hitparade – die „fünfzehn verdorbensten Songs“
(mögliche Bewertungen: X = sexuelle Inhalte, D/A = Drogen/Alkohol, G = Gewalt, O = Okkultismus)

✥ AC/DC, „Let Me Put My Love Into You“	X
✥ Black Sabbath, „Thrashed“	D/A
✥ Cyndi Lauper, „She Bop“	X
✥ Def Leppard, „High 'n' Dry“	D/A
✥ Judas Priest, „Eat Me Alive“	X
✥ Madonna, „Dress You Up“	X
✥ Mary Jane Girls, „My House“	X
✥ Mercyful Fate, „Into the Coven“	O
✥ Mötley Crüe, „Bastard“	G
✥ Prince, „Darling Nikki“	X
✥ Sheena Easton, „Sugar Walls“	X
✥ Twisted Sister, „We're Not Gonna Take It“	G
✥ Vanity, „Strap On Robby Baby“	X
✥ Venom, „Possessed“	O
✥ W.A.S.P., „(Animal) F**k Like A Beast“	X

ner Abenteuer. „Ich hatte mir ausgemalt, dass mir alle in die Schlacht folgen würden. Aber die anderen Bands schienen wie gelähmt, und das Publikum wirkte apathisch. Ich hatte mich geirrt und war sehr enttäuscht, als ich sah, dass die Industrie klein beigab, noch bevor wir überhaupt ausgesagt hatten."

Im Dezember 1985 erklärte sich die RIAA bereit, potenziell anstößige Veröffentlichungen freiwillig mit einem Aufkleber zu versehen, was schließlich 1990 zur Einführung der standardisierten schwarzweißen „Parental Advisory"-Warnungen führte. Zwar argumentierten die Befürworter, dass eine solche Kenntlichmachung die Freiheit des Ausdrucks nicht einschränkte, aber in der Praxis weigerten sich große Einzelhandelsketten wie Wal-Mart, „schmutzige" Platten mit Parental-Advisory-Aufklebern in die Regale zu stellen. So kam es zur ersten den gesamten Markt betreffenden Zensur von Rockmusik in Amerika. Der umstrittenen Entscheidung der RIAA folgte 1992 der Audio Home Recording Act, ein Gesetz, mit dem eine Steuer auf digitale Aufnahmegeräte wie DAT-Recorder und eine dreiprozentige Steuer auf bespielbare Tonträger erhoben wurde, die an eine Tochtergesellschaft der RIAA abzuführen war.

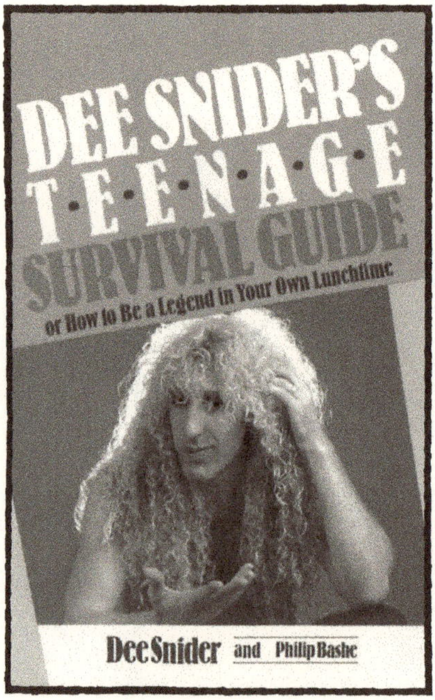

Dee Snider's Teenage Survival Guide, 1987 erschienen

Davon abgesehen wurde im Senat in den Achtzigern auch hitzig über die gesetzlichen Regelungen für die Kabelsender debattiert, und das führte wiederum dazu, dass man Musikvideos genauer unter die Lupe nahm. Dee Snider glaubt, MTV habe den ganz offenkundig unanstößigen „Be Chrool To Your Scuel"-Clip als versöhnliche Geste gegenüber den Kräften im Kongress verschwinden lassen. „Die Eltern dachten, wir wären böse", setzt Snider hinzu, „aber die Kids wussten, dass wir eine der am wenigsten anstößigen Bands jener Zeit waren. Sie wollten uns opfern, damit sie weiter Mötley Crüe hören konnten. Und die Mütter und Väter waren der Ansicht, sie hätten richtig was erreicht."

Als die Rettung der amerikanischen Jugend auf diese Weise bewerkstelligt war, nahm das PMRC Ende der Achtzigerjahre zunehmend bizarrere Unternehmungen in Angriff. Wenige Jahre nach den besagten Anhörungen richtete die Organisation eine kostenpflichtige Telefonhotline ein, die eine Beratung zum Thema Satanismus anbot und ein Voicemail-Menü zu Verstößen in den Texten bereithielt. Sie verkaufte außerdem Cassetten mit „sauberer" Musik vom

Komponisten der Titelmelodie des Films *Flammendes Inferno* – worin eine besondere Ironie liegt, wenn man bedenkt, dass das PMRC Def Leppard verteufelte, weil das Cover des Albums *Pyromania* ein brennendes Gebäude zeigte.

Obwohl sich Heavy Metal mit den Problemen der Gesellschaft auseinander setzte, erklärten sensationslüsterne Stimmen lautstark, die Musikrichtung selbst sei das Problem. Vielen Gesetzgebern war ihre Rolle bei den Anhörungen des PMRC peinlich, aber letztendlich wurde der lange Jahre währende Angriff gegen Heavy Metal gutgeheißen. Das Auftauchen der Aufkleber, ganz offensichtlich ein Schuldeingeständnis, erwies sich für Gruppen wie Moral Majority – ein Zusammenschluss aktivistischer religiöser Fundamentalisten unter Führung des Fernsehpredigers Jerry Falwell – als finanzieller Segen. Anzügliche Rocktexte wurden zum Fanfarenstoß für Falwells raffinierte Geldeintreiberei, durch die er Millionen von Dollar auftrieb, die in politische Unternehmungen wie die Durchsetzung eines Abtreibungsverbots, den Kampf gegen eine ethnische Quote im öffentlichen Schulwesen und die Abschaffung der Evolutionstheorie im Schulunterricht zugunsten der biblischen Schöpfungsgeschichte flossen.

Die warnenden Aufkleber für Eltern bezeichneten den Beginn eines zähen Katz-und-Maus-Spiels zwischen der Plattenindustrie und den Sittenwächtern und schufen eine zynische Symbiose, durch die es immer leichter wurde, Bands zu finden, die das Spiel aus Publicitygründen mitspielten. Obwohl die alten Metal-Helden versuchten, die Verleumdungen nicht auf sich sitzen zu lassen, haftete der Musik weiterhin der Makel dieses Missverständnisses an. „Die Konservativen sind immer noch da, sie sind nur leiser als früher“, meint Dee Snider fünfzehn Jahre später. „Zensur gibt es überall, aber sie ist heimtückischer geworden. Die großen Ladenketten übernehmen den Großteil der Drecksarbeit selbst.“

VIII

Rattleheads: Metal wird manisch

- **3. September 1984:** Metallica unterschreiben bei Elektra Records, Raven bei Atlantic und Anthrax bei Island
- **April 1985:** *Bonded By Blood* von Exodus erscheint mit einjähriger Verspätung
- **17. Mai 1985:** Megadeth veröffentlichen ihr Debüt – komplett mit der Coverversion eines Songs von Nancy Sinatra
- **17. August 1985:** Metallica spielen beim Monsters-of-Rock-Festival im englischen Castle Donington

Es erübrigt sich zu erwähnen, dass die Annahmen des PMRC und seiner Verbündeten, was den Heavy Metal betrifft, komplett aus der Luft gegriffen waren – vor allem die Mutmaßung, Black Sabbath würden Astralprojektion praktizieren. Das PMRC und die an seiner Seite entstandenen Unternehmen hatten sich auf Metal als die Abfallkultur gestürzt, die sie bei MTV in Form von Filmblut und explodierendem Hosenlatz vertreten sahen. In der Zwischenzeit aber stand eine neue Generation von Bands vor dem kommerziellen Durchbruch. Die immer beliebter werdenden Power-Metal-Bands nahmen die Ernsthaftigkeit wieder auf, die einst die Texte des klassischen Heavy Metal ausgezeichnet hatte, und sie widmeten sich tiefgründigen Themen wie Atomkrieg, Schuld und Sühne oder sozialer Ungerechtigkeit.

Metallica hatten bislang keine Scheu vor den dämonischen Anklängen des Metal gezeigt. Obwohl die Demoversion von „Jump In The Fire" noch von sexueller Prahlerei geprägt war, änderte die Band den Text kurz vor den Aufnahmen zu *Kill 'Em All* in die etwas mehr nach Schwefel riechenden Zeilen „down in the depths of my fiery home / the summons bell will chime – aus den Tiefen meines feurigen Heims / wird die Glocke zur Zusammenkunft rufen". Darüber hinaus legte Music for Nations, das britische Label der Gruppe, den für Musikfirmen typischen Opportunismus an den Tag und bildete auf der englischen Veröffentlichung dieser eingängigen Single einen gehörnten orangefarbenen Dämon ab, der einem Flammenmeer entsteigt. Als sie 1984 die Songs für ihr zweites Album schrieben, schienen Metallica, obwohl das PMRC bislang nur als Idee existierte, dennoch sehr bemüht, sich von den teuflischen Spielereien zu distanzieren.

Mit dem Produzenten Flemming Rasmussen nahmen Metallica ihr nächstes Album, *Ride The Lightning,* in den Sweet-Silence-Studios in Lars Ulrichs Heimatland Dänemark auf – eine nahe liegende Wahl für eine Band, die sich sehr stark mit ihren europäischen Wurzeln identifizierte. Welten schienen zwischen dieser Platte und ihrer Vorgängerin zu liegen. *Ride The Lightning* verzichtete völlig auf Headbanging-Oden und verließ das Metal-Vakuum von *Kill 'Em All* zugunsten schwierigerer und gehaltvoller lyrischer Themen. Um Vorwürfen entgegenzuwirken, die Band sei langsamer geworden, begann das Album mit einem kurzen akustischen Intro, unterbrochen durch die tonnenschwere Explosion von „Fight Fire With Fire", einer überwältigenden Warnung vor dem Atomkrieg, besonders vor dem System der Abschreckung, der Verteidigungsstrategie aus der Ära des Kalten Kriegs.

Der Titelsong von *Ride The Lightning* beschäftigte sich mit der Todesstrafe, und das sehr nach innen gerichtete „Fade To Black" war ein Plädoyer gegen Selbstmord. Auf dem stampfenden „For Whom The Bell Tolls" paraphrasiert James Hetfield den Schriftsteller Ernest Hemingway und evoziert eine eindringliche Schlachtfeldszene aus der Sicht eines jungen Soldaten. Zum ersten Mal ließ Kirk Hammett seinen geschmeidigen Gitarrenstil in das Songwriting einfließen und brachte zudem ein wenig Altmaterial mit. Der gesamte Mittelteil von „Creeping Death", das die alttestamentarische Geschichte der ägyptischen Plagen erzählt, mit denen ein rachsüchtiger Gott die Pharaonen bestraft, war von einer alten Exodus-Nummer geklaut.

Ein Instrumentalstück, das ursprünglich „When Hell Freezes Over" hieß, wurde intern streng überprüft. „Eins macht mir bei diesem Titel Kopfschmerzen", sagte Lars Ulrich dem *Kick Ass Monthly.* „Da gibt es ein Wort, es schreibt sich H-Ö-L-L-E, von dem wir uns fern halten, so gut es geht, weil wir nicht mit irgendeiner Art von Satanismus oder irgend so einem Dreck in Verbindung gebracht werden wollen. Wir finden, dass ‚When Hell Freezes Over' wahrscheinlich unsatanistisch genug ist, sodass wir damit leben können, schließlich gibt's da keinen Text, in dem steht ‚Ich will Satan den Schwanz lutschen' oder so was Ähnliches." Das wehmütige Instrumentalstück behielt seine eisigen

Untertöne, erschien aber auf *Lightning* unter dem von H. P. Lovecraft inspirierten Titel „The Call Of Ktulu". Metallica waren alles andere als satanistische Meister; das okkulte Interesse ihrer Zeitgenossen fanden sie eher ein bisschen gruselig. Rasmussens Aufnahmestudio lag neben dem Probenraum von Mercyful Fate – und während ihres Aufenthalts in Dänemark benutzten Metallica deren Probenraum und Equipment. „James hat erzählt, sie hätten die Musik für *Ride The Lightning* teilweise in unserem Probenraum geschrieben", erinnert sich King Diamond. „Da lag mein Notizbuch mit den ganzen neuen Texten herum, und er und Lars wollten sie sich ansehen, aber sie hatten irgendwie Schiss. Die beiden dachten, ich belege sie mit einem Fluch, aber sie haben trotzdem reingeschaut. Als sie uns kommen hörten, haben sie das Buch schnell zugeklappt. Sie waren so erschrocken, als ich reinkam, dass ich es gemerkt habe – und dann bin ich direkt zu dem Buch gegangen und habe hineingesehen. Jahre später meinte James, sie hätten sich echt in die Hosen gemacht. Davon hatte ich keine Ahnung."

Metal hatte die kommerziellen Schranken durchbrochen und zu diesem Zeitpunkt – in der zweiten Hälfte der Achtziger – auch enorme musikalische Fortschritte gemacht. Nach den Angriffen des PMRC traten die Metalheads in einen Kulturkrieg ein, der seit den Fünfzigerjahren immer weiter eskaliert war. Bereits zur Zeit von Elvis Presley hatten fundamentalistische Prediger erstmals Rock 'n' Roll-Platten verbrannt – obwohl sich der Kongress damals stärker mit Kommunisten als mit Satanisten beschäftigte. Metallica stellten sich der sozialen Verantwortung. Wenn es nicht genügte, die Qualität der Musik zu verbessern, um die Gegner in Schach zu halten, dann sollte sich der Streit wenigstens um die Werte der Botschaften drehen. Und wenn die Führer der Nation sich anschickten, sich um Rockmusik zu kümmern, dann mussten es wohl die Metal-Musiker übernehmen, mit jungen Leuten über wichtige Themen zu reden.

Wie sich herausstellte, wollten die Fans genau das hören. Metallica entschlüpften ihrem Metal-Kokon und fanden sich in einer Welt wieder, in der ihnen ausgezeichnete Zukunftsaussichten winkten. Die Heavy-Metal-Sphäre wurde größer und größer; sie ebnete aggressiven neuen Gesichtern den Weg und durchbrach den Engpass, der durch die britischen Metal-Giganten und MTV-Sensationen entstanden war. Die Independent-Bands beteuerten, ihre Seelen niemals an den Musiksender verkaufen zu wollen, nur um sich dem Markt anzubiedern. Als jedoch immer mehr an Substanz interessierte Hörer dazukamen, zog die Musik der Independent-Labels allein durch ihre überwältigende Fülle die Aufmerksamkeit der Mainstream-Firmen auf sich.

Im Anschluss an eine Europatournee als Vorgruppe von Twisted Sister traten Metallica zusammen mit Raven und Anthrax am 3. September 1984 bei einer phänomenalen Show im *Roseland Ballroom* in New York auf. Zwar wimmelte es im Publikum von Talentscouts, aber noch hatten nicht alle den echten Durchblick: John Gallagher von Raven erinnert sich an einen betrunkenen Elektra-Mitarbeiter, der das Programm von Metallica in den allerhöchsten Tönen lobte, obwohl die Band die Bühne noch gar nicht betreten hatte. Aber unabhängig davon erhielten alle Bands und ihr gemeinsames Label, Megaforce, in dieser berauschenden Nacht tosenden Beifall. Nachdem es nach Stunden der herumfliegenden Schweißtropfen und Haaren in der großen Konzerthalle wieder ruhig geworden war, übergab Labelchef Jon Zazula seine drei preisverdächtigen Errungenschaften an Majorlabels: Metallica gingen zu Elektra Records und Raven zu Atlantic. Anthrax wurden schon bald darauf bei Island Records unter Vertrag genommen. Der Metal-Underground war zum Kassenschlager geworden.

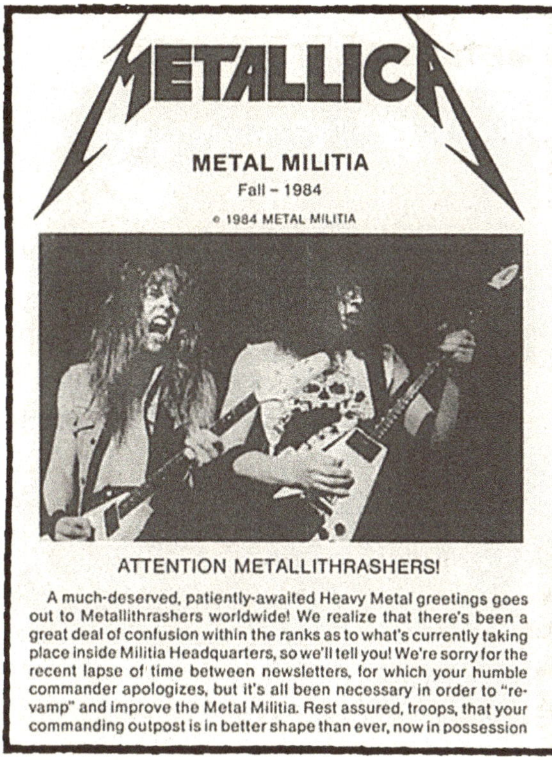

METAL MILITIA

Fall – 1984

© 1984 METAL MILITIA

ATTENTION METALLITHRASHERS!

A much-deserved, patiently-awaited Heavy Metal greetings goes out to Metallithrashers worldwide! We realize that there's been a great deal of confusion within the ranks as to what's currently taking place inside Militia Headquarters, so we'll tell you! We're sorry for the recent lapse of time between newsletters, for which your humble commander apologizes, but it's all been necessary in order to "revamp" and improve the Metal Militia. Rest assured, troops, that your commanding outpost is in better shape than ever, now in possession

Newsletter des Metallica-Metal-Militia-Fanklubs aus dem Jahr 1984

Am darauf folgenden Tag schockierte Lars Ulrich Zazula, als er ihn anrief und ankündigte, dass sich Metallica auch von der Megaforce-Schwestergesellschaft Crazed Management trennen und zu Q Prime Management wechseln würden, ein Geschäftsabschluss, den der *Kerrang!*-Autor Xavier Russell zum Teil von einer öffentlichen Telefonzelle aus in die Wege geleitet hatte. Die Q-Prime-Partner Cliff Burnstein und Peter Mensch hatten bereits an dem hart erarbeiteten Erfolg von AC/DC mitgewirkt und mit ihrem raffinierten Instinkt den videogestützten Aufstieg von Def Leppard begleitet, die sich inzwischen von einer Barband aus Sheffield zu den Prügelknaben des Pop-Metal gemausert hatten. Metallica ergriffen die Chance, ihre ehrgeizigen Ziele zu verwirklichen, und Zazula hatte kaum eine andere Wahl, als widerwillig zuzustimmen und seine aufsteigenden Stars freizugeben.

Bis hierhin waren Metallica nach eigenen Regeln vorgegangen. Sogar die Band war erstaunt, wie gut ihre Hinterhofstrategie funktioniert hatte. *Ride The Lightning* hatte Metallica den Respekt der Kritiker eingetragen, der die Dünkel der bigotten Eiferer verblassen ließ. Trotzdem war nicht jeder Song auf *Light-*

ning ein künstlerischer Triumph. Tatsächlich hat die Band später zugegeben, dass das merkwürdig banale „Escape" einen gekünstelten und fruchtlosen Versuch darstellte, eine radiotaugliche Melodie zu schreiben. Es war ein Zugeständnis, das sich schon bald als unnötig herausstellte – wenn auch entschuldbar zu einer Zeit, als selbst Judas Priest auf der Suche nach einem Radiohit professionelle Hilfe beim Songwriting in Anspruch nahmen („Take These Chains" auf *Screaming For Vengeance* und „Some Heads Are Gonna Roll" auf *Defenders Of The Faith*).

Stattdessen spielten die Collegeradiosender ausgiebig Metallicas „Am I Evil?", eine achtminütige Hymne, die nur in der Importabteilung spezieller Metal-Läden zu finden war. Entsprechend der Gepflogenheit, zusätzlich zu den Alben weiteres Material zu veröffentlichen, was sich im Fall von Iron Maiden als ausgesprochen erfolgreich erwiesen hatte, brachte Music for Nations, Metallicas britisches Label, die limitierte EP *Creeping Death* heraus, ein zusätzliches Bonbon für Fans, das die kreativen Quellen der Band nicht zu sehr beanspruchte. Die A-Seite enthielt „Creeping Death" von *Ride The Lightning*, während sich auf der B-Seite, versehen mit dem Untertitel „Garage Days Revisited", Coverversionen des Diamond-Head-Songs „Am I Evil?" und „Blitzkrieg" von der gleichnamigen Band fanden. Hammett, Hetfield und Burton spielten ihre Riffs in vorwärts drängender Einigkeit, und die Eigenart dieser beiden vergessenen Klassiker der NWOBHM sprach ein junges Publikum, das die Originale vielleicht nie gehört hatte, sofort an.

Obwohl es ein Import war, gelang es selbst den kleinen Einmannläden, insgesamt vierzigtausend Exemplare der EP zu verkaufen. Tausende von Fans begaben sich auf die Schatzsuche und bettelten bei ihren Freunden um Ausflüge in die abgelegenen Einkaufsstraßen zu den geheimen Metal-Verstecken. Mit einem Coversong voller merkwürdiger ödipaler Wendungen – „My mother was a witch. She was burned alive", das in den fatalistischen Refrain „Am I evil? Yes I am. I am man" übergeht – hatten Metallica ihre Version einer Hitsingle gefunden. [„Meine Mutter war eine Hexe, sie wurde lebendig verbrannt. Bin ich böse? Ja, das bin ich. Ich bin Mensch."] „Am I Evil?" wurde zum Markenzeichen von Metallica, das sie während der kommenden Jahre tausendfach live spielten und das der erfolgreichen Neuveröffentlichung von *Kill 'Em All* bei Elektra angehängt wurde. „Escape" dagegen, der sehr viel plumpere Versuch, Sendezeit im Radio zu bekommen, wurde kaum jemals wieder erwähnt oder gespielt.

Im Sog von *Lightning* tourten Metallica 1984 mit Armored Saint, ihren Freunden und Kollegen bei Q Prime, durch Nordamerika. Obwohl es sich vorgeblich um ein Dreierpack handelte, zu dem auch W.A.S.P. gehörten – die letzte und wildeste Band, die aus den Clubs von Los Angeles gekrochen und bei MTV gelandet war –, schienen die Tage der Koexistenz mit den MTV-Gruppen ihrem Ende entgegenzugehen. Die Winterauftritte der Tour, die Bob Muldowney im

Kick Ass Monthly die „Zwei von dreien sind gar nicht schlecht"-Tour getauft hatte, wurden legendär wegen der ruppigen Behandlung, die W.A.S.P. durch fanatische Metallica-Fans erfuhren. Wegen eines Fehlers in seinen Einwanderungspapieren verpasste Lars Ulrich den ersten Auftritt in Boston. Als Metallica in Neuschottland weitermachten, stellten sie fest, dass die Fans bereits entschieden hatten, wer ihre Lieblinge waren.

Es gab einen entscheidenden Unterschied zwischen den musikbesessenen Metallica und den nach Schlagzeilen schielenden W.A.S.P., die rohes Fleisch ins Publikum warfen und eine spärlich bekleidete „Jungfrau" auf der Bühne folterten. „Ich habe viele schöne Erinnerungen", beharrt Blackie Lawless von W.A.S.P. „Da gab's zwei Bands, die jung und begeistert waren, beide wollten aufs Ganze gehen. Es war, als würden zwei Boxer mitten im Ring stehen und einander vor dem Beginn des Kampfs anstarren, was sie aber nicht nur für sich selbst tun, sondern auch für das Publikum. In so einer Situation war ich nie wieder. Nicht mal, als wir 1986 mit Kiss gespielt haben – die hatten ihren Höhepunkt schon überschritten. Sie zu übertreffen war nichts, worauf wir uns etwas einbilden konnten."

Der Rahmen, in dem dieser Metal-Showdown stattfand, variierte stark. An einem Abend spielten die drei in San Diego vor vierhundert Fans, am nächsten Abend in Hollywood vor viertausendvierhundert. Obwohl die Konzerte nicht jeden Abend ausverkauft waren, schob die Tour *Ride The Lightning* – das noch immer dem Metal-Indie Megaforce gehörte – erfolgreich auf Platz einhundert der *Billboard*-Albumcharts. Als Metallica nach Phoenix kamen, wo sie der Bassist von Flotsam & Jetsam, Jason Newsted, zum ersten Mal live sah, war die Tour bereits zur fahrenden Siegesfeier geworden. Metallica, die Champions des Underground-Metal, befanden sich ganz offiziell auf der Schnellstraße zur landesweiten Popularität. „Es war eine tolle Zeit", sagt John Bush von Armored Saint. „Metal war ein Knüller, und alle drei Bands waren erfolgreich." Während Metallica die müden W.A.S.P. mit ihrem Blut und ihren Gedärmen jeden Abend um Längen schlugen, erhärtete sich ihre Entscheidung, aus Los Angeles wegzuziehen. Metallica hatten jetzt überall, wo sich Spuren von Metal finden ließen, Verbündete.

Ride The Lightning war ein Beispiel dafür, dass die Do-It-yourself-Herangehensweise des Power Metal auch in größerem Maßstab funktionieren konnte. Savatage aus Florida unterschrieben bei Atlantic Records, nachdem sie sich 1983 mit ihrem dröhnenden Independent-Album *Sirens* der Zustimmung der Headbanger versichert hatten. Mit der Unterstützung von *Kerrang!* verkauften Queensryche aus Seattle im gleichen Jahr fünfundzwanzigtausend Exemplare ihrer selbstbetitelten, auf 206 Records erschienenen Debüt-EP, bevor sie sechs Monate später zu EMI Records wechselten. Metal Church, die ein Angebot von Jon Zazula ausgeschlagen hatten, verkauften zweiundsiebzigtausend Exemplare ihres in Eigenregie veröffentlichten Debütalbums und münzten ihren Erfolg

Gewinn bringend in einen langfristigen Vertrag mit Elektra um. Bei der Förderung neuer Talente hinkten die großen Plattenfirmen den Entdeckungen der Fans weit hinterher.

Unterschrieb man jedoch ohne eigene etablierte Nische und ohne einträgliche Fanbasis bei einem Branchenriesen, konnte das eine durchaus schmerzhafte Erfahrung werden. Als eine lange Reihe von Bands aus Los Angeles zu Majorlabels ging, unterschrieben die weniger bekannten Armored Saint, die sich stilistisch zwischen Judas Priest und Metallica bewegten, 1984 bei Chrysalis. Schon den Fans fiel es schwer, sie einzuordnen – ganz zu schweigen von einer Plattenfirma, die nach den neuen Ratt suchte. „Ich glaube, denen war nicht ganz klar, was wir waren", meint der Sänger John Bush. „Wir haben eigentlich nie in das Image der Bands aus L. A. gepasst. Wir klangen immer wie Engländer aus Birmingham."

Die Entscheidung des Labels, den ehemaligen Kiss-Produzenten Michael James Jackson für ihr Debüt anzuheuern, bedauerten Armored Saint sofort. „*March Of The Saint* war einfach zu glatt poliert", sagt John Bush. „Wir waren eine irre Liveband, und sie verpassten uns diesen geschliffenen, sauberen Sound. Darum ging es bei uns aber nie." Infolgedessen verwandelte die Gruppe das von der Kritik gefeierte Nachfolgealbum *Delirious Nomad* in eine „totale Rebellion gegen Ausgefeiltheit und gegen Chrysalis". Die Platte rettete die Glaubwürdigkeit der Band, ihre Karriere aber blieb auf der Strecke. Die Band hatte zu spät gelernt, dass ihre Stärke in ihren kleinen Fehlern lag.

Ganz ähnlich brachen auch für Raven 1984 mit der Vertragsunterzeichnung bei Atlantic Records schlechtere Zeiten an. „Wir wollten eingängigere Songs schreiben", sagt John Gallagher. „Daraus wurde dann *Stay Hard*, das vielleicht ein bisschen kommerzieller war, aber Atlantic spielte unser verrücktes Image hoch." Nun, da ihr überzogener Sound abgemildert worden war, klang die Musik von Raven überraschend konventionell. Da Power Metal inzwischen in Hülle und Fülle verfügbar war, wandten sich die Fans von ihnen ab. „Wir waren damals irgendwie von unseren Fans entfremdet – man hat sie nur noch bei den Auftritten getroffen", sagt Gallagher. „Das könnte heute nicht mehr passieren. Wir hörten immer nur, dass die Leute sagten, wir wären toll. Wir haben nie etwas Negatives mitgekriegt."

Während seine ehemaligen Bandkollegen immer breitere Anerkennung ernteten, tauchte der geschasste Metallica-Gitarrist Dave Mustaine 1985 mit einer umwerfenden, ausgereiften neuen Band wieder auf – ursprünglich unter dem Namen Fallen Angel, als höhnische Anspielung darauf, dass er in Ungnade gefallen war. Die Frühphase von Megadeth – ein Name, der Bilder von tödlichen

Atomsprengköpfen statt düsterer Teufeleien heraufbeschwor – war vom ständigen Wechsel der Rhythmusgitarristen geprägt. Kerry King von Slayer, der schon allein durch seinen berüchtigten, mit fünfzehn Zentimeter langen Stahlspitzen gespickten Armschützer auffiel, tauchte sporadisch in der Besetzungsliste auf. „King kam lange Zeit immer wieder mal für ein oder zwei Tage hier und da dazu", sagt Mustaine. „Als wir Kerry kennen lernten, war er noch sehr unschuldig. Er hat keine Drogen genommen und auch nicht getrunken oder sonst irgendwas. Er stand total auf Black Metal. Ich habe ihm meinen ziemlich eigenen Rhythmusstil gezeigt, von dem ich wusste, dass er ihm gut gefiel. Mit ihm hat es immer Spaß gemacht."

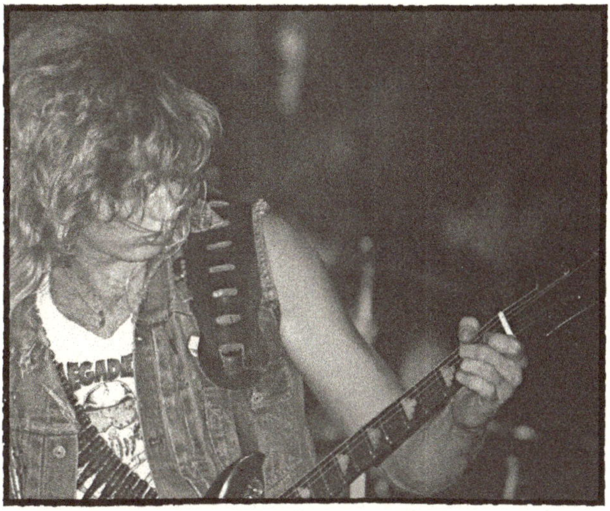

Dave Mustaine bei Megadeth *(Todd Nakamine)*

Megadeth war Mustaines glorreiche Rückkehr. Nachdem er bei Metallica rausgeflogen war, kehrte er direkt in seine Heimatstadt Los Angeles zurück; er machte nicht einmal mehr den Umweg zum Haus in El Cerrito, um seine persönlichen Habseligkeiten abzuholen. Er begann geradezu besessen seine Rehabilitation zu planen. „Ich war immer noch sehr wütend, weil man mich bei Metallica rausgeworfen hatte", meint Mustaine, „und ich wollte sie nun metalmäßig übertreffen." Trotz einiger Anflüge von superschnellem Fusion-Jazz klangen Megadeth satt und kraftvoll, hatten eine besondere Schärfe und schienen in ihren besten Momenten größere Möglichkeiten zu bieten als die strenge, drauflosprügelnde Raserei von Metallica. Das Megadeth-Debüt *Killing Is My Business … And Business Is Good* „war ein sehr aggressives, hartes Album", sagt Mustaine. „Heute würde ich es so nicht noch einmal machen. Ich glaube, ich habe eine Menge toller Riffs in diesen Songs verschwendet. Wahrscheinlich könnte man aus nur zwei oder drei von diesen Songs ein Dutzend machen, weil in jedem einzelnen fünf oder mehr Riffs stecken."

Außer dem Bassisten Dave Ellefson spielten auf *Killing Is My Business* der Schlagzeuger Gar Samuelson und der Leadgitarrist Chris Poland, der nebenher für Slayer arbeitete und deren Instrumente reparierte. Mustaine und Ellefson waren unverbesserliche Thrasher, aber Samuelson und Poland hatten kaum eine Vorstellung davon, wie man Metal spielte. Ihr Material, geprägt von ungewöhnlichen Akkordkombinationen, war ebenso merkwürdig wie brillant. „Gar war sehr vom Jazz beeinflusst und Chris auch", sagt Mustaine. „Und das hatte wahrscheinlich viel damit zu tun." Die Songs wirkten beinahe willkürlich eigensinnig und entzogen sich jeglicher Erwartungshaltung. Dazu gehörten die Okkultismuswarnung „Looking Down The Cross", eine hektische Coverversion von Nancy Sinatras „These Boots Are Made For Walkin'" und „The Mechanix", ein früher von Mustaine geschriebener Metallica-Song, der auf *Kill 'Em All* unter dem Titel „The Four Horsemen" auftauchte – nur dass er bei Megadeth doppelt so schnell gespielt wurde.

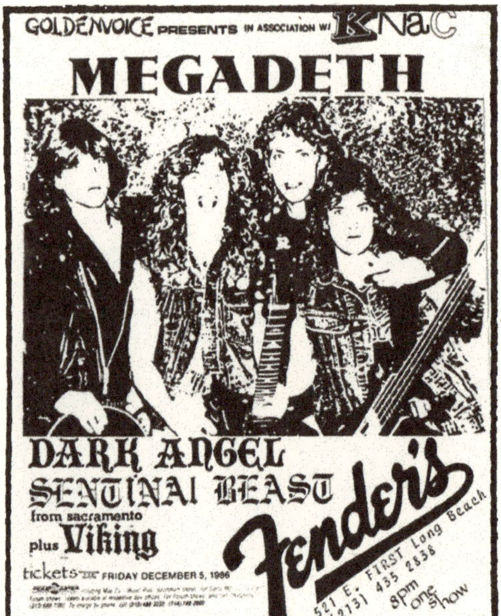

Die Rückkehr von Dave Mustaine

Doch auch als Mustaine mit aller Gewalt versuchte, Metallica „metalmäßig zu übertreffen", stand der geplagte Gitarrist nicht allein da. Kirk Hammetts ehemalige Band Exodus griff ebenfalls zu einer harten Gewaltmetapher, um ihren mit Klauen und Zähnen erkämpften Aufstieg zu beschreiben. Auf *Bonded By Blood,* dem 1985 erschienenen, lang ersehnten Debüt der Band, stellten Songs wie „A Lesson In Violence" den Metal-Kampf als Straßenschlacht dar. In „Bonded By Blood" wurde die Gemeinschaft der Headbanger als Blutsbrüderschaft beschrieben, wobei der Sänger Paul Baloff schrie: „Bang your head against the stage and metal takes its price / Bonded by blood – Schlag deinen Kopf gegen die Bühne, Metal nimmt sich seinen Preis / Durch Blut miteinander verbunden." In „Deliver Us To Evil", einer weiteren charmanten Ode an die Zerstörung, fachte die ausgelassene Randalestimmung des Texts den metallischen Krieg weiter an. Das exotische „And Then There Were None", das die Attacke in einen weltpolitischen Zusammenhang setzt, stellt Exodus als heruntergekommenen Küstenstamm dar, der durch den bloßen Druck auf einen roten Knopf in eine primitive, radioaktiv verseuchte Wüste geschickt werden konnte.

Thrasher, die Exodus bislang nur über das von Metallica neu aufgelegte „Dying By His Hand"-Riff kannten, waren glücklich, mehr Songs von dieser Sorte entdecken zu dürfen. Irgendwo zwischen den pulsierenden E-Saiten-Rhythmen von *Kill 'Em All* und dem modellierteren *Ride The Lightning* entfesselten Exodus ein riesiges Terrain synkopischer Headbanger-Kicks, die dazu angetan waren, bei jeans- und lederbekleideten Körpern maximale physische Reaktionen hervorzurufen. Der einheitliche rhythmische Groove wurde auf *Bonded By Blood* intensiviert, und die beständige Stimme von Baloff, der wie ein fröhliches Opfer unsagbarer Qualen klang, verzierte und stützte die kraftvollen Gitarren von Gary Holt und Rick Hunolt. Wie ihre Kollegen bei den ebenso brutalen Slayer verwarfen Exodus die Kompliziertheit von Iron Maiden und zielten direkt auf die Halsschlagader.

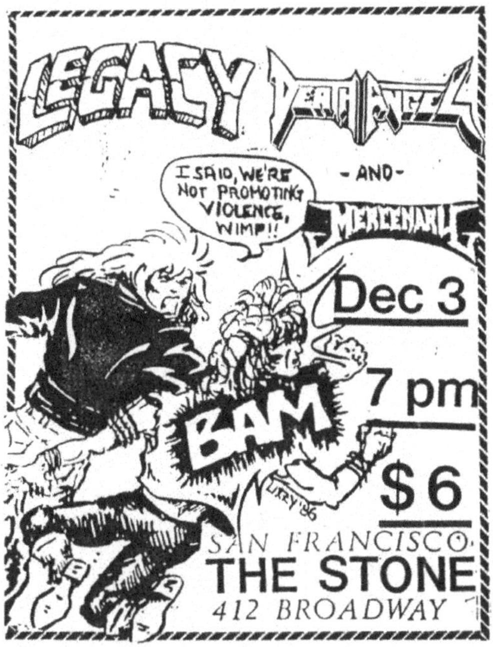

Unterrichtsstunde zum Thema Gewalt: Konzertflyer aus der Bay Area

Anders als die Punkrocker, die sie bewunderten, die sich aber damit zufrieden gaben, über Anarchie und Zerstörung zu singen, lebten Exodus im vollkommenen Chaos, inmitten von Scherben. Die Band, die Headbanger allerorten sofort zu beeinflussen wusste, folgte Metallica an die vorderste Front der Thrash-Metal-Szene der Bay Area von San Francisco, aus der auch Death Angel, Legacy (die später unter dem Namen Testament agierten), Possessed, Forbidden Evil, Defiance, Heathen, Violence, Hexx, Mordred und im Verlauf der Achtzigerjahre noch dutzende andere hervorgingen. Das Thrash-Metal-Paradigma, so, wie es in der Bay Area perfektioniert wurde, verlieh dem überlebensgroßen Sound und der Energie des Heavy Metal neue Intensität und bewahrte gleichzeitig eine ausgesprochen bodenständige Haltung.

Wenn Metallica früher für die ganze Heavy-Metal-Party viel zu wenig auffällig gekleidet wirkten, so stießen nun unzählige Kollegen in Bluejeans dazu, deren einziges modisches Zugeständnis in einem Patronengürtel aus dem Armyshop bestand. Seit 1982 hatten sich Armored Saint von Kopf bis Fuß in Nieten und Leder geworfen – eine Verkleidung, die jetzt wie eine unpraktische Formalität wirkte. „Wir fanden es cool, aber für die Band war das nie das Wichtigste", sagt der Sänger John Bush. „Für uns war unsere Musik immer sehr viel wichtiger. Es hat uns geholfen, ein bisschen anders als alle anderen auszusehen, aber als Metallica einfach nur in Jeans und T-Shirts ankamen und so groß wurden, war das schon komisch. Wir dachten: ‚Oha, das funktioniert nicht mehr.'"

Während sich andere Bands durch den Einfluss von Slayer genötigt fühlten, unglaublich schnell zu spielen, behandelte *Ride The Lightning* zündstoffhaltige Themen, die mit Eskapismus nichts mehr zu tun hatten. Die zahllosen neuen Bands, die sich nun gründeten, ahmten nicht mehr den hochfliegenden, opernhaften Gesangsstil von Iron Maiden und Judas Priest nach. Sie blieben wie James Hetfield bei einem an Lemmy angelehnten schroffen Bellen oder einer bedrohlichen, vielsilbigen Litanei wie Tom Araya – der schon bald die Schreie aus seinem Repertoire verbannte. Aber die Markenzeichen des Power Metal stellten lediglich eine Übergangsphase zwischen Heavy Metal und etwas vollkommen Neuem dar: Thrash Metal. Thrash Metal entließ die schwerfällig stampfende Gangart des Power Metal in den vollen Galopp, eine hektische, halsbrecherische Achterbahn aus harten, rasend schnellen Sechzehntelnoten, merkwürdigen Taktwechseln und einer allumfassenden Wut. Statt mit der Zeit „den Schwanz einzuziehen", wurden die Gruppen immer „heavier".

Power-Metal-Bands wie Anvil, die noch immer rote Bondageklamotten aus Leder trugen und mit phallusförmigen Vibratoren ihre Gitarrensoli spielten, spürten nun, wie ihnen die Chance, selbst massenkompatiblen Erfolg zu erlangen, durch die Finger glitt. Sie hatten ihre Schuldigkeit getan und Metallica den Weg geebnet, gingen aber nun im Kielwasser der vielen Bands unter, die einfach schneller waren. Jahre zuvor hatte Lars Ulrich einmal geprahlt, seine Band würde eines Tages größer sein als Anvil – inzwischen erschien es lachhaft, dass diese Möglichkeit jemals angezweifelt worden war. „Als Thrash abging und Bands wie Metallica und Anthrax allmählich durchstarteten und schneller spielten", erinnert sich Dan Lilker von Nuclear Assault, „schienen Anvil ziemlich verbittert deswegen. Ich kann mich erinnern, ein Interview mit ihnen gelesen zu haben, in dem sie sagten: ‚Diese Bands spielen einfach nur schnell, aber da ist kein Talent dabei, es gibt keine Songstruktur.' Das stimmte nicht, die Behauptung war reiner Frust."

In Westdeutschland, einer der Brutstätten des meisterhaften Thrash, dauerte es etwas länger, bis sich Fans und Bands überzeugen ließen, den Dresscode zu verändern. Die dortigen Headbanger waren ausgehungert und bekannt dafür, sich ins Koma zu saufen und vor AC/DC-Konzerten von den Dächern der Wartehäuschen an Bushaltestellen in die davor versammelte Menge zu springen. Sie trugen ihre Hingabe an den Metal offen zur Schau und putzten sich in feinster Metal-Garderobe heraus. „Ich fand ihre Mode immer echt lustig, und das meine ich jetzt wirklich nett", sagt Dan Lilker. „Die brauchen einfach

THRASH METAL

1985 war Power Metal nicht mehr schnell genug für das Tempo des Undergrounds. Eine neue Generation von Thrash-Metal-Bands schien über Nacht auf Triolen im Stil von Metallica umgestiegen zu sein. Während Power Metal bisher eine Art Heavy Metal mit Steroidzusatz gewesen war, hoben die ständig wiederholten flatternden Töne des Thrash Metal mühelos ab. Diese Musik befand sich ständig in Bewegung, eine riesige, raffinierte Soundflut. Bühnenkostüme und andere Showrequisiten wurden entsorgt, Headbanger senkten die Köpfe und konzentrierten sich auf die Musik und die ernsthafteren Texte. Zufällige Beobachter benutzten auch die Bezeichnung Speed Metal; Puristen würden dagegen erklären, dass Thrash auf längere, ruckartige Pausen zurückgriff, während Speed Metal, wie ihn Agent Steel und Destruction spielten, eine saubere, musikalisch ausgefeiltere Unterkategorie darstellte, die nach wie vor den sich duellierenden Melodien des klassischen Metal verpflichtet war.

Titanen des Thrash

- Anthrax, *Spreading The Disease* (1985)
- Artillery, *Fear Of Tomorrow* (1985)
- Carnivore, *Carnivore* (1985)
- Death Angel, *The Ultraviolence* (1987)
- Exodus, *Bonded By Blood* (1985)
- Holy Terror, *Terror And Submission* (1987)
- Megadeth, *Killing Is My Business ... And Business Is Good* (1985)
- Metal Church, *Metal Church* (1984)
- Metallica, *Master Of Puppets* (1986)
- Metallica, *Ride The Lightning* (1984)
- Nuclear Assault, *Game Over* (1986)
- Slayer, *Reign In Blood* (1986)
- Testament, *The New Order* (1988)
- Voivod, *Killing Technology* (1988)
- Whiplash, *Power & Pain* (1985)

ihre gestreiften Hosen und die ganze Uniform – das ist toll. Ich hab noch nie so viele Armbänder herumfliegen sehen. Und die Bands waren alle affengeil."

In den Siebzigerjahren sorgten die Scorpions dafür, dass Deutschland seinen Platz auf der Landkarte des Hardrock bekam, aber nach dem spannungsgeladenen Album *Blackout* von 1981 verpuffte die Energie der Band auf einer Reihe sehr erfolgreicher, balladesker, auf MTV zugeschnittener Platten wie *Love At First Sting*. Anfang der Achtziger blieb der deutsche Metal vor allem durch Accept präsent, die mit den hervorragenden Platten *Breaker*, *Restless & Wild* und *Balls To The Wall* den Code der NWOBHM knackten. Wenige Jahre später gehorchte eine Phalanx deutscher Truppen, darunter Running Wild, Warlock, Deathrow, Living Death und Grave Digger, den Marschbefehlen von Judas Priest und den doppelten Gitarrenharmonien von Iron Maiden. Seinen vollen und glorreichen Sättigungsgrad erreichte der Metal-Quotient des Landes jedoch ganz unzweifelhaft mit Speed Metal und den ungebändigten Kreationen von Destruction, Sodom und Kreator.

Das Trio Destruction, entstanden aus der von Venom beeinflussten Black-Metal-Band Syke, legte mit der EP *Sentence Of Death* ihr Debüt vor und schmückte sich mit nicht weniger als siebeneinhalb Patronengürteln, drei umgedrehten Kreuzen, zwölf Nietenarmbändern, drei Lederhandschuhen, einem halben schwarzen Lippenstift und mindestens zwei Nietenhalsbändern. Obwohl ihr durchgeknallter Ansatz Zweifel weckte, trat die Band brutal und geschickt genug aufs Thrash-Gaspedal, um Skeptiker zu widerlegen, die sie beschuldigten, auf den Black-Metal-Zug nur aufgesprungen zu sein. Mit einem Gefühl von Schwerelosigkeit und gelegentlich auch der Verachtung, die sie vom Punk gelernt hatten, bewiesen Destruction ihre Stärke auf zwei meisterhaften Langspielplatten, *Infernal Overkill* von 1985 und *Eternal Devastation* von 1986.

Während die Musik schneller und ausgefeilter wurde, trugen Destruction einiges dazu bei, den Speed Metal zu formen – die raffinierte Teilmenge des Thrash Metal, bei der Maiden Metallica begegneten und die rhythmischen Tricks im Vordergrund standen, ohne das doppelte Gitarrenhandwerk von Judas Priest zu vernachlässigen. Es gab kaum wesentliche Unterschiede zwischen Speed und Thrash Metal. Durch den plötzlichen Boom an rasend schnellen Bands half es jedoch manchmal, zwischen dem pulsierenden, rhythmuslastigen Thrash und dem saubereren, melodischeren Speed Metal zu differenzieren.

Sodom, die sich einen sehr direkten Namen verpasst hatten und die sehr viel schwerfälliger klangen als Destruction, fiel es schwerer, sich aus dem Kielwasser von Venom freizuschwimmen. Ihre überaus plumpe EP *In The Sign Of Evil* enthielt äußerst schlichte Tracks wie „Blasphemer", das mit einer kinderliedartigen Melodie und holprigem Text daherkam: „I read Satanic Bible with fucking grown / masturbate to kill myself – Ich lese Satanische Bibel mit verdammt Gestöhn / masturbiere, um mich umzubringen." Mit dem wilden, häss-

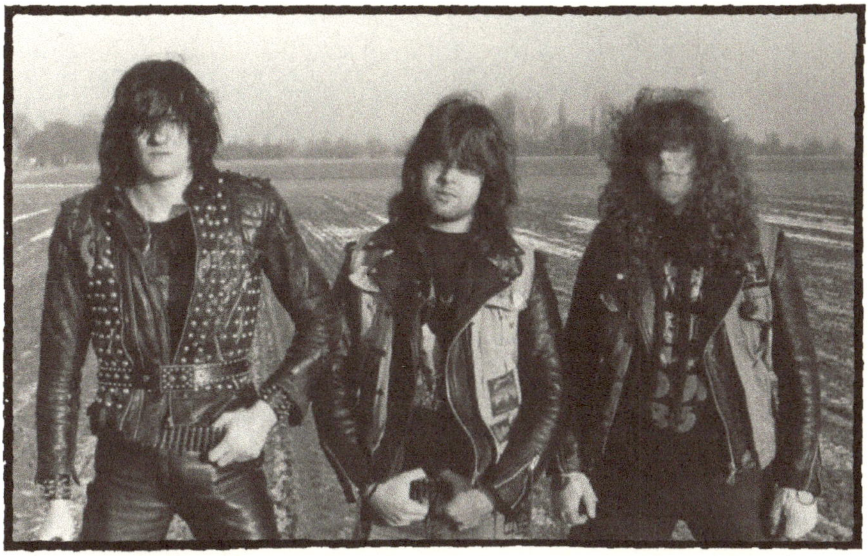

Sodom: Die Metallköpfe *(SPV)*

lichen Garagen-Metal auf *Obsessed By Cruelty* wurden Sodom entschieden besser. Bis zu *Persecution Mania* von 1987 entwickelten sie sich zu einer teutonischen Invasionsmacht, die ausgezeichnet zu den riesigen Soundanlagen der rapide wachsenden Openair-Metal-Festivals in Europa passten. In dieser Hinsicht ist besonders „Bombenhagel" auf *Persecution Mania* bemerkenswert, bei dem die Band ihr ansonsten mit starkem Akzent gesungenes Englisch zugunsten eines kehligen Deutsch ablegte – ein bewegender Moment für viele faustschwenkende rheinländische Metal-Patrioten.

Die ausgereifteste und langlebigste der deutschen Thrash-Metal-Bands war die Essener Gruppe Kreator, die sich bereits 1982, wenn auch damals noch extrem jung, unter dem Namen Tormentor gegründet hatte. Kreator und Sodom tauschten regelmäßig Bandmitglieder aus, da beide versuchten, pausenlos durch Europa zu touren. Unter der Leitung des gurgelnden Sängers und Gitarristen Mille Petrozza drosch die Band auf *Endless Pain, Pleasure To Kill* und dem beeindruckenden *Terrible Certainty* melodische Gitarrenarpeggios herunter, unterlegt mit einem schnellen Sog aus synkopischen Riffs. Songs wie „Toxic Trace" und „Storming With Menace" nahmen die Schnelligkeit und die bösen Absichten von Slayer und gaben ihnen Farbe, verbanden sie mit dem Gespür für Melodie und dem sozialen Bewusstsein von Metallica und stellten einen geschickten und entschlossenen Metal-Angriff auf bestehende Vorstellungen von Musik dar.

Heavy Metal, das ehemalige Reich der Stahlherren aus England, hatte sich 1985 in einen gigantischen, Furcht erregenden roten Ball verwandelt, der über den Atlantik und wieder zurück sprang, Ideen zwischen weit entfernten Nationen hin- und hertrug und riesige Krater der Zerstörung hinterließ. Der Thrash-Metal-Underground war buchstäblich ein weltweites Netz, das durch Briefverkehr, internationale Touren und sogar Computer zusammengehalten wurde: 1986 begann der Telefonservice MetalliBashers des BBS-Bulletin-Board Metal-Nachrichten, Overkill-Interviews, Megadeth-Texte und Anleitungen zur Herstellung von Chemiewaffen zum Runterladen per Dreihundert-Baud-Modem anzubieten.

Als sich der Einfluss von Metallica in Westeuropa durchsetzte, verbreitete sich das Fieber auch im heiligen Geburtsland des Heavy Metal, Großbritannien. Nachdem sie der Welt aber so viele der allerersten Metal-Krieger geschenkt hatten, verstanden die Musiker in merry old England die Grundlage der Thrash-Ethik kaum – die Tatsache nämlich, dass ein Riff allein zum Selbstzweck werden konnte. Die britischen Bands hechelten immer noch Iron Maiden und Saxon auf deren Pfad zu Ruhm und Ehre hinterher, während es im Thrash Metal tatsächlich darum ging, gleich nach der Kehle des Feindes zu schnappen. *Kerrang!* und *Metal Forces,* die verzweifelt nach der „britischen Antwort auf Metallica" suchten, schlugen für diese Position ausgediente Rotröcke wie Wolfpack, Onslaught, Acid Reign und Xentrix vor. Sie alle machten den verhängnisvollen Fehler, Thrash mit einem einfach nur schneller gespielten Standard-Metal gleichzusetzen, und mühten sich inkonsequent mit dem Versuch ab, Würde mit Street-Appeal zu verbinden. Mit ihrem dämlichen Remake des *Ghostbusters*-Titelsongs markierten Xentrix jedoch mit Sicherheit den tiefsten Punkt einer Phase, in der Coversongs im Thrash-Metal-Stil als der letzte Schrei galten.

Um zu beweisen, dass sie würdige Nachfolger und nicht nur eine Band rotznäsiger ausländischer Emporkömmlinge waren, spielten Metallica am 17. August 1985 in Castle Donington beim Monsters-of-Rock-Festival. Auch wenn es in Europa inzwischen unzählige Metal-Veranstaltungen im Sommer gab, blieb das englische Donington doch das Original. Die Festivalorganisatoren schickten Metallica vor Bon Jovi und ZZ Top, allerdings nach Ratt auf die Bühne – in Amerika kamen Metallica noch nicht ganz an die Popularität der Glam-Band aus L. A. heran, aber in England, wo Musikvideos nur einmal pro Woche ausgestrahlt wurden, spielte Pop-Metal kaum eine Rolle. Live auf der Bühne waren Metallica mit Sicherheit im Vorteil und konnten die englischen Fans mit ihrer typischen Unbekümmertheit überzeugen. „Wenn ihr gekommen seid, weil ihr auf Spandex und Augen-Make-up steht und die Wörter ‚O Baby' in jedem verdammten Scheißlied hören wollt, dann ist das hier nicht eure Band", erklärte James Hetfield den siebzigtausend Zuschauern.

Donington war ein prestigeträchtiger Versammlungsort, auch wenn seine einst grünen englischen Auen von der Masse der betrunkenen Fans zu einem

Deutscher Speed Metal

Die deutschen Bands besaßen den echten Mumm des Thrash Metal, bewahrten gleichzeitig aber eine präzise melodische Schärfe, die ihre Verbundenheit mit den einzigartigen Qualitäten des Heavy-Metal-Songwriting belegte. Dazu kamen ein exzentrischer Kleidergeschmack und ein unsterblicher Vorrat an Metal-Energie, mit denen diese Bands den Status des Landes als Hafen für Headbanger zementierten.

Kein Schlaf bis Deutschland

- Assassin, *Interstellar Experience* (1988)
- Celtic Frost (BRD/Schweiz), *To Mega Therion* (1986)
- Coroner (BRD/Schweiz), *No More Color* (1989)
- Deathrow, *Raging Steel* (1987)
- Destruction, *Infernal Overkill* (1985)
- Kreator, *Terrible Certainty* (1988)
- Living Death, *Vengeance Of Hell* (1984)
- Running Wild, *Gates To Purgatory* (1985)
- Sodom, *Persecution Mania* (1987)
- Helloween, *Keeper Of The Seven Keys, Part I* (1987)

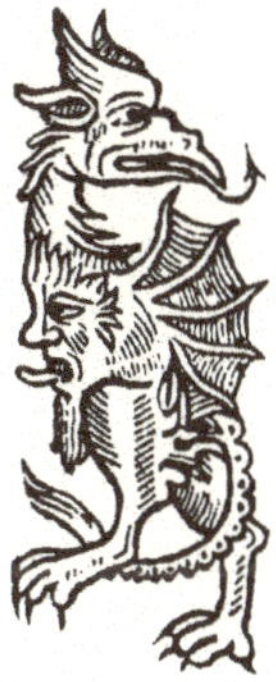

matschigen Braun niedergetrampelt worden waren. Obwohl die Fans Metallica beharrlich mit Obst und anderen Geschossen bewarfen, begriff die Band gegen Ende ihres Sets, dass sie ein Ritual überstanden hatte – eine Art Testlauf durch das Feuer alliierter Truppen. Cliff Burton kaute ruhig eine Birne, die ihm aus der Menge entgegengeschleudert worden war und die in seinem Bassverstärker liegen blieb. „Das britische Publikum ist komisch", sinnierte Lars Ulrich gegenüber *Metal Forces.* „Wenn man mit Zweiliterflaschen voller Pisse, mit Matsch und Schinkensandwiches bombardiert wird, muss man sich erst mal klar machen, dass das nicht bedeutet, dass die Leute einen nicht mögen. Man muss ständig in Deckung gehen oder ausweichen und gleichzeitig noch sein Instrument spielen – wenn man das gelernt hat, ja, dann macht es großen Spaß."

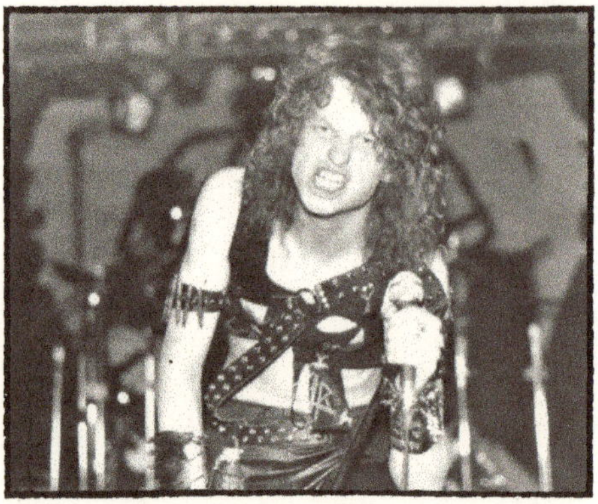

Snake von Voivod live in Montreal
(Jean-François „Big" Lavallée/ Metal K. O. Productions)

Die englischen Trendsetter erklärten Metallica zu den rechtmäßigen Erben von Iron Maiden, Judas Priest, Motörhead und Black Sabbath. Um der Popularität des Undergrounds Rechnung zu tragen, startete *Kerrang!* 1985 mit *Mega Metal Kerrang!* ein neues Magazin, das sich besonders auf die Maiden-Nachfolger Metallica, Slayer und Kreator konzentrierte – und sich der Thrash-Metal-Szene mit dem Vierfarbdruck widmete, der den Fanzines fehlte. In einem Land ohne MTV hatten Printmedien noch immer großen Einfluss, und die von ihnen unterstützten Bands würden eines Tages das Metal-Reich beherrschen.

Der Thrash Metal durchlief viele entscheidende Phasen und entwickelte eine eigene, vom Heavy Metal unabhängige Identität. Im November 1985 trafen sich beinahe siebentausend tobende Metalheads im eiskalten Montreal beim World-War-III-Festival, bei dem Celtic Frost, Possessed, Destruction, Nasty Savage und die kanadischen Lokalmatadoren Voivod auftraten. Es war ein traumhaftes Programm mit den besessensten und faszinierendsten Bands, die aus allen möglichen weit entfernten Gegenden wie der Schweiz, San Francisco, Deutschland und Florida zusammengekommen waren. „Das war eine extrem aufregende Zeit", erinnert sich Tom Warrior von Celtic Frost. „Es war toll, wie da frischer Wind in die Musik kam. Es bestand wirklich ein Gefühl des Zusammenhalts zwischen vielen Bands. Wenn ich das rückblickend betrachte, dann glaube ich, dass wir alle echt naiv waren. Mir gefiel einfach der revolutionäre Charakter des Ganzen. Dass da ein paar Idioten in die Welt ziehen und dafür sorgen, dass man die Musik in jedem Haushalt hören kann und das tatsächlich funktioniert."

IX

Volle Kraft voraus: Thrash Metal greift an!

- **Sommer 1985:** MTV führt die „Crüe-Regel" ein, um die Vorherrschaft der Metal-Bands in den Wunschsendungen zu beschränken
- **März 1986:** Metallica gehen mit Ozzy Osbourne auf Tour
- **27. September 1986:** Cliff Burton, der Bassist von Metallica, stirbt bei einem Busunfall in Schweden
- **Oktober 1986:** Slayer veröffentlichen *Reign In Blood*
- **4. November 1986:** *Master Of Puppets* von Metallica wird in den Vereinigten Staaten vergoldet

Am 31. August 1985 machten sich Metallica, die auf ihren Tourneen den letzten Schliff bekommen hatten und mit der Wiederveröffentlichung von *Ride The Lightning* durch Elektra Records in den *Billboard*-Charts weit oben standen, auf den Heimweg, um beim Day-on-the-Green-Festival in Oakland, Kalifornien, aufzutreten. Sie teilten sich die Bühne mit den ehemaligen Hardrock-Champions der Bay Area, Y&T, den Scorpions und zwei weiteren Interpreten vom ersten *Metal Massacre*-Sampler: Ratt und Yngwie Malmsteens Rising Force. Metallica waren zwar inzwischen bereits ein wenig in der Welt herumgekommen, aber es war dennoch ein erhebendes Gefühl für sie, in der ihrer Heimatstadt ein ausverkauftes Konzert vor sechzigtausend Menschen zu geben. Während die Gruppen ihre üblichen Sets spielten, bekam die Heavy-Metal-Band, die Radioballaden und MTV-Videos noch immer scheute, nicht nur

Applaus von Freunden und Familienangehörigen, sondern von einem ganzen Stadion voller Neueinsteiger.

In San Francisco, einer für ihre unkonventionellen Volkshelden berühmten Stadt, wurden Metallica begeistert aufgenommen. Am Silvesterabend 1985 traten sie als Headliner neben Exodus, Metal Church und Megadeth bei einem Thrash-Metal-Marathon im Civic Center von San Francisco vor mehreren tausend Thrashern auf. Die mit Armen und sonstigen Gliedmaßen wild herumfuchtelnden Konzertbesucher gaben jedem abwegigen, zerstörerischen Impuls nach und ähnelten in dieser Hinsicht eher Punkrockern als den in Leder gekleideten Besuchern der Heavy-Metal-Clubs. Ihre Überdrehtheit verursachte in den Hallen häufig große Schäden, und Metallica veranstalteten backstage regelmäßig ein Chaos, was Bill Graham, dem legendären Konzertveranstalter der Bay Area, ständig Grund zur Besorgnis lieferte. Die Hippie-Ikone aus der Rockära verabscheute es, die Rolle des Zuchtmeisters zu spielen, wenn den außer Rand und Band geratenen Metallica danach war, einen Umkleideraum zu verwüsten oder ein paar Spiegel zu zerbrechen.

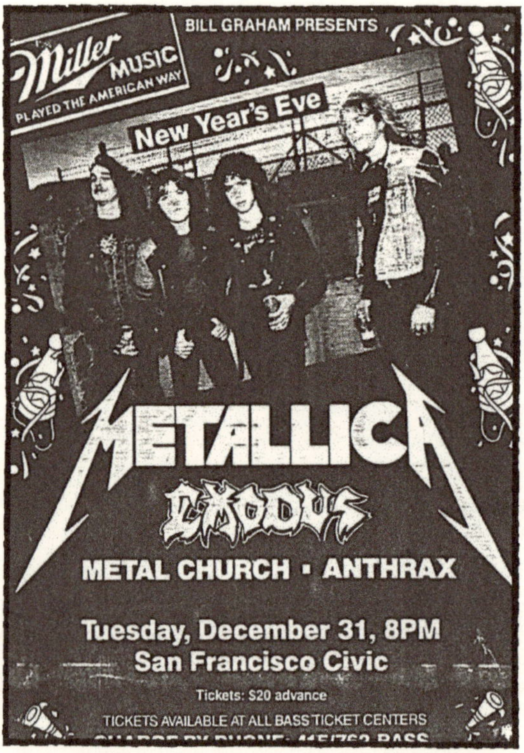

Flyer für das Thrash-Treffen Silvester 1985

Metallica veröffentlichten am 21. Februar 1986 ihre erste neue Platte bei Elektra, *Master Of Puppets*. So, wie Geigen in den Folksongs der Appalachen schreiende Vögel nachahmten, der Deltablues Lokomotivrhythmen aufgriff und Judas Priest das Dröhnen von Concorde-Flugzeugen einbauten, so hörte man im Sound von Metallica 1986 einstürzende Gebäude, Vulkanausbrüche und riesige Schiffe, die ungebremst auf Grund liefen. Doch dieser Strudel von Geräuschen hatte Methode. Metallica erweiterten die große Ursprungsidee von Black Sabbath um blendende Blitzlichter und Unterwasserdetonationen, und dabei waren sie so schnell, dass das Ganze an mehreren Orten gleichzeitig stattzufinden schien. Sie hatten die Kraft, Atome zu spalten – was zu einer Band passte, die sich ständig mit dem Atomkrieg beschäftigte.

Master Of Puppets, das erste Album, das keinerlei Material von Dave Mustaine mehr enthielt, konzentrierte sich eher auf die Verbesserung des Sounds statt auf dessen ständige Neuerfindung. Die Songs, das Produkt einer fünfmonatigen Arbeit mit Flemming Rasmussen in Dänemark, kopierten exakt die Dynamik von *Ride The Lightning,* aber in satterer, eindrucksvollerer Form. Beide Alben eröffneten mit wütenden Krachern – „Fight Fire" und „Battery" – und gingen in stimmungsvolle, hymnenartige Titeltracks über, gefolgt von energiegeladenen, langsamen Balladen wie „Fade To Black" und „Welcome Home (Sanitarium)".

So, wie *Ride The Lightning* mit dem langen Instrumentalstück „The Call Of Ktulu" endete, so stand auch bei *Master Of Puppets* die epische Basssuite „Orion" an vorletzter Stelle.

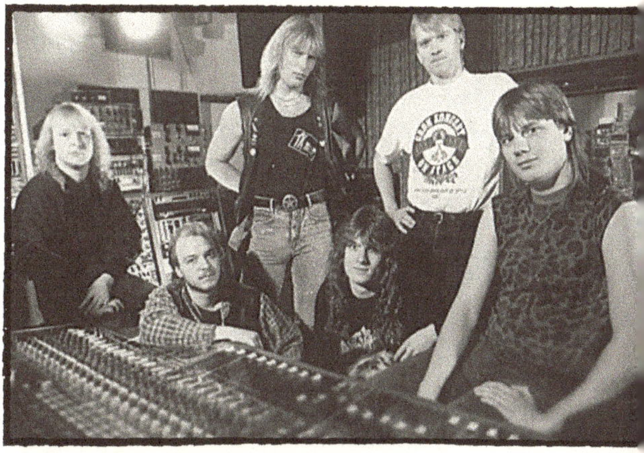

Die dänischen Thrasher Artillery mit dem Produzenten von Metallica, Flemming Rasmussen *(Roadrunner Records)*

Die Horrorstorys des Schriftstellers H. P. Lovecraft, in die sich Metallica das erste Mal mit „The Call Of Ktulu" vertieften, tauchten erneut in „The Thing That Should Not Be" auf, einer schlingernden, ultraharten Nummer, die wie ein riesiger Berg auf Rädern daherpolterte. „Es handelt von riesengroßen Dingern, die durch die Gegend marschieren!", behauptete Cliff Burton gegenüber *Metal Mania.* „Verdammt riesige Apparate, so groß wie ein Haus!" James Hetfield brachte bezüglich der PMRC-Diskussion über die Moral im Metal die Heuchelei beider Seiten zur Sprache und zischte in „Leper Messiah": „Circus comes to town / you play the lead clown – Der Zirkus kommt in die Stadt / und du spielst den größten Clown" und „Send me money, send me green / heaven you will meet / make a contribution and you'll get the better seat – Schick mir Geld, schick mir Dollars / dann kommst du in den Himmel / wenn du etwas spendest / kriegst du dort einen besseren Platz".

Metallica steigerten die Wucht von *Lightning,* und sie klangen auch nach dem Vertrag mit einem Majorlabel noch immer krachiger als ihre Rivalen – trotzdem aber raffiniert genug, um die Schwergewichte des Heavy Metal herauszufordern. Ungeachtet der verblüffenden und viel diskutierten Neuerungen war die Presse außerhalb der Metal-Szene nach wie vor nicht in der Lage, *Master Of Puppets* zu begreifen. Ein zum Glück ungenannt gebliebener *Billboard*-Kritiker kritzelte: „Das dänische Hardrockquartett beeindruckt wieder einmal mit handwerklich gut gemachten Arrangements und solider Technik; das Material ist gewöhnlicher, durchschnittlicher Metal, mit superschnellen Gitarren im Vordergrund.“ Metallica waren zwar beinahe in aller Munde, und doch fühlte sich offenbar niemand berufen, wenigstens ein paar Fakten zu überprüfen.

1986 hatte ein überwältigendes Thrash-Fieber Amerika gepackt, und nun reagierte natürlich allmählich auch das Musikbusiness. Slayer, noch bei Metal Blade, wurden vom Rap-Impresario Rick Rubin und seinem Label Def Jam umworben, bei dem außerdem LL Cool J und Run DMC unter Vertrag standen. Dies erregte einiges Aufsehen unter Musikkennern, die sich nicht nur fragten, wie es der heftigsten Band des Planeten bei einem Majorlabel ergehen würde, sondern auch, wie sie sich mit ihren Rapkollegen vertragen würden. Schon bald verließen Exodus und Megadeth die Indie-Firma Combat und wechselten zu Capitol Records. Sogar Venom schlossen sich der Parade an und unterschrieben den ersten direkten Künstlervertrag bei dem Mailorder-Musikunternehmen K-tel.

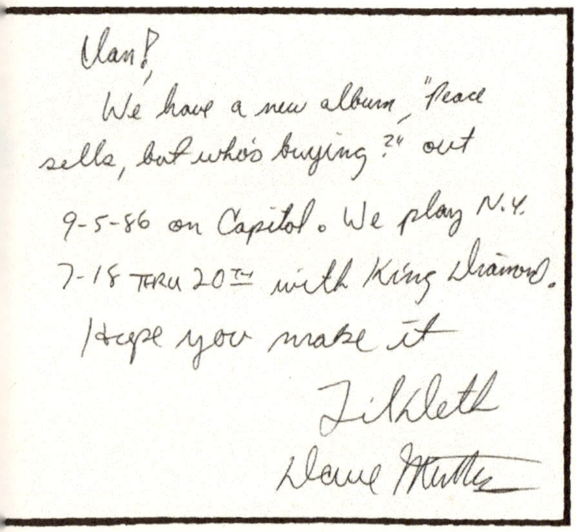
Ulan!
We have a new album "Peace sells, but who's buying?" out 9-5-86 on Capitol. We play N.Y. 7-18 thru 20th with King Diamond.
Hope you make it

Dave Mustaine lässt von sich hören

Metallica, Slayer, Megadeth und Anthrax galten als die „Big Four“, die „großen Vier“ des Thrash Metal. Anthrax waren bereits mit der Veröffentlichung von *Spreading The Disease* auf Island Records 1985 groß rausgekommen. Im Vergleich zur Wildheit ihrer Kollegen verbreiteten sie eine beinahe feierliche Atmosphäre und wirkten zudem gutmütig. Sie hatten sich bei Megaforce und auf ihren Tourneen mit Raven einen Namen gemacht und versuchten weiterhin, sich von ihren alten Freunden bei Metallica abzugrenzen. Die Gruppe erfand eine kommerzielle Formel, welche die knirschenden Speedgitarren mit der sanften, gleitenden Stimme von Joey Belladonna verband, den der Gitarrist Dan Spitz mit dem Sänger von Journey, Steve Perry, verglich. *Spreading The Disease* vermied die Heavy-Metal-Klischees, spielte das Rockstargebaren herunter und lud freundliche Thrasher, traditionelle Schwermetaller und Hardcore-Punk-Fans gleichermaßen zu ihrer High-Energy-Party ein.

Selbst als die Big Four bei Majorlabels unterschrieben und durch flächendeckenden Vertrieb, Werbung und Marketing ein Publikum von hunderttausenden anzogen, legten sie großen Wert darauf, weiterhin Fans aus dem engeren Kreis in ihre Karriere einzubeziehen. Diese Bands waren sich voll bewusst, welche Rolle die Cassettentausch-Szene für ihre Karriere gespielt hatte, und sie achteten darauf, sich nicht von ihrer Basis zu entfremden, weshalb sie den Kontakt zu Fanzines und besonders auch zu den Spartenradiosendern, die sie von Anfang an unterstützt hatten, aufrechterhielten. Um die erste Veröffentlichung von Megadeth auf einem Majorlabel, *Peace Sells But Who's Buying?*, zu promoten, schrieb Dave Mustaine Briefe an Radiomoderatoren und Fanzineherausgeber, deren Adressen er den hinteren Seiten von *Kick Ass Monthly* und *Metal Forces* entnahm.

Da sie Kontakt zu den Stars von morgen hatten, entwickelten sich die Netzwerke der Cassettentauscher zu rentablen Geschäftsverbindungen, die jungen Thrashern neben MTV und Tourneen einen dritten Weg in den Wohlstand offerierten. Das holländische Label Roadrunner eröffnete im November 1986 mit zwei Angestellten ein Büro in Amerika. Talente zu finden war einfach – man musste lediglich eine Ausgabe von *Metal Forces* aufschlagen und die Demo-Besprechungen durchlesen. Neben dem ehemaligen Frontmann von Mercyful Fate, King Diamond, nahmen Roadrunner zwei unter Cassettentauschern längst bekannte Bands unter Vertrag: Carnivore aus New York und Whiplash aus New Jersey. „Die ganzen coolen Bands kamen aus den Vereinigten Staaten", sagt Monte Conner, der als A & R-Chef von Roadrunner die Entdeckung und Förderung neuer Künstler übernahm. „Dort haben wir die meisten Verträge abgeschlossen."

Als *Master Of Puppets* erst einmal in den Supermärkten stand, drängte mit dieser Platte ein Stück Underground-Metal in die Einkaufswagen der Familien, die eigentlich nur eine Großpackung Waschpulver hatten kaufen wollen. Wie die Band gehofft hatte, schloss sich durch die Verkaufszahlen des Metallica-Albums die Kluft zwischen echter Härte und der MTV-Video-Metal-Szene. „Als sich die Phase von *Ride The Lightning* dem Ende neigte, fingen wir an, über Metallica zu berichten", sagt Ben Liemer, Herausgeber der Fanzeitschrift *Circus*, die Ende der Achtzigerjahre angeblich eine Auflage von vierhundertachtzigtausend erreichte. „Als *Master Of Puppets* aktuell war, brachten wir bestimmt achtundzwanzig Monate durchgängig Metallica-Storys. Das ist kein Witz. Die Kids wollten es so."

Metallica setzten ihre Tourneen fort und sicherten sich den begehrten Platz als Vorgruppe bei Ozzy Osbournes *Ultimate Sin*-Tour, die im März 1986 begann und während der schwülen Sommermonate durch ganz Amerika führte. Metallica hofften, in die Fußstapfen von Mötley Crüe zu treten, deren *Shout At The Devil* 1984 während einer Tour mit dem „Madman of Rock" den nationalen Durchbruch hatte feiern können. Ozzy respektierten alle. Der Wahlamerikaner und ehemalige Sänger von Black Sabbath stand in dem Ruf, immer das nächste große Ding als Vorband zu verpflichten, ebenso wie auch immer den heißesten jungen Gitarristen aufzugabeln – Randy Rhoads von Quiet Riot, Brad Gillis von Night Ranger und Jake E. Lee von Ratt.

Wie die meisten seiner Heavy-Metal-Zeitgenossen versprach Ozzy stets, immer größere und grandiosere Bühnen für sein Publikum zu bauen, und das tat er auch: Bei der *Ultimate Sin*-Tour schwebte der Sänger zum Beispiel im Schoß eines riesigen goldenen Buddhas von der Decke herunter. Als Einziger unter seinen Kollegen hielt Ozzy jedoch an der Ansicht fest, dass das Konzerterlebnis ein das Denken veränderndes Gemeinschaftserlebnis sein sollte, bei dem immer ein bisschen die Gefahr bestand, dass es in einen Aufstand umschlagen kann. In diesem Sinn passten Metallica hervorragend zu Ozzy, und das Publikum sah das genauso. *Master Of Puppets,* das seit seiner Veröffentlichung in den Top Thirty der *Billboard*-Charts rangierte, trug Metallica während der Tour mit Ozzy die erste Goldene Schallplatte ein und verkaufte sich über eine halbe Million Mal.

Zwar zeigte MTV weiterhin Metal-Bands, die ein starkes Image zu bieten hatten, aber gegenüber Metallica und den anderen der Big Four verkannte man die Lage und wartete zu lange ab. Mötley Crüe schwammen im Gegensatz dazu im Sommer 1985 auf dem Erfolg des Videos zu „Home Sweet Home", in dem sie sich selbstmitleidig über das harte Leben unterwegs beklagten. Der Erfolg des Clips, der in den Wunschsendungen wochenlang immer wieder auf den ersten Platz gewählt wurde, veranlasste MTV schließlich, die „Crüe-Regel" einzuführen, die besagte, dass kein Video länger als drei Monate Zuschauerfavorit sein durfte.

Da man bei MTV nur ungern noch mehr Metal zeigen wollte, gerieten die bereits etablierten rockenden Videostars unter Druck, sich nicht allzu ausgefallen zu präsentieren. Als Mötley Crüe den abgestandenen Teenagerklassiker „Smokin' In The Boys' Room" und Twisted Sister „Leader Of The Pack" coverten, verwurstete man die einst Furcht erregenden Metal-Kämpfer durch das Videomedium systematisch zu einer abstoßenden Art von Rocknostalgie. Statt gegen Eltern und das PMRC anzukämpfen, dienten die Video-Metal-Bands deren Unterhaltung. Die Vorzüge eines Massenpublikums wirkten einfach zu verführerisch. Selbst Judas Priest schienen 1986 auf dem synthesizerlastigen Album *Turbo* für ihre Verhältnisse uncharakteristisch neutralisiert; eine ganze Reihe stilisierter Videos zeigte die Abenteuer der Band in einer Zukunftswelt voller Motorräder.

Weil man bei MTV befürchtete, Heavy Metal könne zu stark vertreten sein, überlegte man 1985, die Sendezeit für diese Musik zu begrenzen. Stattdessen wurde mit Unterstützung von Dee Snider die Spezialsendung *Heavy Metal Mania* installiert. „Ich hatte die Idee, dass man den Zuschauern wenigstens eine Metal-Show geben sollte, um dieses Publikum bei einer Sendung zusammenzufassen", meint er. „Diese Zuschauer würden immer einschalten. Ich habe auch versucht, einige Bands in die Show zu holen, die wie Metallica keine Videos hatten. Von denen zeigte ich dann kleine Clips und versuchte so, vom Mainstream wegzukommen. Ich kann mich erinnern, dass mir Motörhead eine *Ace Of Spades*-Jacke geschenkt haben. Sonst konnte ich sie nur unterbringen, indem ich ihre Musik im Abspann laufen ließ, weil ‚Killed By Death' den Richtlinien von MTV nicht entsprach."

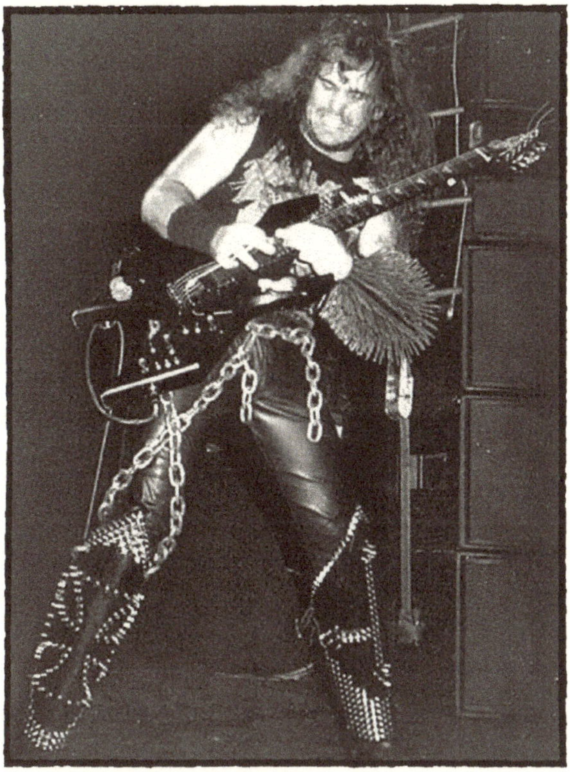

Kerry King von Slayer *(Jonathan Munro)*

Metallica hatten durchaus das Budget, um ein Video für *Master Of Puppets* zu produzieren, aber ihre Manager entschieden dagegen. Die erfahrenen Businessstrategen wogen die kommerziellen Ziele gegen die Integrität der Band ab. „Cliff Burnstein glaubt, dass Metallica ganz groß werden, aber auf die Weise, die wir für richtig halten", erklärte Lars Ulrich dem *Kick Ass Monthly.* „Wenn uns das gelungen ist, hoffentlich in vier oder fünf Jahren, werden wir uns auf ganz andere Weise durchgesetzt haben als irgendeine Band jemals zuvor, außer vielleicht Iron Maiden. Das wird so sein, dass man keinen Trends hinterherlaufen, im Radio gespielt werden und keine Videos machen muss – man schafft es einfach durch Mundpropaganda. Indem man bei den Kids auf dem Boden bleibt und indem man macht, was man machen will."

In den fünf Jahren bei Metallica hatte Ulrich erlebt, dass es mit seiner Band stetig weiter nach oben ging; nun entwickelte er prophetische Erfolgsvisionen. „Da wir jetzt ein neues Management haben, könnte das, was wir als Nächstes machen, das kommende große Ding werden", sagte er dem *Kick Ass.* „Die meisten Bands, die heute rauskommen, entsprechen dem Trend. Was Metallica machen, ist zeitlos. In ein paar Jahren wird sich das Rockpublikum so verändert haben, dass es sich auf uns zubewegt – nicht umgekehrt." Oder wie James Hetfield seine schlichte Methode zum Durchbruch in den Mainstream zusammenfasste: „Wenn etwas nicht passen will, musst du versuchen, es mit Gewalt passend zu machen. Wenn es dabei kaputtgeht, dann war es defekt und hätte sowieso ersetzt werden müssen."

Die alten Rivalen, die im Konkurrenzkampf weiter mithielten, verfolgten den Aufstieg von Metallica sehr genau. Nachdem *Master Of Puppets* ein Jahr lang Erfolge feierte, schlugen Slayer lautstark zurück: Mit *Reign In Blood* lieferten sie ein Album ab, das ihre Karriere maßgeblich prägen sollte. Sie zeigten noch immer keine Reue, gaben sich gnadenlos dämonisch, demütigten ihre zahlreichen Black-Metal-Imitatoren und sprachen extreme Bereiche der Gesellschaft an, die sich längst nicht mehr auf die Cassettentauscher der Metal-Szene beschränkte. Durchgeknallt schnelle Songs wie „Criminally Insane" und „Angel Of Death", die nun auf einem vor allem für Rap bekannten Label erschienen, zogen viele Fans an, die Pentagramm-Metal vorher gehasst hatten wie die Pest.

Mit ihrem neuen Labelchef und Produzenten Rick Rubin verband die Band die dynamischen Höhepunkte und Ruhephasen von *Hell Awaits* zu einer von Panik getriebenen, konstanten und brutalen Metal-Raserei. Angetrieben von den Nazis und Teufeln in Tom Arayas manisch schnell erzählten Geschichten, stellte *Reign In Blood* eine extreme, sozusagen den Stoffwechsel ständig verändernde Erfahrung dar. Zum ersten Mal wurde Slayers schneidiger Speed – der zunehmend vom Hardcore Punk beeinflusst wurde – nicht durch eine billige Produktionsweise gedämpft. Als sich Fans und Kritiker beschwerten, dass die LP insgesamt nur auf dreißig Minuten Länge kam, entgegnete der Gitarrist Jeff Hanneman, auf den zehn Songs seien dennoch genauso viele Strophen, Refrains und Soli zu hören wie auf jeder Judas-Priest-Platte – Metal war jetzt einfach schneller.

Als sich James Hetfield beim Skateboardfahren in Indiana während der Sommertour mit Ozzy 1986 den Arm brach, war die Lösung einfach – die Band holte den Gitarrentechniker John Marshall auf die Bühne, damit er die Rhythmusgitarre übernahm, und ein neuer Tourvertrag legte fest, dass sich Hetfield in Zukunft von rollenden Brettern fern zu halten hatte. Nun, da die Band ständig stürmische Anerkennung für die beste Musik ihrer bisherigen Karriere bekam, waren ein paar gebrochene Knochen eine Lappalie.

Die nächste Kollision jedoch war eine Katastrophe. In der Nacht des 27. September 1986 überschlug sich der Metallica-Tourbus auf einer schwedischen Autobahn, nachdem er auf einem unerwartet eisglatten Fahrbahnabschnitt ins Schleudern gekommen war. Cliff Burton starb bei dem Unfall. „Er wurde aus dem Fenster geschleudert und *bumm!* landete der Bus auf ihm", erzählte Lars Ulrich VH1. „Nach allem, was man weiß, ist er überhaupt nicht mehr zu sich gekommen." Fassungslos und verzweifelt lief James Hetfield die Autobahn im Schlafanzug zurück, um die heimtückische Eisfläche zu suchen, der er in seinem

Zorn die Schuld geben konnte. Die NWOBHM-Band Aragorn hatte fünf Jahre vorher auf einer Single bei Neat Records prophezeit: „Black ice / It's a killer."

Cliff war ein wildes vierundzwanzigjähriges Unschuldslamm, das gegen Katastrophen gefeit zu sein schien. Jung zu sterben war etwas, das Rockstars aus den Sechzigern passierte, Figuren aus der Vergangenheit, die sich dem Exzess hingaben. Trotz seiner Schlaghosen war Cliff keinesfalls in dieser Zeit stecken geblieben. Er war laut und lebhaft, ein wichtiger Verbündeter in chaotischen Situationen. Es war der Verlust eines Unschuldigen, eine albtraumhafte Szene aus einem Schauermärchen, in der Cliffs Beine unter dem Tourbus hervorsahen wie die der bösen Hexe aus *Der Zauberer von Oz*. Wie Ozzy Osbourne seinen Gitarristen Randy Rhoads bei einem Flugzeugabsturz und AC/DC ihren Sänger Bon Scott durch Alkohol verloren hatten, so hatten nun auch Metallica ihren eigenen Metal-Märtyrer.

In der gesamten Metal-Szene machte sich fassungslose Trauer breit. Testament-Sänger Chuck Billy beschrieb gegenüber *Sounds of Death*, dass im Licht eines solchen Ereignisses selbst das Versprechen auf kommerzielle Erfolge im Thrash Metal seinen Glanz verlor. „Die Vertreter von Megaforce waren hergeflogen, um uns spielen zu sehen, und als sie in unseren Probenstudios ankamen, waren sie am Boden zerstört. Sie meinten, sie wären die ganze Nacht wach gewesen, weil sie um zwei Uhr morgens die Nachricht bekommen hatten, dass Cliff Burton tot war. Uns war nicht nach Auftritt zumute, aber wir haben trotzdem gespielt, nur ein paar Stücke ohne viel Gefühl. Doch als wir fertig waren, sagten sie: ‚Okay, ihr habt den Vertrag.' Aber es war wirklich eine verrückte Stimmung."

Jason Newsted von Flotsam & Jetsam erinnert sich, dass er weinte, als er die Nachricht zuhause in Arizona las, und dass seine Tränen auf die aufgeschlagene Zeitung tropften. „Ich glaube, Cliff war lange Zeit die eigentliche Schlüsselfigur bei Metallica", sagt John Bush von Armored Saint. „Durch ihn wirkte die Band echt. Nicht dass das bei den anderen nicht so war, aber durch ihn war es extrem echt. Wie er aussah und seine ganze Einstellung. Seine ganze Persönlichkeit war cool. Als er starb, war das wirklich ein großer Schock." Im Gedenken an einen Weggefährten, den sie im Queens Music Building verköstigt und beherbergt hatten, kauften Anthrax eine ganzseitige Anzeige in *Kerrang!*, in der zu lesen stand: ES LEBE DIE SCHLAGHOSE!! LACH DRÜBER, WIR VERMISSEN DICH.

Burton wurde verbrannt und seine Asche über seinen Lieblingsplätzen in der Wildnis von Nordkalifornien verstreut. Bei dem Gedenkgottesdienst am 7. Oktober 1986 wurde „Orion", Burtons lange Instrumentalkomposition von *Master Of Puppets*, am Grab mit seinem einfachen Stein gespielt. Die Inschrift lautete: DANKE FÜR DEINE WUNDERSCHÖNE MUSIK.

Während der Weggang früherer Mitglieder für Metallica immer einen Neuanfang bedeutet hatte, war der Tod von Cliff Burton das Ende der ehrgeizigen Frühphase der Gruppe. „Ich kann mich nur erinnern, wie unser Tourmanager sagte: ‚Okay, wir bringen die Band jetzt wieder ins Hotel zurück'", erzählte James Hetfield dem Journalisten K. J. Doughton. „Ich dachte nur: ‚Die Band? Blödsinn! Es gibt keine Band. Die Band ist jetzt nicht mehr ›die Band‹. Das sind nur noch drei Typen.'"

X

Die Glambanger aus Hollywood

- **1983:** David Lee Roth von Van Halen erklärt, eine Versicherung gegen Vaterschaftsklagen über eine Million Dollar abgeschlossen zu haben
- **Dezember 1984:** Der Schlagzeuger der Hanoi Rocks, Nicholas „Razzle" Dingley, kommt bei einer Autofahrt mit Vince Neil von Mötley Crüe ums Leben
- **1987:** MTV startet die wöchentliche Spartensendung *Headbangers Ball*
- **1987:** Premiere des Films *The Decline of Western Civilization, Part II: The Metal Years*
- **August 1987:** Guns N' Roses veröffentlichen *Appetite For Destruction*
- **14. Januar 1988:** Dokken werden für ihr viertes Album in Folge mit Platin ausgezeichnet

Zuhause im diesigen Los Angeles wuchsen die Haare gefährlich hoch. Nachdem Quiet Riot 1984 vier Millionen Alben verkauft hatten, packte man die New-Wave-Bands in den Clubs von Hollywood an ihren schmalen Krawatten und warf sie hinaus. Wenig später verkauften Mötley Crüe und Ratt in kurzer Zeit jeweils ihre ersten zwei Millionen Schallplatten. Und kaum hatte MTV den Heavy Metal entdeckt, da bat die Stadt der Engel landesweit Wasserstoffblondierte und sonstige Meister des unsachgemäßen Gebrauchs von Haarpflegeprodukten zum Casting. Zu der Zeit verließ David Lee Roth Van Halen, um 1985 nach Las Vegas zu gehen. Der einstige Hardrock-Hedonist aus L. A.

wurde kaum vermisst – es gab mehr als genug Anwärter, die bereit waren, seinen Platz bei der Orgie einzunehmen.

Der als Sunset Strip bekannte Teil von West Hollywood, ein sagenumwobenes Rock'n' Roll-Wunderland des Triumphs und des Schreckens, beherbergte die berüchtigtsten Heavy-Metal-Läden: Das waren 1987 das *Roxy*, das *Troubadour*, das *Whisky-A-Go-Go* und das *Rainbow Bar & Grill*. Mitte der Sechziger- und Siebzigerjahre waren diese Clubs die Laichplätze von Legenden wie Love, den Doors und den Runaways – die Geschichten dieser vom Unheil verfolgten Bands endeten mit Gefängnis, Tod oder Entzug. In der Metal-Ära wimmelte der Strip von Zottelmähnen, und die Wände waren mit einer dicken Schicht handgedruckter Poster beklebt, die für die falsch geschriebenen Bandnamen einer neuen Generation warben.

Für Leute mit Rockstarträumen ergab der Dunst aus billigem Zigarettenqualm und Haarspray einen faszinierenden Duft. „Als würde man mitten in der Wüste in eine Oase kommen", fand Dee Snider, der 1983 mit Twisted Sister seinen ersten Ausflug nach Los Angeles unternahm. „Seit ich 1976 zur Band stieß, hatten wir den Metal-Kampf gekämpft, und nun fuhren wir um zehn Uhr vormittags in die Stadt rein, und Iron Maiden liefen im Radio. Wir hörten unsere Songs, und egal, wohin man sah, es war einfach ein Heavy-Metal-Paradies."

Mittendrin im fröhlichen Getümmel befanden sich Mötley Crüe, die über ein zentral gelegenes Partyhaus oberhalb des Strip verfügten. Das dekadente Quartett, seit seiner Tour mit Ozzy Osbourne 1984 ein Aushängeschild des amerikanischen Heavy Metal, brachte einen Hauch symbolischer satanistischer Rebellion ins Wohnzimmer. Der Sänger von Armored Saint, John Bush, sagt über *Shout At The Devil:* „Die LP gehört wahrscheinlich nicht zu meinen Lieblingsplatten, aber sie hatte einen ungeheuren Einfluss auf die Szene. An diesem Image kam man einfach nicht vorbei. Es genügte schon, wenn man das Cover aufklappte [und Mötley Crüe im Weltuntergangs-Transvestiten-Chic von Flammen umgeben sah] – diese Extravaganz musste man einfach zur Kenntnis nehmen, so stark war das."

Mehrere Platin-Alben später hatte sich das knallige Make-up über die ganze Stadt verschmiert – ein Max-Factor-Albtraum aus Rouge, Lippenstift und aufgemalten Schönheitsflecken. Es gab verschiedene Strategien, um im Konkurrenzkampf zu bestehen: Man konnte üben, bis man musikalisch perfekt war – wie Dokken zum Beispiel, deren ungewöhnliche Gitarrenakkorde außerordentliche melodische Kraft entwickelten. Öfter aber noch zogen junge Schönlinge die Aufmerksamkeit auf sich, indem sie die Grenzen des Glamours überdehnten und den Mikroständer des Sängers mit immer noch mehr Leopardenfellimitat behängten. Dreckige Rocker färbten, bleichten und toupierten sich die Haare zu synthetischen Gewächsen und gaben ihr letztes Geld für Plateaustiefel, Latexhosen, zerrissene T-Shirts und besonders wasserfeste Mascara aus.

Die Bands aus den Clubs in Los Angeles trugen eine nach der anderen ihre Heavy-Metal-Riffs und Fantasien zur sicheren Bank bei MTV. *Metal Health* von Quiet Riot verkaufte sich vier Millionen Mal, das Nachfolgealbum *Condition Critical* setzte eine weitere Million Exemplare um. Von den ersten beiden Ratt-Alben, *Out Of The Cellar* und *Invasion Of Your Privacy*, wurden jeweils zwei Millionen verkauft, von ihrem dritten eine Million. Great White verkauften eine Million Exemplare ihres Debütalbums *Once Bitten* und zwei Millionen ihres nächsten, *Twice Shy*. Die gewieften Dokken hatten insgesamt vier Platin-Veröffentlichungen, die sich millionenfach verkauften. Bis 1987 waren *Shout At The Devil*, *Theatre Of Pain* und *Girls, Girls, Girls* von Mötley Crüe jeweils mehr als zwei Millionen Mal über den Ladentisch gegangen, und es gab keinerlei Anzeichen, dass die kraftvolle Welle abebben würde.

Unterhalb ihrer androgynen Oberfläche waren Ratt und Dokken kalte und berechnende Songwriter, die süße Worte aus betäubten Herzen säuselten – übersättigte Verführer, die in ihren Texten offen zugaben, dass es ihnen ums Geld ging. Die Folge war, dass den Glam-Metal-Bands eine gewisse Skrupellosigkeit anhaftete, die während ihres Sturms auf die Top Forty der Singlecharts schockierend wirkte. Während sich die britischen Heavy-Metal-Bands meistens mit tragischen Liebesgeschichten beschäftigten, wenn sie überhaupt von Liebe sprachen, war im Glam Metal Sex das Hauptthema. Männliche Pin-ups mit klebrig steifen Frisuren spielten sich in die Schlafzimmerfantasien kleiner Mädchen hinein und behandelten die jungen Damen anschließend wie Dreck. In dem Kinderschänder-Hit „Seventeen“ von Winger wurde stolz geprahlt: „Daddy says she's too young / but she's old enough for me – Daddy sagt, sie ist zu jung / aber mir ist sie alt genug.“ Obwohl die Musik hell und sanft klang, wirkte sie eisig, ein Produkt des Pop der Achtziger.

Wenn Image ein entscheidendes Verkaufsargument war, dann stellte die Powerballade den Höhepunkt des Ausverkaufs dar – meist handelte es sich um sentimentale, pseudoakustische Liebeslieder mit weinerlichem Gitarrensolo und einem liebeskranken Refrain zum Mitsingen. Nach der phänomenalen Popularität von „Home Sweet Home“ von Mötley Crüe verdoppelte sich die Größe ihres Publikums. Powerballaden trugen viel dazu bei, den Hollywood-Metal zu verbiegen. Jüngere Bands wie Poison oder Danger Danger übersprangen das messerblitzend Bedrohliche der frühen Mötley Crüe vollkommen und zielten direkt auf das garantierte Gold des partytauglichen Radiogesülzes. „Mit ihrem Stil und ihrer Einstellung sind diese Bands das, was ich unter Titten-und-Ärsche-Metal verstehe“, bemerkte Rob Halford von Judas Priest. „Nichts dagegen zu sagen – ich hätte aus Hollywood auch gar nichts anderes erwartet.“

Daheim auf dem Strip setzte die örtliche Kulturszene die Werte aus den Rockvideos in die Praxis um. Junge Frauen arbeiteten als Go-go-Tänzerinnen, um ihren Freunden Lebensmittel kaufen zu können – viele von ihnen waren zukünftige Rockstars, die sich selbst wie Stripper kleideten. Diese langhaarigen Rocker hielten am traditionellen männlichen Sexualverständnis fest und vermieden es, Verantwortung zu übernehmen. „Auf diese Weise hat es am Anfang eine Menge Bands geschafft, zumindest in L. A.", sagt Ben Liemer, Herausgeber von *Circus*, eine der Hauptquellen für Glam-Metal-Pin-ups. „Es gab genug Frauen, die mit Rockstars rumhängen wollten, weil sie wussten, die würden vielleicht groß rauskommen. In den Clubs hatte man leichter Zugang zu den Bands, und es war dort einfacher, in die Garderoben zu kommen. Es ist kaum zu glauben – die Typen sind damit durchgekommen. Frauen haben ihnen die Klamotten besorgt, sie zum Essen ausgeführt und ihnen Drinks und Drogen gekauft."

Auf merkwürdige, aber auch sehr durchsichtige Weise war der Glam Metal der Achtzigerjahre ein Experimentierfeld für den Wandel der Geschlechterrollen – oftmals wurde die Saat der sexuellen Revolution der Sechzigerjahre durch die verdrehte Fernsehlandschaft der Siebziger kultiviert. MTV stärkte dabei den Würgegriff des Metal um den Hals der Popkultur und formte aus diesen Signalen etwas, mit dem man Softdrinks verkaufen konnte. In den surrealen Metal-Videos gewannen stereotype Sitcom-Handlungsabläufe die Oberhand über anspruchsvolle Inhalte. Die Erzählungen in den Konzeptvideos von Poison und Warrant zeigten unsichere junge Männer, die übermenschliche Macht über Frauen erlangten und den Konflikt zwischen Teenagern und der älteren Generation wie in einer Achtzigerjahre-Version von *Happy Days* beschrieben.

Im Gegensatz dazu präsentierten die L.-A.-Thrasher Megadeth MTV das Video zu „Peace Sells … But Who's Buying?" – eine abfällige Anklage der militärindustriellen Antiphrasen wie „friedenserhaltende Raketen", in dem auch die Kluft zwischen den Generationen thematisiert wird. In diesem Video betritt ein missbilligender Vater das Fernsehzimmer und raunzt seinen Metalhead-Sohn an: „Schalt das aus, ich will die Nachrichten sehen!" Der langhaarige Rebell schaltet schnell wieder zurück auf den Sender mit Megadeth und ihrer Vision von über den Sand rollenden Panzern. „Das sind die Nachrichten", beteuert er.

Beides waren Spielarten des Heavy Metal, aber ihre Absichten waren grundverschieden. „Es gab Bands wie Metallica, die einfach nur im T-Shirt und in Jeans da rausgingen und lauten, harten, sehr, sehr straffen Hardrock spielten", sagt Michael Sweet von Stryper über die örtliche Szene. „Und dann lief da dieses Glam-Ding, das dann so richtig abging, mit den toupierten Haaren und dem Make-up und den Glitzerklamotten. Ich will ja nicht gemein sein, aber an ihren Instrumenten waren diese Typen nicht gerade groß. Das war mehr Show."

Den meisten Mumm in der Glam-Metal-Wirklichkeit legten die zerzausten Hanoi Rocks an den Tag. Sie waren Lieblinge des *Kerrang!* und wurden auch allgemein von den Hollywood-Bands bewundert. Bei Hanoi Rocks handelte es sich um eine extrem leidenschaftliche und ausgesprochen imagebewusste finnische Band, die in den fünf Jahren ihres Bestehens fünf sehr unterschiedliche

Alben veröffentlicht hatte. Während der saxofonschwingende Sänger Matti Fagerholm alias Michael Monroe ein ultrafeminines Gassenjungen-Image pflegte, bediente sich die Band bei einer zusammengewürfelten Mischung aus High-Energy-Elementen, die sie sich bei den Ramones, den Clash, Sweet, David Bowie und Iggy Pop abgesehen hatten. Auf ihrem Weg vom poppigen, 1981 erschienenen Album *Hanoi Rocks* über *Bangkok Shocks, Saigon Shakes* bis hin zum unverwüstlichen *Two Steps From The Move* von 1984 hatte die ehrgeizige Band an Selbstbewusstsein gewonnen und liebäugelte in ihrem eklektischen Sound nun mit Heavy Metal.

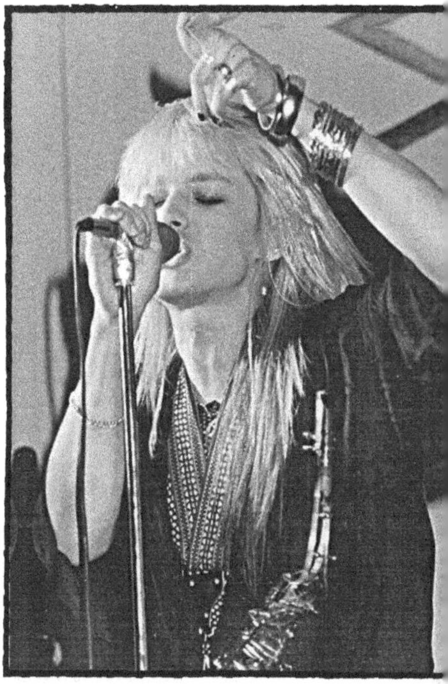

Mike Monroe von Hanoi Rocks, Virrat, Finnland im Januar 1982 *(Raimo Autio)*

Hanoi Rocks waren eine Gruppe lustiger Pioniere, die durch ihre wahre Leidenschaft für wilde Musik und das Rockerleben über ihren abgegriffenen Stil hinauswuchsen. Monroe ging bis an die Grenzen der Androgynität, und das zu einer Zeit, als man dies noch nicht ohne weiteres gefahrlos tun konnte. „Wir hatten Pressetermine bei unserem Label", sagte er dem Journalisten Martin Popoff, „und als ich die Herrentoilette betrat, gingen alle Männer raus, weil ich sie [mit dem vielen Schmuck und Make-up] so eingeschüchtert hatte. Das war echt komisch. Ich dachte: ‚Was zum Teufel soll das?' Nicht mal das Label kam mit einer solchen Band klar. In diesem Sinn waren wir unserer Zeit weit voraus, und Jahre später haben uns diese ganzen Bands nachgemacht. Poison zum Beispiel. Die waren überhaupt keine gute Rockband, aber sie hatten Riesenerfolg, und danach hat sich CBS wieder nach Bands wie Hanoi umgesehen."

Doch ihr erster Ausflug 1984 nach L. A. setzte der Laufbahn von Hanoi Rocks ein tragisches Ende. Schlagzeuger Nicholas Dingley alias Razzle starb bei einem Autounfall, als er mit Vincent Neil Wharton alias Vince Neil, dem Sänger von Mötley Crüe, bei einer Party der Crües zu einem Spirituosenladen fuhr. Das Unglück geschah Mitte Dezember, und das brachte viele Fans dazu, die Hanoi-Hymne „Dead By Christmas" als geradezu prophetisch zu betrachten. Neil, der das Auto gefahren und damit auch zwei Insassen eines entgegenkommenden Fahrzeugs zu Krüppeln gemacht hatte, wurde vom Gericht zu einer Strafe von 2,6 Millionen Dollar, dreißig Tagen Gefängnis und zweihundert Stunden gemeinnütziger Arbeit verurteilt. „Ich hätte eine höhere Strafe verdient", sagte er später VH1. Hanoi lösten sich offiziell im Mai 1985 auf; ihr

Zigeunerimage übernahmen nun Mötley Crüe auf ihrem 1985 erschienenen Album *Theatre Of Pain.*

Da die Bedürfnisse einfach waren und weiterhin Geld hereinfloss, ging die Party ungebremst weiter. Eine dritte und vierte Generation von Hollywood-Metallern tauchte in der Szene auf, zeigte stolz ihre Netzhandschuhe und schwang die Neongitarren. Viele waren schäbige Barbands, denen das Herz des britischen Metal und selbst die Originalität von Ratt fehlten. „Das fing auf jeden Fall mit Mötley Crüe an", sagt der in Los Angeles geborene Katon DePena. „Wir wussten, dass das Typen aus Hollywood waren, also schien es logisch, dass sie sich in [Frauen-]Klamotten warfen. Es war einfach lustig. Als Poison kamen, brachen alle Dämme. Plötzlich gab es so viele hübsche Bands."

Kraft ihres riskanten Images verkauften die feminin wirkenden Poison in den Achtzigerjahren sieben Millionen Platten in Amerika und setzten bis 1991 insgesamt mehr als elf Millionen um. Sie waren aus Mechanicsburg, Pennsylvania, nach L. A. geflüchtet und Erben der dritten Generation von Van Halens Extravaganz, besaßen aber nur ein Zehntel von deren musikalischem Biss. „Bei Poison ging es nur um Spaß", sagt *Circus*-Redakteur Ben Liemer. „Nichts an ihrer Musik regte zum Nachdenken an. ‚Every Rose Has Its Thorn' war wahrscheinlich das Nachdenklichste, Besinnlichste und Gefühlvollste, zu dem sie in der Lage waren. Priest und Maiden waren stolz darauf, dass sie gut waren. Ich glaube, Poison oder Mötley Crüe haben sich über so was gar keine Gedanken gemacht, jedenfalls damals noch nicht."

Vom Sunset Strip war es nur ein Katzensprung in die Filmstudios von Hollywood. Im Gefolge einer ganzen Reihe von Monster- und Horrorfilmen, zugeschnitten auf den Markt der Heavy-Metal-Teens, entstanden auch einige Filme, die Heavy Metal als Quellenmaterial verwendeten. Von besonderem lokalem Interesse war *The Decline of Western Civilization, Part II: The Metal Years* – die Fortsetzung einer 1979 gedrehten Punkdokumentation – über das Goldene Zeitalter des Glam Metal in Los Angeles. Da es nicht gelungen war, mit Stars wie Ronnie James Dio, den die Regisseurin Penelope Spheeris für „den Paten der Szene" hielt, Kontakt aufzunehmen, beschränkte sich der Film auf das Metal-Umfeld und zeigte die Hoffnungen und Sorgen der ums Überleben kämpfenden Rockstars auf dem Sunset Boulevard.

Glamourös inszenierten Interviews mit den Superstars Kiss, Aerosmith und Ozzy Osbourne standen beklemmende Einstellungen gegenüber, wie beispielsweise Aufnahmen von W.A.S.P.-Gitarrist Chris Holmes, der sich in einem Swimmingpool voller leerer Wodkaflaschen treiben ließ, während ihn seine Mutter traurig beobachtete. Im Gegensatz dazu benahmen sich die kichernden

GLAM METAL

Glam Metal spross aus den Ritzen der Bürgersteige Hollywoods, und er war das Produkt von Heavy-Metal-Energie, MTV-Glitzer und einem letzten Hauch Machogehabe aus dem Hardrock. Obwohl Guns N' Roses, Poison und sogar David Lee Roth aus dem Mittelwesten kamen, schienen Ende Achtzigerjahre alle Metal-Bands mit Fummel und rosa Gitarre früher oder später in Los Angeles zu landen, wo sie Freundinnen aufrissen und sich von ihnen durchfüttern ließen, bis sie schließlich als Stars ins Rampenlicht traten. Unglücklicherweise wurde der finnischen Band Hanoi Rocks – den spirituellen Vorläufern von Poison, Guns N' Roses und später Mötley Crüe – das Techtelmechtel mit Hollywood zum tragischen Verhängnis, als der Schlagzeuger Razzle durch Alkohol am Steuer ums Leben kam. Die Glam-Maschine ratterte jedoch unverdrossen und dekadent weiter, bis die Träume der Poser zum Ende des Jahrzehnts zwischen Grunge und den unaufhaltsamen Metallica aufgerieben wurden. Mit seinem haushoch auftoupierten Haar, der Damenunterwäsche und dem dick aufgetragenen Rouge prägte sich spätestens der Kleidungsstil des Heavy Metal im Bewusstsein der Öffentlichkeit unvergesslich ein.

Sündiges Vergnügen

- Cinderella, *Night Songs* (1986)
- Dokken, *Tooth And Nail* (1984)
- Faster Pussycat, *Faster Pussycat* (1987)
- Guns N' Roses, *Appetite For Destruction* (1987)
- Hanoi Rocks, *Back To Mystery City* (1984)
- Mötley Crüe, *Girls, Girls, Girls* (1987)
- Nitro, *O.F.R.* (1989)
- Ozzy Osbourne, *The Ultimate Sin* (1986)
- Poison, *Look What The Cat Dragged In* (1987)
- Ratt, *Dancing Undercover* (1986)
- Stryper, *To Hell With The Devil* (1986)
- Warrant, *Cherry Pie* (1990)
- W.A.S.P., *W.A.S.P.* (1984)

Mitglieder der Glam-Supergroup Poison wie dankbare Lottogewinner und sahen auch so aus. Nur Dave Mustaine von Megadeth übernahm die Rolle des Pessimisten, kratzte am Zauber der Starmaschinerie und riet Möchtegern-MTV-Idolen, ihre normalen Jobs nicht aufzugeben. Der Auftritt von Megadeth, mit dem der Film abschließt, knallte im Vergleich zu den Livedarbietungen haariger Risikofaktoren wie Faster Pussycat, Lizzy Borden, Seduce, London und Odin ordentlich rein. Es überrascht nicht, dass die Karriere von Megadeth eine der wenigen war, die länger vorhielt als eine Dose Haarspray.

Als Porträt des Heavy Metal von 1988 mag der Film unvollständig sein. „Ich bezweifle nicht, dass es ein guter Film ist, aber sie hätten besser Underground-Bands ausgesucht statt dieser ganzen Glam-Bands", kritisiert Blaine Cook von Accüsed. Trotzdem war die Zahl der Kartenbesitzer und der bloß Schaulustigen am Abend der Premiere so groß, dass der Hollywood Boulevard gesperrt werden musste und eine kleine Armee von Motorradpolizisten das Kino verbarrikadierte. Als riesige Linse, durch die Licht auf das lokale Metal-Phänomen geworfen wurde, stellte der Film eine Sensation dar. „Insofern sich der Film auf das beschränkt, was damals in Hollywood los war", meint Blackie Lawless von W.A.S.P., „war er wahrscheinlich ziemlich authentisch."

Betrachtet man die Dominanz des Glam Metal in den *Billboard*-Charts Ende der Achtzigerjahre, so scheint es, als hätte jede Band mit einem blonden Sänger, einer Kanone von einem Gitarristen, einer Powerballade und einem großen Kleiderschrank groß rauskommen können – vorausgesetzt, MTV zeigte das Video. Das Metal-Fieber veranlasste zahllose Ausreißer im Teenageralter, die elterlichen Farmen in Nebraska auf der Suche nach Ruhm und Reichtum in Kalifornien zu verlassen. Glücklose Rocker, die sich bislang in Bars von Queens bis Miami gegenseitig bekämpft hatten, zogen nach Westen und setzten „Bassist sucht Band"-Anzeigen in die lokalen Musikzeitungen. Gnadenlose Clubveranstalter knöpften dem endlosen Strom von Möchtegernstars bis zu fünfhundert Dollar pro Nacht ab, um sie unter den berüchtigten „Pay to play"-Bedingungen spielen zu lassen – es mangelte nie an aufstrebenden Jungtalenten, die auf den Köder hereinfielen und tatsächlich noch Geld für eine Auftrittsmöglichkeit hinblätterten.

Als die Haare schließlich in unkontrollierbare Höhen toupiert worden waren, schufen die Traumfabriken von Hollywood eigene Versionen von Heavy Metal. Schließlich war es den Musikstudios einst leicht gefallen, die Monkees zu erschaffen oder mit einer Packung Sicherheitsnadeln eine Punkband zu kreieren, und so schmierte die Kulturindustrie schnell saft- und kraftlosen Möchtegernrockern wie Winger, Vain und Bullet Boys dickes Make-up ins Gesicht und wartete ab, ob nun das Headbanging bei den Konzerten einsetzte. Und Headbanging gab es immer, egal, wie zaghaft. Nachdem Vixen durch einen Garagenauftritt in der Low-Budget-Strandkomödie *Hardbodies* entdeckt worden waren, verpassten EMI Records der reinen Mädchenband aus dem Mittleren Westen eine Glam-Generalüberholung (ironischerweise, damit sie „mädchenhafter" wirkten), schickten sie mit den Scorpions auf Tour und heimsten prompt mit dem selbstbetitelten Album *Vixen* Gold ein.

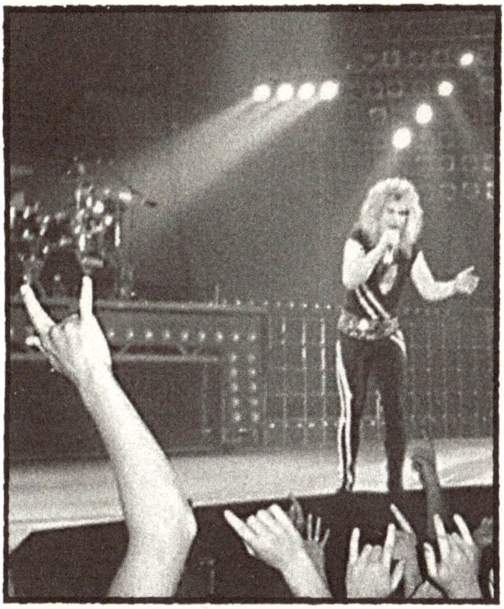

Ozzy Osbournes Ära der „verrückten Hausfrau" *(Deborah Laws/Metalflakes.com)*

Glam Metal war so sehr Hollywood, dass er sogar seine eigene Headbanger-Berufsschule, das Musicians Institute, hervorbrachte, zu dem auch das Guitar Institute of Technology (GIT) und dessen Ableger, das Bass Institute of Technology (BIT), das Percussion Institute of Technology (PIT) und das Vocal Institute of Technology (VIT), gehörten. Anstatt sich wie Eddie Van Halen oder Randy Rhoads einsam und allein abzuplagen, schrieben die jungen Streber Licks von der Tafel ab, studierten schrille Bühnentricks und legten als Abschlussprüfung im Auditorium des GIT einstudierte Auftritte vor Labelvertretern hin. Dieser kleine Campus wurde zum Magneten für aufstrebende Musiker, ein ausgezeichnet vernetztes Zentrum für die künftigen Meister der Vibratotöne.

Hatte die Musikszene in Los Angeles 1981 an einem Mangel an Metal gelitten, so bestand ihr Problem 1987 im überwältigenden Erfolg eines Heavy Metal der schlimmsten Wegwerfsorte. Etablierte Bands wie Kiss und Whitesnake ließen sich Dauerwellen frisieren, klappten Puderdosen auf und spielten Powerballaden als Futter für den Diät-Metal-Markt. Zumindest Ozzy Osbournes betonharter Haarspraylook musste einem nicht unbedingt nur vorübergehenden Wahnsinn zugeschrieben werden – langjährige Fans sprachen mit allem gebührendem Respekt von der Frisur Marke „Mad Housewife" – „verrückte Hausfrau". Y&T waren zwar Ende der Siebzigerjahre die nordkalifornische Hardrock-Hoffnung gewesen, aber 1986 waren sie nur eine weitere Gruppe von Frisurenvertretern. „Das war eine gute, starke Band", meint der *Metal Mania*-Herausgeber Ron Quintana, „bis MTV kam und sie auf Glam machten – wie viele andere."

Selbst Gott kam nun ins Spiel. Stryper, eine solide „White Metal"-Band aus dem Orange County, die ebenso wie Slayer und Poison bei dem Indie Enigma unter Vertrag stand, erreichten Platin-Verkäufe mit Powerballaden mit zwiespältigem christlichem Inhalt. Gerissen wandten sich Stryper an skeptische

Eltern, indem sie in ihren Texten durchaus für Gott eintraten, aber an ihrem Metal-Flair festhielten. Sie warfen Gratisbibeln, die mit Stryper-Aufklebern verziert waren, ins Konzertpublikum und behaupteten, ihre kitschigen schwarzgelben Overalls verwiesen auf die „Streifen", welche die Peitsche von Pontius Pilatus auf der Haut Jesu Christi hinterlassen habe. „Ich glaube, am Anfang haben vor allen Dingen Christen Stryper-Platten gekauft und sind zu den Stryper-Konzerten gegangen", meint der Sänger Michael Sweet. „Aber als wir *Soldiers Under Command* und vor allem *To Hell With The Devil* herausbrachten, war es bei Stryper-Konzerten wie bei einer typischen Rock'n' Roll-Show. Die Leute waren betrunken, man konnte Haschisch riechen – das alles gab es da. Ich glaube, nach einer gewissen Zeit haben sie kapiert, worüber wir redeten. Dann sah man einen schockierten Ausdruck in manchen Gesichtern, aber auf gute Art: ‚O Mann, das sind ja Christen!'"

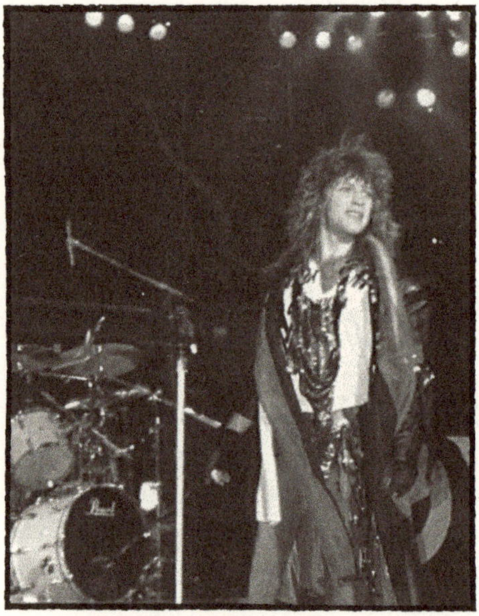

Jon Bon Jovi *(Deborah Lynn Laws)*

Eine bemerkenswerte Ausnahme von der Hollywood-Regel war der Sänger John Bongiovi alias Jon Bon Jovi aus New Jersey, denn er sprach von guten Zeiten ohne Dekadenz und Chaos. Der haarspraygefestigte Prinz der Powerballade sahnte in den Achtzigern mit Hits wie „Bad Medicine", „You Give Love A Bad Name" und dem tourmüden „Wanted Dead Or Alive" vier Platin-Platten ab. Bon Jovi, der bereits früh Erfahrungen im Musikbusiness gesammelt hatte, entdeckte auch die Barband Cinderella aus Philadelphia, eine stark von AC/DC beeinflusste Gruppe, deren *Night Songs* und *Long Cold Winter* sich jeweils zwei Millionen Mal verkauften. Bon Jovi spielte später den raffinierten Mentor bei einem anderen Metal-Act aus New Jersey, Skid Row, im Austausch gegen einen Tantiemenanteil an Powerhymnen wie „Youth Gone Wild" – ein finanzielles Arrangement, das später zu einer öffentlichen Fehde zwischen beiden führte.

Der Glam-Wahn Hollywoods erreichte mit Nitro seinen irrealen Höhepunkt. Nitro waren eine zusammengewürfelte Gruppe, gegründet von Sänger Jim Gillette (dessen besonderer Bühnengag darin bestand, dass er ein Kristallglas kraft seiner Stimme zerspringen ließ) und Michael Angelo, der den Exzentrikfaktor steigerte, indem er eine x-förmige Gitarre mit vier funktionstüchtigen Gitarrenhälsen spielte. Gillette und Angelo verscherbelten auf den hinteren Seiten des *Hit Parader* auch Tapes mit Anleitungen zum Erlernen der Metal-

Technik. Das Songwriting der beiden klang wie ein auf dem Zeichentisch entworfenes, aufgemotztes Durcheinander aus Ratt-, Accept- und Mötley-Crüe-Riffs, überladen mit Gitarrensoli und Schlagzeugeinlagen.

Wenn Mötley Crüe den Höhepunkt des Schnellschuss-Rock'n' Roll darstellten, dann wurden Nitro zu dessen noch weiter heruntergedampftem Inbegriff, zur Abstraktion eines Derivats, das mit silbernen Pistolen Illusionen in überdimensionale Nasenlöcher abfeuerte. Nitros *O.F.R.* („Out-Fucking-Rageous") war eine volle Ladung unglaublich nervenaufreibenden, schrillen Lärms von einem Haufen Wunderkinder mit Wolkenkratzerfrisuren und einem

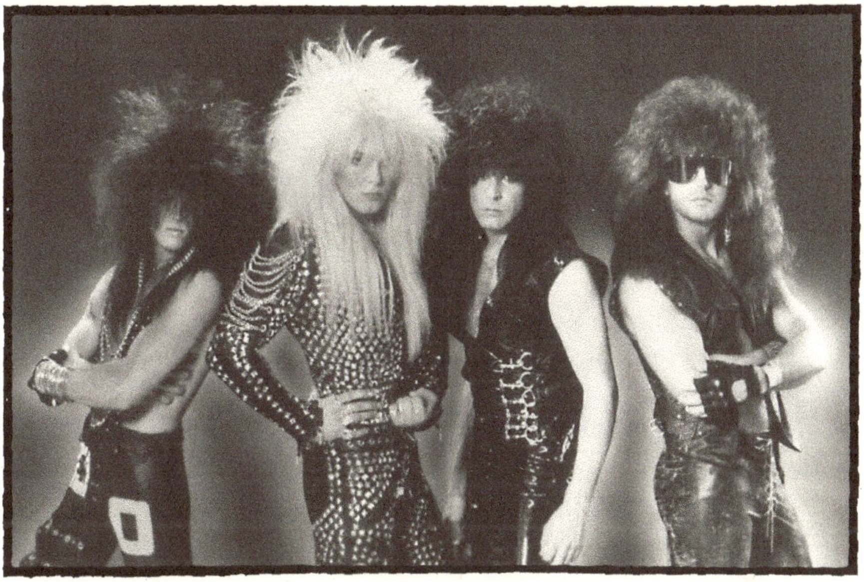

Nitro, die Höchsttoupierten und Schnellsten ***(Rampage Records)***

Tick für elektronische Zauberei. Ihr halbminütiges Falsettgejaule und ihre nervösen Gitarrenschnörkel entsprachen durchaus den gebräuchlichen Hitformeln, aber die Kamikaze-Ergebnisse erwiesen sich als zu oktanhaltig für den Mainstream. Ihre Musik wurde in *Suburban Commando,* einer Komödie mit dem Wrestler Hulk Hogan, verwendet – eine Verbindung, wie sie nur Ende der Achtziger in einem pathologisch-plastikartigen Kulturklima zustande kommen konnte, das auch *Max Headroom* und *Alf* hervorgebracht hatte.

Während die MTV-Bands weiter Party machten und sich um ihre Tantiemenabrechnungen kümmerten, hielten andere inne und versuchten sich über die Bedeutung des bisher Erreichten klar zu werden. „Ich wollte wirklich, dass Metal zum Mainstream wird, und zwar aus ausschließlich guten Gründen", schrieb Dee Snider. „Ich liebte dieses Underdog-Ding so sehr, dass ich fand, wir hätten es verdient, in die verdammten Fahrstühle nach oben zu steigen. Wir hatten es verdient, in den Restaurants und beim Football in der Halbzeitpause gespielt zu werden. Mir war nicht klar, was passiert wäre, wenn wir erfolgreich gewesen wären – was ja einige Bands später waren, Bon Jovi, Warrant und Winger … sobald es Mainstream wurde, war es vorbei. Nur durch das Underdog-Image blieb es lebendig."

Während der Heavy-Metal-Paradewagen so weit aufpoliert wurde, dass er zu implodieren schien, griff ein grimmiger neuer Erlöser nach den Zügeln. Bei Guns N' Roses, die im Zeitalter der toupierten Haare die erfolgreichste Band aus Hollywood werden sollten, handelte es sich zur Zeit ihres Durchbruchs mit *Appetite For Destruction* mehr oder weniger um obdachlose Schnorrer. Sie ließen keinen Trick aus dem Lehrbuch der Metal-Erfolge aus. Ihre erste, 1985 selbst veröffentlichte EP *Live?!*@ Like A Suicide*, ein an den Underground gerichtetes Werk, das sich bereits zehntausendmal verkauft hatte, wurde Anfang 1987 von Geffen Records stillschweigend neu gepresst, um die Glaubwürdigkeit des offiziellen Debüts der Band zu erhöhen. Außerdem waren die Bandmitglieder ausgezeichnete Schauspieler, die virtuos bei MTV auftraten. Das erste Video von *Appetite*, „Welcome To The Jungle", porträtierte den Sänger William Bailey alias Axl Rose, als Greenhorn, das einem Greyhound-Bus aus Hinterwäldlershausen entsteigt und sofort mit Fernsehbildern seiner selbst als Rock 'n' Roll-Monster konfrontiert wird.

Appetite brachte frischen Wind in den Glam Metal, verquickte die Verzweiflung des Sunset Strip mit den Riffs von AC/DC und der zurückhaltenden Punkwut der Sex Pistols und übersetzte gleichzeitig die Energie des Thrash Metal für ein konventionelles Rockpublikum. Während die Leiter der Marketingabteilungen Metal in ordentliche Schubladen packten, bewies der durchschlagende Erfolg von Guns N' Roses, dass die Kids eine viel größere Bandbreite an Stilen hörten, als die Unterteilungen in den Plattenläden vermuten ließen. Als die neugeborenen Straßenprediger des schmierigen Eklektizismus, die sie waren, atmeten Guns N' Roses einen Hauch der wissenden Gehässigkeit von Megadeth und versetzten diesen mit dem Zigeunerflair der Hanoi Rocks, ihren finnischen Vorläufern, deren gesamten Backkatalog Axl Rose 1991 selbst neu auflegte.

Anders als Poison mit ihrem Partyrock kotzten Guns N' Roses ätzende gesellschaftskritische Kommentare heraus, die Rose aus seiner Perspektive als selbstsüchtiger Narziss und erstklassiger Rockstar erfasste. Während ihre Drogen-, Sex- und Gewaltexzesse in Boulevardblättern wie dem *National Enquirer* für Schlagzeilen sorgten, prägten die Heldentaten der Band eine Reihe von MTV-Videos. Zur selben Zeit tourte die Band mit Iron Maiden und bewies in dieser Position, wo frühere Gewächse der Clublandschaft in L. A. bereits enttäuscht hatten, enorme Power und Energie. 1988 entstand der Plan, Aerosmith, die Paten des Schotterstraßen-Fummel-Session-Rock, mit Guns N' Roses auf Tour zu schicken. Und das, obwohl Aerosmith, gerade sauber und clean geworden, auf der Antidrogenmasche ritten und versuchten, mit Liedern wie „Angel" die Powerballaden-Kuh zu melken. Guns N' Roses wurden am 23. Juli, in der zweiten Woche der Tour, Nummer eins. Ein Autor des *Rolling Stone,* der zu einem Aerosmith-Interview geschickt worden war, kam stattdessen mit einer Titelgeschichte über die seltsamen neuen Helden Hollywoods zurück.

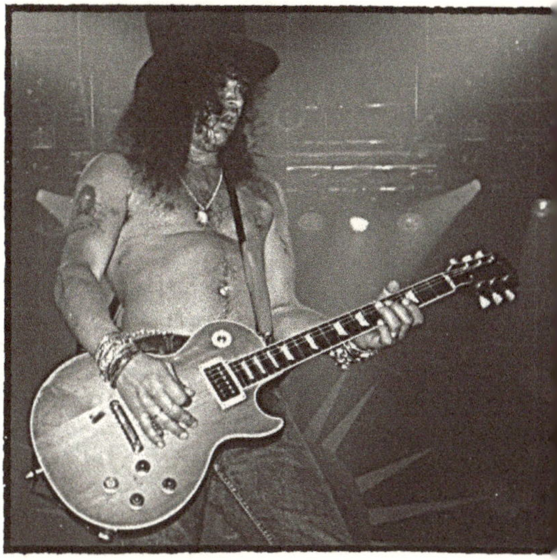

Gitarrist Slash von Guns N' Roses
(Deborah Laws/Metalflakes.com)

Durch Guns N' Roses wurde das schmutzige System auf dem Sunset Strip für mehrere Jahre mit neuen Energien aufgeladen. Axl Rose führte letztendlich die Zerstörung der Band herbei, aber seine wütenden Ausbrüche erschienen den Fans, die seine Gefühle verstanden, ungemein glaubwürdig. Rose drosch auf die Erinnerungen an seine Eltern, Lehrer und andere Unterdrücker seiner Kindheit in Lafayette, Indiana, ein, und die amerikanischen Hörer belohnten seine fehlende Selbstkontrolle, indem sie fünfzehn Millionen Exemplare von *Appetite For Destruction* kauften. Durch diese astronomische Zahl legten Guns N' Roses das Ziel fest, an dem sich Metal in den nun folgenden zehn Jahren zu orientieren hatte.

Los Angeles wurde mit seiner weit ausgedehnten Topografie zum Sammelbecken aller Heavy-Metal-Ausreißer aus dem amerikanischen Mittelwesten. „Ich glaube, L. A. wurde in den Achtzigerjahren ein solcher Nährboden für Metal, weil L. A. die größte Vorstadt der Welt ist", meint Dee Snider von Twisted Sister. „Es ist eine Stadt, deshalb hat sie auch einen ebensolchen Einfluss wie New York, aber so, wie sie angelegt ist, kommt sie einem echt vorstädtisch vor. Das ist der perfekte Nährboden für Heavy Metal. Das hat damit zu tun, dass man im Auto sitzt, rumfährt und Tapes hört."

Als MTV 1987 die erfolgreiche Sendung *Headbangers Ball* startete, fand der Glam Metal darin eine neue geistige Heimat abseits des Sunset Strip – eine wöchentliche Sendung, in der ausschließlich Heavy-Metal-Videos gezeigt wurden. Wegen der neuen Show wurde Dee Snider, der bislang als Metaller vom Dienst fungiert hatte, fallen lassen, als er erstmals Bezahlung verlangte. „Wir haben *Heavy Metal Mania* ungefähr anderthalb Jahre einmal monatlich gemacht", sagt er. „Dann wollte ich ein bisschen Geld, und die meinten: ‚Ach, das ist doch Publicity

METAL-MOVIES

Als die Hälfte der amerikanischen Metalhead-Bevölkerung Ende der Achtzigerjahre nach Hollywood emigrierte, wirkte sich der rasende Heavy Metal mit seinem irren Blick auch auf die Videorevolution aus.

Auf Film verbannt

- *Over the Edge* (1979). Das Leinwanddebüt von Matt Dillon, ein Ausblick auf die riesige Einöde der kalifornischen Reihenhausparadiese. Der erste Teil einer Trilogie, zu der auch *Das Messer am Ufer* und *Gummo* gehören.

- *Kiss Meets the Phantom of the Park* (1978). Kiss versus Kiss = Kiss gewinnen so oder so.

- *Heavy Metal* (1981). Animierter Fantasy-Film mit einer Minute Black Sabbath im Surround-Sound.

- *This Is Spinal Tap* (1984). Eine Heavy-Metal-Satire im Stils eines Dokumentarfilms, die Rockexzesse auf die Schippe nimmt, dabei aber fast nicht weit genug geht.

- *The Dungeonmaster* (1985). Merkwürdiger Privatsender-Klassiker über Computer und Rollenspiele, in dem auch W.A.S.P. mitwirkten.

- *Trick or Treat* (1986). Skippy aus *Familienbande* ist besessen vom Geist eines toten teufelsanbetenden Heavy-Metal-Stars.

- *Das Messer am Ufer* (1986). Als eine Gruppe von Teenagern feststellt, dass ihre Freundin nicht nur keine Jungfrau mehr, sondern außerdem tot ist, dreht Crispin Glover durch (mithilfe von Dennis Hopper und Songs von Slayer).

- *Heavy Metal Parking Lot* (1986). Headbanger-O-Töne aus Washington, D. C., der Hauptstadt der Hemmungslosigkeit.

- *Rock and Roll Nightmare* (1987). Eine kanadische Heavy-Metal-Band entdeckt bei Aufnahmen in einer Scheune einen Dämonen. Mit Thor in einer der Hauptrollen.

- *Decline of Western Civilization Part II: The Metal Years* (1988). Insideransichten vom Schauplatz der höchsttoupierten Haare, dem Sunset Strip. Belegt überzeugend, weshalb Metallica aus Los Angeles wegzogen.

- *Black Roses* (1988): Film mit Botschaft: Heavy-Metal-Bands sind Dämonen mit dem Auftrag, das Leben von Teenagern zu zerstören. Beruht nicht auf Tatsachen, aber mit Carmine Appice spielte zumindest ein echter Metal-Schlagzeuger aus Ozzys Band mit.

- *Airheads* (1993). Eine Komödie mit Adam Sandler, deren Machern die kulturelle Perspektive böse verrutschte. „Das hat mir die Augen darüber geöffnet, warum Hollywood-Filme so Scheiße sind und warum sie so viel kosten", sagt der Kultfilmexperte Rob Zombie, der in dem Film in einer Nebenrolle als White Zombie auftritt. „Ich sagte: ‚Macht mit dem Film, was ihr wollt, aber ich will nicht, dass er mir peinlich sein muss. Trommelt echte Kids zusammen, und wir machen eine echte Show, das könnt ihr dann filmen.' Sie vergaßen natürlich, echten Kids Bescheid zu sagen, und als ich ankam, standen diese ganzen Statisten mit Perücken rum, angezogen wie 1982 in *Shout At The Devil*. Da waren wirklich ein paar Sechzigjährige mit blonden Perücken dabei."

- *Gummo* (1997). Isolierband auf Brustwarzen, improvisierte Hauereien, Albino-Sexhäschen und ein Soundtrack mit der Musik von Brujeria, Burzum und Bathory. Nie wurde moralisch zweideutiger an der Kette gezerrt.

für dich.‘ Und ich sagte: ‚Ihr macht wohl verdammt noch mal Witze. Ich kann ohne Bodyguard nicht das Haus verlassen – die ganze Welt weiß, wie ich aussehe!‘“

Als *Headbangers Ball* zu einer festen Institution am Samstagabend wurde, moderierte eine ganze Reihe bereitwilliger Opfer die Sendung. In ihren gemütlichen Wohnzimmern machten sich die Zuschauer einen Spaß daraus, zwei besonders hoffnungslose VJs niederzumachen: dem überaus konventionellen Adam Curry und einen Clubbesitzer vom Sunset Strip, Riki Rachtman, einen Mann mit guten Kontakten. „Ich fand, [Rachtman] war total desinteressiert an dem, was er da machte“, erzählte Overkill-Sänger Bobby Ellsworth *Metal Dreams*. „Ihm war doch scheißegal, wer da neben ihm saß. Vielleicht hat's zwischen uns einfach nicht gefunkt, aber auch nachdem wir einander viermal begegnet waren, hatte ich echt noch keine einzige interessante Unterhaltung mit dem Typen gehabt. Er hat nicht einen einzigen Song von der Platte gehört und will dann drüber reden, als wäre er der Geilste überhaupt. Das war eine der eher unangenehmen Erfahrungen.“

Mit *Headbangers Ball* veränderte MTV seine Herangehensweise und machte zumindest kleine Zugeständnisse an den gerade entstehenden Thrash Metal, indem ab und zu der eine oder andere Clip in eine der dreistündigen Folgen gepresst wurde. „MTV war ein Witz“, meint Maria Ferrero von Megaforce Records über den Versuch, Overkill und Testament dort unterzubringen. „Außer *Headbangers Ball* gab es kein Forum, und sogar da musste man sozusagen politisch vorgehen. Es war schwierig. Es war keine Frage von Schmiergeldern, aber man musste es schaffen, dass das Video bei ihnen ankam, dass es jemandem gefiel und dass die Stars auf Linie gebracht wurden und bereit waren, es mit einem Video zu versuchen.“ Gelang es aber, durch diese Löcher zu schlüpfen, dann konnte sich das ausgezeichnet bezahlt machen – nachdem sich MTV für kurze Zeit *Practice What You Preach* von Testament angenommen hatte, schnellten die Verkaufszahlen der LP auf zweihundertfünfundachtzigtausend Exemplare.

Im Herzen Hollywoods jedoch wurden die etwas härteren Heavy-Metal-Bands von der Musikindustrie aus dem Epizentrum der Popularität verdrängt. Die meisten Gigs auf dem Sunset Strip waren noch immer Glam-Shows, wobei die Bars im Wesentlichen als Vorsprechzimmer für A & R-Talentsucher dienten. „Das war irgendwie traurig“, meint Katon W. DePena von Hirax, der auf dem zweiten Album der Gruppe zu sehen ist, wie er aus einem Müllcontainer springt. „Uns war das eigentlich egal, aber wir wussten, dass es unserer Szene überhaupt nicht helfen würde. Tatsächlich wurde es dadurch für uns noch schlimmer, weil es bei unseren Auftritten viel Bewegung auf der Tanzfläche gab und viele Clubbesitzer das gar nicht leiden konnten.“

Hardcore-Headbanger bliesen zum Gegenangriff gegen die Unbeschwertheit. Kurz nachdem sie in Los Angeles angekommen waren und bei Metal Blade unterschrieben hatten, veröffentlichten Thrust aus Chicago *Fist Held High* mit dem Kampfaufruf „Posers Will Die! – Tod den Posern!“. Mit dieser Hymne äußerten sie sich verächtlich über Clubgänger auf dem „Rockstartrip“, die bei jedem Konzert auftauchten, aber lieber plaudernd am Tresen lehnten, anstatt zu headbangen. Als Zeugen ähnlicher Auseinandersetzungen in der Punkszene beschrieben Sonic Youth diese Wir-gegen-die-anderen-Haltung sehr schön in einem Song mit dem Titel „Non Metal Dude Wearing Metal Tee“ – über den „Nichtmetaller, der ein Metal-T-Shirt trägt“.

In einer Welt, in welcher der vergängliche Sound einer heiligen Band als kostbarstes Gut galt, wurde die Schlacht über Trivialitäten ausgetragen. „Die Exfreundin unseres Sängers war eine echt gute Comiczeichnerin“, sagt Gary Holt, Gitarrist von Exodus, „und sie hat Comics entworfen, in denen wir mit Messern auf Mötley-Crüe-Klone losgehen und sie verklopfen. Wir haben in diesen Comics ständig gesoffen und Leute mit Kettensägen und Vorschlaghämmern gekillt. Sie waren nur zu unserer eigenen Unterhaltung gedacht, und dann sind sie bis zu unseren Fans in der örtlichen Clubszene vorgedrungen.“

Paul Baloff, Sänger von Exodus, heizte die Auseinandersetzungen weiter an und mobilisierte die Massen mit Lügenmärchen über Glam-Rocker, die aus dem Fenster geworfen wurden und denen man die aufgedonnerte Haarpracht abgeschnitten hatte. „Baloff war wahrscheinlich der Gnadenloseste“, erinnert sich Gary Holt. „Lange nachdem er bei Exodus raus war, spielte King Diamond in San Francisco, und Pauls Band, Piranha, trat bei der Aftershowparty auf. Paul hatte eine Heckenschere, die er seine ‚Hubschrauber-Forelle‘ nannte, und er saß da und schnitt einem Roadie von King Diamond mit einer hübschen Poser-Frisur die Haare ab. Der Kerl saß einfach bloß da und versuchte Paul wegzuschubsen, als wäre der ein kleines Insekt oder so, und Paul schnitt Büschel raus, bis die Haare von dem Typen total hinüber waren!“

New Wave, Punk und Disco hatten zuvor allesamt als Gegenpole für den Heavy Metal gedient. Jetzt, da Amerika auf Metal abfuhr, spaltete sich die ursprüngliche musikalische Familie in selbstgerechte Fraktionen. Als die unschuldig aussehenden Stryper 1985 zu einem Metal-Festival nach Holland reisten, mussten die Glam-Christen feststellen, dass sie sich gerade in die Höhle des Löwen begeben hatten. „Wir spielten mit Raven und Testament, eben diesen ganzen finsteren Speed-Metal-Bands“, erzählt Sänger Michael Sweet. „Die haben uns alle gehasst. Sie haben sogar gesungen ‚F-U-C-K Stryper, F-U-C-K Stryper‘. Wir sind rausgegangen, um zu hören, was die sagten, und wir konnten es nicht glauben. Wir wollten wieder nachhause. Wir fühlten uns wie kleine Jungs – unsere Knie zitterten. Wir änderten schließlich unser gesamtes Programm und spielten nur unsere echt harten Songs, richtig mit voller Kraft, und wir sagten ihnen, dass Jesus der Weg ist. Nach ungefähr fünf Songs hatten wir sie für uns gewonnen, aber das war heftig. Die hatten ein umgekehrtes Kreuz, auf dem Stryper stand, und das zündeten sie an. Sie hatten ein Bild dabei, auf dem der Kopf meines Bruders auf den Körper einer Frau montiert war – kein richtiges Nacktfoto, aber man kennt das ja. Wir mussten dauernd irgendwelchen Wurfgeschossen ausweichen. Es war der reine Horror."

Doch so, wie Stryper einige wenige Seelen in die Kirche führten, so führte letztlich auch MTV neue Gläubige zum Heavy Metal. Schließlich hatte selbst James Hetfield von Metallica sein Headbanger-Leben als überzeugter Mötley-Crüe-Fan begonnen.

Auf lange Sicht machten die so genannten Poser die Metal-Szene in der Öffentlichkeit sichtbar, und ihre Popularität kam auch der nächtlichen Welt des Undergrounds zugute. „Wenn wir unsere harte Musik in Europa spielten", erinnert sich Tom Warrior von Celtic Frost, „kamen nur betrunkene Jungs in Lederjacken zu unseren Auftritten. Ich meine das nicht abwertend, es ist einfach eine Tatsache, dass fünfundneunzig Prozent des Publikums Männer waren, die sich ihre Pubertät aus dem Körper headbangen wollten. In Amerika hatten wir mit der gleichen Musik auch Frauen und Ältere bei unseren Konzerten, und dadurch entstand eine ganz andere Aura. Das war das Paradies."

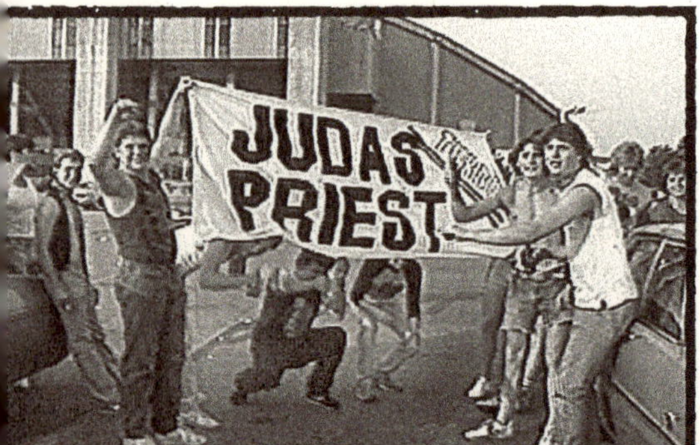

Wild und verrückt: aus dem Film *Heavy Metal Parking Lot* (John Heyn/Jeff Krulik)

Bis zu dem Tag, an dem der Thrash Metal den Glam entmachtete, blieben Poison und Mötley Crüe der erste Einstieg für neue Fans. Wie Chuck Klosterman in seinen Metal-Memoiren *Fargo Rock City* schrieb: „Der Frisuren-Metal war ein Wurmloch für die Kids aus dem Mittelwesten, die zu naiv waren, um zu begreifen, warum sie nicht glücklich waren."

Außerhalb von Los Angeles bot *Headbangers Ball* einem ausgelassenen Zeitalter der schuldbewussten Vergnügungen Zündstoff und befeuerte amerikaweit mehr Heavy-Metal-Exzesse als je zuvor. Wo *Decline II* mit den Konventionen von Hollywood spielte und seine Darsteller in sanfter Studioatmosphäre ablichtete, dokumentierte das unkonventionelle Video *Heavy Metal Parking Lot* die weniger glamourösen Sitten auf einem Parkplatz draußen vor einem Konzert von Judas Priest in Washington, D. C. Der Film, 1986 unter der Regie von Jeff Krulik und John Heyn gedreht, zeigte Teenager aus den Vorstädten von Maryland und Virginia, wie sie Bourbon tranken, sich von der banalen Wirklichkeit verabschiedeten und sich auf die Ekstase des Konzertsaals vorbereiteten. „Wir sind keine straffälligen Jugendlichen, auch wenn wir uns so benehmen", erklärte ein frenetischer Priest-Jünger. „Wir versuchen, uns zivilisiert zu benehmen, aber das geht nicht!"

In *Heavy Metal Parking Lot* kam die ganze ungefilterte Wirklichkeit zum Vorschein. Die Kamera fing einen Streit über die Vorzüge der Vorband Dokken ein, zeigte eine ganze Busladung voll glücklicher Latinos in Iron-Maiden- und Metallica-T-Shirts und einen Jugendlichen in aufeinander abgestimmtem Tank-Top und Stretchhosen, der betrunken gegen Punk („das gehört auf den Mars") und Madonna („die ist Scheiße") monologisierte. „1986 besaß niemand eine Kamera", sagt Krulik. „Wir hatten Schwein. Wir hatten es gar nicht besonders auf Judas Priest abgesehen, aber die befanden sich auf dem Gipfel ihrer Karriere, und sie waren an einem Frühlingstag die Headliner im *Cap Center.* Die sind wie die Rolling Stones oder die Beatles des Heavy Metal. Ihre Musik wird auch nach Jahren noch aktuell klingen."

Als Heavy Metal 1987 auf dem wilden Höhepunkt seiner Beliebtheit angekommen war, bestand die Fanbasis aus dem amerikanischen Durchschnittskonsumenten: Leute, die Pepsi tranken, bei Kmart einkauften, bei *Burger King* aßen, Disneyland besuchten und auf andere Weise die amerikanische Wirtschaft ankurbelten. Mit seinem ganzen albernen Wagemut verewigte *Heavy Metal Parking Lot* Teenager, für die Heavy Metal einen Weg der persönlichen Befreiung darstellte. Unter dem Make-up und dem Spandex waren die professionellen Partygänger von Mötley Crüe in ihrer Motivation ganz ähnlich. „Durch diese Erfahrung sind wir alle erwachsen geworden", sagt der Regisseur Krulik über sein Werk. „Dadurch hat der Film, zum Glück, kulturelle Relevanz bekommen. Jemand erwähnt Metallica, die damals nicht so groß waren und jetzt Riesenstars sind. Das bleibt immer aktuell. Erst zehn Jahre später kapierten wir, was wir da hatten."

XI

Vereinte Kräfte: Metal und Hardcore Punk

- **Juli 1985:** S.O.D. nehmen *Speak English Or Die* auf
- **Sommer 1985:** Metallica spielen erstmals „Last Caress" von den Misfits
- **Herbst 1986:** Motörhead touren mit den Cro-Mags
- **1987:** Napalm Death veröffentlichen *Scum;* damit endet der Schneller-und-lauter-Wettkampf

Auf der anderen Seite des Spiegels, in den die Haarspray-Headbanger schauten, standen die Hardcore-Punks – wild entschlossene Anti-Establishment-Kämpfer, deren Sound und Kultur sich aus den Punkrock-Bausteinen der Achtzigerjahre zusammensetzten. Angefangen mit Black Flag in Los Angeles, den Misfits in New Jersey und den Bad Brains in Washington schwappten stürmische Klangwellen, ausgelöst durch eine Reihe regionaler Teenagerbands, von den Küsten ins Landesinnere und prallten irgendwo im amerikanischen Mittelwesten aufeinander. Michigan war das Herz des Hardcore-Landes; schon 1967 hatten sich in Detroit die Gründerväter des Punk, die Stooges, gegründet. Die Kreuzen, Negative Approach und die Necros aus dem angrenzenden Dayton, Ohio, zerlegten dort Kirchenkeller, Gemeindesäle und jeden anderen Raum, den ihnen gutgläubige Vermieter für einen Auftritt überließen. Anfang der Achtziger waren auf den handgezimmerten Veröffentlichungen wie *Damaged* von Black Flag und *Cows & Beer* von Die Kreuzen billige, verzerrte Gitarren zu hören, die sich über ein hektisches Rockschlagzeug legten und extreme

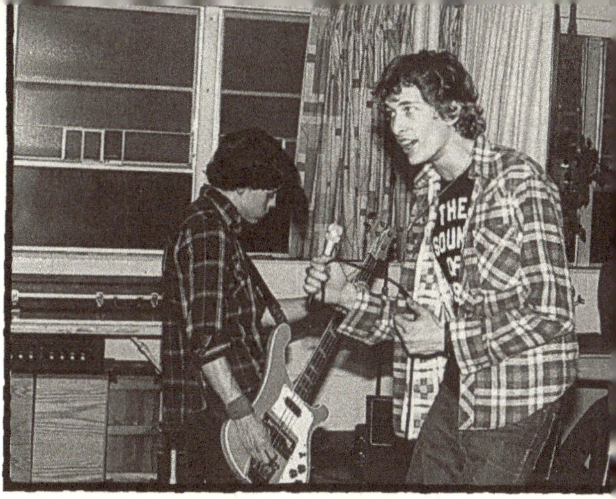

Die Kreuzen, Columbus Church, Indiana, 1981
(Scott Colburn)

Unzufriedenheit mit den Normen zum Ausdruck brachten, die für Jugendliche im amerikanischen Mittelwesten galten. Diese Platten waren nonkonformistische Manifeste auf Vinyl – die Bands verkauften sie billig, um auf ihren Tourneen durch ständig andere kleinere Collegestädte und gerade entstehende urbane Punkszenen etwas Benzingeld zu bekommen. Die besten Platten von den Misfits und Negative Approach waren bereits vergriffen, als sich die Kunde ihrer Güte im Land verbreitete. Die dünne, wenn auch ausgedehnte Infrastruktur des Hardcore verlangte nach beständigem Nachschub möglichst ähnlich klingender Bands, die persönliche Hymnen über Verrat auf dem Schulhof, mentale Verwirrung und regierungsfeindliche Rebellion eindringlich auszukotzen verstanden.

Mitte der Achtzigerjahre spielte dann ein zweiter Schub von Bands – die wie Guerillazellen nur unter den Abkürzungen ihrer Namen wie GBH, SNFU und MDC bekannt wurden – einen intensiveren Hardcore, der wie reduzierte Amateuraufnahmen von Speed-Metal-Stücken klang. Zwei Hochgeschwindigkeitsmeister balancierten auf dieser Kippe: Dirty Rotten Imbeciles alias D.R.I. aus Texas und Corrosion of Conformity alias C.O.C. aus Nordkarolina. Mit der LP *Dirty Rotten* von 1983 überschritten D.R.I. eine neue Grenze der Raserei und fochten mit nervösen Akkorden und Herzinfarkt-Drumbeats ihren persönlichen Krieg aus. Nur vier von zweiundzwanzig Tracks waren länger als eine Minute. „Das erste Album von D.R.I.? Mann, das war ein Ding! Das ist eine geile Platte, da gibt's nichts dagegen zu sagen", sprudelt Katon W. DePena von Hirax los. „Zur der Zeit gab's nichts Besseres. Wir gingen zu ihren Konzerten und spielten auch öfter mit ihnen, und sie hatten immer ein Programm mit über fünfzig Songs!"

In der Folge wurden Bands wie Hirax, die aus der Thrash-Metal-Ecke kamen, schneller und ergänzten ihren Sound um Elemente aus dem Wust des Hardcore Punk. Nachdem es in den Anfangstagen von Motörhead und The Damned zunächst zu leichten Berührungen zwischen Heavy-Metal-Fans und Punks gekommen war, hatten sie sich seither wie verfeindete kriegerische Stämme aufgeführt – und sich in London buchstäblich Straßenschlachten geliefert. Als Joe Elliott von Def Leppard Punk als „Gossenmusik" bezeichnete, vertrat er damit die Ansicht vieler Metaller. Aus dem Mund des Sängers einer Band, die aus der NWOBHM über MTV Platin-Material geschmiedet hatte, führte ein solcher Kommentar Ende der Achtzigerjahre allerdings eher dazu, dass sich die Punks in ihren Ansichten bestätigt fühlten.

Es war jedoch nicht nur die Wahnsinnsmusik, die gerade die vom PMRC verfolgten Metalheads ansprach, deren Bewusstsein für Bürgerpflichten und Moral erst kurz zuvor erheblich abgestumpft war, sondern auch die in den Hardcore-Texten zum Ausdruck gebrachte hysterische Paranoia. Besonders die linksgerichteten Dead Kennedys, die wegen ihrer LP *Frankenchrist* von 1985 selbst in ausgedehnte Zensurstreitereien verwickelt waren, lieferten Metallica und Megadeth Anstöße, ihre traditionelle Metal-Mythologie durch Texte zu ersetzen, die irdische Teufel angriffen. „Ich mochte die Dead Kennedys sehr, vor allem wegen Jello Biafras Aussagen", meint Dave Mustaine von Megadeth. „Das meiste von dem, worüber die anderen Leute sangen, schien verglichen damit bloß blödes Geschwätz."

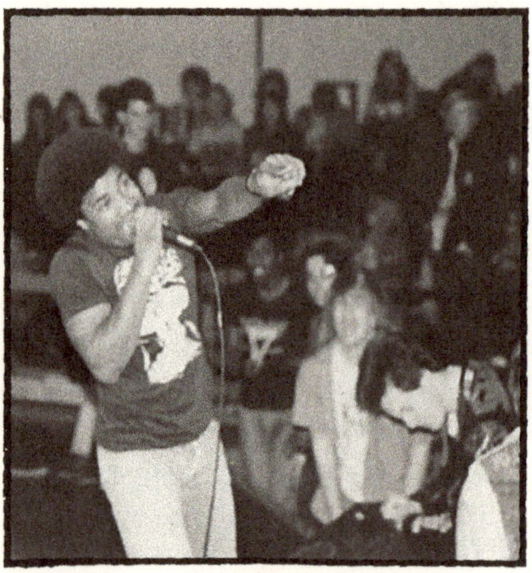

Katon DePena von Hirax
(mit freundlicher Genehmigung von Katon DePena)

Die von Horrorfilmen beeinflussten Misfits wurden erst legendär, nachdem sie sich massiver interner Orientierungslosigkeit ergaben und sich 1984 auflösten. Obwohl er Jeans trug wie ein abgeklärter Acid-Rocker aus den Siebzigern, war es der überdrehte Enthusiast Cliff Burton gewesen, der seine Bandkollegen von Metallica immer wieder mit dieser Band konfrontiert hatte, indem er mit seiner neunzigminütigen Bootleg-Cassette ihrer größten Hits, schlicht „Misfits" betitelt, immer wieder den Cassettenrecorder im Tourbus blockierte. Metallica spielten die erste von mehreren Misfits-Coverversionen, „Last Caress", bei Stadionkonzerten mit Ozzy Osbourne. „‚Green Hell' konnten sie nicht spielen, weil Lars die Thrash-Beats nicht draufhatte!", erinnert sich der ehemalige Misfits-Sänger Glenn Danzig. Beide Songs wurden zu Standardnummern bei den Liveauftritten von Metallica, und durch das neu geweckte Interesse an seiner Musik wurde Rick Rubin bald auf Danzig aufmerksam und nahm ihn unter Vertrag – unter der Bedingung, dass er seine aktuelle experimentierfreudige Band Samhain auflöste und sich auf seine Entwicklung als Solokünstler konzentrierte.

Als Metallica und Megadeth die Seiten wechselten, um mit Hardcore gegen Glam zu kämpfen, wurde die alte Kluft zwischen Metalheads und Punks überwunden. Der wachsende Respekt beruhte auf Gegenseitigkeit, nachdem die Hardcore-Punks begriffen, dass Heavy Metal, wie er in den Adern von Motörhead und Black Sabbath floss, nicht dasselbe war wie die abgedroschene Haarspraymusik, die sie auf MTV zu sehen bekamen. „Den Leuten ist immer noch nicht klar, welche Kraft Sabbath mit ihren Stücken hatten", meinte der Gitarrist von C.O.C., Woody Weatherman, gegenüber *Metal Maniacs*. „‚War Pigs' und ‚Children Of The Grave' brachten mich mehr zum Nachdenken als viele Punkrocksongs. Die haben einfach was klargestellt, einfach absolut gesagt, wie es ist."

Endlich richtig miteinander verlötet wurden die Stromleitungen von Punk und Metal mit den folgenreichen Stormtroopers of Death, einem im April 1985 von Anthrax-Mitgliedern gegründeten Hardcore-Nebenprojekt. S.O.D. entsprachen der Traumvorstellung eines Metalhead von Hardcore – sie verbanden ihren Sinn für Humor, den sie durch wiederholtes Anschauen von *Caddyshack – Wahnsinn ohne Handicap* kultiviert hatten, mit einer malmenden Gitarre. In dieser Band traf Bassist Dan Lilker wieder auf den Gitarristen Scott Ian und den Schlagzeuger Charlie Benante von Anthrax, wo Lilker einige Jahre zuvor vom ehemaligen Sänger Neil Turbin rausgeworfen worden war. „Scott wollte immer noch mit mir Musik machen", sagt Lilker. „Er war nicht glücklich darüber, dass ich die Band verlassen hatte."

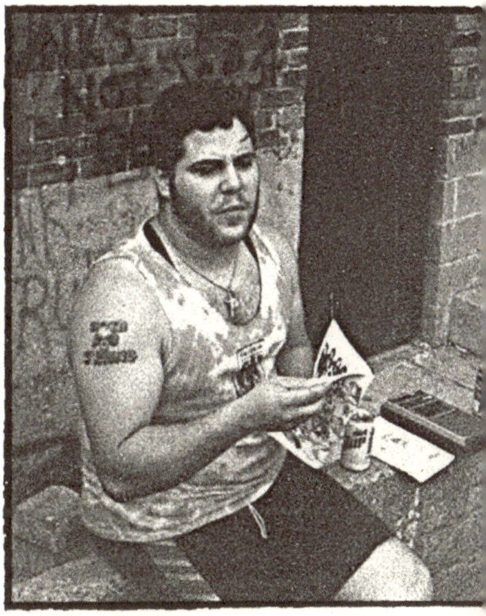

Billy Milano von S.O.D.

Anders als die genialen Amateure des Teenage-Hardcore aus dem Mittleren Westen waren die Stormtroopers of Death erstklassige, professionelle Musiker, die nun knappe Hardcore-Punk-Attacken fuhren – vergleichbar vielleicht mit dem Einbau eines Turborennmotors in einen Gokart. Die laute Stimme von Billy Milano, früher Bassist bei den Psychos, trieb diese kurzen Thrash-Kracher nach vorn. Milano aus New Jersey, der großes Talent dafür besaß, Leute auf die Palme zu bringen, war gleichermaßen Komiker und Schlägertyp und hielt sich selbst für einen Künstler. „Ich schreibe Gedichte", sagt Milano. „Vor ein paar Jahren waren eine ganze Menge Gedichte von mir in Umlauf. Das sind eigentlich keine Gedichte, eher Kunst, mit Wörtern statt mit Bildern."

Auf *Speak English Or Die* wurden extreme Ansichten durch Witze aufgelockert. „Chromatic Death" plädierte für die Auslöschung der Menschheit als Umweltschutzmaßnahme, und „Speak English Or Die" und „Fuck The Middle East" sorgten in der politisch bewussten Punkszene für Kontroversen. Als sie sich gegen Vorwürfe des Nazismus und Nationalismus verteidigen mussten,

Hardcore Punk

Der Triumph des Punk Ende der Siebzigerjahre inspirierte eine jüngere Generation von Bands, mit Underground-Gigs und Platten eigene schockierende Angriffe gegen den Status quo vorzutragen. Jeder Jugendliche, der ein weißes T-Shirt und einen Filzstift besaß, konnte dem Club beitreten und gemeinsam mit gleichgesinnten Nonkonformisten pubertäre Unsicherheiten abschütteln. Britische Hardcore-Bands wie GBH und besonders Discharge kümmerten sich dagegen stärker um die Weltpolitik. Der amerikanische Hardcore bestand aus einer Reihe kleiner, rebellierender Szenen, die uncooles Verhalten mit einer Litanei antisozialer Hymnen straften. Die Misfits trugen als einzige schauriges Make-up und bewahrten sich die für den Metal typische Begeisterung für Totenschädel und Knochenkreuze. Von Heavy-Metal-Bands unterschieden sich die meisten im Grunde nur dadurch, dass sie keine kommerziellen Erwartungen hegten.

Skinheads, Grips und Mumm

- Agnostic Front, *Victim In Pain* (1984)
- Bad Brains, *I Against I* (1986)
- Black Flag, *Damaged* (1981)
- Black Flag, *My War* (1982)
- Circle Jerks, *Group Sex* (1981)
- D.I., *Team Goon* (1981)
- Die Kreuzen, *Die Kreuzen* (1984)
- Discharge, *See Nothing, Hear Nothing, Say Nothing* (1984)
- GBH, *City Baby Attacked By Rats* (1982)
- Minor Threat, *Out Of Step* (1983)
- Misfits, *Walk Among Us* (1982)
- Negative Approach, *Tied Down* (1983)
- Suicidal Tendencies, *Suicidal Tendencies* (1983)

wiesen die Bandmitglieder darauf hin, dass Lilker und Ian Juden waren und Milano und Benante von italienischen Einwanderern abstammten. Beispielhaft für ihren gnadenlosen Humor war neben dem unmissverständlichen „Kill Yourself" auch „The Ballad Of Jimi Hendrix", für das sie die Anfangspassage von Hendrix' „Purple Haze" verwendeten. Der Song endet nach acht Sekunden mit der respektlosen Feststellung: „You're dead!"

Der S.O.D.-Song „United Forces" hingegen drängte Punks und Metaller zur Kooperation: „It doesn't matter how you wear your hair / It's what's inside your head – Es kommt nicht auf deinen Haarschnitt an / Sondern darauf, was du im Kopf hast." Tatsächlich fanden sogar Fans, die normalerweise Iron Maiden oder sogar die zehnmütigen Exkursionen von Metallica gewöhnt waren, die Achtsekundensongs von S.O.D. großartig. Dem Unternehmen haftete eine erfrischende Sorglosigkeit an, die sich von der zunehmenden Ernsthaftigkeit im Heavy Metal abhob. Die Dead-Kennedys-Aufkleber auf den Gitarren von Slayer und die GBH- und Discharge-T-Shirts bei Metallica hatten dieses Bündnis schon seit ein paar Jahren angekündigt – jetzt war die Katze aus dem Sack.

Die Beliebtheit von *Speak English Or Die,* das bei Megaforce Records erschien, stieg in einem Maß, dass die Jobs der S.O.D.-Mitglieder bei den etablierteren Anthrax darunter litten. Nachdem ihr unautorisierter Tribut an den Horrorhelden Freddy Krueger seinen Weg in die Büros der New Line Cinema gefunden hatten, trat man an S.O.D. mit der Bitte heran, die Musik für die Fortsetzung von *Nightmare on Elm Street* zu schreiben. Voller Vorfreude posierte die Band für Publicityfotos mit dem Schauspieler Robert Englund, der sich in volle Krueger-Montur gestürzt hatte. „Schließlich aber mussten wir mit S.O.D. kürzer treten", erinnert sich Lilker. „Die anderen bei Anthrax waren sauer. Man darf nicht vergessen, dass es ja eigentlich nur ein Seitenprojekt sein sollte, nach dem Motto: ‚Ach, das müssen die halt mal rauslassen.' Und dann, zack, wurde es riesengroß." Bis 1999 wurden von *Speak English Or Die* weltweit über eine Million Exemplare verkauft.

Das Crossover hatte begonnen. 1985 hatten Suicidal Tendencies und Circle Jerks, beides Hardcore-Bands aus Los Angeles, bereits angefangen, ihre Tempoattacken mit langsameren, härteren Riffs zu versetzen, um das riesige Metal-Publikum anzuzapfen. Die sehr wichtige britische Band Discharge tat genau dasselbe, und schon bald verwöhnten Konzertveranstalter wie Goldenvoice in Los Angeles und Rock Hotel in New York die vereinte Szene mit riesigen Spektakeln, bei denen Motörhead und die Punks Cro-Mags nacheinander im selben Programm auftraten. Demgegenüber gab es so gut wie keine Thrash-Metal-Bands mehr, die mit MTV-Glam-Metal-Gruppen spielten.

Als der Metal die Hardcore-Szene infizierte, tauschten die schön stachelig frisierten English Dogs ihre Protestsongs auf dem passenderweise *Metalmorphosis* betitelten Album gegen Mittelalter-Hymnen. Ganz ähnlich kämpfte auch

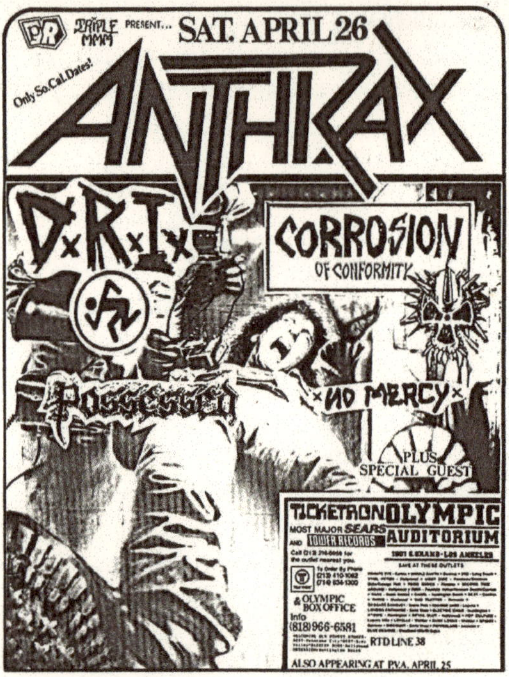

Praktiziertes Crossover: Anthrax und Possessed treffen D.R.I. und C.O.C.

eine der brillantesten Hardcore-Bands, die Bad Brains – eine Gruppe von Rastafaris aus dem vorstädtischen Maryland –, auf ihrem kraftvollen *I Against I* mit der Intensität des Hardcore, dem religiösen Soul des Reggae und der instrumentellen Versiertheit des Metal gegen menschliche Abgründe an. Viele Bands, darunter auch die Hare-Krishna-Hardcore-Band Cro-Mags und C.O.C. mit ihren Dreadlocks, ließen sich von demselben zukunftsorientierten Geist inspirieren – sie entdeckten disharmonische Musik und schufen eine neue heterogene soziale Szene.

Dan Lilker von S.O.D., der sich in New York weiterhin an vorderster Front der Metal-Hardcore-Fusion befand, tat sich mit John Connelly zusammen und gründete die eigenwilligen Nuclear Assault. Das Quartett widmete sich ganz und gar genreübergreifenden Regelverstößen und spielte sowohl sonntagnachmittags im Punkclub *CBGB* mit Agnostic Front wie auch zusammen mit den Thrash-Recken Overkill in Heavy-Metal-Hochburgen wie dem *L'Amour.* „Im *L'Amour* gab es glänzende Satinjacken und Metalschmuck, so weit das Auge reichte, das kannst du mir glauben", sagt Lilker. „Man drohte praktisch zu erblinden. Wir haben diese Kluft überbrückt. An einem Tag machten wir Hardcore-Auftritte mit durchgedrehten Skinheads, die direkt über einen drübersprangen, und ein paar Tage später spielten wir im *L'Amour,* wo sich die Mädchen in der ersten Reihe gegenseitig die Ellbogen in die Seite rammten, damit man auf sie aufmerksam wurde."

Der Sänger Peter Steele alias Petrus T. Steele, dessen hoch aufragende Gestalt Mitte der Achtzigerjahre die Crossover-Band Carnivore dominierte, hatte es nicht immer leicht, die verschiedenen Lager unter einen Hut zu bringen. „Es gab eine klare Unterscheidung zwischen Black Metal und Speed Metal, Punk, Hardcore und Rap", sagt Steele. „Es gab kaum Crossover. Nuclear Assault und S.O.D. fingen gerade erst damit an, und wir wollten dazugehören. Mir gefiel die Härte im Metal, aber ich mochte auch die Brutalität und die Aufregung bei den Hardcore-Shows: Ich wollte beides. Wir hatten eine Menge Probleme, weil die Metal-Kids Carnivore für überholt und zu imagelastig hielten und die Hardcore-Kids uns nicht akzeptierten, weil sie lange Haare nicht ausstehen konnten."

Bei Punks, die noch immer in einer Sid-Vicious-Fantasiewelt lebten, galt der Vorwurf, man sei „Metal geworden", in der Tat als schwere Beleidigung. Als Kirk Hammett von Metallica im *CBGB* zu den Crumbsuckers auf die Bühne stieg, bespuckte ihn das Publikum und attackierte sein Ego mit „Rockstar"-Rufen, was dazu führte, dass Hammett einen der Zwischenrufer mit seiner Gitarre verprügelte. Letztlich blieb die Punkszene ebenso ein Experimentierfeld für Einstellungen wie für die Musik – und für Metal-Fans machte das Abstoßende daran gerade einen Teil der Anziehungskraft aus.

Ende der Achtzigerjahre wuchs der Groll gegen die Eindringlinge aus dem Heavy Metal, nachdem sich kleine unabhängige Punklabels plötzlich gezwungen sahen, mit den neuen, am Hardcore orientierten Nebenprodukten geschäftstüchtiger Metal-Indies zu konkurrieren. Aus Combat ging CombatCore hervor, Roadrunner gründeten Hawker, und Metal Blade schickten Death Records ins Rennen. Die blanke Tatsache, dass diese Firmen durchorganisiert waren und Geld abwarfen, machte sie in den Augen einiger Punks moralisch verdächtig. „Bei manchen Leuten gerät man automatisch unter Beschuss, nur weil man bei Combat Records ist", meint Blaine Cook von The Accüsed, die neben den mit Patronengurten behängten Thrashern Megadeth, Agent Steel, und Possessed die einzigen Punks auf dem Label waren. „Combat ist auch nur ein Independent-Label, aber es gibt wohl so eine bestimmte Heavy-Metal-Einstellung, und [Punks] haben das Gefühl, dass sich die auch auf den Businessaspekt überträgt."

Doch egal, wie man darüber dachte, Metal verlieh der Durchschlagskraft der Hardcore-Punk-Szene zu einem entscheidenden Zeitpunkt neuen Schub. Während sich die Initiatoren des Hardcore Punk – Necros, Redd Kross, Negative Approach, Minor Threat und Black Flag – auflösten und sich die Haare wachsen ließen, brachen junge Hardcore-Acts wie Attitude Adjustment und Underdog plötzlich aus einer Welle von Exodus-Riffs hervor. Auch nahmen viele Headbanger das revolutionäre Versprechen des Hardcore für bare Münze – und das in einer Zeit, als die meisten Punks gefährlich nahe daran waren, ihren Glauben an den Nihilismus zu verlieren. „In den jüngeren Szenen sind einige einfach von Filmen wie *Sid und Nancy* und *The Decline of Western Civilization* verdorben worden", sagt Blaine Cook von The Accüsed. „Die glauben immer noch, dass Punkrocker genauso sind, wie es dort gezeigt wird, aber das ist ja nun acht oder zehn Jahre her. Dadurch wird der Stil zu einem bloßen Kostüm, so wie beim Hippie-Revival – die Leute da glauben ja auch, wir schreiben 1967, sie tragen Batikhemden und hören Grateful Dead. Eigentlich sollte es in der Hardcore-Szene um mehr gehen als nur um die Mode und die Musik, verstehst du? Da sollte es ein paar Ideale und Einstellungen geben, die über das Zusammenkloppen von Clubs und über die Gewalt und die Hakenkreuze und die Iro-Frisuren und die Schockwirkung hinausgehen. Meiner Ansicht nach ist das schon lange völlig überholt. Wenn man jemanden schockieren will, dann mit Intelligenz, nicht mit einem einen Meter hohen grünen Irokesen."

Ende der Achtziger verschmolzen die beiden Bereiche zu ein und demselben. Jüngere Fans widmeten sich Thrash Metal und Hardcore Punk gleichermaßen, und davon profitierten beide Arten von Außenseitermusik. Die unterschiedlichen Wertvorstellungen von Hardcore und Metal beruhten auf Stereotypen, die von der Wirklichkeit nicht unbedingt bestätigt wurden: kahle Schädel gegen lange Haare, konsequente Alkoholabstinenz gegen Alkoholmissbrauch und selbst organisierte Kellerauftritte gegen Konzerthallen. Aber letzten Endes ging das Pentagramm dann doch gut als anarchistisches Symbol durch.

Als der Metal auf Punkmusik, -mode, -politik und -ethik traf, entwickelte sich ein breiteres Identitätsverständnis. Metalheads begriffen, dass es im Leben um mehr ging als nur darum, Poser zu hassen und die Weltherrschaft anzustreben. Allmählich betrachteten sie ihre eigene Szene als unabhängig vom Imperium der Massenmedien, von dem sie sich ohnehin nie verstanden gefühlt hatten. Der so entstandene Underground-Stolz beeinflusste die Entwicklung des Metal im Verlauf der kommenden zehn Jahre. Euronymous von der Black-Metal-Band Mayhem beschrieb die Subkultur der Heavy-Musik in Norwegen 1987 gegenüber der Zeitschrift *Morbid Mag* folgendermaßen: „Immer mehr Leute werden in der Szene aktiv, und ich glaube, das ist gut so. Und gut ist auch, dass sich Punks und Thrasher jetzt langsam zusammentun. Aber ich finde, es sollten mehr Mädchen zur Szene stoßen!"

Wie die Anthrax-Videos „Madhouse" und „Indians", der Megadeth-Clip „Wake Up Dead" sowie verschiedene MTV-Specials eindrucksvoll bewiesen, etablierten sich unter dem Einfluss des Hardcore Punk auch das Slamdancing und das Stagediving in den dichter bevölkerten und professioneller organisierten Metal-Gefilden.

Aggressive Musik verlangte nach brutalen physischen Reaktionen, bei denen Körper miteinander kollidierten – selbst das wildeste Headbanging war nicht mehr genug. Der Gitarrist Gary Holt erinnert sich an einen besonders chaotischen Exodus-Auftritt: „Ein Typ wurde im Krankenwagen abtransportiert, weil er beim Stagediving mit dem Kopf auf dem Boden aufgeschlagen war, und ein paar andere Fans hatten gebrochene Nasen. Es geriet ziemlich außer Kontrolle, dabei haben wir nicht mal gespielt! Wir haben bloß lippensynchrone Mundbewegungen für die Videoaufnahmen gemacht!"

Aggressive Ausschreitungen in Konzertsälen gehörten seit Anfang der Siebzigerjahre, als Fans nach Auftritten von Deep Purple und Black Sabbath

METALCORE

Mitte der Achtzigerjahre begannen Bands wie Metallica und Slayer, den schnellen Hardcore Punk von D.R.I., GBH und SNFU (um nur einige Initialen anzuführen) offen zu bewundern. Bei zwei Subkulturen, die sich ein Kopf-an-Kopf-Rennen lieferten, musste es schließlich irgendwann knallen. Hardcore profitierte bereits tüchtig, wenn auch im Verborgenen, vom Metal Marke Motörhead. Ende der Achtzigerjahre wurde der Underground zu einem Gemisch aus metallischen Gitarren, sozialkritischen Texten und malmenden Speedrhythmen. Anders als ihre Brüder im Black-Metal-Underground legten diese Bands Leder und Nieten zugunsten typisch amerikanischer Teenagerkleidung ab: Sie trugen witzige T-Shirts, Shorts und Sportsocken. Sie nahmen sich selbst nicht allzu ernst, aber ihre Beiträge waren äußerst wertvoll. Zu schmutzig und zu krachig für Heavy Metal, technisch zu versiert für Punk, bewegten sich diese Bands an der Peripherie und genossen dort ihre Freiheit.

Crossover-Träume

- The Accüsed, *The Return Of Martha Splatterhead* (1985)
- Corrosion of Conformity, *Animosity* (1985)
- Cro-Mags, *The Age Of Quarrel* (1986)
- Cryptic Slaughter, *Convicted* (1986)
- Dirty Rotten Imbeciles, *Dealing With It* (1985)
- Dr. Know, *Plug In Jesus* (1984)
- Excel, *Split Image* (1987)
- Hirax, *Hate, Fear And Power* (1987)
- Prong, *Force Fed* (1987)
- Samhain, *November Coming Fire* (1986)
- S.O.D., *Speak English Or Die* (1985)
- Wehrmacht, *Shark Attack* (1987)

Randale machten, zu den Risiken des Rock 'n' Roll. Durch die steigende Popularität des Hardcore verbreitete sich jetzt das Slamdancing – oder „Moshing", wie es in dem S.O.D.-Song „Milano Mosh" genannt wurde – bis in die großen Konzertarenen. Sicherheitskräfte hatten Mühe, den Unterschied zwischen Tanzen und Prügeln zu erkennen. „Ich begebe mich da in eine Konzertsituation und sehe Leute, die beim Moshing und Slamming total durchdrehen", sagt Dave Mustaine von Megadeth. „Wir gehörten zu den ersten Bands, die das in Amerika lostraten. Angefangen hat es mit Pogo und dem Wurm in der Punkszene, und als es dann mit Metal losging, wollten die Leute auch so tanzen, aber sie wussten nicht, wie Pogo ging. Also haben sie das Slamdancen erfunden."

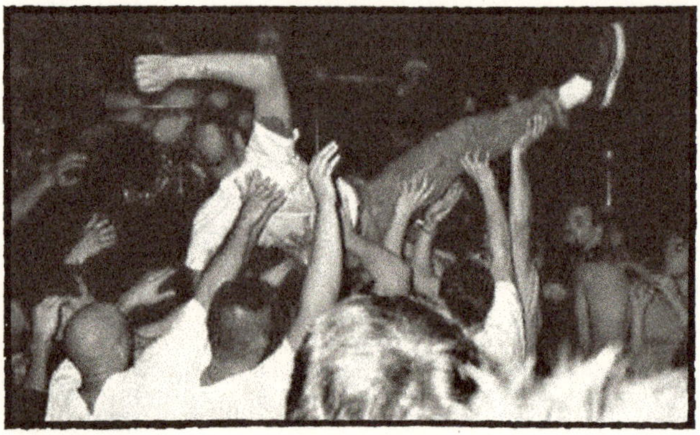

Bodysurfer in der Menge bei einem Anthrax-Konzert ***(Dean Sternberg)***

In dem Song „Caught In A Mosh" glorifizierten Anthrax den Pulk der Slamdancer als Metapher für den Überlebenskampf. Da sich die Action leicht auf die Bühne ausweitete, die Eindringlinge auf Gitarrenkabeln herumtrampelten und Musiker bei komplizierten Gitarrensoli anrempelten, fand diese Art von Erlebnis nicht allseits gleichermaßen Anklang. „Wir hatten die Nase voll von den Ultra-Hardcore-Fans in Europa", erzählt Tom Warrior. „Die waren in den ersten Reihen so brutal, dass die anderen Fans überhaupt nichts mehr von der Show hatten. Das hatte nichts mehr mit Musik zu tun. Das war einfach asozial. Wir waren so frustriert, dass wir unsere Musik absichtlich intellektueller und melodischer klingen ließen, damit diese Leute wegblieben. Die haben es der großen Mehrheit der Zuschauer einfach unmöglich gemacht, bei unseren Auftritten Spaß zu haben."

Slayer, eine der aggressivsten punkbeeinflussten Metal-Bands, hatten Probleme, in ihrer Heimatstadt Los Angeles aufzutreten, weil es nach ihren überfüllten Konzerten regelmäßig zu Ausbrüchen wilder Zerstörungswut kam. „Als wir mit Slayer im *Olympic* spielten, warf mir ein Typ einen Schuh an die Kehle", sagt David Wayne von Metal Church. „Durch den Schlag waren meine Stimmbänder beinahe gelähmt. Das machte mich absolut wild. Ich legte mein Mikro hin, und als ich den anderen Schuh entdeckte, sprang ich über einen knapp zwei Meter breiten Fotografengraben und packte den Kerl an der Gurgel. Seine kleinen Kumpels haben wie bescheuert auf mich eingeschlagen. Ich lag also da, lauter Füße traten auf meinen Kopf ein, die Typen hauten mir ihre Stiefel in die Rippen, und ich dachte: ,Du blödes Arschloch, jetzt hast du dich von deiner Wut übermannen lassen, und jetzt liegst du bei deinem eigenen Auftritt auf dem Boden und stirbst.'"

Als sogar Judas Priest und AC/DC anfingen, Stagediver und Bodysurfer für ihre MTV-Videos abzufilmen, war klar, dass Moshing zum Mainstream geworden war. Das gute alte Headbanging schien harmlos im Vergleich zu den herumwirbelnden Gliedmaßen, den aufeinander prallenden Körpern und dem Gewühl tausender von Fans, die gegen die Bühne drängten. Bands in der Metal-Arena lernten, dass auf diesem Gebiet mit härteren Fans zu rechnen war – man musste davon ausgehen, dass Metalheads Leib und Leben riskierten, um etwas „Echtes" zu erleben. „Man kommt an einen Punkt, wo man das Gefühl braucht, dass es überhaupt jemanden interessiert, dass man spielt", bemerkt Rob Zombie von White Zombie. „Es ist einfach viel cooler, zu spielen, wenn die Kids durchdrehen und jede Show in totalem Aufruhr zu enden droht. Sicherheitskräfte werden vermöbelt, Kids verletzen sich, Sachen gehen zu Bruch, und der Laden wird komplett verwüstet. Da wird so ein wahnsinniger Spaß draus. Ein Slayer-Konzert ist, als würde man an einem Aufstand teilnehmen. Das Blut pumpt richtig durch die Adern."

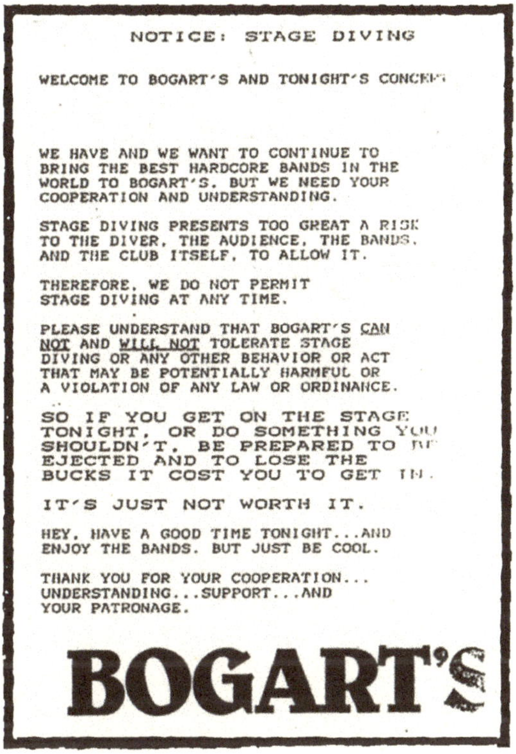

NOTICE: STAGE DIVING

WELCOME TO BOGART'S AND TONIGHT'S CONCERT

WE HAVE AND WE WANT TO CONTINUE TO BRING THE BEST HARDCORE BANDS IN THE WORLD TO BOGART'S. BUT WE NEED YOUR COOPERATION AND UNDERSTANDING.

STAGE DIVING PRESENTS TOO GREAT A RISK TO THE DIVER, THE AUDIENCE, THE BANDS, AND THE CLUB ITSELF, TO ALLOW IT.

THEREFORE, WE DO NOT PERMIT STAGE DIVING AT ANY TIME.

PLEASE UNDERSTAND THAT BOGART'S CAN NOT AND WILL NOT TOLERATE STAGE DIVING OR ANY OTHER BEHAVIOR OR ACT THAT MAY BE POTENTIALLY HARMFUL OR A VIOLATION OF ANY LAW OR ORDINANCE.

SO IF YOU GET ON THE STAGE TONIGHT, OR DO SOMETHING YOU SHOULDN'T, BE PREPARED TO BE EJECTED AND TO LOSE THE BUCKS IT COST YOU TO GET IN.

IT'S JUST NOT WORTH IT.

HEY, HAVE A GOOD TIME TONIGHT...AND ENJOY THE BANDS. BUT JUST BE COOL.

THANK YOU FOR YOUR COOPERATION... UNDERSTANDING...SUPPORT...AND YOUR PATRONAGE.

BOGART'S

Metal-Club-Flyer wirbt für Verständnis fürs Stagediving-Verbot

Wenn die Mehrheit der Bands aus der Underground-Szene der Cassettentauscher 1985 wie Metallica klingen wollten, so spielten 1987 die meisten neuen Formationen eine Mischform im Stil von S.O.D., die man Metalcore oder einfach Crossover nannte. In diesen Gruppen trafen rasierte Schädel auf lange

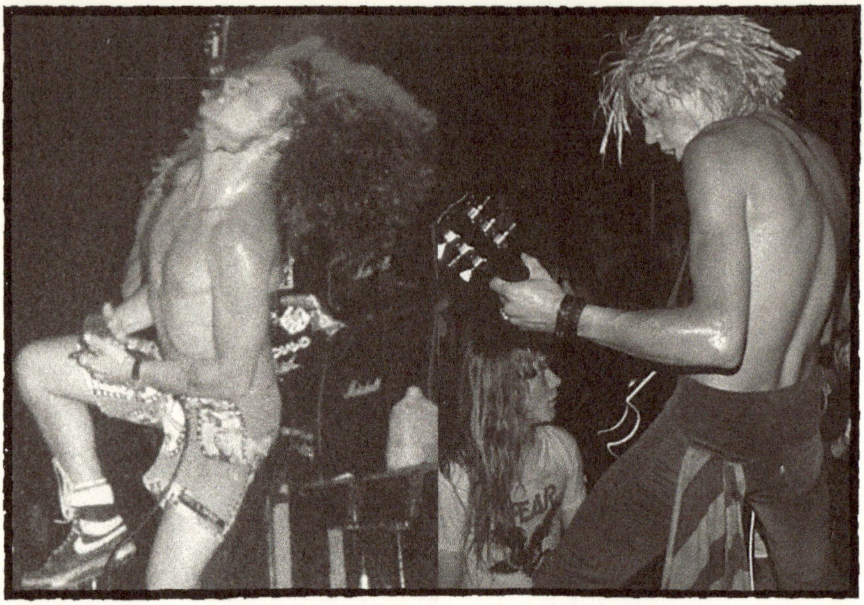

Die Paten des Grindcore: Blaine Cook (links) und Tommy Niemeyer (rechts) von The Accüsed ***(mit freundlicher Genehmigung von Blaine Cook)***

Haare, und Punkschlagzeuger und -sänger verbanden sich musikalisch mit Metal-Gitarristen. Wie jede scheinbar einfache Idee inspirierten auch S.O.D. zahllose Nachahmer. Den heftigsten Humor und die schnellsten Stücke hatten unter anderem Intense Mutilation, Sore Throat und R.C. – sie alle schafften es, eine zweistellige Anzahl von Songs in einer Minute unterzubringen. Bei den knallharten Anal Cunt (oder schlicht A.C.) handelte es sich wie bei S.O.D. um ein Seitenprojekt, das in diesem Fall der Bassist Seth Putnam von der Bostoner Thrash-Band Executioner gegründet hatte. Ihre ultimative Aussage machten A.C. mit einer Single, auf der sich achtundachtzig Songs befanden, eine Leistung, die später nur noch von einer weiteren A.C.-Single übertroffen wurde, die fünftausendsechshundertdreiundvierzig Songs enthielt – ungefähr zehn unbetitelte Songexplosionen pro Sekunde.

The Accüsed aus Seattle, einer kleineren Stadt im US-Bundesstaat Washington, in der sich Hardcore-Metal-Fans und Punks schon aus blanker Not zusammentaten, waren überragende Vorläufer dieser Synthese. Auf *The Return Of Martha Splatterhead* waren Gitarrenriffs und ein grober, pflügender Bass zu hören, die unerträglich eindringlich klangen und den düsteren Hardcore von Discharge mit dem Black Metal von Venom verbanden. Die Grausamkeiten in ihren blutrünstigen Comiczeichnungen ließen dieselben Alarmglocken läuten wie die Misfits, aber sie spielten ihre Songs bissiger und mit größerer metallischer Finesse. Sänger Blaine Cook, der auf der Bühne zuckte wie eine außer Kontrolle geratene Marionette, hustete seine Gesangsfetzen mit wildem Gebrüll heraus. Es war die extremste Darbietung seit Lemmy von Motörhead. Das offensichtlich Schmerzhafte dieses Stils war beeindruckend. „Meine Kehle ist im Arsch", sagt Cook. „Ich hab keine Polypen oder so, aber da ist alles vernarbt."

Cook, der älter war als seine Bandkollegen, hatte bereits mit The Fartz ein Album auf dem Punklabel Alternative Tentacles herausgebracht, als er seine frühreifen zukünftigen Bandmitglieder Tommy, Chewy und Dana 1983 kennen lernte. „Die kamen aus Seattle nach Portland", erzählt er, „wo The Fartz mit Poison Idea spielten, und sie waren so um die dreizehn oder vierzehn. Chewy besaß nicht mal einen eigenen Bass, einen Verstärker oder einen Koffer. Selbst später, als er aus der Band geworfen wurde, spielte er noch auf geliehenem Equipment und benutzte einen billigen nachgebauten Bass, den er nach jedem Song neu stimmen musste."

The Accüsed führten eine Clubszene an, die sich von Los Angeles und San Francisco über Portland bis nach Seattle erstreckte und die aus jungen Bands bestand, die vor lauter Geschwindigkeit und chaotischer Energie förmlich explodierten. Mit der Musik von Mace, Hirax, Wehrmacht und Cryptic Slaughter wirbelte der schnellste Hardcore Punk mit dem Underground-Metal durcheinander und verwischte die Grenzen beider Genres gründlich. Diese Metalcore-Bands schrieben rücksichtslose, sozialkritische Hymnen wie das monströse „Insecurity" von Excel und „Balance Of Opinion" von Wehrmacht – sie eiferten dem Hardcore nach, schrubbten aber Iron-Maiden-Riffs so schnell herunter, wie das nur irgendwie menschenmöglich war. „Wir mochten Bands, die schnell und heavy waren, und wir mochten Punk", sagt Katon W. DePena von Hirax, die ihren Drummer von D.R.I. rekrutierten. „Wir waren die einzige Band, die sowohl mit D.R.I. und C.O.C. als auch mit Celtic Frost und Venom spielte. Wir haben Zeug gebracht, wie es sonst niemand tat, und uns war alles scheißegal. Ich habe mich nie so ernst genommen."

Während die Musikergeneration der ersten *Metal Massacre* inzwischen mit Gold- und Platin-Platten bedacht wurde, hatten sich die Regeln des Undergrounds geändert. Sie entfernten sich von den komplizierten Konstruktionen ihrer Heavy-Metal-Wurzeln und bewegten sich auf etwas zu, das totaler Vernichtung glich. Metal Blade Records, die diese neue Richtung unterstützten, sprachen Hirax, Dark Angel und Possessed für *Metal Massacre VI* und Cryptic Slaughter für *Metal Massacre VII* an. Doch inzwischen war eine solche Auszeichnung nicht mehr so entscheidend wie früher. In einer Zeit des weit verbreiteten Cassettentauschs kannte man die Bands aufgrund ihrer Demos und Live-Tapes, lange bevor Brian Slagels Alben gepresst und in die Läden geliefert wurden. 1987 konnte jeder, der sich Cassetten überspielen konnte, bereits ein Metal-Insider sein.

Nachdem die Metalcore-Bands eine neue Richtung vorgegeben hatten, folgte ihnen eine Reihe von Gruppen, die ihre Musik Grindcore nannten und die Extremerfahrungslatte nach ganz oben legten. Grindcore reagierte auf die Unzufriedenheit des sprachlosen Metal-Undergrounds und ließ alle vorhergehende Musik altmodisch klingen. Wo sich die traditionellen Heavy-Metal-Bands noch der Energie von Metallica, Slayer, Megadeth und Anthrax verbunden fühlten, waren Leute wie Napalm Death bereit, die alte Garde komplett in Grund und Boden zu rammen. In Birmingham, einer inzwischen sanierten Stadt, in der mehr verschiedene ethnische Gruppen lebten als anderswo in Großbritannien, gründeten sich die wilden, überwältigenden Napalm Death, deren Line-up sich aus vielen ständig zwischen anderen Bands rotierenden Mitgliedern zusammensetzte. Kaum jemand von ihnen war überhaupt schon auf der Welt gewesen, als Black Sabbath oder Judas Priest das erste Mal durch die Straßen ihrer Heimatstadt zogen. „Die Leute glauben, dass wir auf Judas Priest und Iron Maiden stehen, bloß weil wir lange Haare haben", meint der Sänger Jeff Walker von Carcass, die sich mit Napalm Death einen Gitarristen teilten. „Die haben uns aber überhaupt nicht beeinflusst. [Grindcore] ist das Ergebnis dessen, dass wir in einer Zeit erwachsen wurden, in der solche Bands Popmusik waren, und wir haben uns eher für Underground interessiert, obskure Sachen, sei es Hardcore Punk, extremer Death Metal oder sonst was."

Das Wohnzimmerlabel Earache Records – ursprünglich gegründet, um die Alben von The Accüsed in Großbritannien zu lizenzieren – vermarktete dutzende von Gruppen unter dem verlockenden und ausgesprochen dehnbaren Grindcore-Begriff. Der Sound war ein dichtes Geprassel aus Black Metal, Hardcore und Thrash Metal, beschleunigt fast bis zur atomspaltenden Selbstzerstörung. Thrash Metal bediente sich vereinfachter Arrangements, um maximale Power in die Riffs zu pressen. Im Grindcore gab es fast gar keine Songstruktur mehr – es war ein einziger verschwommener, anhaltender Ausbruch unglaublicher Geschwindigkeit und Wildheit. Die heftigste Musik der vorangegangen zehn Jahre wurde im Schnelldurchlauf noch einmal gespielt.

Selbst die Metal-Szene, die schon alle Arten von Tempo, Gimmicks und Krach erlebt hatte, war für das erste Album von Napalm Death, *Scum*, nicht abgehärtet genug. *Scum*, das 1987 bei Earache erschien, war der Höhepunkt eines zehnjährigen Wettkampfs um den schnellsten und härtesten Sound, und weder Schnelligkeit noch Härte konnten ab hier noch eine Steigerung erfahren. Der Schlagzeuger und Sprecher der Band, Mick Harris, benutzte eine zweisaitige Gitarre und einen Verzerrer, mit denen er vernichtend schnelle politische Hitzeblitze entwarf, von denen achtundzwanzig auf der LP Platz fanden. Es wirkte zwar höchst ungeschliffen, war aber zweifelsohne das radikalste Debüt seit *Kill 'Em All* von Metallica – ein ungebremster, völlig neuartiger Klangangriff voll dichter, wummernder Kakofonien.

England, das den Thrash Metal komplett übersprungen hatte, war nun wieder zurück an vorderster Front der Metal-Entwicklung. Die wiederholten Auftritte von Napalm Death und ähnlich gesinnten Sprengmeistern wie Doom und Extreme Noise Terror in der einflussreichen BBC-Radiosendung von John Peel trugen dem Grindcore den Ruf ein, der sadistische Erlöser des britischen Rock zu sein. „Der Hardcore-Kram war für uns so was wie eine Renaissance der Punkmusik", meint Nick Bullen, Bassist und Gründungsmitglied von Napalm Death. „Zwischen 1978 und 1984 machten wir sechs Jahre lang andere Musik: Industrial, Electronic, Reggae, Psychedelic und alles Mögliche andere. Mit unserer Rückbesinnung auf so etwas wie Napalm Death hatten wir unseren toten Punkt überwunden."

Pläne, eine gemischte Palette von Grindcore-Bands in der Fernsehsendung *Top of the Pops* ihr Unwesen treiben zu lassen, wurden von der BBC abgelehnt. Extreme Noise Terror jedoch bekamen schließlich ihre Chance, die Medien zu terrorisieren, als sie von The KLF eingeladen wurden, die Verleihung der Brit Awards [eine Veranstaltung der britischen Fonoindustrie, vergleichbar mit dem deutschen Echo; *Anm. d. Übers.*] im Februar 1992 zu stören. The KLF waren radikale Popkonzeptkünstler, die die Herzen ihres Heimatlandes dadurch Aktionen wie Rap-Aufnahmen mit der Countrysängerin Tammy Wynette erobert hatten. Bei ihrem Auftritt bei den prestigeträchtigen Brits donnerten Extreme Noise Terror den KLF-Hit „Three A.M. Eternal" bis zur Besinnungslosigkeit heraus, während The KLF einen Platzpatronenhagel aus Maschinengewehren auf das Publikum abfeuerten. Als The KLF später am Abend der Preis für die „beste britische Gruppe" verliehen werden sollte, verkündete ein Bote, die Band habe den Veranstaltungsort verlassen und sich aus der Musikszene zurückgezogen. Die Retter des Pop hatten sich passenderweise entschieden, zum brüllenden Tosen eines donnernden Grindcore-Drumbeats auszusteigen.

Ein Jahr nach *Scum* veröffentlichten Napalm Death *From Enslavement To Obliteration* und erschütterten die in sie gesetzten Erwartungen, indem sie den ultraharten Einfluss der New-Yorker Avantgardeband The Swans in den Grindcore einführten. Im Gegensatz zur extremen Geschwindigkeit von *Scum* stieg die Eröffnungssalve auf *From Enslavement*, „Evolved As One", mit langsamer, schmerzhafter Wut ein – wie ein industrieller Hochofen, gebaut, um das Fette und Falsche einzuschmelzen. Doch selbst aus diesem Schneckentempo konnten Napalm Death aus dem Stand wieder zu ihrer verheerenden Geschwindigkeit zurückkehren. *From Enslavement* brachte ganze zweiundzwanzig Tracks auf Vinyl, jeweils mit einem Titel versehen, der wie eine Zeitungsschlagzeile klang: „Cock-Rock Alienation", „Uncertainty Blurs The Vision" und „Mentally Murdered".

GRINDCORE

Anfangs bildete Grindcore eine superschnelle Fraktion im intensiven Underground-Sound des Metalcore, dem Crossover zwischen Punk und Metal. Typisch für Grindcore war ein donnernder Beat mit pulverisierenden mechanischen Snaredrum-Impulsen, die von flüchtigem Schlagzeuggrollen unterbrochen wurden. Bands wie Napalm Death und Doom übernahmen den gequälten Gesang von The Accüsed und spielten unförmige Gitarrenlicks in einer Geschwindigkeit von einer Million Stundenkilometern. Obwohl es den Death Metal bereits gab, setzte der Grindcore neue Maßstäbe für das Genre, steuerte intelligente Texte und eine Musik bei, die nicht unbedingt böse, aber absolut vernichtend war. Nachdem der Thrash-Metal-Zug ohne die Briten abgefahren war, übernahmen sie hier mit einer faszinierenden Reihe brutaler Bands beim Label Earache wieder ihre Pionierrolle im Metal.

Schneller als schnell

- Bolt Thrower, *BBC Peel Sessions* (1988)
- Brutal Truth, *Extreme Conditions Demand Extreme Responses* (1992)
- Carcass, *Symphonies Of Sickness* (1989)
- Doom, *BBC Peel Sessions* (1989)
- Extreme Noise Terror, *Holocaust In Your Head* (1989)
- Napalm Death, *Scum* (1987)
- Napalm Death, *From Enslavement To Obliteration* (1988)
- Sore Throat, *Unhindered By Talent* (1989)

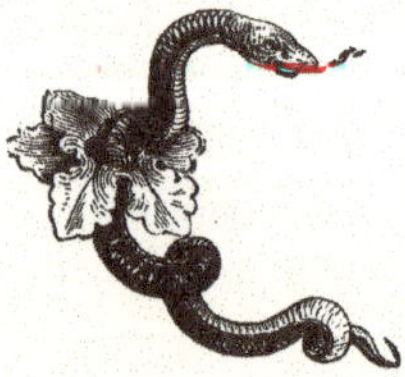

Auf wundersame Weise überlebten Napalm Death lange genug, um eine ganze Palette kreativer Neuerungen hervorzubringen, obwohl sich bei der Band weiterhin höchst labile Persönlichkeiten die Klinke in die Hand gaben. Jede Seite des Albums *Scum* war von einer anderen Bandbesetzung eingespielt worden und aus kurzen Konzentrationsspannen und viel Ungeduld entstanden. „Wir waren damals ja noch ein bisschen jünger und wussten nicht, wie man diskutiert", erinnert sich Bassist Shane Embury, der nach der Arbeit an *From Enslavement To Obliteration* bei der Gruppe blieb. „Damals waren wir als Bandmitglieder total isoliert; rational betrachtet waren wir gar nicht befreundet. Eine Kleinigkeit löste einen Streit aus, das musste gar nichts mit Musik zu tun haben, und dann stand jemand auf und verließ die Band, anstatt weiter dranzubleiben."

Ausgestiegene Mitglieder von Napalm Death gründeten Bands, die jeder Kategorie und Beschreibung von extremem Ausdruck entsprachen. Gitarrist Justin Broadrick rief Godflesh, Head of David und Loop ins Leben, die alle zu den ersten Heavy-Acts gehörten, die Drum-Computer und Ambient-Songstrukturen benutzten. Gitarrist Bill Steer kehrte zu Carcass zurück, bei denen sich Grindcore wieder mit der Virtuosität des Metal verband. Sänger Lee Dorrian wurde mit seiner Doom-Metal-Band Cathedral so langsam wie ein kriechender Grabstein, und der Schlagzeuger Mick Harris half bei einer frühen Version von Extreme Noise Terror aus, bevor er die Electronic-Dub-Gruppe Scorn ins Leben rief. Wie die Verteilung der von diesen Bands verursachten Einschlaglöcher vermuten lässt, hatten Napalm Death de facto den Wettlauf um den härtesten und schnellsten Sound beendet. In den kommenden Jahren ging es im Heavy Metal wieder darum, besser und heller zu klingen.

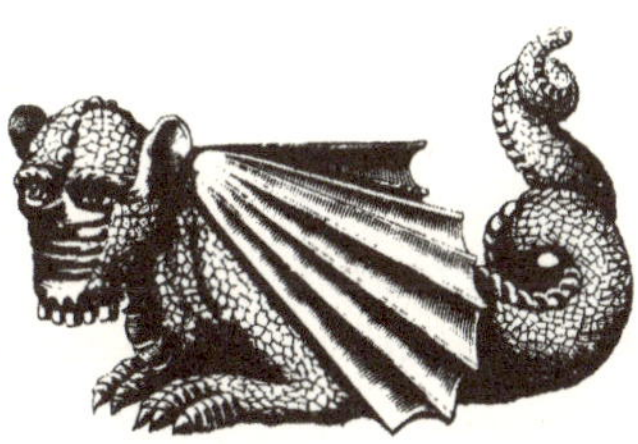

XII

Und Platin für „One" … Metal wird erwachsen

- **Juli 1987:** Das erste Milwaukee Metalfest findet statt
- **April 1988:** Public Enemy verwenden ein Slayer-Sample auf „She Watch Channel Zero"
- **19. August 1988:** Die EP *I'm The Man* von Anthrax erhält Gold in den USA
- **19. Juli 1989:** … *And Justice For All* von Metallica erhält Zweifach-Platin in den USA
- **Juni 1990:** *The Real Thing* von Faith No More knackt ein Jahr nach Veröffentlichung die Top Ten der *Billboard*-Charts

Obwohl Metallica mit dem Hardcore liebäugelten, blieb für sie die Herrschaft über die Metal-Welt – die sich inzwischen zu einem riesigen, prosperierenden Reich entwickelt hatte – doch die oberste Priorität. Cliff Burton und James Hetfield hatten manchmal bei Spastik Children einen Ausgleich gesucht, einem albernen, etwas stumpfsinnigen Nebenprojekt, das bei Auftritten „London Dungeon" von den Misfits in der Regel gleich mehrfach spielte. Nach Burtons Tod lief dieses Projekt sporadisch weiter und gab beispielsweise ein Gastspiel auf der Geburtstagsparty ihres alten Freundes Ron Quintana. „Diese Auftritte wurden allesamt zu Fiaskos", sagt Quintana. „Die Clubbesitzer ließen nämlich meist durchsickern, es handle sich um einen Sonderauftritt von Metallica, aber sie sagten nicht, dass es um Spastik Children ging. So etwas führte immer zu Spannungen, weil die Jungs nur auf die Bühne wollten, um richtig schlecht auf den falschen Instrumenten zu spielen und damit die Leute zu ärgern. Irgendwann hatten sie die Nase voll von Zwischenrufen wie: ‚Spielt ›Ride The Lightning‹!‘ Zu der Zeit konnte man so etwas vergessen – Metallica waren einfach zu groß.“

Für Heavy Metal war es ein goldenes Zeitalter. Metallica waren drauf und dran gewesen, die Höhen der mit Mehrfach-Platin ausgezeichneten Ratt und Mötley Crüe zu erreichen, als ihnen der Tod von Cliff Burton einen Dämpfer versetzte. Sie waren bald nach dem Busunfall in Schweden Ende Oktober 1986 in ihren ungenutzten Probenraum zurückgekehrt und versuchten, den Tod ihres Bassisten zu überwinden. Hunderte von Bewerbern versuchten sich an Cliff Burtons Bassgitarre und spielten einer Band vor, der es im Grunde widerstrebte, einen guten Freund überhaupt zu ersetzen. Zu der Parade gehörte auch Kirk Hammetts Schulfreund aus dem Matheunterricht Les Claypool, der mit der Begründung abgelehnt wurde, er sei zu gut. Anderen wurde nur Sekunden nach ihrem Eintreten, einfach aufgrund ihres Aussehens, die Tür gewiesen.

Auf Empfehlung von Brian Slagel verpflichtete Lars Ulrich schließlich Jason Newsted, einen aktiven Briefnetzwerker und Songschreiber, der zudem die Energiequelle der Band Flotsam & Jetsam aus Phoenix, Arizona, darstellte, die auch auf *Metal Massacre VII* vertreten war. In ihm fanden Metallica nicht nur einen ebenbürtigen Nachfolger, sondern einen ehrerbietigen Ersatz für Burton. Zu seinen wichtigsten Qualifikationen gehörte: Metallica war seine Lieblingsband. Newsted, der ein wenig zu jung war, um Diamond Head und die anderen NWOBHM-Gruppen richtig zu schätzen, war mit Kiss und Motown-Platten aufgewachsen und bekannte sich zu seiner Affinität zu Fusion-Jazz. Der disziplinierte Eifer, den er bei Flotsam entwickelt hatte, bereitete ihn perfekt darauf vor, an Bord des Großkampfschiffs Metallica zu springen.

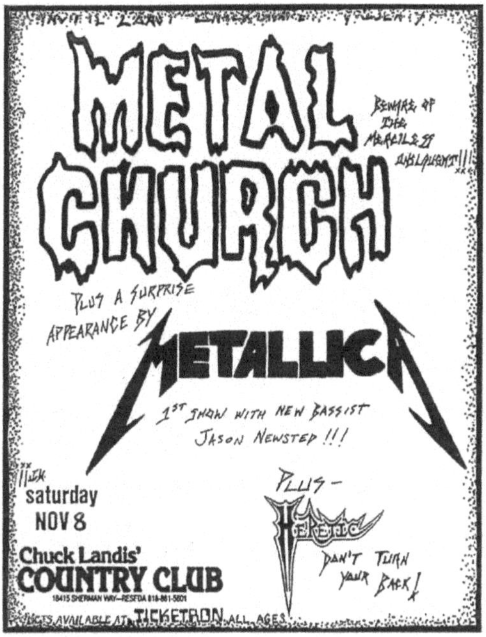

Underground-Flyer für Jason Newsteds ersten Auftritt mit Metallica

Das neue Bandmitglied gab sein Debüt bei einem Überraschungsauftritt, den Metallica als Vorgruppe für Metal Church am 8. November 1986 im *Country Club* in Reseda, Kalifornien, gaben. Man konnte es den Anwesenden nicht verdenken, dass sie glaubten, die Band habe einen Fan aus dem Publikum gegriffen, ihm einen Bass umgeschnallt und ihm befohlen, zu thrashen – da der Lautstärkeregler so weit wie möglich runtergedreht war, konnte er kaum Schaden anrichten. Weit entfernt von der Wahrheit war das nicht.

Ihren ehemaligen Bassisten hatten Hetfield, Ulrich und Hammett bewundert, aber Newsted machten sie fertig. Die Band verbrachte den Rest des Jahres 1986 in Japan, wo heftige und den meisten Berichten zufolge unablässige Schikanen auf Newsted warteten. Wann immer einer von ihnen Cliff Burton vermisste, stieß Newsted etwas zu. Sie nahmen ihm seine Getränke und Klamotten weg, erzählten ausländischen Gastgebern, er sei schwul, und überfielen ihn in den frühen Morgenstunden in seinem Hotelzimmer. Newsted reagierte auf seine Art: Er packte sich jeden Abend Sandwichs vom Buffet hinter der Bühne ein – für den Fall, dass er am nächsten Morgen gefeuert würde. Er wirkte ein wenig fehl am Platz in einer Band, die den Heavy Metal der alten Welt verehrte und die einen dänischen Schlagzeuger hatte, als er sich in einem Interview mit AP darüber beschwerte, dass es unterwegs in Europa keine *Denny's Diners* gab.

Metallica sagten im März 1987 einen Auftritt bei *Saturday Night Live* ab, weil sich James Hetfield wieder beim Skateboardfahren den Arm gebrochen hatte, und schoben damit ihr Debüt auf der wichtigsten Bühne amerikanischen Fernsehlebens weiter hinaus. Stattdessen heuerten sie Metal Church als Vorgruppe an und absolvierten den Rest der Tournee durch Europa, Amerika und Kanada, die der Busunfall im vorangegangenen Oktober unterbrochen hatte. Tausende von Karten wurden jeden Abend verkauft – während der monatelangen Verzögerung hatte der Thrash Metal einen wilden Aufschwung erfahren. „Das war die beste Zeit meines Lebens", erinnert sich Metal-Church-Sänger David Wayne. „Wir spielten jeden Abend in einer Arena. Selbst die kleinsten Auftrittsorte waren immer noch riesige Hallen. Das war absolut unglaublich. Es haut einen einfach um, wenn man so viele schreiende Metal-Fans sieht. Heavy Metal befand sich auf dem Höhepunkt, und, Alter, das war wunderschön."

Mit *The $5.98 E.P., Garage Days Re-Revisited* präsentierten Metallica den Massen nicht nur den Neuen – Jason –, sondern noch einige andere Veränderungen. Das Album, das am 21. August 1987 veröffentlicht wurde, war schlau nach seinem Ladenpreis benannt. Damit verhinderte man, dass die Plattenläden die EP zum vollen Preis eines neuen Metallica-Albums verkauften, nach dem inzwischen gewaltige Nachfrage bestand. Alle Stücke auf der Platte waren Coverversionen von Metallica-Lieblingssongs, womit sie eine Gepflogenheit fortsetzten, die sie mit „Am I Evil?" und „Blitzkrieg" auf dem Import *Creeping Death* begonnen hatten.

The $5.98 E.P. überraschte das Publikum mit Songs von Kultgruppen wie Budgie, Killing Joke, Diamond Head, den Misfits und Holocaust – Verweise, mit denen sich Metallica ganz klar von den Haarspray-Metal-Superstars Mötley Crüe, die gerade „Jailhouse Rock" von Elvis Presley aufgenommen hatten, abgrenzten.

Diamond Head und Holocaust waren klassische Bands der NWOBHM, in Amerika aber unbekannt. Bei Budgie handelte es sich um eine englische Pubband aus den frühen Siebzigern mit einem Schuss Black Sabbath in ihrem Bier. Killing Joke hatten dazu beigetragen, die sinnträchtige und makabre Postpunkbewegung in Großbritannien zu definieren. Von ihrer Ausrichtung her hatte keine dieser Gruppen etwas mit den vorherrschenden Metal-Trends zu tun – die eklektische Auswahl auf *Garage Days* erklärte den Fans einfach das kulturelle Erbe von Metallica und gewährte ihnen Einblick in die aktuelle geistige Verfassung der Band.

Bei ihrer Auswahl hatten Metallica vieles verworfen und sich beispielsweise gegen Material anderer Hardcore-Bands wie Discharge entschieden, ebenso wie gegen weitere Songs von Diamond Head und der NWOBHM-Weltuntergangsgruppe Witchfinder General – obwohl Titel aus ähnlichen Bereichen ständig auf B-Seiten in limitierter Auflage und auf Importen in die Hände der Fans gelangten. Cliff Burton hatte oft halb sarkastisch den Wunsch geäußert, „Free Bird" von Lynyrd Skynyrd zu spielen, eine typische Rockhymne, der eine gründliche Generalüberholung mit Sicherheit gut getan hätte. Diese altvertraute Nummer aber wollten Metallica ihrem verstorbenen Bassisten doch nicht hinterherschicken.

Die Low-Budget-Veröffentlichung *The $5.98 E.P., Garage Days Re-Revisited* eroberte neue kommerzielle Gefilde und stieg, gerade als *Master Of Puppets* seinen zweiundsiebzig Wochen währenden Lauf in den Albumcharts beendete, in die *Billboard*-Hot-Thirty ein. Im Dezember 1987 wurde die EP mit Gold ausgezeichnet und bewies damit, dass die bescheidene und gelassene Herangehensweise der Band die Fans auf ihrer Seite hielt, während Metallica gleichzeitig rapide an Popularität gewannen. Im Januar 1988 wurde *Kill 'Em All* auf Elektra wiederveröffentlicht. Die nun stark beworbene Debüt-LP, aufgenommen als hastig finanziertes Independent-Projekt einer völlig unbekannten Band, platzierte sich fünf Jahre nach ihrem ersten Erscheinen in den *Billboard*-Charts.

Im Dezember 1987 veröffentlichten Metallica *Cliff 'Em All,* einen Zusammenschnitt verschiedener Camcorder-Bootlegs und Fernsehaufnahmen, zu dessen Höhepunkten mehrere aufschlussreiche freie Basssoli von Burton gehörten. Das größtenteils billig und in Do-it-yourself-Manier hergestellte Filmmaterial stammte überwiegend von Videohändlern aus dem Underground. Nichtsdestotrotz erhielt der Film Platin, wobei Burtons Anteil an seine Eltern, Jan und Ray Burton, ging. Welch ein riesiges Publikum Metallica nun erreichten, ließ sich daran ablesen, dass sie überrascht waren, Briefe von Kids zu erhalten, die verstört darüber waren, dass Burton in *Cliff 'Em All* Marihuana rauchte. Die Botschaft war deutlich: Das Quartett spielte nicht mehr nur für seinesgleichen – jetzt gab es eine jüngere Generation, die zu den Musikern als Vorbilder aufsehen wollten.

Emotional wieder gefestigt und zum Loslegen bereit, stellten Metallica fest, dass ihre Popularität während ihrer Zwangspause sprunghaft angestiegen war. Die Band hatte sich zwar noch nicht ganz auf breiter Front durchgesetzt, stand aber kurz davor, denselben Erfolg zu genießen wie zuvor Quiet Riot und Ratt – Glam-Bands aus Los Angeles, die bereits mehrere Alben vorzuweisen hatten und noch immer Mehrfach-Platin-Auszeichnungen erhielten, obwohl ihre besten Zeiten schon hinter ihnen lagen. Metallica hoben sich nun vom riesigen Heavy-Metal-Underground ab und schickten sich an, mit den Klischees ihrer Szene aufzuräumen und den Heavy Metal der Achtzigerjahre mit einer glanzvollen Abschlussarbeit zum Thema Härte zu krönen.

Mit den allergrößten Erwartungen ließen Metallica den dänischen Studiotechniker Flemming Rasmussen im Januar 1988 in ein Studio in Los Angeles einfliegen, um ihr erstes Studioalbum nach fast zwei Jahren aufzunehmen. Das Team arbeitete mit Rohaufnahmen von Gitarrenriffs und verbrachte die Wintermonate mit Knöpfchendrehen, hochkonzentriert auf die akribische Arbeit, mit der sie die drei Alben, die ihnen ihren sensationellen Aufstieg beschert hatten, noch übertreffen wollten. Dass sie durchaus auch kommerziell dachte, ließ die Band erkennen, als sie zunächst mit dem Produzenten der Guns N' Roses, Mike Clink, aufzunehmen versuchte – schon bald kamen die Musiker wieder auf Rasmussen zurück, nachdem sich ihnen bei den Vorschlägen des Studioprofis mit den „goldenen Ohren", der über keinerlei Erfahrungen mit echtem Metal verfügte, die Nackenhaare aufgestellt hatten. Metallica, ausgezeichnet geführt von ihrem Managementteam bei Q Prime, schienen auf unkonventionelle Art erfolgreich sein zu können. Es zeichnete sich ab: Sollte die nächste Veröffentlichung der Band ohne Radiounterstützung, MTV und Gimmicks Platin erhalten, wären Metallica nicht nur die dreckigere Alternative zum Glam Metal – sie würden ihn ersetzen.

Das vierte Metallica-Album wurde im Frühsommer fertig gestellt, seine Veröffentlichung aber auf die Zeit nach der ausverkauften Monsters-of-Rock-Sommertournee verschoben, bei der sie an der Seite von Van Halen, den Scorpions, Dokken und Kingdom Come durch sechsundzwanzig amerikanische Stadien zogen. 1986 hatte es Ozzy Osbourne nicht geschadet, als er sich auf der sechsmonatigen *Ultimate Sin*-Tour jeden Abend erneut von Metallicas fünfundfünfzigminütigem Set herausfordern ließ: Die Menge liebte Ozzy umso mehr, weil er ihnen eine tolle Vorgruppe präsentierte. 1988 stahlen Metallica den anderen ebenfalls die Show, aber nun sah das anders aus. Was ein geballtes Programm der Besten des Heavy Metal hätte sein sollen, verwandelte sich in eine Dokumentation der Tatsache, dass hier Schwer- und Leichtgewichte gleichermaßen das Staffelholz an Metallica weiterreichten – an jene Band, die eine Klasse für sich darstellte.

Die riesigen Veranstaltungen brachten allabendlich über eine Million Dollar über den Kartenverkauf ein, aber dennoch spielten Van Halen gegen Ende des Abends regelmäßig vor leeren Plätzen, weil sich die zufriedenen Fans bereits verabschiedet hatten. „Das war auf dieser Tour schlicht eine Tatsache", bemerkt Lars Ulrich. Tatsächlich gingen nach Monsters of Rock mehr Fans mit T-Shirts von Metallica nachhause als mit den Souvenirs irgendeiner anderen Band, und Gerüchten zufolge lagen die Merchandise-Verkäufe von Metallica höher als die aller vier Bands zusammen. Nach der Ozzy-Tour hatten Metallica für *Master Of Puppets* die erste Goldene Schallplatte erhalten – während der Monsters-Tour bekamen sie für das Album Platin. Van-Halen-Sänger Sammy Hagar meinte gegenüber *Hit Parader:* „Das werden die neuen Kings of Rock, wartet's ab."

Gegen Ende August 1988 endlich wurde das gewichtige Doppel-Album *... And Justice For All* ausgeliefert und erhielt gewaltige Reaktionen. Die Platte trieb den Metallica-Sound der Thrash-Ära bis an seine Grenzen und bot mehr kraftvolle Riffs und weniger eingängiges Songwriting als alles, was sie seit der endlosen B-Seite von *Kill 'Em All* geschaffen hatten. Wenn *The $5.98 E.P.* auf die breit gefächerten musikalischen Einflüsse der Band verwies, so offenbarte *Justice* die strikte Weiterführung der grundlegenden Lehren auf insgesamt über einer Stunde Musik, aufgeteilt in lange, intelligente, in mehrere Teile gegliederte Epen. Metallica vermieden in diesen Songs die Gitarrensoli und eingängigen Refrains des Gute-Laune-Heavy-Metal, doch statt sich einfach nur eines vom Punk beeinflussten Songwritings zu bedienen, bemühten sie sich auf diesem Album krampfhaft, trotz der lang gezogenen und ermüdenden Songstrukturen ihre Integrität aufrechtzuerhalten.

Das neue Album litt unter dem Verlust einer wichtigen musikalischen Dimension. Cliff Burton hätte wahrscheinlich den Thrash Metal von *Master Of Puppets* vertieft, anstatt einfach nur dessen Spielzeit zu verlängern. Darüber hinaus schien *Justice* unter großem Druck produziert worden zu sein – der Mix ließ den Bass zugunsten des überproduzierten Klapperns von Lars Ulrichs Schlagzeug vollkommen verschwinden. Die typischen Rhythmusgitarren wurden abgeschafft, und Headbanger mussten zuhause selbst Hand an die Regler legen, um das sanfte Gleichgewicht zwischen Feinheit und Kraft wiederherzustellen. Indem sie jedoch ihre rhythmischen Riffs intensivierten und offen darlegten, eroberten Metallica die Kritiker durch musikalische Ernsthaftigkeit. „Das rasante Tempo der Band und die musikalisch atemberaubenden Passagen würden auch noch den elitärsten Fusion-Jazz-Aficionado beeindrucken", schwärmte der *Rolling Stone.* Das bedeutete natürlich nicht, dass das renommierte Rockmagazin den Thrash Metal plötzlich zu schätzen gewusst hätte – nur zwei Wochen zuvor hatte man dort das meisterhaft abgemischte *South Of Heaven* von Slayer als „echt ärgerlichen satanischen Unsinn" abgetan.

Wie erhofft waren die Themen auf *Justice* ausgesprochen ernst und ließen eine aufgeklärte sozialkritische Sichtweise erkennen, die auf den Hardcore Punk zurückging. „Blackened" verdammte den Schaden, den die Eingriffe der Menschen der Natur zufügten, während „... And Justice For All" das Versagen der Justiz anprangerte. In dem sanften und von religiösen Bildern geprägten „To Live Is To Die" kamen Riffs und Texte von Cliff Burton zum Einsatz. Bei „Dyer's Eve" kam der vom Glauben abgefallene Christian Scientist in James Hetfield zum Vorschein – der Song handelte vom Schmerz einer Familie, in der Disziplin über Gefühle triumphiert. „Wahrscheinlich denkt ungefähr die Hälfte unserer Fans tatsächlich darüber nach; der anderen gefällt einfach die Härte unserer Musik", meinte Jason Newsted gegenüber AP bezüglich der hochgelobten Metallica-Texte. „Die kennen den Text vom Refrain, und das war's. Die andere Hälfte taucht richtig hinein und findet harte, richtig harte Interpretationen. Sie neigen dazu, alles zu sehr zu analysieren. Mir gefällt es besser, wenn sie sich mit dem beschäftigen, wovon der Song eigentlich handelt, aber wichtig ist mir vor allem, dass sie die Musik gern hören."

Beinahe jede größere Zeitung in den Vereinigten Staaten beeilte sich nun, dieser intelligenten „neuen" Richtung des Heavy Metal, die man also Thrash nannte, Anerkennung zu zollen. Heavy Metal machte nun auch Schlagzeilen: SCHWERMETALL UND BEDEUTUNGSSCHWERE WORTE titelte beispielsweise die *New York Times* über Metallica. Die *Washington Post* schrieb: METALLICA AUF PLATIN-KURS: DER DEZIBELSTARKE ABSCHIED DER BAND VON IHREN HEAVY-METAL-MUSTERN. Und die Zeitung ihrer einstigen Heimatstadt, die *Los Angeles Times*, säuselte sogar: METALLICA UND DIE POESIE HARTER AKKORDE: DER NEUE METAL-SOUND IST MUSIK FÜR DIE SEELEN WEISSER VORSTADTJUNGS.

Ungeachtet klanglicher Mängel rückte das unerbittliche *Justice* unverzüglich als erste Metallica-Platte in die *Billboard*-Top-Ten. Knapp acht Jahre nach ihrer Gründung hatten Metallica ganz cool den Mainstream erreicht, waren Giganten geworden. „Das heißt, dass wir immer noch machen können, was wir wollen – und den Leuten gefällt es", erzählte ein verblüffter Newsted der Nachrichtenagentur AP. „Ich kann's gar nicht fassen. Es ist echt komisch, wenn man sich die *Billboard*-Charts ansieht, und da steht das Album dann neben Whitney Houston und INXS." *Justice*, das an den Meilensteinen etablierter Künstler vorbei nach oben schoss, erhielt nur neun Wochen nach seiner Veröffentlichung, zu Halloween 1988, gleichzeitig Gold und Platin. Von dem ehrgeizigen Doppelalbum wurden seither sieben Millionen Exemplare umgesetzt, und es verkauft sich noch immer – einer der leidenschaftlichsten und kompromisslosesten musikalischen Erfolge, die jemals aufgenommen wurden.

Während Metallica mit gebleckten Zähnen der Ehrenhaftigkeit entgegenthrashten, entwickelten ihre Mitstreiter eigene Visionen des Erwachsenwerdens. Holy Terror und Testament hatten nach *Master Of Puppets* raffinierte melodische Kniffe in ihren von der Bay Area geprägten Thrash Metal eingebaut. Slayer, deren *Reign In Blood* die Herzen der Hochgeschwindigkeitsfanatiker 1986 hatte höher schlagen lassen, kehrten ein Jahr später mit *South Of Heaven* zurück und wagten es, langsamer zu spielen. Statt der siedend heißen Grindcore-Brigade von Napalm Death in die Besinnungslosigkeit ihres Schnellfeuers zu folgen, besannen sie sich auf ihre Wurzeln und drosselten mit *South Of Heaven* die großartigen Gitarren auf das leichter verdauliche Tempo von Judas Priest. Durch diese Veränderung schufen Slayer ein dauerhaftes und facettenreiches Meisterwerk, das *Sad Wings Of Destiny* von Judas Priest durchaus ebenbürtig war und ähnlich große Anerkennung erntete.

Die Meister des Thrash Metal hatten die Lektionen des Hardcore Punk eifrig aufgesogen und schritten nun weiter voran, während sich der Underground mit unbekanntem Ziel in die klangliche Vergessenheit verabschiedete. In dieser Hochphase des Heavy Metal gab es in der kommerziellen Arena durchaus Platz für kreative Musik, die elegant und gut durchdacht umgesetzt wurde. Die Metal-Szene hatte bereits bewiesen, dass sie sehr viel anstrengendere Bands hervorbringen konnte, aber der brillanteste Sound entstand aus einer Synthese zwischen Tradition und radikalen neuen Einflüssen. Tony Iommi von Black Sabbath hatte einmal gesagt: „Wir gingen davon aus, dass es das Ende der Band bedeutet hätte, wenn wir nicht in ihr hätten erwachsen werden dürfen."

Ende der Achtzigerjahre sorgten Celtic Frost und Voivod für Eklektizismus, Experimentierfreude und erstaunlich reife Elemente. Die schon immer progressiven Celtic Frost hatten in den drei kurzen Jahren, seit sie sich aus den Trümmern von Hellhammer formiert hatten, riesige Fortschritte gemacht. Für *Into The Pandemonium* von 1987 hatte die Band vier Wintermonate mit klassischen Musikern und Opernsängern in einem Berliner Aufnahmestudio verbracht. Das Schweizer Trio kombinierte Friedhofs-Thrash mit Chören, lateinamerikanischen Perkussionsinstrumenten und Synthesizern, was ihre Fans faszinierend und ihre Geschäftspartner erschreckend fanden. „Unser Label, Noise Records, war ein junges, ehrgeiziges Unternehmen, das die heftigste Band der Welt haben wollte", meint Tom Warrior. „Als wir ihnen sagten, wir würden ein echtes Avantgardealbum machen, hatten sie keine Ahnung, was zum Teufel das bedeutete. Es war die Zeit von Exodus, Metallica, Slayer und Anthrax, und etwas in dieser Art hatte die Firma auch erwartet."

Stattdessen wurden auf „One (In Their Pride)", einem Proto-Industrial-Track, mit dem sie sich vor den Belgiern Front 242 verneigten, Drum-Computer und Sampler eingeführt. „Der Dance-Track hat mich im ersten Moment echt umgehauen, und ich bin wahrscheinlich nicht der Einzige", sagt der Bassist von Nuclear Assault, Dan Lilker. „Aber ich glaube, zu dem Zeitpunkt waren die Leute auch schon durch Sachen auf *To Mega Therion*, durch die weiblichen Gesangsstimmen und die Orchestrierung, auf den Avantgardekram vorbereitet." Tatsächlich: Wie Metallica bereits durch ein mit Platin ausgezeichnetes Album voller achtminütiger Stücke bewiesen hatten, ließ der Metal-Markt den Bands noch ungeahnte Spielräume.

Celtic Frost unterliefen die Begeisterung für Thrash-Metal-Neufassungen, die Metallica mit *The $5.98 E.P.* losgetreten hatten, und brachten eine ungewöhnliche Version des New-Wave-Hits „Mexican Radio" von Wall of Voodoo heraus. Als Mitarbeiter von Noise Records ins Studio kamen, um sich das noch unfertige Werk anzuhören, klang das in ihren Ohren ganz und gar wie ihr finanzieller Ruin, nichts anderes. „Anstatt sich auf das Risiko einzulassen, wollten sie uns dazu zwingen, den Sound zu verändern", sagt Warrior. „Aber das Album hatte bereits viel zu viel gekostet, und Änderungen waren nun unmöglich. Zu der Zeit wusste niemand, ob sich das verkaufen würde, aber heute gilt *Pandemonium* natürlich als das wichtigste Album der Band."

Voivod, die Labelkollegen bei Noise Records, die Celtic Frost in Bezug auf eigenwillige Individualität in nichts nachstanden, hatten inzwischen die komplette Entwicklung von unterirdischen Lärmvertretern zu Intellektuellen der Post-Thrash-Metal-Ära durchlaufen. Die Band, die zum ersten Mal neben Hellhammer auf *Metal Massacre V* in Erscheinung getreten war, verwandelte die auf ihrem 1984 erschienenen Debüt *War And Pain* deutlich erkennbare lärmende Verehrung für Motörhead vier Jahre später in einen sauberen und gleichzeitig heftigen polyrhythmischen Sciencefiction-Slam. Von ihrem eiskalten Stützpunkt in Montreal aus klagte die französischsprachige Band über die von der Technik forcierte Entfremdung der Menschheit und die Angst vor dem Unbekannten. Das vierte Album *Dimension Hatross* stellte 1988 den fortschrittlichen Höhepunkt ihrer Entwicklung dar: Dröhnende Drums droschen auf eine Schicht bewusstseinserweiternder Gitarrenakkorde ein, wobei beide Elemente in ein System mechanischer Härtesounds eingebettet waren. Ihre bis ins kleinste Detail ausgearbeitete Musik ahmte die Kakofonie einer Landschaft konkurrierender Fabriken nach, und trotzdem wirkte ihre Menschlichkeit überwältigend.

Voivod verkörperten die Suche des Metal nach ausgeprägten sinnlichen Erfahrungen, sie waren tief in einem alternativen Universum verwurzelt, das sie durch ihre eigene Musik heraufbeschworen. Der Schlagzeuger Michael Langevin alias Away war ein talentierter bildender Künstler, der stark von den französischen Illustratoren der Zeitschrift *Métal Hurlant* beeinflusst war. Away gestaltete alle Voivod-Plattenhüllen und experimentierte bei den Videos für *Dimension Hatross* mit früher Computeranimationstechnik. „Wir haben immer über alles Mögliche geredet", meint der Sänger von Voivod, Denis Belanger alias Snake, „uns von Büchern inspirieren lassen und auch Sciencefiction-Zeitschriften wie *Omni* gelesen. Innerhalb des Konzepts von Voivod haben wir versucht, Fiktion mit Wirklichkeit zu mischen, und daraufhin haben sich diese drei

Elemente gegenseitig geprägt. Musik ist dazu da, dass man sich anders fühlt als im normalen Leben, und das erwarte ich auch von ihr."

Die Generation, die mit Heavy Metal aufgewachsen war, kam nun ins Collegealter und war bereit für innovative Klänge und Ideen. Als das Majorlabel MCA Records Voivod 1989 unter Vertrag nahm, hörte man auf *Nothingface,* der fünften LP der Band, konventionellere Töne; mit der Coverversion von Pink Floyds „Astronomy Domine" enthielt sie sogar einen kleineren Hit. Der bekannte Song machte in dieser ungewöhnlichen Version neue Zuhörer auf die merkwürdigen Erfindungen von Voivod aufmerksam. So, wie Pink Floyd dem Rock 'n' Roll zwanzig Jahre zuvor neue Möglichkeiten eröffneten, ließen Voivod sehr viel Verstand in den Metal fließen – wobei sie noch immer mehr als genug Energie besaßen, um dem durchschnittlichen Thrasher eine ordentliche Gänsehaut zu verpassen. Wie auch die vorangegangen Voivod-Alben beschäftigte sich *Nothingface* mit den großen Themen einer Zivilisation, die erst durch Technologie bereichert und schließlich in Verderbnis gestürzt wird. Die Songs „Pre-Ignition" und „Missing Sequences" beschreiben eine Art mythische Metallvergiftung bei Robotern, womit sie auf eine tatsächliche, durch Aluminium verursachte Epidemie von Alzheimer-Erkrankungen entlang des Sankt-Lorenz-Stroms, der durch Montreal fließt, anspielten.

Selbst die Glam-Szene zeigte Anzeichen von Kultiviertheit und brachte als Gegengewicht zu Kettensägen schwingenden Newcomern wie Jackyl auch Bands wie Tesla und Extreme hervor. 1985 – allgemein kein besonders gutes Jahr für komplexen Metal – hatten sich Mercyful Fate, eines der kreativen Juwele der frühen Achtzigerjahre, im Streit über ihre kommerzielle Richtung getrennt. Nur wenige Jahre später erwies sich der Mainstream-Ansatz des Gitarristen Hank Shermann als aussichtslos, während Sänger King Diamond mit der Weiterführung des schaurigen Horrors von Mercyful Fate die Charts besetzte. King Diamond schöpfte aus den klassischen Geistergeschichten des Heavy Metal, machte aber auch Zugeständnisse an den Thrash, indem er sich mit sozialen Themen beschäftigte, die er unter dem Stichwort „Lebensphilosophie" zusammenfasste – die Geheimnisse menschlicher Beziehungen. Sein 1987 erschienenes Album *Abigail* war eine Horrorgeschichte aus dem achtzehnten Jahrhundert, die zahlreiche aktuelle Anspielungen enthielt. „Es beschäftigt sich mit so genannten Bastarden, mit außerehelich geborenen Kindern", sagt er. „Kinder, auf die hinabgesehen wird, weil ihnen Mutter und Vater fehlen. Vizepräsident Quayle machte beispielsweise einmal diese tolle Bemerkung, dass alle Kinder eine Mutter und einen Vater haben sollten."

Wenn King Diamond nun von Hexen sang, so tat er das in dem Bewusstsein, dass dieses Wort in vielen Teilen Europas im neunzehnten Jahrhundert schlicht auf unverheiratete Frauen angewendet wurde. „Zu der Geschichte von *Abigail* wurde ich inspiriert durch das, was meiner eigenen Mama passiert ist", erklärt er. „Meine richtige Großmutter – eine blöde Schlampe, mal ganz im Ernst – war Bedienstete bei einem Professor in Dänemark, und sie wurde von dessen Sohn schwanger. Das war ein Riesenskandal – sie musste das Kind anderswo unterbringen. Meine Mutter wurde von einer netten Familie großgezogen, aber später nahm sie Kontakt mit meiner Großmutter auf und zog in einen anderen Teil Dänemarks, um sie zu pflegen, als sie krank wurde. Eines Tages kam ein Nachbar vorbei, und meine Mutter hörte eine Unterhaltung mit an: ‚Wer ist denn die nette Frau, die jetzt bei Ihnen wohnt?' Und meine Großmutter sagte: ‚Ach, das ist eine alte Freundin.' Sie hat nicht mal zugegeben, dass sie eine Tochter hatte. Hinter jedem Song, den wir machen, steckt eine ganze Menge echt tiefsinniges Zeug, und wenn man solche Fragen aufwirft, dann berührt das jeden."

Schon bald bevölkerten nicht nur die „Big Four" – Metallica, Slayer, Megadeth und Anthrax –, sondern auch Recken aus der zweiten Reihe wie Exodus, King Diamond, Metal Church und Testament die *Billboard*-Charts und verlangten verstärkt professionelle Unterstützung. Als die gesamte Thrash-Metal-Szene in die erste Liga wechselte, reservierte MTV schließlich eine halbe Stunde von *Headbangers Ball* für diese Bands, und es entstanden kommerzielle Zeitschriften wie *Creem Thrash Metal*, um sie einem landesweiten Publikum näher zu bringen. Plötzlich bekamen es Independent-Labels wie Metal Blade und Megaforce mit Albumverkäufen in Höhe von hunderttausenden zu tun.

Über viele Jahre hinweg waren auf Metal spezialisierte Firmen Familienbetriebe gewesen. Diese Unternehmer gründeten nun vernünftig eingetragene Gesellschaften, schlossen sich mit Majorlabels zusammen und hielten gleichzeitig die vertraglichen Bindungen zu den Nachwuchsbands aufrecht. „Johnny Z. war wie ein Metal-Händler an der Börse, und Marsha Zazula arbeitete für Mattel", sagt Maria Ferrero, eine ehemalige Mitarbeiterin von Megaforce Records. „Sie hatten keine Ahnung vom Musikbusiness. Wir haben alles von der Pike auf gelernt, und das ist immer am besten – wenn man sich auf seinen Verstand und seinen Geschmack verlässt und nicht einfach mit Geld um sich wirft."

Der Erfolg von Metallica ließ vermuten, dass die Zukunft nicht im Glam Metal aus Hollywood lag – Majorlabels waren jetzt gezwungen, die Trendsetter des Undergrounds zu umwerben, anstatt an vorgefertigten Formeln herumzubasteln. Infolgedessen sahen sich die Independent-Unternehmer, die im Teich des Undergrounds zu den ganz großen Fischen gehörten, gezwungen, die Haie der Mainstream-Musikindustrie abzuwehren. Sie hatten heiße Ware, und ihre Vermögenswerte wirkten auf Aasfresser verlockend. „Ende der Achtziger und Anfang der Neunziger, als Metal richtig groß wurde", erinnert sich Brian Slagel von Metal

Blade, „gaben die Majors so viel Geld aus, dass es echt schwer war, mit ihnen zu konkurrieren. Wir hatten fünfzehn oder zwanzig Angestellte, die zu Majors wechselten. Fast wie bei einer Band, die man entdeckt, aufbaut und die dann groß wird."

Aus Collegeradios, Fanzines und Wohnzimmerlabels entstand eine eigenständige Heimindustrie. Der CMJ Music Marathon, eine jährliche Konferenz, die den Programmgestaltern der Collegesender einen Einblick in die Musikindustrie und deren Kalkulationen gewährte, führte den Metal-Marathon ein, der auf die zweihundert amerikanischen Radiosender mit speziellen Metal-Sendungen zugeschnitten war. Das Promotionunternehmen Concrete Marketing, das gegründet wurde, um Metal-Platten in die Läden und Ätherwellen zu bringen, rief das Foundations Forum ins Leben – eine jährlich stattfindende Metal-Handelsmesse in Los Angeles. Wollte man Metal verkaufen, hatte man ganz besondere Kniffe zu beachten. Anders als bei Popmusik, deren Hörern es nichts ausmachte, wenn sie gesagt bekamen, was sie denken sollten, suchten Heavy-Metal-Fans ständig selbst nach neuen Informationen und waren daher sehr viel weniger leicht beeinflussbar. Ausgebuffte Labels wie Roadrunner und Combat versuchten die Underground-Codes mit Straßenverkaufstechniken zu knacken – zum Beispiel brachten sie Vorab-Tracks von bevorstehenden Veröffentlichungen auf Cassetten heraus, die wie Demotapes aussahen.

Was Auftrittsmöglichkeiten anging, bekam der Thrash Metal schon bald sein eigenes jährliches Konzertfestival in Amerika, das Milwaukee Metalfest, das als Antwort auf die jährlich in Europa stattfindenden Ereignisse wie das *Aardschok*-Festival in Holland und die Metal-Großveranstaltung Monsters of Rock im englischen Castle Donington entstand. Beim ersten Milwaukee Metalfest – organisiert von demselben Konzertveranstalter, der auch Raven und Metallica 1983 in den Mittleren Westen geholt hatte – spielten King Diamond neben Nuclear Assault, Hallow's Eve, At War, Sacrifice, Trouble, Death Angel, Death, Zoetrope und Kublai Khan, einer Band mit dem ehemaligen Gitarristen von Megadeth, Greg Handevidt. Es war ein traumhaftes Line-up – obwohl viele andere Bands angekündigt waren, die ihre Teilnahme jedoch noch nicht bestätigt hatten und daher reine Tagträume blieben. „Wegen der Größe der Halle war es der Albtraum einer jeden Thrash-Band", setzt Dan Lilker von Nuclear Assault hinzu. „Wenn man schneller als eine Power-Metal-Band spielte, brach die ganze Technik zusammen. Es stand Equipment rum, das schon den ganzen Tag lang von den anderen bearbeitet worden war. Aber wir haben viele Leute und Freunde aus der ganzen Welt getroffen. Wir hatten immer von den Festivals in Europa, wie dem Dynamo, gehört, aber wir hatten so was hier nicht. Anscheinend ist das einfach kulturell eine andere Sache – in Europa sind die Leute nicht so verwöhnt. Die schlafen auch drei Tage lang in einer Schlammkuhle."

Regelmäßige und ausgedehnte Tourneen waren die Stützpfeiler des Heavy Metal, und sie hatten Judas Priest, Iron Maiden und Dio von den Bedingungen der kommerziellen Radiosender unabhängig gemacht. Jetzt wurden Anthrax, Megadeth, Slayer und Metallica durch den harten Tourplan auf die Probe gestellt. Sie waren durch den Cassettentausch groß geworden, inzwischen aber Headliner eigener Stadiontourneen, die mit den erfahrenen Crews etablierter Veranstaltungsorte arbeiteten. Dan Lilker erinnert sich an den Wandel, als er plötzlich feststellte, dass Nuclear Assault auf dem gleichen Plattenlabel veröffentlichten wie R.E.M. – von den Punkkaschemmen zu den großen Showauftritten für die Söldner der Musikindustrie mit Pferdeschwänzen und Satinjacken. „Wir bekamen es mit der ganzen polierten Oberfläche zu tun, aber wir haben einfach ein bisschen gelacht und es mit Vorsicht genossen", meint er. „Das hat es einfach auch interessant gemacht, solche Leute zu treffen."

Nachdem sie ihren Widerstand lange genug ausgekostet hatten, nahmen Metallica schließlich in der ersten Dezemberwoche 1988 ihr erstes Video für MTV auf – womit sie spät dran waren, wenn man bedenkt, dass das Album bereits Platin erhalten hatte. Das siebeneinhalbminütige „One" war meilenweit entfernt von der typischen Handelsware von Mötley Crüe oder Poison, die sich mit Strippern, Schals und Rasierschaumschlachten visuell interessant machten. „One", ein langer, düsterer Clip einer Band, die mächtig genug war, ihre eigenen Bedingungen zu diktieren, verband das schlichte schwarzweiße Filmmaterial der Musiker mit Szenen aus dem Film *Johnny zieht in den Krieg* von Dalton Trumbo von 1971. Auf diese Weise führten sie das Antikriegsthema von „For Whom The Bell Tolls" auf *Ride The Lightning* und „Disposable Heroes" von *Master Of Puppets* fort – und bekamen dafür ebenso viel Beifall der Kritiker.

Wie geschmackvoll und aussagekräftig ihr erstes Rockvideo auch war, Metallica gehörten nun zum Mainstream der Unterhaltungsindustrie. Beschwerden aus Metal-Kreisen, die ersten Anzeichen einer Gegenreaktion, ließen sich nicht vermeiden. „Metallica werden überschätzt, weil sie eben Metallica sind", meinte der Sänger von S.O.D., Billy Milano. „Es ist einfach so, dass Sabbath diesen Sound schon vor vierzehn Jahren hatten. Vor zwölf Jahren haben sie heftiger gerockt als alle anderen heute. Härter als Sabbath kann man nicht werden. Sabbath legten den Grundstock für alles."

Metallica waren ganz zweifellos eine echte Sensation, doch als die Fans sie unter Beschuss nahmen, zwang sie das dazu, auf dem Boden zu bleiben und der Versuchung zu widerstehen, sich den Erfolg zu Kopf steigen zu lassen. Und was würde schließlich Cliff Burton von all dem gehalten haben? In dem *Cliff 'Em All*-Video – das nun ebenfalls vielfach mit Platin ausgezeichnet wurde – sagte er in einem Interview: „Wir legen es nicht drauf an, groß und chic zu werden. Das sind nur wir, und wir machen, was wir machen. So soll das auch bleiben."

Früher hatten Patronengürtel und lange herumfliegende Haare visuell für Aufregung gesorgt, jetzt standen Metallica vor der Herausforderung, hunderttausende neuer Fans als Headliner im Stadion unterhalten zu müssen. „Wir brauchen keine fünfzehn Meter hohen Drachen, um Karten zu verkaufen", beharrte Lars Ulrich gegenüber *Kerrang!*, aber schon bald passten sie ihr Anti-Image den Erwartungen an, denen eine Band im Arenaformat genügen musste, und James Hetfield übernahm die schwarzen Jeans, Stulpenhandschuhe und ärmellosen schwarzen T-Shirts von Glenn Danzig. Obwohl viele Showbiz-Traditionen der Ethik der Band widersprachen, entwickelten Metallica rasch eine Kulisse im großen Stil. Passend zu den von Leitartikeln beeinflussten Texten gehörte zum Bühnenbild eine hoch aufragende Statue aus falschem Marmor, die Justitia darstellte – am Ende eines jeden Abends stürzte sie in sich zusammen und sollte das Publikum zum Nachdenken über den Verfall des amerikanischen Justizsystems anregen.

Auch King Diamond konnte nun, da er mehr Anerkennung erhielt, mit einem Budget arbeiten, dessen Höhe seinen ehrgeizigen Vorstellungen entsprach. Auf seiner *Them*-Tournee schleppte der mystische Metaller 1988 eine an den Broadway erinnernde Bühnenshow durch Veranstaltungsorte in ganz Amerika. Die Geisterinszenierung, zu der auch eine Schauspielerin gehörte, die in einer Doppelrolle die spärlich bekleidete Heldin Missy und deren humpelnde Großmutter spielte, war mitsamt zweistöckigem Spukhaus, einem Rollstuhl, einer Teekanne und vielen Kilogramm Pyrotechnik unterwegs. Dieser ganze unterhaltsame Quatsch wurde von einem zehnminütigen Medley aus Mercyful-Fate-Songs gekrönt – ein merkwürdiger Umgang mit sakrosankten Metal-Klassikern, den Metallica später kopierten. Wenn Thrash Metal eines Tages den Stoff für eine Las-Vegas-Show liefern sollte, dann wäre King Diamond der ideale, Theaterblut trinkende Conférencier und könnte, angetan mit seinem schwarzen Zylinder, seinem Markenzeichen, den Mikroständer in Form eines Knochenkreuzes wie den Stock eines Entertainers schwingen.

Songs über ungerechte Verteilung des gesellschaftlichen Reichtums und das Justizsystem hätten zu keinem besseren Zeitpunkt erscheinen können: Thrash Metal sprach weiterhin ein amerikanisches Publikum an, das bereit war, sich der nüchternen Realität zu stellen. Als nach zehn Jahren des relativen Wohlstands die Rezession und verschleierte Kriege ausbrachen, begann das Land nach einer Musik zu verlangen, die den bewegten Zeiten starke Gefühle und Kampfgeist entgegensetzte. Selbst die Fantasy-Meister wandten sich Texten zu, die vor Sozialrealismus strotzten. „Ich konnte den Leuten nicht mehr sagen: ‚Geht und träumt was, wird schon wahr werden'", meint Ronnie James Dio, „weil niemandes Träume mehr wahr wurden."

Die soziale Botschaft von Metallicas ... *And Justice For All* spiegelte sich in einem ebenfalls von der Kritik begeistert aufgenommenen Album aus dem Jahr 1988, *It Takes A Nation Of Millions To Hold Us Back* von Public Enemy, einem Meisterwerk der Rapmusik. Die Musiker Chuck D und William Drayton alias Flavor Flav zeichneten ihr eigenes trostloses Bild der amerikanischen Justiz, indem die Band aufsässig hinter Gefängnisgittern von der Plattenhülle starrte. Public Enemy erwähnten Anthrax sogar in Songs wie „Bring The Noise" und „Black Steel In The Hour Of Chaos", deren Titel von einer Wortwahl geprägt waren, die durchaus typisch für den Metal war.

Die Musik von Public Enemy, produziert von der innovativen Bomb Squad, offenbarte ein beinahe orchestrales Niveau übereinander geschichteter digitaler Samples, unter anderem auch aus „Angel Of Death" von Slayer, ihren Labelkollegen bei Def Jam. „Der eigentümliche Stil von *It Takes A Nation Of Millions* entstand aus dem, was [Def-Jam-Gründer] Rick Rubin bereits mit Run DMC gemacht hatte", sagt Chuck D. „Wir haben einfach den Einsatz erhöht und auf noch durchgeknalltere Musik gesetzt. Wir mochten das aggressive Zeug, und wir konnten auf alles rocken. Das Slayer-Sample in ‚She Watch Channel Zero' hat ein starkes Thema reingebracht. Meine Stimme hat die Power, solchen Krach zu durchdringen, ebenso Flavors, der von Natur aus höher klingt. Wir hatten nie vor irgendeinem Sound oder irgendeiner Art von Musik Angst."

Wenn Public Enemy Metallica waren, dann konnten die Rapper NWA, die mit *Straight Outta Compton* 1988 ihr Albumdebüt hinlegten und Aggression statt Umsicht vertraten, als Gegenstück zu Slayer gelten. Wie bei Slayer waren auch ihre Alben mit den vom PMRC befürworteten Parental-Advisory-Aufklebern versehen, obwohl NWA bereitwillig saubere Versionen aufnahmen, um die Verkäufe zu steigern. Mit zumindest einem Text reagierten NWA auf den Boykott der Band durch kommerzielle schwarze Radiosender und MTV mit vertrauter Aufsässigkeit im Stil von Metallica: „Fuck crossover to them / let them cross over to us – Scheiß drauf, zu denen zu gehen / sollen die doch zu uns kommen." In der Umgangssprache des Heavy Metal: Tod den Posern.

Wie Metallica und ihre Kollegen bei Megaforce Records erreichten NWA zunächst durch Independent-Alben, die durch Mundpropaganda an Popularität gewannen, Verkäufe in Platin-Höhe. Diese bissigere Rapmusik öffnete vielen die Augen und entsprach der widerspenstigen Haltung des Heavy Metal in vielerlei Hinsicht: Wütende Texte wurden großspurig gesungen, was erschrockene Reaktionen seitens der Mächtigen hervorrief. „Megaforce baute auf Metal auf", sagt Chuck D. „Das war immer aufsässig und gegen den Status quo: ‚Fuck that and fuck this.' [Die Indie-Rap-Labels] Def Jam und Ruthless vertraten andere Ideale, aber grundsätzlich lief es dort ähnlich. Unabhängigkeit, Aufsässigkeit ... Macho-Einstellung. Von wegen: ‚Ich werd mich nicht krumm machen und tun, was alle anderen tun. Wir machen unser eigenes Ding.' Ich stand auf diese rebellische Art."

So, wie auch Heavy Metal oft wegen der toupierten MTV-Persönlichkeiten häufig abgelehnt wurde, so lachte man wegen der Top-Forty-Leichtgewichte wie MC Hammer oder Tone Loc mit seinen Van-Halen-Samples über Rap. Trotz dieser Stereotype aber hatten sich die Heavy-Metal- und die HipHop-Szene lange genug neugierig und voller Bewunderung gegenseitig beäugt. *Wheels Of Steel* war der Titel eines Saxon-Albums, lange bevor der Ausdruck zum gängigen Begriff für zwei DJ-Plattenspieler wurde, und die frühen Mixe von Grandmaster Flash und DJ Afrika Bambaata bauten auf Breakbeats von Black Sabbath und AC/DC auf. Bei „Dope Beat" von Boogie Down Productions von 1987 rappte der Chef KRS-One über ein wohl vertrautes Intro, das sich aus zwei gleichzeitig gespielten „Back In Black"-Platten von AC/DC zusammensetzte. Als Samples eine immer größere Bedeutung erlangten, legte der Rapper Ice-T dem Titelstück seines 1987 erschienenen Debütalbums *Rhyme Pays* „War Pigs" von Black Sabbath zugrunde und schuf später „Midnight" auf der Basis des unheilvollen Tracks „Black Sabbath" selbst. Die einflussreichen Jungle Brothers bauten einen Track ihrer zweiten LP auf Bill Wards knackigem Drumbreak aus Sabbaths „Behind The Wall Of Sleep" auf.

Der nachteiligste Aspekt dieser Entwicklung war möglicherweise, dass talentierte afroamerikanische Musiker wegen des ungeheuren Erfolgs des Rap in den Neunzigerjahren vom Heavy Metal weggelockt wurden. Obwohl Heavy Metal stereotyp als „weiße Musik" verstanden wurde, transportierte er vor allem eine Botschaft aus einem Bereich außerhalb der vorherrschenden Kultur, und Rassenunterschiede blieben in seiner Welt dem Talent untergeordnet. Der ursprüngliche Schlagzeuger von Judas Priest, Chris Campbell, war ein englischer Schwarzer. Der hoch geschätzte Sänger von Thin Lizzy, Phil Lynott, war ebenso schwarz, wie er Ire war. Der erste Leadgitarrist von Metallica, Lloyd Grant – der Einzige in der Band, der das Gitarrensolo von „Hit The Lights" auf *Metal Massacre* spielen konnte – war Jamaikaner. Es erübrigt sich zu erwähnen, dass die Hautfarbe von Künstlern nur einen Aspekt der Gleichung darstellte – einen Aspekt, der für die wahre Seele des Metal nie besonders ausschlaggebend war.

Der multiethnische Einfluss auf die Entwicklung des Metal war bemerkenswert vielfältig, wenn sich nicht gar vollkommene Farbenblindheit einstellte – selbst Slash, Gitarrist der stolzen Rednecks Guns N' Roses, hatte eine afroamerikanische Mutter. Zwei schwarze Musiker aus Chicago waren maßgeblich an der Gründung der Thrash-Metal-Szene der Stadt beteiligt: der riesenhafte, zwei Meter zehn große Gitarrist Ian Tafoya von Znowhite und der in Jeans gekleidete Bassist Calvin Humphrey von Zoetrope. In Cleveland, Ohio, drückte eine hoch geschätzte, rein schwarze Power-Metal-Band unter dem leicht ironischen Namen Black Death alle Poser an die Wand.

Die Underground-Legende Katon W. DePena von Hirax – ein Einmannwirbelwind mit einem riesigen Netz von Briefkontakten – behielt seinen ungewöhnlich hohen Gesangsstil bei, als sich Hirax vom Power Metal zum Metalcore hinbewegten. Nach seiner einzigartigen Stimme befragt, führte er den Soulsänger Sam Cooke aus den Fünfzigerjahren als maßgeblichen Einfluss an. An der kommerziellen Front gab es Sound Barrier aus L. A. und die später mit Platin ausgezeichneten Living Colour aus New York. Der Meister des technischen Zerschredderns, Tony MacAlpine, gehörte ganz oben auf das Pantheon der Gitarrengötter der Achtzigerjahre und war von Jimi Hendrix' Griffbrettstimme beeinflusst.

Die Metal-Musiker der Vereinigten Staaten begannen natürlich, sich mit Rap zu beschäftigen, und sie gingen wie die ausländischen Bands Voivod und Celtic Frost kreative Risiken ein. Wieder einmal traten Anthrax in einer entscheidenden Phase auf den Plan. Anthrax konnten einer neuen Entwicklung nie widerstehen – abgesehen davon, dass sie sich mit S.O.D. auf Punk eingelassen hatten, liebte es die Band, ihre Nebeninteressen, wie Skateboardfahren und Comics, zum Thema zu machen. Unter den vielen vergoldeten Alben der Band tummelte sich ein einziger Platin-Erfolg: *I'm The Man*, eine EP von 1988, die auf eine weniger bekannte Zusammenarbeit mit den R&B-Rappern UTFO folgte, mischte sich Metal mit Rap. Anthrax hatten ein Gespür für das sie umgebende musikalische Klima, ein Umstand, der sich für sie „manchmal schon fast nachteilig auswirkte", meint der spätere Sänger John Bush. „Sie rappten und spielten [den Protestsong der amerikanischen Ureinwohner] ‚Indians', bei dem zwei verschiedene Arten von Musik zusammengebracht wurden, und zwar zu einer Zeit, als das überhaupt nicht trendy war. Sie sind dem allgemeinen Denken immer voraus – übermäßig intelligenten Leuten passiert so was."

Den gescheitesten Zusammenschluss von Thrash-Metal- und Rap-Einflüssen aber boten Faith No More aus San Francisco, eine Band mit einem schwarzen Frontmann, einem schwulen Keyboarder und einem Gitarristen, der ständig eine Knarre mit sich herumtrug und außerdem zusammen mit Cliff Burton aufgewachsen war. „We Care A Lot", der sarkastische Collegeradiohit aus dem Jahr 1987 von Faith No More, stellte ein Kuriosum dar, das es wagte, die Kluft zwischen S.O.D. und leichterer Fun-Musik zu überbrücken. Die merkwürdige synthesizerlastige Band profitierte enorm von der freundlichen Unterstützung durch Metallica, ihre Verbündeten vor Ort, die bei jeder Gelegenheit den unorthodoxen Ansatz der Band lobten. Ein Kritiker spöttelte: Wenn James Hetfield das T-Shirt einer Band auf der Bühne trug – oder wie im Fall von Faith No More auf der Coverrückseite der *The $5.98 E.P.* mit einem solchen Kleidungsstück zu sehen war –, würde die fragliche Gruppe gleich einhunderttausend Platten mehr verkaufen.

Hardcore Rap

Die Bands des Hardcore Rap näherten sich dem Heavy Metal aus einer ganz anderen Richtung. In New York und Los Angeles bastelten sie aus Black-Sabbath- und AC/DC-Schnipseln richtig knallharte Platten. Rapper waren ursprünglich Moderatoren, die auf den Straßenpartys Ende der Siebzigerjahre das Publikum unterhielten, während DJs verschiedene Platten zu neuen Songs zusammenmischten. Ende der Achtzigerjahre gingen MCs und DJs sehr viel anspruchsvoller an die Sache heran, sampelten mithilfe von Digitaltechnik Stücke und erschlossen völlig neue Aufnahmemöglichkeiten. Public Enemy sampelten Slayer, und The Geto Boys führten bald darauf mörderische Texte ein, die sie aus denselben Splatterfilmen klauten, bei denen sich auch die Death-Metal-Bands bedienten.

Der Lärm der Straße

- Boogie Down Productions, *Criminal Minded* (1987)
- The Geto Boys, *The Geto Boys* (1990)
- Grandmaster Flash and the Furious Five, *The Message* (1982)
- Ice Cube, *AmeriKKKa's Most Wanted* (1990)
- Ice-T, *Power (1988)*
- Kool Moe Dee, *Kool Moe Dee* (1986)
- NWA, *Straight Outta Compton* (1988)
- Onyx, *Bacdafucup* (1993)
- Public Enemy, *It Takes A Nation Of Millions To Hold Us Back* (1988)
- Schoolly D, *The Adventures Of Schoolly D* (1987)

Andere Thrasher aus San Francisco, die das Regime von Tempo und Gewalt satt hatten, spielten den Sound der Mosher nun auf eine Weise, die auch weniger brutalen Tanzstilen angemessen war. Exodus veröffentlichten eine Coverversion des funkigen Stücks „Low Rider" von War, und einige Mitglieder der Metal-Band machten bei Drum-Computer-Jams mit Jason Newsted mit. Als Tres Gringos bereiteten sie ein Nebenprojekt vor, eine Platte mit dem Titel *Funk You,* die jedoch nie veröffentlicht wurde. Wegen der synkopischen Rhythmen im Thrash Metal fiel der Übergang zum Funk tatsächlich überraschend leicht. Der Bassist Les Claypool verließ die progressiven Thrasher Blind Illusion und heuerte den Gitarristen von Possessed, Larry Lalonde, für die Partyband Primus an, ein Vehikel für Claypools riesiges Repertoire an schrägen Cartoonstimmen und sein spezielles Bassspiel im Banjostil. Obwohl man ihn für zu begabt gehalten hatte, um bei Metallica einzusteigen, fand Claypool jetzt ein begeistertes Publikum, das er mit an Slayer erinnernden Sturmgewittern mit Popcorn-Bassriffs unter Beschuss nahm.

Schon bald wurde die eklektische Verbindung von Aggression und Grooves zum Trend, als unter anderem Limbomaniacs und Mind Funk weniger willkommen geheißene Abenteuer des Funk Metal herausbrachten. Die leichtgewichtigen Thrasher Mordred, die sich Mitte der Achtzigerjahre gegründet und nach einer Figur aus der Artussage benannt hatten, nahmen später „Super Freak" von Rick James auf und kombinierten ihre Coverversion mit Scratching und anderen auf dem Plattenspieler erzeugten Effekten von Aaron Vaughn alias DJ Pause. Obwohl es unvereinbar schien, unterschieden sich seine knallharten Rapperklamotten – schwarze Chess-King-Lederjacke, Käppi und schwerer Goldschmuck – nicht so sehr von dem Leder und den Nieten eines Hardcore-Headbangers. Das Ergebnis war jedoch peinlich halbgar, und die Klischees von Rap und Metal wurden verhöhnt, anstatt daraus etwas Interessantes zu schaffen.

Abgesehen von frühen Fehltritten war die Kombination von Rap und Metal eine durchaus nahe liegende Möglichkeit. Wenn 1989 ungefähr zwanzig Millionen Metal-Platten und acht Millionen Rap-Alben verkauft wurden, landeten viele davon auf denselben Plattenspielern. Egal, wie sehr die Marketingabteilungen der Majorlabels versuchten, aus ihren demografischen Erhebungen Rückschlüsse auf bestimmte isolierte Gruppen zu ziehen, die Hörer lebten nicht im luftleeren Raum, noch beschränkten sie sich in ihren musikalischen Interessen. Im kommenden Jahrzehnt sollte Metal mit Grooves in Amerika immer beliebter werden und schließlich Ende der Neunziger eine enorme Mainstream-Popularität erleben. Am Ende dieses Jahrzehnts jedoch genügten Faith No More, um zu demonstrieren, dass viele Thrasher aus ihren Jeans und Lederjacken herausgewachsen waren und sich erneut veränderten.

Während sie für ihr Thrash-Opus *... And Justice For All* mehrfach mit Platin ausgezeichnet wurden, erweiterten Metallica den Brennpunkt von zeitgenössischem Metal, indem sie innovative Hybriden wie Faith No More, The Cult, Queensryche und Soundgarden mit auf Tour nahmen. Außer Queensryche, der Band aus Seattle, die sich inzwischen einen cleveren Stil erspielt hatte, mit dem sie meilenweit von ihren schwarzledernen Ursprüngen entfernt waren, stammten diese Bands nicht aus der Metal-Hackordnung und waren im Underground so gut wie unbekannt. Keine von ihnen spielte Metal im Nieten-armband-Sinn. „Ein paar Leute glauben, Härte sei gleichbedeutend mit Verzerrern, aufgedrehter Lautstärke oder einer starken Bassdrum", sagte Kim Thayil von Soundgarden gegenüber *Sheet Metal*. „Diese Elemente mögen alle ihre Funktion haben, wenn man einen harten Sound haben will, aber vor allen Dingen muss es intelligent gemacht sein."

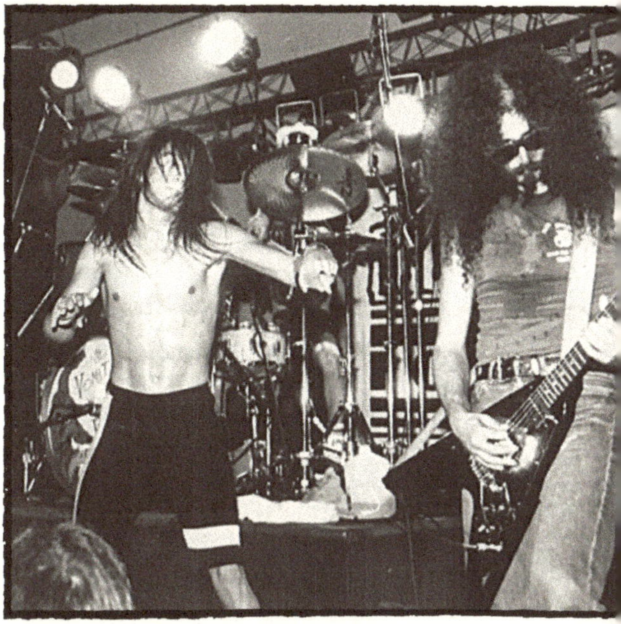

Die wahre Lehre: Faith No More 1989 ***(Concrete)***

Schon bald hielt man es bei *Kerrang!* für nötig, sich den veränderten Zeiten anzupassen. Unzählige Seiten, die früher einmal Saxon und Iron Maiden vorbehalten gewesen waren, widmeten sich jetzt in neuer Aufmachung dem Puls des Undergrounds – mit Metallica, Faith No More und gelegentlich auch Napalm Death. *The Real Thing* von Faith No More, das mit dem neuen Sänger Mike Patton 1989 auch auf stromlinienförmigeren Sound setzte, entwickelte sich zu einem echten Schläferhit: Ein Jahr nach seiner Veröffentlichung kletterte das Album die Charts hinauf. *Kerrang!* schrieb: „Das war endlich die Platte, mit der man Mauern einreißen konnte – und das nach zehn Jahren durchschnittlicher Banalität. Faith No More haben Metal wieder groß gemacht."

Tatsächlich öffneten Faith No More die Fenster und ließen Frischluft in die Burggemäuer, aber ihre Breitwandwirkung baute sich auf zehnjährige Basisarbeit vor in die Luft gereckten Fäusten auf. *Kerrang!* erwies der eigenen Tradition einen Bärendienst, indem es das Kind mit dem Bad ausschüttete. „*Kerrang!* war am Anfang wichtig, weil sich das Magazin ausschließlich auf Heavy

Funk Metal

Die synkopierten Rhythmen des Thrash Metal vertrugen sich ausgezeichnet mit den vielschichtigen Beats des Hardcore Rap. Wer inspiriert genug war, die beiden übereinander zu legen, wurde Zeuge einer himmlischen Hochzeit. Funk Metal wurde jedoch allzu oft zum Rückzugsgebiet für Bands, die keine Lust mehr hatten, Metallica zu kopieren, und daraufhin die unterschiedlichen Stile überstürzt und schludrig zusammenführten. Primus, deren komplexes Songwriting sich über mehrere, durchaus mit Humor gewürzte Alben zog, überlebten den kurzlebigen Trend. Faith No More wurden mit der Zeit immer rocklastiger. Die einschmeichelnden Mind Funk, Limbomaniacs und Mordred aber bissen allesamt ins Gras. Zehn Jahre später dann sollten MTV-Zuschauer erfahren, dass jene, die nicht aus der Geschichte lernen wollen, dazu verdammt sind, sie zu wiederholen.

Tanzteufel

- Anthrax, *I'm The Man* (1987)
- Faith No More, *Introduce Yourself* (1987)
- Fishbone, *Truth & Soul* (1988)
- Infectious Grooves, *The Plague That Makes Your Booty Move* (1991)
- Limbomaniacs, *Stinky Grooves* (1990)
- Mind Funk, *Mind Funk* (1991)
- Mordred, *Fool's Game* (1989)
- Primus, *Frizzle Fry* (1990)
- Red Hot Chili Peppers, *The Uplift Mofo Party Plan* (1987)
- 24-7 Spyz, *Gumbo Millennium* (1990)

Metal konzentrierte", sagt Ronnie James Dio. „Dort hat man sich gleich auf Dio gestürzt, und wir waren ein paar Mal auf dem Cover. Dann fanden sie, wir hätten genug Erfolg gehabt. Zum Schluss hielten viele Leute das Magazin für den letzten Scheiß. Ich weiß, was Iron Maiden darüber denken. Ich glaube, die werden in England überhaupt nicht spielen, nur wegen der britischen Presse. Die guten Autoren sind weggegangen, und jetzt schreiben die Typen, die vorher den Tee gekocht haben."

Diese neue Wirklichkeit war beängstigend. Dios Tournee für *Sacred Heart* wurde Mitte der Achtzigerjahre von *Pollstar,* einer Zeitschrift für die Konzertindustrie, zur besten Bühnenproduktion gewählt, aber in einer Zeit, in der Metallica unbekümmert thrashten, fühlte sich der Sänger wegen seines legendären dramatischen Flairs von der hochnäsigen Metal-Presse verspottet. „Wie das typisch ist für die Medien, ganz besonders für die britische Presse, haben sie uns einfach fertig gemacht", sagt Dio. „Wir waren so sauer, weil sie andauernd über unseren Drachen lästerten, sodass wir sagten: ‚Prima, denkt nur mal an das Geld, das wir sparen können, wenn wir damit aufhören.' Also hörten Maiden auf, große Bühnen aufzubauen, wir haben aufgehört, und Priest haben aufgehört – nur weil wir echt beleidigt waren, weil wir den Leuten so viel mehr geben wollten und in der Presse ständig nur dafür gegeißelt wurden."

Ungeachtet der Haltung der Medien stand jeder Band ein früher Abstieg bevor, sobald sie ihre Popularität in einem zunehmend unbeständigen und rivalisierenden Genre für selbstverständlich hielt. „Viele Leute hatten in den Achtzigerjahren Erfolg, so wie Judas Priest, Iron Maiden und Motörhead", merkt Dave Mustaine von Megadeth an. „Und viele von ihnen sind traurigerweise einfach auf der Strecke geblieben, weil sie aus welchen Gründen auch immer nicht bereit waren, ihre Musik zu modernisieren."

Selbst Bands, die ihre Finger direkter am Puls der Zeit hatten, konnten mit dem Wandel nicht immer Schritt halten. Raven bissen sich während der gesamten Achtziger zäh in Amerika durch, ohne jemals wirklich große Erfolge zu haben. Nachdem sie bis zum Umfallen von Atlantic Records umworben und schließlich fallen lassen wurden, taten sie sich mit dem Indie Combat Records zusammen und wollten den frühen Ruhm der NWOBHM mit einer kleinen Firma wieder aufleben lassen. „Das hörte sich zunächst einmal toll an", erinnert sich John Gallagher. „Wir wollten richtig knallharte Sachen bringen. Bei Combat hieß es: ‚Ja, Raven waren kommerziell, aber jetzt sind sie wieder da.' Aber wir steckten in der Falle zwischen den Pop-Metal-Bands und dem Hardcore-Thrash, wie Slayer ihn spielten, und das war elend."

Ende der Achtziger geriet die Festung des traditionellen Heavy Metal ins Wanken. Bei einer erneuten Europatournee verzeichneten Metallica in Belgien dreimal höhere Umsätze als Iron Maiden. „Der Tag, an dem Iron Maiden nicht mehr die Speerspitze der britischen Musik bilden, ist der Tag, an dem Heavy

Metal in diesem unseren schönen grünen Land zum rasanten Sturzflug ansetzt", schrieb Howard Johnson 1989 in *Kerrang!*. Als Margaret Thatcher 1990 von ihrer eigenen Partei abgesetzt wurde, verschwand auch die andere Eiserne Jungfrau samt ihrer Brut. Der langjährige Sänger Bruce Dickinson verließ die Band 1992, um mehr Zeit mit seiner Familie zu verbringen. Während seines Quasi-Rentnerdaseins nahm er anlässlich des Wahljahrs in Großbritannien eine Single mit Rowan Atkinson (alias Mr. Bean) auf und schrieb zwei komische Romane, *Lord Iffy und die Spitzen der Gesellschaft* und *Lord Iffy und die Sexmaschine,* in denen er die Heldentaten eines englischen Adligen in Frauenkleidern erzählte.

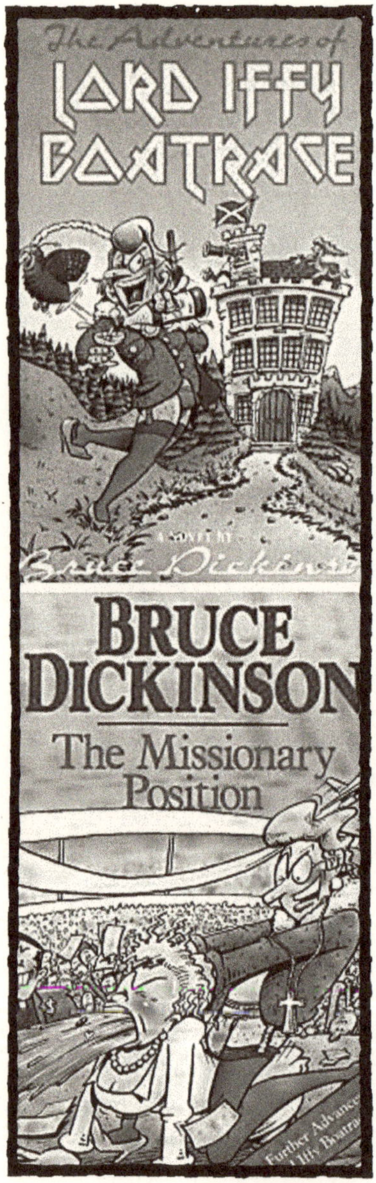

Witzig und skurril: die Bücher von Bruce Dickinson

Obwohl die Verkäufe stabil blieben, hatten die Gitarrensoli, Publikumsgesänge und Bühnenaufzüge des traditionellen britischen Heavy Metal im Vergleich mit den dynamischen Farben der schönen neuen Welt ihren Glanz verloren. Nach Jahren des erbitterten Kampfs nahm die für die britische Szene ganz entscheidende Band Saxon eine zweijährige Auszeit und wurde von nachrückenden Jüngeren an der Front ersetzt. „Unsere Plattenfirma und unser Management wollten, dass wir uns noch stärker dem amerikanischen Markt anpassen", merkt der Saxon-Sänger Biff Byford bissig an, „aber man kann den Amerikanern nun mal nicht Coca-Cola verkaufen." Ihre über zehnjährige Karriere hatte Disco und Punk überstanden, aber nun wurde die alte Garde des Heavy Metal vor die Tür gesetzt.

Auf die nächste Generation wirkten die Neunzigerjahre mit ihren Anzeichen einer kreativen Erneuerung verlockend, und es gab keinerlei Hinweise auf nachlassende Unterstützung bei der einzigartigen Fanbasis. Gegen Ende der Metallica-Marathontournee durch einhundertvierzig nordamerikanische Städte konnte die Band 1989 unglaubliche Zahlen vermelden: Mit

Bruttoeinnahmen von mehr als einundzwanzig Millionen Dollar standen sie an siebter Stelle der jährlichen *Pollstar*-Tabelle der meistverkauften Konzertkarten, hinter Verkaufsschlagern wie den Rolling Stones, The Who und The Grateful Dead. Metallica hatten es bis ganz an die Spitze des Heavy Metal geschafft und machten nun für den nächsten großen Schritt in Richtung Weltherrschaft mobil.

Bei der Grammy-Verleihung von 1989, bei der die Band für ihren Auftritt frenetischen Applaus erhielt, wurden sie neben Jane's Addiction, Iggy Pop, AC/DC und Jethro Tull für die brandneue Kategorie „beste Metal-Performance" nominiert. Dieser Preis war ein Zugeständnis an die riesige Popularität, die Metal genoss, doch nachdem Metal-Bands über zehn Jahre lang Platin-Alben abgeräumt hatten, nährte das Musikbusiness noch immer den Außenseiterstatus des Metal, indem man auch bei derart simplen Gelegenheiten, um Anerkennung zu zeigen, konsequent danebengriff. Stöhnen war im Festsaal hörbar, und Fassungslosigkeit herrschte im Metal-Land, als Moderatorin Lita Ford den Umschlag öffnete und Jethro Tull als Gewinner verkündete – alternde Musiker, die Flöte spielten und Konzeptalben ablieferten. Zwar hatten Metallica durch ihre Verkaufszahlen einen Fuß in die Tür gezwängt, aber die Vorstellung der Musikindustrie von Heavy Metal stammte noch immer aus der Zeit vor der Gründung von Black Sabbath.

Zehn Jahre nach *Metal Massacre* blieben Metallica Underdogs, wenn auch in großem Maßstab. Als er für „Sweet Child O' Mine" den Preis für das beste Video überreicht bekam, nutzte der Musikerkollege Duff McKagan von Guns N' Roses das Podium der MTV Video Awards 1989, um auf die Bedeutung von „One" hinzuweisen. Wegen des peinlichen Fehlgriffs mit Jethro Tull noch schamrot im Gesicht, nutzten die tausende von Aufnahmetechnikern, Anwälten, Buchhaltern und anderen Showbusiness-Kumpanen, die die Recording Academy bildeten, die nächste Gelegenheit und zeichneten „One" im Februar 1990 bei der nächsten Grammy-Verleihung als beste Metal-Performance aus. Metallica wurden schließlich die rechtmäßigen Lorbeeren zuteil. Fans schien es, als würde das ahnungslose Establishment Dinosauriern Trophäen überreichen. Metallica mit einem Grammy – nun waren für Heavy-Metal-Bands die Tage der abwertenden Kritiken endgültig vorbei.

Metallica, die selbst dort willkommen geheißen wurden, wo Judas Priest und Iron Maiden es nicht waren, brachten Metal zu ganz neuem Ansehen. Heavy Metal konnte nicht mehr länger ausschließlich das Paradies von Außenseitern sein, ein Spiel, bestehend aus geheimen Plattenläden und den Schatzkammern der Cassettentauscher. Heavy Metal hatte sich auf der Beliebtheitsskala durchgesetzt, und Metallica waren die Botschafter in der Welt außerhalb der abgeschiedenen Metal-Refugien. Von *Justice* waren in zwei Jahren bereits mehr als zwei Millionen Exemplare verkauft worden, und beinahe jeder Heavy-

Metal-Fan hatte sich ihrer Gefolgschaft angeschlossen. Die *New York Times* bejubelte die „schnelle, adrenalingeladene Musik", und Metallica machten sich auf zu neuen Ufern.

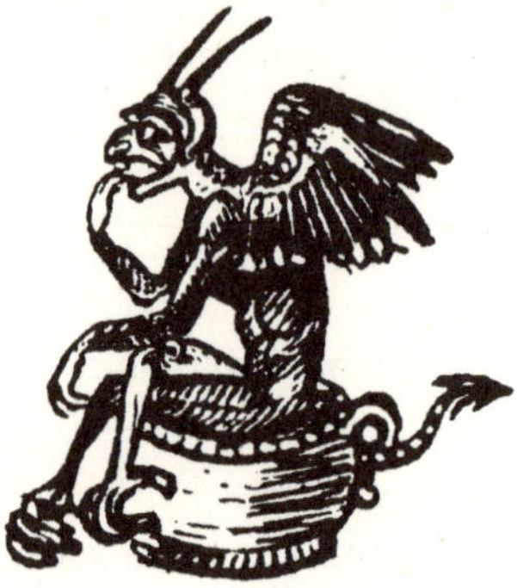

XIII

Der große Wandel in den Neunzigern: das Schwarze Album & was sonst geschah

- **Februar 1990:** Der erste Grammy für Metallica
- **12. August 1991:** Das Schwarze Album von Metallica steigt von null auf eins in die *Billboard*-Charts ein
- **1992:** Rob Halford verlässt Judas Priest, Bruce Dickinson verlässt Iron Maiden
- **12. Juni 1992:** *Nevermind* von Nirvana erhält Vierfach-Platin in den USA
- **10. Dezember 1992:** Das Schwarze Album von Metallica wird mit Sechsfach-Platin in den USA ausgezeichnet

Als Metallica im Herbst 1990 wieder ins Studio gingen, verließen sie die Pfade, die sie auf ihren ersten vier Alben beschritten hatten. Wie bereits auf den Demoversionen der neuen Stücke von Lars Ulrich und James Hetfield hörbar, hatte sich die Band die schwierige Aufgabe vorgenommen, ihre innovativen Speedgitarren und flatternden Drums in eine universale Rock 'n' Roll-Sprache zu übersetzen. Die Band stand unter großem Druck, ihre stilistische Bandbreite zu erweitern – hätten Metallica jedoch ihre Identität geopfert, hätten sie alles verloren.

In den riesigen Arenen, in denen Metallica nun für gewöhnlich spielten, reagierten die Fans positiv auf das knirschend langsame „For Whom The Bell

Tolls", die schnellen Speerstöße von „Blackened" aber wirkten lähmend. Die Band berücksichtigte die Stadionakustik und schuf einen dichten Sound, der das Potenzial besaß, alle zu erreichen – ein Sound, der bis in die hintersten Reihen großer Veranstaltungsorte drang und auch über die Lautsprecher winziger Transistorradios richtig knallte. Das Ergebnis war *Metallica,* das Schwarze Album, das den Namen der Band in mehr als fünfzig Millionen Haushalten zu einem Begriff machte. Es verwandelte Amerika in eine Nation von Headbangern – egal, ob Hausfrauen, Matrosen, Softwareprogrammierer oder Spitzensportler.

Bei den Aufnahmen für das Schwarze Album ging die Band sorgfältig durchdachte Kompromisse ein. Metallica hatten *... And Justice For All* in eigener Regie aufgenommen, aber diesmal ließen sie sich überreden, den kanadischen Produzenten Bob Rock hinzuzuziehen, der als Hitfabrikant für Mötley Crüe und Bon Jovi gewirkt, aber auch schon Hardcore-Punks wie die Subhumans aus seiner Heimatstadt Vancouver betreut hatte. Während die Band auf *Justice* ihrer Vorliebe für Exzesse hemmungslos nachgegeben hatte, zwang Rock sie nun, die Stücke so diszipliniert zu bearbeiten, dass sie ihren ehrgeizigen Ansprüchen genügten. Er drängte darauf, die Songs, wie James Hetfield meinte, „ein kleines bisschen schlichter" zu machen.

Wie schon der Anfang von „Enter Sandman" verdeutlicht, wandte sich die Band in der gesamten Rhythmusstruktur vom typischen Thrashing ab, von dem sie bislang gezehrt hatte. Im Vergleich zu den Hymnen auf *Master Of Puppets* waren die neuen Tracks langsamer und enthielten nur halb so viele Monsterriffs. Statt des ständigen Ratterns und Abdämpfens der E-Saiten klangen Hammetts und Hetfields Gitarrensaiten nun klar, unterstrichen die eingängigen und fesselnden Melodiebogen, stützten sich aber weiterhin auf die bewährte NWOBHM-Formel aus drei Riffs und einer Variation.

Die beiden Metallica-Gitarristen hatten seit *Ride The Lightning* schöne akustische Song-Intros entwickelt. Aus solchen Momenten setzten sich nun ganze Titel wie „Nothing Else Matters" zusammen, dessen schwermütige Klanglandschaften an „Remember Tomorrow" und „Children Of The Damned" von Iron Maiden erinnerten. Obwohl die Songstrukturen auf dem Schwarzen Album einfacher wurden, klangen die Arrangements keineswegs dürftig. Hetfields und Hammetts Gitarrenarsenal – die beiden Gibson Flying V waren bereits raffinierteren Instrumenten von ESP und Ibanez gewichen – wurde auf „Nothing Else Matters" um eine zwölfsaitige Gitarre, eine Sitar, Synthesizer und das orchestrale Können des Dirigenten Michael Kamen ergänzt und in einen üppigen, filmartigen Sound gebettet.

Je mehr Thrash-Metal-Bombast sie ablegten, desto mehr emotionales Gewicht musste die Band an sich nun einbringen. „The Unforgiven", einer der innovativsten Songs des Albums, machte den epischen Einfluss der Westernfilmmusik von Ennio Morricone spürbar und erlaubte James Hetfield einen spielerischen Umgang mit einer neu entdeckten Cowboyrolle. Während der Aufnahmen zu *Metallica* hatte Hetfield mit Stimmproblemen zu kämpfen gehabt und sich an einen Gesangslehrer gewandt, der ihm beibrachte, seine wertvolle Begabung besser zu nutzen. Nun gehörte sein charakteristischer, schroffer Gesangsstil mit seinem hohen Wiedererkennungswert zu den wichtigsten Komponenten des Metallica-Sounds – von dem Gitarristen, der nur deshalb sang, weil niemand sonst den Job übernehmen wollte, trennten ihn Welten. Schon ältere Metallica-Balladen wie „Fade To Black" und „One" hatten selbst bei Hartherzigen die Tränendrüsen erfolgreich gedrückt. Jetzt folgte eine ganze Reihe straffer arrangierter, ausdrucksstärkerer Tracks.

Statt eine Breitseite auf einzelne Ziele abzufeuern, entdeckten Metallica, dass Protestmusik generell in der Lage war, die Seele jedes Einzelnen anzusprechen, besonders derjenigen, die sich von Kultur im Allgemeinen im Stich gelassen fühlten. „Als echter Metallica-Fan", sagt Shawn Crahan von Slipknot, „schätze ich das Schwarze Album deswegen so sehr, weil Bob Rock sie dazu gebracht hat, in sich hineinzuschauen und die Dämonen aufzuspüren, die sie quälen. Wer erfolgreich ist, muss sich weiterentwickeln. Ich finde es großartig, wenn Hetfield ganz tief aus dem Inneren schöpft; das kann ich wirklich nachfühlen. Ich glaube, die Leute sollten sich für die Bands, die sie lieben, neu erfinden und nicht den Musikern Vorwürfe machen."

Bei seinem dritten Album mit der Band fand Jason Newsted zu sich selbst. Die misslungene Abmischung von ... *And Justice For All* hatte seinen Bass unhörbar gemacht und ihm den Ruf eines Anfängers eingetragen, der seinen eigenwilligen und bisweilen auch physisch einschüchternden Bandkollegen nicht gewachsen war. Wenn Cliff Burtons Bass coole, finstere Präsenz bewies und bei „Orion" und „The Call Of Ktulu" eher unter der Oberfläche lauerte, war Newsteds Sound ungeduldig aggressiv und für den direkten Angriff geeignet. Obwohl Newsted starke Tonfolgen fand, besonders auf „My Friend Of Misery", seinem einzigen Beitrag als Songwriter, harmonierten sie immer mit den die Songs beherrschenden Riffs – und gestalteten den Sound stromlinienförmiger.

Immer noch war der genetische Code der Metal-Härte soundbestimmend, doch die Fans waren gespalten zwischen jenen, die die „Rock"-Einflüsse akzeptierten, und anderen, die der Band vorwarfen, den Heavy Metal nicht druckvoll genug weiterzuentwickeln. Schließlich hatten Metallica ihre Platin-Verkäufe nicht mit sanften Tönen erzielt – durch die klare Formulierung ihrer Ziele hatte die Band mit dem Aufruhr, der zuvor in ihren Songs tobte, aufgeräumt. Der Kritiker Martin Popoff aus Toronto beschrieb die Veränderungen in seiner abwägenden Besprechung des Schwarzen Albums so: „Bob Rock bringt die versteckte kanadische Mittelmäßigkeit einer Band zum Vorschein, die sich gegenüber ihrem kriminell komplizierten Vorgängeralbum zu stark selbst korrigiert."

Zum ersten Mal stellten Metallica die Loyalität des Undergrounds auf die Probe, und sie hielt dem einigermaßen stand. „Die Platte war sehr viel besser als … *And Justice For All,* die war mir zu ziellos und zu wenig selbstbewusst", meint der langjährige Verbündete Dan Lilker. „Ich fand die Songs auf *Justice* zu lang und ausschweifend. Da wurden Riffs reingestopft, nur um die Songs in die Länge zu ziehen. Das Schwarze mochte ich wirklich – das war die Rückkehr zu einer direkteren Herangehensweise. Meiner Ansicht nach ist das die letzte gute, harte Platte, die sie gemacht haben, aber sie können mir auch gern sagen, dass ich mir meine Meinung sonst wohin stecken soll."

Entschlossen, den neuen Sound mit allen verfügbaren Mitteln zu vermarkten, brachte die Band zwei Wochen vor der Veröffentlichung des Albums ein Video zu „Enter Sandman" heraus. Die Kritiker gerieten ins Schwärmen, doch das Presselob war kaum ausschlaggebend. Metallica hatten sich in eine treibende Kraft verwandelt, die eigene musikalische Trends prägte und die Musikkultur ihren Zielen entsprechend veränderte. *Back In Black* von AC/DC schenkte dem Metal-Sound der Achtzigerjahre den dunklen Blues von „Hells Bells" und „You Shook Me All Night Long". Die optisch ähnliche CD von Metallica erschütterte nun mit dem direkten Muskelspiel von „Nothing Else Matters" und „Enter Sandman" die Neunziger. *Metallica* wurde am 12. August 1991 veröffentlicht, stieg auf Platz eins in die *Billboard*-Charts ein und erhielt nur zwei Wochen später Platin.

In dem Jahr, das Metallica im Aufnahmestudio verbrachten, hatte sich viel verändert. Aus ihrer schallisolierten Abgeschiedenheit veröffentlichten sie Videofilmmaterial, das Lars Ulrich dabei zeigt, wie er boshaft Dartpfeile auf ein Pin-up-Poster von Kip Winger wirft, dessen softe Metal-Band Winger 1990 eine Goldene Schallplatte bekommen hatte. Als *Metallica* im darauf folgenden Jahr veröffentlicht wurde, hatte die Kaugummiband bereits ihren Geschmack verloren, und Winger standen Anfang 1993 kurz vor der Auflösung.

Plötzlich änderte sich der Lauf des Schicksals, die Haarsprayfrisuren der MTV-Metal-Bands fielen in sich zusammen, und die Blitzkarrieren von Bands wie Warrant und Nelson stagnierten. Das Debüt von Skid Row, *Slave To The Grind,* das in den *Billboard*-Charts auf Platz eins kletterte, war das letzte Aufbäumen eines Heavy Metal, der zu viel Zeit eitel vor dem Spiegel verbrachte; die Platte lieferte den Anlass für eine Titelgeschichte im *Rolling Stone,* der nun – lieber zu spät als nie – Skid-Row-Sänger Sebastian Bach neben einem Transparent abbildete, auf dem HEAVY METAL NATION stand. Die amerikanischen Heavy-Metal-Fans sehnten sich inzwischen nach Wesentlicherem, nach einem Realismus, den sie in James Hetfields typisch mürrischem Gesichtsausdruck fanden. Die farbenprächtige

Rebellion und die faustschwingenden Schulhofkindereien von Twisted Sister und Quiet Riot wirkten plötzlich irgendwie komisch.

Nirgends wurde dieser Wandel spürbarer als in Los Angeles, wo die Puderquastenparty über Nacht endete. „Mit den Jahren 1990 und 1991 veränderte sich die Musik, und Bands wie Stryper – besonders Stryper – fiel es schwer, sich diesem Wechsel anzupassen“, sagt Michael Sweet, Sänger dieser besonders imagebewussten Band aus L. A. „Mit *Against The Law* haben wir das versucht, und ich glaube, musikalisch ist uns das auch gelungen. Aber was unsere Persönlichkeiten, unsere Wirkung betraf, sind wir gescheitert. Wir machten einen Wandel durch von Typen, die voller Frieden und Freude lächelten, zu Typen, die möglichst hart, gemein und böse wirken wollten. Das hat einfach nicht funktioniert. Danach wurde mir klar, dass unsere Zeit abgelaufen war.“

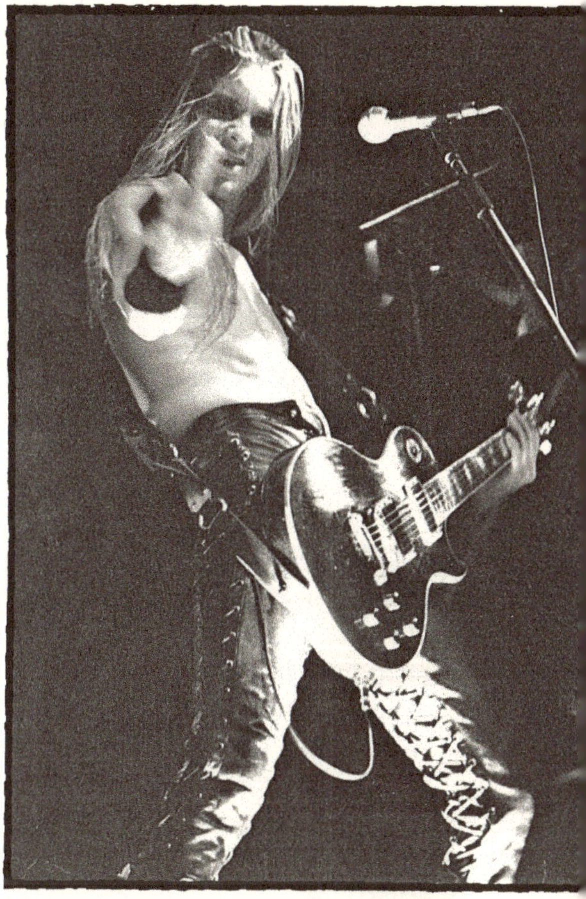

Auf Nimmerwiedersehen, ihr bösen Buben des Glam *(Deborah Laws/Metalflakes.com)*

Als Aids und Safer Sex im Bewusstsein der Öffentlichkeit so präsent waren wie nie zuvor, schränkte MTV die Ausstrahlung schmutziger Hollywood-Bands ein, und das ohnehin schwierige Verhältnis des Fernsehsenders zum Metal war zunehmend von Rücksichtslosigkeit geprägt. Die Cartoonserie *Beavis & Butthead* stellte Metal-Fans als kichernde Trottel auf der Suche nach billigen Kicks dar.

Wenn jedoch der Eindruck entstand, Heavy Metal sei insgesamt geschwächt, so stammte er lediglich aus den Vorstandsetagen der Fernsehsender. Nachdem er in jeder Phase seiner Rebellion mit dem Mainstream geflirtet hatte, drängte der Underground nun endlich tatsächlich nach oben. Metallicas großen Durchbruch nutzten nun die Übrigen der Big Four des Thrash Metal – Megadeth, Slayer und Anthrax – und starteten 1991 die Clash-of-the-Titans-Tour, die quer durch die USA führte. Der Höhepunkt dieser Unternehmung, auf der sich die Rivalen lautstark und heftig anrempelten, fand am 28. Juni bei einem ausverkauften Konzert im New-Yorker Madison Square Garden statt. Dort wurde der Beginn eines neuen Heavy-Metal-Regimes verkündet.

Nach dem Erfolg ihres amüsanten Abstechers in die Rapmusik *I'm The Man* unternahmen Anthrax 1991 einen ernsthafteren Versuch, Gitarren mit Beat zu verbinden: Sie coverten „Bring The Noise" von Public Enemy. „In der ursprünglichen Fassung von ‚Bring The Noise' habe ich Anthrax erwähnt", erklärt Chuck D von Public Enemy. „Sie hielten das immer für ein Kompliment, das ich einfach so aus Nettigkeit gemacht hatte. Also taten sie uns auch einen Gefallen, und das war für mich wirklich das erste Mal, dass sich Rap und Rock auf derselben Ebene bewegten. 1991 war das eine völlig neue Sache, dass eine Thrash-Metal-Gruppe eine Rap-Platte coverte. Die Leute hielten Rap für neu, begriffen aber nicht, worum es eigentlich ging. Der zweite Schritt war das Video und der dritte, das auch live umzusetzen, was uns sehr gut gelungen ist."

Der Höhepunkt der genreübergreifenden Tour von Anthrax und Public Enemy war ein ausverkauftes Konzert vor fünfzehntausend Fans New York, der Heimatstadt beider Bands. „Ich glaube nicht, dass Aerosmith Run DMC 1986 genug respektiert haben, um mit ihnen zusammen ‚Walk This Way' live gut zu bringen", meint Chuck D. „Also nahm ich 1991 den Fehdehandschuh auf. Und als Anthrax bei der Nummer heftigst auf ihren Gitarren schrubbten – ging ich live dazwischen wie eine Motorsäge. George Clinton meinte: ‚Verdammte Scheiße, du bist einer der wenigen, die ich kenne, die lauter als ein Marshall-Verstärker furzen können.'"

Bei ihrem Auftritt bei der *Arsenio Hall Show* im Juli 1992 krönten auch Megadeth ein ausgezeichnetes Jahr mit *Countdown To Extinction,* das in den *Billboard*-Charts bis auf Platz zwei stieg. Angetrieben von der Energie Dave Mustaines, der gerade in einem Zwölfpunkteprogramm zum Drogenentzug steckte, bot die CD ein reiches Füllhorn voll honigsüßem und solidem Heavy Metal, dessen Thrash-Wurzeln sich in Form schneller virtuoser Breaks Bahn brachen. Songs wie „Foreclosure Of A Dream", der davon handelte, dass die Eltern des Bassisten Dave Ellefson ihr Farmhaus in Minnesota aufgrund nicht getilgter Hypothekenschulden verloren, illustrierte mit wortgewandter Prosa und einem Schnipsel aus George Bushs berühmter „Vertrauen Sie mir – die Steuern werden nicht erhöht"-Rede eine Unzufriedenheit, die der von Metallica glich.

Die Themen im Heavy Metal entsprachen nun den Belangen der Bevölkerung, und die Sozialkritik des Thrash Metal war nicht mehr nur in speziellen Plattenläden zu hören. Während der Wahlkampfperiode 1992 berichtete Dave Mustaine für MTV vom Parteitag der Demokraten. „Ich war da mit einem Typen von *MTV News* und einem von [der Wahlhelfergruppe] Rock the Vote", erzählt er. „Wir fuhren zum Parteitag und trieben die Leute in die Enge. Das war im Madison Square Garden, wenn ich mich recht erinnere. Wir sprachen mit dem Senator von Nebraska, Bob Kerrey, und den anderen Kandidaten."

In seiner neuen Rolle als prominenter Aktivist für die Wahlrechtsreform trat Mustaine einer Koalition bei, die sich für die Vereinfachung der Wählerregistrierung einsetzte. Der so genannten „Motor Voter"-Gesetzgebung wurde das Verdienst zugeschrieben, die Wahlbeteiligung der jungen Wähler in den darauf folgenden zehn Jahren verdoppelt zu haben. „Ich traf Gore und Clinton, als das ‚Motor Voter'-Gesetz verabschiedet wurde", sagt Mustaine. „Das gehört wahrscheinlich zu meinen größten Leistungen. Ja, toll, ich bin also ein Heavy-Metal-Superstar, aber ich habe dazu beigetragen, dass ein neues Gesetz verabschiedet wurde. Daran werden sich meine Kinder später erinnern, und sie können sagen, ihr Dad hat etwas Gutes für dieses Land getan."

Ende 1992, als sich der aufgewirbelte Staub eines ereignisreichen Jahres gerade wieder legte, bekamen Metallica – die jetzt allgemein als Favoriten gehandelt wurden – bei der Grammy-Verleihung in der Kategorie „beste Metal-Band" starke Konkurrenz: Megadeth, Anthrax, Motörhead und Soundgarden waren ebenfalls nominiert. Jethro Tull hatten sich in einer Rauchwolke aufgelöst, und nun konkurrierte eine würdigere Abordnung von Headbangern um den Preis. Moderatorin Whoopi Goldberg, die in die Geheimnisse der Szene nicht eingeweiht war, äffte nach dem Auftritt von Metallica mit „Enter Sandman" die wilden Bewegungen von Schlagzeuger Lars Ulrich nach. Niemand lachte – die Welt stand auf der Seite von Metallica. Das Schwarze Album bekam den Preis.

Nachdem *Metallica* mit derartigem Schwung in die Popwelt eingebrochen war, gab es zahlreiche Diskussionen, ob Metal bei den Grammys richtig aufgehoben sei, und das Ergebnis hing in der Regel davon ab, inwieweit es jemandem gefiel, dass Heavy Metal nun auch zum Mainstream gehörte.

„Ich mag die ganzen frühen Sachen von Metallica", sagt Rob Halford von Judas Priest. „Für mich lief das alles toll bis zum Schwarzen Album, aber wegen dem, was es verkörpert, bringe ich auch dieser Platte Respekt entgegen. Ich liebe einfach das ganze Abenteuer, das Metallica daraus gemacht haben. Das sind Metal-Freaks."

Als Heavy Metal schließlich zu etwas ganz Normalem geworden war, entwickelte es sich Anfang der Neunzigerjahre zum Rückgrat einer komplexen Musiklandschaft. Echter Heavy Metal war keine Popmusik – seine Vorzüge erschlossen sich nicht unbedingt beim ersten Hören –, aber er war inzwischen ein kommerzieller Monolith und Ausgangspunkt unzähliger neuer Richtungen im Popbereich. Mit Anbruch des neuen Jahrzehnts waren nicht nur gescheiterte Glam-Metal-Bands wie Stryper, sondern Musiker aller Schattierungen gut beraten, ihren Stil mit einem kräftigen Schuss Härte zu verdüstern.

„Alternative Metal“ wurde zum Zauberwort. Allerorts ließen sich Bands die Haare wachsen, vergaßen sich zu rasieren und türmten Marshall-Verstärker wandhoch auf. „Unsere neuen Sachen sind verdammt hart, das steht fest“, meinte Black Francis von der bahnbrechenden Collegerockband The Pixies 1991 gegenüber dem *Melody Maker*. „Wenn wir auf MTV Bands wie Nelson und Warrant sehen, dann überlegen wir: Es muss doch möglich sein, etwas Besseres aus dieser Art von Musik rauszuholen.“

Die britischen New-Waver Depeche Mode gaben sich plötzlich ein Jeans- und Lederimage, und die Postpunkgruppe The Cult schaffte es mit metalbeeinflussten Hits wie „Love Removal Machine“ ins Radio. Die vom Funk der Siebziger inspirierten Red Hot Chili Peppers revanchierten sich für die Aufmerksamkeit der Metal-Fans mit wachsender Schnelligkeit und dreckigen Gitarrensoli. Ministry aus Chicago lieferten ein beeindruckendes Beispiel für die Hegemonie des Heavy Metal: Das ehemalige Disco-Synthie-Duo, das wie Anthrax bei der Agentur Crazed Management unter Vertrag stand, ließ sich Bärte wachsen, schickte Drum-Computer durch den Verzerrer und lud sich energiegeladene Gitarrenklänge auf die Sampler.

Da er nun derart mit der Außenwelt verbandelt war, veränderte sich allmählich auch der Heavy Metal selbst und reagierte auf das, worin er sich gespiegelt sah. Pioniere wie Chrome und Suicide hatten schon seit Jahren elektronische Musik gemacht, die gewisse Ähnlichkeiten mit Metal besaß. Faith No More und Type O Negative verschrieben sich nun ganz dem verschmähtesten aller Instrumente: dem elektronischen Synthesizer. Sie stellten das uneingeschränkte Regiment des typischen Judas-Priest-Stils infrage und ließen die neue Technik gegen Gitarren antreten. „Kraftwerk waren mir bestimmt schon zehn Jahre lang ein Begriff“, sagt Håvard Ellefsen alias Mortiis, der seine Karriere 1993 als Metal-Keyboard-Act begann. „Aber wenn man in den Achtzigerjahren als Teenager auf Heavy Metal stand, konnte man nicht gleichzeitig daran und an Synthesizermusik Spaß haben, weil man dann von seinen Freunden verklopft wurde! Das war einfach ein ungeschriebenes Gesetz, auch wenn es total bescheuert war.“

In Wirklichkeit arbeiteten die meisten traditionellen Heavy-Metal-Bands mit Keyboardern – zumindest in der Abgeschiedenheit ihrer Aufnahmestudios. Die Musik von Deep Purple baute stark auf Jon Lords elektrifizierte, harte Tastenkunst auf, und auch Black Sabbath brachten Keyboarder ausgiebig zum Einsatz. Auf *Sabbath Bloody Sabbath* von 1974 war Rick Wakeman von Yes ein gern gesehener Gast, und Ozzy Osbourne selbst spielte auf „Who Are You?“ Synthesizer. Doch seit Iron Maiden Duran Duran und den New Romantics in den Londoner Musikcharts den Kampf angesagt hatten, galten Keyboards als Symbol für geziertes Weicheigetue und waren verpönter als Disco. Als der New-Waver Thomas Dolby dem Radiomix von „Bringing On The Heartbreak“ von

Def Leppard einige Keyboardelemente beisteuerte, wurde er aus Rücksicht auf den guten Ruf der Band nur unter Pseudonym genannt.

Die Folge war, dass man bei den aufwändig und grell inszenierten Metal-Konzerten der Achtzigerjahre nur selten Keyboarder sah. Der langjährige Organist von Black Sabbath, Geoff Nicholls, stand während der Liveauftritte immer abseits der Bühne, obwohl er bereits seit 1979 mit dabei war und auf jedem Album, angefangen mit *Heaven And Hell,* mitgewirkt hatte. Dios loyaler Keyboarder Claude Schnell, unverzichtbar bei wichtigen Stücken wie „Rainbow In The Dark", musste bis 1984 warten, ehe er sich in der Burgkulisse zeigen durfte. „Er hat seine Pflicht getan", sagt Ronnie James Dio. „Er war bereit, hinter dem Vorhang zu stehen und seinen Job zu erledigen. Das machte ihn nicht glücklich, aber ich habe ihm gesagt: ‚Bleib dabei, eines Tages wirst du deinen Platz auf der Bühne haben.' Und so ist es schließlich auch gekommen. Musste ja. Man kann ja einen anderen Musiker nicht dauernd in irgendeinem Loch verstecken."

In den Neunzigerjahren bekamen Keyboards durch das digitale Sampling und ein insgesamt risikofreudigeres musikalisches Klima mehr Platz im Rampenlicht. Das Schweizer Trio Young Gods arbeitete live mit einer merkwürdigen Zusammenstellung: Ein Schlagzeuger und ein Sänger wurden von einem wahnsinnigen, samplerbegeisterten Keyboarder begleitet, der wie irre den Kopf schüttelte und E-Gitarren-Samples abschoss. Peter T. Steele kehrte 1991, nachdem er die Thrash-Metaller Carnivore in den Achtzigerjahren verlassen und sich bei der New-Yorker Polizeiacademie eingeschrieben hatte, mit den clever durchgeplanten Type O Negative zurück. „Keyboards eröffneten den Raum fürs Sampling, und das spielt bei Type O Negative eine große Rolle", sagt Steele. „Ich halte buchstäblich jedes Geräusch für Musik, wenn man es richtig einsetzt, dazu gehören auch Metallfässer, die eine Treppe runtergeworfen werden, quietschende Reifen oder schreiende Babys."

Type O Negative präsentierten eine düstere Kombination aus Thrash Metal und Gothic Rock auf der Grundlage eines halben Dutzends unveröffentlichter Carnivore-Songs. Sie scheuten sich nicht, stampfende Gitarren und schwülstiges Liedermachertum in ein und demselben Song zu verbinden. „Wir waren begeistert, dass wir Peter unter Vertrag hatten und seine neue Band betreuen konnten", meint Monte Conner von Roadrunner Records. „Bei Carnivore erschienen uns die Möglichkeiten der Band sehr begrenzt; Type O hatten wesentlich mehr Breitenwirkung."

Ganz ähnlich indoktrinierten auch die schon lange vor sich hin werkelnden White Zombie 1992 das neue Jahrzehnt mit ihrem visionären *La Sexorcisto: Devil Music Vol. 1,* das sie mit hunderten gesampelter Geräuschhäppchen aus Horrorfilmen und anderen Quellen von geringerem Wiedererkennungswert würzten. Die diebischen musikalischen Elstern profitierten vom Erfolg der eklektischen Faith No More und surften geschickt durch die Kultur. Sie schlos-

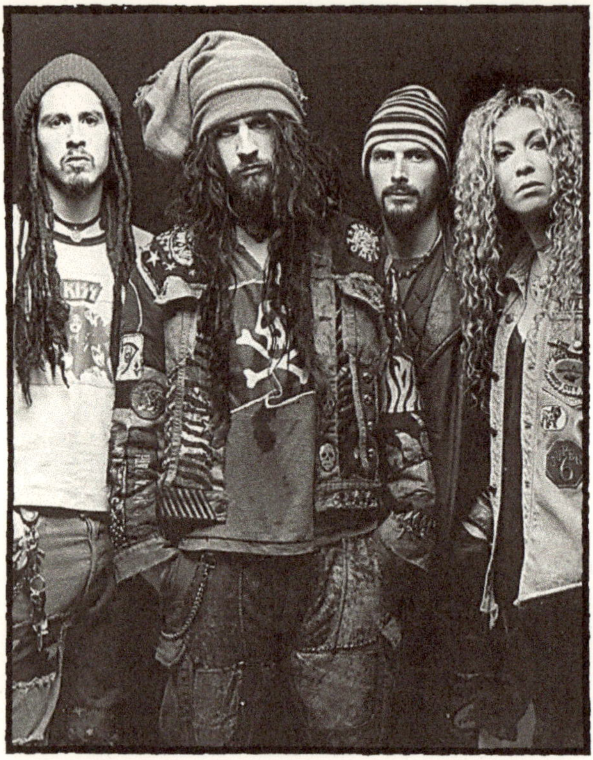

White Zombie, Metal-Ragamuffins *(Geffen Records)*

sen Exodus-Riffs mit Hardcore Rap zu einer Masse ausgesuchter Klangelemente zusammen und fügten Metal-Fragmente, die sie auf ihren Tourneen mit Zugpferden wie Slayer, Megadeth und Anthrax gesammelt hatten, hinzu. Nachdem sie MTV mit einer schmuddeligen, jahrelang vorbereiteten Neon-Horrorshow erobert hatten – Sänger Rob Zombie war Produktionsassistent der ersten Staffel von *Peewee's Playhouse* –, hielten sie Einzug in die Popcharts.

Messbar wurde der Wandel, als Metallica im Oktober 1991 wieder beim Day on the Green in Oakland spielten, diesmal als Headliner vor fünfzigtausend Zuschauern auf einem ausverkauften Festival. Die Vorgruppen Queensryche, Faith No More und Soundgarden spielten Alternative Metal – bezeichnenderweise handelte es sich dabei sämtlich um Bands, die wie Metallica in den Achtzigerjahren bei Independent-Metal-Labels angefangen hatten. Sie repräsentierten einen bunten Metal-Mix, der sich offen der Außenwelt stellte. Die Headliner von 1985 – Ratt, Yngwie Malmsteen und Y&T –, die auf derselben Bühne Metallica damals haushoch überragt hatten, waren so gut wie vergessen. Sie hatten sich Ende der Achtziger – wie die Erinnerung an Members-Only-Blousons und DeLorean-Sportwagen – in Luft aufgelöst.

Vor Metallica hatte zur Karriere beinahe jeder erfolgreichen Heavy-Metal-Band auch eine Weichspülphase gehört – eine Entwicklung, die bei einigen langsam und beständig, bei anderen gefährlich schnell verlief. Celtic Frost rutschten 1988 mit *Cold Lake* drastisch ab: Die höllisch kraftvollen Schweizer Dämonen von 1985 verwandelten sich in Glam-Metal-Imitatoren, von denen man Magen-

ALTERNATIVE METAL

Nach den Achtzigerjahren hatte Heavy Metal so großen Einfluss, dass sich praktisch jede neue Band, unabhängig von ihrer eigenen Ausrichtung, vor diesem Sound verneigte. Während sich Metallica 1991 mit ihrem kommerziell sehr erfolgreichen Schwarzen Album vom Thrash Metal verabschiedeten, kombinierten neue Gruppen wie Soundgarden, Ministry und Faith No More übergangslos Metal mit Alternative Rock, Synthesizern und Dance Music. Obwohl die Pfade der Alternative-Metal-Bands scheinbar mit einem Mischmasch an Stilen gepflastert waren, führten sie doch immer wieder zu Black Sabbath und Metallica zurück. Die sauber geschrubbten Helmet sahen aus wie New Kids on the Block, aber ihre Mischung aus stampfendem Pop und brutalen, akribischen Gitarren hatte großen Einfluss auf das gerade anbrechende Jahrzehnt. Die Band selbst betrachtete sich allerdings nicht nur als Fortführung von Iron Maiden. „Wir sind durch Zufall zu diesem ganzen Metal-Ding gekommen", behauptet der Schlagzeuger John Stanier. Wir haben es immer gehasst, wenn Leute uns mit Metal in Verbindung brachten." Zwar hatte die Öffentlichkeit noch immer ein anderes Bild, aber in den Neunzigern wurde trotzdem klar, dass auch Kurzhaarige knallharten Metal spielen konnten.

Harte Alternativen

- Butthole Surfers, *Locust Abortion Technician* (1987)
- Faith No More, *The Real Thing* (1989)
- Helmet, *Meantime* (1992)
- Jane's Addiction, *Nothing's Shocking* (1988)
- Kyuss, *Blues For The Red Sun* (1992)
- Metallica, *Metallica* (1991)
- Ministry, *The Land Of Rape And Honey* (1988)
- Soundgarden, *Screaming Life/Fopp* (1992)
- Type O Negative, *Bloody Kisses* (1994)
- Voivod, *Angel Rat* (1991)
- White Zombie, *La Sexorcisto, Devil Music Vol. 1* (1992)

schmerzen bekam. Erstklassige Covergestaltung wurde durch Haarspray und öffentlich präsentiertes Schamhaar ersetzt, während die klassischen literarischen Themen zu banalen Liebesliedern an Marilyn Monroe gerannen. Obwohl Bandchef Tom Warrior *Cold Lake* inzwischen als „Fehler" bezeichnet, grübelten verwirrte Fans, ob die Toupierfrisur-Eskapade nur eine letzte rätselhafte Konsequenz des Konzepts einer Band war, deren Laufbahn von jeher voller Überraschungen steckte – oder lediglich das trostlose Ergebnis falscher kommerzieller Hoffnungen.

Obwohl sie hart dafür gearbeitet hatten, wurden Thrash-Metal-Titanen wie Metal Church nicht automatisch legitime Erben des Erfolgs von Iron Maiden und Judas Priest. Schon bald nachdem er den traditionellen Heavy Metal vom Thron gestürzt hatte, hatte sich Thrash Metal zu einem schwergewichtigen Konkurrenten entwickelt, was sich gelegentlich auch daran zeigte, dass nicht wenige übergewichtige Headbanger anfingen, auf ihre Bierbäuche zu achten. Slayer stiegen bekanntermaßen von hochprozentigem belgischem Bier auf wässriges Coors Light um. Wie Exodus-Gitarrist Gary Holt erzählte, verlor Sänger Steve Sousa fünfundvierzig Pfund mit einer NutraSystem-Diät. „Die Idee hatte er von Chuck Billy, Eric Peterson und Louie Clemente von Testament, die alle diese Diät machten", sagt Holt. „Er zeigte mir einen der NutraSystem-Hamburger, und ich meinte nur: ‚Mann, da würde ich auch noch die Verpackung essen!'"

Nach dem Schwarzen Album kamen Weichspülphasen jedoch nicht mehr infrage. Doch während Faith No More und Soundgarden heavy klangen, ohne unbedingt Metal zu sein, gab es nun jede Menge zweitklassiger Anthrax- und Metallica-Kopien, die zwar Metal spielten, denen aber gefühlsmäßiger Tiefgang fehlte. Glatt polierte, kommerzielle Bands begannen Thrash Metal herauszuhauen und ein neues Publikum zu unterfordern, das eigentlich sehr viel lieber Bands im Stil der Big Four gehört hätte. „Die Majorlabels haben Thrash Metal gekillt", behauptet der Indie-A & R-Mann Monte Conner.

Warner Brothers überschwemmte die Läden mit zwanzigtausend Gratisexemplaren der Debüt-EP von Powermad, deren Musik sie auch in dem Film *Wild at Heart* von David Lynch unterbrachten. Aber wollte man es schaffen, genügte es nicht mehr, die Metallica der alten Schule zu imitieren. „Es gab die Big Four: Anthrax, Metallica, Megadeth und Slayer", meint Conner. „Diese Bands hatten Erfolg, also dachten sich die Majors: ‚Hey, da mussen wir einsteigen!' Über Nacht bekamen zweihundert ähnlich klingende fünftklassige Bands wie Gothic Slam und Powermad Verträge und überschwemmten den Markt. Keine dieser Bands verkaufte sich, weil keine davon gut war. Den Kids hingen sie zum Hals raus, weil viel zu viele Platten erschienen, und schließlich sind die Bands verschwunden."

Ein unauffälligerer Grund für die Stagnation des Thrash Metal waren Narkotika, denn mit dem Erfolg stieg auch der Drogenkonsum. Black Sabbath hatten ihre ersten Jahre trotz exzessiven Missbrauchs diverser chemischer Präparate überlebt. Im Großen und Ganzen aber gab man sich im Heavy Metal mit gewöhnlichem Alkoholismus zufrieden, wie schon der Spitzname von Metallica – Alcoholica – anzeigt. Probleme mit harten Drogen schienen ausschließlich der Musikindustrie von Hollywood und deren auf Starruhm versessenen Bands vorbehalten zu sein – wie den vom Heroin schwer gezeichneten Mötley Crüe, deren Manager Doc McGhee 1988 bei dem Versuch erwischt wurde, mehrere Tonnen Marihuana nach Amerika zu schmuggeln. „Uns ging es vor allem darum, über positive Sachen zu schreiben und nicht über die Scheiße, die da lief", sagt der Journalist Ben Liemer, der für *Circus* ausführlich über alle Spielarten des Metal berichtete. „Aber wir haben eine ganze Menge Zeug gesehen, das in den Artikeln später nicht vorkam."

Im Keller des Heavy Metal lagerten natürlich auch ein paar Leichen. „Ich finde, man sollte sich amüsieren, Drogen nehmen, saufen und die Nacht durchmachen, sich das Gehirn wegballern und machen, was man will", sagt Rob Halford. „So etwas macht aber nur Spaß, solange man am Leben bleibt, und das Leben ist ein einmaliges Geschenk. Wenn man jedoch in die Suchtfalle gerät und sich selbst komplett ruiniert, dann ist das sehr schlecht. Ich habe das hinter mir. Ich habe die Kontrolle verloren wie eine ganze Menge anderer Musiker auch. Ich hatte zwanghafte Persönlichkeitsneurosen, die ich erst entdeckte, als ich drogen- und alkoholabhängig war. Damit habe ich mir die Stimme versaut, und so wirkte sich das auf etwas aus, was ich liebte, nämlich die Musik, die ich machte. Daher begann ich im Januar 1986 schließlich etwas dagegen zu unternehmen. Jetzt sehe ich andere Leute in meinem Alter, und ich danke Gott, dass ich nicht so aussehe."

Während Metallica noch immer offen ihre Liebe zum Wodka feierten, hatte sich der Alkoholismus ihres ehemaligen Gitarristen Dave Mustaine zu einem unersättlichen Appetit auf Speed, Heroin und Koks gesteigert. Nur Bassist David Ellefson blieb während des Aufstiegs von Megadeth bei Mustaine. „Die ersten beiden Typen sind rausgeflogen, weil sie Drogen nahmen und Equipment klauten", erzählt Mustaine. „Die nächsten beiden wurden gebeten zu gehen, weil sie richtig schlimme Drogenprobleme hatten. Einer von beiden hat sich in ein Telefongespräch zwischen mir und meiner Verlobten eingeschaltet und ihr erzählt, er würde beim Sex mit seiner Freundin an sie denken. Ich sagte: ‚Du bist raus!'"

Lars Ulrich beschrieb seinen Lebenswandel während dieser Zeit gegenüber VH1 als „die ganze Nacht aufbleiben und Partys mit Guns N' Roses feiern". Solche Offenbarungen ließen nichts Gutes ahnen. „Im Musikgeschäft gibt's immer Drogen", meint King Diamond. „Ich will damit nichts zu tun haben. Ich habe gesehen, welchen Schaden das anrichtet und zu welchem Blödsinn es führt."

Metal Church, Freunde und Labelkollegen von Metallica, gerieten völlig außer Kontrolle, als sie aus dem verschlafenen Seattle ins Ödland von Los Angeles umzogen. „Als ich bei Metal Church ausstieg, gab's da eine Menge Drogen", sagt Sänger David Wayne. „Ich habe es ihnen nie aufs Brot geschmiert, aber in der Band gab's ein paar Typen, die auf dem Boden herumzuckten wie Fische auf dem Trockenen. Ich habe miterlebt, wie einige eine Überdosis erwischten, und ich selbst habe das auch hinter mir. Ich weiß, dass in Hollywood und im Rock 'n' Roll dieses Scheißkokain glorifiziert wird, aber ich bin fertig damit. Der Suchtfaktor ist bei dieser Droge so grenzenlos hoch, das ist unglaublich. Man will einfach immer mehr, genau so, wie Metallica das in ihrem Song ‚Master Of Puppets' geschrieben haben."

Superstars wie Megadeth entsagten den Drogen, hielten durch und verkauften in den Neunzigern sechs Millionen Alben in Amerika. Die blitzsauberen Anthrax heuerten John Bush, den ehemaligen Sänger von Armored Saint, an, der Jahre zuvor einmal von Metallica umworben worden war, und unterschrieben 1992 einen neuen, zehn Millionen Dollar schweren Vertrag bei Elektra. Viele ehemalige Kollegen allerdings gingen ein wie Stubenfliegen. Selbst Metal Church und Exodus, die einst wichtige Hauptpfeiler ihrer Majorlabels gewesen waren, wurden von den Plattenfirmen, die sich nicht mehr um ihre Karrieren kümmerten, auf Eis gelegt. „Metal Church bekamen 1993 die fertige CD zu *Hanging In The Balance* vor die Nase gelegt", erinnert sich der ehemalige Sänger David Wayne, der bereits einige Jahre zuvor ausgestiegen war. „Und auf dem Cover sah man eine dicke Frau auf einem gespannten Draht, die Klamotten trug wie eine Operndiva aus der Wikingerzeit. Das war möglicherweise das hässlichste Metal-Cover, das ich je zu Gesicht bekam. Man ließ ihnen keine Wahl."

In der überspannten musikalischen Atmosphäre der Neunzigerjahre waren Anpassungsfähigkeit und Flexibilität überlebensnotwendig. Die texanische Power-Metal-Band Pantera, die seit ihrem Album *Metal Magic* von 1983 in modrigen Metal-Gewässern vor sich hin dümpelte, hatte schließlich Erfolg, weil sie sich geschickt auf die neuen, veränderten Zeiten einließ. Kurz nachdem sie den Sänger Phil Anselmo aus New Orleans für sich gewinnen konnten, warfen Pantera ihr Augen-Make-up, ihre rosa Schals, ihre Leopardenhosen und ihr Haarspray über Bord und widmeten sich einem härteren, präziseren Metal. Der Gitarrist „Diamond" Darrell Abbott änderte seinen Bühnennamen in Dimebag Darrell, aus dem Bassisten Rex „Rocker" Brown wurde schlicht Rex und so weiter.

Das 1990 veröffentlichte Pantera-Album *Cowboys From Hell* nahm alle Thrash-Energie zusammen, um sich von Metallicas unvollkommenem ... *And Justice For All* abzustoßen. Pantera verbanden die Schroffheit des Metal mit den sparsamen Songstrukturen des Rap und schufen einen wütenden, von Percussions geprägten Sound, dem eine Spur des gerade sehr beliebten tödlichen Underground-Grollens beigemischt war. Die neuen Pantera verschmolzen Metal und Rap auf flüssigere Weise als Anthrax und übertrafen die New-Yorker auch schon bald in ihrer Popularität. Mit einer Schwarzweißfotografie des brüllenden Sängers Anselmo, der mit den eintätowierten Wörtern STRENGTH und SHATTERED SOUL wie ein Punkrock-Quarterback wirkte, gewann der Fotograf John Kaplan 1992 den Pulitzerpreis. Pantera hielten Schritt mit der Zeit und perfektionierten als Nächstes auf *Vulgar Display Of Power* ihren rhythmuslastigen Headbanger-Sound, den sie später mit dem elegant kraftvollen und unberechenbar groovy klingenden *Far Beyond Driven* erweiterten. Nachdem sie sich beinahe zehn Jahre lang im Süden von Texas abgeplagt hatten, war aus Pantera eine Gruppe marktbewusster Realisten geworden, die ihre Talente und den Übermut der Achtzigerjahre durch einen frischen, bissigen Ansatz verjüngten.

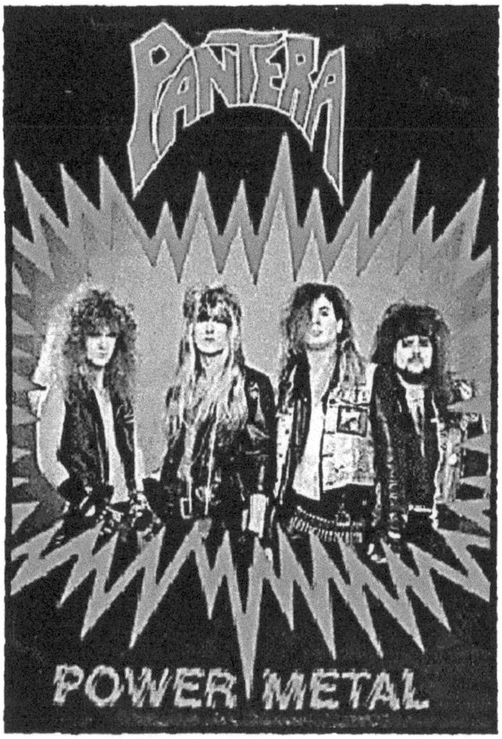

Power Metal: Pantera-Flyer

Als hätten sie sich am Titel eines späteren Albums, *Reinventing The Steel*, orientiert, tendierte die offizielle Plattenfirmen-Biografien Panteras dazu, die Aktivitäten der Band während der Achtzigerjahre nicht weiter zu erwähnen. „Natürlich gab es Pantera auch schon vor *Cowboys From Hell*", meint Rob Halford von Judas Priest. „Sie wollten offensichtlich überleben, und augenscheinlich hatten sie das Gefühl, dass sie mehr zu sagen hatten als das, was in ihrer Anfangszeit rüberkam. Sie sind einfach ein tolles Beispiel für eine Band, welche die Entwicklung des Metal aufgegriffen und eine neue Sounddefinition beigesteuert hat. Ich erinnere mich, wie ich das erste Mal *Cowboys From Hell* hörte und dachte: ‚O Gott, was ist das?' Was Dimebag da machte, war erstaunlich. Nach wie vor zählen im Metal der Sänger und der Gitarrist, und mich haben sie inspiriert."

Auch die Mitglieder der raffinierten Queensryche aus Bellevue, Washington, überlebten in den Neunzigerjahren mit Köpfchen. Das Quintett zeigte sich auf seinem Debüt 1984 als stilvoller Iron-Maiden-Abklatsch und katapultierte sich, so wie auch Savatage aus Florida und Fates Warning aus Connecticut, vom frühen Power Metal in die aufregenden Gefilde des Progressive Metal – wobei sie sich nie die Füße in der Thrash-Metal-Gosse schmutzig machten. 1988 legten Queensryche das schwarze Leder und ihre Ketten ab und entwickelten die von Sciencefiction beeinflusste Minioper *Operation: Mindcrime.* Mit deren Nachfolger *Empire* sammelte die Gruppe zahlreiche Platin-Auszeichnungen, landete mit „Silent Lucidity" einen Dauerhit und pflegte ein reifes Metal-Publikum, das sich sehr viel mehr für gebildete Musiker als für das Image des Mainstream-Heavy-Metal interessierte.

Die Erfolgsgeschichte des amerikanischen Nordwestens schrieben 1991 jedoch nicht Queensryche, sondern Grunge – eine Musikrichtung, die zum ersten Mal bei Soundgarden hörbar wurde und deren Ankunft Ende der Achtzigerjahre die Ära von Pearl Jam, Mudhoney und Nirvana einläutete. Diese Gruppen, die alle auf dem regionalen Sub-Pop-Label erschienen, wurden in Seattle oder den angrenzenden Städten Tacoma und Aberdeen groß – eine Hochburg des Hardrock, in der langhaarige Garagenbands das Andenken vergessener Gruppen der Siebzigerjahre wie Grand Funk Railroad oder Black Oak Arkansas bewahrten und freizügig Elemente von Punkrock und Metal hinzugaben. Grunge gehörte zur Kneipen- und Cafékultur der Gegend, eine verzerrerlastige musikalische Mischung, getragen vom einfachen Geist von Blue Cheer und den Stooges, kombiniert mit Anklängen an die monumentalen Riffs von Black Sabbath und Led Zeppelin. Grunge-Bands ähnelten Plattenhändlern, indem sie längst nicht mehr aktuelle Kritikerlieblinge wie Gang of Four und die Minutemen als Einflüsse anführten.

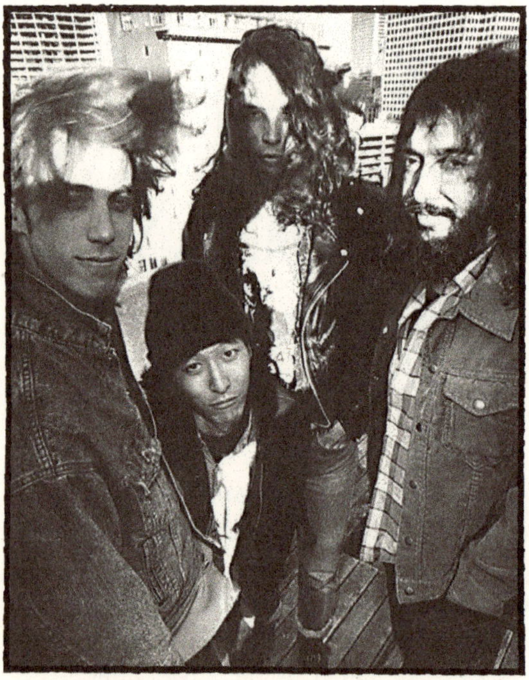

Haarige Sache: Soundgarden aus Seattle *(Charles Peterson)*

Angesichts einer zunehmend technisierten und protzigen populären Rockmusik steigerten die Grunge-Bands die emotionale Bandbreite der harten Musik (so, wie auch James Hetfield allmählich aus ganzem Herzen sang) und verschrieben sich einer eher elementaren Ethik. Anders als die hyperaktiven Metalcore-Acts aus der Region wie The Accüsed und Wehrmacht, die Genregrenzen ignorierten und aggressiv vorwärts drängten, ließen die zurückhaltenden Grunge-Slacker Metal-Einflüsse nur allmählich tiefer in ihren Soundmix einsickern. „Ich mochte Led Zeppelin oder Black Sabbath erst nach der Punkrock-Explosion", erklärt der Soundgarden-Gitarrist Kim Thayil gegenüber *Sheet Metal*. „Heavy Metal fand ich jahrelang ätzend. Ich konnte mir nicht mal mehr meine alten Kiss- und Aerosmith-Alben anhören, weil ich fand, dass die für alles standen, was ich an der Rockindustrie und den ganzen Sportskanonen, Musikern und anderen Idioten auf der Highschool zum Kotzen fand."

Viele der Grunge-Musiker waren Spätentwickler, Teenagerpunks, die sich mit dem Erwachsenwerden auch die Haare wachsen ließen. Sie lernten den Hardrock lieben, waren aber entschlossen, dessen Fehler nicht zu wiederholen. Die Grunge-Bands sagten den ehemaligen Glam-Idolen mit fast reaktionärer Schlichtheit den Kampf an und verfolgten im Hinblick auf Los Angeles eine Philosophie, die sich wohl am besten so beschreiben ließe: „Wenn wir nicht dazugehören dürfen, dann müssen wir sie eben übertreffen." Als der Sänger der Glam-Metaller Mother Love Bone, Andrew Wood, am 16. März 1990 in Seattle an einer Überdosis Heroin starb, heuerten die Mitglieder den Sänger Eddie Vedder an und gründeten Pearl Jam – statt Lederjacken und Silberstiefel trugen sie nun unauffällige Sweatshirts und Turnschuhe.

Grunge-Gruppen betrachteten sich selbst als neue Kraft gegen die Exzesse des Heavy Metal der vergangenen Jahre und begegneten der Leere, die Warrant, Winger und White Lion hinterlassen hatten, in flatterndem Flanell. Die Popularität von Metallica hatte diesen abgehalfterten Leichtgewichten einen schweren Schlag versetzt, und Grunge trug nun dazu bei, dass auch noch ihre letzten Überreste beseitigt wurden. Metal-Puristen jedoch fiel es schwer, sich mit der Abwertung von Image und musikalischer Technik anzufreunden. „Gott sei Dank war ich in L. A.", sagt David Wayne von Metal Church. „Ich fand Grunge gar nicht so schlecht, aber mir fehlten Gitarristen, die mehr als Rock mit drei Akkorden spielen konnten. Mir waren meine Riffs von K. K. Downing und Glenn Tipton [von Judas Priest] lieber als ‚Smells Like Teen Spirit' von Nirvana, was eben einfach nur okay ist."

Während Metal Church abwarteten und zusahen, fand ein junger, rastloser Teil des MTV-Publikums, der bereits von Soundgarden sehr angetan gewesen war, seine Erlösung in dem bahnbrechend erfolgreichen *Nevermind* von Nirvana – einem Album, das wilden Volldampf-Heavy-Metal mit Beatles-Einflüssen verband. Der spröde Nirvana-Frontmann Kurt Cobain war ein begabter und gepeinigter Songwriter, der mit dem Sound von Celtic Frost und der Lokalhelden Metal Church aufgewachsen war. „Kurt und [Nirvana-Bassist] Krist Novoselic hörten sich immer Celtic Frost und die Smithereens an, und das prägte ihre Vorstellung von ihrer eigenen Musik", erklärte der Schlagzeuger von Nirvana, Dave Grohl, dem Magazin *Stance*. Obwohl sich sowohl Plattenfirmen wie Straßenpunks außerordentlich viel von ihm erhofften, war Cobain zu verletzlich – die widerstreitenden Anforderungen der kommerziellen Maschinerie, innerhalb deren er operierte, und dem Underground-Milieu, mit dem er sich identifizierte, zerrissen ihn innerlich. Nach drei Alben endete der revolutionäre Vorstoß der Band am 8. April 1994, als man Cobain, der offenbar Selbstmord begangen hatte, mit einem Gewehr auf dem Schoß in seiner Garage fand.

Metallica standen inzwischen dank ihres phänomenalen Erfolgs weit über dem Wirrwarr der neuen musikalischen Trends. Die Band, die inzwischen ihre Kamerascheu abgelegt hatte, beschenkte MTV mit Videos für „The Unforgiven", „Nothing Else Matters" und „Enter Sandman" – und die Verkäufe von Album und CD vervielfachten sich auf spektakuläre Weise. Zum ersten Mal gehörten auch Großeltern und Hausfrauen zur Metallica-Fangemeinde, und das Konzertpublikum wies gewisse Anzeichen von Verbürgerlichung auf. „Wenn da zu fünfzig Prozent Mädels stehen", sagt Lars Ulrich, „dann ist das ein Zeichen dafür, dass man es geschafft hat."

Obwohl sie nun auch offiziell Rockstars waren, benahmen sich Metallica weiterhin so, als hätte sich nichts verändert. Sie pflegten ihr Publikum bis ins Mikromanagement hinein und hielten den Kontakt zu den Massen fast schon krampfhaft aufrecht. Als Teenage-Superfan hatte Lars Ulrich eine sehr persönliche Beziehung zu seinen Idolen bei Diamond Head und Motörhead aufgebaut. Als Starschlagzeuger verkehrte er die Rollen und gewährte Metallica-Fans einen ähnlichen Zugang. Neun Tage vor der offiziellen Veröffentlichung stellten Metallica das Schwarze Album auf einer kostenlosen, völlig überfüllten Party siebzehntausend Hörern im Madison Square Garden vor. „Das einzig Ärgerliche daran ist, dass unser Album im Garden gespielt wurde, bevor wir da gespielt haben", meinte Ulrich in den *MTV News*.

Metallica erwiesen sich als erstaunlich geschickt, wenn es darum ging, der Metal-Miliz ihre Botschaft zu übermitteln. Zunächst erschien ein Videofilm, der die Strapazen der neun Monate dauernden Aufnahmesessions zu *Metallica* dokumentierte. Er zeigte die einzelnen Arbeitsschritte: Lars Ulrich schlug Ideen vor, James Hetfield arbeitete stillschweigend an deren Verbesserung, Kirk Hammett passte sich ohne lange zu überlegen jeder vorgefundenen Situation an, und Jason Newsted kämpfte ums Überleben. Zwar stellte der Film die Probleme des musikalischen Schöpfungsprozesses sehr offen dar, aber die harte Kehrseite des Aufnahmemartyriums verbarg das selbst produzierte Video: Die zermürbende Arbeit hatte die Band eine Million Dollar und drei Ehen gekostet.

Das Filmmaterial zeigte erwachsenere und verantwortungsbewusstere Metallica-Mitglieder – ein himmelweiter Unterschied im Vergleich zu den abstoßenden Angebereien von Hetfields betrunkener Punkband Spastik Children. Auf

Anregung der Make-A-Wish Foundation, die krebskranken Kindern einen besonderen Wunsch zu erfüllen versucht, lud die Band den Teenager und Chemotherapiepatienten John Smith ins Studio ein. Smith erschien mit seiner Familie im Schlepptau, er trug ein *Ride The Lightning*-T-Shirt und ein Kopftuch auf dem unbehaarten Schädel. Er schloss seine Gitarre an und führte Metallica durch eine langsame Version von „Four Horsemen". Es waren einige glückliche Augenblicke in seinem kurzen Leben, das nur wenige Monate später endete.

Jeder Fan, zu dem die Band persönlich Kontakt hatte, brachte Metallica hunderte neuer Konvertiten. Um aus einer Masse von Leuten, die eher beiläufig durch Radio oder Videos Bekanntschaft mit der Band geschlossen hatten, echte Gläubige zu machen, gingen Metallica auf eine unglaubliche Welttournee mit dreihundert Konzertterminen, auf der ein weiterer Dokumentarfilm gedreht wurde. Mit einer Lauflänge von insgesamt vier Stunden gehörte der Studio-und-Live-Dokumentarfilm unter dem zusammenfassenden Titel *A Year and a Half in the Life of Metallica* zu einer Reihe von Geschenken an die Fangemeinde, die dazu beitrugen, dass die Band erstmalig überlebensgroß wirkte. Die Musik und die Methoden Metallicas entzogen sich allen Expertenprognosen: Niemand hatte damit gerechnet, dass sich *Metallica* schließlich weltweit mehr als zwanzig Millionen Mal verkaufen würde.

Ein Erfolg dieser Größenordnung veränderte die Beziehung zwischen Künstlern und Publikum unwiderruflich, doch Metallica bestanden darauf, informell zugänglich zu bleiben. Sie versuchten, „die Art zu ändern, wie Leute Rockkonzerte im Stadion ansehen". Dafür entwarfen Lars Ulrich und die Band die „Snake Pit", eine diamantenförmige Bühne mit zwei Schlagzeugen, die sich bei jedem Song neu anordnen ließ. Statt das Publikum aus einer Richtung, von einer festen, mit Absperrgittern gesicherten Bühne aus, zu beschallen, spielten die Musiker nun dynamisch auf allen Uhrzeigerpositionen – sodass jeder anwesende Fan sie gleich lange frontal zu Gesicht bekam. In der Mitte der ungewöhnlichen Snake Pit befanden sich einhundertzwanzig völlig überwältigte, handverlesene, total verrückte Fans, die wegen ihres irren Blicks ausgewählt wurden.

In einem abgetrennten Bereich hinter dem Mischpult erlaubte die Band großzügig das Mitbringen von Aufnahmegeräten, ein Zugeständnis an die Cassettentauscher, welche die gesamte Karriere der Band ausführlichst dokumentierten. Selbst ohne aufblasbare Drachen erforderte die Tourmaschinerie von Metallica nun eine Streitmacht von zwölf Lastwagen, sechs Bussen und eine Crew von sechzig Personen – die Leibwächter von Lars Ulrich nicht mitgezählt. James Hetfield legte sich ein Dauergrinsen zu – es war der Gesichtsausdruck eines Mannes, der an sechs Abenden der Woche dem Begrüßungsjubel und den ausgestreckten Armen zehntausender Fans begegnete. Plötzlich schien alles sehr leicht.

Preise und Auszeichnungen waren nichts Außergewöhnliches mehr. Als sie 1990 das Schwarze Album aufnahmen, bekamen Metallica ihren zweiten

Grammy für eine Aufnahme von „Stone Cold Crazy“ von Queen. Das Stück war in einer halben Stunde eingespielt worden und befand sich auf einer Platte, die anlässlich des Jubiläums von Elektra Records eingespielt worden war und auf der sich aktuelle Elektra-Künstler mit früheren Veröffentlichungen des Labels auseinander setzten. Mit Unterstützung ihrer Manager bei Q Prime wagten Metallica erste Schritte auf dem roten Teppich des Rock'n' Roll-Adels. Beim Concert for Life, einem Benefizkonzert der Aids-Hilfe zu Ehren des verstorbenen Queen-Sängers Freddie Mercury, begegneten Metallica Angehörigen der Rockaristokratie wie Roger Daltrey und David Bowie. James Hetfield bedeutete es persönlich sehr viel, mit Tony Iommi von Black Sabbath und den drei noch lebenden Queen-Mitgliedern auf der Bühne der Londoner Wembley-Arena „Stone Cold Crazy“ zu spielen.

In *Guitar for the Practicing Musician* spekulierte der Bassist und Texter von Black Sabbath, Geezer Butler, darüber, ob der Einfluss von Metallica letzten Endes ebenso groß sein würde wie der von Black Sabbath: „Das ist schwer zu sagen, weil sie derzeit so angesagt sind. Kommt drauf an, was sie machen. *Metallica* ist eins der besten Alben, die ich je gehört habe. Das ist ein Klassiker. Das ist die Art von Musik, die ich wirklich gern höre – Musik, die hart ist und gleichzeitig aber auch eine Melodie hat. Das ist immer noch Black-Sabbath-Manier. Es ist nicht zu extrem wie diese Sachen, bei denen der Gesang klingt, als würde jemand kotzen. Ich höre mir gern einen echten Song an, ein tolles Riff, einen guten Sänger und gute Texte. Ich bin eigentlich echt zu altmodisch, aber so funktioniert es immer noch.“

Während ihres Londonaufenthalts planten Metallica eine Mammuttour mit Guns N' Roses. Obwohl sie vor der Tour die Unterschiede zwischen beiden Bands gegenüber der Presse übermäßig betont hatten, operierten sie eigentlich nicht so weit voneinander entfernt: Guns N' Roses waren die fiesesten und langlebigsten der von MTV geförderten Glambanger, Metallica hingegen die bekanntesten Gesichter des Metal-Undergrounds. Die erste problematische Frage, die sich dieser platinglänzenden Metal-Paarung vor ihren Konzerten in vierundzwanzig Städten stellte, war bezeichnend für den Kampf der Kulturen: Sollte die Bühne mit einer fünfzig Fuß langen „Ego-Rampe“ für Axl Rose ausgestattet werden, die über die Köpfe des Publikums hinwegführte, oder nach dem Vorbild von Metallicas zugänglicherer „Snake Pit“ gebaut sein?

Nach mehreren Konzerten vor fünfzigtausend Zuschauern stellten die regelmäßigen An- und Ausfälle von Axl Rose die Gutmütigkeit aller, von den hinter der Bühne Beteiligten bis hin zu den Zuschauern auf den hintersten Plätzen, auf die Probe. Achtzig Fans wurden in Boston verhaftet und einhundert verletzt, als sich der Beginn des Guns-Auftritts verzögerte und schließlich beim Werfen mit Eisstücken eine regelrechte Schlacht ausbrach. Am 9. August lief James Hetfield in Montreal während der *Ride The Lightning*-Ballade „Fade To Black“ in eine explodierende Magnesiumflamme. Er erlitt Verbrennungen zweiten Grades im Gesicht, an Händen, Armen und Beinen. „James Hetfield sah aus wie die Fackel, die sie diese Treppe zum Olympischen Feuer hinauftragen, um es anzuzünden“, erzählte Lars Ulrich VH1. Jason Newsted setzte mit der für Metallica typischen Sensibilität hinzu: „Seine Haut warf Blasen wie die vom Toxic Avenger.“

Unfälle mit der Pyrotechnik waren im Heavy Metal nicht ungewöhnlich – sieben Jahre vorher wurde Cronos von Venom, den Paten des Black Metal, bei einer ihrer bombastischen Shows um ein Haar gegrillt. Auch Blackie Lawless von W.A.S.P. hatte schon Bekanntschaft mit Flammen gemacht. „Man steht einfach zur falschen Zeit am falschen Ort“, sagt er, „und sie pusten dir den Arsch weg, wie James feststellen musste. Einmal hat mich mein explodierender Hosenlatz einen Meter hoch in die Luft katapultiert. Die ganzen Haare an meinen Beinen waren verbrannt, und die einen halben Zentimeter dicke Fiberglasschale in meinem Schritt hatte einen Riss, sodass sie sich bog wie ein Akkordeon. Ich kenne keinen Pyrotechniker in Hollywood, der noch alle Finger hat oder dem nicht das halbe Gesicht fehlt!“

In Montreal herrschte völliges Chaos, während James Hetfield hastig in ein Krankenhaus geschafft wurde. Lars Ulrich, der Diplomat, hatte alle Mühe, den fünfzigtausend verwirrten und enttäuschten Fans die Situation zu erklären. Als er sich entschuldigte und versprach, bald nach Montreal zurückzukehren, richteten sich aller Augen auf die zweite Hauptband neben Metallica: Die Verantwortung für den Abend lag nun bei Guns N' Roses. Kurz nachdem er die Bühne betreten hatte, stürmte Axl Rose jedoch wieder nach hinten in seine Garderobe. Er klagte über angeschlagene Stimmbänder und weigerte sich weiterzumachen, obwohl Jason Newsted sich erinnert, ihn entspannt mit Zigarette und Champagnerglas hinter der Bühne gesehen zu haben. Metallica hatten Los Angeles vor langer Zeit den Rücken gekehrt, um solchen selbstgefälligen Rockstar-Albernheiten zu entfliehen. Die desillusionierten Fans sorgten selbst für ihre Unterhaltung, zerlegten die Konzerthalle und warfen Autos um. Acht Polizisten und mindestens zehn Konzertbesucher wurden bei dem Tumult verletzt, und der Schaden am Olympiastadion von Montreal belief sich auf dreihunderttausend Dollar.

Nur einen Monat nach dem Vorfall waren Metallica wieder bereit für die Bühne, und die Tour wurde trotz der Versicherungssummen und Sicherheitskosten, die inzwischen ins Unermessliche gestiegen waren, fortgesetzt. An den meisten Abenden wurde über eine Million Dollar brutto allein über den Kartenverkauf eingenommen. *Pollstar* zählte sowohl die Tour mit Guns N' Roses wie auch die eigenständige Metallica-Tour zu den zehn umsatzstärksten Konzertunternehmungen des Jahres 1992. Der Unfall mit dem Magnesiumfeuer hatte der Band nur eine kurze Verschnaufpause während ihres bemerkenswerten zehnjährigen Aufstiegs beschert: Im darauf folgenden Sommer machten die Musiker zum ersten und einzigen Mal Urlaub. Es gab einiges zu regeln. Für die nähere Zukunft verordneten sie sich: eine Physiotherapie für Hetfields Hand, dringend benötigte Ruhe, eine Phase der Neuorientierung, die Überprüfung ihrer pyrotechnischen Ausstattung und das Überdenken ihres grenzenlosen Ehrgeizes.

Obwohl auf MTV nun sehr viel mehr Grunge-Kopisten in Holzfällerhemden als Glambanger in Spandexhosen zu sehen waren, konnte die Seattle-Szene 1992 die Metal-Erfolge von Metallica und Guns N' Roses nicht schmälern. Die Superstars blieben Superstars. Auch wenn das *Time Magazine* eine Übernahme durch den Grunge prophezeit hatte, verkaufte sich *Nevermind* von Nirvana in den USA bis Ende 1993 nur fünf Millionen, das Schwarze Album dagegen sieben Millionen Mal. Im Verlauf des Jahrzehnts verschob sich dieses Verhältnis noch extremer zugunsten von Metallica. Grunge brachte nicht einmal die Herrschaft der bösen Jungs von Hollywood ins Wanken: Mötley Crüe verkauften noch nach Erscheinen von *Nevermind* sieben Millionen Alben.

Grunge wirbelte allerdings so viel Staub auf, dass die Mainstream-Medien erneut glaubten, Heavy Metal ignorieren zu dürfen. Da Judas Priest und Iron Maiden zu Beginn der Neunziger nicht aktiv waren, machte sich in der Metal-Welt das Gefühl breit, der Triumph von Metallica habe die goldene Ära des Heavy Metal beendet. Niemals wieder sollte es ein Jahrzehnt wie die Achtziger geben, in denen die Musik aus beinahe vollkommener Vergessenheit zu uneingeschränkter Herrschaft gelangte. Obwohl Heavy Metal der größte finanzielle Erfolg erst noch bevorstand, würde der Ursprung der Bewegung immer mit der Zeit der Drachen, Headbanger und Nietengürtel verbunden bleiben. Die Metalheads, die noch immer darauf erpicht waren, sich weiterzuentwickeln, blickten nach vorn – die Welt, die vor ihnen lag, bot riesiges, einladendes Neuland.

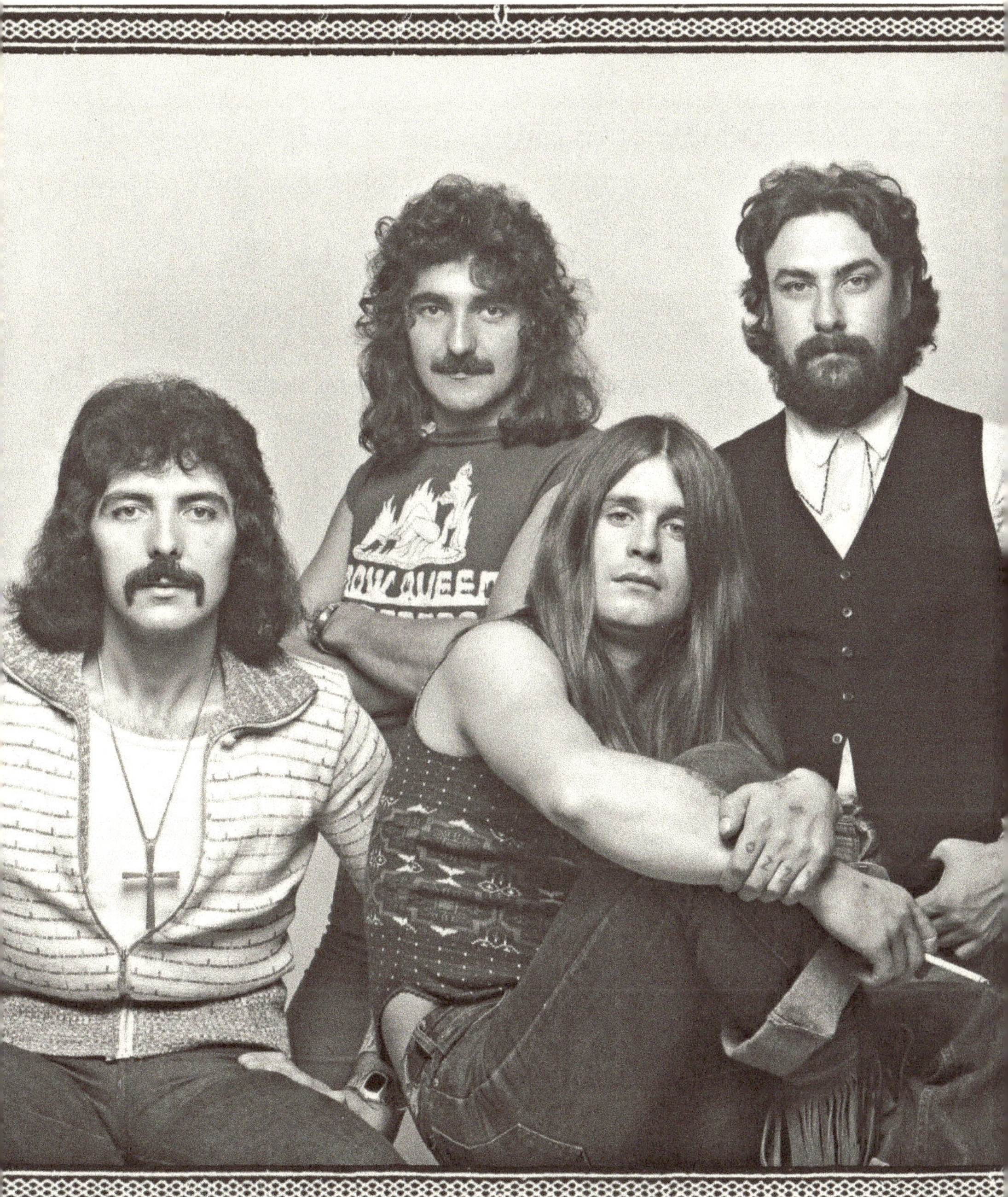

▲ Black Sabbath in Originalbesetzung *(Warner Bros.)*

➤ Michael Schenker, das Flying-V-Wunderkind *(Tim Falke)*

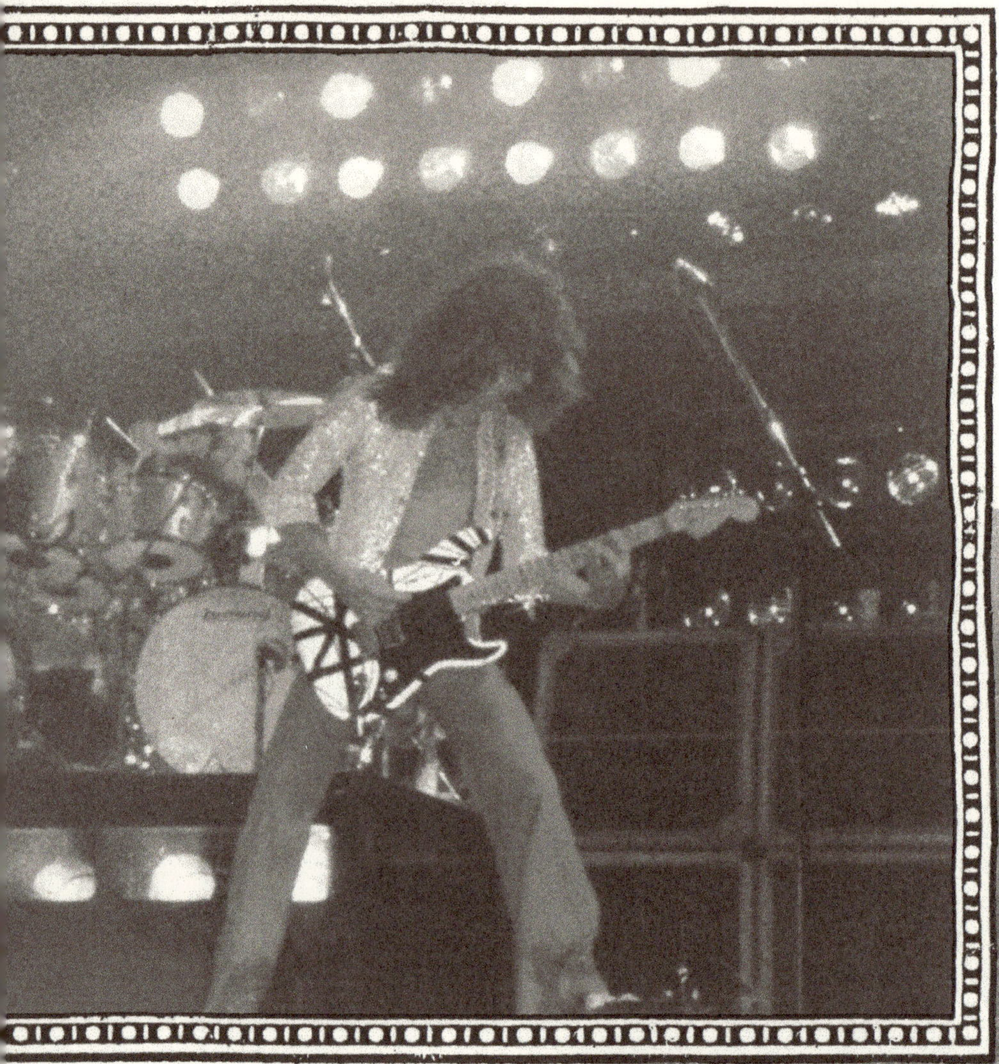

▲ Eddie Van Halen
(Austin [Hardrock69] Majors)

➤ Das U.S. Festival '83 *(Dan Sokol)*

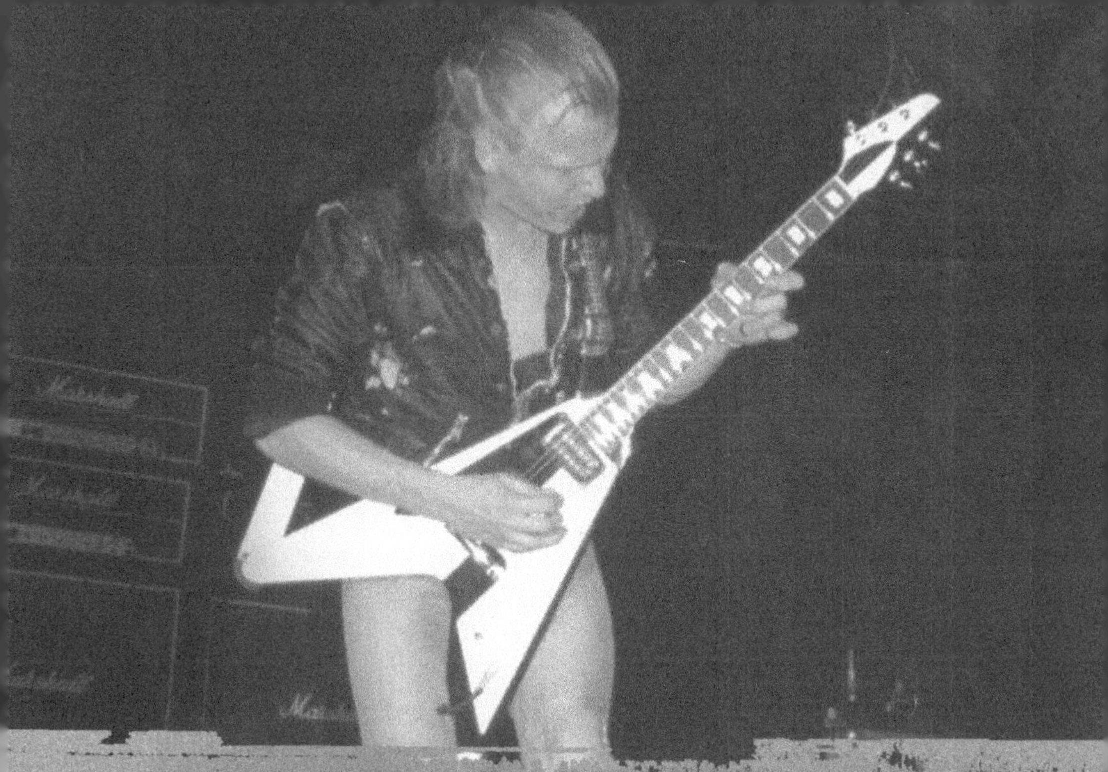

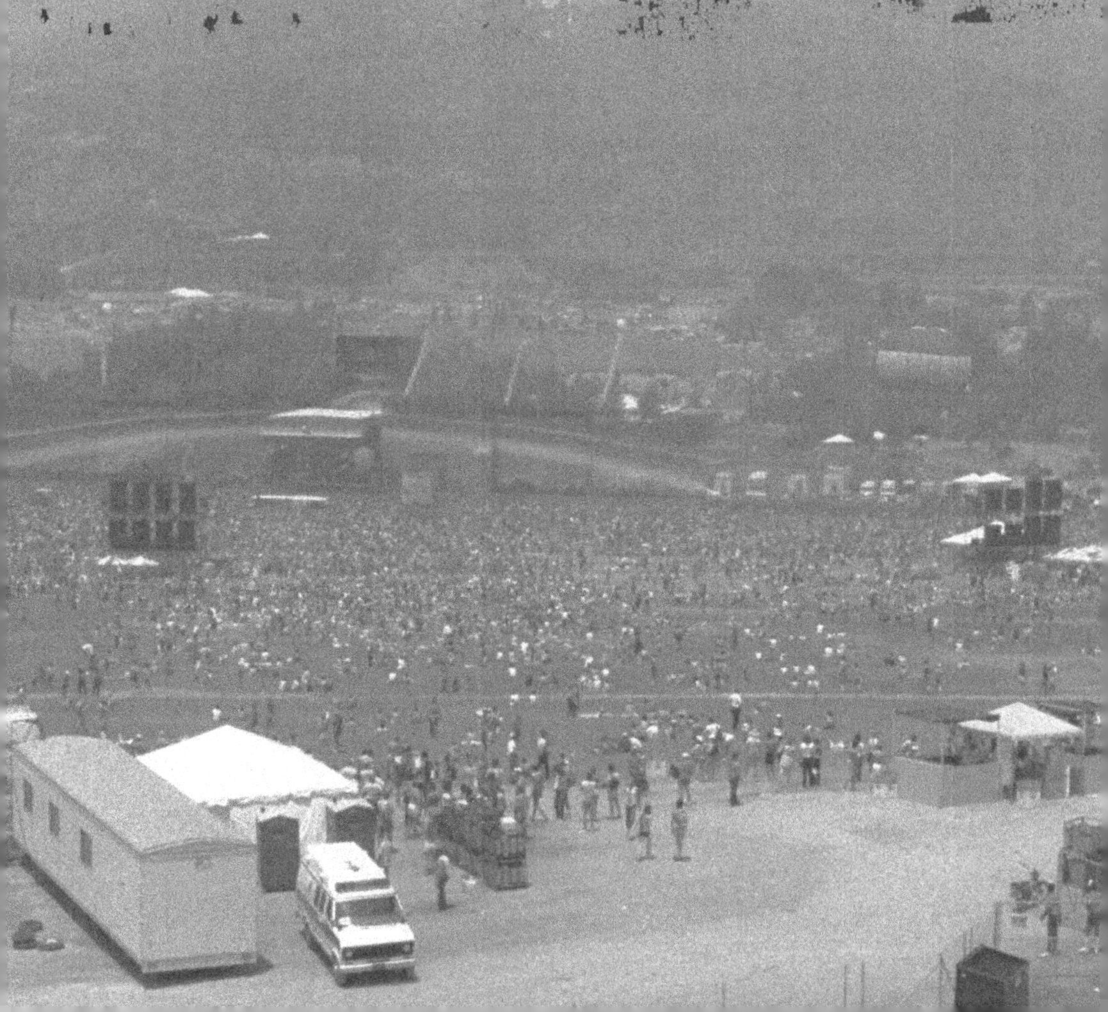

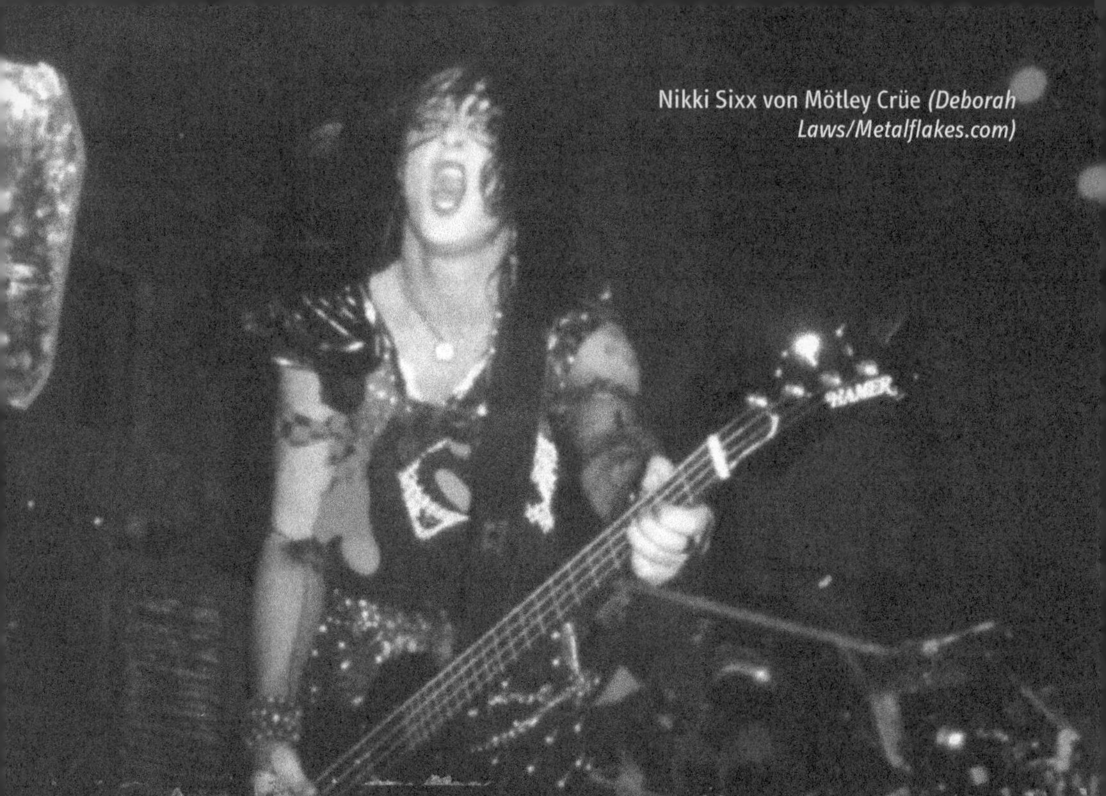

Nikki Sixx von Mötley Crüe *(Deborah Laws/Metalflakes.com)*

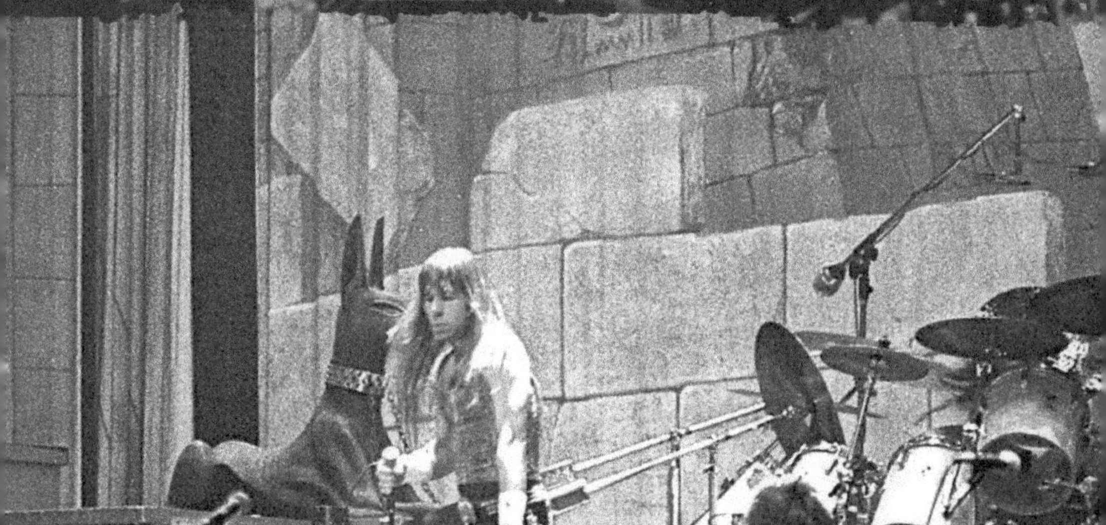

▲ Iron Maidens *Powerslave*-Bühnenkulisse *(Todd Nakamine)*

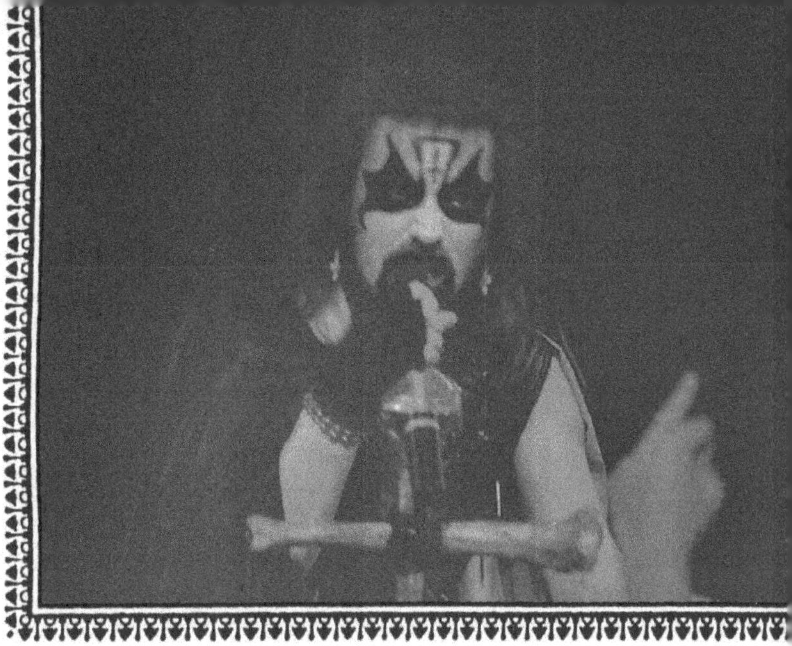

➤ King Diamond von Mercyful Fate *(Todd Nakamine)*

⮟ Mantas und Cronos von Venom *(Todd Nakamine)*

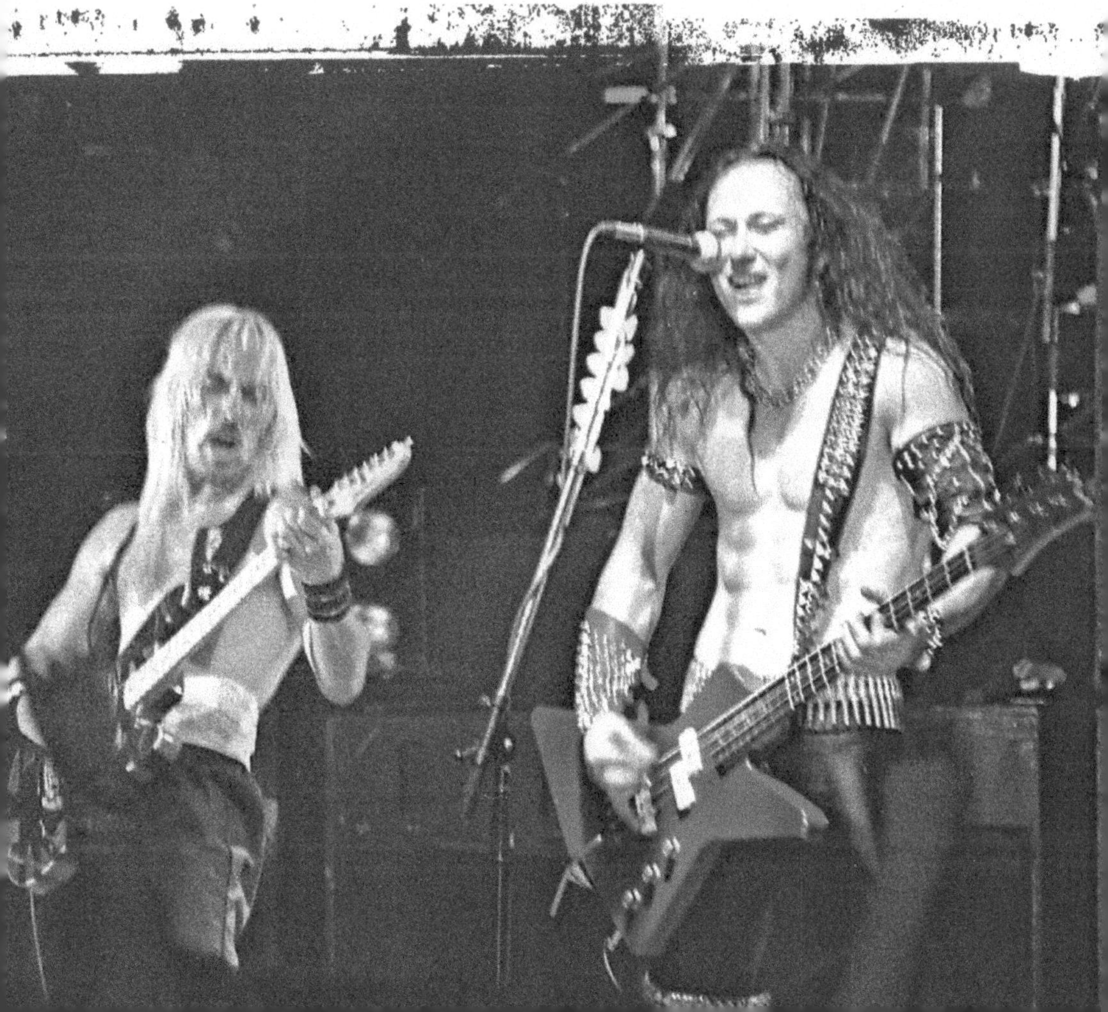

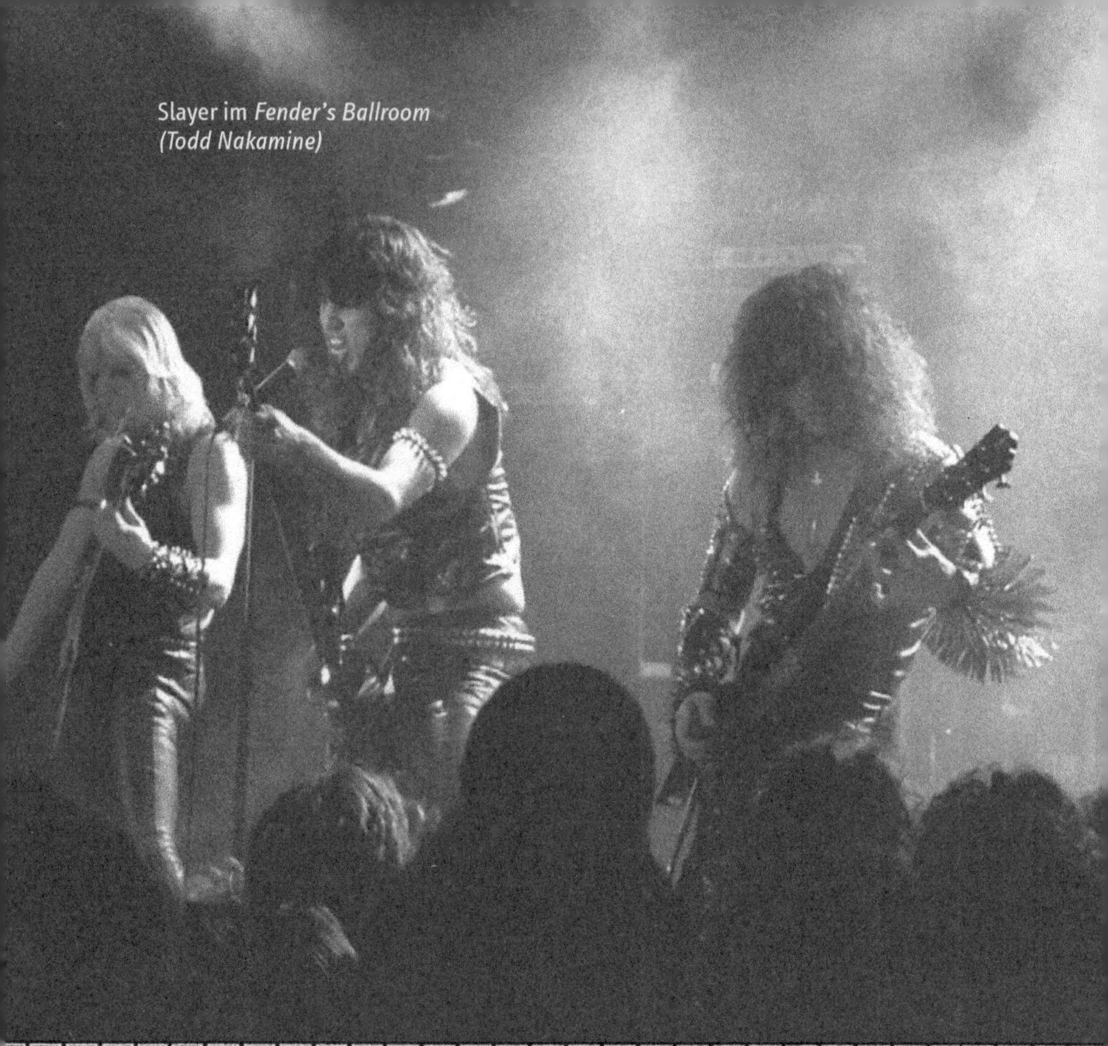
Slayer im *Fender's Ballroom*
(Todd Nakamine)

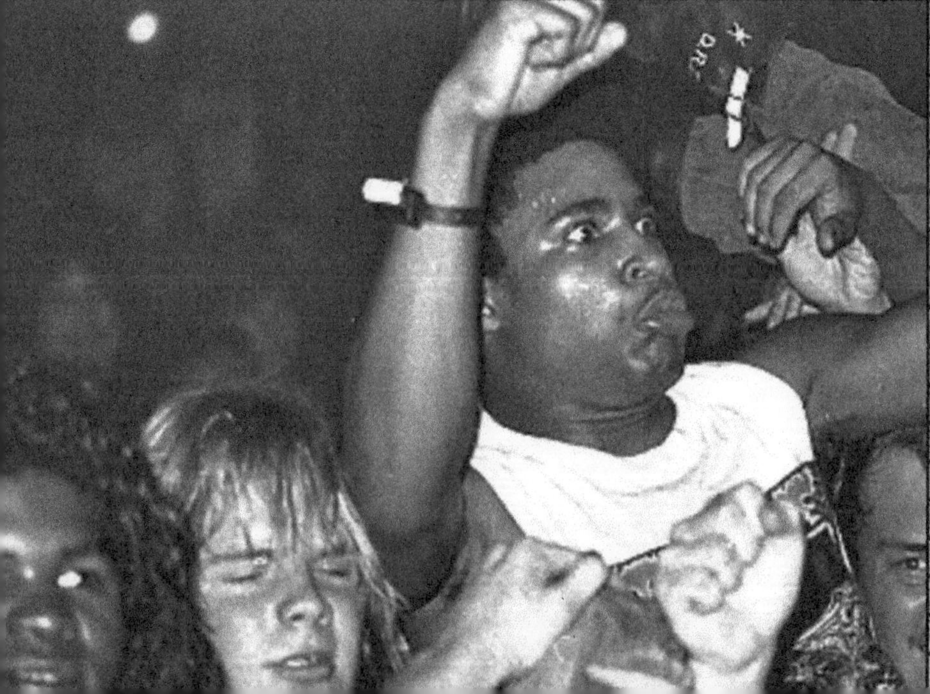

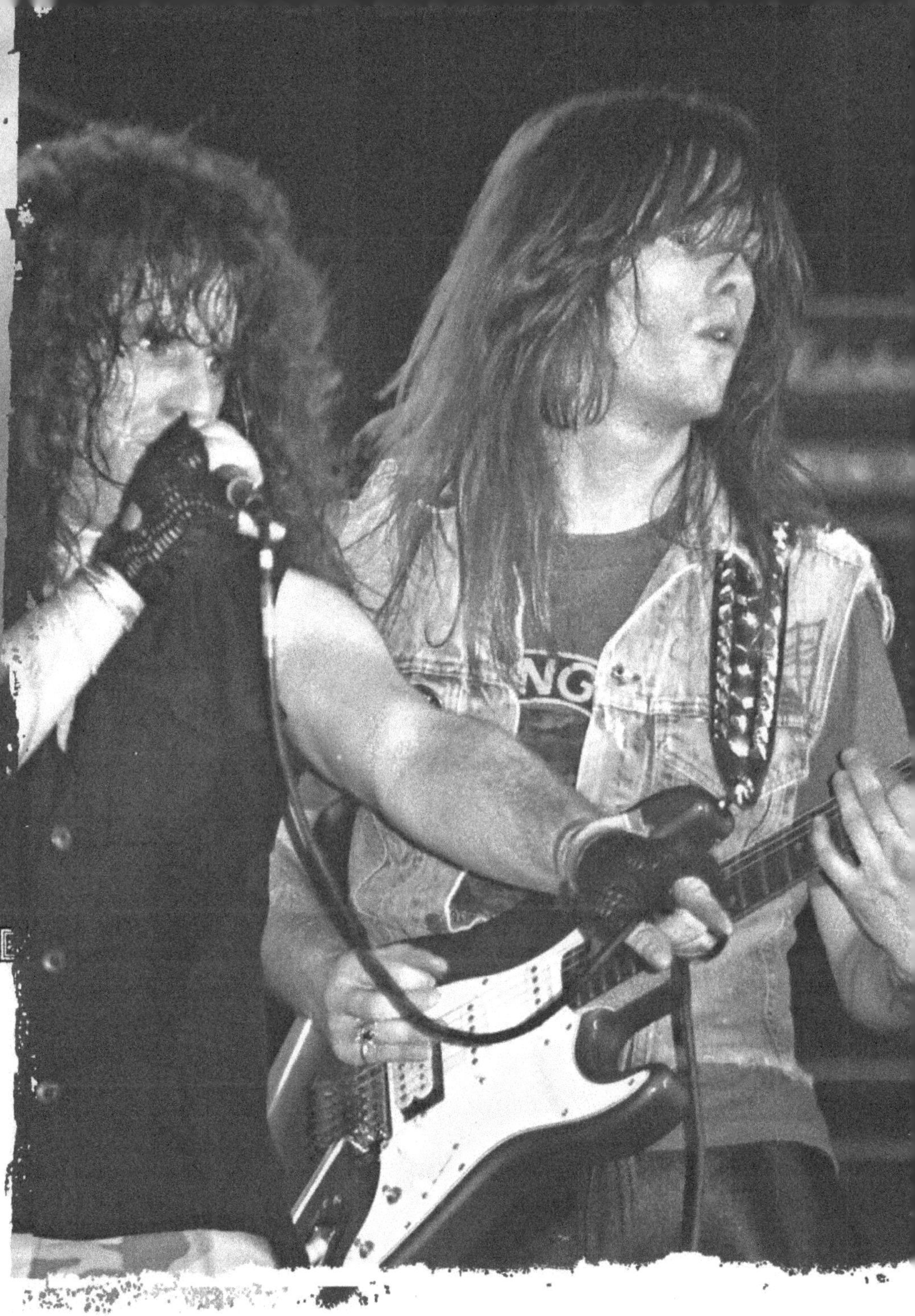

▲ Paul Baloff und Gary Holt von Exodus *(Todd Nakamine)*

◄ Thrasher! Aufruhr in der ersten Reihe – in der Mitte Katon W. DePena *(Todd Nakamine)*

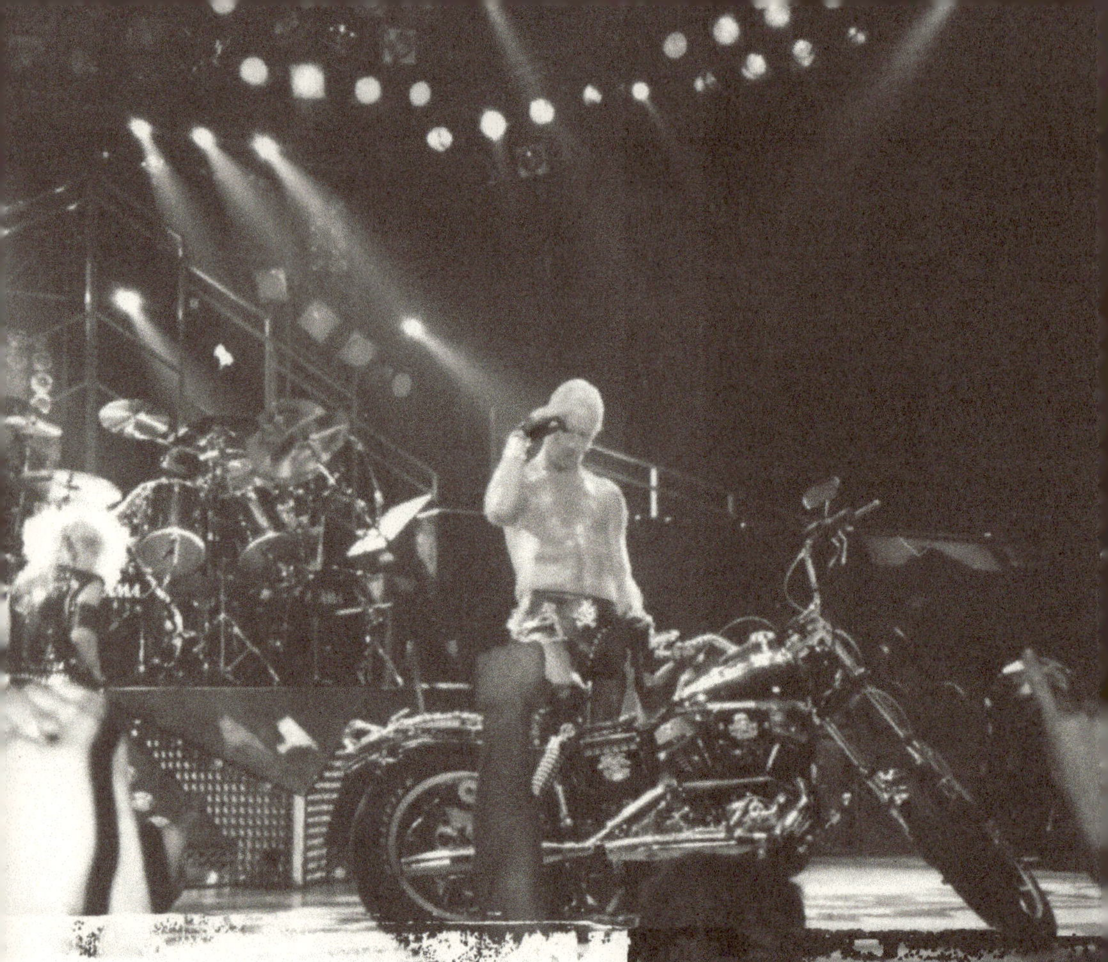

➤ Rob Halford
(Deborah Laws/Metalflakes.com)

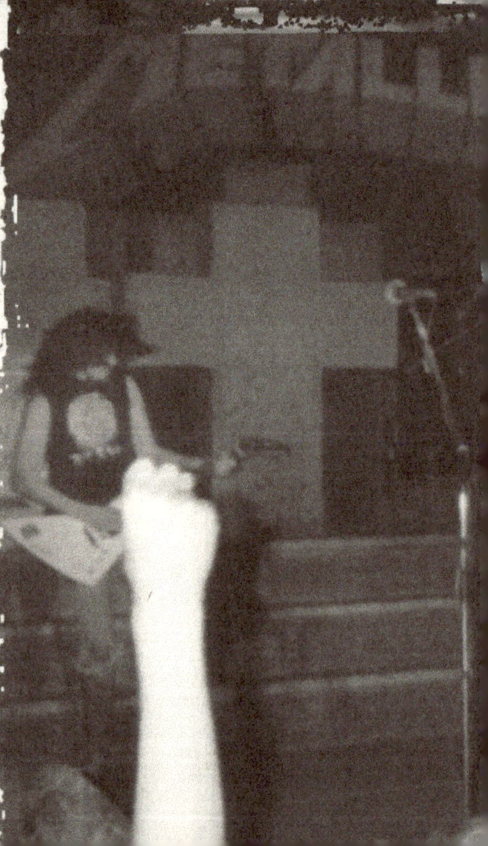

➤ Metallica (mit John Marshall) in Oslo am 25. September 1986
(Vidar Sandnes)

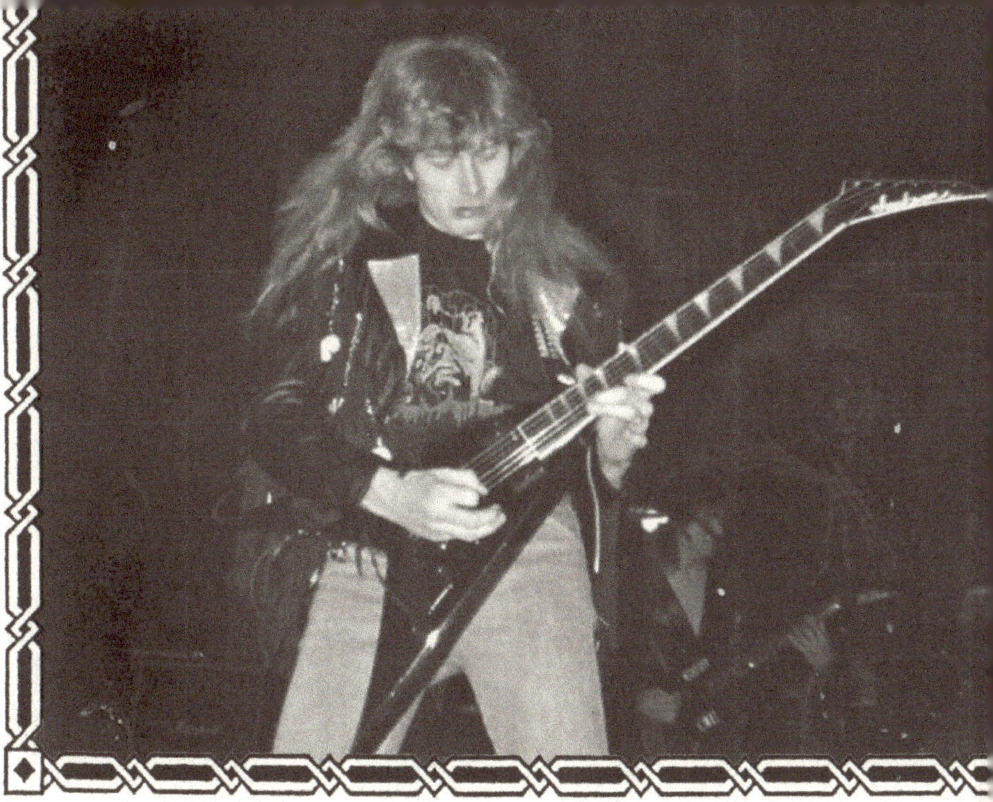

▲ Dave Mustaine bei Megadeth *(Jonathan Munro)*

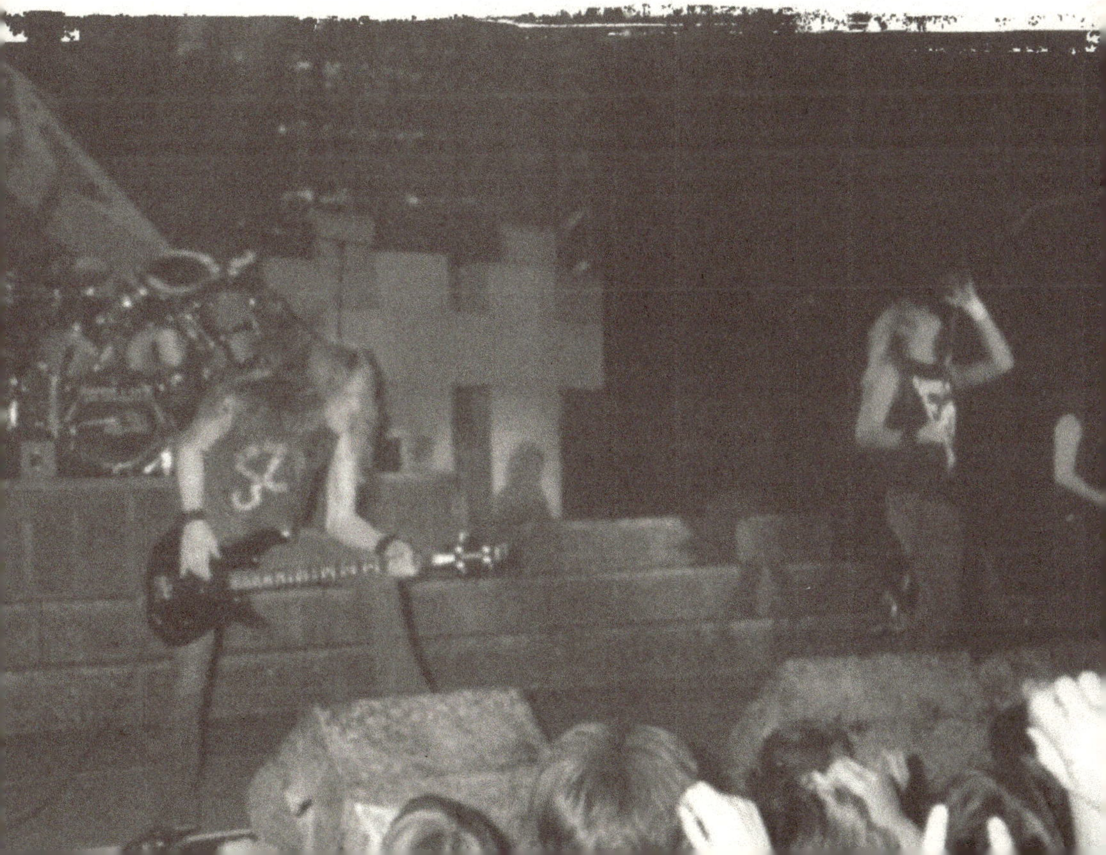

▲ Abgehoben: Voivod live 1986 *(Jean-François „Big“ Lavallée/Metal K. O. Productions)*

▼ Glenn Danzig *(Christy Lee Davis)*

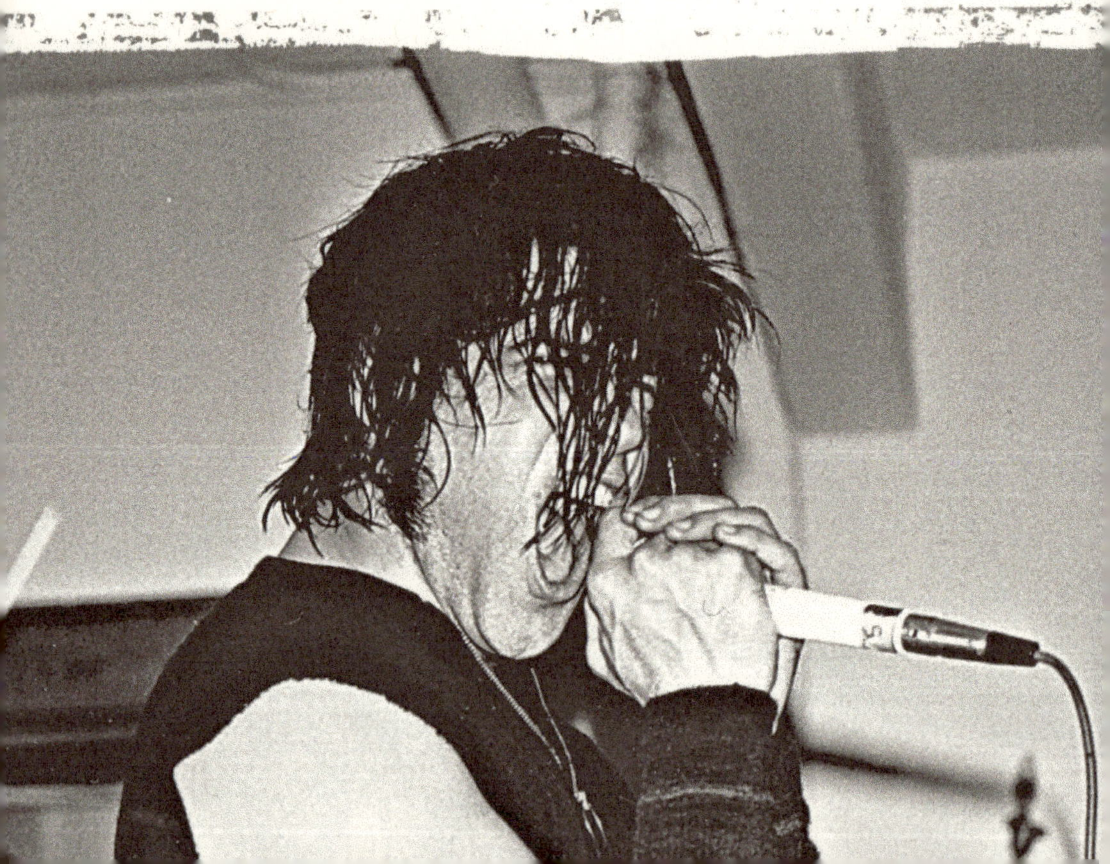

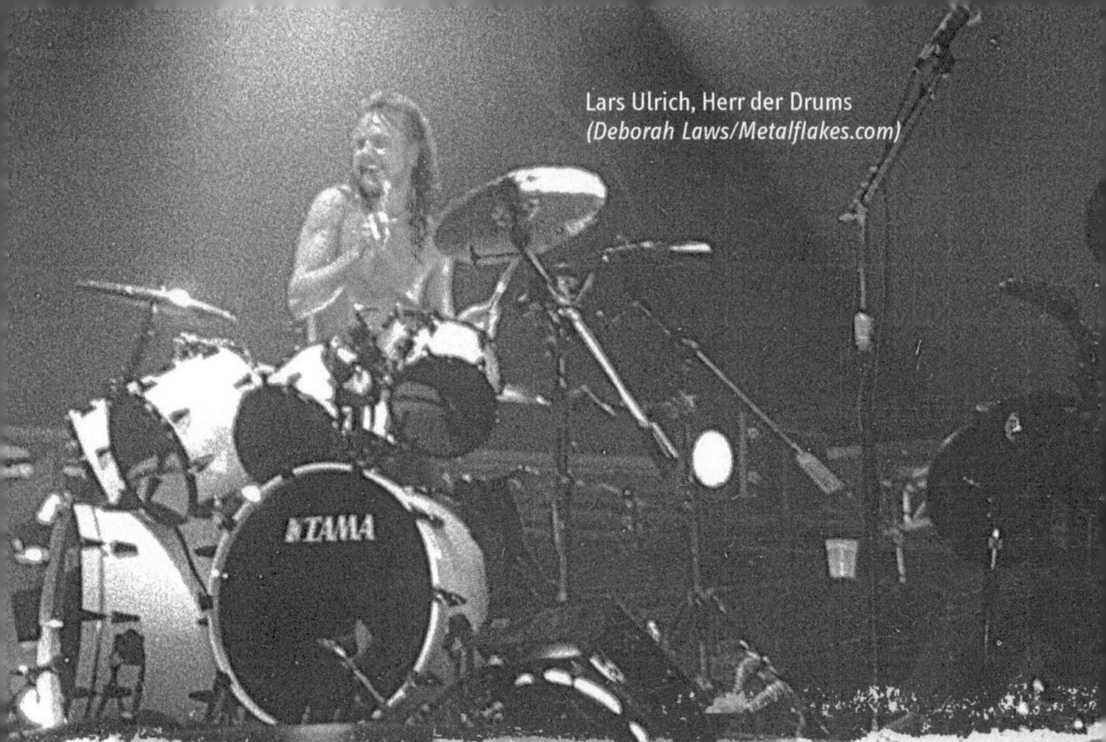

Lars Ulrich, Herr der Drums *(Deborah Laws/Metalflakes.com)*

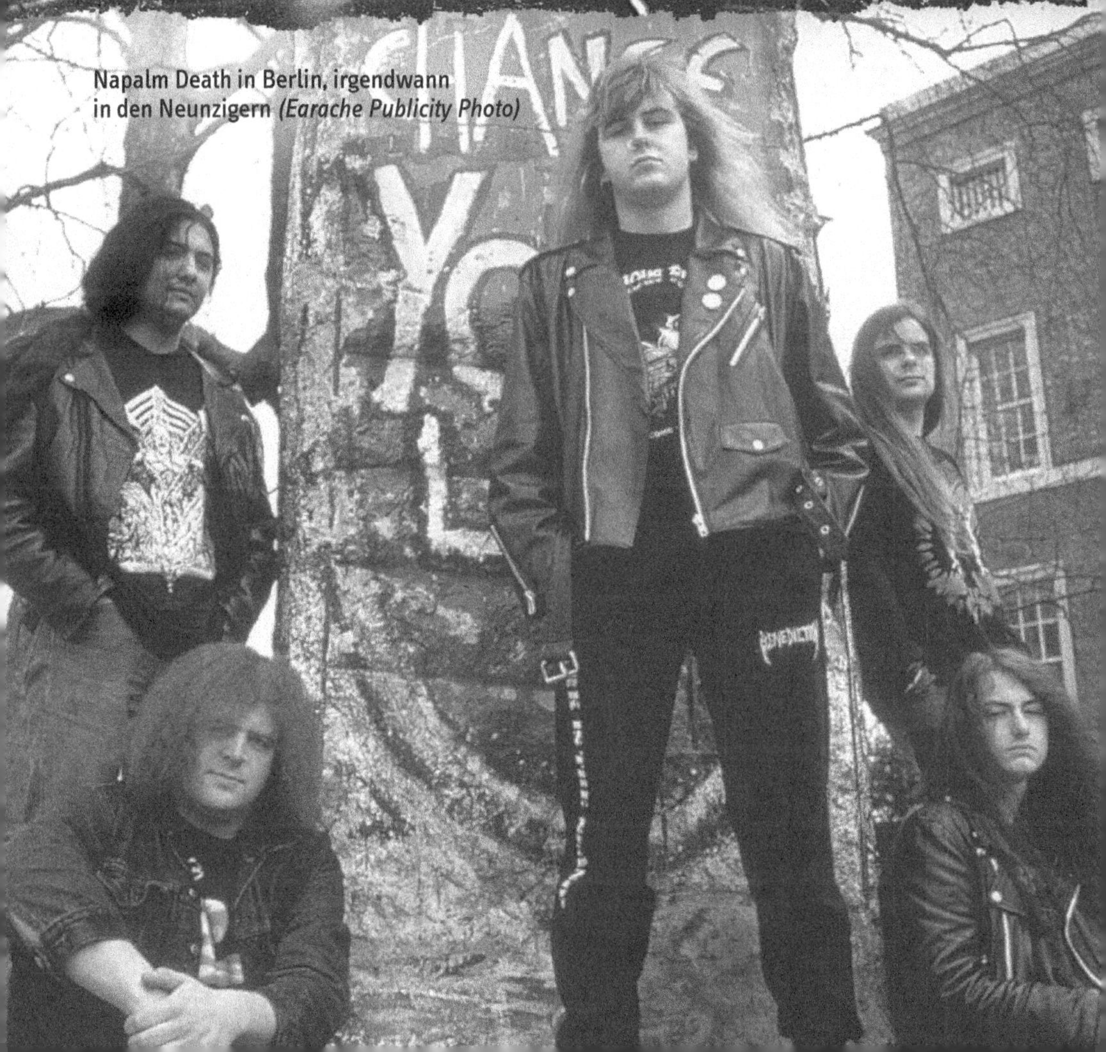

Napalm Death in Berlin, irgendwann in den Neunzigern *(Earache Publicity Photo)*

James Hetfield in Aktion *(Deborah Laws/Metalflakes.com)*

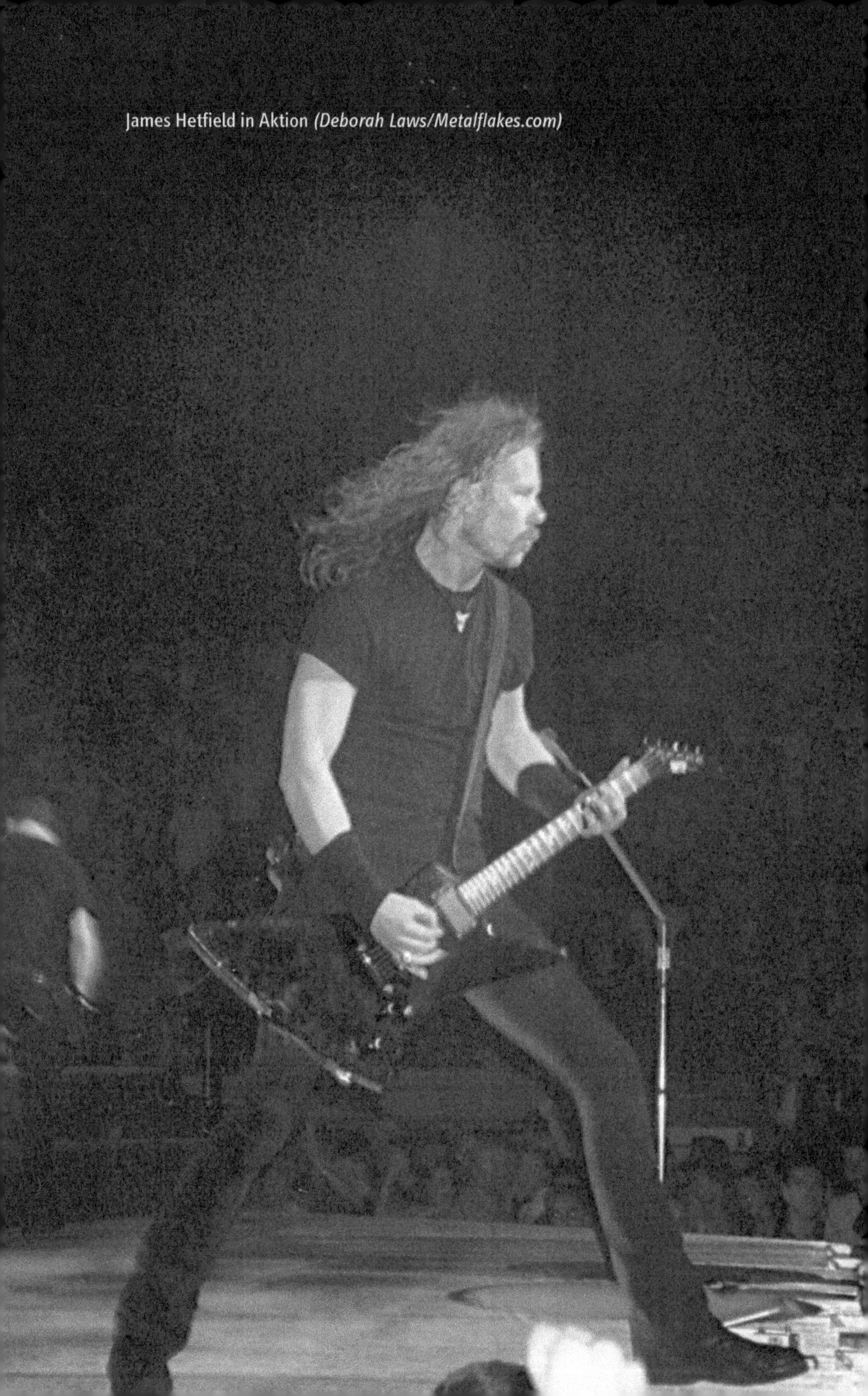

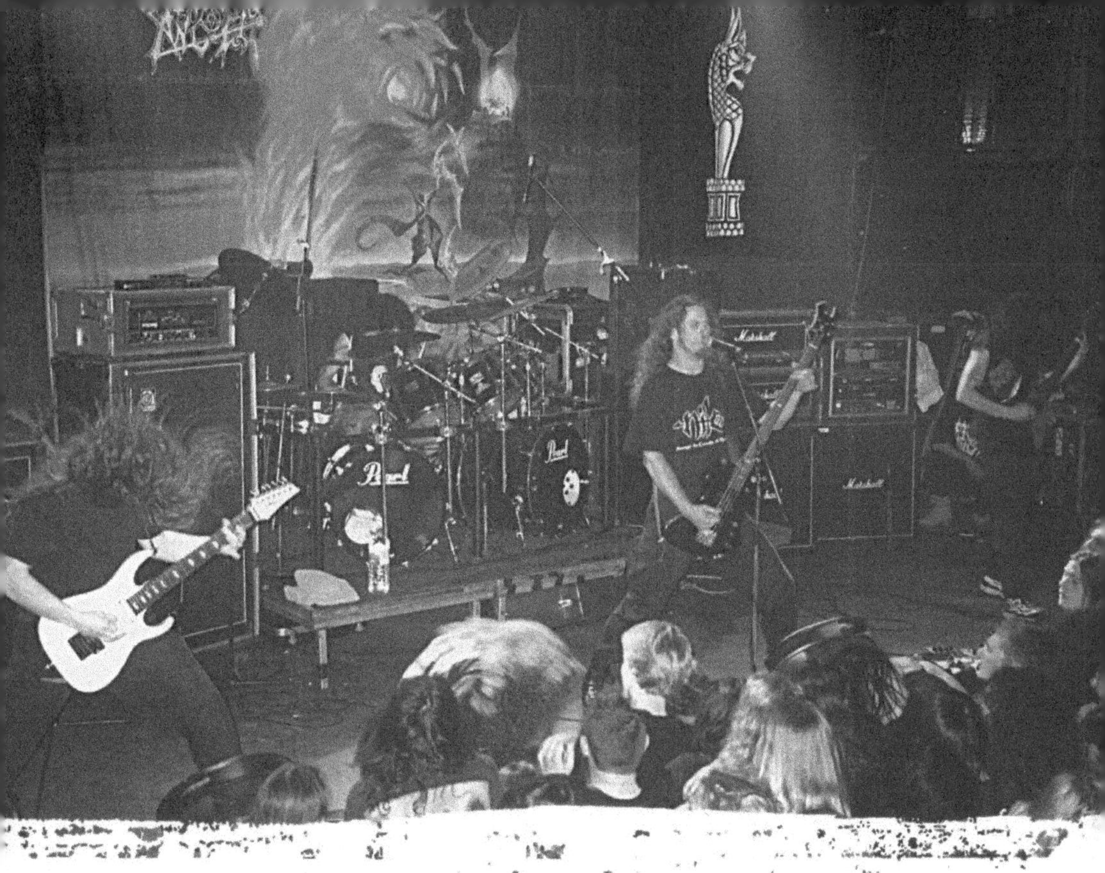

▲ Morbid Angel live *(Harry Maat, The Dark Arts)*

▼ Abbath und Demonaz von Immortal *(Osmose Productions)*

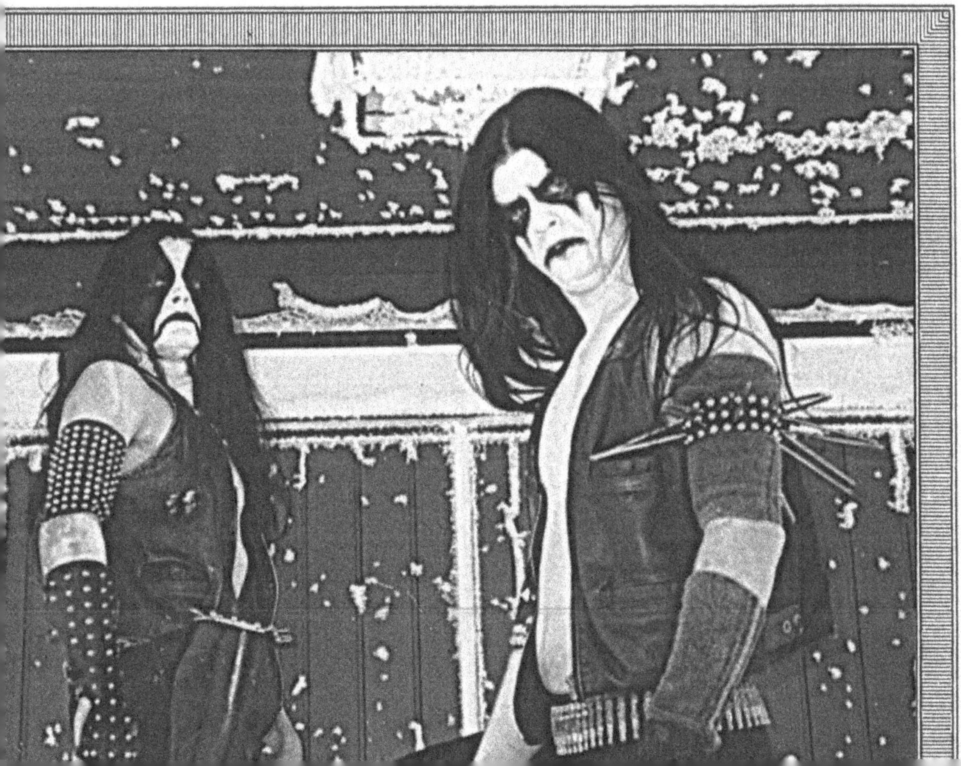

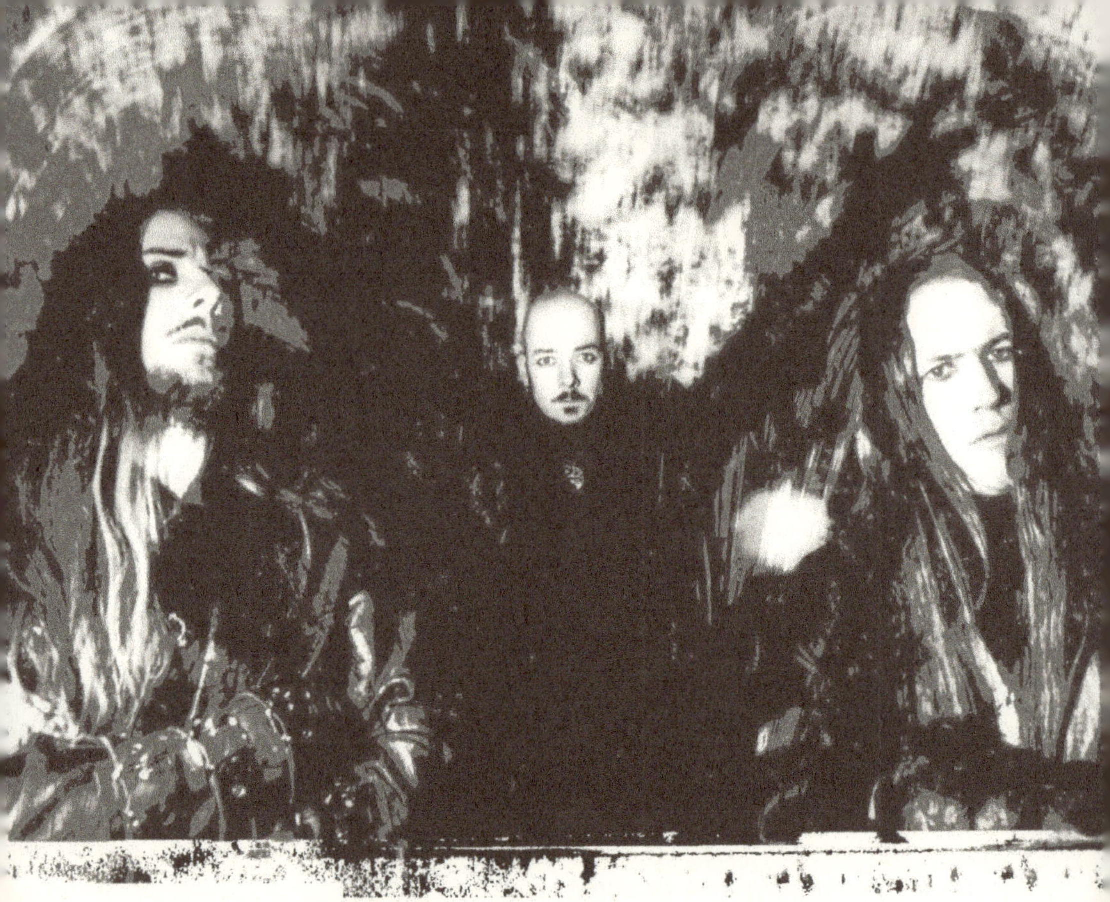

▲ Samoth, Ihsahn und Trym von Emperor, 1999 *(Morten Andersen)*

▼ Vier von neun Slipknot-Mitgliedern wüten auf dem Ozzfest *(Samantha Nickerson)*

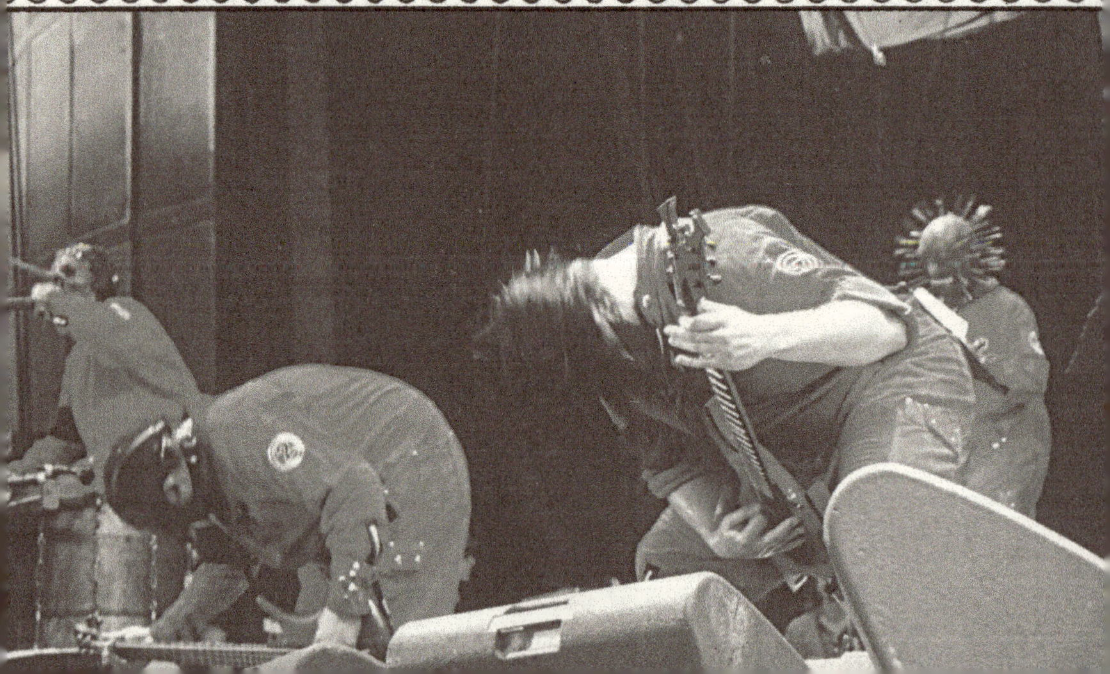

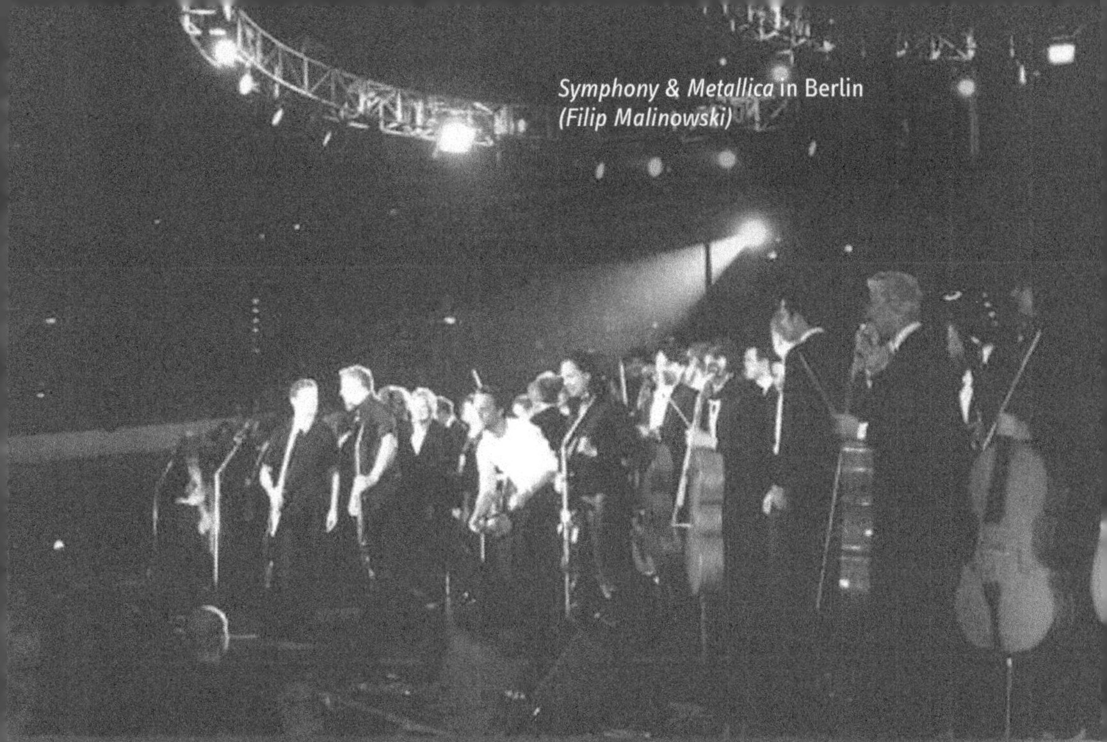

Symphony & Metallica in Berlin
(Filip Malinowski)

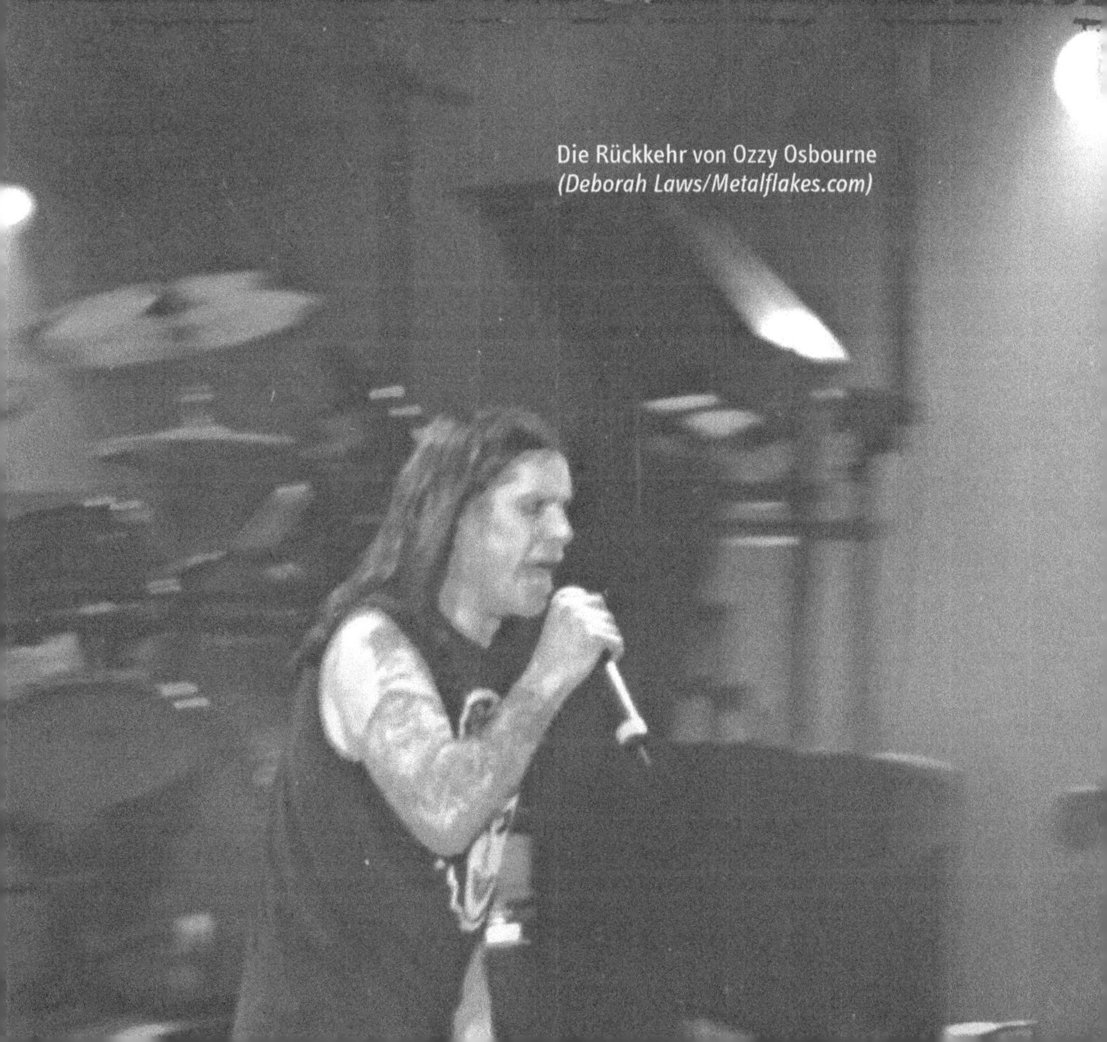

Die Rückkehr von Ozzy Osbourne
(Deborah Laws/Metalflakes.com)

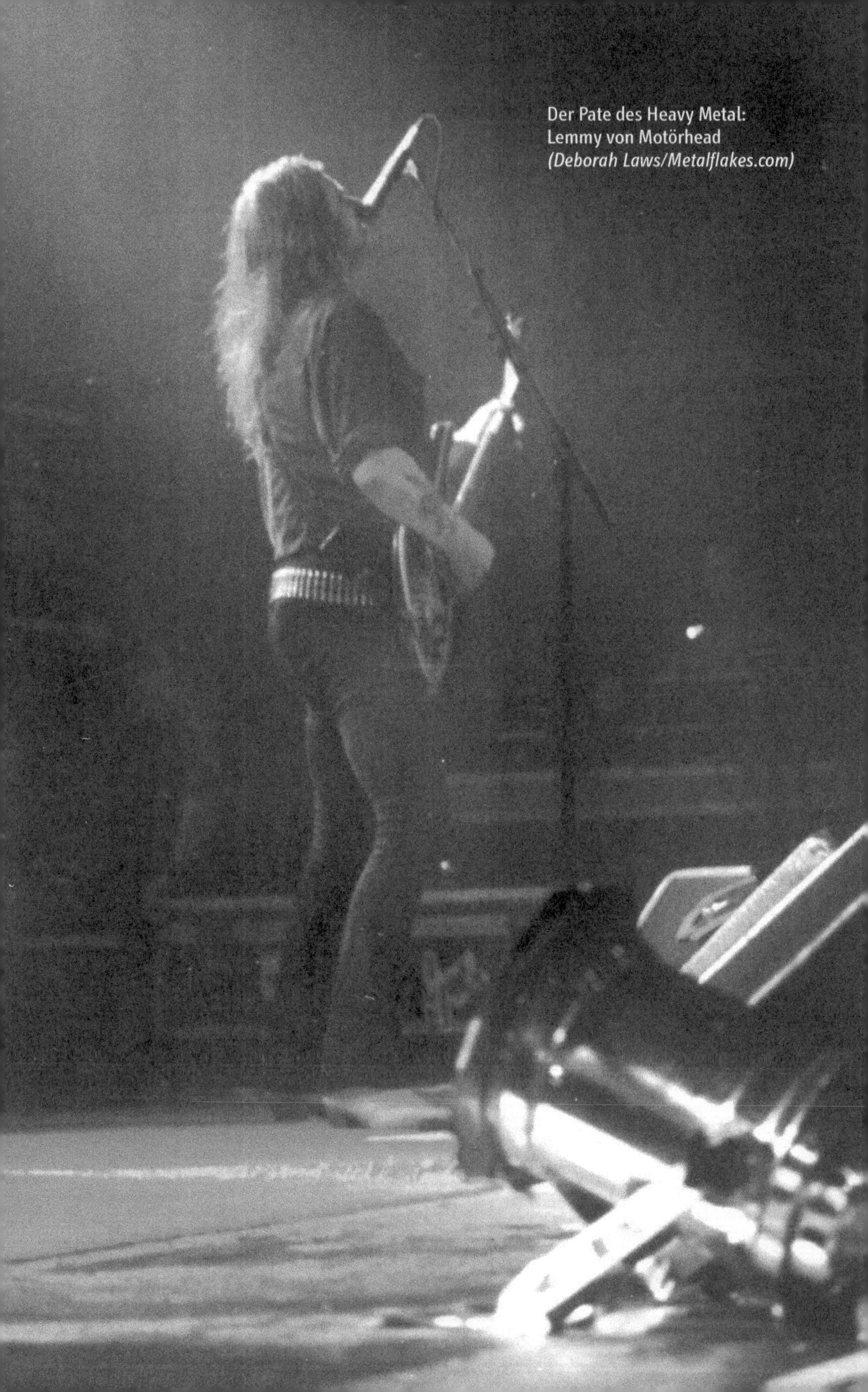

Der Pate des Heavy Metal:
Lemmy von Motörhead
(Deborah Laws/Metalflakes.com)

XIV

Death Metal – die Erlösung?

- **März 1985:** Death nehmen in West Florida das Demo zu „Infernal Death" auf
- **1989:** Morbid Angel veröffentlichen *Altars Of Madness*
- **1992:** Morbid Angel unterschreiben als erste Death-Metal-Band bei einem Majorlabel
- **1993:** Earache handeln mit Sony/Columbia einen Vertrag für Napalm Death, Carcass, Cathedral und Godflesh aus
- **1996:** *Vile* von Cannibal Corpse steigt in die *Billboard*-Two-Hundred ein

Nach dem Schwarzen Album und nachdem er jahrelang die Seiten von Fanzines mit seinen ehrgeizigen Prophezeiungen gefüllt hatte, verfiel Lars „Motorbreath" Ulrich lange in Schweigen. Der Erfolg seiner Band hatte bewiesen, dass sie mit ihrem leidenschaftlichen Anliegen – nämlich einfallsreichen Metal zu spielen – den richtigen Pfad eingeschlagen hatte. Die Geschichte war jedoch noch lange nicht zu Ende. Für den Metal an sich mochte es auf und ab gehen, aber es gab immer einen aktiven Underground, der 1991 florierte und kaum zu ignorieren war. Die Veränderungen der vorangegangenen Jahre hatten in der Szene so viel Raum geschaffen, dass alternative Metal-Synthesizerbands und Grunge-Märtyrer ihn nicht ausfüllen konnten.

Anstatt neue Fans durch eine schlichtere Herangehensweise anzuziehen, wandten sich Metallicas alte Konkurrenten Slayer in den Neunzigern von ihren zunehmend faderen Freunden ab und konzentrierten sich auf eigene Unternehmungen. Zwischen Thanksgiving 1992 und Ostern 1993 wurden die dritte, vierte und fünfte Slayer-CD – *Reign In Blood, South Of Heaven* und *Seasons In The Abyss* – in den Vereinigten Staaten mit Gold ausgezeichnet. Das deutete darauf hin, dass zumindest eine halbe Million loyaler amerikanischer Fans den eher mittelscharfen Metal von *Metallica* für zu leicht verdaulich hielten. Dass eine Ohrenplage wie Slayer Erfolg hatte, stärkte das Vertrauen in neue Extreme.

Da das Cassettentauschen allgemein im Bewusstsein der Szene verankert war – es gehörte inzwischen zur Legende von Metallica – strömten tausende neuer Fans in die tiefen Kellergewölbe des Metal hinab. Im Schutz der Dunkelheit entdeckten dort Legionen von Fans eine weitere starke Strömung, die sich still und heimlich in den Jahren des Modernisierungsprozesses von Judas Priest bis Metallica entwickelt hatte. Die Kultformen Black Metal und Grindcore waren eine Verbindung eingegangen, die exotische neue Idole hervorbrachte: In den frühen Neunzigern wurde der Death Metal Wirklichkeit.

Seit Venom 1981 das erste Mal auf den Plan getreten waren, hatte es erste Death-Metal-Modelle gegeben; der versiertere satanistische Metal von Slayer und Possessed schuf später eine solide Grundlage. „Death Metal" lautete Mitte der Achtzigerjahre der Titel eines Songs von Possessed und gab 1984 einer deutschen Compilation, auf der die knallharten Hellhammer und eine Reihe europäischer Speed-Metal-Bands vertreten waren, den Namen. Als zähe Verfechter des Bösen fiel es Slayer zu, Ende des Jahrzehnts über die Entwicklung des Death Metal zu wachen. Mit schauriger Bildsprache, leicht entflammbaren Armageddon-Riffs, den wilden, atonalen Gitarrensoli von Kerry King und dem Donnergrollen von Dave Lombardos atemlosem Double-Bassdrum-Schlagzeug legten sie das Fundament.

Durch das rasende, vernichtende Tempo des Grindcore entzündet, machte die massive Feuersbrunst des Death Metal alles andere vergessen. Die letzten Spuren von traditionellem Rock 'n' Roll wurden von den neuen Gebietern – dem Triumvirat Death, Morbid Angel und Deicide – endgültig verwischt. Diese Musiker, die ungefähr zu der Zeit von Black Sabbaths Debüt geboren wurden, hatten beinahe ihr gesamtes Leben in der Heavy-Metal-Ära verbracht. Sie bauten ihren Sound aus den komplexen Hochgeschwindigkeitsexplosionen von Exodus und Kreator, nicht den rudimentären Bluestonleitern, die dem normalen Rock zugrunde liegen. Obwohl der Sound permanent druckvoll klang und oft an ein Hagelgewitter erinnerte, stellte Death Metal keinen antimusikalischen Angriff dar. Nichts konnte das reine Tempo des Grindcore übertreffen, aber Death Metal wertete die Geschwindigkeit mit Kunstfertigkeit auf. Die Kultur der Gitarrenhelden der Achtzigerjahre hatte einen ganzen Pool von Musikern heranwachsen lassen, die sich bestens darauf verstanden, Saiten zum Kreischen zu bringen und damit pures Adrenalin zu erzeugen. Death Metal stellte diese musikalischen Fertigkeiten in den Vordergrund, indem Gitarristen vermittels wilder, zerhackter und gestikulierender Soli emotionalen Aufruhr ausdrückten. Durch konstantes akrobatisches Eindreschen auf zwei riesige Bassdrums donnerten Schlagzeuger halsbrecherische Einlagen und polyrhythmische Rolls heraus.

Um die Musik würdigen zu können, mussten Fans zunächst einmal ein gnadenloses Klangmerkmal akzeptieren: kehligen Gesang, der ein bedrohliches, kaum vernehmbares Knurren selten überstieg. James Hetfields Thrash-Metal-Krächzen mag im Vergleich zu Rob Halfords hohen Tönen rau geklungen haben, aber Kreaturen wie Glen Benton von Deicide rissen sich förmlich die Stimmbänder heraus, um die Vorstellung verwesender Leichen und echte Horrorkatastrophen heraufzubeschwören. Dies schuf eine beinahe unüberwindliche Einstiegsbarriere für Hörer, die nur zufällig mit der Musik in Berührung kamen. „Ich bin kein großer Death-Metal-Fan", gesteht Dee Snider von Twisted Sister. „Ich mag die Musik, die Riffs, aber da ich eher ein Melodiensänger bin, lässt mich das kalt."

Death Metal war eine drastische Mutation des Metal-Gens, ein hässliches Entlein, das in seiner Kindheit übersehen und in seiner Jugend als abartig und lächerlich verspottet wurde. Während Thrash Metal die zweite Heavy-Metal-Welle auslöste, stellte Death Metal eine dritte Evolutionsstufe dar. Bei seinem Siegeszug in den frühen Neunzigern hob Death Metal das Metal-Songwriting mit seiner melodischen Tiefe, der kompositorischen Reife und seiner technischen Ausgefeiltheit auf eine brutale, neue Ebene.

Wenige gingen auf dieser Mission so weit wie der Gitarrist Trey Azagthoth von Morbid Angel. „Manche Leute glauben, beim Death Metal geht es nur um den Sound", sagt er. „Sie glauben, eine harte, verzerrte Gitarre und krächzender Gesang allein sind schon Death Metal. Death Metal ist ein Gefühl – nicht nur ein Sound. Es kommt darauf an, wie der Rhythmus angreift und sich bewegt. Ich habe fantastische Extreme miteinander verbunden – Chaos, Wahnsinn, einen Schwarm Piranhas, der aus den Lautsprechern springt und die Zuhörer verschlingt. Das wollte ich mit meinem Spiel ausdrücken. Ich wollte etwas erschaffen, das klang, als würde man Black Sabbath auf einem leiernden Achtspurband oder einer verbogenen Platte hören. Wie ein tosender Sturm, etwas Triumphales."

Während England das Heimatland des Heavy Metal gewesen war und das Herz des Thrash in San Francisco pochte, gedieh Death Metal auf der ganzen Welt. Das Phänomen speiste sich aus der Underground-Szene der Cassettentauscher. Die ersten Death-Dealer, die Kulturpflege mittels schäbiger Democassetten betrieben, die sie mit Skeletten, Blut und Innereien verzierten, ließen ihre Kunden nach der Landkarte greifen: Possessed aus San Francisco, Deathstrike aus Chicago, Slaughter aus Toronto, Necrophagia aus Ohio, Cryptic Slaughter aus Kalifornien, Sepultura aus Brasilien, Sodom aus Deutschland und Repulsion aus Michigan. Bis die Bands reif für die großen Konzerthallen waren, diente die Post dieser weit verstreuten Metal-Minderheit als Vertriebsweg heiliger Rituale.

DEATH METAL

Death-Metal-Bands prägten gleichzeitig den musikalischen Höhepunkt und den aufwühlenden Tiefgang des Heavy Metal: Sie pressten Ideen, die für ein ganzes Album reichen würden, mit Geschwindigkeit und Intensität in einen einzigen Song. Die bombastische Protzerei, die früheren Metal-Formen eigen gewesen war, wurde noch beträchtlich verstärkt – von den Gitarrensoli über das Double-Bassdrum-Schlagzeug bis zur okkulten Bildsprache. Während Deicide und Cannibal Corpse unerschütterlich der reinen Power verpflichtet blieben, entwickelten andere wie Napalm Death und Morbid Angel technisch neue, interessante Ausdrucksformen. Während ihre Haare nur so flogen und ihre Finger mit chaotischen Akkordfolgen kämpften, trugen die Bandmitglieder Trainingshosen auf der Bühne – ein Hinweis auf ihren athletischen, atheistischen Sound. Weil viele Death-Metal-Bands in Florida ansässig waren, verspotteten europäische Metal-Puristen diesen Look als „Rentnerkleidung". Doch auf der Suche nach Extremen, die ebenso rätselhaft erschienen wie die Logos dieser Bands, droschen die Death-Metaller unermüdlich weiter auf ihre Instrumente ein.

Die Todgeweihten

- Brutal Truth, *Need To Control* (1994)
- Cannibal Corpse, *Tomb Of The Mutilated* (1992)
- Carcass, *Heartwork* (1994)
- Carcass, *Necroticism: Descanting The Insalubrious* (1991)
- Death, *Scream Bloody Gore* (1987)
- Deicide, *Once Upon The Cross* (1995)
- Dismember, *Indecent & Obscene* (1993)
- Morbid Angel, *Blessed Are The Sick* (1991)
- Morbid Angel, *Formulas Fatal To The Flesh* (1998)
- Mortician, *Hacked Up For Barbecue* (1997)
- Napalm Death, *Fear, Emptiness, Despair* (1994)
- Sepultura, *Arise* (1989)
- Sepultura, *Chaos A.D.* (1993)

Die Band Death, die oft als erste Death-Metal-Band angeführt wird, kroch Anfang der Achtziger aus dem schwülen Sumpfland Floridas. 1983 waren sie als Mantas gestartet: ein Projekt, in dem sich die Gitarre des damals fünfzehnjährigen „Evil“ Chuck Schuldiner mit der Aufsehen erregenden, kreischenden Stimme von Kam Lee verband. Bei den Cassettentauschern wurden sie bald ebenso hoch gehandelt wie etabliertere Gruppen, auch wenn sie kaum jemand hatte spielen sehen. Das Intro ihres einfallsreichen Demos aus dem Jahr 1985 – „Infernal Death“, der Inbegriff jugendlichen Horrors – bestand aus einem matschigen Riff, das sich über ein polterndes Schlagzeug legte, während Lee aus vollster Kehle und so schrill wie möglich schrie: „Die! Die! Die! – Stirb! Stirb! Stirb!“ Es klang nach einer Foltersitzung in einem Vorstadtkeller, das Logo ähnelte dem Halloween-Projekt einer Kindergärtnerin, und alles zusammen wirkte schreckliche Wunder.

Garantierte Gänsehaut: das original Logo von Death

Das Debütalbum *Scream Bloody Gore* von 1987, auf dem der hitzköpfige „Evil“ Chuck nach einem Streit mit Lee den Gesangspart übernommen hatte, war Hardcore Punk. Gleichzeitig wurde aber auch die düstere Stimmung heraufbeschworen, welche die Horrorsoundtracks der Zombie- und Kannibalenfilme von George Romero, dem italienischen Regisseur Lucio Fulci und dem ebenfalls in Florida ansässigen Blutpionier Herschel Gordon Lewis transportierten. Schuldiner rang seiner B.-C.-Rich-Gitarre einen einzigartig grausamen Sound ab – in Verbindung mit wachsendem technischem Können wirkte dies auf kreative Weise tödlich. Währenddessen herrschte im Line-up der Gruppe wegen Schuldiners schlampiger Organisation ein derart beständiger Besetzungswechsel, dass sich allein aus den ehemaligen Musikern eine veritable eigene Band zusammenfand: Massacre, geführt vom Gitarristen Rick Rozz, die drei eigene Alben bei Earache und Combat veröffentlichten.

Die internationale Aufmerksamkeit, die Death mit ihrem Debüt auf sich zogen, verwandelte das Gebiet um Tampa in einen Hexenkessel des Death Metal. Der Sonnenstaat war nicht nur die Heimat von Deicide, auch Morbid Angel waren inzwischen aus Nordkarolina übersiedelt, und schon bald wurde er auch für Hellwitch, Obituary, Brutality, Cynic und Atheist zu einer Stätte der Zuflucht. Vielleicht war das dortige Wasser der Ursprung der grenzenlosen Energie – schon Ponce de León hatte Jahrhunderte zuvor dort den Jungbrunnen gesucht, ihn aber nicht gefunden. Das Klima wurde zum brodelnden Sud musikalischen Aufruhrs in einem unheiligen, gelobten Land, das geografisch wie philosophisch vom kühlen Nebel der Grunge-Stadt Seattle denkbar weit entfernt lag.

Der merkwürdig synthetische südlichste US-Staat zog Metal-Flüchtlinge aus aller Welt an. Cannibal Corpse verlagerten sich im Sommer 1994 aus Buffalo nach Tampa, und auch Malevolent Creation fuhren wenig später von Buffalo in Richtung Süden. Der riesenhafte Schlagzeuger Gene Hoglan, ein ehemaliger Slayer-Roadie, der für seine Gruppe Dark Angel keine Zukunft mehr sah, zog von Los Angeles nach Florida, um bei den einflussreichen Death seinen Dienst abzuleisten. Für die meisten allerdings gab es nicht allzu viele Karrieremöglichkeiten, aber dennoch galt Florida unter Death-Metallern als Prestigeadresse. Sie alle waren Musiker, die sich der Metal-Welt stärker verbunden fühlten als ihren jeweiligen Heimatstädten. Sie wollten an der Quelle sitzen – auch wenn sich die meisten Ereignisse lediglich in ihren Köpfen abspielten.

Es gab keine besonders auffällige Szene, um die das Leben in Florida kreiste, aber Scott Burns und die Mitarbeiter der Morrisound-Studios in Tampa produzierten und mischten die Alben dutzender Bands. Das kommerzielle Studio, früher Treffpunkt der ehemaligen Metal-Blade-Band Nasty Savage, wurde zum Einfallstor des Death Metal. Praktisch jede diesem Bereich zuzurechnende Band mit Plattenvertrag machte sich auf die Reise gen Süden, um einen Hauch der Morrisound-Mystik zu schnuppern. Je stärker Death Metal zur beliebten Kuriosität wurde, desto größer wurde die Anziehungskraft des Studios. „Warrant haben hier aufgenommen, Savatage ebenfalls, und vor einer Woche kamen Bon Jovi vorbei, um ein paar Bänder für eine Live-EP abzumischen", erzählte Burns dem holländischen Magazin *Watt*. „Wir hatten nicht mal Zeit für sie, weil Morbid Angel und Death da waren."

Obwohl Deicide in Eleganz und Tiefsinn nicht immer an Death oder Morbid Angel herankamen, fand der Death Metal in Deicide-Sänger Glen Benton sein perfektes Aushängeschild – einen Wahnsinnigen, der bereit war, sich regelmäßig ein umgekehrtes Kreuz auf die Stirn brennen zu lassen. Er prahlte damit, sein Kind satanistisch zu erziehen, und er spielte ebenso leidenschaftlich und wild auf seinem Bass, wie es seinem Image entsprach: Er kämpfte mit dem Instrument, als würde er mit einem Maulesel im Kampfring stehen. Bei einem Konzert auf Long Island 1995 verunglückte ein Stagediver während des Auftritts der Vorband und wurde mit dem Krankenwagen abtransportiert. Benton witzelte herzlos von der Bühne: „Da ist wohl jemand über Satans Schwanz gestolpert und hat sich den Hals gebrochen."

Metallica, Megadeth und Anthrax hatten dem Satanismus bereits zu Beginn ihrer Laufbahnen abgeschworen, Death Metal aber stellte die mythischen Auslegungen wieder in den Vordergrund. Die Musik war eine irre gewordene, chaotische und amoralische Abbildung totaler Lust und Hingabe. Junge Metaller, die mit den Ziegenköpfen und Pentagrammen auf den Covers der Alben *Welcome To Hell* von Venom, *Hell Awaits* von Slayer und *Seven Churches* von Possessed aufgewachsen waren, kultivierten die Faszination des Bösen. „Vomit on the cross, and burn the book of lies – Kotze auf das Kreuz, und verbrenne das Buch der Lügen", forderten Morbid Angel in „Unholy Blasphemies". Es war ein rein abstrakter Ausdruck der Befreiung, so, wie sich die Free-Jazz-Musiker der Sechzigerjahre fernöstlicher Religion widmeten, um Abstand zur traditionellen, von religiösen Gospels abgeleiteten Musik zu gewinnen.

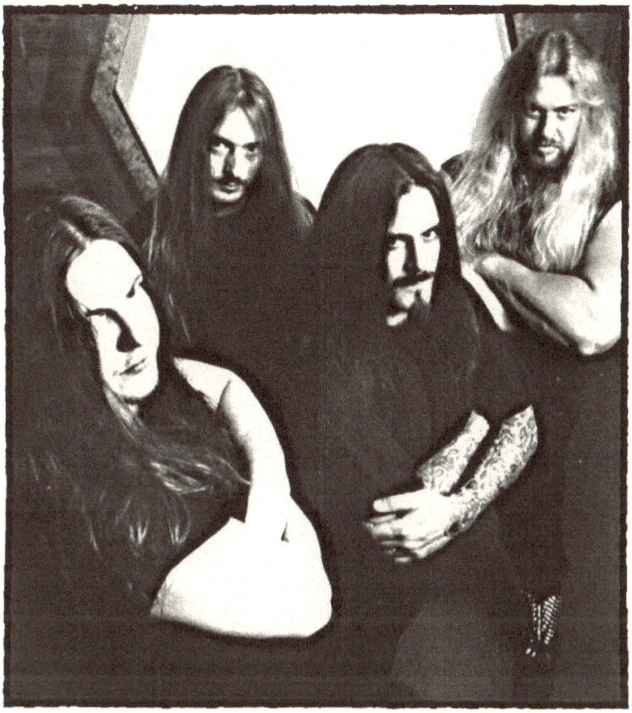

Deicide (von links nach rechts): Eric Hoffman, Steve Asheim, Glen Benton, Brian Hoffman *(Roadrunner Records)*

Possessed, deren Musiker einander Mitte der Achtziger auf der Highschool kennen gelernt hatten, gehörten zu den ersten Bands, die Gefallen an einem harten satanistischen Image fanden. „Im Grunde war es die Anziehungskraft Satans – das war cool", erklärt der Sänger und Bassist Jeff Becerra die Verlockungen der dunkleren Seite. „Es ging definitiv nicht um Drogen, weil wir zu jung waren und eigentlich nicht drauf standen. Wir kannten Venom und Black Sabbath, aber Slayer kamen gerade erst auf. Alle standen irgendwie auf Okkultismus, aber niemand wusste viel darüber. Es sah einfach cool aus, und es war hart. Und natürlich waren wir außer Larry Lalonde alle katholisch."

Es gab zahllose extrem provokante Beispiele für die dämonische Bildlichkeit. Es war eine Metapher, welche die Hörer aus ihrer Selbstgefälligkeit riss, die das Einebnen der Vergangenheit und einen Neubeginn möglich machte. „Satanized, crucified, feel the wrath of suicide – Satanisiert, gekreuzigt, spüre den Zorn des Selbstmords", sang Glen Benton auf dem ersten Album von Deicide. Der Hörer konnte beinahe spüren, wie der überwältigende Death-Metal-Sound seinen Leib in Stücke riss – dennoch war diese gewalttätige Bildsprache nie mehr als eine Abstraktion. Musik, die so schwer zu spielen war wie Death Metal, erforderte Disziplin, künstlerische Sensibilität und physische Ausdauer, die alles andere als einen Akt der Negation darstellten. Metal-Fans nahmen Religion nicht unbedingt wörtlich.

Satanismus, wie er von den meisten Metallern praktiziert wurde, hatte wenig mit schwarzen Kerzen und Beschwörungen zu tun. Tatsächlich stimmten ihre Überzeugungen zu einem überraschenden Großteil mit den guten alten amerikanischen Werten überein – nur waren ihre Stimmen selbstkritischer und ehrlicher. „Ich glaube nicht, dass es ein Richtig und ein Falsch an sich gibt", sagt Trey Azagthoth von Morbid Angel. „Ich glaube, jeder hat das Recht, seine eigene Formel zu finden, mit der er sich gut fühlt. Unsere ganzen Werte und Überzeugungen sollen wie bei einem Computer zusammengesetzt werden, damit wir effizient funktionieren und glücklich sind. Letztendlich ist das Leben aber ein Spiel, das Spaß machen soll."

Als ihre Beliebtheit in den Neunzigerjahren wuchs, entwickelten die ursprünglichen Bands aus Florida blumigere Formen des Death Metal. Death erreichten 1993 den Höhepunkt ihres Schaffens mit *Individual Thought Patterns,* auf dem Schuldiners Pioniersound auf einen Albtraum aus Soli, merkwürdigen Akkordstrukturen und Studioexperimenten reduziert wurde. Die Songs verkrochen sich in ein leises Knurren und sprangen dann in einer wilden Attacke, die vor bizarrer Genialität nur so strotzte, wieder hervor. Atheist und Cynic, Bands aus der Nachbarschaft, lenkten ihren unheiligen Geist ebenfalls in ausgeklügelte instrumentale Bahnen, entwuchsen ihren Kellerkrachwurzeln und tobten sich in aufwändig-raffiniertem, progressivem Death Metal aus.

Morbid Angel folgten auf den Spuren von Death und legten selbst eine brillante Serie von Alben vor. Die ersten beiden – *Altars Of Madness* von 1989 und *Blessed Are The Sick* von 1991 – bildeten einen Kanon des satanistischen Wahns und des reuelosen Könnens, zu dem auch die tödlichen Tracks „Thy Kingdom Come", „Chapel Of Ghouls" und „Blasphemy" zählten. Die darauf folgenden beiden Veröffentlichungen – *Covenant* von 1993 und *Domination* von 1995 – klangen ausgefeilt, professionell und meisterhaft entwaffnend. Die erhabene Religion des Unerwarteten, welche die Musik von Morbid Angel durchdrang, hätte sich phänomenal erfrischend auf jedes Genre ausgewirkt. Die Band wagte nach dem Weggang ihres langjährigen Frontmanns David Vincent einen Neuanfang, und jeder Song auf dem ausgezeichneten, 1998 erschienenen Album *Formulas Fatal To The Flesh* strömte in acht chaotische Richtungen gleichzeitig.

Nachdem Vincent Morbid Angel verlassen hatte, nahm die Verehrung der Band für das Unvorhersehbare eine interessante spirituelle Wendung. Der

Gitarrist Trey Azagthoth, der das Songwriting übernahm, ersetzte den bösartigen Satanismus durch eine erfindungsreiche Fusion – er verband die antike sumerische Mythologie des Nahen Ostens mit den Inhalten einer als Nachrichtensendung getarnten Werbung für die Lehren der amerikanischen Motivationsgurus Tony Robbins und Deepak Chopra (schließlich hatte sogar die Hardcore-Band Bad Brains ihre positive Botschaft aus einem Selbsthilfebuch der Siebziger abgeschrieben). „Die Wahrheit findet man, wenn man über den analytischen Geist hinausgeht", erklärt Azagthoth, „wenn man zur Intuition gelangt und durch subjektive Erfahrung eins mit allem wird. Objektive Erfahrung schafft immer Distanz. Das ist, als würde man in die Natur rausgehen, ohne das für sich selbst zu kommentieren. Das hat einiges für sich."

Nachdem sie das ständige Besetzungschaos ihrer Anfangsphase überstanden hatten, stabilisierten sich auch Napalm Death und entwickelten sich auf beeindruckende Weise, indem sie wilde Momente der hyperaktiven Leidenschaft in fantastischen, von Mollakkorden geprägten Death Metal verwandelten. Die Band war nicht nur von wenig bekannten Demobands wie Repulsion beeinflusst, sondern zumindest in den Neunzigerjahren selbst ein Produkt der Tauschnetzwerke: In diesem Fall hatten die Bands selbst ihre Musiker untereinander getauscht. „Ich weiß, das ist irgendwie komisch", sagt Gitarrist Jesse Pintado, der im Alter von achtzehn Jahren aus Los Angeles nach Birmingham in England gezogen war. „Ich hatte den Bassisten Shane Embury noch nie von Angesicht zu Angesicht gesehen, bevor ich bei der Band eingestiegen bin, aber wir waren auf demselben Trip. Wir schrieben einander und haben ein paar Mal telefoniert. Wir wussten ganz genau, was wir wollten."

Der zweite amerikanische Gitarrist der Band, Mitch Harris, wurde den Righteous Pigs aus Las Vegas von seinem Brieffreund, dem Schlagzeuger Mick Harris, abgeworben. „Viele Leute verstehen das nicht", erklärt Jesse Pintado. „Sie haben vom Underground gehört und auch davon, dass man einander Briefe schreibt, aber wenn sie das selbst nie erlebt haben, dann verstehen sie nicht, welche starken Bindungen da entstehen können. Man kann wirklich eine Menge bewegen, indem man einfach ein Blatt Papier beschreibt oder seine Ideen auf einer Cassette für einen anderen Menschen festhält. Wenn es das nicht gegeben hätte, wäre ich heute nicht in London. Das ist wirklich ein ganz wichtiges Hilfsmittel."

Das 1990 erschienene Album *Harmony Corruption* von Napalm Death wurde in den Morrisound-Studios aufgenommen und klang wie der Versuch, den Death Metal Floridas zu kopieren. Die Gruppe brachte jedoch schon bald ihren frühen Grindcore mit Death Metal in Einklang – mit überwältigendem Ergebnis. *Fear, Emptiness, Despair,* ihr siebtes Album, öffnete ein neues Kapitel in der Geschichte einer Band, deren Mitglieder einst eine Halbwertszeit von kaum mehr als einer Albumseite hatten. Die krachigen Ausbrüche des urbanen Hardcore wurden durch raffinierte Gitarren und innovative Schlagzeugrhythmen niedergemetzelt. Ihre Dissonanz wurde zu einer bewusst eingesetzten Komponente der Komposition und war nicht mehr nur ein Abfallprodukt des Chaos. Der Zusammenschluss von intensiver Wut und Berechnung führte zu einem Meisterwerk des leidenschaftlichen, politischen, negativen Realismus.

Die ersten Alben von Carcass, einer von dem abtrünnigen Napalm-Death-Gitarristen Bill Steer gegründeten Band, waren zu brutal und amorph, um als Death Metal bezeichnet werden zu können. Doch *Heartwork*, das Debüt der Band bei einem Majorlabel, war eine brillante Leistung, die neue Standards setzte. Es war das Schwarze Album dieser Szene: Es hielt an dem Pulsschlag und der Dynamik von brutalem Death Metal fest, die Anzahl der Töne aber wurde reduziert. Die Platte war ein peinlich genau konstruiertes Meisterwerk, das auf traditionelle Metal-Harmonien zurückgriff und Iron Maiden und Napalm Death auf einer neuen Entwicklungsstufe miteinander versöhnte. Alle ungeschlachten melodischen Errungenschaften, die Carcass zu Kultlieblingen gemacht hatten, blieben intakt, aber jetzt schienen sie den Hörer eher benommen zu machen, als dass sie ihn erstickten.

Hatten Carcass auf vorangegangen Alben ihre technische Perfektion noch mit Schichten grotesker, breiiger Klänge gedämpft, so erstrahlte *Heartwork* so klar und sauber wie die skelettartige Skulptur aus Chirurgenstahl von H. R. Giger, die das Cover zierte. Frühere Plattenhüllen hatten Fotografien von rohem, bluttriefendem Fleisch gezeigt – jetzt blieb das Blut Sache der Fantasie. Jeff Walkers tödlicher Gesang war nun hörbar, ohne dass man sofort merkte, wie stimmbandzerfetzend er war. Wie zu erwarten, wurde die Band damit auch für andere experimentierfreudige Künstler mit Lust auf Crossover interessant: Auf der englischen Pressung der Hitsingle „Isobel“ der isländischen Elfe Björk befand sich auch ein Carcass-Remix dieses Songs.

Nachdem sie viele Jahre im Underground operiert hatten, verkauften Death-Metal-Bands in den Neunzigerjahren hunderttausende Alben an begeisterte Fans und waren daher für Independent-Metal-Labels außerordentlich attraktiv. Metal Blade sicherte sich Cannibal Corpse und vervollständigte mit ihnen seine ausgewogene Bandbreite an Metal-Stilrichtungen, die von den traditionellen Fates Warning bis zu der blutrünstigen Showtruppe Gwar reichte. Der Metal-Indie Roadrunner Records machte keine halben Sachen: Zu seinem Programm zählten neben den Vorkämpfern Death und Deicide die beliebten Sepultura, Brujeria und Fear Factory sowie die knallharten Immolation, Suffocation, Gorguts, Obituary und Sorrow. „Es kostete nicht viel, solche Bands unter Vertrag zu nehmen, denn die verkauften sich im Prinzip selbst“, erklärt der A & R-Chef des Labels, Monte Conner.

In der Zwischenzeit hatten sich Morbid Angel, Nocturnus, Carcass und eine ganze produktive Palette anderer Bands dem englischen Label Earache Records mit seinem Flaggschiff Napalm Death zugewandt. Obwohl es nicht so durchorganisiert war wie Roadrunner, besaß Earache die Marketingmacht, neue Bands allein durch ihre Labelzugehörigkeit bekannt zu machen – und das in einer Zeit, in der Designerlabels wie Sub Pop Records mit Grunge absahnten. Earache bediente den Sammlerinstinkt seiner Kunden geschickt mit Picture Discs, Singles und Spezialveröffentlichungen und ließ dabei durchaus ein wenig Nostalgie für die Zeiten aufkommen, in denen man nach Platten der NWOBHM oder Hardcore Punk noch richtig hatte suchen müssen.

Die Musik wurde ausgeklügelter und schwieriger, und das wirkte sich auch auf ihre Präsentation aus. Immer mehr okkulte Symbole wurden sichtbar, als sich Deicide und Morbid Angel in geheimnisumwobene Hexentexte vertieften, um noch verschlungenere symbolische Ausdrucksformen der Geisteswelt des Death Metal zu finden. Da hunderte von Bands entschlossen versuchten, sich von den anderen abzuheben, wirkten ihre Logos immer kryptischer und unleserlicher. Texter gingen auf der Suche nach Synonymen sehr viel weiter als Songwriter aus anderen Bereichen und verwendeten entsetzliche, Furcht erregende Begriffe aus medizinischen Wörterbüchern und alten religiösen Schriftstücken – ein typisches frühes Opus von Carcass trug zum Beispiel den Titel „Embryonic Necropsy And Devourment".

Gotteslästerungen dieser Art waren bewusst darauf angelegt, Death Metal immun gegen die Akzeptanz durch die breite Masse zu machen – selbst *Kerrang!* spielte nicht mehr mit und zeichnete Death und Deicide in den Besprechungen ihrer Debütplatten mit jeweils nur einem Stern aus. Doch auch wenn solch krasse Obszönitäten vor Korruption schützten, schlug sich das Musikbusiness schließlich doch zum Death Metal durch und klopfte an dessen Tür. Ein Dutzend der heftigsten Bands der Welt gingen kurzzeitige Vertragsbindungen mit Majorlabels ein, während sich Vertreter der Plattenindustrie laut fragten, ob die finstere, umtriebige Metal-Szene wohl noch einen weiteren „Überraschungs"-Erfolg à la Metallica hervorbringen würde.

Morbid Angel waren die Ersten, die sich aus der Szene herauswagten, 1992 bei Giant Records unterschrieben und den Metallica-Produzenten Flemming Rasmussen für die Aufnahme ihres kompromisslosen Albums *Covenant* engagierten. Kurze Zeit später gingen Cannibal Corpse zu Warner Brothers, und die Südamerikaner Sepultura wurden von Epic Records bei Roadrunner abgeworben. Earache brachte schließlich eine Allianz auf den Weg, die Carcass, Cathedral, Napalm Death, Godflesh und Entombed alle in die Künstlerliste des Megakonglomerats Sony/Columbia einreihte. „Wir waren nie so naiv zu glauben, wir würden die nächsten Metallica werden", behauptete Jeff Walker von Carcass bei AntiMTV.com. Aber wenn Metallica mit Thrash Mehrfach-Platin holen konnten, dann bestand doch zumindest theoretisch für diese Bands die Möglichkeit, mit Grindcore an Gold zu kommen.

Die erste Death-Metal-Band in den *Billboard*-Charts waren Cannibal Corpse, die rohere Einflüsse in ihren gekonnten, kraftvollen Sound einbauten. Sänger Chris Barnes trieb den für Death Metal typischen knurrenden „Krümelmonster"-Gesang auf die Spitze, und Songs wie „Entrails Ripped From A Virgin's Cunt" [„Eingeweide, herausgerissen aus der Fotze einer Jungfrau"] reizten die Schockwirkung bis aufs Äußerste aus. „Mir gingen Cannibal Corpse zu weit", sagt Dee Snider, der 1985 Heavy Metal vor dem PMRC verteidigt hatte. „Ich habe Texte gelesen, in denen stand wortwörtlich: ‚I fucked a nun in the ass – Ich fickte eine Nonne in den Arsch', und ich dachte: ‚Was zum Teufel soll das?' Das ist nicht Fantasy, das ist einfach bloß scheußlich. Die haben hunderttausende Platten verkauft, was ich ein bisschen verstörend finde, andererseits aber frage ich mich, ob überhaupt jemand die Texte kennt." Der Komiker Jim Carrey fand das durchgeknallte Draufgängertum von Cannibal Corpse allerdings zum Brüllen und verpflichtete sie für einen Auftritt in der Filmkomödie *Ace Ventura – Ein tierischer Detektiv.*

Die Popularität des Death Metal wuchs beständig und entfernte sich immer weiter von seinen schmutzigen Wurzeln. Als Cannibal Corpse die *Billboard*-Charts verunzierten, waren die hunderttausendfach verkauften Alben nicht repräsentativ für die Allgemeinheit der Schallplattenkäufer, sondern für eine beeindruckende Zahl Metal-Fans, die sich einer exklusiven Gemeinschaft zugehörig fühlten. Es waren Konsumenten mit besonderen Vorlieben, die lieber Demotapes und Underground-LPs aufspürten, als andere Popmusik zu kaufen – und sie wurden reich belohnt. Gegen Ende der Neunzigerjahre behauptete Earache Records, sowohl Napalm Death als auch Morbid Angel hätten jeweils über eine Million Alben verkauft – was nicht durch riesige Hiterfolge zustande kam, sondern durch eine ganze Reihe von Veröffentlichungen, deren Erwerb für Fans obligatorisch war.

Metal-Fans, die sich Anfang der Neunzigerjahre eine eigene Schaltzentrale wünschten, hätte kaum etwas Besseres passieren können als *Metal Maniacs*, eine als Gemeinschaftsunternehmen im Geist der Fanzines geführte Musikzeitschrift, die über die Ereignisse in der Szene berichtete. Sie wurde von der Verlagsgruppe Sterling/MacFadden herausgegeben, welche die Zeitungskioske unter anderem auch mit *Yo!* und *Country Hits* belieferte. *Metal Maniacs* startete Ende der Achtzigerjahre als unregelmäßig erscheinender Ableger des auf Glam Metal fixierten Hochglanzmagazins *Metal Edge.* In einer frühen Ausgabe waren die Metal-Ikonen Ozzy Osbourne, Gene Simmons und Vince Neil in anzüglichen Posen abgebildet. Als die neue Chefredakteurin Katherine Ludwig auf den Plan trat, änderte sie den Kurs. „Mein Vorgänger hatte die Vorstellung, in die Zeitschrift gehörten Pin-up-Fotos von Blackie Lawless in Windeln", sagt sie. „Ich wollte lieber eine Zeitschrift, welche die Leute nicht von oben herab behandelt."

Ludwig schnitt das Fanmodell von Sterling/MacFadden auf den hungrigen Metal-Underground zu und verband den massenmedialen Anspruch von *Circus* mit der Informationsfülle von *Metal Forces.* Die Brieffreundschaftsgesuche in der Zeitschrift wurden unter der Überschrift „Shorts" präsentiert und in eine Liste hunderter Kleinanzeigen für Cassettentauscher und Amateurbands verwandelt. Die vom Herausgeber vorgegebenen farbigen Pin-ups zeigten ausschließlich traditionslose Ikonen wie die Drum-Machine-Pioniere Godflesh oder die Bassistin Jo Bench von Bolt Thrower. Darüber hinaus gab es eine lebhaft frequentierte Leserbriefecke, die zum Diskussionsforum für alle möglichen Themen, von der Szenepolitik bis zum Abtreibungsrecht, avancierte. „Wenn möglich habe ich auch gern Artikel über Vegetarismus, Hanf, Feminismus und Meinungsfreiheit ins Heft genommen", sagt Ludwig.

Als frisch gebackene Chefredakteurin widersetzte sich Ludwig den inhaltlich beschränkenden Vorgaben der Plattenfirmen. Gegen den Wunsch des Labels setzte sich ein kritischer Bericht mit den Überzeugungen von Carcass auseinander, die deutlich einen ethischen Umgang mit Tieren befürworteten. Die Public-Relations-Leute, so schien es Ludwig, sorgten sich um den Ruf der Band, deren blutiges Cover für *Reek Of Putrefaction* 1988 eine Fleischcollage zeigte und in England verboten wurde. Man fürchtete, die Bandmitglieder könnten als Körnerfresser abgestempelt werden. „Ich glaube nicht, dass überhaupt viele Leute verstanden haben, was Carcass mit diesem Cover ausdrücken wollten", meint Ludwig. „Sie haben das wörtlich genommen und die Ironie, die Offensichtlichkeit nicht begriffen, die hinter der Fleischdarstellung steckte."

Ludwig stellte fest, dass Metal-Fans nur allzu gern in einen öffentlichen Dialog treten wollten, der ihre Liebe zur Musik ins rechte Licht rückte. „Ich hatte den Eindruck, dass sich eine Menge Kids danach sehnte, von Älteren wie menschliche Wesen behandelt zu werden, die vielleicht etwas zu sagen haben", erinnert sie sich. „Viele Leser waren Kids, die das Gefühl hatten, nichts außer Metal zu haben; mir ging es mit Hardrock und später mit Punk genauso, als ich in den Siebzigern aufwuchs. Den Kids gegenüber fühlte ich mich verpflichtet, Sexismus oder Gewalt nicht zu verherrlichen, im Prinzip mir einfach darüber bewusst zu sein, dass da jemand zuhörte. Ich bekam Heiratsanträge. Ich bekam Anrufe zuhause. Später haben wir dann richtig böse Briefe bekommen. Jemand nannte die Zeitung *Metal Brainiacs,* was ich eigentlich nicht als Beleidigung begriff."

Nicht nur Fans reagierten. Obwohl das mickrige Budget für freie Autoren zu Beginn nur dreihundert Dollar pro Ausgabe betrug, mangelte es nie an Journalisten, die gern für eine intelligente Zeitschrift arbeiteten. Drei prominente

Metal-Sänger – Kevin Sharp von Brutal Truth, Mark „Barney" Greenway von Napalm Death und Michael D. Williams von Eyehategod – steuerten regelmäßig kenntnisreiche Artikel bei. Zum Autorenstamm gehörte Borivoj Krgin, ein wandelndes Metal-Lexikon, der an der Entdeckung und der Karriere von Sepultura beteiligt war – jener brasilianischen Band, die sich später mit der Bitte an Katherine Ludwig wandte, sie möge Songtexte für sie schreiben.

Die Metal-Fans bewiesen ihre Loyalität, indem sie die Auflage im Verlauf von Ludwigs fünfjähriger Amtszeit bis auf einen Spitzenwert von neunzigtausend Exemplaren im Jahr 1995 steigerten, was der Auflage von sehr viel profilierteren Musikzeitschriften wie *Raygun* entsprach. Da *Metal Maniacs* durch Abonnements und Kioskverkäufe überleben konnte, blieb die Redaktion den Fans stets stärker verpflichtet als den Anzeigenkunden. Es war ein Beleg dafür, dass sich der scheinbar unübersichtliche Underground-Metal für jeden auszahlte, der sich klug und kreativ seiner annahm. Die Bandbreite der Zeitschrift blieb nach dem Weggang von Ludwig bestehen, aber die beiden ungewöhnlicherweise mit Ausrufezeichen versehenen Untertitel wurden von der Titelseite in die Erinnerung verbannt: NOT FOR EVERYBODY! – NICHT FÜR JEDEN! Und: IT STANDS ALONE! – EINZIGARTIG UND ALLEIN!

Als die Giganten des Death Metal in den europäischen Zeitschriften und den Programmen der Sommerfestivals ihren Platz neben den traditionellen Heavy-Metal-Helden einnahmen, entstanden durch Bands wie Bethlehem und Tiamat aus Deutschland sowie Amorphis aus Finnland interessante neue Fusionen. Nachdem der Death Metal den Rock 'n' Roll beinahe vollständig aus seiner Blutbahn entfernt hatte, führten die schwedischen Synkopenfans Entombed den Boogie wieder ein und sorgten dafür, dass kehlige Melodien und donnernde Beats plötzlich mit wild kreisenden Hüftbewegungen vereinbar wurden. Dismember, die sich zwar gern beim Sound anderer Bands bedienten, aber dennoch überzeugend waren, ließen in ähnlicher Manier verstimmte Gitarren, heiseren Gesang und ein lebhaftes Schlagzeug in einem ausgezeichnet arrangierten, überbrodelnden Klanggemisch verschwimmen. Entombed, Dismember, At the Gates, Grave, Dissection und In Flames – diese energiegeladenen Verwalter des schwedischen Göteborg-Sounds betonten Power neben Groteskem und lockten viele bereitwillige Mainstream-Rockfans in die Tiefen des Death Metal.

In der Zwischenzeit erfreuten Gruppen wie Kataklysm aus Montreal, Monastat 7 aus Wyoming und Human Remains aus New Jersey die Fans mit einem Chaos aufklärerischer Ideen, die selbst in atypischer Atmosphäre Aufsehen erregend herausstachen. 1989 rief der Saxofonist John Zorn, der zum Inventar der New-Yorker Avantgarde-Musikszene gehörte, das Projekt Naked

City ins Leben, eine vom Jazz beeinflusste Genrestudie des Death Metal, zu der neben Zorn der Gitarrist Bill Frisell, der Bassist Fred Frith, Wayne Horvitz an den Keyboards und der Schlagzeuger Joey Baron gehörten. Sie befolgten die Grundregeln des extremen Metal – dröhnende Beats, gurgelnder Gesang und chaotische Gitarren – und stellten sie ganz bewusst in einen streng strukturierten formalen Kontext. Das Ergebnis konnte mit den enthusiastischen Amateuren des Death Metal mithalten, obwohl sie vergleichsweise akademisch klangen.

Auf diesem Höhepunkt der langen Entwicklung harter Musik arbeitete der Death Metal überreizt und hyperaktiv daran, seine Überlegenheit geltend zu machen, und suchte ständig nach neuen Offenbarungen. Während Napalm Death eine Reihe ungewöhnlicher Nebenprojekte präsentierten, vergrößerten die Gesinnungsgenossen Painkiller, Brutal Truth und Mr. Bungle die Reichweite ihrer Soundattacke auf eigensinnige, fast schon surreale Weise. Hinter Painkiller steckte wiederum John Zorn, der sich 1991 mit dem Bassisten Bill Laswell und dem Schlagzeuger Mick Harris von Napalm Death zusammengetan hatte. Was als Ringen um aggressivste absurde Klangfolgen begann, wie Zorn sie schon mit Naked City erforscht hatte, entwickelte sich jedoch rasch über die Klangextreme hinaus zu düsterem elektronischem Ambient Dub. Auf Einladung von Laswell gastierte Mick Harris auf dem 1993 erschienenen Album *Sacrifist* des Projekts Praxis, auf dem auch Parliament- und Funkadelic-Ikonen wie Bootsy Collins und ein Donnerhagel markerschütternder Schreie zu hören waren. „Für so etwas bin ich immer zu haben", sagt Harris. Als solche Experimente sich herumsprachen, löste sich das Image des Death Metal von den Pentagrammen.

Mitte der Neunzigerjahre streckte der Death Metal – weiterhin an vorderster Front, wenn es um musikalische Innovationen ging – seine Fühler nach Computer, Noise, Oper und Avantgarde aus. Brutal Truth verbanden die Genrekenntnisse des *CMJ*-Kolumnisten Kevin Sharp mit der Bühnenerfahrung, die Bassist Dan Lilker bei Anthrax, S.O.D. und Nuclear Assault gesammelt hatte, zu kreativen Crossover-Fantasien. Ein wahnsinniges, durchdringendes Tempo wirbelte über langsames, verzerrtes Schlingern hinweg und katapultierte die Band bei Coverversionen von Celtic Frost und dem exzentrischen Jazzkomponisten Sun Ra in den Weltraum. Ein originelles Beispiel war der Song „Godplayer" auf *Need To Control*, der über das aus tiefstem Inneren hervorgurgelnde Rülpsen eines Didgeridoos stampfte, einem mehr als einen Meter langen, röhrenförmigen Musikinstrument der Aborigines, der australischen Ureinwohner, dessen Brummen den dröhnendsten Bass der Welt vergleichsweise jämmerlich wirken ließ. Yamatsuka Eye von der experimentellen Band Boredoms meinte: „Brutal Truth spielten in Osaka so gut, dass ich weinen musste."

Gleichzeitig nutzte der Sänger von Faith No More, Mike Patton, den inzwischen erlangten Starruhm, um seine von Frank Zappa beeinflusste Crossover-Band Mr. Bungle wiederzubeleben, die er in den glücklichen Tagen von Cryp-

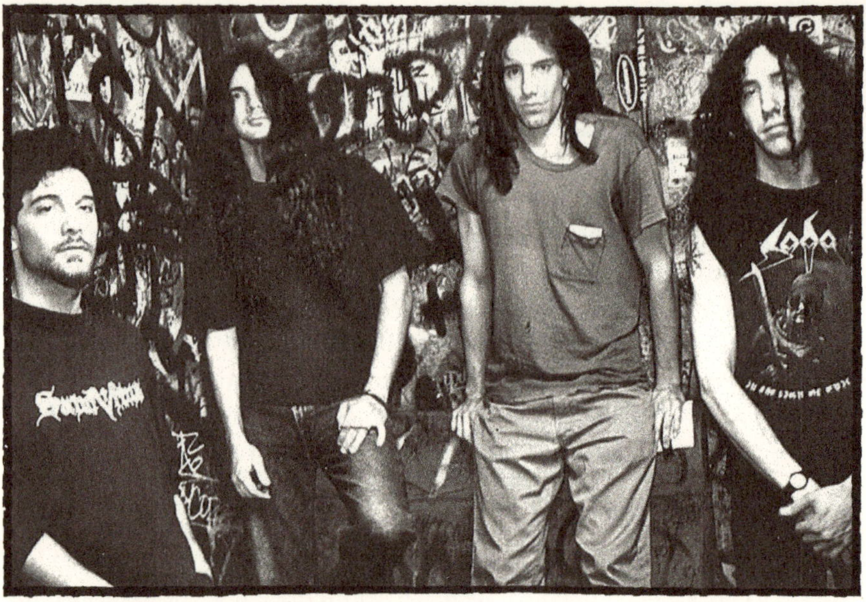

Ausgangspunkt Death Metal: Brutal Truth *(Relapse Records)*

tic Slaughter und Hirax gegründet hatte. Nachdem ihr 1991 erschienenes Debüt noch recht unausgereift klang, hörte man auf darauf folgenden Veröffentlichungen ein Team von Thrashern, die ihrem Genre entwachsen waren und nun die Disco-, Elektronik- und Lounge-Musik zu einem dreckigen Paket verschnürten. „Viele Leute turnt das total ab, aber sie sind wahnsinnig geschmackvoll und genial", schwärmt Shawn Crahan von Slipknot, einer Band mit breit gefächerten Einflüssen, die Anfang der Neunziger gegründet wurde. „Wenn man ihnen zusieht, erkennt man auch: ‚Hey, das ist doch der Typ, der bei Faith No More singt und ein paar meiner absoluten Lieblingssongs geschrieben hat.' Das ist total schräg und ganz schön abgefahren, aber nur wenige Leute können so was von Herzen machen."

Auch die Schweizer 16-17 befanden sich auf einer ähnlichen postmodernen Metal-Reise. Die knackige Grindcore-Kombo, die von der Firma Apple Computer gesponsert wurde, verwendete rasende Saxofone anstelle von Gitarren. Eine andere intellektuelle Art von Chaos präsentierte die Prager Gruppe Master's Hammer, die sich vom theatralischen Black Metal zur hypermodernen elektronischen Musik vorarbeiteten. Auf *Slygry* coverten sie Carl Czerny, Otto Katz und Giuseppe Verdi und mischten Anteile von Metal, Folk und Musique concrète zu einer abstrakten Form von Death Metal. Das verblüffende Ergebnis hatte nichts vom Bösen an sich, sondern bewies, dass der Metal nicht nur auf eigenem Gebiet Visionäre hervorbrachte – und dem witzigen Slogan des französischen Plattenlabels der Band, Osmose Productions, gerecht

AVANTGARDE METAL

Als der Death Metal die konventionelle Musik mit seiner tosenden Geschwindigkeit und Intensität in entfernte Stratosphären entführte, gaben einige Musiker die strengen musikalischen Strukturen auf und experimentierten mit abstrakten Abwandlungen der Grundformen. Zu den Erfolgsgeschichten der Death-Metal-Fusion gehören die klassischen Erzeugnisse von Master's Hammer, das jazzige Kreischen von 16-17 und Painkiller sowie die Schrägheit von Pan-Thy-Monium und Old – Bands, die entscheidend von Voivod beeinflusst worden waren. In vielen Fällen waren dies die ersten Metal-Bands, die Brillen trugen. In anderen Fällen, so zum Beispiel bei Master's Hammer, gehörten die durcheinander geworfenen Metal-Einflüsse zu einer Art Fluchtstrategie von Metalheads, die sozusagen eine Spur aus Brotkrumen legten, bevor sie sich in fremde, dunkle, experimentelle Wälder verabschiedeten.

Kopfnüsse

- Arcturus, *La Masquerade Infernale* (1997)
- Breadwinner, *The Burner* (1994)
- Flying Luttenbachers, *Revenge* (1996)
- Master's Hammer, *Slagry* (1996)
- Naked City, *Naked City* (1989)
- Old, *Lo Flux Tube* (1991)
- Painkiller, *Execution Ground* (1995)
- Pan-Thy-Monium, *Khaos And Konfusion* (1996)
- 16-17, *Gyatso (1994)*
- Treponem Pal, *Treponem Pal* (1989)

wurde: „Extreme Artists Make Extreme Music! – Extreme Künstler machen extreme Musik!"

Einige beherzte Metal-Fans nahmen sich Mitte der Neunzigerjahre auch des japanischen Noise an. Wie der Begriff bereits vermuten lässt, wurden diese Aufnahmen unter Zuhilfenahme ganzer Berge von Verzerrerpedalen und Modulatoren produziert, um Schichten von Feedback und weißem Rauschen zu erzeugen, die in ihrer Reinheit und formalen Freiheit in der kommerziellen Musik unmöglich gewesen wären. Während der Aufnahmen des Nirvana-Albums *In Utero* reiste der Produzent Steve Albini nach Japan, um als Gitarrist mit der Metallic-Noise-Band Zeni Geva aufzutreten. „Diese japanischen Bands sind total kaputt, aber auf eine höchst vielseitige Weise", sagt Albini. „Die ganze Rockmusik scheint in Japan mit westlichen Einflüssen zu beginnen; aufgrund ihrer Isoliertheit und ihrer Begeisterungsfähigkeit, ihrer schlechten Ausstattung und ihrer Umgebung passen die Japaner westliche Musik ganz idiosynkratisch ihren Bedingungen an. Eine Heavy-Metal-Band, die total auf Pantera abfährt, kann in Japan total schrill und schwul wirken und eine Art Liza-Minnelli-Verschnitt als Frontmann haben."

Metal-Fans hatten immer wieder erlebt, dass Metal in einem langen, vielschichtigen Prozess schneller und schneller wurde, dann aber immer wieder und immer öfter zur ursprünglichen Härte zurückkehrte. Jetzt, mit Death Metal als Grundlage, suchten sie in allen Musikformen nach derselben Intensität des Ausdrucks. Bill Yurkiewicz und sein Partner Matt Jacobson – zwei Freunde aus der Cassettentausch-Szene, die das Label Relapse Records gegründet hatten – nahmen neben Grindcore- und Death-Metal-Acts japanische Noise-Bands wie Merzbow und Masonna unter Vertrag. „Wir haben als totale Metalheads angefangen", sagt Jacobson, „ebenso wie eine Menge unserer Bekannten. Es war einfach eine ganz natürliche Entwicklung, dass wir schließlich Industrial und Noise entdeckten."

Während akustische und einheimische Musik allgemein zugänglicher wirkte, stellte Noise eine unwiderstehliche Herausforderung für die Hörer dar – ein totaler Blackout. „Wir erleben das jetzt: Die Leute, die auf die frühen Napalm Death und Carcass standen, hören jetzt Masonna", sagt Yurkiewicz. „Death Metal kann in seiner Brutalität nur bis zu einer gewissen Grenze gehen, und die japanischen Noise-Bands lassen ihn einfach schon nach den ersten fünf Sekunden alt aussehen. Die Leute wollen immer noch eins draufsetzen."

Während sich Death Metal unter den wahren Fans verbreitete und sie immer weiter stimulierte, war die Szene inzwischen groß genug, dass auch Bands ausgezeichnet überleben konnten, die nur ein Teilpublikum ansprachen. Für die etablierten Mainstream-Musikunternehmen erwiesen sich die verborgenen Winkel des Undergrounds jedoch als zu unberechenbar und gefährlich, als dass sie dort hätten tätig werden wollen. Die Chance, derartige Musik im Radio oder im Fernsehen unterzubringen, war gleich null, und der weit verbreitete Widerwille der Bands gegen kommerziell motivierte Veränderungen machte es nur noch schlimmer. Death-Metal-Bands gingen ihren eigenen selbstsüchtigen Vergnügungen nach, und ab einem bestimmten Punkt blieb den Plattenfirmen nichts anderes übrig, als die Rechnungen zu bezahlen und das Beste zu hoffen.

Wie in einem solch extremen Milieu vielleicht zu erwarten war, scheiterte der Pakt zwischen Earache und Columbia Records innerhalb eines Jahres, größtenteils aufgrund unvereinbarer Unternehmenskulturen. Schon bald firmierten Napalm Death, Entombed, Carcass und Cathedral wieder als Independent-Bands im Stall von Earache. Nach Auflösung des Vertrags mit dem Majorlabel Giant kehrten auch Morbid Angel wieder zu Earache zurück – nachdem sie innerhalb von drei Jahren knapp eine Million Platten verkauft hatten. Zwar wurde sie den Erwartungen der Geschäftspartner nicht gerecht, aber die Vereinigung von Unternehmen und kulturellen Rebellen konnte als historischer, wenn auch gescheiterter Versuch betrachtet werden.

Als die Majors sie fallen ließen, stellten die großen Death-Metal-Acts fest, dass sie vertraglich noch immer an ihre ursprünglichen Independent-Labels gebunden waren. Die Verträge der Schallplattenbranche standen allgemein in keinem guten Ruf, doch die der Metal-Bands erschienen besonders rigide. Sepultura beispielsweise kehrten, nachdem sie künstlerisch erfolgreich wurden und bei Epic Records auch eine Goldene Schallplatte abgestaubt hatten, zu Roadrunner zurück, um einen Vertrag über mehrere Alben zu erfüllen, den sie noch als Teenager in Südamerika unterschrieben hatten. „Ich glaube, die meisten Metal-Indies versuchen Bands auf lange Zeit an sich zu binden“, erklärt Roadrunner-Mitarbeiter Monte Conner. „Im Heavy Metal muss man viel Entwicklungsarbeit leisten. Manchmal dauert es fünf oder sechs Jahre. Wenn man eine Band unter Vertrag nimmt und erst einmal sehr viel Geld investiert, dann will man sichergehen, dass die Band auch noch auf dem eigenen Label ist, wenn sie endlich Profit abwirft.“

Im Metal konnte auch abseits der CD-Verkäufe eine Menge Geld verdient werden. Roadrunner verhalf den Herstellern blutfarbener Tinte zu gutem Umsatz, als das Merchandise-Sortiment des Labels den Fans jeder Band ein Dutzend verschiedener T-Shirts mit blutüberströmten Motiven zur Auswahl anbot. „Machen wir uns nichts vor: Merchandising ist unglaublich wichtig“, sagt Conner. „Man kann mehr Geld mit dem Verkauf von T-Shirts verdienen als mit Platten. Wir haben das erkannt und von Anfang an beschlossen, in das Geschäft einzusteigen.“ Ein typischer Roadrunner-Vertrag – bei Metal-Labels ganz und gar nicht ungewöhnlich – bestand aus einer Pauschalvereinbarung, die unter anderem die Rechte am Merchandising an Blue Grape und die Verlagsrechte an The All Blacks übertrug, beides Schwesterfirmen von Roadrunner.

Wenn auch die Verkäufe hinter denen von Metallica zurückblieben, so warf der Death Metal Mitte der Neunzigerjahre doch durchaus Profite ab. Trotzdem wollten viele Metal-Indies, nachdem sie beinahe zehn Jahre lang auf Underground-Ebene operiert hatten, die Nische verlassen. Metal Blade bekamen durch den Erfolg der von ihnen unter Vertrag genommenen Bar-Rocker Goo Goo Dolls große Augen, und Megaforce verkümmerte als Label, während sich seine Besitzer auf das Management der bewegten Karriere von Ministry konzentrierten. Monte Conner behauptet, Roadrunner wären mit Leichtigkeit in der Lage gewesen, einhunderttausend Exemplare jeder beliebigen Death-Metal-Platte zu verkaufen, aber es gelang nicht, diese Grenze zu überschreiten. „Ob wir für die Promotion von Obituary zwanzig- oder zweihunderttausend Dollar ausgaben, wir haben immer dieselbe Anzahl von Platten verkauft." Sie waren bereit, Metal an die Cassettentauscher zurückzugeben.

Die Mailorder-Firma Relapse Records rechnete anders. Sie vereinte tausende unbekannter Bands zu einer überwältigenden kommerziellen Kraft, ohne auf Goldene Schallplatten zu setzen. Relapse, 1990 von zwei Cassettentauschern in Colorado gegründet, war sowohl eine Plattenfirma als auch eine Vertriebsorganisation. Die Firma stellte ein beeindruckendes Angebot an internationalen Künstlern zusammen und fungierte wie eine Supermacht im Cassettentauschwesen, die ganz spezielle Musik zum Verkauf, nicht zum Tausch anbot. Die Firma war ein reines Produkt des Undergrounds und wusste daher komplett über die Bedürfnisse ihres Publikums Bescheid. Neben dem Umsatz über Mailorder und Internet verkaufte die Organisation ihre Ware in ungefähr einhundert kleinen Läden direkt an Kunden und wurde zu einem Rettungsanker für die Szene. „In Ohio, Kalifornien, Texas und New York läuft Death Metal echt gut", sagt Relapse-Mitbegründer Bill Yurkiewicz. „Unsere Kataloge sind bis in die obskursten Länder der Welt gelangt. Das ist der Wahnsinn."

Da ihnen die gesamte Welt als Markt zur Verfügung stand, war Relapse noch Jahre vor Amazon.com ein Erfolg mit unbegrenzten Möglichkeiten. In ihrem umwerfenden Mailorder-Katalog waren tausende von Produkten und mehr aus jeder Phase der langen illustren Geschichte des Heavy Metal vertreten. Außerdem lenkte der Katalog die Aufmerksamkeit der Headbanger auch auf esoterische Freilandaufnahmen aus Indonesien, den Stimmakrobaten Ken Nordine und die psychedelischen Ambient-Vorläufer Amon Düül und Popul Vuh. Sogar Ella Fitzgerald war im Programm, für jene, die statt Powerballaden lieber sentimentale Liebeslieder hörten. Als größtes Unternehmen innerhalb eines riesigen Netzwerks bewies Relapse, dass es Mitte der Neunzigerjahre eine selbsterhaltende Stärke und Vielfalt im Metal-Underground gab, die kaum auf die Außenwelt oder die Mainstream-Musikindustrie angewiesen war, um zu gedeihen. Das Metal-Milieu war nun ein fest verwurzeltes Netzwerk regionaler Szenen, das alle bisher gekannten musikalischen Grenzen sprengte und soziale Beschränkungen oft in schockierendem Maß überschritt.

XV

World Metal: die Globalisierung des Heavy Metal

- **August 1984:** Iron Maidens *Powerslave*-Tournee führt durch Osteuropa
- **1986:** Sepultura veröffentlichen *Morbid Visions* in Brasilien
- **10. April 1993:** Tumulte bei Metallica-Konzerten in Indonesien führen dort zu einem Konzertverbot für ausländische Bands
- **19. Oktober 2000:** *Chaos A.D.* von Sepultura wird in den Vereinigten Staaten vergoldet
- **April 2001:** *Brujerizmo* von Brujeria wird in der Kategorie „bestes Rockalbum" für die Latin Music Awards des *Billboard*-Magazins nominiert

Neben Grammy-Preisträgern und anderen morbiden Millionären gab es noch immer tausende von Bands, die ihre eigene Existenzberechtigung offenbar im reinen Vergnügen an extremen Ausdrucksformen sahen. Die Außenposten der über den gesamten Globus verteilten Metal-Diaspora standen über lebhaft genutzte internationale Kanäle ständig in Kontakt. An allen Ecken und Enden der Erde saßen Metalheads jeglicher Couleur, bearbeiteten Gitarren, tippten Fanzineartikel und schrieben sich gegenseitig Botschaften. Ein nicht enden wollender Strom umherreisender Bands bewegte sich unablässig von einem Punkt der Weltkarte zum anderen. Wenn die Rapmusik in den Neunzigerjahren, wie Chuck D einmal sagte, das CNN des schwarzen Amerika war, dann sendete Metal unerschrocken Nachrichten in alle Welt.

Headbanger in Ohio oder Oslo hatten eine klarere Vorstellung vom Leben in Ländern der Dritten Welt als die Mehrheit der westlichen Bevölkerung. „Ich weiß, dass man das, was man im Fernsehen sieht, nicht glauben darf, so viel steht fest", stellt Sänger Barney Greenway von Napalm Death bitter fest. „Die verschiedenen Klassenzugehörigkeiten auf der Welt sind schon auffällig, die Art, wie Bürger in unterschiedlichen Gesellschaften behandelt werden. Ich finde die Amerikaner so verdammt merkwürdig. Ich finde sie ziemlich niedlich. Geht man dann nach Russland, laufen die Leute mit gesenktem Kopf rum. Es ist, als würden sie ständig im Kreis laufen, weil sie nie etwas anderes kennen gelernt haben."

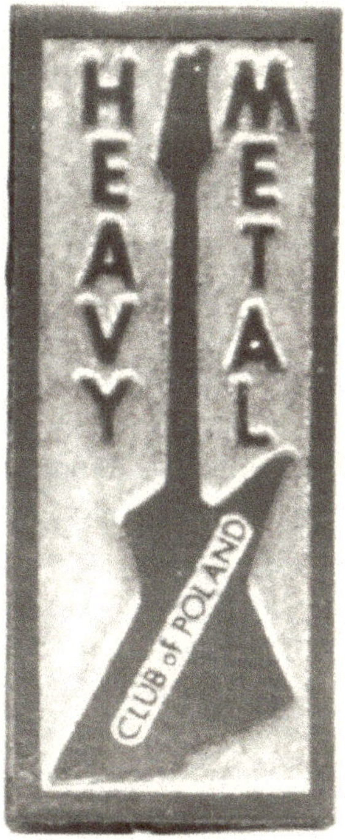

Tretet ein in die Partei: offizielle Heavy-Metal-Mitgliedsnadel aus dem kommunistischen Polen

Heavy Metal hatte sich bereits sehr früh als internationale Stimme etabliert. Der Film *Iron Maiden Behind the Iron Curtain* dokumentierte die Tour der Band 1984 durch Polen. Kurz zuvor war Heavy Metal jeglicher Art dort noch Schmuggelware gewesen, gehörte daher notgedrungen zum Underground und wurde heiß geliebt. Als die Engländer mit ihrem Tourtross in Warschau eintrafen, kletterten die polnischen Metalheads auf öffentliche Gebäude und bewarfen die Band mit selbst hergestellten Geschenken – sie bereiteten den ersten britischen Eroberern des Landes einen freudigen Empfang.

Auch bei den amerikanischen Bands gab es einen riesigen Emigrantenanteil in der Metal-Bevölkerung, angefangen mit den Van-Halen-Brüdern aus Holland und Lars Ulrich aus Dänemark. Rudi Sarzo, der bei Quiet Riot und Ozzy Osbournes Band gespielt hatte, stammte aus Kuba. Tom Araya und Dave Lombardo von Slayer waren beide in Südamerika geboren. Tommy Lee von Mötley Crüe war Grieche – der Sohn einer in Griechenland bekannten Schönheitskönigin. Wie viele andere kamen diese im Ausland geborenen Musiker bereits als Kinder nach Amerika. Die großen Gesten des Heavy Metal halfen ihnen wahrscheinlich, ihre Lebenserfahrungen in der für sie neuen Kultur miteinander zu versöhnen – Metal war überwältigend genug, um die kulturelle Kluft zu überwinden. Zumindest aber eröffnete ihnen diese Musik neue Möglichkeiten.

Obwohl Metallicas Sound Mitte der Neunziger nicht mehr die allerneueste Entwicklung darstellte, bereiste die Band innerhalb eines unglaublichen Tourneeplans jedes Land, das über ein Fußballstadion verfügte. Auf dieser musikalischen Rundreise zur Präsentation des Schwarzen Albums gab die Band mehr als dreihundert Konzerte in siebenunddreißig Ländern, wobei die meisten Auftritte länger als drei Stunden dauerten. In Nordamerika schlug sich die Begeisterung der Fans in einem Geldregen nieder. In weniger wohlhabenden Teilen der Welt, wo die unglückliche, unzufriedene Jugend ihr Heil in vehementen Unmutsäußerungen suchte, konnte jedoch leicht Chaos ausbrechen. Bei einem kostenlosen Freiluftauftritt auf dem Moskauer Flughafen Tuschino im September 1991 vor einem Publikum, das mit seiner halben Million Köpfen der Einwohnerzahl einer Kleinstadt entsprach, wurden Metallica-Fans von inoffiziell beschäftigten russischen Armeesoldaten niedergeknüppelt. Es handelte sich um unerfahrene Sicherheitskräfte, die beim Anblick von Thrashern und wilden Slamdancern sofort in Panik gerieten. Die Methoden, mit denen sie die Massen unter Kontrolle zu halten versuchten, führten zu elf Toten.

Am 10. April 1993 wurden mehr als einhundert Menschen nach einem Metallica-Konzert im indonesischen Jakarta festgenommen. Laut UPI-Berichten brachen Unruhen zwischen glücklichen Kartenbesitzern und glückloseren zu spät Gekommenen aus, was zu einem größeren Handgemenge führte, in dessen Verlauf dreizehn Menschen krankenhausreif geschlagen, achtunddreißig verletzt, acht Autos und einige Palmen niedergebrannt und mehrere Häuser beschädigt wurden. „In Indonesien war der erste Auftritt einer dreiwöchigen Tour", sagt Lars Ulrich. „In den darauf folgenden Wochen spielten wir in Singapur und auf den Philippinen. Egal, wohin wir kamen, wir galten als die große, böse, westliche, satanische Metal-Band aus der Hölle, die Aufruhr verursachte und den Frieden störte. Die Medien reisten uns hinterher und verfassten Schlagzeilen wie HIER KOMMEN DIE AUFRÜHRER METALLICA! Und da saßen wir nun, vier freundliche Jungs."

In Amerika und Europa war Rock 'n' Roll eine im Großen und Ganzen sichere, professionelle und kontrollierte Angelegenheit. In Jakarta schoben die Regierungsbeamten die Schuld auf Metallica und schworen, in Zukunft keine Rockkonzerte mehr zu erlauben. Heavy Metal fungierte als spontaner Ausdruck unmittelbarer Freiheit, und in Gegenden mit einem anderen kulturellen Klima als in London oder Los Angeles konnte das gefährlich werden. „Ich habe schon erlebt, wie aggressive Musik Leute an einen Punkt bringt, wo sie den Kampf gegen die Mächtigen wirklich begreifen", sagt der Sprecher der Rappergemeinde, Chuck D von Public Enemy. „Weltweit sind sich die Leute stärker bewusst, wie Musik unterdrückt wird, als die Leute in Amerika glauben."

Der Underground-Metal fand in der ganzen Welt begeisterte Fans, welche die Bands und ihre Mitglieder für erleuchtete Gleichgesinnte hielten. Überall dort, wo junge Menschen ohne Glanzlichter oder Hoffnungsschimmer lebten, ätzte sich der Sound von Napalm Death in das musikalische Bewusstsein. Wie Iron Maiden und Metallica tourten Napalm Death überall im Ausland, bis schließlich der in Großbritannien aufgewachsene Sänger Barney Greenway feststellte, dass er sich in Tel Aviv mehr zuhause fühlte als in Tennessee. 1992 begrüßte die Band in der Tschechoslowakei neuntausend Menschen und spielte innerhalb von zwei Tagen vor insgesamt fünfzehntausend Fans in Moskau. „Wir traten an Orten auf, wo wir es uns in einer Million Jahren niemals hätten träumen lassen", sagt Gitarrist Mitch Harris.

Endlich gab es Musiker – noch dazu aus dem Westen –, die wussten, was systemische Konflikte und lebenslange Frustration bedeuteten. Die unverblümten Botschaften und grellen Illustrationen des Death Metal sah man zunehmend auf den schwarzen T-Shirts desillusionierter Teenager in kulturellen Krisengebieten wie Polen, Puerto Rico und Thailand – ebenso wie in den Seitenstraßen von New York, Miami und San Antonio. Die Sprache war verschlüsselt wie Graffiti, aber auch Außenstehenden war die Bedeutung klar: „Bleib mir vom Hals – ich hasse deine verlogene, heuchlerische Welt."

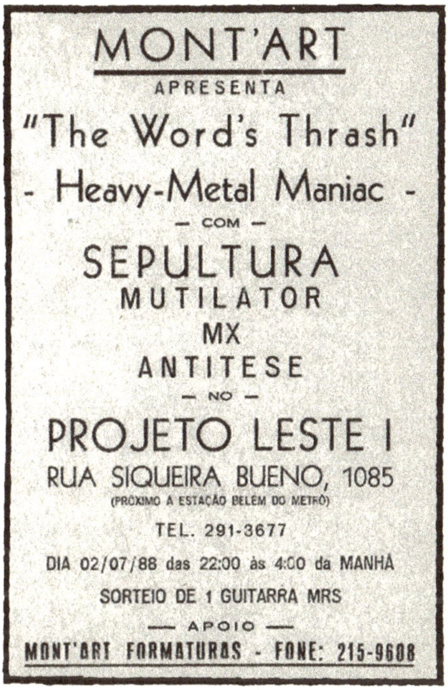

Brasilien rockt

Außerhalb Amerikas ließen sich Metal-Bands von anderen Werten, nicht nur von Ruhm und Reichtum motivieren. In Russland spielten Korrozia Metalla im Vorprogramm von Napalm Death, eine wilde, von Motörhead inspirierte Performance-Art-Revue, zu deren Auftritt auch halb nackte Frauen gehörten sowie Holzbarrikaden und Autowracks, die mit Hämmern zerschlagen und dann angezündet wurden. Zu den Höhepunkten ihres Repertoires zählten „I'm President", „Russian Vodka" und „Trash Around Kremlin". Sänger Sergej „Spider" Troitskys merkwürdige Schockpolitik war ein klarer Angriff auf das postsowjetische kulturelle Vakuum und westlichen Ohren gänzlich fremd.

Obwohl die Verkäufe auf dem Schwarzmarkt unmöglich nachzuvollziehen waren, schien Heavy Metal die Jugendkultur des Ostblocks während des Falls der Sowjetunion und danach vollkommen zu beherrschen. „Dio spielten in Rumänien, Bulgarien, Ungarn, Estland, und ich mochte diese ganzen Länder sehr", sagt Ronnie James Dio. „Diese Kids wussten mehr über Metal als alle anderen. Denen musste das ganze Zeug echt lieb und teuer sein, weil die Gesetzeshüter klar und deutlich sagten: ‚Wenn wir dich mit einer Platte erwischen, dann stecken wir dich in den Knast, Freundchen.' Das ist mutig, und das kann nur jemand riskieren, der wirklich viel für Musik übrig hat. Ich glaube nicht, dass ich das getan hätte."

Mit der Auflösung der Sowjetunion 1991 – die mit dem ersten Höhepunkt der Mainstream-Popularität des Metal zusammenfiel – exportierten auch die ehemaligen kommunistischen Länder Metal in die ganze Welt, ebenso wie die übrigen europäischen Länder. Earache Records unterzeichnete 1992 einen Vertrag mit der polnischen Death-Metal-Band Vader, während sich die kultigen Black-Metaller Behemoth bereits bei einer Reihe von Demos die Hörner abgestoßen hatten. Hausgemachter Metal florierte in den Neunzigerjahren in jeder Ecke des Kontinents, überall dort, wo es eine gewisse Zivilisation und die dazugehörige Unzufriedenheit gab.

Mitte des Jahrzehnts breitete sich Metal im Fernen Osten, in Singapur, Malaysia, Indonesien und Taiwan aus. Japan hatte seine Entwicklung von Anfang an enthusiastisch begleitet; wie auf den Livealben von Judas Priest und den Scorpions aus den Siebzigern zu hören ist, konnten diese Musiker riesige Fanunterstützung mobilisieren, und gelegentlich fanden wichtige japanische Gruppen wie Loudness oder die Grindcore-Band S.O.B. auch den Weg ins Ausland. Die extremen Impiety waren Teil eines Black-Metal-Revivals im Pazifikgürtel, das neben australischen Bands wie Sadistik Execution und Destroyer 666 ein paar Scheußlichkeiten hervorbrachte, die Hellhammer hätten Konkurrenz machen können. Gemeinsam war ihnen jedoch, dass sie sich nicht von den Drohungen abschrecken ließen, die die islamistischen Religionsführer im nahe gelegenen Malaysia gegen sie ausstießen.

Der Metal-Underground stellte einen Verbindungskanal zu Ländern her, aus denen bislang so gut wie keine Rockmusik ins Ausland gedrungen war. Griechenland, die Heimat von Rotting Christ und Varathron, erlebte den Aufstieg dutzender unheilvoller Black-Metal-Bands und ehrgeiziger Plattenlabels. Selbst in der Türkei verbanden Gruppen wie Zigurat und auch Pentagram – später bekannt als Mezarkabul – Heavy-Metal-Traditionen mit den Eigenarten Mesopotamiens.

Neben der klassischen europäischen Musik diente der Nahe Osten seit den Achtzigerjahren als beliebte Inspirationsquelle, wie beispielsweise „Curse Of The Pharaos" von Mercyful Fate gezeigt hatte; auch Iron Maidens Album *Powerslave* war thematisch auf Ägypten ausgerichtet gewesen. In den Neunzigerjahren entstand in der Mittelmeerregion eine eigene, durch die reichhaltigen musikalischen Akzente der Region eingefärbte Metal-Richtung. In Tel Aviv in Israel erfanden die fünf Jungs von Orphaned Land romantische Dark-Metal-

Formen, in denen sich die spezifischen Lebensbedingungen, die Instrumente und der religiöse Gesangsstil des Nahen Ostens widerspiegelten. Eine merkwürdige Gruppe mit dem Namen People verband Grindcore mit einem anderen berühmten israelischen Musikexport, Disco, und schuf einen Sound, der nach einer Mischung aus Morbid Angel und Miami Sound Machine klang. Die exzentrische israelische Band Rabies Caste, seit Ende der Neunziger bei Earache unter Vertrag, bestand aus russischen Flüchtlingen, denen im Kindesalter das amerikanische Asyl verweigert worden war und die daher ein Leben im israelischen Exil führten – die oft zitierten Fremden in einem fremden Land.

Aus dem anderen Teil Jerusalems kamen Arallu, eine arabische Black-Metal-Band, die sich mit Stolz auf die Ähnlichkeiten zwischen den Ursprüngen des *Necronomicon* – des mystischen Buchs der Toten, das im Heavy Metal als äußerst beliebte literarische Quelle galt – und den Überzeugungen einer Gruppe präislamischer Zauberer, der Muqarribun, berief. Der satanistische Angriff auf Christen- und Judentum, wie er auf *The War On The Wailing Wall* stattfand, besaß eine sehr viel realere Dimension als die fantastisch-teuflische Zeichensprache der Death-Metal-Bands aus Florida. Das Album zeigte Fotos der Band, wie sie vorgab, die heilige Klagemauer in Jerusalem zu schänden.

Auch die Metal-Szene Afrikas blieb nicht auf die Länder beschränkt, die sich am Westen orientierten. Die nigerianische Hauptstadt Lagos beheimatete eine kleine Metal-Gemeinde, die ihr Material und ihre Informationen hauptsächlich über die Kinder ausländischer Diplomaten bezog. Zwar war die grelle Bildlichkeit überall dieselbe, aber wie aufrührerisch sich die jeweilige Metal-Szene tatsächlich gebärdete, war von Land zu Land unterschiedlich. „Unsere Metal-Szene besteht fast nur aus Weißen", sagt der Gitarrist Shukri Adams von der südafrikanischen Grindcore-Band Cauterized. „Nichtweiße kommen zwar auch zu den Auftritten, und es gibt keine offenen rassistischen Spannungen, aber die Leute bleiben lieber unter sich. Soweit ich weiß, bin ich das einzige nichtweiße Mitglied einer Metal-Band in diesem Land. Ich hatte zwei weiße Sänger in der Band, und obwohl wir Freunde waren, konnten sie meine Begeisterung für Texte, die den Rassismus der Südafrikaner anprangern, nicht teilen."

Ein ausgefeiltes intelligentes Netz verwob die Metal-Zellen der einzelnen Länder miteinander. Jedes Land besaß eigene spezialisierte Labels und Vertriebswege, wie Relapse Records in Amerika, Cogumelo in Brasilien und Siam Pacific in Thailand. Es war möglich, dass eine Band aus Indien gemeinsam mit einer Band aus Islamabad in Pakistan beworben und ihre Musik von einem brasilianischen Label zum Verkauf in Amerika und Europa angeboten wurde. Internetkontakte beschleunigten die Vernetzung und die Publicity. Dem unabhängigen Ansatz von *Metal Massacre* wurde tausendfach nachgeeifert, als Metal zu einer Volkskultur wurde, die keine Grenzen kannte – die wichtigste Stimme des Widerspruchs und der Unzufriedenheit.

Während amerikanische und europäische Death-Metal-Bands Abenteuer in der ganzen Welt suchten, machten sich die brillanten Sepultura aus dem kulturellen Hinterland Brasiliens auf, die größte internationale Metal-Erfolgsgeschichte der Neunzigerjahre zu schreiben. Auf ihrem vierten Album, *Arise,* das 1989 erschien, verbanden die noch sehr jungen Musiker den knurrig-aggressiven Sound von Slayer mit den kraftvollen, vielschichtigen Kompositionen Metallicas aus der Ära von *Master Of Puppets.* Obwohl sie auf späteren Alben ein aktivistischeres Sendungsbewusstsein entwickelten, bewahrte sich die Band ein unaufgesetztes, zugängliches Image. Im Anschluss an eine kurze Fehde zwischen Slayer und Sepultura stellte sich heraus, dass die Altmeister Sepultura für die einzige Death-Metal-Band hielten, die würdig sei, von ihnen – Slayer – beeinflusst worden zu sein. „Am Anfang waren es Slayer-Babys", meint Kerry King. „Sie hatten nur tiefere Stimmen, aber es gab schon einen ernst zu nehmenden Slayer-Einfluss. Dann, rund um die Veröffentlichung von *Chaos A.D.*, bekamen sie eine eigene Richtung, und da waren sie gut."

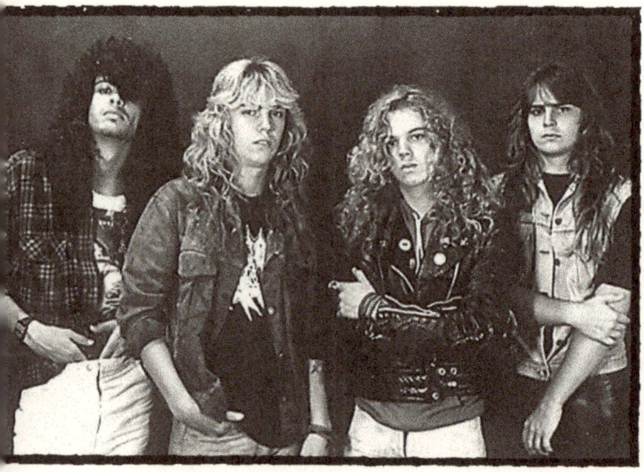

Sepultura 1987 (von links nach rechts): Paolo Jr. (mit Taschenrechneruhr), Max Cavalera, Igor Cavalera, Andreas Kisser ***(Roadrunner Records)***

Sepultura schleuderten den Europäern tödlichen Thrash entgegen und bewahrten sich gleichzeitig ihre südamerikanische Identität. Selbst der satanistische Einschlag früher Alben wie *Morbid Visions,* das aufgenommen wurde, als die Bandmitglieder gerade mal vierzehn Jahre alt waren, stellte eine Reaktion auf die Realität der Dritten Welt dar, die sie umgab. „In Belo Horizonte, wo wir lebten", erklärt Sänger und Gitarrist Massimiliano „Max" Cavalera, „kommt man schon als Katholik auf die Welt, geht in die Kirche und betet. So war ich auch, aber dann begann ich Verschiedenes zu begreifen und sah, dass das einfach Scheiße ist. Das ist alles total unwirklich. In der Kirche waren sie so reich, und sie haben eigentlich überhaupt nichts getan, um den Leuten zu helfen. Dort gibt es mehr Kirchen als Häuser."

Chaos A.D., das mit Death Metal noch so viel zu tun hatte wie jede andere vergoldete Schallplatte zuvor, reduzierte den Sound von Sepultura auf eine raue metallische Soundschleife. Die CD verkaufte sich eine halbe Million Mal, und gemeinsam mit Pantera prägte die Band einen bodenständigen Groove-Metal mit Death-Wurzeln, der in den Neunzigerjahren die neue Expertengeneration begeisterte. „An Max Cavalera von Sepultura liebe ich vor allem", sagt Shawn Crahan von Slipknot, „dass er nur auf drei oder vier Saiten der Gitarre spielt, weil er für die anderen zwei keine Verwendung hat. Ich liebe diese Einstellung."

Aber Sepultura waren nicht nur eine Erfolgsstory des Heavy Metal, sie waren die beliebteste Rockband, die jemals aus der riesigen Musiklandschaft Brasiliens kam. Bei Tourneen durch die nördliche Hemisphäre nahm die Band ihre heimischen Roadies und Fußbälle mit und bewahrte sich eine ausgesprochen familiäre brasilianische Atmosphäre. Für die akustische Protesthymne „Itsari" rekrutierte die Band Schlagzeuger vom bedrohten Stamm der Xavantes aus dem Regenwald des Amazonasgebiets. Die Hochzeit von Max Cavalera mit der Managerin der Band, Gloria Bujnowski, war in Brasilien ein Ereignis für Paparazzi, das ein Gast mit der Hochzeit von Prinz Charles und Lady Diana verglich. Doch Sepultura behielten stets das verarmte Brasilien im Blick, wie sie es in „Kaiowas" porträtierten, ihrer wütenden Würdigung eines Amazonasstamms, dessen Angehörige den Massenselbstmord der Verwestlichung vorgezogen hatten.

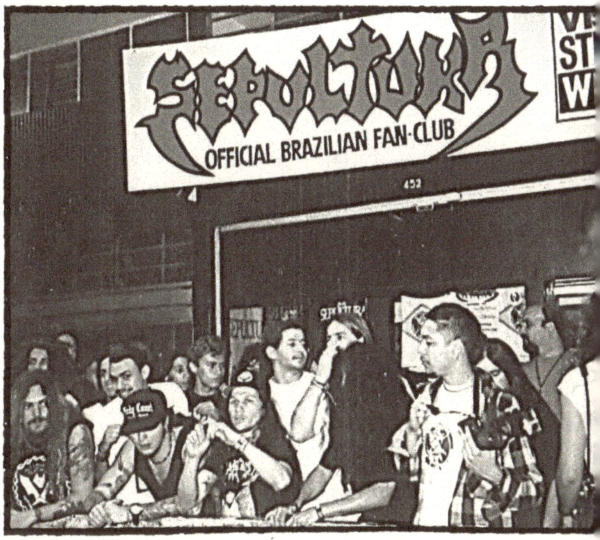

Sepultura besuchen den Fanklub in ihrer Heimat *(Katherine Ludwig)*

Die Fans belohnten Sepultura mit ihrer Hingabe, besonders in Südamerika, Mexiko, Spanien und Portugal – allesamt Regionen mit großen lebendigen Metal-Szenen. Obwohl Brasilianer infolge der Kolonialgeschichte Portugiesisch sprechen, betrachteten Sepultura alle hispanischen Fans als „vom selben lateinamerikanischen Blut, als dasselbe Volk", meint Gitarrist Andreas Kisser. „Ob man in Mexiko oder in Brasilien spielt, es ist das gleiche Gefühl. Die Leute sind einfach gierig nach den Konzerten. Irgendwie identifizieren sie sich mit uns, weil wir aus Brasilien kommen, aus Südamerika."

Während New York City in den Neunzigerjahren vor allem Rap in die ganze Welt exportierte, verbreitete eine Gruppe Spanisch sprechender Frauen aus Spanish Harlem und der südlichen Bronx das Fanzine *Endemoniada.* Darin nahmen sie sich liebevoll romantischer Amateur-Metal-Kunst an und veröf-

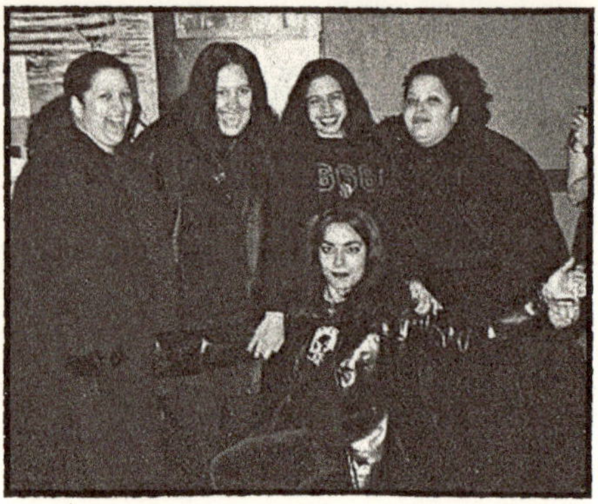

Aus Spanish Harlem und der Bronx: die Herausgeberinnen von *Endemoniada (Endemoniada 'zine)*

fentlichten neben den üblichen Interviews und Kritiken auch Gedichte. Die Herausgeberinnen Lucifera und Xastur, zwei selbst ernannte Hexen, widmeten sich hochgradig persönlicher Untersuchungen des Okkulten, feministischen Themen und düsteren, unbekannten Klängen. „Ihr solltet mal sehen, wie ich angeschaut werde, wenn ich sage, dass ich auf Metal stehe", sagt Lucifera. „Besonders in meinem Viertel, da ich ja aus Lateinamerika stamme. Die Leute sind so engstirnig. Sie schwören, dass ich bloß weiß sein will! Stellt euch das vor!"

Doch für viele junge Menschen in Kolumbien, Argentinien, Mexiko und Brasilien war Metal genau die Musik, die sie bewegte. Im Zuge des Erfolgs von Sepultura entstanden in den kolumbianischen Städten Bogotá und Medellín mehr als einhundert Underground-Death-Metal- und -Black-Metal-Bands, von denen Masacre (nicht zu verwechseln mit Massacre aus Florida), die bei einem französischen Label unter Vertrag standen, am erfolgreichsten waren. Die Band, die 1988 mit ihrem Demoband „Colombia … Imperio Del Terror" [„Kolumbien – Reich des Terrors"] einstieg, beschäftigte sich in ihren Texten mit der Gewalt, die das vom Krieg zerrüttete Land geißelte. Masacre tourten ausgedehnt durch Südamerika, spielten in Kolumbien, Ecuador, Venezuela und Peru, traten teilweise an merkwürdigen Veranstaltungsorten auf, trafen vor Ort aber immer eine gut informierte Death-Metal-Szene, die über jeweils eigene Zeitschriften, Radioprogramme und Plattenlabels verfügte.

Metal überwand kulturelle und nationale Grenzen. Der Schmelztiegel von Mexico City beheimatete in seinem bergigen Stadtgebiet die dröhnenden Thrasher Transmetal, Drakkar und Death Warrant, die von den frühen Speed-Metal-Bands aus Los Angeles wie Slayer, Agent Steel und Hirax beeinflusst waren. Nach einer Tour von Death 1998, auf der sich Chuck Schuldiner zwischen Mayatempeln fotografieren ließ, orientierten sich die mexikanischen Headbanger am Death Metal und besannen sich auf die legendären Blutopferrituale ihrer aztekischen Vorfahren. Selbst die ehemaligen mexikanischen Provinzen von Texas, New Mexico und Arizona waren voller Headbanger und *metaleros* aus dem blühenden mexikanischen Metal-Universum. In Gallup in New Mexico, einer mitten im Reservat der Navajo gelegenen Stadt, erinnert sich Mitch Harris von Napalm Death nach einer ausgelassenen Show daran, faustdicke Büschel ausgerissener, langer schwarzer Haare auf dem Boden gefunden zu haben.

Welten entfernt von der Spielwiese der reichen Glam-Metaller in West Hollywood entstanden in den Hinterhöfen und Gemeindezentren von East L. A. eigenständige lateinamerikanische Metal-Szenen. Dort kotzten rasende Death-Metal-Bands wie Profécia finstere Prophezeiungen in spanischer Sprache vor ein kleines Publikum, darunter auch Kleinkinder, Großeltern und Gruppen von Männern, die sich skeptisch an Bierkrügen festhielten. Bevor sie weit von zuhause entfernt neuen Bands beitraten, spielten sowohl Pete Sandoval von Morbid Angel als auch der Gitarrist Jesse Pintado von Napalm Death bei Terrorizer, die Pintado als „eine Bande mexikanischer Kids, die im Hinterhof thrashten", beschrieb. Ende der Achtziger trat die Band zwar nie vor mehr als zwanzig Verwandten und Kindern aus der Nachbarschaft auf – trotzdem gehörten Demos und Probeaufnahmen von Terrorizer zur Grundausstattung eines jeden Cassettentauschers aus dem Underground, was 1989 schließlich zu einer Veröffentlichung bei Earache führte, *World Downfall,* auf der ein tödlicher, glatter und auf Thrash basierender Stil hörbar wurde.

Der Geist von Terrorizer lebte weiter in einem mysteriösen Projekt, das ebenfalls auf Spanisch sang: Brujeria. Die Band war von dem Fear-Factory-Gitarristen Dino Cazares gegründet worden, der selbst Veteran der Hinterhofpartys von East L. A. war, und sie vertrat eine erschreckende Weltsicht, die sie aus der bizarren Entdeckung des mexikanischen Kults der Matamoro ableitete – Drogenbaronen, die ihre Konkurrenten mittels ritueller Opferungen beseitigten. Der Brujeria-Sänger glorifizierte die schwarze Kunst der Blutopfer und des Heroinhandels verschanzt hinter einer Skimaske und bellte die zornigen Zeilen: „El norte quiere nuestro cosecha de oro / traficando drogas, coca y mota / La bendición satánica – Der Norden will unsere goldene Ernte / handelt mit Drogen, Kokain, Haschisch / mit dem Segen Satans."

Selbst im Death Metal galt das Brujeria-Album *Matando Güeros* [Weißen Abschaum töten] als Meilenstein unter den hörbaren Gräueltaten. Die alltägliche Gewalt in Lateinamerika bildet den Hintergrund massiven, durch Raffgier getriebenen Horrors. Farbfotos auf der CD-Hülle zeigen einen enthaupteten Körper und bergeweise Narkotika. Die Bilder waren aus der Boulevardzeitschrift *Alarma!* geklaut, einer wöchentlich erscheinenden Portion Blutrünstigkeit, die die mexikanische Regierung finanzierte. Die Gruppe brachte ein zweites Album zustande, *Raza Odiada* [Gehasste Rasse], auf der gleichermaßen langsame, stampfende Titel und druckvolle Geschwindigkeitsausbrüche zu hören waren. Im ersten Stück bringt ein Attentäter den kalifornischen Gouverneur Pete „Pito" Wilson, porträtiert von dem Punksänger Jello Biafra, während einer Rede gegen die Einwanderung zu Fall. Auf der Suche nach Helden der Revolte grüßte die Band aufmüpfige Idole wie die Aufständischen in Chiapas, den kolumbianischen Drogenboss Pablo Escobar und die Geißel des Katholizismus, Luzifer.

Eine Underground-Szene ist kein guter Ort für Geheimnisse. Schon bald sickerte durch, dass Brujeria nur dann aktiv wurden, wenn sich die Bandmitglieder von ihren Alltagsjobs bei Fear Factory, Faith No More und Napalm Death entfernen konnten. Vielleicht war Brujeria tatsächlich nur eine Art Insiderwitz bei den bekannten Bands, aus denen sich die Mitglieder rekrutierten, aber ihre Themen und ihre Herangehensweise waren kontrovers, verstörend und real. Selbst als Scherz zeigten Brujeria doch wahrheitsgetreu, wie sehr Lateinamerika inzwischen zu einer Festung des Death Metal geworden war. Als sich der Mainstream schließlich für lateinamerikanischen Metal öffnete, wurden Brujeria für das beste Rockalbum 2001 bei den Latin Music Awards des Magazins *Billboard* nominiert.

Wie eine Schlingpflanze breitete sich extrem harter Metal in den Neunzigerjahren über Fanzines, regionale Vertriebswege und Computer aus und setzte sich in den verborgensten Winkeln des Erdballs fest. Metal wandte sich instinktiv gegen viele Dinge, aber gut verpackt in Blut und Innereien fand sich stets der Glaube, auch gewöhnliche Individuen dürften versuchen, die Unsterblichkeit zu erlangen. Fans übernahmen weiterhin überall die alles entscheidende Rolle und schufen eine Kultur, deren Werte oft abseits dessen lagen, was man als gängigen Markt oder als normales Verhalten betrachtete. Wenn es dem Mainstream gelänge, seine Vorstellungen von sozialen Strukturen auch nur halb so fair und eindringlich zu vermitteln, würden sich Teenager nicht an jeder Straßenecke von Chicago bis Kalkutta in blutrünstigen T-Shirts treffen und Slayer hören.

XVI

Brennende Kirchen: Black Metal in Norwegen

- **1985:** Mayhem veröffentlichen ihr „Pure Fucking Armageddon"-Demo
- **April 1991:** Mayhem-Sänger Dead begeht Selbstmord
- **6. Juni 1992:** Brandstifter brennen die Stabkirche von Fantoft in Norwegen nieder
- **August 1993:** Emperor nehmen *In The Nightside Eclipse* auf
- **10. August 1993:** Euronymous, der Gitarrist von Mayhem, wird in seinem Apartment ermordet
- **Herbst 2000:** Cradle of Filth unterschreiben bei Sony

Obwohl sie vom Mainstream kaum anders denn als schwarzes Massenphänomen wahrgenommen wurden, gab es gewaltige Unterschiede zwischen den Subgenres des Metal. Während Death Metal weltweit künstlerische und kommerzielle Grenzen abbaute, verlegte ein Kader talentierter, gewalttätiger, überaus ernsthafter Black-Metal-Bands die Schaltzentrale der Metal-Macht vom sumpfigen Florida in die dunklen, kalten Landstriche Skandinaviens. Dort verbanden sich die Geschwindigkeit und Experimentierfreudigkeit der Metal-Außenseiter mit urwüchsiger Leidenschaft zu dem, was Eingeweihte unter reinem norwegischem Black Metal verstehen. Black Metal hatte sich in den Neunzigern zu einer Spielart entwickelt, die sehr viel schneller und orchestraler als Death Metal ausfiel; hier gab es weniger gewundene Riffs, welche die unerbittliche Attacke verkomplizierten. Zu Beginn importierten diese Bands die rauen

Frühwerke jener, die den Black Metal ein Jahrzehnt zuvor aus der Taufe gehoben hatten – Venom, Hellhammer und Bathory –, und verquickten sie mit ihren eigenen sinnträchtigen Bildern vom Nachthimmel, den Naturwundern und den nordischen Mythen. Einen ausgesprochen starken Einfluss übte die schwedische Gruppe Bathory aus, deren Alben der frühen Achtziger die ultimative Klangmischung aus Geschwindigkeit und Atmosphäre präsentierten. Bathory-Gründer Quorthon Seth beobachtete zwar die amerikanische Szene, aber ihm erschien es als kreativer Vorteil, dass seine Band sich in der kulturellen Isoliertheit Skandinaviens entwickelte. „Wären wir aus New York gekommen, hätten wir Gigs und Verträge bekommen und uns in Trends verstrickt“, sagt er. „Aber diesem Druck waren wir nicht ausgesetzt – deshalb konnten wir akustische Gitarren, Harmoniegesang und das Geräusch einer vorbeifliegenden Möwe einbauen. Slayer hätte man so was nie durchgehen lassen, uns aber schon.“

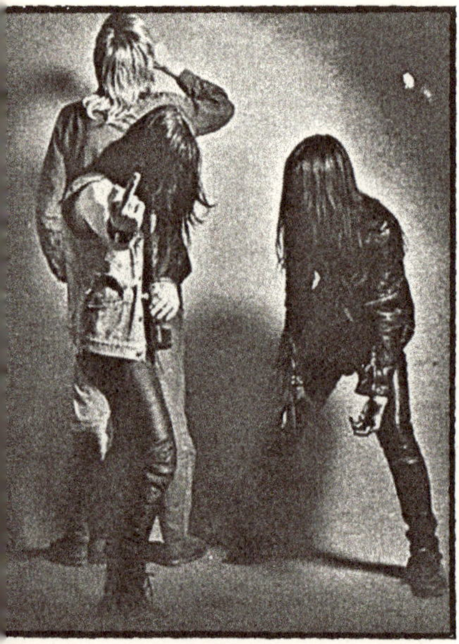

The One True Mayhem
(Mayhem)

In Norwegen begann die zweite Generation des Black Metal mit Mayhem – die sich „The One True Mayhem“, die einzig wahren Mayhem, nannten, um sich von Bands aus Oregon und New York mit demselben Namen zu unterscheiden. Mayhem, die 1984 von dem damals sechzehnjährigen Øystein Aarseth alias Euronymous gegründet wurden, kopierten anfänglich die Schweizer Band Hellhammer und den schlichten satanischen Lärm von Venom, deren 1982 erschienenes Opus *Black Metal* dem Genre seinen Namen gegeben hatte. Durch Cassettentausch wurde Euronymous außerdem ein Bewunderer des Tempos von Napalm Death und der Wildheit südamerikanischer Bands wie Sarcofago und Holocausto, die unter kargen Bedingungen unglaublich heftige Musik schufen. All diese Bands stammten aus den Randbereichen des Metal, in denen man auf extreme Geschwindigkeit und Dramatik setzte, um sich im Underground einen Namen zu machen. „Ohne Euronymous wäre der Black Metal nicht dasselbe“, sagt Mortiis, der erste Bassist der norwegischen Band Emperor. „Damals waren noch keine fünfzigtausend verschiedene Black-Metal-Alben erschienen, es gab vielleicht fünfzehn. Damals war das anders. Euronymous hatte eine echte satanistische Einstellung. Ich hatte die nicht – er schon. Das war so ein Teufelsanbeter, das kann man sich gar nicht vorstellen.“

Mayhem legten viel Wert auf Emotionen und Rituale und waren ganz und gar von einem wilden Geist erfüllt – ihr Markenzeichen waren gehäutete Schweineköpfe, die sie auf der Bühne drapierten. Ursprünglich gehörten auch viele Blödeleien dazu, doch ihre Haltung wurde zunehmend ernster. Euronymous war im Grund Realist mit weltlichem Ehrgeiz und Ego, doch seine Band erhielt ihre poetische, morbide Dimension, nachdem sie erste Demos mit dem schwedischen Sänger Per Yngve Ohlin alias Dead eingespielt hatte, einem unberechenbaren Träumer, der seine Bühnenkleidung in der Erde vergrub, damit sie ein grabähnliches Aroma erhielt. Auf der Bühne inhalierte Dead aus einer Plastiktüte mit einem toten Vogel. Mayhem hatten bereits einige Besetzungswechsel hinter sich, als sie 1990 nach Ostdeutschland reisten und dort die schaurige CD *Live In Leipzig* aufnahmen – ein Klassiker, der unter anderem Deads Furcht erregenden Gesang auf „Freezing Moon" enthielt.

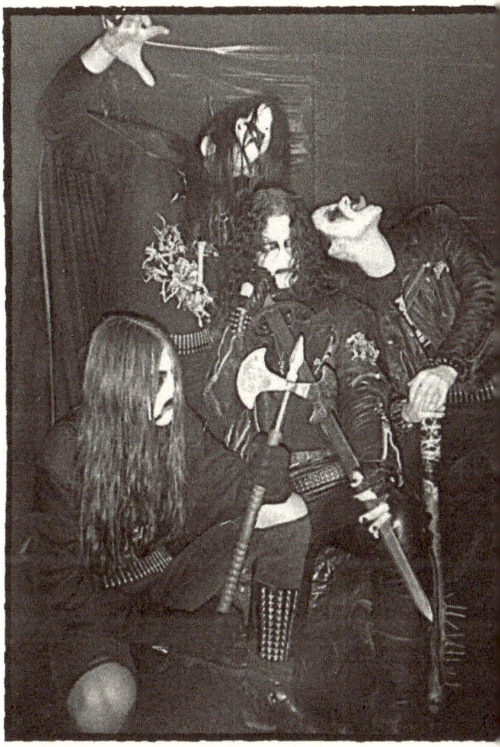

Emperor in der Anfangsphase ***(Century Media)***

Euronymous war nicht nur Gitarrist der wichtigsten Schwarz-Metaller Norwegens, sondern kurbelte außerdem die Metal-Konjunktur mit dem Plattenlabel Deathlike Silence und mit Helvete, einem kleinen Black-Metal-Laden in Oslo, an. Er nahm eine Schar jüngerer Musiker unter seine Fittiche und infizierte sie mit seinen vielseitigen Interessen. In der Anfangszeit, bevor er bei Mayhem einstieg, arbeitete der Schlagzeuger Bård Eithun alias Faust im Laden von Euronymous. Der Gitarrist von Emperor, Thomas Haugen alias Samoth, wohnte sogar eine Zeit lang dort.

Die skandinavischen Teenager waren stolz auf diese extreme Metal-Variante. Nicht nur die stark ausgeprägte norwegische Szene – an deren Spitze Mayhem standen, zu der aber auch Darkthrone und Immortal gehörten –, auch die schwedischen Bands Unleashed und Dissection fanden Anfang der Neunziger zahlreiche neue Fans. Diese hatten genug vom Machogehabe und der schwindenden Dynamik des Death Metal aus Florida, den sie als zunehmend kommerzialisiert und flau empfanden. „Komischerweise stellen sich manche Leute vor, Death Metal sei ganz normal und für jedermann zugänglich", erklärte Dead dem einflussreichen Fanzine *Slayer*. „Wenn man an eine ganz normale Schule geht, sieht man bestimmt die Hälfte der Schüler in T-Shirts von Morbid Angel, Autopsy und Entombed – da könnte ich doch schon wieder kotzen! Normalsterbliche sollten sich vor Death und Black Metal fürchten und nicht einen Trend daraus basteln!"

Emperor, die sich 1991 aus der Asche der Death-Metaller Thou Shalt Suffer erhoben, erkannten das künstlerische Potenzial des schwarzen Sounds und verknüpften viele verschiedene Seitenwege zu einem ausgesprochen stimmungsvollen Stil. Durch ihre Nähe zu Deutschland war es ganz selbstverständlich, dass die Norweger die Melodiestrukturen des klassischen deutschen Speed Metal von Bands wie Destruction und Kreator übernahmen, obwohl im Black Metal jede Note verdoppelt wurde, um eine noch druckvollere Stimmung zu erzeugen. Emperor und andere nahmen außerdem Keyboards hinzu und experimentierten mit einem weiteren natürlichen Verbündeten, dem Gothic Rock, insbesondere mit Einflüssen wie Kate Bush und den düsteren Sisters of Mercy. Die Folge war, dass unter den Black-Metal-Fans immer mehr junge Frauen zu finden waren, die sich in der stärker maskulin geprägten Death-Metal-Szene mit ihren wilden Moshern an den Rand gedrängt fühlten.

Diese Bands, die eine bizarre Atmosphäre schufen, verliehen dem Heavy Metal neues theatralisches Flair. Wie ihre Vorgänger Venom und Hellhammer nahmen auch die norwegischen Black-Metaller Spitznamen an, die ihre „christlichen" Taufnamen ersetzten. Viele trugen Umhänge und schminkten ihre Gesichter schwarzweiß im Stil von King Diamond von Mercyful Fate – eine gewaltige Veränderung gegenüber den imagefeindlichen Zeiten von Thrash und Death Metal, als Bands wie Exodus und Cannibal Corpse in Trainingshosen auftraten. Mayhem, Emperor, Immortal und Darkthrone bereiteten ihre Reise ins Ungewisse mit Gruppenporträts vor, auf denen sie mit Fackeln, gefährlichen Dolchen, Äxten und Nagelkeulen zu sehen waren. „Das ist genauso wie damals, als Punk und Hardcore rauskamen", sagt der Sänger von Brutal Truth, Kevin Sharp, früher Metal-Kolumnist bei *CMJ*. „Die haben ihre Nietenarmbänder allein wegen der Schockwirkung getragen, nur um zu sagen: ‚Ich bin ein total verblödetes Arschloch.'"

Zu den Besonderheiten der Szene gehörte auch das Engagement für radikalen Umweltschutz. Black-Metal-Künstler bildeten unberührte Landschaften auf CD-Hüllen ab und bekundeten ihre Nähe zur Natur – die es in Norwegen im Überfluss gab. Musiker im Teenageralter posaunten hinaus, dass sie Einsamkeit für eine Tugend hielten, und glichen damit zunehmend den berühmten vereinsamten Protagonisten norwegischer Romane, wie sie zum Beispiel Knut Hamsun verfasst hatte. „Normalerweise laufen wir zu später Stunde zur mächtigen Isle of Man", erzählte Ovl Svithjod von In the Woods dem Fanzine *Petrified*. „Wir machen Feuer, legen spirituelle Musik oder Soundtracks auf, reden und denken über unser künftiges Leben nach. Das ist wie Balsam für unsere Seelen."

Anders als die lebenshungrigen Thrash-Metal-Bands Exodus und Anthrax, die stets darauf aus waren, neue Getreue für die große Metal-Sache zu rekrutieren, betrachteten sich Black-Metaller als eine außergewöhnlich erleuchtete

Elite. Sie sahen ihren Stil weniger als Botschaft, die freudig verbreitet werden sollte, sondern vielmehr als Privileg, das wenige Auserwählte pflegen durften. Den Populismus des Death Metal lehnten sie ab und wandten sich mehr ihren inneren Welten zu; man war weniger extrovertiert. Sie nahmen ihr Anliegen sehr ernst. „Wir waren damals jung", schreibt Bård Faust von Emperor. „Wir widmeten uns aus tiefstem Herzen einer lebendigen, subkulturellen Underground-Welt des rauen und teuflischen Metal."

Die destruktive Ausstrahlung des norwegischen Black Metal nahm schon bald gewalttätige Formen an. Deicide kehrten 1992 von einer Tournee durch Nordeuropa zurück und berichteten, dass während ihres Konzerts in Stockholm eine Bombe explodiert war. Angeblich hatten radikale Tierschützer, die sich durch das Eintreten der Band für Tieropfer provoziert fühlten, den Sprengstoff deponiert – möglicherweise hatten aber auch anders motivierte Aktivisten aufgrund antiamerikanischer Beweggründe versucht, einen Rockclub in die Luft zu jagen. Steve Asheim, der Schlagzeuger von Deicide, spekulierte allerdings, der Anschlag sei von ultrasatanistischen norwegischen Black-Metallern ausgegangen und habe der Vorband Gorefest gegolten. Die Bombe bildete den Auftakt zu Ereignissen, welche die Metal-Welt in einen Angst einflößenden Ort verwandelten, an dem man sich seinen Ruf nicht mehr allein dadurch erwarb, die schnellste Band zu sein oder die obskursten Demotapes zu sammeln.

Wie es der Zufall wollte, traf der Aufstieg des Black Metal mit der Tausendjahrfeier der Christianisierung Norwegens zusammen. Zwei ehemals heidnische Könige, Olaf I. Tryggvasson und Olaf II. Haraldsson, hatten die Religion 995 und 1015 gewaltsam an der norwegischen Westküste eingeführt und damit das Ende der Wikinger-Ära besiegelt. Nun beschäftigten sich die norwegischen Black-Metal-Bands mit den Gräueltaten, die im Namen des Kreuzes gegen ihre Vorfahren begangen wurden, und setzten sich ein ehrgeiziges Ziel, das ihre satanistischen Spielereien mit all ihren Pentagrammen auf die Ebene eines handfesten Religionskriegs erhob: Sie wollten das Christentum ebenso gewalttätig vertreiben, wie es in Norwegen einst eingeführt worden war, und das Land wieder in den Naturzustand spiritueller Harmonie zurückführen.

Mit derartig dramatischen historischen Versatzstücken im Kopf griffen die Black-Metal-Kids – die meisten davon kaum über zwanzig – die religiösen Wahrzeichen ihrer christlichen Tradition an und überfielen nachts Kirchen mit Streichhölzern und Benzin. Die erste Kirche, die abbrannte, war die majestätische hölzerne Stabkirche von Fantoft aus dem zwölften Jahrhundert, die am 6. Juni 1992 vor der Morgendämmerung angezündet wurde. Bald darauf brannten das Ullandhaug Bedehus, die Holmenkollen- und die Ormøya-

Skandinavischer Black Metal

Black Metal, der mit seinem einfacheren, konzentrierteren Stil als Destillat des Death Metal galt, kehrte dem schlingernden Chaos den Rücken und gab einem rasend schnellen Angriff auf die Sinne den Vorzug. Später war die Musik untrennbar mit den dramatischen Anschlägen und Verbrechen in Norwegen verknüpft und blühte zu guter Letzt mitsamt Chorarrangement und Techno-Fugen in voller kreativer, orchestraler Angst auf. Black-Metal-Musiker schufen unter anderem den bewegendsten Heavy Metal überhaupt – und die Verbrecher unter ihnen warfen verstörende Fragen bezüglich der potenziellen sozialen Funktion dieser Musik auf. Dissection und Marduk kamen nebenbei bemerkt aus Schweden, das außerdem die Heimat der Paten des Genres, Bathory, ist.

Schwärzester Hass

- Burzum, *Filosofem* (1996)
- Darkthrone, *Transilvanian Hunger* (1994)
- Dimmu Borgir, *Enthrone Darkness Triumphant* (1997)
- Dissection, *The Somberlain* (1993)
- Emperor/Enslaved, *Emperor/Hordane's Land* (1993)
- Emperor, *Into The Nightside Eclipse* (1995)
- Enslaved, *Frost* (1994)
- Immortal, *Battles In The North* (1995)
- Marduk, *Panzer Division Marduk* (1999)
- Mayhem, *De Mysteriis Dom Sathanas* (1993)
- Mortiis, *Ånden Som Gjorde Opprør* (1994)
- Bathory, *Under The Sign Of The Black Mark* (1986)
- Beherit, *The Oath Of Black Blood* (1990)
- Ulver, *Nattens Madrigal* (1997)

Kapelle sowie die Kirchen von Revheim, Skjold, Hauketo-Prinsdal und Åsane. „Das war alles von angeblich historischem Wert“, sagte Vegard Tveitan alias Ihsahn von Emperor 1996 in einem Interview. „Aber sie besaßen christlichen Wert, und deshalb mussten sie zu einem Haufen Asche zerfallen.“

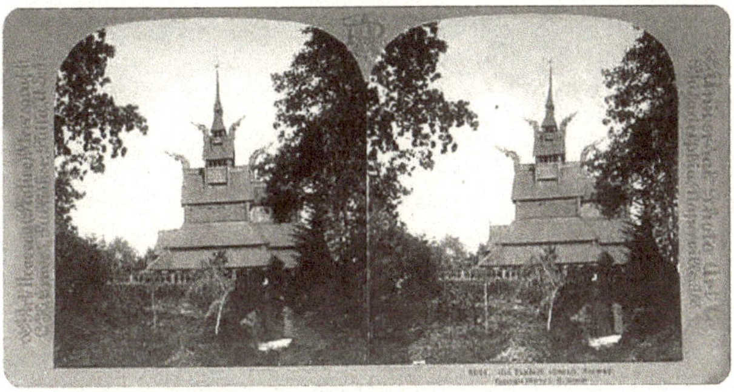

Die Stabkirche von Fantoft auf einer Stereoskopkarte aus dem Jahr 1900

Dennoch waren die Black-Metal-Vandalen ungewöhnlich wortgewandte Verbrecher. Während sie derartiges Chaos stifteten, gelangen musikalisch zahlreiche unglaublich kreative Durchbrüche. Der Sänger von Mayhem, Dead, beging im April 1991 mit Rasierklingen und einem Gewehr Selbstmord, doch Euronymous hielt die Band weiter zusammen und machte sich kurz entschlossen daran, die lang erwartete Debüt-LP *De Mysteriis Dom Sathanas* aufzunehmen. (Euronymous behauptet etwas kaltherzig, er habe, bevor er die Polizei rief, Stückchen von Deads Schädel aufgesammelt, daraus Schmuck gefertigt und einen Eintopf gekocht und gegessen, der etwas Gehirn enthielt.)

Bands wie Bathory und Hellhammer, die ständig knapp an geeigneten Mitmusikern waren, hatten bereits die Tradition begründet, kurzfristig „Sessionmusiker“ einzustellen, und so verfuhr nun auch Euronymous, als er im Frühjahr 1993 Attila Csihar, den opernhaften Sänger der ungarischen Formation Tormentor, einlud. „Ich erinnere mich, wie sie am Bahnhof auf mich gewartet haben“, erzählte Csihar dem Fanzine *Descent*. „Euronymous trug einen schwarzen Umhang. Er war ein dunkler Mann, sehr klein und kräftig gebaut. [Bassist] Varg Vikernes erwartete mich in einem eisernen Kettenhemd, wie es die norwegischen Wikinger trugen. Die anderen Typen – [Gitarrist] Snorre Ruch alias Blackthorn und [Schlagzeuger Jan Axel von Blomberg alias] Hellhammer – waren normaler. Vikernes fuhr das Auto und hörte sehr schnellen, harten Techno.“

Kurz vor Vollendung von *De Mysteriis* entwickelten sich die künstlerischen Prozesse während der Sessions derart intensiv, dass sie fast den Charakter einer Offenbarung annahmen. „Ich kann mich erinnern, dass wir einen ganzen Tag auf die Aufnahme von ‚De Mysteriis Dom Sathanas‘ verwendeten, einem äußerst schwierigen Song“, sagt Csihar. „Euronymous erklärte mir, wie ich ‚A demon flies‘ singen sollte. Sie waren großartige Musiker. Euronymous und Blackthorn spielten sehr gut Gitarre, und Vikernes war ein sehr junger, aber guter Bassist, auch sehr professionell. Hellhammer war am Schlagzeug unglaublich. Sie waren sehr nett zu mir und meiner Frau." Das Ergebnis, ein organisiertes, unvorhersehbares Geflecht verschachtelter unbeständiger Riffs, fiel kryptisch und schauderhaft aus, war aber dennoch eindrucksvoll. Euronymous zufolge entsprach die Brutalität der Aufnahmen den Erwartungen – dennoch wurde die Veröffentlichung aus dem profanen Grund verschoben, dass sein selbst finanziertes Plattenlabel nicht über die notwendigen Geldmittel verfügte, um die Platte programmgemäß auf den Markt zu bringen.

Auf dem Höhepunkt der Kirchenbrände 1993 nahmen Emperor ihr triumphales Album *In The Nightside Eclipse* in der Bergener Edvard-Grieg-Halle auf, benannt nach dem norwegischen Komponisten. Das Album wurde mit einem dramatischen Wirbel donnernder Drums und symphonischen Gitarren unterlegt und mit Chorgesängen und Orgelmelodien eröffnet, während der Sänger und Gitarrist Ihsahn mit bewegender Stimme intonierte: „As the darkness creeps over the Northern mountains of Norway, and the silence reach the woods, I awake and I arise ... – Während sich die Finsternis über die nördlichen Berge Norwegens legt und das Schweigen die Wälder erreicht, erwache ich und erhebe mich ..." *Nightside,* dessen Cover Fotos der kargen norwegischen Wildnis zierten, bot schmutzige, destruktive Musik von eigentümlicher Schönheit. Obwohl sie noch Teenager waren, verstanden die Bandmitglieder das Stilmittel der Kontrastierung perfekt, und sie rundeten die düsteren und empfindsamen Passagen des Albums mit einem lyrischen Gespinst von Mondanbetung, Waldfantasien und allerlei Gedanken über die eigene unbekannte dunkle Seite ab.

In der Zwischenzeit wurden die Verbrechen immer sinnloser, und Gerüchte über einen „inneren Kreis" und eine „Black-Metal-Mafia" machten sich breit. Die norwegische Polizei stand angesichts der Schwere und der scheinbaren Willkür der Attentate vor einem Rätsel. Wie bei einer Terrorbewegung, die mittels voneinander unabhängiger Zellen agiert, gab es auch hier wenige Beweise für eine echte Verschwörung unter Metal-Bands. Trotzdem kam es weiterhin zu Brandstiftungen und ungeklärten Messerstechereien. „Die meisten Aktionen kamen mehr oder weniger spontan zustande, von wegen: ‚Los jetzt, das machen wir heute Abend'", erinnert sich Samoth von Emperor in dem Buch *Lords of Chaos,* „aber deshalb waren sie nicht weniger gefährlich. Es war nicht wie bei den Rittern der Tafelrunde. Es gab keine formalen Treffen vor einer Aktion, wo den Leuten gesagt wurde, was sie zu tun hatten. Eine kleine Weile lang herrschte Einmütigkeit, und es gab einige starke Ideen, aber schon bald wurde es zu wenig ernst. Viel zu viele Leute wussten, was los war."

Burzum schürten das Feuer der Auseinandersetzung mit ihrem Album *Aske* [Asche], das im August 1992 aufgenommen wurde und auf dessen Hülle ein Foto der noch schwelenden Fantoft-Kirche abgebildet war. Eine limitierte Auflage wurde später zusammen mit einem Feuerzeug verkauft. Obwohl nicht besonders anspruchsvoll und insgesamt wenig beeindruckend, blieb die Musik doch überraschend melodisch; mit Samoth von Emperor am Bass war auch ein Gast vertreten. Anders als die raffinierten Emperor waren Burzum eine Einmannband mit sehr persönlicher Handschrift, ein Low-Fidelity-Produkt – gespeist aus nackter Angst und Adoleszenz, die extremem Druck nachgibt.

Die unkontrollierte Gewalt in der Szene eskalierte am frühen Morgen des 10. August 1993, als Mayhem-Gründer Euronymous in seinem Osloer Apartment erstochen wurde. Sieben Tage später verhaftete die Polizei einen jüngeren Rivalen namens Varg Vikernes alias Count Grishnáckh – den damaligen Bassisten von Mayhem, dessen brutale Band Burzum außerdem bei Euronymous' Plattenlabel unter Vertrag stand. Das Motiv war unklar, und verschiedene Gerüchte besagten, es sei um Geld, ein Mädchen oder einfach nur um Rivalität gegangen. Die Ermordung seines früheren Mentors hatte etwas von einem ödipalen Sieg – Vikernes hatte bereits zuvor öffentlich verkündet, Euronymous sei ein „fetter, fauler Kommunist", dessen Art zu leben seiner bösartigen Persönlichkeit nicht entsprach.

Als die Ermittlungsbehörden ihre Aufmerksamkeit nun der Black-Metal-Szene zuwandten, entdeckten sie ein weiteres Motiv: Vikernes' übersteigertes Verlangen, den anderen immer um eine Nasenlänge voraus zu sein. Als sie die Mitglieder der Black-Metal-Gemeinde befragten, erfuhren die Beamten, es sei allgemein bekannt gewesen, dass der Emperor-Schlagzeuger Faust bereits einen Mord auf dem Gewissen hatte. Im August 1992 hatte er einen homosexuellen Mann mittleren Alters, der ihm aus einer Kneipe in Lillehammer in den Olympiapark gefolgt war, erstochen. („Ich erinnere mich, wie ich dachte: ‚Das ist es, jetzt hast du's getan'", erzählte Faust einem Interviewer.) Wegen dieses Verbrechens und seiner Rolle bei später aufgeklärten Brandstiftungen wurde Faust ein Jahr und eine Woche nach der Tat verhaftet. Nach seinem Geständnis erhielt er eine vierzehnjährige Gefängnisstrafe.

Als sich der Nebel der Geheimniskrämerei zwischen 1992 und 1994 verzog, wurde ein Dutzend junger Leute aus der Black-Metal-Szene verhaftet und wegen Gewaltverbrechen und Brandstiftung an insgesamt vierundzwanzig Kirchen verurteilt. Außer ihrem wichtigsten Songwriter Ihsahn hatten sich besonders Emperor mit verbotenen Aktionen hervorgetan: Gitarrist Samoth und Bassist Tchort erhielten wegen Brandstiftung und Körperverletzung ebenfalls kürzere Gefängnisstrafen. Die Boulevardpresse schockierte ihre Leser mit der Enthüllung, dass Samoth und Ihsahn 1991 mit ihrer vorherigen Band von der Regierung ein kleines Künstlerstipendium zur Bezahlung ihres Probenraums bekommen hatten.

Vikernes wurde wegen des Mordes an Euronymous sowie Brandstiftung in drei Fällen zur in Norwegen höchstmöglichen Strafe, einundzwanzig Jahren

Gefängnis, verurteilt. Das europäische Fernsehen berichtete, er habe vor Gericht keine Reue gezeigt und ausgesagt: „Ich will eine große Anhängerschaft gewinnen, alle Kirchen abbrennen und alle Christen rauswerfen. Meine Armee aus Kirchenanzündern wird aus jungen Menschen bestehen." In der Tradition der großen Londoner Skandalblätter bereitete das alteingesessene Heavy-Metal-Magazin *Kerrang!* die Geschichte für den Rest der Welt mit grellen, satanistisch eingefärbten Schlagzeilen auf und zeigte Fotos von Vikernes, der mit freiem Oberkörper und Waffen posierte.

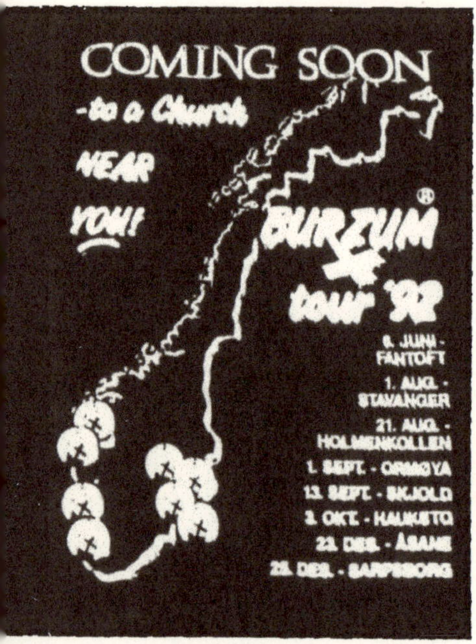

Ironischer Burzum-Flyer für die „Kirchentour"

Vikernes spielte aus seiner Gefängniszelle heraus die Figur des „Count Grishnáckh" bis zur Vollendung und kostete seine neue Rolle als Medienstar voll aus, köderte die Mainstream-Zeitungen und trieb Spielchen mit Fanzines. Vikernes, der trotz seiner nur einundzwanzig Jahre bereits seit langem als Satanist aktiv gewesen war, hatte sich nach einer früheren Verhaftung wegen Brandstiftung schlagartig auf die Lobpreisung Odins verlegt. Er versuchte seine Taten in die nordische Kriegermoral vergangener Zeiten einzureihen. „Bei ihm ist das so", sagt sein ehemaliger Verbündeter Mortiis. „Immer wenn er seine Ansichten ändert, nimmt er den ganzen alten Kram und verändert das Konzept, sodass es mit dem, was er jetzt macht, in Einklang steht. Für andere Leute ist das oft durchschaubar. Zuerst hat er den Teufel verehrt, und dann zum Beispiel war er Nazi, der norwegische Texte schreiben wollte. Jedes Mal, wenn er das macht, verdreht er das Alte, sodass es aussieht, als würde er immer noch das Gleiche tun. Dafür muss man ein Superhirn sein, aber er ist ja ein intelligenter Typ."

Der Killer besaß auch latentes musikalisches Talent. 1993 – nach vielen Brandstiftungen, aber noch vier Monate vor dem Mord an Euronymous – schuf Vikernes das Burzum-Album *Filosofem,* ein Meisterwerk, das „die Fantasie Sterblicher anregen" sollte. Diese stimmungsvolle Suite elektronischer Traurigkeit – dem Metal durchaus verwandt, aber auch von Folk-Einflüssen durchdrungen –, die erst 1996 veröffentlicht wurde, brachte ferne, aufwühlende Gitarren und unheilvollen, heftig verzerrten und gequälten Gesang zum Einsatz, um eindrucksvolle Themen wie Unschuld, Gewalt und Selbstreflexion heraufzubeschwören. Der von einfachen, sich ständig wiederholenden Synthesizerriffs dominierte verzweifelte „Rundgang um die transzendentale Säule der Singularität" war ein beinahe ewig währender Ambient-Psalm, bestehend aus vier Noten, von Schönheit ebenso geprägt wie von Schrecken. Ein Hochglanzbooklet illustrierte mit Kupferstichen von Meeresgeistern, Seefahrerwitwen und erschrockenen Holzfällern den märchenhaften Protagonisten der Musik von Burzum – ein Gefühl der Abgeschiedenheit.

Wäre er auf der Straße gelyncht oder durch den Staat hingerichtet worden, hätte Vikernes' Vermächtnis mit seinem wachsenden Mythos zweifellose an Bedeutung gewonnen. Stattdessen aber neutralisierten die freie Presse und die Untersuchungen im Gefängnis seinen terroristischen Ruhm, indem sie die wirren Aussagen des Musikers immer wieder als Unsinn entlarvten. Der mordlustige Vikernes, der weiterhin aus dem Gefängnis gegenüber Fanzines und anderen Medienerzeugnissen eine dicke Lippe riskierte, schloss sich der europäischen extrem rechten nationalsozialistischen Bewegung an, rasierte sich den Schädel und schnallte Hosenträger um. 1997 veröffentlichte ein norwegischer Verlag, finanziert durch Vikernes' Mutter Lene Bore, die Taschenbuchausgabe von *Vargsmål*, des jungen Straftäters eigene Version von *Mein Kampf*.

Nach einer langen Phase persönlichen Wandels schwor Vikernes dem Black Metal im Gefängnis vollständig ab und bevorzugte nun klassische Musik und Marschmusik. Er komponierte weiterhin und nahm als Burzum auf einem vom Gefängnis genehmigten Synthesizer trostlose, an Fantasy orientierte elektronische Musik auf, die jedoch nur noch auf spärliches Interesse stieß. „Meine Wurzeln lagen eigentlich nie in der Metal-Musik", beschwerte er sich 1998 bei dem Fanzine *The Seventh Scroll*, „und schon gar nicht beim Black Metal." Schließlich wurde Vikernes zur lächerlichen und sogar verachteten Figur – doch er hatte bereits gefährliche Formen der Götzenverehrung provoziert und sein Ziel, der Black-Metal-Buhmann Norwegens zu werden, erreicht.

Der Mord an Euronymous und die darauf folgenden Verhaftungen vieler bedeutender Musiker säten Zwietracht in Norwegen, taten aber der traurigen Berühmtheit des Black Metal keinen Abbruch. Tatsächlich stärkte die darauf folgende Hysterie den Metal im Norwegerstil. Angetrieben von einer skandalberauschten Presse profitierte er von der wahnwitzigsten Terrorwelle seit den Studentenunruhen der frühen Siebziger, als die Weathermen durch Amerika tobten und eine gewisse Sympathie für die Baader-Meinhof-Bande, die Deutschland mit Kaufhausanschlägen erschütterte, in bestimmten Kreisen als chic galt. „Die Presse bauschte die ganze Angelegenheit sehr auf", sagt Ihsahn von Emperor, „und sie verpasste bestimmten Leuten überhaupt erst ihren Ruf. Am Anfang gab es vielleicht zwanzig Leute in der Szene [in Norwegen], und plötzlich wurden es vier- oder fünfhundert."

Auf eine eigentümlich fehlgeleitete Weise war Black Metal zu der revolutionären Kraft geworden, die Rock 'n' Roll immer hatte sein wollen. Die Sex Pistols sangen „Anarchy In The UK", aber diese Ereignisse wogen schwerer – sie bestätigten das, was Fans schon immer geglaubt hatten: Heavy Metal war mehr als nur Musik. Während die Welt die antichristlichen Aktionen entsetzt und zugleich fasziniert betrachtete, zeigten sich einige Gleichgesinnte beeindruckt von deren Radikalität. „Diese Kirchenbrände und das ganze Zeug?", fragt Mortiis. „Ich war nicht in der Stadt, als das meiste passierte, worüber ich ziemlich froh bin, deshalb sitze ich nicht im Gefängnis oder so. Um ehrlich zu sein: Ich respektiere das. Als symbolischen Akt? Da respektiere ich das total."

Die ursprünglichen Black-Metaller, über deren okkultistisch verbrämten Platten die jüngere Generation fasziniert brütete, wollten mit den außermusikalischen Aktivitäten ihrer Nachfahren nichts zu tun haben. „Die behaupten, meine Texte hätten sie zu solchen Handlungen inspiriert?", fragt Bathory-Frontmann Quorthon ungehalten. „Ich habe mir meine Texte noch einmal angesehen, und da steht nichts darüber drin, dass man jemanden wegen seiner sexuellen Vorlieben aufschlitzen sollte. Ich habe über die Vergewaltigung von Engeln und Masturbation auf dem goldenen Himmelsthron geschrieben, aber ich finde es schwer vorstellbar, einen Engel zu vergewaltigen. Ich meine, das sind abstrakte Fantasy-Texte. Wenn jemand das nicht als Horrorgeschichte – als Fortführung von *Geschichten aus der Gruft* oder Black Sabbath – versteht, dann tickt er nicht ganz richtig."

Von Anfang an stand Metal für Kraft und Energie. Das Thema Gewalt lässt sich bis zu den Texten von Slayer und Exodus zurückverfolgen, musikalisch begabten Thrashern, die das Aufregende an den Horrorgeschichten von Iron Maidens „Murders In The Rue Morgue" und „Phantom Of The Opera" noch steigerten. Obwohl Slayer in den Achtzigerjahren heftig angegriffen wurden, weil sie den sadistischen Nazi Josef Mengele in dem Song „Angel Of Death" verherrlichten, war das für sie nur Teil einer Show. Slayer-Sänger Tom Araya, ein gebürtiger Südamerikaner, bezeichnete die Norweger als „unheimliche weiße Kerle mit kalt gestelltem Gehirn, die echt langsam denken". Obwohl James Hetfield von Metallica behauptet, eine Sammlung von einhundertfünfzig Gewehren und Pistolen zusammengetragen zu haben, zählten nach wie vor Skateboards und Pyrotechnik zu seinen wichtigsten Waffen, und ins Krankenhaus brachte er nur sich selbst.

Die ungeschliffene Schweizer Band Hellhammer hatte extrem großen Einfluss auf den norwegischen Black Metal – Mayhems Schlagzeuger Jan Axel von Blomberg hatte sich selbst den Spitznamen Hellhammer gegeben, und auch „Euronymous" war ein Songtitel von Hellhammer. Doch nach den Ereignissen in Norwegen verkündete der Hellhammer-Gründer Tom Warrior, Black Metal sei die Musik primitiver Wilder, die Europa in ein Zeitalter zurückversetzen wollten, in dem man noch mit den Händen aß. Die Verbrechen des Christentums, die Morbid Angel auf ihrem Album *Altars Of Madness* erwähnten, das der Emperor-Gitarrist Samoth als „etwas Neues“ und „einen Klassiker“ gepriesen hatte, waren nur als symbolische Schlacht gedacht gewesen. „Ich bin kein Satanist. Ich bin nur ich selbst“, sagt Gitarrist Trey Azagthoth. „Ich halte es für keine gute Idee, Christen anzugreifen und Kirchen niederzubrennen. Es ging nie darum, Christen physisch anzugreifen – wir wollten ihre Ketten und ihre Illusionen, ihren Glauben attackieren.“

In der semiotischen Suppe, aus der man seine Werte schöpft, kann jedoch das Symbol des einen Metallers zur konkreten Realität eines anderen werden. Amerikanische Metal-Bands hatten schlicht ein anderes Verhältnis zu Konflikten und Gewalt als Europäer, für die Krieg zur historischen Realität gehörte. Selbst die mit Patronengürteln behängten deutschen Thrash-Bands Kreator und Destruction waren eingeschworene Pazifisten, die maßgeblich durch die friedliche Überzeugung geprägt waren, die ihnen ihr Land nach dem Krieg vermittelt hatte. Dennoch dienten Senfgas und die von den Nazis hinterlassenen Trümmer als direkte Inspiration für einen neuen Ableger des skandinavischen Black Metal, den War Metal, dem sich Gruppen verschrieben, die Namen wie Zyklon-B, Niden Div. 187 und – ja tatsächlich – War trugen. Obwohl sie nie selbst einen Gewaltkonflikt dieser Größenordnung erlebt hatten, umgaben sich die jungen Norweger mit Fotos und Andenken des Zweiten Weltkriegs und schienen entschlossen, selbst einen anzuzetteln.

Als der Black Metal sein Heimatland in Verruf brachte, brachen die alten Geschwüre der norwegischen Gesellschaft auf. „Norwegen ist ein sehr verkorkstes Land“, meint der Pate des skandinavischen Black Metal, Quorthon. „Die Kirche hat sehr viel zu sagen. Dieses und jenes darf nicht im Fernsehen gezeigt werden. Die Frauen fahren nach Schweden, um abzutreiben. Es ist eines der schönsten Länder der Welt, aber es ist völlig im Arsch, vor allem, weil es eingezwängt zwischen England, Dänemark, Deutschland und Schweden seine Identität verloren hat. Außerdem glaube ich, dass irgendetwas schon völlig verquer läuft, wenn sich jemand bei dir in den Keller setzt und sich vierundzwanzig Stunden am Tag deine Musik anhört, ohne dass jemand mal an die Tür klopft und fragt: ‚Hey, alles klar bei dir?‘“

Den norwegischen Bands, die nicht durch Gerichtsverhandlungen dezimiert worden waren, ist allerdings anzurechnen, dass sie sehr ausdrucksstarke Musik hervorbrachten – Musik, welche die Raserei des Black Metal mit Techno-Elementen, Folk und anderen progressiven Ansätzen verband. Enslaved vermieden die bösartigen Stereotype und benutzten das Genre stattdessen als

Sprungbrett für einen weiterführenden, verblüffenden und klugen Sound. Auf einer Reihe von Alben, die mit den norwegischen Wörtern für die Naturelemente betitelt waren, verwob die Band unvorhersehbar wogende Gitarren zu einer gebrochenen, futuristischen Struktur, ausgefüllt von Synthesizern, Schlachtsignalen der Wikinger und nordischen Volksmelodien. Nicht zufällig wurde das wegweisende Celtic-Frost-Album *Into The Pandemonium* immer wieder von Bands als Einfluss angeführt, die wie Arcturus Komplexität und Nuanciertheit anstrebten. Die Drum-Machines und der opernhafte Gesang, der so bizarr geklungen hatte, als Celtic Frost ihn Ende der Achtzigerjahre eingeführt hatten, war zum Standardmerkmal des progressiven Black Metal geworden.

Wie *Filosofem* von Burzum bewiesen hatte, musste Black Metal nicht immer bombastisch oder aggressiv sein, um seine Grundidee zu vermitteln. Der Black Metal drängte Musiker nicht nur durch reine Geschwindigkeit an physische Grenzen, sondern ließ sich auch auf Innerlichkeit ein. Die Verbindung des Black Metal zur elektronischen Musik zum Beispiel entsprang keiner Laune. Bereits 1987 hatte Euronymous von Mayhem ungewöhnliche Synthesizerkünstler wie Klaus Schulze und die Residents als Einflüsse angegeben. Die erste EP von Mayhem, *Deathcrush,* begann sogar mit dem Schlagzeugsound von Conrad Schnitzler, einst Schlagzeuger der psychedelischen Band Tangerine Dream aus den frühen Siebzigern. „Con ist ein fünfzigjähriger, mutiger und sehr merkwürdiger Mann", erzählte Euronymous *Morbid Mag.* „Er spielte mal bei Tangerine Dream, die jeder kennt, der sich ein bisschen ernsthafter für Rockmusik interessiert. Ich habe die Musik von Tangerine Dream immer geliebt, und ich mag die Musik von Con sehr. Einmal hab ich ihn zuhause in Berlin besucht. Er war sehr freundlich und cool. Ich fragte ihn, ob er ein Intro für Mayhem einspielen würde, und er hat's gemacht!"

Der wahrscheinlich ehrgeizigste Überläufer zur elektronischen Seite des Black Metal war der ehemalige Bassist von Emperor, Mortiis, der 1993 achtzehnjährig nach Schweden ausgerückt war. In seiner Verkleidung als Dämonenkönig, mitsamt falscher Nase und falschen Ohren, verkörperte er die Seele des Metal, obwohl er nur wenige Elemente des musikalischen Vermächtnisses übernahm. „Ich habe versucht, es zu umschreiben, weil es eigentlich keine Kategorie dafür gibt", erzählt Mortiis über seine Begegnung mit Zollbeamten auf seiner ersten Amerikareise. „Der Einreisebeamte fragte: ‚Ich verstehe das nicht, ist das Heavy Metal?' Und ich erwiderte: ‚Nein, das ist es nicht! Ich bringe doch Keyboards mit, Mann.' Sie sahen sich das ganze schwarze Zeug an, und ich dachte, sie lassen mich nicht rein. Aber sie wollten nur wissen, was für eine Art von Musik ich mache."

Als bekanntester Vertreter der norwegischen „Black Ambient"-Projekte, zu denen Aghast, Isengard und Wongraven zählten, machte Mortiis die elektronischen Ausflüge, wie sie gelegentlich auf Metal-Alben seit *Sabbath Bloody Sab-*

bath aufgetaucht waren, zu seinem wichtigsten Reiseziel. Frühe Mortiis-Veröffentlichungen wie *Ånden Som Gjorde Opprør* schlängelten sich gemächlich durch ein fünfundzwanzigminütiges monotones Summen, das in üppiger Atmosphäre Hof hielt. Als der Kult um ihn wuchs, wurde Mister Mortiis zum Flaggschiff von Earache Records, erst recht, nachdem der Vertrag von Napalm Death bei diesem Label auslief. Es spielte keine Rolle, dass es sich um einen elektronischen Ambient-Musiker mit einer langen Liste meditativer minimalistischer Veröffentlichungen handelte. Der Schlüssel lag in seinem Image und seinen überschwänglichen schriftlichen Konzepten. *The Stargate* von 1999 war kaum so hart wie die Kate-Bush-LP, von der die Covergestaltung abgekupfert war, doch ihre Gesänge und die mittelalterliche Heraldik tanzten sich in die Fantasie der Metaller.

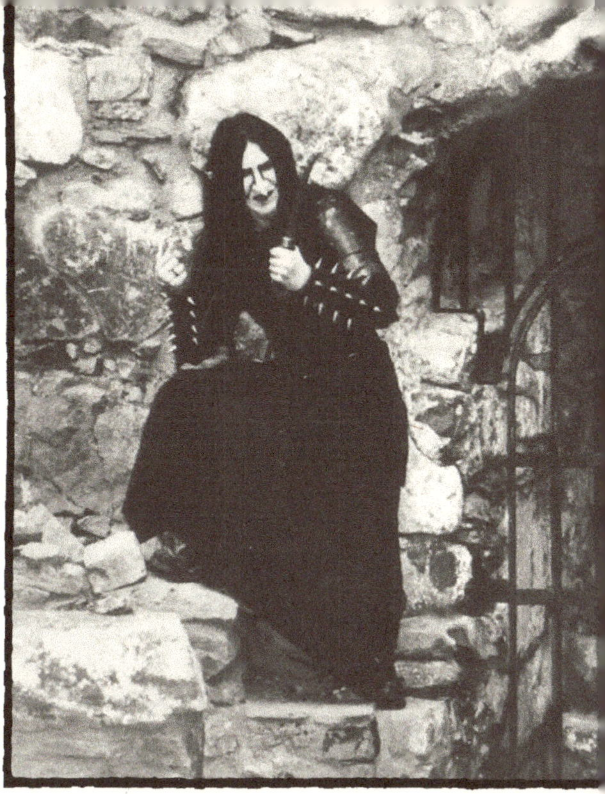

Mortiis in seinem Königreich *(Cold Meat Industries)*

Da in den Neunzigerjahren in der skandinavischen Szene viele solcher abseitiger Experimente angesagt waren, musste es natürlich jemanden geben, der sich wieder der Grundlagen annahm. Immortal benutzten ein Minimum an atmosphärischen Einschüben und konzentrierten sich auf reine Energie. Diese selbst ernannten „Söhne der nördlichen Düsternis" lieferten auf einer ganzen Reihe von Alben ein undeutliches Bild aus Bösartigkeit, barockem Bombast und schlechter Laune. Das grell leuchtende *Battles In The North* von 1995 war eine Attacke von übermenschlicher Geschwindigkeit, und sie stellte sicher, dass auch im Zeitalter nach Mayhem der Norden den Underground beherrschte. Auf Songs wie „Cursed Realms Of The Winterdemons" und „Moonrise Fields Of Sorrow" bündelten die wütenden Gitarristen Abbath und Demonaz ihre Energien zu einem an Bathory erinnernden Sperrfeuer von Explosionen. Der Sound besaß die hypnotische Spannung von Eis, das in einem jaulenden Mixer zerstampft wird, und wurde in einer Schnelligkeit gespielt, wie sie wahrscheinlich noch nie zuvor veröffentlicht worden war. Das erwies sich jedoch als höchst anstrengend: Die großartige Laufbahn von Immortal war zu Ende, als Demonaz infolge zu intensiven Übens an einer Sehnenentzündung in beiden Armen erkrankte. „Er konnte sich nicht mal mehr die Haare waschen", klagte ein Bandmitglied gegenüber dem englischen Magazin *Terrorizer.*

Mitte der Neunzigerjahre wurde der norwegische Black Metal in allen möglichen fernen Ländern kopiert. Norwegen wurde kurzzeitig zum mythischen Reich des Heavy Metal, ähnlich wie Afrika für den Rap, wobei Wikinger und Odin-Artefakte die Zulukrieger und den Kente-Stoff ersetzten. Wie Emperor und Burzum für Fotos in den norwegischen Wäldern Äxte und Keulen schwingend posierten, so standen in Japan Sigh und Sabbat mit Samuraischwertern bewaffnet zwischen Bambusstangen. Von Korea bis nach Finnland wurden leichenblass geschminkte Gesichter und umgekehrte Kreuze zu Symbolen der Solidarität, selbst in Ländern ohne Christentum. „Sogar in Griechenland und Italien haben sie plötzlich heidnischen Wikinger-Metal gemacht – wie blöd kann man denn sein?", fragt Mortiis. „Die Leute verstehen immer alles falsch. Wenn sich ein Typ aus Griechenland an Thors Hammer festhält, wozu soll das gut sein? Er sollte ein Symbol für Zeus oder Kronos nehmen und wenigstens seinen eigenen mythologischen Göttern Respekt entgegenbringen!"

Headbanger in Deutschland, Schweden, Japan und Polen verwechselten Fantasie und Realität und brüsteten sich mit Kirchenbränden und Friedhofsschändungen. Nachdem Geschichten über die mordlustigen Black-Metal-Musiker über verschiedene Kanäle in die konfliktgeplagte Republik Russland durchgesickert waren, kam es dort 1997 zu einer Welle von Kirchenbränden und Bombenanschlägen. „Die Geschichte wiederholt sich, auch in der Musikwelt", schrieb der Schlagzeuger Bård Eithun aus dem Gefängnis. „Alles bewegt sich endlos im Kreis, es gibt eine Art dialektischer Wechselbeziehung zwischen den Bands, den Fans und dem kulturellen Ganzen."

Von der Black-Metal-Welle peinlich berührt, versuchte eine engagierte Fraktion an möglichst rohen, einfachen Sounds festzuhalten und echtem Gefühl den Vorzug vor greller Symbolik zu geben. Zu dieser Fraktion gehörten Darkthrone und Carpathian Forest aus Norwegen und Havohej und Hemlock aus New York, die Brutalität in einen scharfkantigen Sound umsetzten. Dabei gab es in der Geschichte des Metal wahrscheinlich kein Album, das übler klang als die EP *Black Perversion* von Havohej, die man ganz offensichtlich im Laderaum eines fahrenden Transporters mit einem Diktiergerät aufgenommen und dann um Samples einer schlecht gewarteten Hinterhofmüllverbrennungsanlage ergänzt hatte. Der Chef von Havohej, Paul Ledney, hatte seine grausamen Visionen von Profanatica mitgebracht, einer Band, die durch die Veröffentlichung eines Videos mit einem Interview zu zweifelhafter Berühmtheit gelangt war, auf dem zu sehen ist, wie die Mitglieder Urin trinken und auf eine Bibel masturbieren.

Dabei war Ungeschliffenheit an sich nicht generell von Nachteil, sondern konnte auch eine aufregende ästhetische Entscheidung darstellen. Black-Metal-Bands hatten ohnehin eher billige Aufnahmetechniken verwendet, weil sie meistens pleite waren. Was nun wie eine Ablehnung der großen Gesten des Heavy Metal erschien, war dabei aus verschiedenen Gründen akzeptabel. Erstens wurden selbst Bands wie Morbid Angel und Metallica bei den Fans durch kopierte Cassetten bekannt, und die Klangqualität litt natürlich durch den Prozess des endlosen Überspielens. Zweitens hatten Gruppen in Griechenland, Brasilien oder Mexiko schlicht keine Zugangsmöglichkeiten zu den Hitfabriken und deren Aufnahmestudios. Der kleine Hoffnungsschimmer, der angesichts dieses Problems sozusagen durch den Spalt zwischen Sarg und Deckel fiel, war die Tatsache, dass der verhangene, dumpfe Sound oft ausgezeichnet zum klaustrophobischen und intimen Charakter des Black Metal passte.

Erfahrene Bands wie Darkthrone aus Norwegen und die chaotischen Abruptum aus Schweden erkannten durchaus den Humor und die Ironie daran, dass sie sozusagen die Könige der Black-Metal-Slums waren. Darkthrone, die seit *A Blaze In The Northern Sky* von 1991 zu den wichtigsten norwegischen Bands zählten, entwickelten sich einem minimalistischen Plan entsprechend, den sie ihren verrosteten Gitarren eingekratzt hatten. Varg Vikernes fühlte sich mit Burzum davon inspiriert und revanchierte sich, indem er für das verzweifelt zerrissene Darkthrone-Epos *Transilvanian Hunger* folkloristische Texte beisteuerte. Nach Jahren der grimmigen Grimassen jedoch begann der Schlagzeuger Gylve Nagell alias Fenriz, auf das schon fast komische Unvermögen der Band stolz zu sein „Wir sind keine Entertainer, wir sind eine Black-Metal-Band", sagte er gegenüber *Terrorizer.* „Es gibt Grenzen, und die Frage ist, wie viel technisch versiertes Schlagzeugspiel im Stil eines Neil Peart [von Rush] auf eine Platte wie *The Return* von Bathory gehört. Ich bin wirklich zufrieden mit meinem Schlagzeugsound. Der ist echt *schlecht.*"

Es dauerte mehr als fünf Jahre, bis man in den Vereinigten Staaten allmählich den Black Metal zu begreifen begann. Als in Fanzines ebenso wie in den Massenmedien die ersten Geschichten darüber auftauchten, war es schwierig, Tatsachen von modernen Mythen zu trennen. Für Amerikaner war es nicht leicht, selbst an norwegischen Black Metal heranzukommen, obwohl die Bands mehrere hunderttausend CDs verkauften. Auch gab es kaum zuverlässige Vertriebswege für die von extrem kleinen Labels veröffentlichte Musik. Skrupellose Grabräuber schlachteten Mayhem finanziell in großem Stil aus und veröffentlichten dutzende von Bootlegs, auf denen sich jedes Aufnahmebruchstück wiederfand, das die Band je produziert hatte. Ein berühmtes Set mit Liveaufnahmen zierte ein Foto des toten Mayhem-Sängers Dead, das unmittelbar nach seinem Selbstmord aufgenommen worden war.

Trotz des Aufsehens und der hochgeschaukelten Erwartungen spielten Black-Metal-Bands selten live. Die wichtigsten Gruppen dieser Szene feierten ihre Triumphe ausschließlich im Studio, abgesehen von Immortal, der schwedischen Band Marduk und Emperor, die 1993 gemeinsam mit den Briten von Cradle of Filth zu einer kurzen Tour durch Großbritannien aufbrachen. „Ich werde niemals live singen", sagte Mortiis 1998. „Geschminkt Keyboard spielen – das gilt als zeitlos. Ich will nicht zu viel moderne Technologie auf der Bühne haben. Das macht alles nur kaputt." Anstatt ein theatralisches Ereignis zu inszenieren, machte Mortiis lediglich die richtigen Bewegungen zur Musik vom Band und zeigte dazu einen Schwarzweißfilm von seinen Streifzügen durch Burgruinen.

Und so kam es, dass der Black Metal vielleicht die Plattenläden fest im Griff hatte, die Konzerthallen aber nach wie vor vom Death Metal aus Florida beherrscht wurden – Deicide und Morbid Angel waren hervorragende und professionelle Bühnenbands, deren unablässiges Tourprogramm ihnen einen beständigen Zustrom neuer Anhänger verschaffte. Als die Black-Metal-Welle Ende der Neunzigerjahre mit voller Kraft einschlug, gingen die Death-Metaller wegen der milden Keyboards, der Verkleidungen und des romantischen Drumherums scharenweise auf Gegenkurs. Ein zerlumpter Metal-Soldat setzte 1998 beim Milwaukee Metalfest ein denkwürdiges Zeichen der Lehenstreue, als er ein selbst gemachtes T-Shirt mit der Aufschrift BLACK METAL SUCKS – BLACK METAL IST SCHEISSE und über dem langen, fransigen Haar eine umgedrehte Baseballkappe mit der Aufschrift SUPPORT DEATH METAL – UNTERSTÜTZT DEATH METAL trug.

Die Mitglieder von Emperor, inzwischen wenig älter als Mitte zwanzig, waren auf Bewährung aus der Haft entlassen worden und hatten sich erneut zusammengetan. Sie arbeiteten nun eifrig daran, den Ruf auszunützen, den ihnen die Skandalgeschichten der Boulevardpresse eingebracht hatten, und daraus eine wüste Black-Metal-Flamme zu entfachen. Nachdem Emperor-Gitarrist Samoth aus dem Gefängnis kam, heuerten er und Ihsahn zwei neue Mitglieder für eine regenerierte Version ihrer alten Band an, die schließlich nach Amerika reiste und mit Morbid Angel auf Tour ging. Selbst Mayhem fanden nach dem Tod ihres Frontmanns Euronymous wieder zusammen, als Schlagzeuger Hellhammer den Sänger Sven Erik Kristiansen alias Maniac und den Bassisten Jørn Stubberud alias Necrobutcher wieder für die Band gewinnen konnte, der sie in den späten Achtzigern angehört hatten, bevor sie von der Bildfläche verschwunden waren.

Die neuen Mayhem kündigten 1998 ihre ersten amerikanischen Konzerte an, und wie Kinder, die spät aufbleiben dürfen, um den Weihnachtsmann zu sehen, erwartete ein ganzer Pulk von Leuten gespannt ihr Debüt. Und das Spektakel, bei dem die gehäuteten Kuhköpfe, die von jeher Mayhems Wahrzeichen gewesen waren, auf Pfählen auf der Bühne drapiert wurden, enttäuschte nicht. Maniac, der den geheimnisvollen Jargon von Mayhem fließend beherrschte, beschwor wild schreiend die Katastrophe, während ihm in der Hitze graues Haarfärbemittel und Leichenfarbe vom Gesicht tropften. Bassist Necrobutcher und der neue Gitarrist Rune Erickson alias Blasphemer nahmen ehrfürchtig Euronymous' bekannten glühenden Stil und variierten ihn zu wildem, verschwommenem Metal-Lärm, während Hellhammer die Prozession mit seinem einzigartigen, übermenschlichen Schlagzeug zu vierfacher Geschwindigkeit antrieb. Es war unmöglich, bei einem derart lodernden Chaos an konventionelle Musik auch nur zu denken.

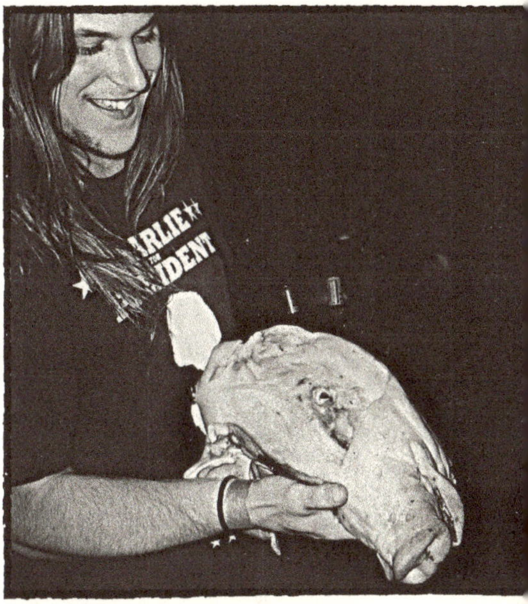

Was haben wir denn da Leckeres? Black-Metal-Requisiten für die USA-Tournee

Schon bald kehrten Mayhem wieder ins Studio zurück und schufen esoterische, selbstvergessene Platten wie *Grand Declaration Of War*, die Euronymous' primitive Einfälle auf eine Ebene zerstörerischer Intellektualität erhoben – ob es auf Dauer funktionierte oder nicht, Mayhem wollten sich weiterhin an vorderster Front der Musik behaupten, die sie neben anderen erfunden hatten.

Die norwegische Szene, die den Metal in aller Welt beeinflusst hatte und die inzwischen auch live bestehen konnte, gab 1999 dem Druck der Konventionen nach. Wo das einprägsame *In The Nightside Eclipse* von Emperor noch vor infernalischem, jugendlichem Eifer strotzte, stellten die geschliffenen späteren Alben *Equilibrium IX* und *Prometheus* majestätische Wirbelwinde wütender vornehmer Riffs und dämonischer Dramen dar, aufgenommen in den allerneuesten digitalen Achtundvierzig-Spur-Studios. Der destruktive Impuls war durch das Rockstardasein abgeflaut oder schlicht einem natürlichen Reifeprozess zum Opfer gefallen.

Der dreiundzwanzigjährige Emperor-Chef Ihsahn, der sich schon immer mehr als Musiker denn als Terrorist verstanden hatte, kämpfte 1999 tapfer um Professionalisierung und empfand die Verbrechen seiner Mitstreiter als störende Ablenkung. „Ich sehe das aus einer anderen Perspektive", sagt er. „Es ist ganz normal, wenn man fünfzehn oder sechzehn ist, dass man rebellieren und schlimme Dinge tun will." Ihsahn war frustriert, weil er ständig zu den Gewalttaten befragt wurde, über die beispielsweise die New-Yorker Zeitung *The Village Voice* noch sieben Jahre nach den Ereignissen etwas wissen wollte. „Schaut euch Marilyn Manson an", sagt Ihsahn. „Er ist Millionär und ein großer Star, also ist es okay. Bei ihm gibt es viel mehr Tabus als bei uns, aber das geht in Ordnung, weil er auf dem kommerziellen Markt sehr viel Geld verdient."

Dennoch eilte ihnen ihr Ruf voraus – der Preis des Ruhms, der durch einen einzigartigen und tatsächlich faustischen Handel zustande kam. Faust, der wegen Mordes verurteilte Schlagzeuger von Emperor, hatte Ende der Neunziger den Großteil seiner Haftstrafe abgesessen und bekam nach norwegischem Recht an Wochenenden Hafturlaub, um das eine oder andere Kiss-Konzert zu besuchen – obwohl er weiterhin in Interviews seine Bewunderung für Bret Easton Ellis' *American Psycho* kundtat. Dennoch fürchtete man nicht, dass er wieder straffällig würde. Emperor-Gitarrist Samoth, der wegen der Beteiligung an der Zerstörung der Kirche von Skjold zwei Jahre Haft verbüßt hatte, erklärte, keiner neuen Brandstifterbewegung mehr beitreten zu wollen. Seine Wut, seine Langeweile oder das Bedürfnis nach Aufmerksamkeit hatten sich gelegt. „Alles schon mal gesehen", kommentierte er, als würde er einen Tagesausflug zum Eiffelturm dankend ablehnen.

Während Puristen mit ihrem zerstörerischen Vermächtnis haderten, war es nun an den früheren Mitläufern, eine nennenswerte Anzahl von Platten zu verkaufen. Die unbekümmerte englische Black-Metal-Band Cradle of Filth – ein Wirbelwind von Musikern, angeführt von dem verschmitzten Dani Davey – verkaufte in Europa unter cleverem Einsatz von Sex, dämonischen Gestalten und Bühnenrequisiten eine halbe Million Alben. Die Band machte ihre Blasphemie durch eine typisch britische Art der Affektiertheit genießbar und bewies gleichzeitig beim T-Shirt-Design eine herausragende Begabung für dunkle Erotik. Nach ihnen kamen Dimmu Borgir, eine norwegische Gruppe, die sich 1993 auf dem Höhepunkt der kriminellen Ausschreitungen gegründet hatte, als ihre Mitglieder noch die Schulbank drückten. Dimmu Borgir gaben sich nationalbewusst und sangen in norwegischer Sprache, bis sie 1996 nach Erscheinen ihres Albums *Stormblast* den Black Metal glätteten und vereinfachten – und mit ihrer CD *Enthrone Darkness Triumphant* von 1997 eine viertel Million Exemplare verkauften.

Gegen Ende der Neunzigerjahre hatte sich das Extreme in Norwegen in die soziale Akzeptanz ergeben. Der heidnische Krieg gegen das Christentum war nun karrieristisch besetzt, da die Bands jetzt unverständlicherweise Zuspruch dafür erhielten, dem Land eine musikalische Identität verschafft zu haben. Einige Jahre nach dem Brand der Kirche von Fantoft – die noch gar nicht lang vollständig wieder aufgebaut war – stritten sich Black-Metal-Bands, darunter auch Emperor, um die norwegischen Grammys. Ein weiteres Zeichen der Zeit: Militante Black-Metaller tauchten in einer norwegischen Spülmittelwerbung auf, die eine Band in voller Bühnenmontur beim Abwasch zeigt. Einer der Schauspieler fährt sich mit einer Hand voller Spülmittel durchs Gesicht. Die Leichenfarbe wird sauber abgewaschen, und einer seiner Bandkollegen spottet: „Ist bloß Asche!" Der Slogan zum Produkt lautete: „Wer so wäscht, kriegt alles raus!"

XVII

Satan vor Gericht: Im Namen des Volkes gegen Heavy Metal

- **1988:** Ozzy Osbourne muss sich wegen seines Songs „Suicide Solution" vor einem Gericht in Los Angeles verantworten
- **1991:** Judas Priest werden wegen rückwärts verschlüsselter Botschaften auf ihren Platten und einem damit zusammenhängenden Doppelselbstmord in Reno, Nevada, verklagt
- **Frühjahr 1994:** In West Memphis, Arkansas, werden die so genannten West Memphis Three verurteilt
- **1996:** Der Fernsehsender HBO nimmt den Fall der West Memphis Three in seinem Dokumentarfilm *Paradise Lost* auf

Heavy Metal blieb auf seinem unaufhaltsamen Weg zu unbekannten Zielen nicht unversehrt. Metal-Fans in Amerika gerieten leicht in Auseinandersetzungen, die in dramatischer Zerstörung endeten – zum Schluss gab es mehr Heavy-Metal-Märtyrer als Metal-Terroristen. Als die mystisch-mächtige Musik und ihre unzähligen Ableger zu Triebfedern kultureller Veränderung avancierten, kreuzten sie oft die Klinge mit gesellschaftlichen Fraktionen, die sich vorgenommen hatten, den Lauf der Geschichte umzukehren, und daher die Realitäten der modernen Welt lieber verleugneten, anstatt sie zu begrüßen.

Polemisch verkürzt ausgedrückt blieb Heavy Metal Teufelsmusik – ein willkommener und zuverlässiger Sündenbock für soziale und spirituelle Missstände. „Im amerikanischen Mittelwesten ist es so einfach, sich Leute rauszupicken, die ein bisschen anders sind, und sie dafür zu verdammen", sagt Bruce Sinofsky, Regisseur des Films *Paradise Lost – The Child Murders at Robin Hood Hills*. „Wenn dann ein Verbrechen geschieht, das aufgrund mangelnder Beweise nicht aufgeklärt werden kann, kann man immer behaupten, es sei ein okkult motiviertes Verbrechen, das irgendwie mit der Heavy-Metal-Musikszene in Verbindung gebracht werden kann. Das ist eine völlig verdrehte Logik, sie dreht sich im Kreis. Man kann niemals herauskriegen, woher sie kommt, wenn man nicht wirklich in dieser Umgebung lebt. Das ist erschreckend."

Es war von jeher eine der wesentlichen Eigenschaften des Heavy Metal, dass er den Status quo bedrohte und eine Fluchtmöglichkeit aus den Einkaufszonen und Fastfoodläden des amerikanischen Mittelwestens darstellte. Seit Black Sabbath beschäftigten sich Heavy-Metal-Texte mit den Randbereichen des Unterbewussten, und Bands von Judas Priest bis Metallica bezogen ihre unheilvolle Düsternis direkt aus den Schriften so ketzerischer Autoren wie Goethe und Nietzsche. Es war ganz selbstverständlich, dass sich junge Leute, die sich mit den großen Fragen um Gott und den Teufel beschäftigten, dem Heavy Metal verschrieben – die Musiker waren die einzigen Erwachsenen, die ihren Wissensdrang respektierten. „Ich habe mein Publikum immer für sehr viel schlauer gehalten, als es das nach Meinung der meisten Leute ist", behauptet Ronnie James Dio. „Ich gab ihnen Songs, die, wie ich fand, sehr viel mehr Substanz besaßen als die meisten Sachen, die sie sonst gehört hatten, und ich glaube, sie waren clever genug, um das zu kapieren."

Selbst als Vertreter des Heavy Metal in den Neunzigerjahren den Kongress aufsuchten, um eine Wahlrechtsreform zu fordern, hatten sie noch immer mit den Folgen der Zensuranhörungen zu kämpfen, die das PMRC auf dem Kapitol zehn Jahre zuvor veranstaltet hatte. Noch immer gab es überall in Amerika Hexenjagden auf Heavy Metal, angezettelt von fundamentalistischen Christen, denen Teufel und Hexen ebenso real erschienen wie Flutkatastrophen und Hungerepidemien. Schon in den Siebzigern hatten Kirchenvertreter ihren jungen Schäfchen die Heavy-Metal-Alben entrissen und des Nachts rituelle Feuersbrünste entfacht. In den Neunzigern loderte der Kreuzzug gegen den Metal – vielfach angeführt von denselben religiösen Gruppen, die schon damals die Schallplatten zu Freudenfeuern auftürmten – zu einer erschreckenden Flamme von Anschuldigungen und Verschwörungsvorwürfen wieder auf.

Dabei wandte sich Heavy Metal gar nicht gegen die Kirche. Selbst Musiker wie Dave Mustaine von Megadeth, die der organisierten Religion den Krieg erklärt hatten, kehrten schließlich, als sie mit ihren persönlichen Überzeugungen ins Reine kamen, wieder zum sonntäglichen Gottesdienst zurück. „Man muss bedenken, dass ich schon mal gestorben bin", sagt Dave Mustaine. „1992 nahm ich eine Überdosis. Mein Herz blieb stehen, und ich war mausetot. Man ist eher bereit, sich an einer Macht zu orientieren, die größer ist als man selbst, wenn man mit den eigenen Vorstellungen vom richtigen Leben gescheitert ist. Ich habe jetzt mein eigenes Verständnis von Gott. Mir wachsen vom Wichsen keine Haare in den Handflächen, und ich kriege auch keine Titten vom Kiffen. Ich gehe in die Kirche, und mein Kind besucht die Sonntagsschule, aber das ist eine überkonfessionelle Schule, wo ich auch rumhänge und mir mit dem Pastor Witze erzähle."

Die Vorstellung, Heavy Metal verderbe unschuldige Gemüter, war ein Mythos. Hunderte christlicher Metal-Gruppen bewiesen, dass der Musik an sich nichts innewohnt, das die Zivilisation in den Untergang treibt. Dem geistlichen und musikalischen Oberhaupt des Chors der spanischen Benediktinermönche, deren Platten Mitte der Neunzigerjahre mehrfach Platin erhielten, Dom Laurentino Sáenz de Buruaga, spielte man die Musik der Kirchen anzündenden Black-Metal-Band Emperor vor. Der heilige Mann schauderte keinesfalls zurück, sondern brachte das Phänomen auf den Punkt: „Das sind ganz normale Geräusche, wie man sie in jeder Disko oder bei jeder Tanzveranstaltung auf der Welt hört. Es geht nur um den Rhythmus."

Anfang der Achtzigerjahre brachte man diesen Rhythmus mit den Verbrechen zweier berühmter Soziopathen in Verbindung. Der Serienmörder Richard Ramirez erhielt den Spitznamen „Night Stalker", was auf den Irrtum eines Reporters zurückging, der auf die Vorliebe des Killers für „Night Prowler", den unheimlichen AC/DC-Song von 1979, anspielen wollte. Zwar verlieh ihm der Heavy Metal eine Titelmelodie, aber Ramirez' Persönlichkeit hatten weitaus schlimmere Erlebnisse geprägt. Seit seiner Kindheit plagten ihn gesundheitliche Probleme, ein psychopathischer Onkel bildete ihn heimlich zum Töten aus – der Onkel war ein hochdekorierter Green Beret, der sich mit Vergewaltigungen und anderen Gräueltaten brüstete, die er während seines Diensts in Vietnam begangen hatte. Später tötete der LSD-Dealer Ricky Casso einen Kunden in einem Wald auf Long Island und trug bei seiner Verhaftung ein AC/DC-T-Shirt, das den Heavy-Metal-Graffiti auf den Spielplätzen und in den Seitenstraßen seiner Heimatstadt glich. Obwohl sich die Polizei weigerte, den Fall als satanistisch einzuordnen – das Opfer schuldete Casso Geld, und offensichtlich waren Drogen Auslöser des Konflikts –, läuteten dennoch Provokateure in der Gefolgschaft des PMRC erneut die Heavy-Metal-Alarmglocken.

Im gleichen Zeitraum verkauften AC/DC mehr als zwanzig Millionen Platten – verglichen damit stellten zwei Verbrecher kaum die statistische Mehrheit dar. Wer den Heavy Metal wegen seiner Texte angriff, attackierte nicht die Wurzel eines Übels, sondern nur eine ihrer Manifestationen. Der Fehler bestand darin, den Nonkonformismus vieler mit den realen Verbrechen einiger weniger gleichzusetzen. Die Beatles wurden zwanzig Jahre zuvor ganz ähnlich in den Zirkus um den Charles-Manson-Prozess gezogen. In verstörender Unkenntnis der Tatsachen behaupteten die Ankläger damals, Rockmusik habe Manson zu seinen Taten inspiriert. Als Heavy Metal zur Glaubensfrage wurde, erkannten diejenigen, die ihm die soziale Macht neideten, dass diese mangelnde Sachkenntnis politisch oder finanziell wieder einmal von Vorteil sein konnte.

Wer mit Heavy Metal zu tun hatte, wurde bisweilen Opfer ungerechtfertigter Stigmatisierung und leicht zur Zielscheibe von Aktionen, die einer Art hausgemachtem Heavy-Metal-Pogrom gleichkamen. Grundsätzlich ließ sich zwischen drei Ebenen der sich zunehmend verschärfenden Schikanen gegen Headbanger unterscheiden: individuelle Diskriminierung, Anklagen wegen krimineller Machenschaften und Prozesse auf lokaler Ebene sowie weit reichende juristische Maßnahmen, die darauf abzielten, Heavy Metal in den USA generell zum Schweigen zu bringen.

Die verbreitetste Praxis bestand darin, dass Metal-Fans „des Tragens schwarzer T-Shirts für schuldig befunden" wurden. Damit begann eine informelle Hetze gegen jene Bürger, die aufgrund ihrer Kleidung oder ihrer langen Haare als „abnormal" erkennbar waren. Das äußerte sich teilweise lediglich in stillschweigend gebilligten sozialen Vorurteilen, die beispielsweise dazu führten, dass Ladenbesitzer Headbanger übergenau beobachteten, teilweise aber auch in direkter Schikane, wenn Schwarzgekleidete nur aufgrund ihres Aussehens als Unruhestifter bezeichnet wurden. Diese Konflikte liefen oft glimpflich ab und führten zu harmlosen Auseinandersetzungen über die schulische Kleiderordnung, die gotteslästerliche Garderobe im Klassenzimmer verbot. Mit solchen Fällen musste gerechnet werden – durch die selbst gewählte schwarze Kleidung barg das Recht auf freie Meinungsäußerung auch Konfliktpotenzial. Mit Sicherheit genossen viele Metalheads diese Konfrontationen, was sich auch an der zunehmenden Verbreitung von Gesichtspiercings und schwarz gefärbten Haaren in den Neunzigerjahren ablesen lässt.

Leider gab es jedoch auch erfahrene Unterdrücker, deren Ziel es war, Heavy Metal nicht nur aus dem Gemeinschaftskundeunterricht zu verbannen, sondern auch aus der Gemeinschaft. Als W.A.S.P. und Venom Kapital aus ihren sensationellen, durchgeknallten Bühnenshows schlugen, hatte eine Kaste von professionellen Hexenjägern bereits gelernt, wie sie deren Schockwirkung gegenüber einem anderen Publikum ausschlachten konnte, dessen Reaktion sich noch mehr lohnte. Heavy-Metal-„Experten" wie Dr. Dale Griffis, ehemaliger Polizist und selbst ernannter Kultexperte aus Ohio, trat gegen eine Aufwandsentschädigung im ganzen Land bei Gerichtsverhandlungen auf. Er beharrte darauf, dass mordlustige, satanistische Sekten in Amerika operierten und junge Leute aus der Heavy-Metal-Szene anwarben. „Es werden Kinder getötet", erzählte Griffis dem Nachrichtenmagazin *20/20*, „und Menschen verschwinden. In diesem Bereich

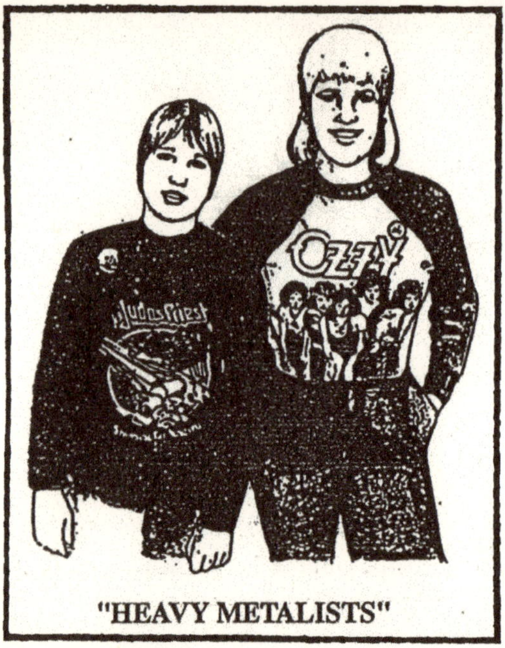

Jugend im Fadenkreuz – aus *Youth Subcultures*

kommt es zu allen möglichen Perversionen, und das hat Auswirkungen auf Amerika."

Wenn schon die dunklen Visionen des Heavy Metal oft kaum differenziert schienen, so traf dasselbe auf die gegen sie gerichteten Vorwürfe zu. Als Kardinal John O'Connor Ozzy Osbourne von der Kanzel herunter beschimpfte, schien es, als wünschte sich der Priester allein des Presserummels wegen die schlimmsten Reaktionen herbei. „Was ist überhaupt ein Satanist?", fragt King Diamond, dessen Kleidung und Image augenscheinlich auf die Beschreibung passten. „Wenn man sagt, dass es sich um eine Person handelt, die Babys tötet und deren Blut trinkt, dann sage ich: ‚Solche Leute sind vollkommen wahnsinnig.' Aber warum erzählt man den Leuten, Satanisten wären so? Damit gibt man ihnen doch nur Anweisungen, wie sie sich zu verhalten haben."

Die meisten Metalheads fanden die fehlgeleiteten Analysen solcher Erwachsener komisch und druckten Auszüge davon in Fanzines ab. Hetzerische Vorurteile haben jedoch die Eigenschaft, sich lawinenartig zu verselbstständigen, und die Gesetzeshüter reagierten auf die Moshpit-Kultur mit primitiven, vorurteilsbeladenen Umschreibungen. *Youth Subcultures,* ein pädagogisches Traktat, das von Polizeibehörden benutzt wurde, definierte „Heavy-Metallisten" folgendermaßen: „Diese Kategorie umfasst eine breite Altersgruppe von acht bis vierundzwanzig. Derzeit stellen sie an den meisten Schulen die größte Gruppe dar ... Es handelt sich um starke Drogenkonsumenten ... Viele verspüren keinerlei Motivation, etwas Konstruktives zu tun. Sie finanzieren ihre Drogensucht durch Diebstähle oder durch den Handel mit Suchtmitteln selbst."

Aufgrund der ständigen Fehlinformationen wurde Heavy Metal als Problem missverstanden, und unzutreffende Propaganda lieferte schon bald hinreichend Gründe, jeden Highschoolschüler im Ratt-T-Shirt festzuhalten und zu durchsuchen. Unternehmen wie das Trainingscenter Back in Control warben mit ihrem Fachwissen in Umprogrammierungstechniken auf dem Kultsektor zur „Entpunkung" oder „Entmetallung" geplagter Teens und behaupteten, diese Kinder wieder auf eine Linie mit fundamentalistischen christlichen

Überzeugungen bringen zu können. „Wenn Kinder erst einmal Teil der Heavy-Metal- oder Punkkultur sind", sagt der Gründer von Back in Control in dem Buch *The Satan Hunter*, „legen sie in der Regel ihren Eltern gegenüber folgende Haltung an den Tag: ‚Ich mache, was ich will, fahrt zur Hölle, lasst mich in Ruhe.' Besonders für die Metaller gilt, dass mehr als neunzig Prozent mit Drogen zu tun haben." Ebenso, wie sich die Jagd auf Satan als gutes Mittel zur Mobilisierung fundamentalistischer Christen erwiesen hatte, versetzte die vorurteilsgeprägte Unterstellung des Drogenmissbrauchs Erwachsene allerorten in Alarmzustand. Nun wurden Heilungsmethoden eingesetzt, die oft schlimmer waren als die vermuteten Krankheitssymptome.

In den Achtzigern gab es keinen jugendfeindlicheren Industriesektor mit größeren Wachstumsraten als die privaten Besserungsanstalten. Sie nutzten die Heavy-Metal-Panik zur Steigerung ihrer Profite. Dank der Aussagen von Anti-Metal-Experten vor Jugendgerichten ließen sich frustrierte Eltern und Verwaltungen überreden, Problemkinder zu kostspieligen Therapien anzumelden, wo man ihnen das Okkulte austrieb und ihnen gestreng Liebe zuteilte – das Okkulte galt als der amorphe Ursprung aller Probleme. Ähnlich einer Szene in Samuel Fullers Film *Shock Corridor*, in dem ein Journalist bei Recherchen in einer korrupten psychiatrischen Anstalt selbst als Insasse festgehalten wird, saßen in diesen teuren und oft privat geführten Einrichtungen schon bald zahlreiche gutmütige Metalheads, deren wohl einziges Vergehen es gewesen war, Slayer zu hören oder sich die Haare wachsen zu lassen.

So gut gemeint die elterlichen Absichten auch waren, das Szenario führte wiederholt zum Machtmissbrauch gegenüber den Internierten. Viele dieser Zentren wurden in den Neunzigerjahren nach Untersuchungen durch die Justizbehörden geschlossen.

Tatsächlich konnte besorgten Eltern sehr viel Schlimmeres passieren, als zu entdecken, dass ihre Kinder dem Einfluss von Heavy Metal anheim gefallen waren. Dave Mustaine versicherte dem *Kick Ass Monthly* in Bezug auf Megadeth: „Die Zuschauer, für die wir spielen – ob die nun zwölf oder zwanzig sind –, sie sind für uns die Zukunft. Und wir sind gescheitert, wenn wir deren Gehirne vergiften, ihr Denken in irgendeiner Weise kaputtmachen oder ihre Neugierde brachliegen lassen, wenn wir sie nicht zum Nachdenken anregen oder ihre Bildung verbessern, sie beispielsweise dazu bringen, Wörter nachzuschlagen, die über den Grundwortschatz der sechsten Klasse hinausgehen, was der Schulbildung eines durchschnittlichen Amerikaners entspricht."

Ganz gleich, ob die einzelnen Angriffe auf die Metal-Szene nun erfolgreich waren oder nicht, jeder von ihnen bereitete mit unterschwelligen Unterstellungen den Boden für eine neue Attacke. Der Vorwurf des Satanismus und Drogenmissbrauchs führte jedoch zu neuen, folgenschwereren Problemen, als nämlich Anwälte und Staatsanwälte diese Vorurteile in Schmerzensgeldprozessen ausspielten und Heavy Metal vor Gericht brachten. Gewissermaßen hatte das PMRC, als man die warnenden Aufkleber durchsetzte, Tür und Tor für die Argumentation geöffnet, Heavy Metal sei ein gefährliches Produkt, und Musiker seien für entstandene Schäden und die Straftaten unkontrollierbarer Fans haftbar. Damit begann eine gefährliche juristische Diskussion, aufgeladen mit einer Gerichtssaalhysterie, die nur schwer wieder aus der Welt zu schaffen war.

Seinen ersten Gerichtstermin hatte Heavy Metal 1988, als ein auf Körperverletzung spezialisierter Anwalt namens Kenneth McKenna bei Gericht vorbrachte, ein kalifornischer Junge habe Selbstmord begangen, weil er ein Stück von Ozzy Osbourne, nämlich „Suicide Solution", gehört habe. Das Album *Speak Of The Devil* – ein Livezusammenschnitt von Black Sabbath, auf dem „Suicide Solution" *nicht* enthalten war – drehte sich auf dem Plattenteller in dem Zimmer, in dem man die Leiche des jungen Mannes fand. Zuvor hatte McKenna einen Fall gegen Paul Revere & the Raiders verloren, den er im Namen einer Frau vertreten hatte, die am Kopf getroffen wurde, als Revere sein Markenzeichen, einen Dreispitz, bei einem Konzert ins Publikum geworfen hatte. Offenbar hatte McKenna geglaubt, mit dem Madman of Rock ein leichteres Angriffsziel gefunden zu haben.

Kern des Verfahrens war eine bizarre Beweisführung, die sich auf ausgiebige Computeranalysen von „Suicide Solution" stützte und belegen sollte, dass der Titel versteckte Botschaften enthielt. Was für normale Ohren klang, als singe Ozzy während eines Gitarrensolos „suicide" in ein Effektgerät, wurde dabei zu „get the gun and shoot it – hol dir eine Knarre und erschieße es", eine Aufforderung zu einer endgültigen Lösung. Ozzys Verteidiger legte den Text vor, der auf der Plattenhülle abgedruckt war, und machte erfolgreich plausibel, dass der Song von einer flüssigen Lösung handelte, nämlich Alkohol. Tatsächlich ging es um die exzessive Trinkerei, die Ozzy selbst beinahe umgebracht hätte und auch seinen Freund Bon Scott auf dem Gewissen hatte: „Wine is fine but whiskey's quicker / Suicide is slow with liquor – Wein ist prima, mit Whiskey geht's aber noch schneller / Selbstmord mit Alkohol dauert lange."

Darüber hinaus stellte der Richter fest, dass kreativer Ausdruck niemals mit gesundheitsgefährdenden, kriminellen verbalen Äußerungen gleichzusetzen sei – wie wenn man zum Beispiel in einem voll besetzten Theater tatsächlich den Warnruf „Feuer!" ausstößt. Er schloss: „Vernünftige Menschen verstehen Songtexte und poetische Konventionen als den bildlichen Ausdruck, der sie auch tatsächlich sind." Doch bei zehn Millionen Heavy-Metal-Alben, die über den Tresen wanderten, gab es mehr als genug unvernünftige Leute, die diese Musik hörten. Einige davon waren rechtsgerichtete Fanatiker, die diese Situation für ihre eigenen Zwecke ausnutzen wollten. Sie warteten nicht, bis sich McKennas These von den verschlüsselten Botschaften, die rückwärts abgespielt einen anderen Sinn ergaben, als blanker Unsinn entpuppte – es reichte, was in den Zeitungen über den Fall berichtet wurde, um sie davon zu überzeugen, dass es Versuche einer unterbewussten Programmierung gab.

Die Publicity, die er durch den verlorenen „Suicide Solution"-Fall erhalten hatte, gab McKenna Auftrieb, und er reichte 1991 eine Klage gegen Judas Priest ein – diesmal in Reno, Nevada, einem sehr viel ungünstigeren Schauplatz für die Verteidigung der freien Meinungsäußerung als das liberale Kalifornien.

Die Anklage in Reno lautete auf schuldhafte Tötung: Die Band sollte für einen zweifachen versuchten Selbstmord verantwortlich gemacht werden. Zwei Teenager waren – offensichtlich nachdem sie alkoholisiert das Album *Stained Class* gehört hatten – mit einem Gewehr und einem verzweifelten Vorhaben auf einen Spielplatz gegangen. In den folgenden blutigen Stunden starb einer an den Verletzungen, die er sich selbst zugefügt hatte. Der andere überlebte für kurze Zeit mit einem zur Hälfte zerstörten Gesicht, dann starb auch er.

Judas Priest wurden von jubelnden Fans – viele von ihnen waren Freunde der Verstorbenen – mit Plattenhüllen und Pappgitarren begrüßt, als sie vor Gericht eintrafen. Laut der Analyse in dem Buch *They Fought the Law: Rock Music Goes to Court* ließ McKennas Klage im Gerichtssaal die tatsächlichen Songtexte außer Acht – die waren schließlich durch das in der Verfassung verankerte Recht auf freie Meinungsäußerung geschützt. Stattdessen vertrat er vehement die Überzeugung, die Band habe unterbewusste und rückwärts aufgenommene Botschaften in die Songs eingebaut, um die verstörten Teenager in den Selbstmord zu treiben. „Wir sind so was Ähnliches wie Ghostbuster", bemerkte ein Anwalt aus McKennas Team.

Wie der Film *Dream Deceivers* dokumentiert, reagierten die Mitglieder von Judas Priest verwirrt, als sie zu den Vorwürfen der Gehirnwäsche, der Fahrlässigkeit und kultischen Verschwörung Stellung nehmen sollten. Sie sahen sich als Opfer hysterischer Anschuldigungen gegen das Okkulte im Zuge der Angriffe durch das PMRC – als Opfer der irrationalen Vorstellung, Heavy Metal besäße übernatürliche Macht über seine Hörer. Trotz der Behauptung, es handle sich um die Verschwörung eines geheimen Kults, gab es schlicht und ergreifend keine Tatsachengrundlage für die Anklage, und die Band konnte ihren Standpunkt behaupten. „Vor so etwas drückt man sich nicht", sagte Sänger Rob Halford. „Zunächst mal kann man sich gar nicht drücken, wenn man eine Vorladung bekommt, aber es ist mehr als das. Es geht darum, sich zu verteidigen, wenn man etwas vorgeworfen bekommt, was man nicht getan hat. Bei der Verhandlung in Reno haben wir uns verteidigt, die Musik verteidigt und unsere Fans verteidigt."

Heavy Metal ließ die Unzufriedenen und Unglücklichen nicht im Stich. Wenn die Musik mit Verbrechen in Verbindung gebracht wurde, stellte sich oft heraus, dass er die Funktion eines allerletzten Sicherheitsnetzes gegen eine harte

Existenz übernommen hatte. *Dream Deceivers* machte deutlich, dass die beiden Jungen aus Reno, bevor sie Judas Priest für sich entdeckten, jahrelang unter den Misshandlungen ihrer vom Alkohol zerrütteten Familien gelitten hatten. Die Bands dagegen hatten vielmehr ein Interesse daran, die Fans am Leben zu erhalten. „Ich habe mich noch nie hingesetzt und einen Text geschrieben, um jemanden zum Selbstmord aufzustacheln", sagte Ozzy Osbourne über den „Suicide Solution"-Fall in *They Fought the Law*. „Diese Kids tun mir sehr leid. Aber wieso kann man nicht über Selbstmord singen? Das passiert doch tatsächlich."

Die marktschreierischen Versuche, Heavy Metal zu verteufeln und ihm unterbewusste Botschaften und anderen Hokuspokus zu unterstellen, hinterließen zunehmend Spuren im realen Leben. Durch sie entstand ein unerwünschter Zauber, der die Vorzüge der Musik in den Hintergrund drängte. *Paradise Lost,* ein Dokumentarfilm des Fernsehsenders HBO unter der Regie von Bruce Sinofsky und Joe Berlinger, sorgte 1996 dafür, dass ein widerwärtiger Strafprozess aus West Memphis, Arkansas, ins Blickfeld der breiten Öffentlichkeit geriet. „Wir arbeiten in New York", sagt Sinofsky, „und obwohl viele Leute denken, New York sei verrückt, ist die Gesellschaft dort sehr zivilisiert. Als wir nach West Memphis kamen, saßen wir in unserem Hotelzimmer und bekamen mit, wie Evangelisten über das Böse im Heavy Metal redeten, und das Thema tauchte auch auf, wenn wir bei *Burger King* und Wal-Mart mit Leuten über den Fall sprachen. Wir konnten nicht glauben, dass sie wirklich dachten, Metallica, Megadeth und Slayer könnten tatsächlich etwas mit diesem Verbrechen zu tun haben."

Das Verbrechen in *Paradise Lost* war der Grauen erregende Mord an drei kleinen Jungen, die an einem Nachmittag im Mai 1993 nach fieberhafter Suche entkleidet und verstümmelt aufgefunden wurden. Die Polizei hatte nur wenige Anhaltspunkte, und die meisten davon wurden beiseite gefegt, als sich die Untersuchungsbeamten zunehmend auf drei Teenager in schwarzen T-Shirts konzentrierten: Jessie Misskelley, Jason Baldwin und Damien Echols. Obwohl es keine greifbaren Beweise oder Zeugen gab, welche die drei mit dem Verbrechen in Verbindung brachten, legte der Staatsanwalt bei der darauf folgenden Gerichtsverhandlung eine Liste okkulter Bücher vor, die Echols aus der örtlichen Bibliothek entliehen hatte. Trotz intensiver Befragung durch den Verteidiger – dem der Staat Kalifornien später die Zulassung entzog – verdunkelte die Aussage des bereits bekannten satanistischen „Experten" Dr. Dale Griffis das Gerichtsverfahren mit unheilvollen Verkündigungen und falschen Informationen.

Ozzy Osbourne und Judas Priest konnten es sich leisten, gegen karrierebewusste Staatsanwälte und christliche Kreuzritter anzugehen, nicht aber die drei jungen Angeklagten in Arkansas.

Im Frühjahr 1994 wurden alle drei schuldig gesprochen. Echols erhielt die Todesstrafe. Die Geschworenen in West Memphis mögen die drei gesellschaftlichen Außenseiter geopfert haben, um den Schmerz über die Morde in ihrer Heimatstadt zu verdrängen. „Damien Echols war intelligent", meint Bruce Sinofsky. „Er machte sich seine Gedanken. Er experimentierte mit verschiedenen Religionen, was im Alter von fünfzehn, sechzehn, siebzehn ganz normal ist. Ich glaube, die Leute hatten Angst vor ihm, weil er anders war, weil er nicht dem Bild des sauberen Footballspielers entsprach, der sich darum kümmert, was mit der Mannschaft der University of Arkansas passiert. In dieser Gegend gilt es als Verbrechen, ein Metallica- oder Megadeth-T-Shirt zu tragen. Die Leute hatten Angst davor. Er hätte genauso gut Godzilla sein können, der durch eine Stadt trampelt."

Paradise Lost zeigte, dass Metallica gerade jenen „aus der Gnade gefallenen" Kids etwas geben konnten, die im provinziellen Amerika in einer einengenden Umgebung nach etwas Freiheit suchten. Die Regisseure schnitten *Paradise Lost* passend zu einem Dutzend Metallica-Songs, bevor sie sich an die Gruppe wandten und um Erlaubnis baten. „Wir hatten schon gedacht, wir müssten ein paar kitschige zweitklassige Metal-Bands nehmen", sagt Berlinger. Aber Metallica zeigten persönliches Interesse an dem Fall und gestatteten die kostenlose Verwendung einer ganzen Reihe von Titeln. Es war das erste Mal, dass sie die Erlaubnis gaben, dass ihre Musik in einem Film verwendet wurde. „Lars hat uns erklärt, dass in *Paradise Lost* viel Wahrheit steckt", sagt Sinofsky. „So war ihre Beziehung zu ihren Fans. Sie schrieben Damien im Gefängnis."

Metallica stellten ihre Musik auch für die Fortsetzung *Paradise Lost 2: Revelations* zur Verfügung, der im März 2000 herauskam. „Da gibt es einen wunderbaren Moment, als zwei Mütter über ihre Kinder im Gefängnis sprechen", sagt Berlinger. „Die eine sagt: ‚Ich habe Jason mein Leben gewidmet, und der Song ›Nothing Else Matters‹ beschreibt, worum es in meinem Leben jetzt geht. Nichts ist mehr wichtig, außer Jason aus dem Gefängnis zu holen.' Wir zeigten Lars die Rohfassung, und er sagte, er sei zu Tränen gerührt."

Paradise Lost 2 wies erneut auf den fehlerhaften Umgang mit Beweismaterial bei den Prozessen der so genannten West Memphis Three hin, und anders als der ausgewogene erste Film lenkte er den Verdacht auf einen möglichen Schuldigen – den unberechenbaren Stiefvater eines der kleinen Jungen (der vehement jede Tatbeteiligung leugnete). Nachdem er die Filme gesehen hatte, nahm der biologische Vater des betreffenden Kindes Kontakt mit der Website der West Memphis Three auf. „Ich bin nicht zufrieden mit den Ermittlungen zum Mord an meinem Sohn", schreibt er. „Ich bin nicht zufrieden mit den ergangenen Urteilen, und ich möchte, dass es jedermann weiß: Ich glaube, dass die falschen Leute wegen dieses Verbrechens im Gefängnis sitzen."

Die *New York Times* verglich den Film in einer Besprechung mit dem Spielfilm *Hurricane* mit Denzel Washington, der sich mit der zehnjährigen Haftstrafe und dem anschließenden Freispruch eines afroamerikanischen Boxers beschäftigt, dem in den Siebzigerjahren in New Jersey zu Unrecht ein Mord angelastet wurde. Trotz seines Erfolgs bei den Kritikern erfuhr *Paradise Lost 2* nicht die Anerkennung, die 1988 dem Dokumentarfilm *Der Fall Randall Adams* zuteil wurde, der ebenfalls von einem Todeskandidaten handelte und der erfolgreich erwirkte, dass die Verurteilung eines Unschuldigen zurückgenommen wurde. „Ich bin sehr enttäuscht darüber, dass diese Jungs immer noch im Gefängnis vermodern", sagt Berlinger. „Für mich ist der Film gescheitert, weil es ihm nicht gelungen ist, die Geschichte aus dem Feuilleton der Zeitungen auf die erste Seite zu bringen."

So widerwärtig und verwirrend die Anklagepunkte in diesem Fall auch waren, sie hätten der intensiven Überprüfung bedurft; keinesfalls hätte der Nebel der okkulten Anschuldigungen über das grundlegende Recht triumphieren dürfen, dass jeder so lange als unschuldig gilt, bis seine Schuld bewiesen ist. Obwohl immer mehr Fragen aufgeworfen wurden und es keine Schuldbeweise gab, blieben die West Memphis Three Opfer einer satanistischen Panikmache – das Aushängeschild für die Diskriminierung des Heavy Metal. „Vielleicht empfindet es die allgemeine Öffentlichkeit weniger Angst einflößend, anzunehmen, dass blutrünstige Satanisten Kinder töten", meinte Damien Echols in *Paradise Lost 2,* „als zu glauben, dass Eltern ihre eigenen Kinder umbringen."

Außerhalb von Arkansas hatte sich Mitte der Neunzigerjahre die Angst der Amerikaner vor teufelsanbetenden Metalheads gelegt, und die Aufmerksamkeit verlagerte sich auf die Gewalt, die Gangsta-Rapper auf den Straßen verbreiteten. Während sich Heavy Metal mit Zauberern und Barbaren beschäftigte, erkoren die Hardcore-Rapper nun die Zuhälter und Drogendealer aus den Großstadtzentren zu den Helden ihrer Mythen und Moralvorstellungen. Als sich Rapmusiker zu bestimmten Gangs bekannten und lange Strafregister offen legten, kam die heftigste Kritik aus der Gemeinde der Schwarzen selbst. „Ich dachte, die aggressive Musik von NWA würde auf dem aufbauen, was Public Enemy vorher gemacht hatten", sagt Chuck D von Public Enemy. „Aber sie haben einfach nur mehr über sich selbst geredet und darüber, andere Schwarze umzubringen. Sich selbst auf Negativität zu reduzieren und darüber zu reden, dass man Nigger killt, ist nur das alte rassistische Spiel. Für Weiße mag das extrem klingen. Für Schwarze ist es kontraproduktiv."

Der erste landesweite Angriff gegen harte Musik, der seit dem Vorstoß des PMRC geführt wurde, zielte auf eine Fusion aus Gangsta Rap und Thrash Metal. Obwohl sich die Presse auf das Rap-Image konzentrierte, waren Body Count live eine Thrash-Metal-Gruppe – angeführt von dem Sänger Tracey Marrow alias Ice-T. Als Solokünstler pflegte er in den Achtzigerjahren mit mehreren extrem harten Platten ein Zuhälterimage, wobei er zunächst für den Breakdance-Film *Breakin' 2,* ein Motivationsvideo für Kinder, leicht verdauliche Reime geschrieben hatte. Bei Body Count wurde Ice-T, flankiert von schwarzen Männern mit freien Oberkörpern, die metallische Getto-Albträume aus ihren Gitarren herausdroschen, zum ersten Metal-Sänger, der seine aufrüttelnde Musik „allen farbigen Menschen der ganzen Welt" widmete.

1992 ging infolge der Veröffentlichung des Body-Count-Songs „Cop Killer" ein Aufschrei durchs Land. Es handelte sich um eine plastisch dargestellte Rachefantasie gegen Polizeibrutalität, und der Titel trat dafür ein, sich gegen die Männer in den blauen Uniformen zu wehren. Gruppen von Polizisten protestierten auf den Parkplätzen der Six-Flags-Vergnügungsparks, eines der Plattenfirma von Body Count angegliederten Unternehmens. Präsident George Bush und Vizepräsident Dan Quayle bezichtigten auf ihren Wahlkampftouren die Musik von Body Count des Aufrufs zur Gewalt und bezeichneten sie als Bedrohung für die Sicherheit der Gesetzeshüter.

Ice-T verteidigte sein Recht, wütende politische Gedanken zum Ausdruck bringen zu dürfen, und kämpfte für freie Meinungsäußerung. Im Juli desselben Jahres unterbrachen Polizeibeamte das Jahrestreffen der Time-Warner-Aktionäre in Beverly Hills, begleitet vom Schauspieler Charlton Heston, dem Sprecher der National Rifle Association, einer Lobby für Waffenbesitzer in den USA. Eine Koalition von sechzig Kongressabgeordneten schrieb einen Brief an Warner Brothers, um den Konzern davon zu überzeugen, „Cop Killer" von dem Album zu entfernen. Mehr als eintausend Plattenläden schickten ihre Exemplare an die Vertriebe zurück. Ice-T gab schließlich dem Druck nach, zog den Song freiwillig zurück und löste seinen Vertrag mit Warner. „Ich habe die Lektion gelernt", sagte er gegenüber *Rock Out Censorship.* „Man ist nie sicher, wenn nicht das Geld eines sehr großen Unternehmens hinter einem steht."

Als das Debakel um Body Count ein neues konservatives Zeitalter im Musikbusiness einläutete, zeigten sich die Unternehmen zunehmend weniger bereit, provokante Musik zu unterstützen. Metal-Bands waren die Ersten, die gehen mussten, wenn religiöse Eiferer, von denen viele bereits an früheren Auseinandersetzungen um Zensur beteiligt gewesen waren, mit Boykott drohten. Das bekam auch Metal Blade Records, seit 1989 geschäftlich mit Warner verbunden, zu spüren, als man die Texte von Death-Metal-Bands wie Cannibal Corpse rechtfertigen musste. Die Niederlage von Body Count war gerade vorbei, da stand bei Metal Blade die Veröffentlichung eines Gwar-Albums an, ehemaligen Kunststudenten aus Virginia, zu deren schadenfroh-anstößiger Bühnenshow Kastrationen, Enthauptungen, Kannibalismus und andere spaßige Aktionen unter Zuhilfenahme von Schaumgummi, Latex und unzähligen Litern falschen Bluts und anderer ekliger Bühnenflüssigkeiten gehörten. „Plötzlich gab es da bei TimeWarner einen Typen, dem wir alle Texte von allen neu erscheinenden Platten vorlegen mussten", sagt der Gründer von Metal Blade, Brian Slagel. „Wir gaben ihm einen Stapel Texte, und er kam dann und sagte uns, welche wir von der Platte zu nehmen hätten. So hat das für uns nicht funktioniert."

Metal Blade wollte die Vertriebsmöglichkeiten eines großen Labels für seine Platten nutzen; was man jedoch nicht brauchte, waren moralische Verordnungen durch einen Babysitter der Firma. „Wir gingen zu [den Unternehmenschefs] Mo Ostin und Lenny Waronker", sagt Slagel. „ Wir erklärten ihnen, dass dieses Problem auch in Zukunft immer wieder auftreten würde und dass so etwas unserer Meinung nach nicht mit uns zu machen sei. Ich werde Bands nicht sagen, dass sie Songs von den Alben entfernen sollen. Wir handelten einen Deal aus. Die Goo Goo Dolls blieben bei Warner und sind dort anscheinend ja auch ganz erfolgreich geworden. Wir sind wieder zu den Independent-Vertriebswegen zurückgekehrt, was ein einziger Segen war." Cannibal Corpse wurden ohne Unterstützung durch ein Majorlabel die erste Death-Metal-Band in den *Billboard*-Albumcharts.

Die Intervention der Regierung im Fall von Ice-T und die dazugehörigen Versuche, Einfluss auf das Musikbusiness zu nehmen, waren ein Beispiel für die dritte und abscheulichste Form des organisierten Angriffs gegen den Heavy Metal: direkte Versuche der Regierung, Metal-Alben zu zensieren oder ihren Verkauf zu beschränken. Der Geist, dem diese Angriffe gegen den Heavy Metal entsprangen, war durch vorangegangene Gerichtsverfahren bereits diskreditiert worden, aber gelegentlich schien es wohl politisch wichtiger, schockierende Musik überhaupt vor Gericht zu bringen, als das, was im Ergebnis dabei herauskam. Aus einer Henne-und-Ei-Logik erwuchs auch die bekannte, sich verselbstständigende Schlussfolgerung: Wenn es warnende Parental-Advisory-Aufkleber gab – die selbst das Produkt der Einmischung seitens der Regierung waren –, dann bestand tatsächlich Gefahr, die wiederum durch weitere Maßnahmen eingedämmt werden musste.

Angesichts ihrer freizügigen, obszönen Plattencovers und gotteslästerlichen Texte blieb es unausweichlich, dass Jim Carreys Lieblingsband Cannibal Corpse zur Zielscheibe politischer Wichtigtuerei wurde. Ende 1997 hob Senator Joseph Lieberman aus Connecticut sie während eines erneuten Angriffs des Kongresses auf die Unterhaltungsindustrie als besonders schlimmes Beispiel hervor, führte aber auch verschiedene andere Zeichen kulturellen Verfalls an, beispielsweise die Serie *When Animals Attack* von Fox Television, das Computerspiel *Postal* und die „Heroin Chic"-Werbekampagne von Calvin Klein. In seiner Stellungnahme mit dem Titel *The Social Impact of Music Violence* erklärte er: „Denken Sie an die üblen Machenschaften der Death-Metal-Band Cannibal Corpse, vertrieben durch eine Tochtergesellschaft von Sony, die ein Stück aufgenommen haben, das die Vergewaltigung einer Frau mit einem Messer beschreibt, und ein anderes, das von der Masturbation mit dem Kopf einer toten Frau handelt. Das ist ausgesprochen abscheuliches, Ekel erregendes Material, das sich unsere Kinder anhören."

Cannibal Corpse hätten sich keine wertvollere Bestätigung ihrer Schockwirkung wünschen können. Je mehr das unmenschliche Image solcher Bands von Politikern für bare Münze genommen wurde, desto mehr neugierige Fans interessierten sich für die ins Gerede gekommene CD. Sowohl für Lieberman als auch für die Gruppe bedeutete es einen Karriereschub – der Senator bekam ein ausgeprägteres Profil und trat 2000 als Vizepräsidentschaftskandidat bei Al Gores Präsidentschaftswahlkampf an. In der Zwischenzeit aber gerieten unglückselige Headbanger in ihren Heimatstädten ins Kreuzfeuer, in denen sich Reden wie diese in Form von Haftbefehlen und Gerichtsterminen niederschlugen.

Die Interventionen der Regierung schüchterten die Leute weiterhin ein und senkten die Umsätze in kleinen, auf Metal spezialisierten Läden in Florida, wo die Bezirksstaatsanwälte kurz vor den Wahlen drohten, Verkäufer zu verhaften, die mit Warnaufklebern versehene Platten an Minderjährige abgaben. Mindestens sechs Staaten versuchten in den Neunzigerjahren Gesetze zu erlassen, um den Verkauf von CDs mit Warnaufklebern an Minderjährige zu kriminalisieren, obwohl die Sticker doch vermeintlich freiwillig angebracht wurden. Die Gegner des Heavy Metal, die ihre Prozessattacken beinahe aufgegeben hatten, konnten ihre Batterien mithilfe der Gesetzgeber nun erneut aufladen.

Im September 2001 erhielten jene, die Heavy Metal in den Vereinigten Staaten aus philosophischen oder finanziellen Gründen bekämpften, Unterstützung durch einen Bericht des Justizministeriums, der den Vorwurf der Fahrlässigkeit nicht an die Künstler, sondern an die Vertriebsunternehmen richtete, die anstößiges Material an Minderjährige verkauften. Dieser Bericht machte die Wiederaufnahme eines ruhenden Verfahrens möglich, bei dem Slayer und ihre Plattenfirma 1995 wegen fahrlässiger Tötung angeklagt worden waren. Eine neue juristische Vorgehensweise wurde erarbeitet, die sich nicht gegen die Urheber der Musik richtete, sondern die davon ausging, dass die ausgedehnte Vermarktung von Slayer-CDs mit dem illegalen Verkauf einer gefährlichen Substanz gleichzusetzen war. Die fehlgeleiteten Versuche moralischer Säuberungen nahmen also kein Ende.

In Polizeistaaten wie Nordkorea und dem von den Taliban kontrollierten Afghanistan war hingegen damit zu rechnen, dass die Regierung Maßnahmen gegen Heavy Metal ergreifen würde. In Malaysia wurde die ganze Musikrichtung 2001 in Radio und Fernsehen verboten, und die Regierung versuchte, Megadeth und die Scorpions für Auftritte zu sperren, da man ihnen vorwarf, dem „Black-Metal-Kult“ zu frönen, wozu angeblich die Opferung von Kleintieren und das Verbrennen des Korans bei geheimen Ritualen im Wald gehörten. Ein derart scharfes Vorgehen der Regierung mag primitiv und antidemokratisch erscheinen, es war jedoch dieselbe Haltung, die sich in den Versuchen offenbarte, Heavy Metal in Amerika zu kontrollieren – nur trug man dort etwas samtigere Handschuhe.

XVIII

Das Anti-Metal-Zeitalter: neuer Haarschnitt, neue Wurzeln

- **1995:** *Headbangers Ball* wird von MTV abgesetzt
- **10. April 1996:** Metallica treten bei Alice in Chains' *MTV Unplugged*-Aufnahme auf
- **27. Juni 1996:** Metallica, die Ramones und Soundgarden spielen bei Lollapalooza '96

Death Metal wütete, Black Metal zündelte, und der gute alte Heavy Metal verkaufte in den Neunzigerjahren weiterhin hunderte Millionen von CDs – doch die Schlaglichter der Öffentlichkeit bewegten sich in andere Richtungen. In den trüben Augen des Mainstreams war Metal tot. Die Populärkultur im Prozac-Zeitalter von Bill Clinton hätte sich kaum unengagierter gestalten können. Stieß man in dieser von Wohlstand und Ruhe geprägten Zeit überhaupt auf eine Haltung, dann tendierte diese zu Mäßigung und Selbstbeschränkung – beides zugegebenermaßen nicht gerade die Stärken des Metal. Obwohl der harte Sound in Europa noch immer regierte, hatte man die Amerikaner in den Glauben eingelullt, es gäbe keinen Grund mehr, von der Gesellschaftsnorm abzuweichen. „Die Leute stehen jetzt ein bisschen zu sehr auf Political Correctness", erzählte Jeff Hanneman von Slayer in einem Interview mit *Tales from the Pit*. „Vielleicht sagt man deshalb, Metal sei tot, denn Metal handelt von Freiheit und davon, dass man sagt, was einem durch den Kopf geht – und nicht davon, dass man die eigenen Gedanken im Zaum hält."

Die Absetzung der langjährigen Videosendung *Headbangers Ball* war ein vernichtender Schlag – selbst Nirvana hatten ihr MTV-Debüt in dieser Sendung gehabt. Die Glam-Metal-Party rund um Poison war längst verblasst wie unwillkommene Katerstimmung. Stattdessen tollten nun Green Day und The Offspring, die Aushängeschilder des quietschsauberen Flügels der noch immer aktiven Hardcore-Punk-Szene, über den Bildschirm. Green Day, die gleich mehrere Generationen gefärbter Haare zu repräsentieren versuchten, verkauften von ihrer kindersicheren LP *Dookie* bis 1995 satte acht Millionen Exemplare und beherrschten über zwei Jahre lang die Musikberichterstattung in den Zeitschriften und Zeitungen. Nun wurde endlich anerkannt, welche Bedeutung Punk für den Rock 'n' Roll gehabt hatte, auch wenn nun sterile neue Botschafter diese Musik vertraten. „Ich hoffe, Green Day haben das Geld gut angelegt", sagt Richie Stotts von den Plasmatics, „weil sie echt ein paar gute Hits hatten. Ich hatte kein Problem mit ihnen. Sie schrieben Popsongs. Haben sie versucht, mehr zu sein, als sie waren? Sie waren wie The Knack – eine lustige Sache!"

Nachdem man Aggression und Frustration sauber weggeschnitten hatte, zeigte sich eine Gegenkultur ohne Nebenwirkungen, die überhaupt nichts mit der auf Konfrontation angelegten, Angst einflößenden Musik zu tun hatte, die Metalheads in Wallung brachte. Punk war zum südkalifornischen Lifestyleprodukt mutiert, das sich in einer Unterabteilung der Unterhaltungsindustrie festgesetzt hatte. „Für mich gehörten zum Punk immer sozialkritische Texte und eine besondere Art von Biss", sagt Alycia Morgan, Redakteurin bei *Metal Maniacs*. „Die Musik zeichnete sich durch eine gewisse nervöse Anspannung aus. Diese Bands aus Berkeley, die über Mädchen singen und darüber, wie sie auf dem Sofa masturbieren, sind ungefährlich. Sie bedrohen den Status quo kein bisschen. Nirvana klangen in meinen Ohren bedrohlicher – da gab es echte Angst und eine Ernsthaftigkeit in den Texten, die diesen Bands fehlt."

Doch Heavy Metal hatte sein Mandat verloren, und seine Werte wurden verdrängt. Anders als die Abgänger der Heavy-Metal-Schule achteten die glücklichen Punks und ihre älteren Geschwister, die Alternative-Rock-Bands, darauf, nicht zu systemfreundlich aufzutreten. Während Quiet Riot 1984 von dem plötzlichen Erfolg von *Metal Health* profitierten und sofort mit Black Sabbath tourten, lehnten die mit Platin ausgezeichneten Punks The Offspring 1994 Konzerte mit Metallica und den Stone Temple Pilots in den großen Arenen ab. „Das kam uns einfach nicht richtig vor", sagt der Offspring-Sänger Bryan Holland. „Ich mag immer noch die Clubs, auch wenn es ein großer Club ist. Ich mag die Stone Temple Pilots – ich will jetzt nicht sagen, wir seien zu sehr Punk, um mit denen zu spielen."

Die Musikpresse, der Heavy Metal ohnehin nie ganz geheuer war, verlor rasch das Interesse an den Headbangern. Stattdessen umgarnten sie Alternative-Rock-Bands, die glaubten, sie hätten die Plattenindustrie überlistet, weil sie eine kritische Haltung gegenüber dem Karrieredenken vorschoben. Statt musikalische Meilensteine wie *Master Of Puppets* und *Reign In Blood* abzuliefern, gaben Bands wie Sebadoh musikalische Monotonie als ironische Distanziertheit aus. „Irgendjemand kam auf die Idee, dass es uncool ist, das Publikum zu unterhalten, deshalb sind diese Shows so langweilig", sagt Rob Zombie. „Liz Phair und der ganze Kram – wen interessiert das?" Die Alternative-Rocker Pavement schrieben mit „Cut Your Hair" eine Satire auf die Veränderungen in der Musikwelt, eine Ode an die zunehmend verzweifelte Welt der Musikerkleinanzeigen – die einst die Lebensader der Metal-Szene Hollywoods gewesen waren.

Während die Medien die ungebrochene Vitalität des Metal ignorierten, sprachen die Zahlen eine andere Sprache. Das schmutzige kleine Geheimnis: Was Plattenverkäufe anging, konnte die Popmaschinerie etwas, das sie gar nicht geschaffen hatte, auch nicht zerstören. Während sich *Spin* am Abstieg von Skid Row und Poison weidete, wurde deutlich, dass der Erfolg des Heavy Metal nicht an der Halbwertszeit von Musikmagazinen gemessen werden konnte. Der Ausgangspunkt von allem MTV-geprägten Metal, *Metal Health* von Quiet Riot, verkaufte sich zum Beispiel in den Neunzigerjahren noch mehr als zwei Millionen Mal. Mötley Crüe stapelten mit dem anzüglichen *Dr. Feelgood* – der schlüpfrigsten Verherrlichung erotischer Unterwäsche, die Hollywood je hervorbrachte – nach 1991 noch drei, vier, fünf und schließlich sogar sechs Platin-Platten aufeinander und setzten nach dem angeblichen Großreinemachen im Glam noch vier Millionen Platten um. Im Vergleich dazu verkaufte sich die CD *Doggystyle* des Rappers Snoop Dogg aus L. A., die in den Neunzigerjahren allgegenwärtig erschien, insgesamt nur vier Millionen Mal.

Auch wenn er nun keine wunderschönen Blüten mehr trug, die schmutzigen Wurzeln des Metal erreichten noch immer neue Anhänger. *Paranoid* von Black Sabbath überschritt im Januar 1995 die Vier-Millionen-Marke. Slayer erreichten 1994 einen kommerziellen Höhepunkt, als *Divine Intervention* innerhalb von sechs Wochen vergoldet wurde; es war die vierte Goldene Schallplatte für die Band seit 1992. Pantera, inzwischen unbestreitbar eine wichtige Kraft, kehrten härter als je zuvor mit einem eigenen Album in die *Billboard*-Top-Ten zurück. Die sehr traditionelle CD *Youthanasia* von Megadeth erhielt Anfang 1995 Platin – trotz unzähliger Gitarrensoli und wilden, auftoupierten Haars. Sogar *Ozzmosis*, die der unermüdliche Ozzy Osbourne 1995 ins Rennen schickte, verkaufte sich innerhalb eines Jahres drei Millionen Mal.

Trotzdem setzten Ladenketten wie Tower Records die Nietenarmbänder auf die Liste für den Räumungsverkauf, ohne sich darüber klar zu werden, dass extreme Bands wie Morbid Angel, Emperor und Deicide nach wie vor in Lederkluft Millionen von CDs verkauften. Wie immer erzählten auch hier wieder die schwarzen T-Shirts auf der Straße die wahre Geschichte von der Haltbarkeit des Metal. „Wenn ich MTV sehe, wird mir ganz schön schlecht", sagt Matt Jacobson von Relapse Records. „Was kann man tun? Es gibt immer viele Leute, die sich nur das anhören, was innerhalb der Massenkultur akzeptiert wird. Das lässt sich nicht ändern; ich kann nur sagen, dass sie mir leid tun. Als die Mainstream-Medien dem Macho-Rock den Todesstoß versetzten, glaubten die Leute, Metal sei tot. Das war aber nicht so. Wir standen immer in Kontakt damit, wir hatten immer damit zu tun, und folglich wird es für uns immer aufwärts gehen.“

Wieder einmal verwandelten sich die Fans in Ratten, die über den Boden wuselten. Als das Ansehen des Metal in der Öffentlichkeit litt, waren auch Metallicas Aktionen wenig dazu angetan, daran etwas zu ändern. Jahrelang hatten sie der Heavy-Metal-Welt oberste Priorität eingeräumt. Jetzt plötzlich sprangen sie bei jeder Fernsehpreisverleihung und Videoaufnahme ins Rampenlicht und reisten im September 1995 mit den Alternative-Bands Hole und Veruca Salt zu einem Auftritt bei einem Festival der Biermarke Molson Ice in das arktische Dorf Tuktoyaktuk. Die Band, die sich über sieben Jahre lang geweigert hatte, auch nur ein Video aufzunehmen, nahm nun Werbeaufträge an.

Das Schwarze Album hatte den Overkill von Metallica auf intelligente Weise runtergekocht, blieb dem Metal im Wesentlichen aber treu. Mit dem Nachfolgealbum, das fünf Jahre später, im Juni 1996, erschien, brach die Band vollkommen mit dem für sie typischen knirschenden Sound und ließ den Heavy Metal hinter sich. *Load* – ein Titel, der zu verunglimpfenden Wortspielen einlud – war angemessen satt produziert, doch hatten sie das klassische europäische Metal-Songwriting zugunsten einfacher, bluesorientierter Riffs aufgegeben. Der Glaubenswandel wurde mit Radioeinsätzen belohnt, selbst bei Sendern, die Heavy Metal immer gemieden hatten, doch es war ein müßiger Sieg. „Ich fühlte mich ein bisschen verraten“, erinnert sich Ronnie James Dio, dessen Band Ende der Achtziger das Zepter an die Übermacht der damals noch hungrigeren Metallica hatte abgeben müssen. „Ich hatte das Gefühl, sie wollten plötzlich wie Deep Purple klingen, und das waren nicht die Metallica, an die ich mich erinnerte und die mir was bedeuteten.“

In den dreizehn Jahren seit *Kill 'Em All* war das frühe Headbanger-Outfit – Jeansjacke, Saxon-Anstecker und der pubertäre Schnurrbart im Gesicht von Lars Ulrich – einer Uniform aus aufeinander abgestimmten schwarzen Jeans und Hemden gewichen. Und nun, auf einen einzigen Streich, schnitten sich die Mitglieder von Metallica die langen Locken ab – das traditionelle Zeichen, dass man der heiligen Metal-Sache wirklich ergeben war. Jason Newsted und James Hetfield hatten sich schon 1992 die Haare an den Seiten kurz zu einer Art freakigen Irokesenfrisur abrasiert, wobei Newsted typischerweise praktische Gründe hatte, seinen Haaren den letzten Schiff zu verpassen. „Sie haben mich wegen des Besitzes von Magic Mushrooms drangekriegt“, erzählte er dem *Melody Maker*, „und ich habe eine Samstagnacht in der Zelle des Sheriffs von West Hollywood verbracht. Ich habe eintausend Dollar Kaution bezahlt, mir die Haare geschnitten, bin vor Gericht erschienen, und das Verfahren wurde eingestellt.“

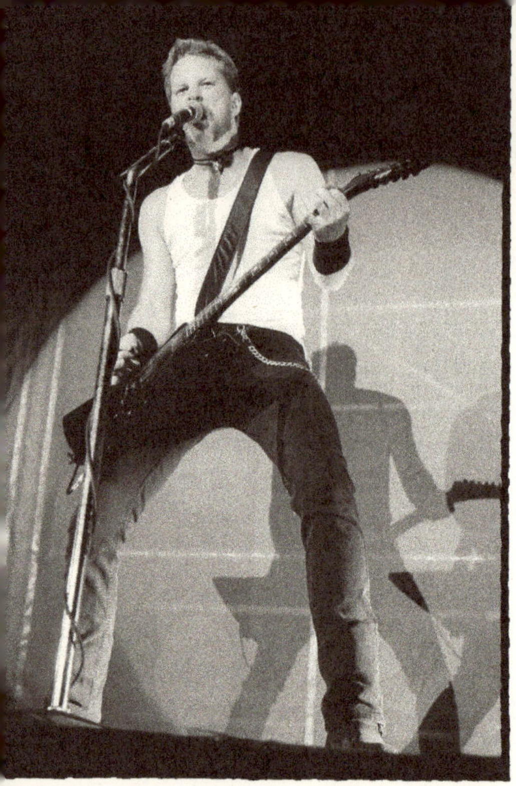

Kurz geschoren: James Hetfield bei Lollapalooza *(Stew Milne)*

Nachdem sie jahrelang gleichgültig ein Anti-Image gepflegt hatten, wurden auf *Load* nun dutzende Fotos präsentiert, die Metallica auf bizarre Weise in modischen Verkleidungen zeigten. Die Gruppe präsentierte sich wahlweise als Laufburschen der kubanischen Mafia, kanadische Friseure, Touristen auf dem Times Square oder einfach als Metallica mit Eyeliner. Metallica kleideten sich nun endlich doch, wie es ihrem Bankkonto entsprach. „Ich habe die letzten fünfzehn Jahre keine Unterhosen getragen", erzählte Lars Ulrich dem *Melody Maker*. „Aber vor neun Monaten beschloss ich, nie wieder Jeans anzuziehen. Und weil ich im Gegensatz zu den meisten Amerikanern nicht beschnitten bin, würde da infolge meiner exzessiven Trinkgewohnheiten eine ganze Menge Urin in meine teuren Hosen tröpfeln, die nicht aus Jeansstoff gemacht sind. Also schlug meine Frau vor, ich solle Unterwäsche tragen, damit ich mir nicht dauernd in die schönen teuren Designerhosen pisse."

Langjährige Fans schwankten nun zwischen anhaltender Zuneigung und Apathie. „Ich verstehe ja die ganzen neuen Frisuren und Trends, aber Metallica waren eine Band, die diese Scheiße nicht hätte machen müssen", sagt der langjährige Freund und Fan Katon W. DePena bedauernd. „Aber ich schätze, die denken sich, wenn sie schon auf Ausverkauf machen, dann können sie's genauso gut im großen Stil tun." Metallica setzten nun auch bei der Covergestaltung auf eine gehobenere Preisklasse, sie verpflichteten den Künstler und Illustrator Pushead, der als Grundlage für die Covergestaltung von *Load* das teure Kunstfoto *Blood and Semen III* von Andres Serrano verwendete, einem angesagten New-Yorker Künstler, der dadurch Berühmtheit erlangt hatte, dass er ein Kruzifix in ein Glas mit eigenem Urin hängte.

Obwohl die Musik leichtgewichtiger klang, war auf der Habenseite zu vermerken, dass die Texte auf *Load* persönlicher und aufschlussreicher waren als alle anderen zuvor, da sich James Hetfield mit der Wut gegen seine Eltern sorgfältiger auseinander setzte und nicht einfach nur zornig auf sie eindrosch. Die Metal-Götter schmolzen zu sterblichen Wesen zusammen. „Wenn ich mir heute das Schwarze Album anhöre, dann klingt das so angespannt, so beengt", sagte James Hetfield gegenüber *Addicted to Noise*. „Wir dachten damals: ‚Mann, das ist das Lockerste, Lebendigste, was wir je gemacht haben.' Im Vergleich zu dieser Platte klingt es total verkrampft."

Einfach ausgedrückt: Nachdem sie sich textlich mit anspruchsvollen Themen auseinander gesetzt hatten, Cliff Burtons Tod verkraften mussten, jahrelang auf Tournee waren und das Gewicht der Glaubwürdigkeit des Metal auf ihren Schultern trugen, während sich neue kommerzielle Möglichkeiten für harte Musik eröffneten, erlaubte es sich die Band schließlich, öffentlich etwas auszuspannen. James Hetfield und Lars Ulrich hatten fünfzehn Jahre lang grimmige Gesichter gezogen, und sie hatten nun genug davon. In den Augen vieler verdienten die Mitglieder von Metallica ihren hart erarbeiteten Rockstar-Ruhestand. „Metallica können tun, was sie wollen", sagt Shawn Crahan von Slipknot. „Sie haben gewonnen. Sie haben sich das Recht verdient, heute das zu machen, was ihnen vorschwebt."

Zu den großen Veränderungen in der Metal-Szene dieser Zeit gehörte aber auch die merkwürdige Saga von Judas Priest, und verglichen damit waren die Kurzhaarfrisuren und der neu entdeckte Wille zur Normalität bei Metallica kaum der Rede wert. Sänger Rob Halford trennte sich Anfang der Neunzigerjahre von Judas Priest und gründete das schlankere, an Pantera erinnernde Projekt Fight. Während noch über einen Ersatz für Halford diskutiert wurde, stießen Judas Priest auf Tim Owens alias Ripper, der sich nach einem ihrer wichtigsten Songs benannt hatte. Der Achtundzwanzigjährige aus Ohio hatte Rob Halford in einer Judas-Priest-Coverband namens British Steel „gespielt" und seinen Gesang genau am Vorbild Halfords geschult. „Das war einmalig", erzählt Ripper. „Ich spielte in einer Judas-Priest-Coverband. Ein Mädchen aus Rochester in New York drehte Videoaufnahmen von meinem vorletzten Auftritt mit der Band in Erie in Pennsylvania und schickte dieses Material an Priest. Ich glaube nicht, dass irgendjemand, der jemals in einer Coverband gespielt hat, später bei der Band, die er gecovert hat, eingestiegen ist."

Die merkwürdige Situation bekam einen noch eigenartigeren Dreh, als Rob Halford am selben Tag, an dem Judas Priest bekannt gaben, ihren neuen Sänger auf einer Welttournee den Fans vorstellen zu wollen, seine ehemalige Crew mit einer Pressekonferenz ausstach, auf der er sich zu seiner nur schlecht verborgenen Homosexualität bekannte. Halford hatte sich seit Mitte der Siebziger als SM-Lederdaddy verkleidet, und sein Coming-out überraschte kaum jemanden, der gesehen hatte, wie der Sänger seine Reitpeitsche schwang. Und doch war es nach zwanzig Jahren des „Nicht fragen, nichts sagen" erstaunlich, eine definitive Antwort auf eines der großen Metal-Mysterien zu erhalten.

Auf frühen durchkonzipierten Videos von Judas Priest spielte Halford auf seine Homosexualität an, indem er eine Reihe homoerotischer Rollen übernahm – in „Hot Rockin'" wurde er von seinen verschwitzten Bandkollegen beiseite gedrängt, die ohne ihn einen Raum voller spärlich bekleideter Damen betraten. Die Titel *Screaming For Vengeance* und *Ram It Down* erhielten plötzlich neue Bedeutung, wie auch die Eindringlichkeit, mit der Halford einige der Priest-Klassiker vorgetragen hatte. Das traf besonders auf „Breaking The Law" zu, den Hit der Band von 1980, der geschrieben wurde, als „Sodomie" in weiten Teilen Großbritanniens noch eine Straftat darstellte und Gegenstand politischer Debatten war. Mit Sicherheit aber bekam der Text des hymnischen „Genocide" von 1976 nach Aids neue prophetische Bedeutung: „Sin after sin, I have endured. Yet the wounds I bear are the wounds of love – Sünde um Sünde ertrug ich. Doch die Wunden, die ich erhielt, sind die Wunden der Liebe."

Als das Vermächtnis von Judas Priest in neuem Licht erschien, bestand die größte Überraschung darin, mit welcher Leichtigkeit die knallharte Metal-Gemeinde die Nachricht auffasste. Halford erklärte dem *Boston Phoenix* im April 1998, dass er Heavy Metal für kein homophobes Musikgenre hielt. „Ich glaube, es wäre unfair, das ausschließlich der Welt des Heavy Metal zuzuschreiben", sagte er. „Ich glaube, dass die meisten Leute Metal immer noch für einen sehr männlichen, heterosexuellen, machomäßigen Bereich halten, in dem es nur ums Frauenaufreißen und Saufen geht, deshalb haben die Leute Vorurteile."

Halfords Status als Ikone geriet nicht ins Wanken – ihn abzulehnen hätte bedeutet, einen riesigen Anteil dessen zu verleugnen, was den Sound und die Bildlichkeit des Metal ausmachte. „Vielleicht ist die Mehrheit in der Metal-Gemeinde wegen mir, wegen dem, was ich darstelle, und den Erfahrungen, die ich mit den Leuten teile, damit klargekommen", sagte Halford. Die Erklärung zog jedoch keine Welle der Bekenntnisse in der Metal-Szene nach sich. Falls andere schrille Frontmänner ebenfalls ein geheimes Leben versteckten, dann hielten sie den Mund. Das komplexe Drama dieser Geschichte führte zu einem ausführlichen Artikel in *GQ*, in dem auf Rippers ungewöhnliche Rolle bei Judas Priest eingegangen wurde, woraus wiederum ein Drehbuch mit dem Titel *Metal God* entstand, das später unter dem Titel *Rock Star* verfilmt wurde.

Während sich nun auch Lars Ulrich und Kirk Hammett schminkten und spielerisch vor den Kameras Zungenküsse austauschten, hielten Metallica weiter Schritt mit der Zeit und eroberten 1996 das erfolgreiche Lollapalooza-Festival, bei dem sie gemeinsam mit den Ramones, Soundgarden, Rancid, Screaming Trees und einer Gruppe kämpfender Shaolin-Mönche auf dem Programm standen. In einer Welt, die vorübergehend von Punk regiert wurde, legte Ulrich großen Wert darauf, zwischen seinen neuen Verbündeten und den Sex Pistols zu unterscheiden, die sich zur gleichen Zeit gerade auf einer lukrativen Wiedervereinigungstour befanden. „Ich fand die Sex Pistols immer ein bisschen possierlich", sagt er. „Sah man mal von dem ganzen Gerede ab, dann steckte bei ihnen nicht viel dahinter. Mir sind die Ramones jedenfalls viel lieber."

So, wie *Load* eine entspanntere Herangehensweise an das Songwriting gezeigt hatte, so befreite Lollapalooza Metallica von ihrem anstrengenden Tourplan. „Ich halte es für den größten Spaß, den man haben kann, wenn man in einer Band spielt", sagt Ulrich. „Im Sommer in Amerika neunzig Minuten unter freiem Himmel aufzutreten – besser geht es gar nicht. An Burn-out leidet man, wenn man im November in Deutschland zweiundzwanzig Konzerte geben muss. Freiluftkonzerte im Sommer in Amerika sind reines, ungetrübtes Vergnügen."

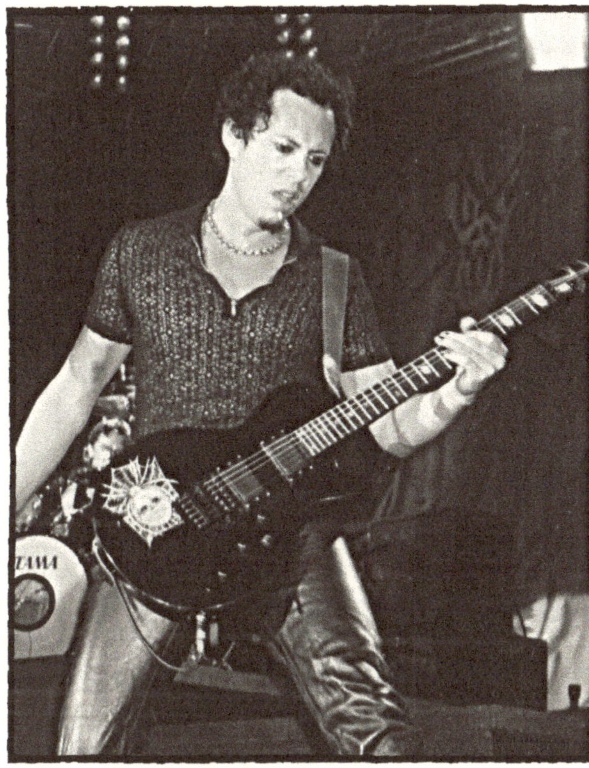
Kirk Hammett alternativ *(King Django)*

Metallica genossen also einen Arbeitsurlaub, und noch bevor die Lollapalooza-Tour begann, versprach Ulrich einen Nachschlag: „Auf *Load* ist nur die Hälfte dessen, was wir im Studio aufgenommen haben. Wir haben im Prinzip zwei Platten geschnitten, also wird es in ungefähr achtzehn Monaten eine zweite geben. Da fehlen nur noch ein bisschen Gesang und hier und da ein bisschen Gitarre."

Reload, das im November 1997 veröffentlicht wurde, war abenteuerlustiger als sein aufgewärmter Vorgänger. Es war ein etwas engagierterer Versuch, die Fühler nach Neuland auszustrecken; für „The Memory Remains" heuerte die Band sogar Marianne Faithfull mit ihrer rauchigen Stimme für ein Duett an. „Wir können im Moment wirklich machen, was wir wollen", sagte James Hetfield gegenüber VH1. Zu der vielseitigen, unberechenbaren Abfolge von Songs auf *Reload* gehörte auch „The Unforgiven II", auf dem sie sich noch einmal mit dem Außenseiterthema des Schwarzen Albums beschäftigten. Die Songs wurden, inspiriert von den Anti-Western Clint Eastwoods, für Hetfield zu persönlichen Hymnen – er war jetzt ein erwachsener Mann und nicht mehr das undankbare Pickelgesicht, das sich 1985 von *Kerrang!* dabei beobachten ließ, wie er auf einen Fernsehbildschirm pinkelte, auf dem das Gesicht des Cowboydarstellers John Wayne zu sehen war. Die Zeiten – und die politischen Ansichten – hatten sich geändert.

Bei so vielen Albernheiten waren eine Gegenreaktion und ein Loslösungsprozess von Metallica unvermeidlich. Ihre ehemaligen Labelkollegen bei Megaforce, Manowar, hatten mehr als zwanzig Jahre lang das Metal-Material solide bearbeitet und sich weltweit eine riesige Fangemeinde aufgebaut. Sie betrachteten den Wandel zum Martini-Metal ohne Wohlwollen. Wie Fates Warning, Overkill, Savatage und andere überlebende Power-Metal-Bands hatten auch sie niemals traditionelle Versatzstücke der größeren Lautstärke oder dem Tempo des Death Metal geopfert. Sie waren waschechte Vertreter der alten Schule, die sogar Thrash Metal für eine kurzlebige Modeerscheinung hielten.

Manowar hatten die verschiedensten Trends und eine schwierige Vertragsbeziehung mit Atlantic Records überlebt, indem sie ausgiebig im Ausland tourten und ihr Œuvre perfektionierten. Sie pressten die rebellische Bildlichkeit aus Bikern und Barbaren in eine Oblate, die sie der Gemeinde beim heiligen Metal-Abendmahl reichten. Selbst innerhalb der strengen Welt des traditionellen Metal galten Manowar als abgeschlossene Einheit – als eine Gruppe von Statuen eigener Schöpfung, die Songs über Blut, Feuer, Stahl und Patriarchat in absoluten Begriffen präsentierten. Jedes Missgeschick, das dieser Band begegnete, war eine Schlacht und jeder Triumph ein unerwartet haushoher Sieg. In ihrem wild entschlossenen Begleittext für *Hell On Stage,* einer erschöpfenden Live-Doppel-CD, verkündeten sie: „In unserer Welt gibt es kein Wenn und Aber." Mit dem Wandel von Metallica hatten sie eine Zielscheibe für ihre Wut gefunden.

Manowar schritten zur Tat und reorganisierten die Massen, die von den nichtmetallischen Metallica ihrem eigenen Schicksal überlassen worden waren. Auf ihrer Tour für *Louder Than Hell* führten Manowar, die sich kurzzeitig einen Plattenvertrag mit Geffen Records gesichert hatten, ein allabendliches Bühnenritual auf, bei dem sie sich wie die christlichen Sekten bei ihren improvisierten Zusammenkünften gebärdeten, wenn der Gemeinde Wunder gezeigt werden sollen. Der Bassist Joey DeMaio suchte das Publikum nach einem Jugendlichen in einem Metallica-T-Shirt ab, zerrte ihn auf die Bühne und machte sich über jene lustig, „die dem wahren Metal den Rücken gekehrt hatten". Wenn der Fan durch und durch beschämt und den Tränen nahe war, tauschten die grimmigen Metal-Kämpfer den Metallica-Lumpen gegen ein brandneues Manowar-T-Shirt, reichten eine symbolische Dose Bier herum, als wäre sie ein gesegneter Weinkelch, und schickten den Fan wieder in die Menge zurück – als zum wahren Glauben bekehrten Manowar-Mann.

Auf ihrer Suche nach einem neuen Zentrum für die Welt des Heavy Metal interessierten sich die Fans nicht unbedingt für die ruhmreichen schwertschwingenden Zeiten, die Manowar mit ihrem klassischen Kanon wieder aufleben lassen wollten. Zwar waren ihre alten Schlachtrufe gegen die Poser nach wie vor enorm beliebt, hatten aber gleichzeitig etwas Anachronistisches an sich. Stattdessen wandte sich das allgemeine Interesse der Peripherie zu: Nachdem die einflussreichen Stars nun verschwunden oder offenbar zum Mainstream übergelaufen waren, hielt die äußerst vielseitige Szene nichts mehr zusammen, und sie lief in mehrere scheinbar unvereinbare Richtungen auseinander. Auch während der Black Metal den Underground auf der ganzen Welt anregte und beeinflusste, ließen sich andere junge Bands außerhalb der Hardcore-Metal-Bewegung vielmehr von ihrer unmittelbaren Umgebung inspirieren.

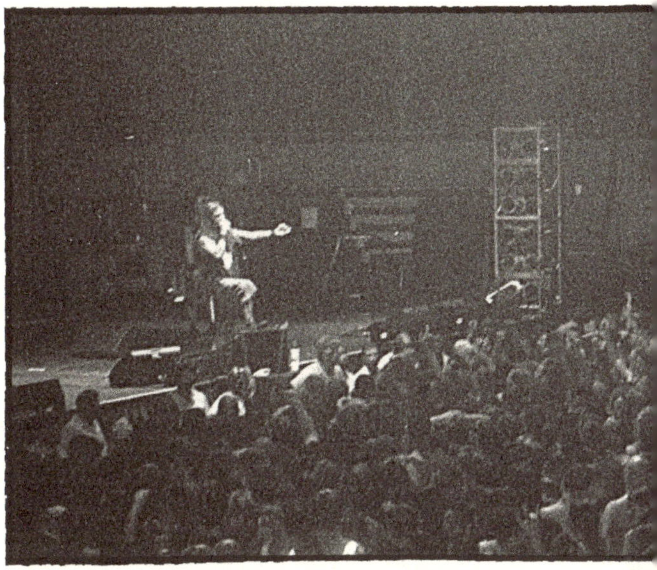

Volle Hallen: Pantera live in den Neunzigern

Nachdem Heavy Metal Mitte der Neunziger an den Rand gedrängt wurde, stieg der Einfluss, den der Hardcore Rap auf die harte Musik hatte. Selbst ein eingefleischtes Independent-Label wie Roadrunner, das fünf Jahre zuvor noch mehr als ein Dutzend Death-Metal-Acts betreut hatte, versuchte sein Glück mit Rap-Metal-Bands, denen man kommerzielles Potenzial zutraute. In Biohazard, Dog Eat Dog, Machine Head und Life of Agony glaubte das Label Künstler entdeckt zu haben, die nicht nur die Haarfarbe des Hardcore Punk, sondern auch seine Wut und Gehässigkeit repräsentierten. Doch schon 1996 war es weniger die Fusion von Hardcore und Metal, die bei diesen Gruppen auffiel, als vielmehr die Rap-Einflüsse in ihrem Gesang und in ihrer Einstellung.

Aus dieser aggressiven, wettbewerbsorientierten Form des Metal stachen vor allem Pantera heraus. Während sie zwischen 1993 und 1996 sechs Goldene Schallplatten einheimsen konnten, kletterten die Newcomer Biohazard und Machine Head mit einem ähnlich spannungsgeladenen Stil in die Charts – sie übernahmen den stampfenden Groove des Rap, hielten aber gleichzeitig an einem von Gitarren getriebenen Thrash-Metal-Drive fest. Sie waren wie Stadtguerillaeinheiten, die diese Szene von den Straßen Brooklyns und Oaklands aus aufrollten, und der unbezähmbare Hardcore Rap spielte in ihrem aggressiven Musikmix eine große Rolle. Gleichzeitig kamen ihnen die Rapper Cypress Hill mit ihrer Begeisterung fürs Kiffen und für Waffen auf halbem Weg entgegen: Sie markierten ihr eigenes Revier mit schwermütigen paranoiden Reimen und der vielseitigen Musik des Produzenten Mixmaster Muggs, der oft und gern Black-Sabbath-Samples einsetzte. Gemeinsam wiederum beeinflussten diese Bands eine brandneue klitzekleine Anzahl kaum bekannter Gruppen wie Korn, Slipknot und Limp Bizkit, deren in Eigenregie veröffentlichte Debütalben Mitte der Neunzigerjahre zeigten, dass der Geist des Heavy Metal auf vielerlei immer weniger identifizierbare Weise überlebt hatte.

Als ihre Haare langsam wieder wuchsen, fanden auch Metallica zu ihren Metal-Wurzeln zurück. Eine aufwändige Bühnenshow, die sie für ihre Tour durch Nordamerika 1997 entwarfen, bildete die absurde Realität ab, in der die Band nun lebte. In Erinnerung an James Hetfields dramatischen Unfall in Montreal explodierte allabendlich mitten im Set ein Teil der Beleuchtungsanlage, und ein lichterloh brennender Lichttechniker schwang sich an einem Sicherheitskabel durch die Luft. Das war der Auftakt zu der Zerstörungsgeschichte, die nun erzählt wurde. Ein Beleuchtungsturm fiel in eine vorgegebene halb schräge Position zusammen, und Roadies rannten auf die Bühne, um die Flammen zu löschen. Der Lichttechniker wurde auf einer Trage zu einem am Bühnenrand wartenden Krankenwagen getragen, während aus den Lautsprechern statisches Knistern drang.

Nachdem ihr Equipment also derartig beschädigt war, taten die Bandmitglieder so, als würden sie eine Übergangslösung zur Behebung der Katastrophe improvisieren. Sie trafen sich am äußersten Ende der Bühne, wo einige kleine Gitarrenverstärker unter ein paar einfachen weißen Glühbirnen standen, und spielten ein gemütliches Medley aus „Four Horsemen" und anderen Oldies von *Kill 'Em All*. Langsam fuhr der Soundmann den Mix wieder auf Arena-Lautstärke hoch. Es war ein ungeheures Ereignis, das auf Katastrophenfantasien anspielte und die Geschichte der inzwischen legendären Anfänge der Band erzählte. Diese Produktion, die logistisch komplizierter war als jede der Mammut-Bühnenshows Iron Maidens aus den Achtzigerjahren, offenbarte reines Metallica-Genie. Sie gaben vor, sich über Rock 'n' Roll-Konventionen lustig zu machen – selbst dann, wenn sie von ganzem Herzen mitspielten. Die für die Spezialeffekte zuständige Firma wurde dann auch tatsächlich von der führenden Zeitschrift für Bühnenausstattung mit einem Preis für das beste Konzept in diesem Bereich ausgezeichnet.

Metallica sorgten für ihren eigenen Spaß, nahmen einen Kredit auf ihren kreativen Freibrief auf und besannen sich auf den guten alten Heavy Metal – was zudem hieß, dass sie sich nicht die Mühe machen mussten, neue Songs zu schreiben. Während *Load* und *Reload* Versuche darstellten, sich mit einfachem Rock wieder auf die Grundlagen zu besinnen, kehrte die Band mit *Garage Inc.* zu ihren wahren Wurzeln zurück: klassischem NWOBHM-Metal und Hardcore Punk. Schon auf den EPs *Creeping Death* von 1984 und *Garage Days Re-Revisited* von 1987 hatte die Band ein gutes Händchen für Coversongs bewiesen, die sie durch gehörige Portionen typischer Hetfieldismen und reichlich Metallithrash verfeinerten. Mit der Doppel-CD *Garage Inc.* zahlten sie nun erneut Raten auf alte künstlerische Hypotheken ab, indem sie ihre Interessen und Einflüsse einer neuen Generation von Zuhörern vorstellten.

Das Doppelalbum *Garage Inc.* bestand aus einer CD, die sechzehn bereits zuvor erhältliche Aufnahmen enthielt, sowie einer zweiten mit neuen Versionen, die Metallica wieder Gelegenheit gab, den Katalog von Diamond Head und den Misfits zu plündern und zudem einige kaum beachtete Klassiker von Black Sabbath und der britischen Hardcore-Band Discharge einzustreuen. Joker waren „Turn The Page" von Bob Seger, „Loverman" von Nick Cave und eine akustische Version von „Tuesday's Gone" von Lynyrd Skynyrd – auf der Les Claypool, Kirk Hammetts alter Freund aus dem Matheunterricht, Banjo spielte.

Bei einer Band, die so viele Riffs anzubieten hatte wie Mercyful Fate, genügte keine einfache Coverversion: Metallica bastelten aus fünf Songs von dem wegweisenden Album *Melissa* und einer früheren EP ein elfminütiges Medley. „Sie brachten das Wesentliche auf den Punkt und klangen immer noch wie Metallica", sagt King Diamond. „Dieses Medley überraschte uns total. Sie dachten, unser Verleger hätte uns schon davon erzählt, aber als Lars mich anrief, wusste ich noch nichts davon. Er spielte mir das Band zum ersten Mal übers Telefon vor, und mir standen die Haare zu Berge, so authentisch klang das."

Der ehemalige Misfits-Chef Glenn Danzig gab bereitwillig sein Einverständnis zur Neuaufnahme seiner Stücke – den Misfits selbst, die sich wiedervereinigt und nun mit einem neuen Sänger bei Geffen unterschrieben hatten, verweigerte er dasselbe Recht. „Kirk Hammett rief mich an, bevor sie das Coverversionenalbum einspielten", sagt Danzig. „Er sagte mir, sie wollten ‚Die Die My Darling', ‚Last Caress' und ‚Green Hell' aufnehmen. Ich fand das cool." Noch cooler allerdings war sein Profitanteil an den Rechten der drei Songs, als sich *Garage Inc.* unerwartet vier Millionen Mal verkaufte.

Da sie auf der kurzen Tournee für die Promotion von *Garage Inc.* keine eigenen Songs spielten, heuerten Metallica eleganterweise eine Metallica-Coverband namens Battery als Vorgruppe an. Bei der Grammy-Verleihung 1999 nahmen Metallica für „Whiskey In The Jar" von *Garage Inc.* den Preis für die beste Hardrockband mit nachhause und stachen eine Reihe neuer Namen aus, darunter auch Korn, Kid Rock und Limp Bizkit. Metallica waren nun die Wahl des Establishments – bekannte Gesichter, wenn es um Ehrungen der Industrie ging. Ihre Millionen hatten viele im Musikbusiness reich gemacht, und der Wirtschaftszweig, den die Band geschaffen hatte, versorgte tausende von Anwälten, Fotografen, Sicherheitskräften und Plattenverkäufern. Dieser fünfte Grammy war eine besonders willkommene Auszeichnung, denn geehrt wurde damit ein traditionelles irisches Volkslied, das bereits 1973 in der Version von Thin Lizzy zum Hit geworden war.Phil Lynott, der verstorbene Sänger und Bassist der irischen Band, zählte nicht nur zu Cliff Burtons Lieblingsbassisten, sondern war für unzählige Metal-Größen ein nicht zu unterschätzender Einfluss.

Das alte NWOBHM-Label Neat Records gab sich nun nicht damit zufrieden, sich auf dem Altenteil auszuruhen und Schecks für die Verlagsrechte der Metallica-Cover einzulösen, sondern wurde wieder aktiv und reagierte auf *Garage Inc.* mit der Veröffentlichung der Sampler *Metallica-Era Vol. I* und *Metallica-Era Vol. II.* Es handelte sich um Zusammenschnitte der Originalversionen von Motörhead, Diamond Head, Holocaust und anderen frühen britischen Heavy-Metal-Tracks, die Metallica in ihr Programm aufgenommen hatten. Auf der zweiten CD drehten Holocaust mit ihrer eigenen Interpretation von „Master Of Puppets" den Spieß um. Metallica hatten sich schon zuvor über verschiedene Neuinterpretationen ihrer Musik freuen dürfen: zunächst von der Industrial-Band Die Krupps, dann auf *Apocalyptica Plays Metallica By Four Cellos,* dem Album eines finnischen Streichquartetts. Der Wrestling-Soundtrack *ECW Extreme Music* brachte 1998 schließlich die höchste Headbanger-Ehre: eine werkgetreue, saftige Coverversion von „Enter Sandman", gespielt von Motörhead.

Auf dem Flugzeugträger *USS Constellation,* der im Persischen Golf stationiert war, vertrieben sich Schiffs- und Marineoffiziere die Zeit mit einer „klassischen Alternative-Rock-Band" namens One Ball Low, die Metallica-Cover spielte. Der Film *Paradise Lost* hatte bereits belegt, dass Metallica bei einem eingesperrten Publikum beliebt war, und die fünftausend Mann, die auf der *Constellation* festsaßen, bildeten keine Ausnahme. Dennoch schien der Umstand, dass Soldaten die Songs einer Band kopierten, die flammende Antikriegshymnen wie „Disposable Heroes" und „One" geschrieben hatte, nicht frei von Ironie.

Durch Pat Boone, den Urgroßvater christlicher Rockmusik, erfuhr „Enter Sandman" jedoch eine ganz andere Behandlung. Auf seiner CD *In A Metal Mood – No More Mr. Nice Guy* presste er das Schmalz aus zwölf Metal-Klassikern heraus, darunter auch „You've Got Another Thing Coming" von Judas Priest und „Holy Diver" von Dio. „Es war lustig, ‚Holy Diver' in einer solchen Version zu

METAL-TRIBUT-SAMPLER

Angefangen bei den ersten Platten von Black Sabbath und Judas Priest wurden Coversongs im Heavy Metal von jeher gern genutzt, um zu verdeutlichen, welch langen Weg die Musik seit der Originalfassung gegangen war. Die durchdringende Stimme von Rob Halford auf der Priest-Version von „Green Manalishi (With The Two-Pronged Crown)" klang so, als stamme sie aus einem anderen Jahrhundert als das Original von Fleetwood Mac. Im Thrash Metal entwickelten sich Coverversionen zur ausgewachsenen Manie: Slayer coverten Iron Butterflys „In-A-Gadda-Da-Vida" für den Soundtrack zu *Unter Null*, Megadeth coverten Nancy Sinatra, Exodus coverten War, und Xentrix coverten unglücklicherweise den Titelsong aus *Ghostbusters*. Besonders eifrig plünderten Metallica die Backkataloge anderer Künstler, wobei sie ein äußerst geschicktes Händchen mit Veröffentlichungen bewiesen, die in begrenzter Auflage Licht auf bislang verborgene Einflüsse warfen. Ende der Neunzigerjahre schlug sich diese Gepflogenheit in ganzen Coveralben bedeutender Metal-Künstler nieder, und umgekehrt zollten unbekanntere Bands den Metal-Größen mit weniger wichtigen Alben ihre Verehrung. Es entstand eine Fülle von Tribute-Alben, denn für die legendärsten Bands wie Black Sabbath, Mercyful Fate, Metallica, Judas Priest, Slayer, Venom und Iron Maiden war ein Album nicht genug.

Der Ruf der Meister

- *A Tribute To Abba* (2000). Mit Therion, Morgana LeFay und anderen leicht ironischen Verneigungen
- *In Memory Of Celtic Frost* (1996). Mit Emperor, 13, Mayhem und Opeth
- *Nativity In Black: A Tribute To Black Sabbath* (1994). Type O Negative beweisen, dass es möglich ist, „Black Sabbath" noch langsamer zu spielen als im Original

Dem Ruf wird geantwortet

- Pat Boone, *In A Metal Mood – No More Mr. Nice Guy* (1997). Metallica, Dio und Judas Priest in Easy-Listening-Manier
- Cutthroat, *Rape Rape Rape* (1998). Japanischer Angriff auf Hirax, Mace, Exodus, und Warfare
- Guns N' Roses, *The Spaghetti Incident?* (1993). Urschreitherapie mit Coversongs von The Damned, Charles Manson, den Stooges und Hanoi Rocks
- Metallica, *Garage Days Re-Revisited, The $5.98 EP* (1987). Innovative Coverversionen der Songs von Holocaust, den Misfits, Killing Joke und Budgie
- Metallica, *Garage Inc.* (1998). Weiter geht es mit Nick Cave, Motörhead, Bob Seger und Mercyful Fate
- Overkill, *Coverkill* (1999). Die Thrash-Könige schnappen sich Motörhead, Kiss, Judas Priest und die Sex Pistols
- Rage Against the Machine, *Renegades* (2000). Afrika Bambaata wird metallisiert
- Slayer, *Undisputed Attitude* (1996). Die Könige des Metal schicken Minor Threat, Dr. Know, D.I. und den Stooges ein paar Almosen
- Six Feet Under, *Graveyard Classics* (2002). Das Krümelmonster vergeht sich an Venom, AC/DC, Exodus und Accept

hören“, sagt Ronnie James Dio. „Ich glaube nicht, dass viele Leute den Witz verstanden haben, aber er ganz bestimmt.“ Gekünstelt bis in die Haarspitzen, schmachtete sich Boone durch die gigantischen Melodiebogen, begleitet von Backgroundgesang, Bläsern und einer entsetzlich schlappen Leadgitarre.

Wachsam und ganz und gar nicht entzückt wandte sich die religiöse Rechte prompt von der Galionsfigur gesunder amerikanischer Rechtschaffenheit ab – jedenfalls für eine Weile – und sorgte dafür, dass Boones vom Trinity Broadcasting Network ausgestrahlte Sendung *Gospel America* einstweilen auf Eis gelegt wurde. Doch obwohl die christliche Industrie Politiker und Unternehmen seit vielen Jahren bereits mit Boykottdrohungen schikanierte, wirkte dieses Verbot diesmal reichlich kraftlos, denn Pat Boone erreichte mit *In A Metal Mood* zum ersten Mal seit mehr als dreißig Jahren wieder die *Billboard*-Two-Hundred.

Auch wenn Metal in den Neunzigerjahren vom Mainstream einige Prügel hatte einstecken müssen, überraschte es die Fans dennoch nicht, dass die Musik noch immer Macht auf dem Markt besaß. Engagierte Labels wie CMC International und Spitfire Records, die sich auf Wiederveröffentlichungen spezialisiert hatten, packten die Gelegenheit beim Schopf und kauften den Majorlabels die alten Aufnahmen von Iron Maiden, Twisted Sister und anderen in Vergessenheit geratenen Giganten zum Schnäppchenpreis ab. „Da die Glanzzeit des Metal längst vorbei zu sein schien, richteten die Majors ihr Augenmerk hauptsächlich auf andere Arten von Musik“, gab Spitfire Records in einer Erklärung bekannt. „Da sich die großen Labels heraushalten und das Plattengeschäft von Natur aus zyklisch funktioniert, zeichnet sich ein wachsender Trend zurück zu härterer Musik ab. Tatsächlich waren Metal und Hardrock nie verschwunden.“

Von den Vermarktungsvorhaben der großen Plattenfirmen unbelastet, blieb Metal Mitte der Neunzigerjahre lebendig und eigenverantwortlich. Sein Geist lebte fort in einer neuen Generation, die entschlossen war, die verschiedenen Heavy-Metal-Traditionen ehrfurchtsvoll wieder miteinander zu verbinden. Bands wie Hammerfall, Blind Guardian und Iced Earth arrangierten den Metal-Stil der Achtzigerjahre zu einer Retroproduktion, die den schönen Namen Legacy Metal – also Vermächtnis-Metal – bekam und die fantastischen großen Gesten aufrechter Bands wie Fates Warning und Manowar mit der Leichtgängigkeit des deutschen Speed Metal verband. Für diese jungen Gruppen hatten die frühen Pioniere des Heavy Metal den Status der Unsterblichkeit erlangt – die Gesichter von Ozzy, Halford und Dio waren geradezu in einen imaginären Mount Rushmore gemeißelt.

Andere Retroformen belegten die oft unterschätzte Fähigkeit des Heavy Metal, über sich selbst zu lachen. Es waren nicht nur die Rüstungen und die aufwändigen Kostümierungen, die den Metal so attraktiv machten, sondern auch sein gewisser Sinn für Ironie. Die Musik von Cranium zum Beispiel war eine besonders hübsche, hyperaktive Doktorarbeit über die Vorzüge des Tragens von

Leder und Nieten: Sie verehrten die Mitte der Achtziger erschienenen Speed-Metal-Platten von Violence und Living Death so sehr, dass sie diese Musikform einerseits in ihrer reinsten Form darboten und sie andererseits auch gehörig durch den Kakao zogen. *Speed Metal Slaughter* hatte ebenso viele aufregende Riffs und alberne Soli zu bieten wie der gesamte Backkatalog von Combat Records. Auf „Slaughter On The Dance Floor", in dem Cranium gegen den Disco-Sound zu Feld zogen, und dem hymnischen „Satanic Rescue Team" übertrieb Sänger Chainsaw Demon seinen europäischen Akzent absichtlich, um damit den großen Stimmen des deutschen Speed Metal seine Anerkennung zu zeigen.

Boulder aus Ohio verfolgten fast den gleichen Ansatz, verschnürten Riffs von den Melvins und von Motörhead mit Flying-V-Gitarren zu einem netten Päckchen, zollten Michael Schenker Respekt und bastelten die Covergestaltung aus alten Riot-Alben zusammen. Boulder und Cranium verkörperten beide ein Metal-Paradoxon: Sie gaben alles, ohne sich selbst zu ernst zu nehmen. Kaum verwunderlich, dass diese Bands in einer Phase des Übergangs auftauchten, als Iron Maiden gerade durch Amerika tourten, um dort *Ed Hunter* zu präsentieren – ein Videospiel mit dem Maskottchen der Band in der Hauptrolle.

Da es in ihrem Bereich – im Gegensatz zu anderen Rockspielarten – keine Medien gab, die sie gebührend gefeiert hätten, musste die Metal-Szene sich ihren eigenen Wert selbst bewusst machen und begann, richtig nostalgische Gefühle für bereits gewonnene Schlachten zu entwickeln. Fans und Musiker, die sich lange Zeit immer nur auf das nächste große Ding konzentriert hatten, entdeckten nun, dass eine beachtliche Zahl von Metal-Platten dem Zahn der Zeit widerstanden hatte. „Als Megadeth erfolgreich wurden", sagt Dave Mustaine, „ dachte ich komischerweise bei vielen Bands, an denen wir vorbeizogen: ‚Wieso soll ich mir das noch anhören? Wir sind doch größer als die.' Aber wenn ich unterwegs bin, dann liegt in meinem Koffer eine Tüte mit Platten wie *Ride The Lightning* und dem Schwarzen Album von Metallica, *Rust In Piece* von Megadeth, *Behold The Beginning* und *Lightning To The Nations* von Diamond Head sowie *Melissa* und *Don't Break The Oath* von Mercyful Fate."

Bei einer derart wehmütigen Stimmung dauerte es nicht lange, bis *Metal Dreams* – ein Fanzine, das sich ausschließlich dem Metal im Stil der Achtziger verschrieben hatte – bekannt wurde. Der Herausgeber Chris Dugan unterstützte großzügig nostalgisch schmachtende Metal-Bands und führte begeistert Interviews mit Anvil, Accept, Dokken und Savatage. Death Metal wurde nicht besonders geschätzt, Alternative Rock aber galt als Plage der Menschheit, die etwa auf derselben Stufe stand wie Lepra. Die ältere Generation ließ sich davon jedoch nicht vollständig mitreißen; sie betrachtete die alten Erfolge mit der nötigen Distanz. „Musikalisch ist die Generation der Achtziger verschwunden", sagt Ronnie James Dio, der 1989 seine letzte Platin-Platte erhielt. „Sie wird nie wieder so erfolgreich sein, wie sie es einmal war. Das war die Musik, die MTV groß gemacht hat, das wird nie wieder passieren. Ich weiß, einige Leute sagen: ‚Ja, es kommt alles wieder, der Kreis schließt sich.' Aber diese Leute haben keine Ahnung, wie es in der Welt wirklich zugeht. Ich habe neulich in den Spiegel geschaut, und mir macht das keine Sorgen."

Doch auch, wenn man nicht nur in vergangenem Ruhm schwelgte – es herrschte das Gefühl, dass sich die unglaubliche Metal-Energie ständig erneuerte. „Ich sehe die Entwicklung des Genres und seiner Subgenres so, dass es in Zukunft einfach mehr von allem geben wird", sagt Matt Jacobson von Relapse Records. „Mehr klassischen Metal, mehr Power Metal, mehr Death Metal – es wird einfach rundum mehr Vielfalt geben. Ich glaube, das passiert in der Musik ganz allgemein. Es gibt mehr Einflüsse als jemals zuvor. Ich denke, es gibt genug Platz, sodass eine Hand voll Bands aus jedem Subgenre einigermaßen groß werden und jedes Subgenre prosperieren kann, was letztlich natürlich davon abhängt, wie stark die Bands sind."

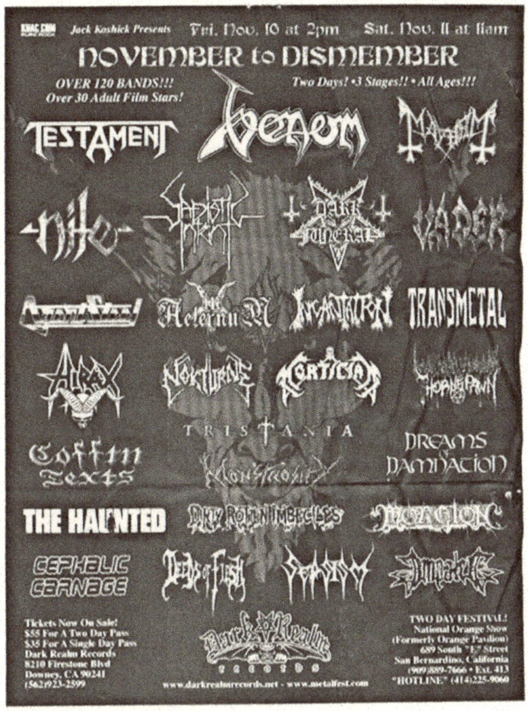

Logo à Go-Go: Metal-Flut in L. A. im November 2000

Angekurbelt durch den Wirtschaftsaufschwung am Ende des zwanzigsten Jahrhunderts, stieg die Auswahl an Heavy-Metal-Produkten beinahe ins Surreale. Die lange verloren geglaubten Metal-Schwergewichte Exodus, S.O.D., Venom und Saxon hatten sich wiedervereinigt und konkurrierten mit den noch immer sehr beliebten Death-Metal- und Black-Metal-Bands um die Aufmerksamkeit der Massen. Die Vielfalt war überwältigend. Beim jährlichen Milwaukee Metalfest – einem seit langen Jahren etablierten Treffen von Headbangern aus Japan, Europa, Australien und allen nordamerikanischen Orten, die über einen Autobahnanschluss und genug Koffeinzufuhr verfügten – wanderten Fans frei zwischen Sälen und zahlreichen Bühnen hin und her, verschlangen Musik aus verschiedenen Jahrzehnten, von den Power-Metal-Größen Anvil über die raffinierten und jazzigen Rap-Metal-Aufsteiger Candiria bis zu den norwegischen Black-Metallern von Enslaved, als würden sie sich durch verschiedene Fernsehkanäle zappen.

Trotz der unsicheren Situation Mitte der Neunzigerjahre wuchs immer wieder ein neues, junges Publikum nach, das sich in den folgenden Jahren noch festigte. Dieses neue Publikum sorgte dafür, dass Metallica vor der Jahrtausendwende weiterhin bei den Musikverkäufen ganz vorn rangierte. SoundScan, wo man die Verkäufe für die Plattenindustrie notierte, gab an, Metallicas Schwarzes sei das Album mit den drittbesten Umsatzzahlen seit Beginn dieser Statistik. Obwohl die Band kaum einen kreativen Finger krumm gemacht hatte, verkauften sich *Load* und *Reload* zusammen bis Ende des Jahrzehnts beeindruckende sieben Millionen Mal. Metallica stellten die Popularität des gesamten Grunge und des Diät-Punk in den Schatten und verkauften zwischen 1995 und 2000 über zweiundzwanzig Millionen CDs in Amerika, während sie weiterhin tourten und auch ihre internationale Beliebtheit aufrechterhielten. *Pollstar* schätzte, dass Metallica im Lauf ihrer Karriere mit Konzerten in Nordamerika allein insgesamt zweihundertachtzehn Millionen Dollar brutto eingenommen hatten.

Ende der Neunzigerjahre waren Metallica die wohl beliebteste Rockband der Welt – nur U2, R.E.M. und Madonna machten ihnen Konkurrenz. Und doch würzten sie ihre Liveauftritte weiter mit Songs von obskuren Heavy-Metal-Giganten wie Diamond Head und Mercyful Fate. Ende 1998 traten Metallica in der *Playboy Mansion* auf – eine Einladung, die im Showbusiness etwa denselben Stellenwert hatte, als sei man ins Weiße Haus gebeten worden, um vor dem Präsidenten zu spielen. Laut dem Verband der amerikanischen Schallplattenindustrie, RIAA, der für die Vergabe von Gold- und Platin-Platten verantwortlich ist, hatten Metallica in fünfzehn Jahren in den USA so viele Platten verkauft wie die Rolling Stones in legendären vier Jahrzehnten. Auch wenn es die Welt erst spät begriff: Heavy Metal war der neue Rock 'n' Roll.

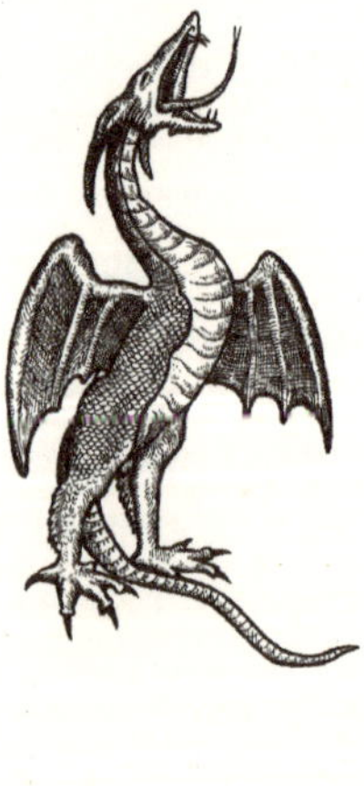

XIX

Der virtuelle Ozzy et die digitale Erneuerung des Metal

- **25. Oktober 1996:** Das erste Ozzfest findet in Phoenix, Arizona, statt
- **29. Juli 1997:** Atari Teenage Riot remixen Slayer für den *Spawn*-Soundtrack
- **2. Mai 2000:** Slipknot werden in den Vereinigten Staaten mit Platin ausgezeichnet – die Tantiemen werden durch neun geteilt
- **11. Juli 2000:** Lars Ulrich sagt vor dem amerikanischen Kongress gegen Napster.com aus

Obwohl der Lollapalooza-Sommer 1996 mit seinen zweiundzwanzig Konzerten mit Metallica beachtliche sechzehn Millionen Dollar brutto einspielte, waren die ehemaligen Thrasher aus der Bay Area nicht daran interessiert, aus diesem Festival ein wildes Heavy-Metal-Gipfeltreffen werden zu lassen. Diesen Job übernahm Ozzy Osbourne – der von den Lollapalooza-Veranstaltern im vorangegangenen Jahr eine Abfuhr erhalten hatte. Obwohl Ozzy in den Neunzigerjahren zehn Millionen CDs verkaufte (in den vermeintlichen Bestzeiten des Metal, den Achtzigerjahren, waren es nur sechs Millionen gewesen), konnte die Karriere des beliebten Sängers einige dringende Schönheitskorrekturen vertragen. Zu seinen öffentlichen Kaspereien zählten in den Neunzigerjahren, dass er völlig benebelt durch einen WWF-Kampfring wankte, verwirrten Journalisten Fitnessgeräte vorführte und ein romantisches Duett mit Miss Piggy aus der *Muppet Show* sang.

In der zweiten Hälfte des Jahrzehnts fand der unverwüstliche Madman bessere Einsatzmöglichkeiten für sein ungebrochenes Charisma. Ozzys Band gab 1996 mehr als einhundert Konzerte, angefangen mit zwei spektakulären Minifestivals in Phoenix, Arizona, und im kalifornischen San Bernardino. Unter dem Titel „Ozzfest" traf Ozzy bei diesen Gelegenheiten mit Spitzen-Metal-Acts wie Slayer, Sepultura und Biohazard zusammen, außerdem mit den unkonventionellen Überraschungserfolgen Neurosis, Powerman 5000 und Coal Chamber. Zehntausende Metal-Ratten krochen anlässlich dieser ganztägigen Ereignisse aus dem Unterholz und sorgten dafür, dass der leicht tattrige Ozzy wieder als einer der Besten anerkannt wurde. Schließlich hatte sich Metal in den letzten Jahren rar gemacht, und es gab eine Szene innerhalb der Populärkultur, die eine solch eiserne Verherrlichung von Exzessen und kraftvollen Akkorden schmerzlich vermisst hatte.

Plötzlich sprach man vom Wiederaufleben des Metal, diesem verkaufsträchtigen Genre, das nie wirklich verschwunden war. Das Ozzfest, das sich in den darauf folgenden Jahren in eine apokalyptische, von Küste zu Küste reisende Karawane verwandelte, schenkte der Konzertindustrie mit seinen sonnendurchfluteten, zwölfstündigen aggressiven Adrenalinstößen neue Lebenskraft. Während der Herrschaft von Pop-Punk, Alternative Rock und Rap hatten die Bilanzen an den Konzertkassen nicht besonders rosig ausgesehen und große Sorgen geweckt, die Konzertkultur könne womöglich ganz zusammenbrechen. Das Ozzfest bestätigte jedoch, dass es nach wie vor ein riesiges Publikum für Livemusik gab, ganz besonders für Hardcore Metal. „Wir versuchen nicht, uns was vorzumachen", sagte Ozzys langjährige Ehefrau und Managerin Sharon Osbourne gegenüber *Billboard*. „Wir versuchen nicht, vierzig singende Mönche oder Tony Bennett einzuladen. Wir machen einfach unser Ding. Sehr oft wollen Leute, wenn sie Erfolg haben, besonders schlau sein und Zeug reinbringen, das sie selbst und Leute ihrer Altersgruppe beeindruckt – aber das funktioniert nicht bei den Kids auf der Straße." So, wie er ein Jahrzehnt zuvor bereits Mötley Crüe und Metallica geholfen hatte, stellte sich Ozzy Osbourne nun auch symbolisch hinter experimentierfreudige junge Bands, deren ungeheure Durchschlagskraft sich gerade erst abzeichnete. In diesem Fall holte er die Crème einer ganzen Generation neuer Bands. Sie alle hatten sich am Rand der Musikszene über Wasser gehalten, eine Nische gesucht und ihre Musik auf winzigen regionalen Labels – in vielen Fällen auch ihren eigenen – veröffentlicht. Sie waren außergewöhnlich zornig. Zwei Jahre zuvor hatten ihre Karriereaussichten noch bei null gelegen.

Unter dem Schlagwort „Nu Metal" rührten die Ozzfest-Bands eine neue, verbesserte Formel an, die den tosenden Donner des Heavy Metal ebenso transportierte wie den vom Funk geprägten Puls der Rapmusik. Außerdem ließen sie sich auf einen Kompromiss zwischen dieser Mischung und der schauerlichen Soundattacke des Death Metal ein. Ihre Wurzeln lagen im Alternative Metal von 1991, und sie verwursteten alles, wozu man slamdancen konnte – wie aggressive Zapper an der Fernbedienung pickten sie sich ihre Einflüsse nach Belieben heraus.

Die Mischung aus rauen Gitarren, emotionalem Gesang und Soundspielereien führte zu einer Beliebtheitsexplosion, die seit Anfang der Neunzigerjahre auf sich hatte warten lassen. Die Nu-Metal-Bands verliehen dem endlosen, niemals versiegenden Wunsch nach Angriff und Attacke ein neues, chices Antlitz. Für eine Band wie Korn – ursprünglich Rap Metal – hatten die einstigen Metal-Ikonen Iron Maiden und Judas Priest längst ihr Verfallsdatum überschritten. Ihre Erinnerung an Livemusik reichte nicht weiter zurück als bis Anfang der Neunzigerjahre, als Rap und Metal aufeinander prallten – dem Zeitalter der historischen Livekollaborationen zwischen Anthrax und Public Enemy. „Unsere musikalische Zeitrechnung beginnt mit den Red Hot Chili Peppers und den frühen Faith No More", sagt der Bassist von Korn, Reggie Arvizu alias Fieldy, gegenüber dem *Akron Beacon Journal*. „Das sind die Wurzeln unserer Band."

In den zehn Jahren, seit die Bay-Area-Thrasher Mordred zum ersten Mal einen DJ in ihr Line-up aufgenommen hatten, war der Mix aus Metal und Funk immer ausgefeilter geworden. Korn, die sich in der Provinz, im kalifornischen Bakersfield, gegründet hatten und später nach Los Angeles zogen, intensivierten den präzisen Angriff von Pantera und fügten funkorientierte elektronische Sounds hinzu. Die Band bot live eine energiegeladene Show, sie spielte einen monotonen rhythmischen Wirbel tiefer Gitarrenriffs und ahmte die Posen von Rappern übertrieben nach. Sänger Jonathan Davis, der im Kilt auftrat, übernahm die abwechslungsreiche Technik von Mike Patton von Faith No More und fügte eigene Kontraste hinzu, indem er zwischen gequältem Knurren und sarkastischem, tonlosem Jammern wechselte und damit einen ganz neuen Gesangsstil erfand.

Nu Metal hatte musikalisch einiges mit dem Death Metal gemein, klang aber zugänglicher. 1997 hatten Korn bereits Platin für ihr selbstbetiteltes Debüt und dessen Nachfolger *Life Is Peachy* erhalten. Die Band verpasste der Wut einen Beat und zog damit die Aufmerksamkeit des finanzstarken Teenagerpublikums aus den Vorstädten auf sich, das sich zuvor mit der asozialen Haltung des Rap identifiziert hatte. Kid Rock, der sich ebenfalls schon lange unter „ferner liefen" in der Rapszene getummelt hatte, begann nun neue Reime zu Metallic-Riffs zu schmieden, und auch er profitierte von der unglaublichen Vermarktbarkeit der gerade wiederentdeckten Gitarren. „Fred Durst von Limp Bizkit und Kid Rock sind Rapper", sagt Chuck D von Public Enemy. „Wahrscheinlich haben sie als Teenager gegen Rock rebelliert, weil das zu sehr nach weißen Jungs klang oder so. Jetzt können sie sich dessen bedienen, und weil sie das tun, haben diese Typen alle Achtung verdient."

Die Mitglieder der Nu School, die imagebewusst und mit MTV aufgewachsen waren, übernahmen und übertrieben die Stereotype des Heavy Metal, statt sie zu hinterfragen. Sie erschienen wie die Albtraumkinder des Glam

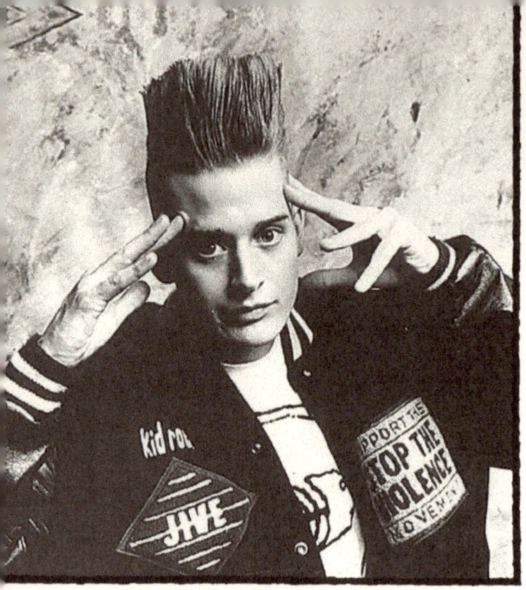

Kid Rock in der Rap-Phase *(Jive)*

Metal, so sehr stützten sie sich auf Image – sie ersetzten das Haarspray durch Gesichtspiercings, maßgefertigte Kontaktlinsen und aufwändig gestylte Dreadlocks und schmückten sich mit Masken und anderen mehr oder weniger passenden Requisiten. Und wie Mötley Crüe und Poison in den Achtzigerjahren in Begleitung von Models und Stripperinnen über den Sunset Boulevard zogen, so zeigten sich Korn und Limp Bizkit in den Neunzigern mit Pornostars auf der Melrose Avenue.

MTV bemerkte diesen neuen Trend erst, als er bereits im vollen Gang war, beeilte sich dann aber, sich Ende des Jahrzehnts in diesem Stil neu zu erfinden, doch inzwischen war das Kabelfernsehen längst kein Medium mehr für die Rebellion. Durch das Internet waren alle Metal-Fans in einem landesweiten Netzwerk miteinander verbunden, und diesmal gehörten nicht nur diejenigen dazu, die bereit waren, die hinteren Seiten der Zeitschriften nach den Kleinanzeigen der Cassettentauscher abzusuchen. Korn und ihre Kollegen waren sich des Computerzeitalters voll bewusst, sie investierten in Internet-Promotion und benutzten die neuen Medien und eMail, um die Beziehung zu ihren Fans im Stil von Metallica und anderen Underground-Bands persönlicher zu gestalten. Auf ihren Websites schrieben die Fans die Biografien, wählten die Playlists für Liveshows und luden sich umsonst Musik herunter.

Das Ozzfest wurde zur Heimat dieser Szene – es war eine virtuelle Nu-Metal-Stadt auf Rädern. 1998 begann auf dem Ozzfest die Karriere einer Band des Übergangs, deren Erfolg das Ende der Neunziger einläutete: Limp Bizkit. Lethal, der allgegenwärtige DJ der Band, hatte sich zuvor als HipHop-Hitfabrikant bei House of Pain durchgeschlagen. Jetzt stellten Limp Bizkit die Rap-Rock-Uhren zuversichtlich auf Metal und setzten das Draufgängertum und den Rhythmus des Hardcore Rap in einen satten Rahmen aus Gitarren und Hymnen, der die Fäuste nach oben schnellen ließ. Ihre Songs mit eingängigen Titeln wie „Show Me What You Got" und „Take A Look Around" basierten auf Slogans, die sie von Autoaufklebern und Flohmarktmitbringseln abgeschrieben hatten. Im verschwitzten Gewühl des Moshpit jedoch wirkte die Band Wunder – schon allein ihrer physischen Durchschlagskraft wegen.

Nach Limp Bizkit und Godsmack 1998 stellte das Ozzfest 1999 System of a Down mit ihrem breit gefächerten Sound vor, deren tief gestimmte Gitarren und prasselnde Schlagzeugarrangements Spuren von Carcass in eine zappaeske Mischung einarbeiteten. Mit seinem Make-up und der riesigen Afrofrisur verkaufte der im Libanon geborene armenische Sänger Serj Tankian agitatorische politische Texte mit Grindcore-Gegröle, wildem Bellen und nervösen Schreien. Die beeindruckendsten Newcomer beim Ozzfest 2000 waren Kittie aus London in Ontario, eine reine Frauenband, deren Gründungsmitglieder einander beim Turnunterricht kennen gelernt hatten. Als sich ihr Debüt, *Spit*, über eine halbe Million Mal verkaufte, tauschten sie auf dem Nachfolger *Oracle* ihre albernen pinkfarbenen Haare und Haarspangen gegen Ledergürtel und einen reiferen Sound. „Natürlich steckt eine Menge Aggressionen in uns", sagte Sängerin Morgan Lander gegenüber dem *Rolling Stone*. „Es ist ein aggressiver Musikstil, und damit kann man besser rüberbringen, worum es einem geht."

Die Nu-Metal-Bands verstanden etwas von jugendlichem Zorn, aber sie waren zu jung, um sich an Zeiten zu erinnern, als Heavy Metal eine Musik für Außenseiter war. Es überraschte kaum, dass viele traditionelle Metaller sich nur langsam mit einer Musikform anfreundeten, deren größter musikalischer Beitrag in übermäßiger Vereinfachung bestand. Der Erfolg von Nu-Metal-Stars wie Papa Roach, deren Song „Last Resort" zur Gänze auf einem einzigen gesampelten Gitarrenlick von Iron Maiden basierte, irritierte die alte Garde ganz ungemein. „In den letzten acht oder neun Jahren ist die Musik sehr atonal geworden", sagt Dave Mustaine von Megadeth. „Die Bands klingen alle gleich, ob sie aus dem Alternative oder sogar aus dem Nu Metal kommen. Ich glaube, das hängt größtenteils mit der Musikindustrie zusammen – die interessiert sich nicht für Originalität."

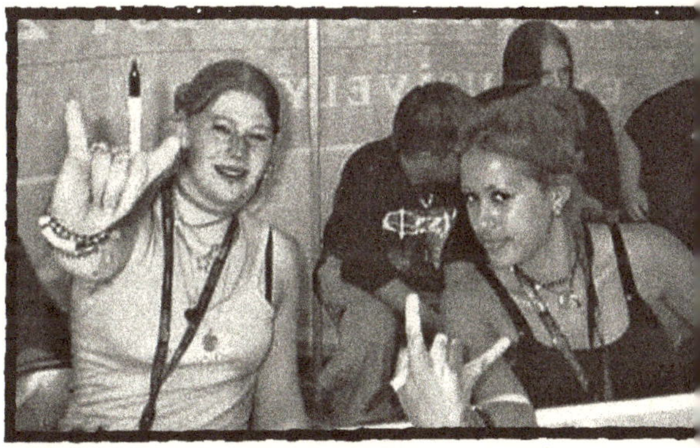

Mercedes Lander und Fallon Bowman von Kittie *(Jeanne Mitchell)*

Doch vielleicht war den Veteranen vorzuwerfen, dass sie vergessen hatten, wie einfach und charmant der schlichte Heavy Metal eine Generation vorher geklungen hatte. Auch im Sound des Nu Metal gab es Originalität und Frische. Sein Einfluss sickerte unvermeidlich auch in den Underground und drängte den alten Metal in gesunde neue Mischformen. Slayer und Napalm Death erhielten sich ihre Popularität in den Neunzigerjahren, indem sie die Fülle musikalischer Ideen in ihren Songs auf ein leicht konsumierbares Minimum reduzierten. Ähnlich ging auch Max Cavalera vor: Nachdem sich Sepultura im April 1997 entschieden hatten, ihren Managementvertrag mit der Frau des Sängers nicht zu verlängern, verließ Cavalera seinen Bruder und seine Bandkollegen und gründete Soulfly – Favoriten auf dem Ozzfest, deren mahlender Gitarren-Metal von einem raffinierten Patchworksound durchsetzt war.

Im Lauf der Zeit sorgte die neue Härte dafür, dass Heavy Metal in den Ohren einer begeisterten jungen Generation wieder kraftvoll klang. „Diese Bands machen kommerzielle Musik", erklärt Matt Jacobson vom Underground-Label Relapse Records, „aber wir haben durch das, was sie tun, große Vorteile. Sie bereiten die Leute auf härtere Musik vor. Ich glaube, dass solche Bands das Publikum offener für Underground-Musik machen. Ich bin ja auch nicht gleich vom Popradio zu Napalm Death gekommen. Erst kamen Black Sabbath und ZZ Top, dann Mötley Crüe und Iron Maiden, später Slayer und Napalm Death. Jeder braucht eine Phase des Übergangs."

Gegen Ende des Jahrzehnts, als Fans und Genres einander bei gemeinsamen Tourneen und Festivals begegneten, verschwand allmählich die Unterscheidung zwischen Nu Metal und traditionellem Metal. Es waren jedoch Slipknot, die den Graben zwischen den Lagern endgültig schlossen – eine Band, die mit ihrem tollwütigen Gebaren den Ozzfest-Geist am besten verkörperte. „Ich glaube nicht, dass das Auf- und Abspringen in ausgebeulten Hosen irgendwas mit Metal zu tun hat, aber das ist Geschmackssache", sagt Dan Lilker, dessen knallharte Band S.O.D. großen Einfluss auf den Nu Metal besaß. „Aber ich kann auf jeden Fall Limp Bizkit und Slipknot voneinander unterscheiden."

Die neun Mitglieder von Slipknot waren im kargen Ödland von Des Moines in Iowa zusammenkommen, einer Gegend, die vielfach von skandinavischen Einwanderern besiedelt worden war. Sie durchlöcherten die komplexen Grundlagen des Death Metal, bewiesen technische Versiertheit und blieben doch dem Chaos treu. Die Band, die unter anderem aus ehemaligen Mitgliedern der Death-Metal-Gruppen Body Pit und Anal Blast bestand, war die Frucht nächtlicher, wilder Brainstorming-Sessions der Musiker, die tagsüber ihren aussichtslosen Jobs in ihren Heimatstädten nachgegangen waren – der schlecht bezahlte Posten an der Supermarktkasse bot dafür eine starke Motivation. Slipknot behaupteten, von jedem Musikstil außer modernem Country beeinflusst zu sein, und sie pressten Rhythmusarrangements zwischen einen sengenden Groove, schräge Gitarren, DJ-Spielereien und Friedhofshumor. Mit Aufnahmen wie „Left Behind" und „People = Shit" bereiteten sie Underground-Metal für den Massenkonsum auf und zerrten jede andere Art von Musik mit in den Dreck. „Wir nehmen alle Musikgenres, die wir lieben", sagt der Percussionist Shawn Crahan alias 6. „Death Metal steht dabei ganz oben. Diese Einflüsse bauen wir in alles ein, was wir machen."

NU METAL

Irgendwann, als Biohazard in der Szene auftauchten, hörte Funk Metal auf, ein Witz zu sein. Die Nu-Metal-Bands verbanden den geisterhaften Einfluss von Faith No More mit Bruchstücken des härtesten Death Metal und bewiesen damit, dass sich ein kulturübergreifender Musikmix durchaus auszahlen konnte. Mit dem jährlich im Sommer stattfindenden Ozzfest, einem Wanderfestival mit hohem Moshing-Faktor, erhielten sie eine perfekte Plattform, und The Deftones, Limp Bizkit und Kittie erzielten Ende der Neunzigerjahre Verkäufe in Millionenhöhe. Auch wenn die Skaterklamotten und die stark vom Rap geprägte Ausdrucksweise Welten von dem mittelalterlichen Erscheinungsbild vorangegangener Generationen entfernt zu sein schienen, reagierte das Publikum nicht weniger begeistert. Besonders Slipknot bewahrten sich das wirbelnde Chaos ihrer Death-Metal-Wurzeln – durch den sauberen Gesang verzehnfachten sie die Zahl ihrer potenziellen Hörer.

Und noch mal: funky bis zum Abwinken

- Biohazard, *State Of The World Address* (1994)
- Deftones, *White Pony* (2000)
- Fear Factory, *Demanufacture* (1994)
- Kittie, *Oracle* (2001)
- Korn, *Life Is Peachy* (1996)
- Limp Bizkit, *Significant Other* (1999)
- Papa Roach, *Infest* (2000)
- Slipknot, *Iowa* (2001)
- Slipknot, *Slipknot* (1999)
- Soulfly, *Soulfly* (1998)
- System of a Down, *System Of A Down* (1998)
- Tool, *Aenima* (1996)
- Rob Zombie, *Hellbilly Deluxe* (1998)

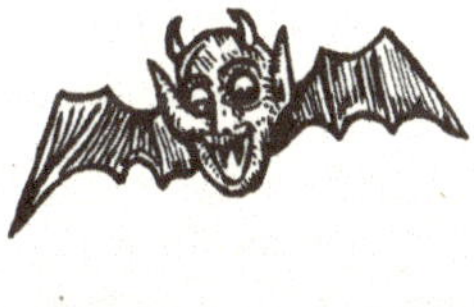

Die Mitglieder von Slipknot trugen Gummikostüme, die sie wie Horrorfilmmonster aussehen ließen, und benutzten Zahlencodes statt Namen. Neben der Schockwirkung besaß dies auch einen Hauch von Bedeutung: Die abstoßenden Masken sollten (wie die Augapfelverkleidungen der Avantgardegruppe The Residents) Anonymität erzeugen und den Rockstarkult unterlaufen. Natürlich verstärkten die Masken wie schon bei Kiss nur den Mythos der Band. Nachdem sich ihre selbst veröffentlichte LP *Mate, Feed, Kill, Repeat* eher stockend verkauft hatte, stieß die Band zum Ozzfest, und ihre CD *Slipknot* traf 1999 genau den richtigen Nerv eines recht verärgerten Publikums. Sie erhielt Platin, und damit konnte das alteingesessene Indie-Label Roadrunner nun erstmals eine Auszeichnung für eine Million verkaufter Platten einheimsen. „Mit jedem Tag mit der Band werde ich mehr zu dem, was ich schon mein ganzes Leben lang versucht habe zu sein", sagt Crahan. „Ich habe jetzt die Möglichkeit, meinen Traum zu leben, und ich werde langsam der, der ich wirklich bin. Ich weiß nicht genau, was das ist. Aber ich weiß, dass es mir gefällt. Ich komme nachhause und male mit meinem Kind Bilder, und dann gehe ich auf die Bühne und zünde meinen DJ an."

Mit der Popularität kamen auch die zu erwartenden Angriffe seitens der Öffentlichkeit. Als der Schüler Robert Steinhäuser 2002 in Erfurt sechzehn Menschen erschoss, darunter Lehrer, Freunde und einen Polizisten, sahen Medienkritiker in den Texten von Slipknot den möglichen Grund – besonders in einem Song mit dem vermeintlichen Titel „School Wars". Slipknot verteidigten sich vehement und baten um Überprüfung der Tatsachen. „Es ist lächerlich, unserer Band oder irgendeiner anderen Form von Musik die Schuld in die Schuhe zu schieben", schrieben sie in einer offiziellen Erklärung. „Es gibt keinen Song mit dem Titel ‚School Wars' von Slipknot, wir haben niemals einen Song mit diesem Titel geschrieben, und wir würden selbstverständlich niemals Leute dazu ermuntern, andere umzubringen. Wir geben den Kids Hoffnung, wir sind nicht die Sündenböcke für Gewalttaten wie diese. Während wir die Betroffenen unserer aufrichtigen Anteilnahme versichern, werden wir dennoch nicht die Verantwortung dafür übernehmen."

Slipknot, die für MTV und das Radio zu schrill waren, verwandelten ihren Erfolg beim Ozzfest in eine hervorragend beworbene Heimindustrie mit ausgezeichneter Presseberichterstattung und einem anstrengenden Tourplan. Die kostümierten Antihelden schufen ein zirkusartiges Spektakel der Aggression und verwandelten ihre Bühne in einen mit Verstärkern ausgestatteten Moshpit, der die Sicherheitsbarrieren zwischen Band und Publikum vollkommen aufhob. „Wenn man nicht davon überzeugt ist, dass eine Band die Kids auf der Straße für sich gewinnen kann, dann sollte man sie nicht unter Vertrag nehmen", sagt der A & R-Chef von Roadrunner Records, Monte Conner, der auch Soulfly und die an Korn erinnernden Coal Chamber zum ehemaligen Label von King Diamond und Death brachte. „Traditionell verkauft Roadrunner Platten von Bands, die auf Tour gehen – nicht über das Radio. Slipknot kriegen sehr wenig Sendezeit auf MTV. Die müssen ihre Platten einfach selbst verkaufen."

In wahrer Heavy-Metal-Manier konzentrierte man sich auf die Fans – zornige junge Menschen, die während eines vom Internet angetriebenen Finanzbooms aufgewachsen waren und wussten, dass sie leer ausgehen würden, wenn die Blase endlich platzte. „Die Leute singen den ganzen verdammten Text", sagt Crahan, „und man merkt einfach, dass ihnen diese Worte alles bedeuten. Da sitzen angepasste Sportlertypen neben den Aussteigern, und die Metal-Freaks sitzen direkt neben den HipHops. Egal, wie kaputt ich bin, wenn ich vor mir diese Leute sehe, die einfach unbedingt alles rauslassen müssen, dann lege ich mich so hart ins Zeug, wie's nur geht."

Als sich die Verschmelzung von Metal mit anderen Stilrichtungen verstärkte und sich in unbekannte Richtungen entwickelte, wurden auch die Veteranen der Unterwelt wieder neugierig auf das sich verändernde Metal-Gebiet. Legionen neuer Fans tauchten beim Ozzfest auf – Leute, die wie Vampir-Raver aus japanischen Comics aussahen und die weiten Hosen der urbanen Homeboys mit dem schaurigen weißen Make-up des Black Metal kombinierten. „Ich weiß nicht, was das sein soll", sagt Peter Steele von Type O Negative, „aber das ist ziemlich interessant."

Nicht nur im Nu Metal, in der Popmusik allgemein ging es Ende der Neunzigerjahre um die Bildung von Koalitionen – ob zwischen den Geschlechtern, den Rassen oder durch das Vermischen von Underground-Einflüssen mit Mainstream-Genres. Die allgegenwärtigen Computer versorgten hungrige junge Musiker mit einer noch nie da gewesenen Perspektive der sie umgebenden Welt. Wie stark sich die Grenzen dehnen ließen, zeigten der Techno Metal von The Prodigy, der Rap-Rock von Beck und der Punk-Folk von Ani DiFranco. Die Fachzeitschrift der Headbanger, *Metal Maniacs*, berichtete 1997, dass Moby, der erste Techno-DJ, der die Anonymität ablegte und eine Starpersönlichkeit ausbildete, das Publikum auf den Sommerfestivals in Europa live mit einer metalorientierten Band schockierte, deren aggressive Attacke durchaus bis Slayer zurückzuverfolgen war.

Eine Union der Dancefloor-Clubs und der Moshpits schien unvermeidlich – das ultimative Crossover zwischen Heavy Metal und Disco. Während Sampler und Drum-Computer schließlich in Gitarrenläden standen und in den Neunzigerjahren zur Standardausrüstung von Musikern gehörten, gelangten Korn, Limp Bizkit und System of a Down über das MIDI-Sequencing zum Metal. Es war eine komplett neue Herangehensweise ans Headbanging. Als Nebenprodukt der Affinität des Nu Metal zum Rap gehörten die charakteristischen musikalischen Merkmale – Wiederholung, hochkomplexe Produktions-

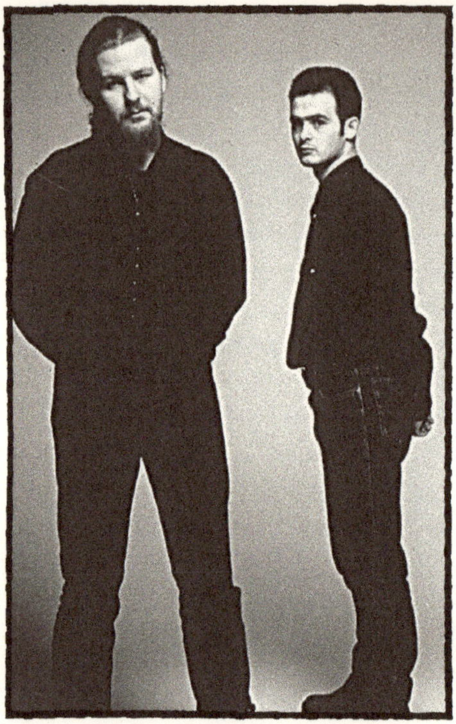

Es gibt ein Leben nach Napalm Death: Nick Bullen und Mick Harris von Scorn ***(Earache Records)***

weise und patchworkartiges Songwriting – ebenfalls zum Wesen der digitalen Musikproduktion, die mittels Computerprogrammen wie Cubase, Logic Audio und Pro Tools in den Neunzigerjahren aus jedem Schlafzimmer ein potenzielles Heimstudio machten.

Anstatt wie Judas Priest mit berghoch aufgetürmtem Equipment Dezibel zu schinden, benutzten die Nu-Metal-Bands digitale Gitarreneffekte, die den ungeheuren Klangumfang der alten Verstärker durch Algorithmen erzeugten. „Wir haben immer mit den neuesten technischen Entwicklungen mitgehalten", sagt der ehemalige Priest-Sänger Rob Halford. „Jetzt wird das alles mit Pro Tools gemacht, mit Computern. Es ist egal, wie man sein Ziel erreicht. Man benutzt eben die Ausrüstung, die einem liegt. Man muss nicht immer in ein komplett ausgestattetes Studio gehen – man kann in seinem Schlafzimmer eine Platte aufnehmen. Viele Musiker brauchen Atmosphäre und emotionale Unterstützung, damit alles richtig läuft. Studios haben für viele Bands etwas Beängstigendes – sie machen vor Ehrfurcht komplett zu, wenn sie da reinkommen. Jetzt haben sie Zugang zu dieser ganzen raffinierten, aber leicht zu benutzenden Software und den Aufnahmegeräten. Man muss keine Millionensummen mehr ausgeben, um seine Ideen zu verwirklichen."

Natürlich gab es Vorläufer für diesen computergesteuerten Metal. Die britische Band Godflesh aus Birmingham, 1989 von Justin Broadrick nach seinem Weggang von Napalm Death gegründet, bewies, dass man Härte auch auf kargem Industrial-Gebiet verwirklichen konnte, weitab der farbenfrohen Welt von Van Halen und Mötley Crüe. Das wegweisende Duo, das sich wie kommunistische chinesische Fabrikarbeiter kleidete, quälte die Hörer mit dem Sound einer monumentalen Maschinenpresse. Als bei ihrem ersten Auftritt in Amerika der digitale Sampler auf den Boden krachte, baute Broadrick innerhalb von achtundvierzig Stunden hektisch die Grundlagen des Repertoires aus dem Gedächtnis nach. Danach reiste er nur noch mit Sicherheitsdisketten seiner wertvollen Dateien, trotzte sowohl technischen wie kulturellen Stürmen und schuf eine neue Richtung des Metal.

Lange Jahre widersetzten sich die meisten Headbanger den technischen Veränderungen und ließen sich von kommerziellen elektronischen Gruppen den Schneid abkaufen. Anfang der Neunzigerjahre war das kulturelle Sampling von Heavy Metal weit verbreitet; Die Krupps aus Düsseldorf veröffentlichten beispielsweise eine CD mit Metallica-Klassikern. *A Tribute To Metallica*, das man vielleicht als „Metallica im Räderwerk" hätte bezeichnen können, enthielt Roboterversionen von „For Whom The Bell Tolls", „Nothing Else Matters" und sieben anderen Aufnahmen im Techno-tallica-Stil, wobei die Musik bereits in ihrer ursprünglichen headbangenden Form die Dichte eines Drum-Computers aufwies.

Aber es gab auch Überläufer zum digitalen Sound. Die Computertechnologie ermöglichte es den Topbands, ihre Präzision durch eine per Mikrochip gesteuerte Zeituhr zu erreichen, statt sie durch Proben und Liveauftritte zu verfeinern – ein Ansatz, der eine fundamentale Abkehr von der Metal-Tradition darstellte. Mick Harris, der langjährige Chef von Napalm Death, verblüffte seine Kollegen mit der Gründung des Projekts Scorn, bei dem er seinen Thron hinter den Drums zugunsten eines Samplers und eines Mischpults aufgab. „Ich glaube, viele haben einfach Angst, dass die Leute sie nicht mehr akzeptieren, wenn sie neue Ideen aufgreifen", meint er. Bei einem Soundtrack, den Scorn zu einem Film ihres Bassisten Nick Bullen aufnahmen, brachten sie metallische Intensität in die Kunst der Elektronik ein. „Als wir jung waren und uns nach Musik umgesehen haben", sagt Bullen, „gab es für Leute wie uns Joy Division, Birthday Party und Throbbing Gristle. Und dann sind wir mit Mädchen ausgegangen, die auf Funk oder Rap standen und auch uns für diese Musik begeisterten."

Die experimentierfreudigen Brutal Truth und Napalm Death spickten ihren Soundmorast ebenfalls gern mit elektronischen Elementen, vor allem mit Nebenprojekten wie Meathook Seed, Blood from the Soul und Malformed Earthborn. Beeinflusst von der Seelenpein, die Skinny Puppy und Nine Inch Nails in ihren Tracks zum Ausdruck brachten, verwendeten diese Gruppen Drum-Computer, Sampler sowie verzerrte Gitarren und Gesang für die Erzeugung einer psychedelischen Mischform aus Techno und Metal. Zwar wurden die aus Cleveland stammenden Nine Inch Nails ursprünglich von Metal-Fans ignoriert, aber ihr Chef Trent Reznor schuf nach seinem Umzug nach Los Angeles die wegweisende Vorlage für jede Band, die Seelenqual mit Samplern verband. Ministry übernahmen die Drum-Computer-gestützte Disharmonie von NIN und fügten synthetische Schichten von Gothic Rock und aufgemotztem Kitsch hinzu. Marilyn Manson, ein weiterer Reznor-Schützling, der später ebenfalls zu den Headlinern beim Ozzfest zählen sollte, steigerte die Schocktaktik von Alice Cooper bis ins Überschallextrem und wurde dementsprechend eine Zeit lang für jedes Teenagerproblem verantwortlich gemacht, von Schießereien auf dem Schulhof bis zur Computerspionage.

Den nächsten entscheidenden Schritt zur Zusammenführung von Heavy Metal mit Maschinen unternahm die gewiefte Death-Metal-Band Fear Factory aus Los Angeles, die sich 1994 begeistert auf die Computerinnovationen stürzte und sich mit neuester digitaler Studiotechnik selbst neu erfand. „Wir nahmen *Demanufacture* auf Band auf", berichtet Sänger Burton Bell, „aber wir haben uns auch mit Computern beschäftigt, damit alles digital miteinander synchronisiert werden konnte. Wir haben Samples von meiner Stimme erstellt. Ich nehme nur einen Refrain auf, so gut ich kann, der wird dann bearbeitet, und wenn der Refrain wieder kommt, schneiden wir einfach den Gesang vom Sampler rein. Das spart Zeit, und ich muss es nur einmal singen. Selbst die Gitarren werden so aufgenommen. Nur das Schlagzeug wird durchgängig live gespielt."

Nach mehreren Auftritten beim Ozzfest waren Fear Factory 1999 sogar fünfzehn Wochen lang in den Top Forty vertreten – ausgerechnet ihr Remake von Gary Numans eisigem „Cars", das vielleicht als die New-Wave-Hymne schlechthin gelten kann, wurde zum Radiohit. Als Celtic Frost 1987 einen Song von Wall of Voodoo coverten, hatten sie heftige Kritik geerntet, aber zwölf Jahre später schienen die Grenzen des Heavy Metal sehr viel abstrakter. „Als wir den Titel in Angriff nahmen, dachten wir, die Metal-Leute würden das nie akzeptieren", sagt Dino Cazares, der Gitarrist von Fear Factory. „Aber sie haben es akzeptiert. Man sollte sich in erster Linie überlegen, was man mag und wie viel Spaß es macht, bestimmte Sachen zu schaffen."

Letztlich konnte sogar die Musik aus dem Techno-Underground den Geist und die Power des Heavy Metal transportieren, ohne auf Gitarren und andere geheiligte Hilfsmittel zurückgreifen zu müssen. Mitte der Neunzigerjahre bildeten drei unterschiedliche Bewegungen außerhalb der Headbanger-Erbfolge digitale Pendants zum Metal: DHR, Gabber und Tech Step. Man konnte sie kaum Heavy Metal nennen, aber sie waren Produkte eines Zeitalters, in dem die meisten haltbaren und widerstandsfähigen Dinge aus synthetischem Plastik und nicht aus Birminghamer Stahl hergestellt wurden. Das politisch engagierte Berliner Label Digital Hardcore Recordings (DHR) betreute die aggressiven Atari Teenage Riot, Bomb 20 und Ec8or, die sich einer Formel aus hektisch geloopten Schlagzeugsamples, Krach und Gitarreneinschüben bedienten – gekrönt von aktivistischen männlichen oder weiblichen Gesangsstimmen, die antikapitalistische Agitprop wie „Delete Yourself" und „Hunt Down The Nazis!" herausschrien. Atari Teenage Riot, die der DHR-Chef Alec Empire gegründet hatte, koppelten das Ganze mit einem imposanten militanten Stil – einer Art Terroristen-Chic. „Ich könnte mir vorstellen, dass sie vielleicht die Slayer in ihrem Bereich sind", sagt Kerry King, dessen Gitarren Atari Teenage Riot auf mindestens drei Tracks sampelten.

Neben dem Speed Metal bediente man sich bei DHR auch der hyperschnellen Aggression des Gabber, eines extremen Tanzstils, der in den billigen

Tanzschuppen von Rotterdam recht beliebt war. Durch das beständige hochtourige elektronische Bamm-bamm-bamm wurden Tonalität und Melodie auf einen Kickdrum-Rhythmus von zweihundertdreißig Beats per Minute reduziert, der in vielen Fällen mit Metal-Gitarren und Gesangssamples angereichert wurde. Gabber war im Techno-Bereich in jeder Hinsicht das Pendant zum extremen Metal. Er zog die Aufmerksamkeit holländischer religiöser Demonstranten auf sich und brachte einige extravagante Persönlichkeiten hervor, darunter Headbanger und Dark Raver – ein DJ, der einen Umhang trug und den Fans mit einer Plastikaxt auf den Kopf schlug. Gabber war oft der erste Berührungspunkt zwischen Death Metal und Techno, wenn Schlafzimmerproduzenten erdrückende Gitarrenriffs auf kreischende technotronische Schläge abzustimmen versuchten. Earache Records ermutigte derartige genreübergreifenden Versuche und machte Platz in seinen heiligen Hallen für die *Hellspawn*-Compilation, auf der zum Beispiel auch Bands wie Morbid Angel so remixt wurden, dass Gitarren, Gesang und Schlagzeug in das Techno-Schema passten.

Aber selbst das eindimensionale Stampfen des Gabber stieß nur auf flüchtiges Interesse im Vergleich zu den verzerrten, monströsen Bassriffs und Breakbeats des Tech Step, der härtesten Variante des Drum 'n' Bass. Diese englische Musik war ein verblüffendes, digital gesteuertes Geschenk der Neunzigerjahre: eine verrückte Mutation aus Techno, Dub Reggae und HipHop, die auf einer digital manipulierten Palette riesiger, wabernder, analoger Synthesizer-Bassläufe, dröhnender Bassdrums und schnatternder Snares basierte. Wie die frühen Death und Voivod wurde Tech Step von fanatischen und verzerrten Rhythmen angetrieben, die in eine hässliche, postnukleare Atmosphäre getaucht waren. Der malmende Bass auf „Crystal" von Fierce and Nico erinnerte besonders an den fiesen Klassiker „Visual Aggression" von Celtic Frost. Justin Broadrick, ehemals Napalm Death, jetzt Godflesh, sah die Verbindung zwischen Heavy Metal und Tech Step. Während Broadricks kurzer Amtszeit als Jungle-DJ packte er sich die Plattentasche randvoll mit Material des Labels No U-turn – deren Coverkunst einer mit Steroiden versetzten Computerfassung von Judas Priests *Screaming For Vengeance* nachempfunden war. Im gleichen Sinn nannte der berühmteste und vielseitigste britische Jungle-Produzent Goldie seine Plattenfirma Metalheadz.

Nachdem die härteste Technomusik in den Neunzigerjahren von Europa Besitz ergriffen hatte, tat sie sich jedoch schwer, die amerikanische Metal-Szene zu erobern. Zehn Jahre zuvor hatte der Metal im Hardcore Punk, später dann im Rap einen Verbündeten entdeckt. Metal blieb lebendig, weil er neue Einflüsse zuließ und gleichzeitig die alten Ideale vermittelte, sich dabei aber dem gleichmacherischen kommerziellen Druck widersetzte – dies waren Werte, die er mit der Unterwelt des Techno teilte. Techno war jedoch zu unverbindlich und subjektiv. Es war eine monotone instrumentale Tanzmusik. Im Metal ging es noch immer um Geschichten mit Protagonisten und Dramatik.

Obwohl vereinzelte Nu-Metal-Bands wie Static-X, Linkin Park und System of a Down durch ihre Annäherung an das Techno-Hämmern zahlreiche Platin-Platten einheimsten, blieb der kulturelle Gegensatz zwischen dem Live-Ethos des Heavy Metal und der DJ-Kultur der Clubmusik doch zu groß, als dass sich eine tief greifenden Transformation hätte vollziehen können. Nach dreißig Jahren des beständigen Wandels scheute sich die Besatzung des Metal-Schlachtschiffs dann doch vor dem dramatischen Schritt, die Gitarren über Bord zu werfen. Dennoch erschien eine endgültige Transmutation von Metal und Techno auf lange Sicht unvermeidlich – der Sound der Zukunft.

Während Musiker neue harte elektronische Sounds entdeckten, veränderte das Aufkommen von Computern auch die Vorgehensweise der Metal-Fans. Das Internet unterschied sich kaum von dem System der Fanzines und der Form des postalischen Handels, den die Metal-Gemeinde jahrelang getrieben hatte, bot jedoch eine wesentlich schnellere Kommunikation. Viele frühe Heavy-Metal-Websites waren nichts anderes als für Webbrowser aufbereitete Tauschlisten. 1999 konkurrierten Relapse, Red Stream und Blackmetal.com im Internet um die Heavy-Metal-Dollars. Täglich boten die Auktionsseiten von eBay zehntausende Metal-Sammlerartikel zum Verkauf an.

Die Bedeutung des Internets hatte im Verbund mit dem amerikanischen Trend zu Superstores einen sehr nachteiligen Effekt: Es schwächte die Nischenkraft der unabhängigen kleinen Heavy-Metal-Plattenläden – des traditionellen Treffpunkts der Metaller. „Viele von ihnen müssen wirklich hart ums Überleben kämpfen“, sagt Matt Jacobson von Relapse Records. „Wir hatten eine Reihe von ganz wichtigen Läden, die meiner Meinung nach dazu beitrugen, bestimmte Trends zu formen, und die haben jetzt dichtgemacht oder stehen kurz davor. Ich glaube, dass diejenigen überleben werden, die schlau genug sind, die Nischen zu bedienen. Da gibt es vielleicht noch Möglichkeiten. Es ist auf jeden Fall sehr traurig, wenn man sieht, wie sich Läden wie Heavy Metal Shop oder Ace's verabschieden. Diese Geschäfte zählten stets zu den Pfeilern der amerikanischen Heavy-Metal-Szene.“

Auch das Herunterladen von MP3-Songs über Napster war eine hochtechnologisierte Form des Cassettentauschs – obwohl genau dies schon bald heftig umstritten war. Da Metallica nun ein unglaublich lukrativer Industriezweig waren, wurde die juristische Abteilung bei Metallica Inc. zunehmend aktiver. 1999 erwirkten die Anwälte der Band einen Verkaufsstopp für einen „Metallica“-Lippenkonturstift von Victoria's Secret und für einen „Metallica“-Smoking von Pierre Cardin. Sie verklagten Neiman Marcus und den glücklosen Hersteller einer „Metallica“-Nagelfeile und setzten einstweilige Verfügungen gegen

METAL TECHNO

Techno-Künstler wie Atari Teenage Riot und Panacea dehnten die Grenzen des Heavy Metal. Sie konstruierten mit Samplern und Drum-Computern eine mechanisierte Musik, die ebenso zerstörerisch klang wie die von Slayer. Ohne Gitarren und teilweise selbst ohne Gesang wiesen diese metalbeeinflussten, digital arbeitenden Musiker den Weg in eine computergenerierte, hart rockende Zukunft. Diese frühen elektronischen Gruppen gaben sich alle Mühe, nicht nur als Kuriosität angesehen zu werden, was zu unterschiedlichen Ergebnissen führte. Obwohl sie in der Rave-Szene eine angesehene Nische besetzten, war die Welt des Heavy Metal für den elektronischen Overdrive jedoch noch nicht bereit.

- Atari Teenage Riot, *Burn Berlin Burn* (1997)
- Godflesh, *Godflesh* (1988)
- Goldie, *Incredible Sound Of Drum 'n' Bass* (2000)
- Panacea, *Twisted Disignz* (1997)
- Scorn, *Evanescence* (1994)
- diverse Interpreten, *Battlegrounds* (1995)
- diverse Interpreten, *Hellspawn* (1998)
- diverse Interpreten, *Renegade Hardware Presents Quantum Mechanics* (1998)
- diverse Interpreten, *Torque* (1997)

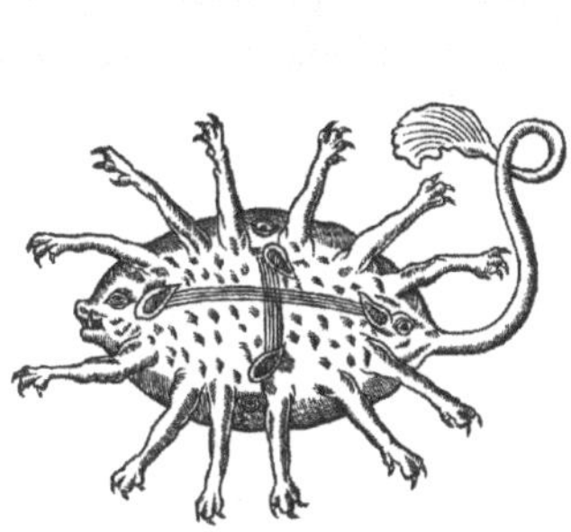

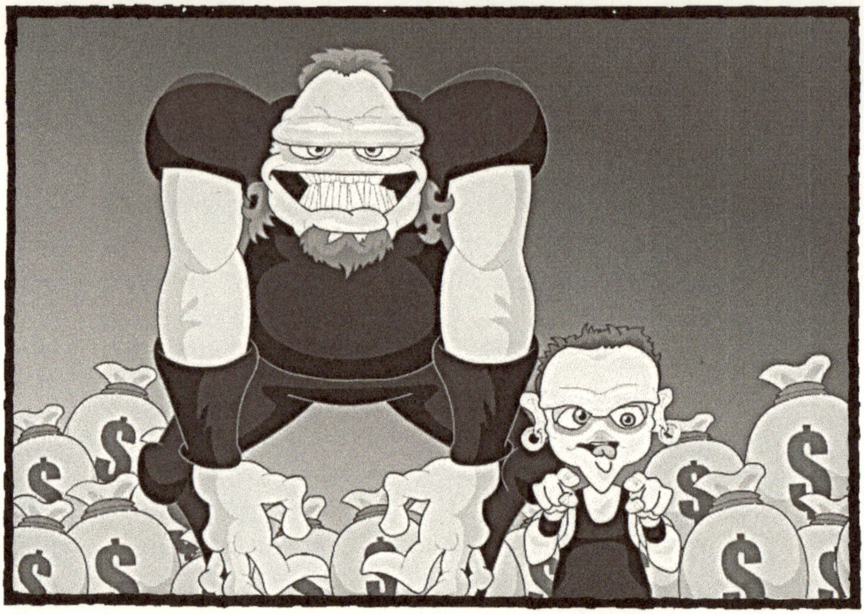

„Geld gut, Napster schlecht": Anti-Metallica-Cartoon *(Camp Chaos)*

eine Reihe von Radiosendern durch, um zu verhindern, dass „I Disappear", eine leicht von Techno angehauchte Singleauskopplung aus dem Soundtrack für *Mission: Impossible 2,* unautorisiert im Voraus gespielt wurde.

Am meisten Aufsehen erregte das Vorgehen von Metallica im April 2000 gegen den Internetmusikanbieter Napster sowie mehrere Universitäten wegen unautorisierter Bereitstellung bereits veröffentlichter Songs der Band im MP3-Format zum Herunterladen. Lars Ulrich stellte sich auf die Seite der RIAA und vertrat die Interessen der Musikindustrie im Kampf um eine strengere Kontrolle über den Vertrieb von Musik. Und das, obwohl Metallica sich durch lässige Gesten wie die Zulassung von DAT-Aufnahmegeräten in einem speziellen Bereich hinter dem Mischpult bei Konzerten einen besonderen Ruf erworben hatten. Auch bot die Band auf ihrer eigenen Website gratis Previews an und stellte neue Musik an ausgewählten anderen Stellen kostenlos zur Verfügung. Es gab sogar eine überwältigend große Parallele zwischen den Erfolgsgeschichten von Napster und Metallica: den Cassettentausch. Die amerikanische Wochenzeitschrift für Handel im Internet, *Industry Standard,* fragte zu Recht: „Wie viel Entrüstung nehmen Fans einer Band ab, die sich ihre Anhängerschaft mittels Raubkopien aufbaute?"

Besonders beim Ozzfest-Publikum, das mit der Vorstellung aufgewachsen war, es sei jedermanns gottgegebenes Recht, umsonst MP3s herunterladen zu dürfen, kam die Haltung von Metallica gar nicht gut an. Peter Steele von Type O Negative betrachtet den Kampf der Musikindustrie gegen Napster mit

Zynismus. „Ich finde das Scheiße", sagt er. „Es hat nichts Originelles. Die veranstalten das alles nur, um ein paar Mäuse zu schinden. Es geht nicht um die Musik – es ist reine Geldschneiderei, das ist echt schade. Aber ich bin froh, dass das mit den MP3s passiert, weil es den Plattenfirmen das Geschäft verdirbt. Selbst wenn es uns weh tut, ich schneide mir liebend gern ins eigene Fleisch, weil ich die Plattenfirmen so sehr hasse."

Für Lars Ulrich war es jedoch unvorstellbar, dabei zuzusehen, wie Napster Millionen von Dollar mit dem geplanten Börsengang verdiente. Abgesehen von der Software waren die einzig wertvollen Aktivposten des Unternehmens seine Nutzer und der Markenname – und beide bedienten sich einer riesigen Bibliothek kostenloser Musik. Diese Betrachtungsweise hatte durchaus ihre Berechtigung, aber dieser Umstand ging völlig unter, als Ulrich am 11. Juli 2000 vor dem amerikanischen Kongress zugunsten einer verbesserten Kontrolle über das Copyright durch die Musikindustrie aussagte. Ehemalige Kollegen waren entsetzt. Ulrich machte keinen Unterschied zwischen dem Unternehmen – Napster – und den Millionen von Nutzern – den Metallica-Fans. Bei seinen unklugen Ausführungen zur „Kontrolle über die Musik" erschien Lars Ulrich schlicht als gieriger Rockstar, dem die Vorstellung missfiel, ein paar Dollar zu verlieren, nachdem er bereits ein mehrere Millionen schweres Vermögen angehäuft hatte. Kurz: Er spielte das Zugpferd der RIAA.

Ein paar Scherzkekse versteigerten im Mai 2000 im Internet die Integrität von Metallica – „mit leichten Gebrauchsspuren" – und erhielten Gebote über zehn Millionen Dollar, bevor die Verantwortlichen bei eBay.com die Auktion stoppten. Lars Ulrich sah keinen Anlass, seine Position im Nachhinein zu relativieren, und trug wenig dazu bei, den schlechten Eindruck, den er gemacht hatte, zu berichtigen. Er spielte im Vorgehen gegen Napster weiterhin eine führende Rolle und setzte sich letztlich damit durch – noch vor Jahresende war das Unternehmen erledigt. Selbst Fred Durst von Limp Bizkit, der für eine Gratistournee zur Promotion von Napster 1,8 Millionen Dollar von dem Unternehmen erhalten hatte, stellte sich schließlich auf die Seite der RIAA. Wie immer war es schwierig, Lars Ulrichs eigenwillige Überzeugungen infrage zu stellen. „An alle Zweifler da draußen: Metallica werden die nächsten zwanzig Jahre weitermachen", sagte Ulrich in einem ausführlichen Internet-Chat, in dem er die Standpunkte der Band erläuterte. „Ob ihr auf der Fahrt dabei seid, ist euer Problem, nicht unseres."

XX

Zurück auf dem Thron: Headbanger an der Macht

- **4. Dezember 1997:** Wiedervereinigung von Black Sabbath in der ursprünglichen Besetzung im englischen Birmingham
- **April 1999:** Metallica treffen in Berkeley, Kalifornien, auf das San Francisco Symphony Orchestra
- **5. August 2000:** Das Konzert von Iron Maiden und Halford im Madison Square Garden ist innerhalb von zwei Stunden ausverkauft
- **2. Mai 2002:** *The Osbournes* ist mit mehr als sechs Millionen Zuschauern die meistgesehene Fernsehsendung im amerikanischen Kabelfernsehen

Zurück zu den Anfängen hieß es im vergangenen Monat in Birmingham für die Mitglieder von Black Sabbath. Dort, wo die Reunion-Tour am 4. Dezember 1997 begann, fand sie am 21. und 22. Dezember 1999 mit zwei mitreißenden Konzerten ihren abschließenden Höhepunkt, womit deutlich wurde, dass die Legende nun zwar zur Ruhe kommt, ihre sagenhafte Geschichte aber von kommenden Generationen weitergesponnen werden wird. An beiden Abenden zeigten sich die vier legendären Musiker schwarz gekleidet, energiegeladen und emotional, während der ohrenbetäubende Aufschrei der beliebtesten Söhne Birminghams die Fans in der NEC-Arena in einer geschichtsträchtigen Flutwelle mit sich riss. „Black Sabbath", „Iron Man", „Children Of The Grave", und „N.I.B." – der Kanon an Klassikern wurde ein letztes Mal im Beisein der Glaubensgemeinde ihrer Heimatstadt präsentiert. Ozzy Osbourne, Geezer Butler, Tony Iommi, Bill Ward – vielleicht werden wir Leute ihres Schlags nie wieder erleben. – Zeitungsbericht aus Birmingham

Während neue Einflüsse und neue Technologien Bewegung in den Heavy Metal brachten, wurde das Ozzfest mit der Rückkehr von Black Sabbath 1999 wieder zum unangefochtenen Zentrum der Härte. Das Quartett hatte bereits zuvor im Juli 1985 in Originalbesetzung drei Songs beim Live-Aid-Benefizkonzert gespielt und sich dann im November 1992 kurzzeitig für ein paar Auftritte im kalifornischen Costa Mesa zusammengefunden, wobei Rob Halford von Judas Priest den Großteil des Gesangs übernahm. Doch diese Reunion Ende der Neunziger verströmte ein noch erhabeneres Gefühl. „Es ist, als würde man in ein Paar alter Schuhe schlüpfen", erklärte Ozzy dem Sender VH1. „Es fühlt sich sofort vertraut an."

Ganze dreißig Jahre, nachdem die vier Jungs aus Birmingham die Band gegründet, und zwanzig Jahre, nachdem sich ihre Wege getrennt hatten, waren Ozzy Osbourne, Tony Iommi, Geezer Butler und Bill Ward wieder vereint. „Ich glaube, es ist allgemein unbestritten, dass Metal mit Sabbath angefangen hat, dann gab es Priest, dann Maiden und so weiter", sagt Rob Halford. „Wenn wir das, was wir Heavy Metal nennen, wirklich ganz eng definieren wollen, dann waren Sabbath die Paten. Sie haben unzählige Künstler inspiriert. Sogar heute noch geben diese ganzen neuen Bands die großartigen Sabbath als ganz entscheidenden Einfluss an."

Die Altmeister kehrten mit der Doppel-CD *Reunion* zurück, die sie 1997 in einer ekstatischen Nacht in Birmingham aufgenommen hatten und die später Platin erhielt, und sie spielten beim Ozzfest 1999 als Headliner vor einem ausgelassenen, alle Generationen umfassenden Publikum. Für viele Zuhörer war es das erste Mal, dass sie „Iron Man", „War Pigs" und „Children Of The Grave" live erleben konnten, und Black Sabbath ergänzten ihr Programm um vergessene Juwele wie „Dirty Women" und „Behind The Wall Of Sleep". Es waren drei Jahrzehnte Heavy Metal, die hier in würdigem Rahmen gefeiert wurden. Endlich bekamen Metal-Fans wieder das Gravitationszentrum, das ihnen gefehlt hatte, seit sich Metallica dem Mainstream zugewandt hatten.

Es gab jedoch auch Rückschläge. Jahrelang hatten sich Ozzy und die übrigen Sabbath-Musiker wegen persönlicher Kränkungen und nicht zurückgezahlter Schulden Ozzys in den Haaren gelegen. Dann hatte sich die Band kaum wieder vereint, als Bill Ward einen Herzinfarkt erlitt. Er räumte außerdem ein, dass er sich nach vielen Jahren des Alkoholmissbrauchs zunächst nicht genau erinnern konnte, was er eigentlich zu tun hatte, als er sich wieder an sein Schlagzeug setzte. Eingedenk solcher Risiken ließen Sabbath für den Fall, dass Ward etwas zustieß, den ehemaligen Schlagzeuger Vinny Appice hinter den Kulissen warten. Doch alles ging glatt.

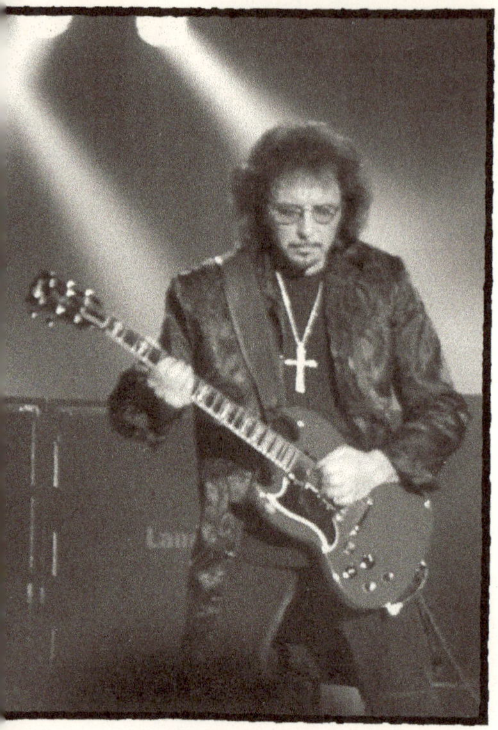

Tony Iommi von Black Sabbath, der Architekt des Heavy Metal ***(Deborah Laws/Metalflakes.com)***

Die Wiedereinsetzung von Ozzy Osbourne in seine wahre Funktion als Steuermann von Sabbath offenbarte natürlich auch, in welch fragilem Zustand sich der neunundvierzigjährige Sänger befand – Psychopharmaka hatten ihn in einen Schatten seines wilden jüngeren Selbst verwandelt. Dennoch gelang ihm auf beinahe magische Weise die Rückkehr zur alten Form. Als berichtet wurde, dass Ozzy Osbourne auf der Bühne einen Teleprompter benutzte, und daraufhin Zweifel an der geistigen Gesundheit des Sängers auftauchten, verteidigte der Radiomoderator Howard Stern dieses Naturwunder: „Was ist euch lieber: dieser abgedrehte Ozzy oder überhaupt kein Ozzy?"

Ronnie James Dio, der Anfang der Achtzigerjahre bei Black Sabbath gesungen hatte, war 1992 kurzzeitig für die Aufnahmen des Albums *Dehumanizer* wieder zu ihnen gestoßen. Trotzdem lehnte er die Teilnahme an der Wiedervereinigung ab, weil er nicht mit Ozzy konkurrieren und keine Spannungen entstehen lassen wollte. „Mir hat es viel Spaß gemacht, die Band bei ihrer Rückkehr in die Realität zu unterstützen und ihr wieder zu Erfolg zu verhelfen", sagt Dio. „Sabbath waren mir von allen Bands, bei denen ich mitgewirkt habe, die liebste, und ich habe auch am liebsten mit ihnen Songs geschrieben. *Heaven And Hell* wird immer meine Lieblingsplatte bleiben. Tony Iommi ist der allergrößte Meister der Riffs – ihm fallen so unglaublich viele ein."

Die rebellischen Aussagen der früheren Sabbath-Alben waren längst zum Mythos aufgestiegen, und die Band definierte auch noch dreißig Jahre nach ihrer Gründung den Heavy Metal – sie erwies sich als überaus langlebig. Die Wiedervereinigung belegte zum einen, dass Black Sabbath ein bedeutendes neues Repertoire geschaffen hatten, zum anderen, dass Tony Iommis Riffs schlicht die Grundlagen des Heavy Metal bildeten. „Heute sieht es so aus, als wäre Heavy Metal zu dem geworden, was damals der Blues war", spekulierte Geezer Butler

COMEBACKS

Dio und Bruce Dickinson kehrten in den Schoß der Familie zurück, und auch die Wiedervereinigung der mächtigen Black Sabbath während des Metal-Booms 2001 war eine angenehme Überraschung – aber Virgin Steele und Necrophagia? Ja, zum zwanzigsten Jahrestag des Erscheinens von *Metal Massacre* räumte selbst der energetische Metal-Underground der Nostalgie ein Plätzchen ein. Glücklicherweise waren die Musiker des Death Metal bei ihren ersten Aktivitäten noch so jung, dass sie sich heute noch ihre kreative Lebendigkeit bewahrt haben und jetzt, mit kaum über dreißig, lediglich etwas erfahrener geworden sind. In anderen Fällen waren Bands wie die stilistisch innovativen Destruction erst in der zweiten Runde in der Lage, ihren Erfindungsgeist ganz auszuspielen und komplexe Versionen ihrer ursprünglichen Attacken abzuliefern. „Wenn man Geld damit machen kann, tut man sich wieder zusammen", bemerkt der Allzeit-Metaller Ron Quintana.

Die Wiederkehr

- Artillery, *B.A.C.K.* (1999)
- Black Sabbath, *Reunion* (1998)
- Destruction, *All Hell Breaks Loose* (2000)
- Dio, *Magica* (2000)
- Exodus, *Another Lesson In Violence* (1997)
- Halford, *Live Insurrection* (2001)
- Necrophagia, *Holocausto De La Morte* (1999)
- Testament, *First Strike Still Deadly* (2001)

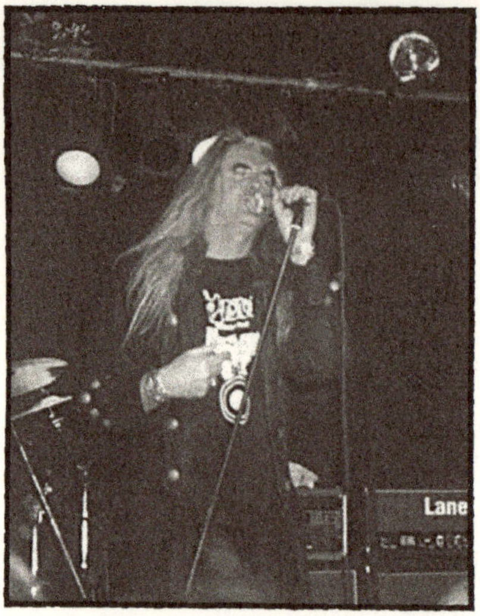

Biff Byford von Saxon erobert erneut Amerika

gegenüber *Guitar*. „Heute spielen alle ‚Paranoid' … nicht mehr den alten Blueskram."

Bedenkt man, welch enormen Einfluss die Band besaß, dürfte es kaum überraschen, dass Black Sabbath 1999 die Rocktournee mit den höchsten Umsätzen absolvierten. *Billboard* gab an, die Ozzfest-Konzerte seien in den Sommern 1997 und 1998 die umsatzstärksten Konzerte pro Veranstaltung gewesen; mit Black Sabbath an Bord vergrößerte sich die Bandbreite des Festivals zusätzlich. Sie galten sowohl im wahren Metal wie im Nu Metal als Idole, die jeder Metalhead mit jeder Faser seines Herzens verehrte und vergötterte. Die Veranstaltungen verhießen dem Heavy Metal eine fruchtbare weitere Entwicklung und versprachen ihm einen Platz in der Ewigkeit. Als Ozzy die Hand zum Friedenszeichen hob und zum viertausendsten Mal „Wir lieben euch alle!" in die Nacht rief, gab es keine Kluft mehr zwischen den Generationen. Wieder einmal stürmte Heavy Metal in die vordersten Reihen.

Die Reunion Black Sabbaths war die Krönung des Heavy-Metal-Millenniums gewesen – nun machte sich Metal jeder erdenklichen Art schon bald stärker als je zuvor in der Öffentlichkeit bemerkbar. Nach Angaben von *Billboard* gab es 1999 nach einem Jahrzehnts des Abstiegs wieder mehr als fünfhundert auf Metal spezialisierte Radiosendungen in den USA, beinahe dreimal so viele wie 1989, als der Metal eigentlich seinen Zenit erlebte. Zu jener Zeit hatte sich das Publikum zunehmend gespalten – Ende der Neunzigerjahre schien es größer und einiger denn je. Selbst die Fans, die von Trend zu Trend lavierten, studierten nach wie vor die Headbanger-Klassiker. „Ich treffe Leute, die begeistert behaupten: ‚Ich höre immer noch jeden Tag *Game Over* von Nuclear Aussault, *Fistful Of Metal* von Anthrax und *Speak English Or Die* von S.O.D.'", erzählt Dan Lilker, der auf allen drei Alben Bass spielte. „Dieses Zeug hat definitiv etwas bewirkt. Jetzt wird einem erst klar, wie viele Leute darauf abgefahren sind und wie viel ihnen die Musik bedeutet." Pioniere wie Motörhead und Iron Maiden gelangten schlagartig zu neuer Popularität. Iron Maiden kamen wieder mit ihrem langjährigen Sänger Bruce Dickinson zusammen und sorgten am 5. August 2000 mit Queensryche und dem ehemaligen Judas-Priest-Sänger Rob Halford als Anheizer für einen ausverkauften New-Yorker Madison Square Garden. „Das hat mich umgehauen", erinnert sich Rob Halford. „Das war der Hammer, ein einziger Rausch. Es war total aufregend, wieder im Garden zu spielen, schon allein, weil das so ein denkwürdiger Veranstaltungsort ist. In diesen Mauern steckt so viel Geschichte. Immer wenn ich dort spiele, habe ich ein fantastisches Gefühl, wahrscheinlich das tollste Gefühl, das man als Musiker haben kann."

Jede größere Band aus den verschiedenen Metal-Phasen schien plötzlich noch einmal zu triumphalem Applaus vor den Vorhang zu treten. Bang, Captain Beyond und UFO aus den Siebzigern taten sich wieder zusammen, und aus der NWOBHM tauchten Savage, Sweet Savage, Holocaust und Raven wieder auf. Die Achtziger-Bands Anvil, Mercyful Fate, Virgin Steele, Exciter und Celtic Frost, Destruction, Hirax und Whiplash kehrten stürmisch zum Power-Metal-Wahnsinn zurück. Die fäusteschwingenden Glam-Bands Hanoi Rocks, Ratt, Stryper und Poison tourten ebenfalls erfolgreich, wenn auch klugerweise diesmal ohne Haarspray.

Einige Gruppen fanden wieder zusammen, nachdem sie über Internet-Fanseiten – die ein sehr viel zuverlässigeres Barometer der Publikumsmeinung darstellten als die Hochglanzseiten der Musikmagazine – von ihrer Popularität erfahren hatten. Andere Musiker, die sich nach früheren erfolglosen Vorstößen zurückgezogen hatten, fingen wieder aus reiner Liebe zur Musik an zu spielen. Nach einer vorübergehenden Dürreperiode Mitte der Neunziger schienen nun wieder genug Geld und Enthusiasmus für jedermann vorhanden zu sein. „Ich bin noch nicht reif für den Ruhestand, also muss ich darüber nachdenken", erwiderte John Bush auf die Frage, ob Armored Saint nach achtjähriger Abwesenheit ebenfalls zurückkehren würden.

Selbst kaum bekannte Underground-Bands fanden wieder zusammen und stellten fest, dass viele ihrer Mitglieder inzwischen noch immer keine dreißig Jahre alt waren. Im Fall von Necrophagia, die sich mit Phil Anselmo von Pantera, der unter dem Pseudonym Anton Crowley Gitarre spielte, wiedervereinigten, übertraf die umwerfende Garagen-Energie der neu gegründeten Band die Errungenschaften der bei den Cassettentauschern der Achtzigerjahre überaus beliebten Vorgängerformation. Da Tom Warrior sich nicht überreden ließ, seine kindisch-schlichten Hellhammer wieder aufleben zu lassen, übernahm das deutsche Trio Warhammer tapfer die Aufgabe, die Ästhetik der Schweizer auf *The Winter Of Our Discontent* und *Deathchrist* zu kopieren – ein Revival im *Beatlemania*-Stil, wenn auch ungleich düsterer.

Das neue Jahrtausend brachte sogar eine Art von Anerkennung für die langlebige Doom-Metal-Szene – eine Welt, die so rückschrittlich und in primitiven Mustern gefangen war, dass sie außer dem ersten Black-Sabbath-Album kaum etwas als Meilenstein des Metal gelten ließ. Doom Metal, der durch die Rückkehr von Sabbath erneut Auftrieb erhielt und den mythischen Riffs von Tony

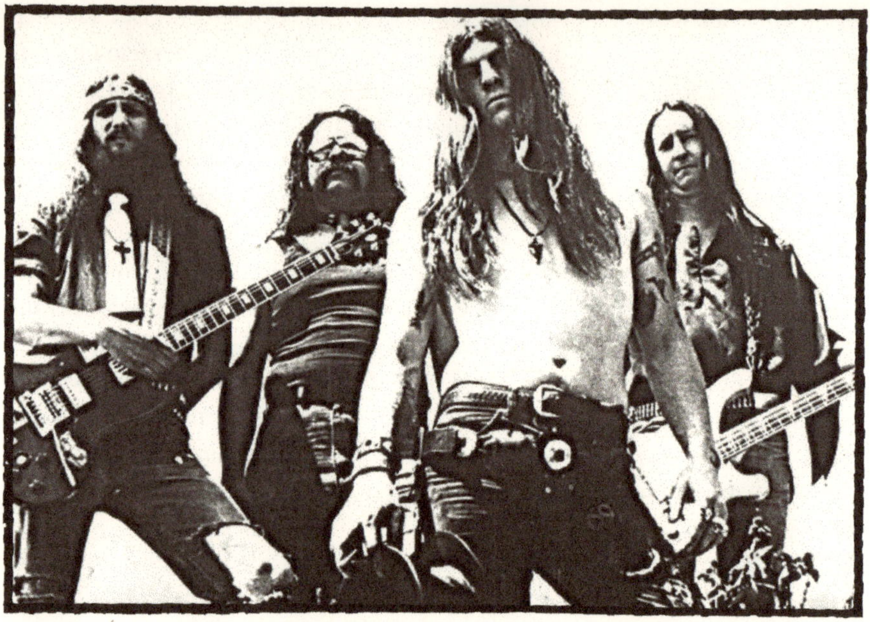

Die Doom-Götter Saint Vitus *(SST Records)*

Iommi einiges zu verdanken hatte, war eine traditionsreiche Kultur von Schattenwesen, die ihre Instrumente auf der Suche nach Erlösung noch tiefer stimmten als die Altmeister. Doom, der einst zu Beginn der Siebziger mit den wenig beachteten Lucifer's Friend und Necromandus seinen Anfang genommen hatte, schlich sich mit Trouble, Witchfinder General, The Obsessed, Candlemass, Pentagram und Saint Vitus durch die Achtziger und kam mit Cathedral, Sleep und Burning Witch schließlich in die Neunziger. Ihre klagenden Grabgesänge gehörten seit der ersten Metal-Morgendämmerung dem Underground an, und auf metallische Exzesse reagierten sie mit Flucht in tiefere, seelenvolle Wahrheit.

Der Doom Metal schwamm gegen den Strom – egal, ob damit nun der Geschwindigkeitsrausch des Thrash Metal oder die technologische Versiertheit des Nu Metal gemeint war –, und er hatte es auf die langsamsten Sounds angelegt, die richtig große Emotionen weckten. In jeder Phase hatte es zu den vorherrschenden Trends ein Gegenstück im Doom Metal gegeben. Die majestätischen Trouble aus Chicago zum Beispiel predigten den Weltuntergang; ihre biblisch geprägten Texte stellten in den Achtzigerjahren einen Kontrapunkt zu Slayer dar. Als die zunächst kaum beachteten Protagonisten des Doom Metal schließlich Anerkennung bekamen, wurden sie als Helden gehandelt, die das Wesen des Heavy Metal auch unter ungünstigsten Bedingungen bewahrt hatten. Saint Vitus, die sich Ende der Siebziger gegründet hatten, waren dreckige Außenseiter, die man als Vorgruppe von Black Flag auf ein unfreundlich gesonnenes Punk-Publikum in Los Angeles losgelassen hatte. Die Musiker waren dabei unverbildet genug, um zuzugeben, dass sie Iron Maiden über Kopfhörer hörten und dabei ihre Songs schrieben. Nach mehreren Alben heuerte die Band den Sänger Scott Weinrich alias Wino an und nahm 1986 das brillant aufrührerische *Born Too Late* auf. Vom hymnischen Titelstück bis „Thirsty And Miserable“ (der Coverversion eines Songs von Black Flag, doppelt so lang wie das Original) bildete das Album einen unzerstörbaren Panzer gegen die fehlgeleitete Hyperaktivität der toupierten Hollywood-Fanatiker.

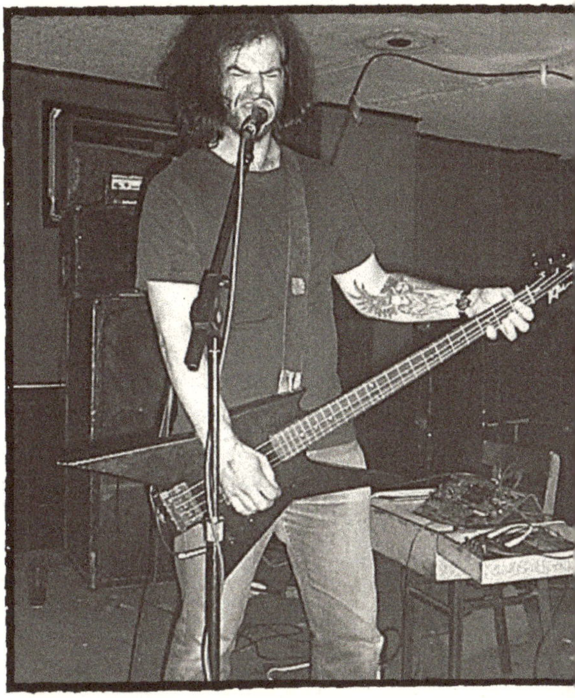

Einmannshow: Joe Preston als The Thrones *(Vicky Baron)*

Wino war authentisch und rückschrittlich, er stand mit einem Fuß fest verwurzelt im ursprünglichen Heavy Metal, und seine Musik dröhnte vor essenzieller Wahrheit. „Ich sah Sabbath 1972 an meinem zwölften Geburtstag“, erzählte er der Zeitschrift *Seconds.* „Das war mein zweites Konzert überhaupt, und ich habe noch nicht mal Pot geraucht, aber die Show hat mich auf ewig beeindruckt. Die Power, die Sabbath bei der *Paranoid*-Tour 1972 hatten, mit der ganzen alten Ausrüstung – riesigen, zu Wänden aufgetürmten Laney-Verstärkern –, das war einfach unglaublich. Ich war damals noch so jung, mir kam das total unwirklich vor.“ Nach der Auflösung von Saint Vitus rief Wino seine Vorgängerband The Obsessed erneut zusammen und veröffentlichte mit ihr mehrere Alben und erhielt schließlich zur gleichen Zeit wie Napalm Death einen Vertrag bei Sony/ Columbia – ansonsten schlängelte er sich weiter durch die Unterwelt der Metal-Geschehnisse. Ende der Neunzigerjahre ging er mit seiner Gitarre im Iommi-Stil Wege, auf die sich nicht einmal mehr Sabbath trauten.

Im Schatten von Trouble und Saint Vitus gründete sich in den Neunzigern eine Reihe von Bands, deren Mitglieder 1972 noch nicht einmal geboren waren. Das junge kalifornische Quartett Sleep veröffentlichte zwei Alben, auf denen es schamlos zwischen den Grooves des ersten Black-Sabbath-Albums hin- und herwechselte. Sleep prägten den Sound des „Stoner Rock“ und inspirierten eine ganze Flut von Nachahmern wie Orange Goblin und Electric Wizard, die ihrerseits auf eigenen Musikfestivals und „Stoner Doom“-Plattenlabels wuchsen und gediehen. Sleep, die ab 1995 von dem Major London Records unterstützt wurden, meditierten über Marihuana und das Alte Testament und kreierten *Jerusalem,* einen fünfunddreißigminütigen Anschlag auf die eigene Karriere in Gestalt eines einzigen Songs. Offenbar waren sie der Auffassung, sie hätten die Grenzen des guten Willens ihrer Wohltäter bei ihrem Majorlabel noch nicht ausreichend ausgereizt, denn die Band weigerte sich, auf Tour zu gehen, um ihr einzigartiges Songwunder zu promoten. London Records ließ die Gruppe 1998 fallen, die Cassettentauscher vervielfältigten hastig die wenigen Vorabexemplare der Platte, und Sleep trennten sich – zwei ihrer Mitglieder zogen sich in Klöster zurück.

Doom in Reinform – eine atmosphärische, extrem langsame und schleppende Musik – konnte gelegentlich die von Black Sabbath gesetzten Richtlinien sprengen. Joe Preston veröffentlichte als Bassist der Melvins ein Soloalbum mit „The Eagle Has Landed", einer zwanzigminütigen Suite ineinander fließender Gitarren, benannt nach einer Live-LP von Saxon. Gemeinsam mit Kurt Cobain von Nirvana hatte Preston auch bei Earth gespielt, einer monoton brummenden, feedbacklastigen Truppe aus Seattle unter der Regie von Dylan Carlson, deren *Earth 2 Special Low Frequency Version* 1993 ein Paradebeispiel für dichtes, lang gezogenes Bassgrollen gegeben hatte. Mit seiner späteren Band The Thrones widmete sich Preston einer ähnlichen stilistischen Richtung – ihre mikrochipgestützten, tiefen, langsam durchsickernden Bass- und Laserexplosionen klangen wie eine hyperaktive Version von schwerer Härte. Preston erklärte: „Ich möchte hören, wie sich große Dinge in merkwürdigen Geschwindigkeiten bewegen."

Cathedral, die ein weiterer ehemaliger Napalm-Death-Sänger, der schielende Scherzkeks Lee Dorrian, gegründet hatte, verbanden alle Reste von Doom, Gloom und Stoner Rock. Sie verteidigten eine Zitadelle befremdlicher musikalischer Ausnahmeerscheinungen und nahmen sich der Aufgabe an, die Ideen zu Ende zu denken, die Black Sabbath ungefähr zur Zeit des bedrohlich intensiven *Sabotage* aufgebracht hatten. Nachdem sie zehn Jahre lang mit jeder Variante – von Noise über Disco bis Funk – experimentiert hatte, gab sich die Band auf der CD *Endtyme* von 2001 charmant gelassen, machte jedoch ihrem ursprünglichen Ansinnen, das Universum zu zermalmen und zu ersticken, noch immer alle Ehre. Nach zehn Lehrjahren stiegen Cathedral selbst zu Meistern mit enormem zerstörerischem Potenzial auf und machten sich daran, den Heavy Metal einer oberflächlichen Gesellschaft zum Trotz standhaft und voller Energie zu bewahren.

Kurz vor der Jahreswende 2000 hielt die Metal-Welt den Atem an und betrachtete das Spektakel, das sie selbst darstellte: Sie blickte in das Antlitz eines metallisierten Planeten, der beflissen zurückstarrte. Als das neue Jahrtausend anbrach, galten Nietengürtel, Lederhosen und gebrauchte Iron-Maiden- und Dio-Shirts

DOOM METAL

Doom Metal, die langsame Antithese des typischerweise eher temporeichen Metal, fing mit Black Sabbath an und wurde über Jahrzehnte hinweg von engagierten Bands wie Witchfinder General, Trouble und Cathedral am Leben erhalten – Bands, deren emotionale Qualitäten ihren Mangel an Glamour vergessen machten. Das Comeback von Black Sabbath gegen Ende der Neunzigerjahre war so bedeutend, dass es auch die Rückkehr unentdeckter Größen wie The Obsessed ermöglichte. Als bodenständiges Gegenstück zum Nu Metal hatte der Doom Metal nicht dasselbe kommerzielle Potenzial, doch sein hart rockendes Herz überzeugte weit mehr Fans als nur einige wenige ewig loyale Gefolgsleute. Diese Ewiggestrigen in Schlaghosen trieben sich am Rand aller Metal-Veranstaltungen herum und bewegten sich in einem gemächlichen Rhythmus, der sich am treffendsten als zeitlos beschreiben lässt.

Die Entdeckung der Langsamkeit

- Burning Witch, *Crippled Lucifer* (1998)
- Cathedral, *Endtyme* (2001)
- Candlemass, *Epicus Doomicus Metallicus* (1986)
- Corrupted, *Llenándose De Gusanos* (1999)
- Dream Death, *Journey Into Mystery* (1987)
- Earth, *Earth 2 Special Low Frequency Version* (1993)
- Eyehategod, *Take As Needed For Pain* (1993)
- The Melvins, *Bullhead* (1991)
- The Obsessed, *The Obsessed* (1990)
- Pentagram, *First Daze Here* (2002)
- Saint Vitus, *Born Too Late* (1986)
- Sleep, *Jerusalem* (1996)
- Trouble, *Psalm 9* (1984)
- Trouble, *The Skull* (1985)

wieder als der Gipfel der Coolness. In Kulturhauptstädten wie New York oder Los Angeles verwandelten Designer alte Tour-T-Shirts in Haute Couture, und Kunstgalerien stellten Heavy-Metal-Konzeptkunst erstklassiger Künstler wie Matthew Barney aus – der unter Mitwirkung des ehemaligen Slayer-Schlagzeugers Dave Lombardo und des Sängers von Morbid Angel, Steve Tucker, auch experimentelle Filme gedreht hatte.

Es entbehrte nicht einer gewissen Genugtuung, dass die Metal-Szene ein Jahrzehnt der Missachtung durch die Medien überlebt hatte und nun nicht nur auf finanziellem Gebiet einen Sieg einfuhr. Heavy Metal als solcher, seine gesamte Kultur, seine Überzeugungen und Interessen durchdrangen den Mainstream, ohne dass er seine Seele dafür verkaufen musste. Endlich bekam Heavy Metal einen Platz im Mainstream – seine Integrität und unbequemen Wahrheiten blieben unbeschadet. Metallica, die schon immer auf den engen Kontakt zu ihren Fans großen Wert gelegt hatten, arbeiteten von Anfang an mit interaktiven Medien und Mundpropaganda – lange bevor „Narrowcasting" und „Viral Marketing" als unternehmerische Zauberwörter galten. Sogar der dreckige Realismus von ... *And Justice For All* wurde im Reality-TV allmählich zum Alltag: Immer mehr Fernsehdokumentationen und stundenlang vor laufender Kamera gewaschene schmutzige Wäsche drängten die Zuschauer, sich selbst eine Meinung über die Gesellschaft zu bilden.

Geschichten über Krieger aus grauer Vorzeit oder über die Dämonenwelt, wie sie auch im Metal so beliebt war, bescherten Fernsehserien wie *Xena* und *Buffy, im Banne der Dämonen* höchste Einschaltquoten. In der Talkshow *Late Night with Conan O'Brien* parodierte O'Briens Kollege Andy Richter Ozzy Osbourne, und Craig Kilborn machte sich in *Later* über die Scorpions her. Einen der schrägsten Auftritte in der Geschichte der Popkultur lieferten Ahmet und Dweezil Zappa – die Band ihres Vaters, die Mothers of Invention, hatte Tony Iommi beeinflusst –, die ebenfalls bei *Late Night with Conan O'Brien* „The Wizard" von Black Sabbath jammten, wobei der Schmalzpianist John Tesh ein Hängekeyboard bediente.

In den Universal-Studios übernahm Rob Zombie die alljährliche Gruselveranstaltung im Geisterhaus, was zu kilometerlangen Verkehrsstaus auf den Schnellstraßen von Hollywood führte. Metal hatte eine ganze Generation auf den Ansturm informationsgesättigter Nachrichtenfluten vorbereitet. Gleichzeitig wurden PlayStation-Videospiele nach Metal-Songs benannt, und im Wrestling schaute man den Heavy-Metal-Bühnen die übelsten Machoelemente ab. „Smoke On The Water" von Deep Purple wurde in der Erfolgsserie *Die Sopranos* als Lieblingsmusik zum Autofahren erwähnt. Metal knackte sogar die lukrative Welt des Sports, als Mariano Rivera, der Relief Pitcher der extrem erfolgreichen Baseballmannschaft New York Yankees, begleitet von Metallicas donnerndem „Enter Sandman", Punkte gutmachte. Megadeth begannen Material ausdrücklich für den Einsatz bei Sportveranstaltungen zu schreiben. Dave

Mustaine meint dazu: „Wir schrieben ‚Crush 'Em', damit endlich mal was anderes läuft als ‚Rock And Roll Part 2' von Gary Glitter. Ich hasse diesen Song."

Heavy Metal wurde institutionalisiert. Ermutigt durch den Erfolg von Nirvana, Starbucks, Nintendo und Microsoft, legte ein Konsortium verschiedener Hightech-Magnaten sechshundert Millionen Dollar zusammen und ließ nach einem Entwurf des Architekten Frank O. Gehry das Experience Music Project (EMP) bauen, das größte Musikmuseum der Welt. David Wayne, der ehemalige Sänger von Metal Church, berichtet dazu: „Paul Allen, einer der zehn großen Microsoft-Typen, der auch Anteile an den Seattle Seahawks besitzt, spürte das Gitarrenkreuz von unserem ersten Albumcover auf und kaufte es – es wird als Metal-Church-Ausstellungsstück im Museum stehen." Als das EMP im Juli 2000 eröffnet wurde, traten Metallica bei den Eröffnungsfeierlichkeiten auf, und die Metal-Church-Reliquie wurde in einer Plexiglasvitrine ausgestellt. Dazu gab es eine Informationstafel, auf der erklärt wurde, dass der Fotograf das Kreuz zunächst im Hof vergrub, um den gewünschten moosigen und modrigen Effekt zu erzielen.

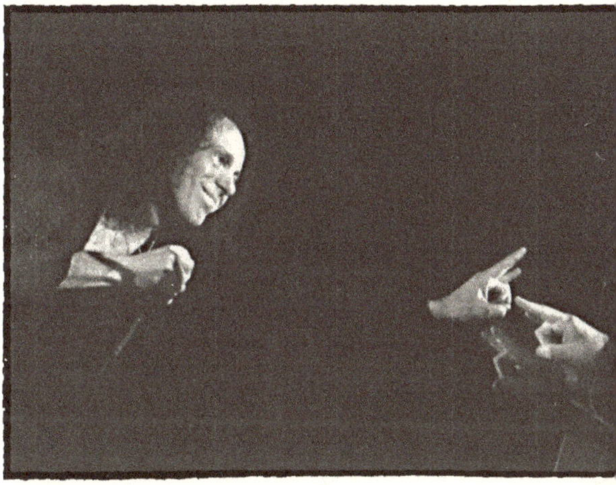

Und es werde Metal: Ronnie James Dio macht auf Michelangelo ***(Deborah Laws/ Metalflakes.com)***

Ohne dass die Medien nennenswert dazu beigetragen hätten, hatten sich die Vereinigten Staaten in eine Metal-Nation verwandelt. Teenager-Metalheads wurden erwachsen und machten unzähligen weiteren Millionen Platz. Dank Ronnie James Dio wurde der Handgruß mit den Teufelshörnern zu einem Allzwecksymbol für das Quäntchen Heavy Metal, das in jedem Menschen steckt. „Meine Großmutter sah uns immer mit dem bösen Blick an", sagt er. „Auf Italienisch heißt das Zeichen *malocchio,* und es schützt auch gegen den bösen Blick, wie eine kleine Antenne. Als ich zu Sabbath kam, hatte Ozzy das Friedenszeichen längst eingeführt, wie Präsident Richard Nixon. Und ich wollte nicht in seine Fußstapfen treten, und deshalb habe ich, in Erinnerung an meine Großmutter, das andere Zeichen verwendet, und das wurde zum Symbol. Heute wird man wahrscheinlich erleben, dass irgendjemand bei einem Backstreet-Boys-Konzert diesen Fingergruß macht."

Zur gleichen Zeit gab VH1 bekannt, dass jene Folgen von *Behind the Music,* in denen Aufstieg, Fall und schließlich auch die Wiedergeburt von Quiet Riot, Mötley Crüe und Poison geschildert wurden (allesamt Bands, die Ende der

Neunzigerjahre erfolgreich tourten), um vierzig Prozent höhere Einschaltquoten verzeichneten als der Rest der Serie. Schon bald nahm der Fernsehkanal mehr Hardrock und Heavy Metal ins Programm und lud Rob Halford, Lars Ulrich, Blackie Lawless und den Skid-Row-Sänger Sebastian Bach ins Studio ein. An der Metallica-Folge von *Behind the Music* beteiligte sich sogar der ehemalige Gitarrist Dave Mustaine, der höchst selten zu derartigen Auftritten bereit war. „Als man mich fragte, wusste ich, dass ich die Chance haben würde, die Wahrheit zu erzählen", sagt er. „Und das habe ich getan. Ich sagte, dass ich es verdient hatte, gefeuert zu werden. Die Wahrheit."

Metal hielt immer stärker Einzug in die Popkultur, Glam Metal wurde in Comedy-Sendungen und Werbespots für Kreditkarten parodiert. Unzählige Popbands erwiesen dem Heavy Metal mit Coverversionen die Ehre. Dass Metal endgültig mainstreamtauglich geworden war, bewies aber wohl ein in Amerika ausgestrahlter Werbespot für *Burger King* mit einem Headbanger-Wortwitz, in dem „You've Got Another Thing Coming" gespielt und prophezeit wurde: „Miss this deal, you'll be banging your head" [sinngemäß etwa: „Wenn ihr das Angebot verpasst, werdet ihr euch am liebsten ohrfeigen wollen"; *Anm. d. L.*]. Eine Volkswagen-Werbung spielte auf das humorig-kitschige Element des alten Metal an und zeigte die Mutter eines Fußballers, die sich ihrer Tage als Groupie bei Krokus erinnert. Hirax-Sänger Katon W. DePena meinte dazu: „Das Coole an dem ganzen Speed Metal und Thrash Metal und dem ganzen Heavy-Scheiß ist, dass wir uns für nichts schämen müssen. Stell dir vor, du wärst bei Poison gewesen! Mann, da würde ich mich nicht mal zum Einkaufen in den Laden um die Ecke trauen!"

Von den Parodien einmal abgesehen, bewahrte der Heavy Metal seine Würde. Ohne sich von den schlichteren Werken der vergangenen Jahre zu distanzieren, krönten Metallica das zweite Jahrzehnt ihres Bestehens mit einer durchdachten Rückkehr zur Majestät früher Alben wie *Ride The Lightning* und *Master Of Puppets.* Synthesizer ermöglichten längst auch Underground-Musikern den Einsatz von Streichern; Metallica konnten sich echte leisten. Die Band schrieb zwanzig ausgewählte Stücke aus ihrer gesamten Laufbahn für die Zusammenarbeit mit klassischen Musikern um. „Wir bleiben unberechenbar", sagt Lars Ulrich mit typischem Selbstbewusstsein. „Wir neigen dazu, uns alles erst dann auszudenken, wenn wir schon daran arbeiten. Wir setzen uns keine Grenzen und erlauben keine Beschränkungen für das, was wir machen."

Unter dem Titel *Symphony & Metallica* kamen Metallica bei diesem Projekt wieder mit Michael Kamen zusammen, dem Komponisten, der beim Schwarzen Album „Nothing Else Matters" für ein kleines Streicherensemble arrangiert hatte. Dieses Mal stellte er die Geduld der einhundertvier Musiker des San Francisco Symphony Orchestra auf die Probe. Kamen, der häufig mit Popgruppen arbeitet, hatte bereits Stücke von Pink Floyd, Aerosmith und Bryan Adams orchestriert und die Soundtracks für die Filme *Brazil* und *Die Hard* geschaffen. Er war es, der Metallica das Projekt vorschlug. „Ich habe mit Orchestern zusammengearbeitet, die sehr skeptisch waren, was Rockmusik anging, selbst im Fall von im Vergleich zu Metallica relativ ruhigen und melodischen Vertretern wie Eric Clapton oder Pink Floyd", sagte der Dirigent gegenüber *BAM*. „Aber ich habe auch schon viele Orchestermusiker dabei beobachtet, wie sie Claptons Finger beim Auf- und Abgleiten auf dem Gitarrenhals bewunderten, so, als würden sie Pinchas Zukerman zusehen. Musiker respektieren sich gegenseitig sehr für ihr Können und ihre Ausdrucksstärke."

Seit den Tagen der Beatles haben Rockbands immer wieder mit klassischer Musik geliebäugelt, was zu teilweise durchwachsenen Ergebnissen führte. Zu Beginn ihrer Laufbahn hatten Deep Purple, Lars Ulrichs Idole, mit dem Royal Philharmonic Orchestra an einer Symphonie in drei Sätzen gearbeitet, die Purple-Keyboarder Jon Lord geschrieben hatte. Es war teilweise nostalgisch motiviert, wenn Musiker das Image des klassischen Komponisten romantisierten, der sich auf der Suche nach dem perfekten dramatischen Akkord die Haare rauft. 1993 wich auch der Metallica-Kollege Glenn Danzig vom Pfad wilder Rockmusik ab und schuf *Black Aria*, einen Ausflug in synthesizerlastige orchestrale Musik mit Frauenchören. Ebenso wie auf seinen Platten mit den Misfits und Samhain spielte Danzig die meisten Instrumente selbst. „Das ist leicht, aber eben auch schwer", sagt er über seine neoklassische Arbeit. „Man muss es im Kopf hören können, und man hört nicht nur Schlagzeug, Bass, Gitarre und Gesang. Ich höre jeden noch so kleinen Teil, dieses und jenes. Das ist komplex, Keyboard, echter Hintergrundgesang, Gongs ..."

Alle, von Accept und Yngwie Malmsteen bis Master's Hammer und Emperor, verneigten sich vor der Klassik. Durch die Wirkung, die Metal auf junge Musikstudenten hatte, kann man getrost behaupten, dass die Annäherung beiderseits betrieben wurde. Die dreißig Jahre zwischen Black Sabbath und Black-Metal-Nachzüglern wie Opeth und Dimmu Borgir hatten eine solide Musiktradition mit Standards hervorgebracht, die von hohem Wiedererkennungswert und von Innovationen geprägt waren – explosionsartigen Beats, originellen Tonlagen und Gesangstechniken. Sie alle wurden von der jeweils nächsten Generation junger Musiker übernommen, kopiert und verbessert. Als Metal-Musiker erwachsener wurden und Eingang in die Musikfachbereiche der Universitäten fanden, schien es besonders in Europa möglich, dass sich Metal mitsamt seinen Anleihen bei der schwedischen Death-Metal-Schule in eine neoklassische Institution verwandelte.

Die Musik von Metallica mit ihren düsteren Konstruktionen und ihrem Blick in die Ewigkeit besaß ohnehin die Würde eines symphonischen Arrangements, ohne dabei pompös oder großspurig zu klingen. Zumindest war sie so

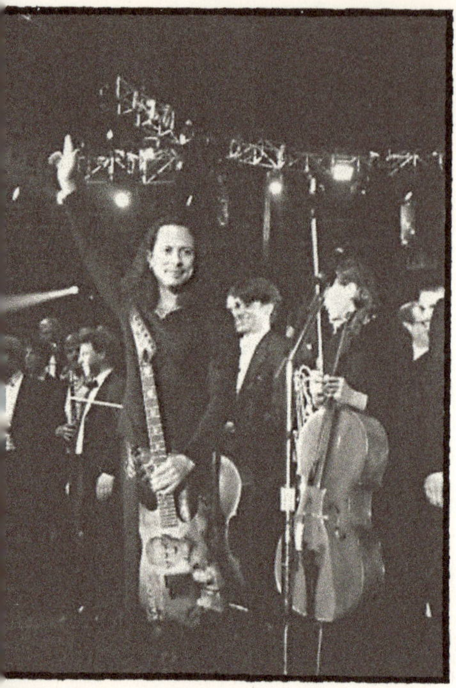

Kirk Hammett und Kollegen
(Filip Malinowski)

angelegt. Zwei klassische Metallica-Auftritte vom April 1999 im kalifornischen Berkeley wurden für die Nachwelt aufgenommen und noch im selben Jahr als *S&M, Symphony & Metallica* veröffentlicht. Die Reaktionen waren gemischt. „Ich fand, das Orchester hätte ein bisschen präsenter sein können", sagt Ronnie Dio. „Es wurde viel zu sehr von dem überdeckt, was die Band machte. Wenn man schon ein Orchester verwendet, dann richtig!"

Vom Ereignis selbst einmal abgesehen besaß das Orchesterunterfangen jedoch eine immense Majestät, die zwei Jahrzehnte nicht hundertprozentig gelungener Experimente mehr als ausglich. Die Arrangements waren vielleicht nicht für jeden Song gleichermaßen einfallsreich, aber die Abwärtsbewegung der Streicher, die auf das maschinengewehrartige Double-Bass-Schlagzeug zu Beginn von „For Whom The Bell Tolls" traf, rührte altgediente Fans zu Tränen. Lars Ulrich und James Hetfield – die verlorenen und einsamen Kinder von einst, die sich hatten beeilen müssen, um „Hit The Lights" für den ersten *Metal Massacre*-Sampler fertig zu stellen – waren nun erwachsene Männer, die ein Meer von Musikern erfolgreich durch ihr eigenes Revier dirigierten.

Der enorme Unterschied zwischen dem naiven, unerschrockenen Geist, der einst „Orion", das Instrumentalstück auf *Master Of Puppets,* geschaffen hatte, und der reifen Hand, die den gleichen Song für ein Symphonieorchester arrangierte, wirkte ernüchternd. Zu guter Letzt entstand hier eine beruhigende Geste, ein Requiem auf die obskuren Auseinandersetzungen, auf die edle Gesinnung der alten Garagenzeiten und auf die vielen Wissenschaftler in Lederjacken, die das Metal-Erlebnis definierten. Während ihrer ganzen Laufbahn hatten Metallica das Publikum stets ermutigt, sich energisch ins Leben zu stürzen, ihrer Wut über Ungerechtigkeiten Ausdruck zu verleihen, sich aber auch zu entspannen und den verdienten Lohn zu genießen. Jetzt unternahmen sie den Versuch, umwerfende Schönheit zu vermitteln – und wurden für eine beeindruckende Version von Cliff Burtons „The Call Of Ktulu" zum sechsten Mal mit einem Grammy ausgezeichnet.

S&M erwies sich als beglückwünschenswerter Schachzug einer Band, die sehr zufrieden mit sich sein konnte. Nicht zuletzt verlieh er Metallica eine Ernsthaftigkeit, die ihnen in den spielerischen fünf Jahren zuvor gefehlt hatte. „Meine

TOTE IM METAL

Das Popularitäts-Comeback des Heavy Metal machte deutlich, wie viele bekannte Gesichter fehlten. Die ständig mit morbiden Themen beschäftigten Metaller kamen allmählich in das Alter, indem sie es auch mit dem Tod zu tun bekamen. Auch abgesehen von den Märtyrern Randy Rhoads und Cliff Burton, den Geopferten Dead und Euronymous von Mayhem und dem Selbstmord Kurt Cobains, sah sich Metal zur Jahrtausendwende allgemein mit der eigenen Sterblichkeit konfrontiert. „Als wir das erste Mal in die Staaten kamen, gab es so viele Bands", bemerkt Tom Warrior von Celtic Frost, „und ich habe mich immer gefragt, was bloß aus diesen Musikern geworden ist. Ich weiß, dass viele von ihnen damals schon echte finanzielle Probleme hatten. Wer weiß schon, wer sich davon wieder erholt hat und wer nicht? Sind sie tot? Grillen sie irgendwo Burger? Es gibt Aids und Drogen – es ist gar nicht so absurd, sich zu fragen, ob sie noch leben." Traurigerweise legte eine Reihe von Headbangern Jeans und Leder vorzeitig für immer ab:

- Eines der ersten Opfer des Thrash Metal war **Dave Holocaust** von der energiegeladenen Band Destructor aus Ohio, der im Januar 1988, kurz nach der Veröffentlichung der metallisch überdrehten LP *Maximum Destruction*, von einem Unbekannten im Probenraum der Band erstochen wurde.
- Der Bassist von Deceased, **Rob Sterzel**, wurde von einem vorbeifahrenden Transporter erfasst und getötet, als er 1988 einen platten Reifen am Straßenrand wechselte.
- Die technisch äußerst versierte Death-Metal-Band Atheist verlor ihren sehr fähigen Bassisten **Roger Patterson** am 12. Februar 1990 bei einem Verkehrsunfall in Louisiana, als die Band von einer triumphalen Tournee als Vorgruppe für Candlemass zurückkehrte.
- Der talentierte Gitarrist **Criss Oliva** wurde am 17. Oktober 1993 von einem betrunkenen Autofahrer in der Nähe seiner Wohnung in Clearwater, Florida, getötet.
- **Dave Prichard** von Armored Saint starb 1990 an Leukämie, nachdem er während der Arbeit an *Symbol Of Salvation* bereits

mit der Krankheit gekämpft hatte. „Er war eine Säule der Kraft", sagt Sänger John Bush. „Er hat das nie zum Thema gemacht. Es wusste kaum jemand, und ich glaube, er wollte es so. Er war adoptiert worden, und er musste jemanden finden, der ihm das passende Knochenmarktransplantat spendete. Wenn einem Knochenmark transplantiert wird, dann akzeptiert es der Körper, oder er akzeptiert es nicht. Wenn er es nicht annimmt, dann bist du erledigt. Genau das ist passiert, und das war ziemlich brutal."

- Der Gründer der NWOBHM-Streiter Samson, **Paul Samson,** starb zuhause in England am Nachmittag des 9. August 2002, eines Freitags, im Alter von neunundvierzig Jahren nach langem Kampf gegen den Krebs. Kurz zuvor hatte er ein neues Samson-Album fertig gestellt.

- Der ehemalige Riot-Sänger **Rhett Forrester** starb im Januar 1994 im Alter von siebenunddreißig Jahren auf einer Verkehrskreuzung in Atlanta, als ihn der Schuss eines Autodiebs ins Herz traf. Er hatte nur kurz in Georgia Halt gemacht, um seine Mutter, La Fortune Forrester, zu besuchen.

- Nach einem halben Dutzend gescheiterter Aufenthalte in Rehabilitationskliniken starb **Steve Clark** von Def Leppard 1992 während der Aufnahmen zu *Adrenalize* an einer Überdosis Alkohol, Antidepressiva und Schmerzmitteln.

- **Dawn Crosby** sang und schrieb politische Texte für die vom Hardcore beeinflussten Thrash-Metal-Bands Détente und Fear of God und hatte früher einmal mit Dave Mustaine in einer Wohngemeinschaft in Los Angeles gewohnt. Mit ihm teilte sie auch die Vorliebe für Alkohol: Crosby starb im Dezember 1996 an akutem Leberversagen.

- Sein wilder Lebensstil holte im Juli 1999 den einundvierzigjährigen ersten Schlagzeuger von Megadeth, **Gar Samuelson,** ein, dem das Verdienst zugeschrieben wird, die lyrische Bandbreite der Band über Hexerei und Headbanging hinaus erweitert zu haben. „In der Presseerklärung hieß es, es habe Komplikationen mit der Leber gegeben, die zu spät erkannt wurden", sagt Dave Mustaine betroffen. „Das kann Zirrhose gewesen sein oder Hepatitis, es kann HIV oder eine bereits ausgebrocheneAids-Erkrankung gewesen sein. So viel kommt da ja gar nicht infrage, wenn es um die Leber geht."

- **Robbin Crosby** von Ratt kämpfte während der zweiten Hälfte der Neunzigerjahre gegen Aids. Er führte seine Ansteckung auf seinen ungezügelten Heroinkonsum in den Bestzeiten der Hollywood-Glam-Ära zurück. Im Juni 2002 starb er zweiundvierzigjährig an krankheitsbedingten Komplikationen. Freunde und ehemalige Bandkollegen paddelten auf Surfbrettern in die Wellen vor der Küste von San Diego und verstreuten seine Asche.
- Im April 1998 erschoss sich **Wendy O. Williams** zuhause in Storry, Connecticut. Ihre Band, die Plasmatics, deren Einfluss meist unterschätzt wird, war der auffälligste Punk-Albtraum der frühen Achtzigerjahre – ihre öffentliche Nacktheit, der Einsatz von Kettensägen und Schusswaffen auf der Bühne sowie generell das Ethos der Zerstörung blieben bis zum Aufstieg von Marilyn Manson unerreicht. „Ich kann über Wendy nur das Allerbeste sagen", sagt der Gitarrist der Plasmatics, Richie Stotts. „Von ihr habe ich gelernt, wie man Humus macht, und sie war wirklich ein Schatz. Ich habe nie gesehen, dass sie getrunken oder Hasch geraucht hat. Sie hat mich immer bei allem, was ich gemacht habe, ermutigt." Die unbeschwerte Zusammenarbeit mit Lemmy, mit dem sie 1982 gemeinsam „Stand By Your Man" von Tammy Wynette einspielte, mag Motörheads Ansehen beschädigt haben, aber es verankerte Williams fest in den Herzen vieler Metal-Fans.
- Wendy O. war nicht die Einzige, die Selbstmord beging. **Tottsuan** von der bahnbrechenden japanischen Grindcore-Band S.O.B. nahm sich 1994 ebenfalls das Leben, als er sich, nachdem er mehrmals wegen Drogenbesitz verhaftet worden war, vor eine U-Bahn warf. Corrupted führten zu seinem Gedenken ihr einhundertminütiges Epos *Llenándose De Gusanos* live auf. Der norwegische Schlagzeuger **Grim**, der zunächst bei Immortal und später bei Borknagar spielte, brachte sich am 4. Oktober 1999 mit Tabletten um.

Es gab auch solche, die dem Tod nur knapp entrannen, wie der Voivod-Gitarrist **Denis D'Amour**, der immer wegen Schilddrüsenkrebs behandelt werden musste, oder Testament-Sänger **Chuck Billy**, der an einem Keimzellen-Seminom, einer seltenen Krebsart, erkrankte. Der Gitarrist von Testament, **James Murphy**, kämpfte gegen einen Gehirntumor.

Im Januar 2000 musste **Chuck Schuldiner** von Death wegen eines Gehirntumors operiert werden. Er hatte zuvor den Namen der Band, Death, abgelegt und war mit den optimistischen und rebellischen Control Denied, deren Debüt den Titel *Fragile Art Of Existence* trug, und einem neuen Sänger zurückgekehrt. Laut Schuldiners Schwester wurde die Gehirnoperation, die einhunderttausend Dollar kostete, teilweise durch einen Vertrag finanziert, der die Songrechte von „Evil" Chuck dem Tisch-Hospital des NYU Medical Center übertrug – eine merkwürdige Wendung des Schicksals, wenn man bedenkt, welche lyrischen Inhalte auf *Scream Bloody Gore, Leprosy, Spiritual Healing* und den anderen vier Death-Alben dieser Vertrag abdeckte. Am 13. Dezember 2001 schließlich verlor Schuldiner im Alter von neununddreißig Jahren den Kampf gegen die Krankheit.

Exodus hatten gerade die Arbeit an einem neuen Album beginnen wollen, an dem auch ihr ursprünglichen Sänger **Paul Baloff** wieder beteiligt war, als dieser am 2. Februar 2002 völlig überraschend einen Schlaganfall erlitt und in der darauf folgenden Nacht im Alter von einundvierzig Jahren starb. Freunde und ehemalige Bandkollegen – darunter auch Kirk Hammett – feierten Baloff als Helden, als Mann, der die Haltung des Heavy Metal mit seinem heiteren, aber unablässigen Krieg gegen die Welt perfekt verkörpert hatte. „Er war mein Idol", sagt Billy Milano, Großmaul und Sänger von S.O.D. „Immer wenn ich mich mit ihm in einem Raum befand, war ich unsichtbar."

Diejenigen, die gesund blieben, übernahmen zunehmend eine Vorbildfunktion – eine interessante Rolle, wenn man bedenkt, welche Aversionen man im Metal gegen Autoritätspersonen hegt. „Früher war ich die Stimme der Jugend von Amerika, jetzt bin ich ein erfahrenes Staatsoberhaupt", sagt Dave Mustaine. „Und ich habe vieles in meiner Karriere kommen und gehen sehen; heute sehe ich Leute, die Dinge tun, die ich für falsch halte, wenn man mich fragt – wenn man mich denn tatsächlich fragt. Aber die Leute müssen eben auf die harte Tour lernen."

Haltung gegenüber Metallica während der letzten acht Jahre ist einfach", sagt ihr langjähriger Freund John Bush. „Sie sollen machen, was auch immer sie machen wollen. Wenn so etwas ihr Ding ist, dann sei Gott mit ihnen. Sie experimentieren mit diesem ganzen Kram, vielleicht weil sie sich langweilen oder vielleicht weil sie einfach nicht mehr wissen, was sie noch machen sollen, weil sie schon alles gemacht haben. Man muss Metallica den allergrößten Respekt entgegenbringen. Sie sind wichtig. Wir alle brauchen sie, weil sie für den Metal da waren und ihn immer repräsentieren werden. Ob Motörhead oder Kid Rock, ganz egal – alle brauchen Metallica."

Das *Forbes*-Magazin setzte Metallica 2001 auf den achtzehnten Platz seiner Liste der weltweit finanzstärksten Stars und schätzte die Profite der Band für das Jahr 2000 auf achtundzwanzig Millionen Dollar, obwohl keine einzige der wichtigen Zeitschriften der Band eine Titelgeschichte gewidmet hatte. (Aus dem Musikbereich rangierten nur die Beatles mit ihrem über lange Jahre angehäuften Einkommen und das rasch verdiente Geld des Teenager-Dreigestirns Britney Spears, N'Sync und Backstreet Boys vor den Metal-Stars). Lars Ulrich war zudem bemüht, ins amerikanische Prominentenlager aufzusteigen: Er war Gast bei *Who Wants to Be a Millionaire?* [der amerikanischen Variante von *Wer wird Millionär?; Anm. d. L.*] und trat des Öfteren bei der *Charlie Rose Show* und anderen VH1-Sendungen auf, wo er seinen Feldzug gegen Napster verteidigte und in schmutzigen Anekdoten vergangener Metallica-Tage schwelgte.

Metallica fuhren weiter satte Ernten ein. Bei den Einnahmen des Kartenverkaufs ihrer Tour im Jahr 2000 übertraf sie nur Barbra Streisand – die für ihre überhöhten Preise von vierhundertfünfzig Dollar pro Ticket berüchtigt war. Die Band schätzte ihre Plattenverkäufe weltweit auf mehr als sechzig Millionen Exemplare. Es war daher ein großer Schock, als Jason Newsted nach einem neuneinhalbstündigen Treffen mit der Band im Januar 2001 nach vierzehn Jahren seinen Ausstieg bekannt gab. Als Begründung nannte er „private und persönliche Gründe und den Schaden, den ich mir selbst über die Jahre zugefügt habe". Der Letzte, der kam, war auch der Erste, der ging. Newsted wurde schon bald mit drei neuen Bands gesehen, unter anderem bei den verehrungswürdigen kanadischen Thrash-Metal-Giganten Voivod. Hetfield und Ulrich nahm mittlerweile ihr Familienleben ganz und gar in Anspruch. Sie waren beide mit sieben Wochen Abstand im Sommer 1998 Väter geworden, was ihre Prioritäten zweifellos veränderte.

Zudem begab sich James Hetfield – früher eine Ein-Mann-Werbekampagne für Smirnoff-Wodka – zu einer Entziehungskur und einer Phase erzwungener Selbstfindung in eine Spezialklinik. Metallica waren lange Jahre die Schrittmacher der Metal-Szene gewesen, und noch immer gab es neue Maßstäbe, die gesetzt werden, und Überraschungen, auf die man hoffen konnte, noch immer gab es Welten, die in der bevorstehenden Epoche auf den Kopf gestellt werden konnten. Das bewies nicht zuletzt Lars Ulrichs Vater, der Tennisstar Torben Ulrich, als er nur einen Monat vor seinem neunundvierzigsten Geburtstag den Rekord als ältester Spieler brach, der jemals am Daviscup teilgenommen hatte.

Obwohl man meist in der Jugend vom Heavy Metal gepackt wird, verschwindet sein Einfluss nicht unbedingt mit dem Erreichen persönlicher Reife. Rob Halford, der 2001 fünfzig Jahre alt wurde, sagt: „Ich hatte Glück, dass ich so viele verschiedene Metal-Stile erleben durfte, von den frühen traditionellen Sachen, die ich selbst mitgestaltet habe, bis zu seinem Wandel in Form von Slipknot und allem möglichen anderen. Das ist toll. Ich habe experimentiert, ich hatte meinen Spaß, aber bei den ganzen Experimenten ist mir doch klar geworden, dass ich Heavy Metal am meisten liebe und dass ich das auch am besten kann. Ich glaube, alles, was mir diese Musik gibt, ist immer noch intakt. Jetzt stehe ich hier im Jahr 2002, arbeite an meiner sechsundzwanzigsten Veröffentlichung, und ich muss mir die Lungen herausschreien und mir die Stimmbänder ruinieren. Ich kann's einfach nicht lassen."

In einer von Unsicherheit geprägten Welt geht Heavy Metal furchtlos und mit großen Ideen voraus und bahnt sich seinen Weg durch neue Medien mit derselben Entschlossenheit, mit der er auch Konventionen attackiert – sei es mit für das Radio zu langen Songs, mit für das Fernsehen ungeeigneten verstörenden Bildern oder durch unbequeme kritische Themen, die noch nicht ins allgemeine öffentliche Bewusstsein gelangt sind. Das gesamte Erlebnis, das Beobachtern stets absurd erschien, setzt weiterhin unmögliche Maßstäbe, erfüllt sie, zerstört dann wieder alle Erwartungen und beginnt von neuem. „In einer Welt, die uns zwingen will, typischen Werten zu entsprechen, müssen wir mehr als je zuvor rebellisch bleiben", appelliert Jeff Becerra von Possessed.

Natürlich wird Heavy Metal Formen entwickeln, die viele Metaller von heute kaum noch wiedererkennen und vielleicht abstoßend finden werden. Diese kommenden Ausprägungen werden jene gestalten, die derzeit noch laut brüllende Kinder sind. Sie werden sich aus dem breit gefächerten Vermächtnis des Heavy Metal heraussuchen, was ihnen gefällt, und den Rest dem Staub überlassen. Obwohl Metal unübertroffen mächtig ist, entsteht er doch aus dem Leben: Er befeuert den Intellekt, wühlt die Sinne auf und streichelt die Seele umfassender als jeder andere Sound vor ihm. Mehr als je zuvor braucht die Welt diese Risiken und Widersprüche.

Während wir in die Unendlichkeit starren und uns die Leere ruft, reizt der Heavy Metal deren Grenzen aus.

EPILOG

2001: Unbesiegbar und immer wiederkehrend

Und immer noch genossen Ozzy Osbourne und Black Sabbath das Rampenlicht. Black Sabbath erhielten am 28. Februar 2000 einen Grammy in der Kategorie „beste Metal-Performance" für ihre Version von „Iron Man" auf der Live-CD *Reunion* – unglaubliche dreißig Jahre nach der ersten Veröffentlichung dieses Titels. Bill Ward nahm den Preis im Namen der Band entgegen, obwohl auch Ozzy Osbourne und Geezer Butler mit ihren Familien anwesend waren. Nachdem sie 1998 und 1999 für die Rock 'n' Roll Hall of Fame nominiert gewesen waren, baten Sabbath in den beiden Folgejahren darum, von der Liste der Kandidaten gestrichen zu werden. „Was macht das bei der momentanen Lage für einen Sinn?", fragt Ozzy Osbourne in seiner offiziellen Erklärung. „Das ist ein Witz. Es geht nur um Selbstdarstellung und Schmeicheleien, und damit möchte ich nichts zu tun haben."

Stattdessen öffnete Ozzy für die Serie *The Osbournes,* eine Mischung aus Dokumentarfilm und improvisierter Sitcom, MTV Tür und Tor seines Zuhauses. Die Sendung, die im Prinzip nur den schrulligen Ozzy Osbourne zeigt, wie er sein Haus in Kalifornien unsicher macht, zog im Sommer 2002 mehr als sechs Millionen Zuschauer vor den Fernseher und wurde damit die meistgesehene Sendung im Kabelfernsehen – und die beliebteste Show, die jemals auf MTV ausgestrahlt wurde. Im Zuge der plötzlichen Entdeckung von Ozzys universaler Anziehungskraft bekam er einen Stern auf dem Walk of Fame in Hollywood. Kurz darauf stellte der Sänger beim Dinner für die Korrespondenten im Weißen Haus des Jahres 2002 in Washington, D. C., alle anderen in den Schatten – die politische Elite applaudierte begeistert, als Präsident George W. Bush „Sabbath Bloody Sabbath" in den höchsten Tönen lobte, nicht wissend, dass Ozzy einmal verhaftet worden war, weil er auf die Alamo-Gedenkstätte uriniert hatte.

Im Juni desselben Jahres spielten Ozzy und Tony Iommi anlässlich der Feierlichkeiten zum fünfzigsten Thronjubiläum von Königin Elizabeth II. „Paranoid" im Buckingham-Palast. Sowohl die Monarchin wie auch Prinz

Charles waren anwesend, irdische Herrscher, welche die Gastgeber der überirdischen Regenten spielten. „Das bedeutet mir mehr als alles andere", kommentierte Ozzy seine Einladung als Gast der Krone. Diese Ehre hätte wohl nur noch davon übertroffen werden können, dass man diesen armen Sohn der Stadt Birmingham zum Ritter geschlagen hätte.

Seltsamerweise brach genau zu der Zeit, als Ozzy seinen Soundcheck beendete, in den oberen Stockwerken des Palasts ein heftiger Brand aus, und der Palast musste evakuiert werden – zum ersten Mal seit dem Zweiten Weltkrieg.

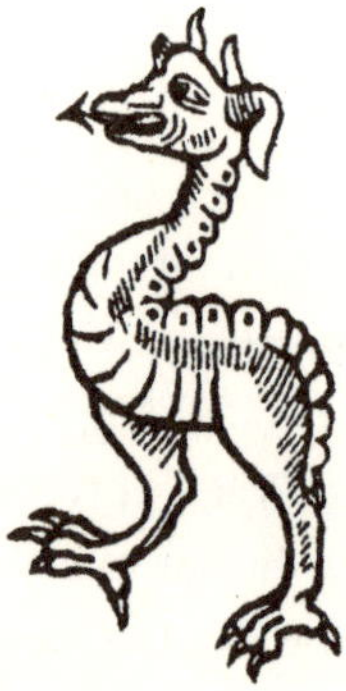

NACHWORT

Die Vorahnungen, die von einem Heavy-Metal-Revival im einundzwanzigsten Jahrhundert sprachen, haben sich inzwischen bestätigt. Zwar erreicht es nicht die Macht, die seine langhaarigen Vertreter in den Achtzigern erlangten, aber Metal hat doch genug Auftrieb bekommen, um sich den festen Platz in der Kulturlandschaft zu sichern, der ihm lange verwehrt blieb. Gestärkt durch Sendungen wie *Uranium*, einem täglich ausgestrahlten Heavy-Metal-Programm auf dem amerikanischen Kabelkanal MuchMusic, hielten schwarzes Leder und Nieten 2003 wieder Einzug in die Massenkultur. Im Mai 2003 ließ MTV den alten Klassiker *Headbangers Ball* wiederauferstehen – was ein ebenso sicheres Zeichen für die metallische Genesung war, wie die Absetzung der Sendung 1995 den Metal-Niedergang angekündigt hatte. Es kam aber noch besser, denn der aufgepeppte *Ball* präsentiert nun Videos aktueller Bands wie Haunted, Meshuggah und Hatebreed, während die toupierten Alt-Metaller Poison und Cinderella in die Oldies-Ecke auf VH1 abgeschoben werden.

Ein Blick auf das Angebot an den Zeitungskiosken zeigt, dass Mainstream-Zeitschriften aller Ausrichtungen über Heavy Metal berichten, während das alteingesessene *Metal Maniacs* gefährliche Konkurrenz durch das marktstrategisch versierte *Revolver* und die frisch aufgemotzten Blätter *Circus, Hit Parader* und *Metal Edge* bekommen hat. Weniger bekannte Spezialblätter wie *Brave Words & Bloody Knuckles* und *Unrestrained!* versuchen, sich neben einer Flut von Importen auf den Rändern der Regale zu halten. Dieser Zuwachs an Druckerzeugnissen ist umso bemerkenswerter, wenn man bedenkt, welcher Beliebtheit sich Internetseiten wie blabbermouth.net erfreuen – eine Nachrichtensammlung für Metalheads, die halbstündlich Artikel über Cryptic Slaughter, Mudvayne und das Liebesleben von Tommy Lee ins Netz speist, die von mehr als dreihundertfünfzigtausend metalsüchtigen Usern angeklickt werden.

Die besten Nachrichten jedoch stehen unter dem Strich. Während die Musikverkäufe insgesamt in der ersten Jahreshälfte 2003 um 8,3 Prozent zurückgingen, stiegen die Verkäufe in den Marktsegmenten Heavy Metal und aggressiver Rock von 10,9 Millionen Einheiten im vorangegangen Jahr auf 36,2 Millionen – laut Nielsen SoundScan ein rasanter Aufschwung um zweihundertzweiunddreißig Prozent. Und das in einer Zeit des ungezügelten File-Sharings und der CD-Brennerei, in der die RIAA selbst Privatpersonen wegen des Verstoßes gegen die Copyrightgesetze strafrechtlich verfolgt. Während Trendexperten aus der Musikbranche MP3-Piraten ohne Moralbegriffe für den

Untergang des Industriezweigs verantwortlich machen, entdecken Metal-Fans verloren geglaubte oder vergessene Lieblinge neu, erfreuen sich an mehr kostenloser und kostenpflichtiger Musik als je zuvor und hauchen alten Recken wie Bang und Thin Lizzy neues Leben ein und locken sie zum ersten Mal seit Jahrzehnten wieder auf Tournee.

Die letzten hartnäckigen Kulturspuren der metalunfreundlichen Neunziger wurden in vielerlei Hinsicht durch die Angriffe auf das World Trade Center und das Pentagon im September 2001 endgültig zerstört. Plötzlich ähnelten die Bilder, die allabendlich in den Nachrichten gezeigt wurden, den Abbildungen vom Jüngsten Tag, wie sie sich auf einer Plattenhülle von Nuclear Assault fanden: Menschenmassen, die entsetzt davonlaufen, während im Hintergrund Gebäude einstürzen. Es wäre zu vereinfachend, zu behaupten, dass harte Zeiten harte Musik hervorbringen, doch die Konflikte und die Apathie, aus denen sich Heavy Metal speist, gewinnen in einer Kultur im Belagerungszustand neue Glaubwürdigkeit.

Die veränderte Landschaft einer unfreundlichen Welt zeigt überall Spuren des Heavy Metal. Das Internet beschleunigte den globalen Siegeszug dieser ohnehin internationalen Musik, die wenn nötig über Grenzen geschmuggelt und heimlich gebunkert wurde. Als sich Hellhammer 1982 in der Schweiz gründeten, galten Platten von Venom als heiß gehandelte und schwer erhältliche Raritäten; zwanzig Jahre später besitzen Headbanger in pazifischen Regionen ein Abonnement auf das Neueste aus dem skandinavischen Black Metal oder dem italienischen Power Metal. Vor Jahren kamen Sepultura aus den verarmten Straßen Brasiliens und produzierten das preisgekrönte Video „Territory", einen eindringlichen Aufruf zum Frieden im Nahen Osten. Derzeit werden viele tausend Metal-Fans in instabilen Regionen von Osttimor bis Südafrika von Mächten drangsaliert, die in ihnen den Inbegriff des Niedergangs traditioneller Werte sehen.

Heavy-Metal-Fans und -Musiker in muslimischen Ländern bekamen bereits vor dem 11. September die Auswirkungen des Kampfs der Kulturen zu spüren. In Malaysia verlangten die Behörden im Juli 2001, dass alle ausländischen Gruppen Aufnahmen jüngster Konzerte zur Genehmigung vorlegen, bevor sie eine Auftrittserlaubnis erhielten. Die Scorpions wurden zugelassen – Megadeth verboten. Berichte in der Boulevardzeitung *Harian Metro* teilten der Nation mit, dass Anrufungen des Satans und das Verbrennen von Seiten aus dem Koran zu den Standardpraktiken zu Beginn eines jeden Heavy-Metal-Konzerts gehörten. Schon bald führte die Staatspolizei Razzien in Schulen und Einkaufszentren durch, hielt verdächtige Teenager an, unterzog sie Drogentests und Leibesvisitationen auf der Suche nach Tätowierungen, die ihre Zugehörigkeit zu einer Sekte oder Gang bestätigt hätten.

Derart zweifelhafte Vorwürfe schwarzmagischer Praktiken wurden allgemein vorgeschoben, um die zunehmend politisch aktive Jugend der malaysischen Minderheit stärkerer Polizeikontrolle zu unterwerfen. Die malaysischen

Beamten, die dem so genannten Black-Metal-Kult den Krieg erklärten, behaupteten, die Zersetzung der Jugend sei den Machenschaften ausländischer Kräfte zuzuschreiben, die es darauf abgesehen hätten, die islamistischen Grundlagen ihrer Gesellschaft zu zersetzen. Im darauf folgenden Jahr hatte Eric Cheah vom Heavy-Metal-Vertrieb Psychic Scream in Kuala Lumpur Umsatzeinbußen von siebzig Prozent zu verzeichnen. „Ziemlich heftig, oder?", sagt er. „Die Ladenbesitzer haben Angst, Metal-Alben zu verkaufen, Fans wollen keine Metal-Shirts mehr anziehen, und es gibt keine Metal-Konzerte mehr."

Nach dem 11. September jedoch schwand das Interesse Malaysias an teufelsanbetenden Teenagern. Die Führer des Landes erklärten stattdessen den Terrorismus zur nationalen Plage – nachdem peinlicherweise herausgekommen war, dass muslimische Radikale das Land infiltriert hatten. Internationale Untersuchungen ergaben, dass Malaysia als Standort voll ausgestatteter Chemiefabriken zur Herstellung von Bomben diente; zudem hatte demnach im Jahr 2000 ein Terroristentreffen im Land stattgefunden, an dem drei der Entführer vom 11. September beteiligt gewesen waren. Wenig verwunderlich also, dass die Behörden bemüht waren, die Aufmerksamkeit der Bevölkerung mit Hexenmärchen abzulenken. Anstatt sich echten Problemen zu stellen, war es einfacher, den Headbangern die Schuld in die Schuhe zu schieben.

Während die Kriege in Afghanistan und später im Irak überall auf der Welt immensen politischen Druck erzeugten, gab es weitere schwache Regierungen, die lieber den Heavy Metal attackierten, anstatt Terroristen zu jagen. Anfang 2003 wurden mehrere marokkanische Heavy-Metal-Fans in Casablanca verhaftet, weil sie unter anderem versucht haben sollen, „einen Moslem zu einem anderen Glauben zu bekehren". Heavy Metal, der im Westen lange von religiösen Kräften bekämpft wurde, gilt nun in den fernen Winkeln der Welt als Symptom amerikanischer Sittenlosigkeit. Selbst die eingeschworensten Feinde des Christentums können Deicide offenbar nichts abgewinnen.

Die aufgeklärten französischsprachigen Zeitungen in Marokko machten sich über die altmodischen Feststellungen des Gerichts lustig, das beispielsweise erklärte: „Normale Leute besuchen Konzerte in Anzug und Krawatte, nicht in schwarzen T-Shirts." Doch die vierzehn Angeklagten – neun von ihnen Mitglieder der Bands Nekros, Infected Brain und Reborn – wurden schließlich zu Gefängnisstrafen von bis zu einem Jahr verurteilt; unter anderem, weil sie sich Straftaten wie dem Verfassen von Songtexten in englischer Sprache schuldig gemacht hatten. Wie unbeständig diese Vorwürfe in politischer Hinsicht waren, wurde deutlich, als der Richter, nachdem ein unerwarteter Aufschrei durch die liberale Gemeinde vor Ort gegangen war, die härtesten Urteile abmilderte und andere ganz aufhob.

Wo auch immer ein Land zwischen Vergangenheit und Zukunft schwankt, bekommt die Heavy-Metal-Szene die Auswirkungen zu spüren. In Kairo durchsuchten die Behörden 1997 mitten in der Nacht dutzende wohlhabender Haushalte, nahmen knapp dreihundert Teenager fest und beschlagnahmten Black-Sabbath-, Metallica- und Megadeth-CDs. Konfrontiert mit dem Vorwurf der Apostasie – des Abfalls vom Glauben –, die in Ägypten mit der Todesstrafe geahndet wird, gestanden die Angeklagten eine Vielzahl absurder Vergehen und erklärten, ja, sie hätten den Teufel angebetet, Heavy Metal gehört und schwarze Umhänge getragen. Die Polizei warnte die Öffentlichkeit vor Frauen mit schwarzem Nagellack und Männern mit Pferdeschwänzen.

Natürlich zeigten diese gebildeten Jugendlichen ein bizarres Benehmen – und legten es auf Ärger an, wenn sie sich jedes Wochenende auf Friedhöfen des Zweiten Weltkriegs trafen, Haschisch rauchten, Bier tranken und Sex hatten –, aber Albernheiten dieser Art rechtfertigten kaum die Todesstrafe. „Wir wollen den Ausländern nacheifern und unser Leben auf unsere Weise leben", sagte ein Schüler gegenüber dem Londoner *Observer.*

In Ägypten wie in Amerika eigneten sich Headbanger hervorragend als Sündenböcke. In diesem Fall dienten sie jedoch einfach als Mittel zum Zweck, um einer wohlhabenden Klasse eins auszuwischen, die mit westlichen Werten sympathisierte und sich vom religiösen Eifer der Unterdrückten losgesagt hatte. In den darauf folgenden Angriffen gegen ausländische Kultur ließen ägyptische Zeitungen ihre wahren Ziele erkennen, indem sie amerikanische Fastfoodketten wie *McDonald's* als vermeintliche Schauplätze kultischer Aktivitäten ausmachten. Darüber hinaus erklärte der höchste sunnitische Führer des Landes die verhafteten Heavy-Metal-Fans zu israelischen Spionen – sie seien nicht nur Diener des Satans, sondern headbangende Agenten des Zionismus.

Im nahe gelegenen Libanon berichtete der *Daily Star* über „unkonventionelle Teenager" , die verhaftet und verhört wurden, als eine satanistische Panik das winzige Land erschütterte. Es wurden weder Beweise gefunden noch ein Verbrechen entdeckt. Die Vorgänge schienen Symptom eines altbekannten Leidens zu sein: der Angst vor schwarzen T-Shirts. Der *Star* warf den christlichen Führern vor, die Situation auszunutzen und die Untersuchungen in die Länge zu ziehen, um neue Konvertiten zu gewinnen. Dessen ungeachtet empfahlen Beamte der libanesischen Behörde für Terrorismusbekämpfung und Schwerverbrechen, dass Kinder Tränengas zum Schutz vor Satanisten mit sich führen sollten, und verboten die Musik von Guns N' Roses und Metallica; darüber hinaus verlangten sie, dass einheimische Bands vor ihren Auftritten folgende Erklärung unterzeichneten: „Wir spielen nicht für den Teufel, haben dies nie getan, und wir werden es niemals tun – auch nicht, wenn uns jemand darum bittet." Derartige Dinge konnte man entweder als Versuch einer sehr zarten juristischen Lösung einer metaphysischen Krise begreifen oder als einen Rettungsstrohhalm für ahnungslose Politiker.

Die negative Aufmerksamkeit, die Heavy Metal in muslimischen Ländern auf sich zog, setzte die westliche Rebellion in ein neues Licht. Unglaublich, aber wahr:

Als sei man übereingekommen, dass amerikanische Kultur tatsächlich Schmerzen verursachte, erklärten Beamte der U.S. Army Psychological Operations, sie würden Kriegsgefangene während der Verhöre wiederholt Metallicas „Enter Sandman" aussetzen. Im Basislager von Metallica bezeichnete James Hetfield diese Nachricht als „absurd und traurig", und Lars Ulrich witzelte: „Ich finde das schrecklich ... warum ballern sie die Leute nicht auch mit ein bisschen Venom zu?"

Selbst wenn es vereinzelt Wirkung gezeigt haben mag, „Enter Sandman" eignet sich schlecht als Folterinstrument. Die Iraker werden sich nach dem Aufbau einer freien Gesellschaft an dieses wichtigste Stück eines der beliebtesten amerikanischen Rockalben überhaupt gewöhnen müssen. Übrigens setzte Kid Rock denselben Titel auf seiner Tour zur Hebung der Moral der amerikanischen Truppen als musikalische Untermalung ein. Nicht zum ersten Mal entging der Army völlig, welche Ironie dahinter steckte. Sergeant Mark Hadsell kommentierte gegenüber *Newsweek:* „Verlassen Sie sich drauf, es funktioniert. Diese Leute haben noch nie Heavy Metal gehört. Das halten die nicht aus."

Nachdem die irakische Gesellschaft sich aus dem eisernen Griff von Saddam Husseins Regime gelöst hatte, entdeckte man nun auch die Headbanger unter „diesen Leuten", wie Hadsell sie genannt hatte. Auf den Straßen und in den Palästen, überall fanden sich Fans aggressiver Musik. Der *Boston Globe* berichtete über den Mord an einem Übersetzer, der amerikanischen Soldaten geholfen hatte, und beschrieb sein Zimmer, dessen Wände mit Megadeth-, Motörhead-, Slayer- und Vixen-Postern tapeziert waren – ein von Hand gezeichnetes Ozzfest-Logo befand sich an der Tür. Fernsehbilder zeigten junge Iraker mit weniger tragischem Schicksal in langärmeligen Iron-Maiden-Konzertshirts, die sich religiösen Führern widersetzten und in der chaotischen Nachkriegszeit versuchten, unabhängige Zeitungen und Radiosender aufzubauen. Der *New Yorker* beschrieb in seinem Porträt des Al-Dschasira-Journalisten Omar al-Issawi, wie der arabische Starfernsehkorrespondent in einem BMW durch die sandige Wüste raste und dazu laut Iron Maiden und Black Sabbath hörte.

Auch wenn der militärische Geheimdienst das nicht glaubte, war Heavy Metal in der arabischen Welt bereits fest verwurzelt. Die übermenschlich erscheinenden Helden und Gefühle des Metal verbanden sich ausgezeichnet mit den neuen historischen Realitäten. „Der Irak nach dem Krieg entspricht genau dem, wovon unsere Musik ständig handelt, es ist sogar noch extremer", sagte Waleed Moudhafar, dessen aus Bagdad stammende Death-Metal-Band A. Crassicauda stark von Slayer beeinflusst ist, gegenüber dem *San Francisco Chronicle.* „Es ist Metal." Der Sänger, der nun frei seine Meinung äußern konnte, beklagte sogar den Verlust von Saddam Hussein als Inspirationsquelle für zornige Texte.

Nirgendwo treten diese Spannungen stärker zutage als im instabilen Israel. Auch in diesem Land, das von feindlich gesonnenen arabischen Staaten voller Heavy-Metal-Fans umringt ist, gibt es Bands, Veranstaltungsorte und Metal-

Zeitschriften in hebräischer Sprache. Obwohl die Kämpfe außerhalb und innerhalb Israels mehr als genug kontroverse Themen liefern, ist Israel für diese Musik ein schwieriges und irritierendes Land. Es ist zwar modern genug, um eine starke Szene zu unterhalten, aber Heavy-Metal-Musiker, die über das Leben im Belagerungszustand singen, werden noch immer von Gesetzgebern und religiösen Führern verdammt, die ihnen ideologische Verfehlungen zur Last legen.

Die Zeichen der Zeit sind verwirrend, selbst gemessen an den teilweise kryptischen Maßstäben der Metal-Unterwelt. Das eine Extrem bilden Arallu mit ihrem „War On The Wailing Wall", in dem sie Christentum und Judentum aus muslimischer Sicht angreifen. Auf der anderen Seite stehen Golgolot, die mit ihrem „hebräischen War Metal" Christen und Muslime verunglimpfen und versuchen, in den vom Krieg zerrütteten Siedlungen an den Grenzen aufzutreten. In den weniger unruhigen Städten im Inland spielen ausländische Bands wie Vader und Napalm Death vor hunderten von Fans, während einheimische Gruppen mesopotamische Einflüsse mit gutem altmodischem Black Metal, Death Metal und Thrash vermischen. 1999 wurde in Israel eine Version der europäischen Dauerbrenner-Zeitschrift *Metal Hammer* in hebräischer Sprache auf den Markt gebracht.

Salem, eine israelische Pionier-Metal-Band, die 1985 gegründet wurde, gerieten Mitte der Neunziger unter Beschuss, weil sie schrille Remakes heiliger hebräischer Hymnen aufnahmen. Die an Kreator angelehnte Version von „Ha'ayara Bo'eret" – einem Lied, das der Opfer der „Reichskristallnacht" gedenkt – wurde im israelischen Parlament diskutiert, und Politiker stritten darüber, ob es angemessen sei, den Song derart aggressiv zu verfremden. Verächtlich erklärten die Bandmitglieder, sie seien Patrioten, und fügten bissig hinzu, religiöse Intoleranz sei der Ursprung allen Elends auf der Welt.

Nicht alle kamen in den Genuss solcher Verhandlungen. Eine der wildesten und fähigsten Bands in Israel, Melechesh, wurde 1993 von in Jerusalem lebenden Nichtisraelis gegründet. 1999 floh die Band in das gastfreundlichere Nordeuropa. Bei aller romantischen Verklärung war es kein Spaß, von der Polizei gesucht zu werden, weil man sich angeblich dem satanistischen Glauben verschrieben hatte (die Texte der Band basieren auf alten assyrischen Mythen), zumal es nicht leicht war, ohne die Vorzüge vollwertiger Bürgerrechte in einem chaotischen Land wie Israel zu überleben.

Die Spuren erbitterter Schlachten lassen sich über den gesamten Globus verfolgen. Südafrikanische Zeitungen warnten kürzlich vor einer Sekte von fünfzehntausend Heavy-Metal-Fans, allesamt vom Teufel besessenen, die planten, das Land unter ihre Kontrolle zu bringen – was an die lächerliche Behauptung des Scharfmachers und Fernsehmoderators Geraldo Rivera erinnerte, der Ende der Achtziger behauptet hatte, ein geheimes Netzwerk von einer Million Satanisten sei in Amerika aktiv.

Metal-Bands litten aber auch unter den Auseinandersetzungen zwischen Russland und Tschetschenien. Obwohl mit Iron Maiden schon Anfang der Achtziger erstmals westliche Metaller im Ostblock auftraten, wurden verschiedene Gruppen, darunter auch Soulfly, von den russischen Autoritäten gebeten, ihre bereits angekündigten Auftritte abzusagen, nachdem bei einem Selbstmordattentat im Juli 2003 zwölf Konzertbesucher am Eingang des Krylja-Rockfestivals außerhalb Moskaus ums Leben gekommen waren. Bedenkt man die enorme Wichtigkeit von Liveauftritten im Metal-Bereich, dann wird klar, dass selbst ein vorübergehendes Tourneeverbot den finanziellen Todesstoß bedeuten kann.

Die Behörden täten gut daran, auf die Ängste und Frustrationen zu hören, die sich im Heavy Metal äußern. In den ärmeren Ländern Osteuropas, wo Fremdenfeindlichkeit nach Jahrzehnten der politischen Instabilität der oberflächlichen Beruhigung dient, verwoben sich die Sackgassen-Slogans rassistischer Politiker gegen Ende der Neunzigerjahre mit der Black-Metal-Szene. Dieser so genannte national-sozialistische Black Metal, kurz NSBM, steigert die alten antichristlichen Provokationen des Black Metal in ungezielte antisemitische und kriegstreiberische Ressentiments. Wenn der Satan nicht mehr zu schockieren vermag, dann muss eben Hitler mit seiner Bande einspringen.

Bei den Neonazi-Metallern handelt es sich größtenteils um Stille-Kämmerlein-Soldaten, die sich durch zwanghaft komische Großtaten wie das Zeigen des Hitlergrußes bei schlecht besuchten Konzerten auszeichnen oder aber reichlich durchgeknallt wirken – wie beispielsweise eine Gruppe, die einen mystischen Glauben der Nazizeit wieder aufleben ließ und versuchte, sich mit Yoga über die minderwertigen Rassen zu erheben. Die Rufe nach ethnischer Reinheit, die in Form stereotyper Musik in kleinster Auflage veröffentlicht werden, können leicht als Experimente von Musikern abgetan werden, die sich an isolierte und unreife Menschen wenden. Die Musik kann unter Umständen sogar durchaus charmant sein, da die Bands auf der Suche nach ihrem nationalen Erbe begonnen haben, Banjos und andere lang vergessene Folkelemente in ihren eigentümlichen und minimalistischen Black Metal einzubauen.

Dennoch, Metal hat in seiner Geschichte allzu oft als kulturelle Kristallkugel fungiert, und von daher ist das Auftauchen einer von Hass getriebenen Gruppierung in der Szene ein ungutes Omen. Und stets war es so, dass die gesellschaftliche Entwicklung schließlich in dieselbe Richtung ging, die sich zuvor bereits im Metal abgezeichnet hatte. Aus Gründen, die wahrscheinlich mit Neugierde und kurzen Konzentrationsspannen zu tun haben, waren Metalheads bei vielen Trends ganz vorn dabei, ob es um den Einsatz von Computern, überzeugten Vegetarismus oder das Herunterladen von Musik aus dem Internet ging; die Liste ließe sich mit revolutionären bis banalen Beispielen beliebig fortsetzen. Da Metal eine solch starke Anziehungskraft auf die Jugend und die intellektuell Neugierigen ausübt, verheißen aufkeimende Sympathien für Nazis, wie vereinzelt diese auch sein mögen, nichts Gutes für den Umgang gelangweilter Vorstadtkids mit politischer Identität in einer zunehmend gespaltenen Welt.

Während die Kämpfe im Ausland den Heavy Metal auf die Probe stellten, gab es jedoch 2003 auch in der vermeintlich hoch entwickelten Ersten Welt Unglück verheißende Geschehnisse: *Harry Potter*-Bücher wurden verbrannt, und mindestens ein Mensch starb an den Folgen versuchter Teufelsaustreibung. Die amerikanischen Senatoren John McCain und Joseph Lieberman planen die Wiederbelebung des gescheiterten Media Decency Act von 2000, wonach unter anderem Geldstrafen von bis zu zehntausend Dollar gegen denjenigen verhängt werden können, der als gewalttätig gekennzeichnete Musik an Minderjährige verkauft. Am beschämendsten war jedoch der zehnte Jahrestag der Inhaftierung der West Memphis Three in Arkansas, die auf der Grundlage von Gerüchten über Teufelsverehrung anstatt tatsächlicher Beweise zum Tod verurteilt wurden und noch immer im Gefängnis sind.

Auch derart unter Druck gedeiht Heavy Metal in den Konzerthallen und Stadien weiterhin prächtig. Pantera, die viele harte Jahre hindurch die Metal-Fahne hochgehalten hatten, gaben zwar auf, aber ihre universale Herangehensweise war nun nicht mehr so fundamental wichtig. Die bloße Anzahl der Tourneen im Metal-Sektor war umwerfend. Das Ozzfest ist nach wie vor, trotz der nachlassenden Energie seines Initiators, ein wichtiges Sommerreiseziel. Iron Maiden gaben vor sechzigtausend Zuschauern ein ausverkauftes Konzert als Headliner auf dem alten historischen Schauplatz im englischen Donington, anschließend spielten sie mit den Metal-Legenden Dio und Motörhead in amerikanischen Hallen, die durchschnittlich um die zehntausend Zuschauer fassten. Alle drei Bands hatten nichts von ihrem legendären Biss und ihrer Power eingebüßt. Es gibt so viele Nachfragen nach Ratt und Saxon, dass jeweils zwei einander bekriegende Versionen jeder Band existieren können. Und die ehemaligen Leadsänger von Mötley Crüe und Judas Priest gingen als Solokünstler mit Metal-Klassikern auf Tournee.

Unter dem Titel *St. Anger* veröffentlichten Metallica im Juni 2003 ein neues Album – das erste seit fünf Jahren, das neues Material enthielt. Nach einer so langen Ruhephase, in der sie ohne Bassisten dastanden und James Hetfield sich einer Drogen- und Alkoholentziehungskur unterzog, schienen Metallica entschlossen, einfach irgendetwas aufzunehmen. Obwohl die im Vorfeld angekündigte vollständige Rückkehr zum Thrash Metal ausblieb, enthielt die Platte nach über einem Jahrzehnt der berechnenden Kunstfertigkeit dennoch eine willkommene Dosis lässiger Aggression. Auf „Frantic", dem Eröffnungsstück des Albums, war frische Verzweiflung hörbar, doch das Ergebnis insgesamt schien unbeholfen und überstürzt.

Vielleicht waren Metallica zu früh ins Studio geeilt. Produzent Bob Rock hatte diesmal den Bass übernommen und mit der Software Pro Tools reichlich plumpe Riffs aneinander geflickt. Nachdem sie Rob Trujillo, der ehemals bei Suicidal Tendencies und bei Ozzy Osbourne Bass gespielt hatte, als neues ständiges „Familienmitglied" gewinnen konnten, brachte die Gruppe *St. Anger* schlauerweise mit einer kostenlosen Bonus-DVD auf den Markt, auf der die wiederbelebten Metallica das gesamte Album von Anfang bis Ende durchprobten.

Aktuell gingen die Mitglieder der meistverkauften Band in der Geschichte des Heavy Metal eher merkwürdigen Beschäftigungen nach. Sie bemühten weiterhin einen Therapeuten, der ihnen helfen sollte, den Tod von Cliff Burton endlich „richtig betrauern zu können", und der eine Versöhnung zwischen Lars Ulrich und Dave Mustaine auf den Weg bringen sollte. In der Zwischenzeit kümmerte sich Ulrich, wenn er nicht gerade mit John McEnroe Tennis spielte, um den Verkauf verschiedener Werke aus seiner Kunstsammlung. Der Schlagzeuger war schon seit langem von seltenen NWOBHM-Singles auf Art brut umgeschwenkt und sammelte Gemälde von Jean Dubuffet, Jean-Michel Basquiat und anderen Künstlern der CoBrA-Bewegung aus den Fünfzigerjahren – er bewegte sich durch die Kunstwelt mit dem gleichen Sachverstand, den er als Teenager im Umgang mit dem frühen britischen Metal der Achtziger bewiesen hatte.

Während Beamte der US-Armee in den Gefängniszellen „Enter Sandman" aufdrehten, verkaufte Ulrich im Frühjahr 2002 beim Auktionshaus Christie's einen wandgroßen Basquiat für die Rekordsumme von fünfeinhalb Millionen Dollar; ein Werk des Malers Dubuffet, der insgesamt nur siebzehn Arbeiten geschaffen hatte, fand für 4,7 Millionen einen neuen Besitzer. Für dieses Bild hatte Ulrich nur fünf Jahre zuvor selbst fünf Millionen hingeblättert, doch wie der Schlagzeuger dem *London Telegraph* mitteilte, machte er nun Platz in seinem Leben für seine neu entdeckte Liebe zur Architektur. Der Auktionserlös wurde für den Bau eines Anwesens von achtzigtausend Quadratmetern auf einem Berggipfel außerhalb San Franciscos zurückgelegt – auf Metal kann man eben bauen.

St. Anger stieg auf Platz eins in die Charts ein, und die CD verkaufte sich im ersten Monat über eine Million Mal. Doch gleichzeitig wurden Metallica als „Metallicash", „Metallicrap" oder einfach „Selloutica" verspottet, und das Maß und die Intensität der beißenden Kritik zeigten, dass die Metal-Gemeinde die Band inzwischen als Kommerzartikel betrachtete, der Napster verfolgt und sich bei MTV angebiedert hatte. Ihr Merchandise-Apparat, der durchaus dem von Kiss hätte Konkurrenz machen können, erzeugte mit seinem Überangebot an Metallica-Pudelmützen und -Hockeyhemden den Eindruck, der Schulterschluss der Band mit ihren Fans habe sich in einen Würgegriff verwandelt. Erst allmählich erkannten die Lästermäuler, dass die umwerfenden Liveauftritte der Band so stark waren wie seit beinahe fünfzehn Jahren nicht mehr.

Während Metallica ihre Metal-Seele neu entdecken, erleben zwei weitere kreativ sehr ergiebige Genres der Achtziger ein Revival: Power Metal und Metalcore. Beide waren Übergangsstile, die bei ihrem ersten Auftreten vorzeitig in Vergessenheit gerieten – Power Metal bildete die Übergangsstufe zwischen

Heavy Metal und Thrash Metal, und Metalcore war das Crossover-Genre, das den Thrash Metal in den Grindcore überführte. Sie wurden nicht nur von jüngeren Musikern wieder entdeckt, sondern neu erfunden und zu voller Blüte entwickelt, so, wie Mitte der Neunzigerjahre die skandinavischen Black-Metal-Bands den ursprünglichen Black Metal von Bathory und Venom aufgriffen und perfektionierten. Da sich die Metal-Szene dem Mainstream annähert, gibt es nun mehr Raum für neue Spielarten, die den auf den ersten Blick weniger extremen Formen von Härte neue Intensität verleihen.

Power Metal ist seit Beginn des neuen Jahrtausends ein hauptsächlich europäisches Phänomen, das seinen Platz irgendwo zwischen dem pompösen Schnickschnack von „The Final Countdown" und dem melodischen Iron-Maiden-auf-Speed-Gebaren der deutschen Metaller Helloween einnimmt. Um 1985 herum hatte sich eine Reihe von Bands wie Warlord und Jag Panzer dem Geist Iron Maidens verpflichtet, doch ihre kommerziellen Hoffnungen wurden durch den Aufstieg des Thrash zunichte gemacht. Fates Warning, Savatage und Manowar konnten dieser Entwicklung jedoch entgehen – sie hielten durch und entwickelten sich weiter. Durch sie – und durch Neunziger-Kultbands wie Iced Earth und Blind Guardian – konnte der Geist des schwertschwingenden Heavy Metal letzten Endes überleben.

Ganz anders als finstere Metal-Plagen wie Motörhead oder Slayer spricht Power Metal mit seinem klaren Gesang und der glatt gebügelten Produktion den Sinn der Zuhörer für Wagemut und Liebreiz an. Das schwülstige italienische Sextett Rhapsody, zu dem auch ein Erzähler mit einer Gummimaske gehört, beschreibt seinen Sound als „symphonischen epischen Hollywood-Metal" – ein Abenteuer mit wehenden Umhängen, sich duellierenden Gitarren und Synthesizer-Arpeggios, die geradezu danach schreien, dem *Herrn der Ringe* auf die große Kinoleinwand zu folgen. Ganz ähnlich weben auch die finnischen Nightwish, die 1997 erstmals in Erscheinung traten, einen üppigen, selbstverliebten Heavy Metal, der sich mit Märchenprinzessinnen und Astralzuständen beschäftigt, um dem Horror der realen Welt zu entfliehen. Sie waren wahrscheinlich auch die ersten Heavy-Metal-Musiker, die das Titelstück des Broadway-Musicals *Das Phantom der Oper* von Andrew Lloyd Webber coverten.

Nicht alle Bands dieses Genres blieben von den wütenden Techniken des modernen Metal unberührt. Labyrinth und Lost Horizon polstern ihr leidenschaftliches Spiel mit einem an den skandinavischen Black Metal angelehnten Hochgeschwindigkeits-Double-Bass-Schlagzeug aus, eine Form, die ebenso orchestral wie unendlich gemein klingt. Die ähnlich gesinnten, progressiven Dream Theater spielten 2002 bei ausgewählten Auftritten in Europa Metallicas *Master Of Puppets* oder Iron Maidens *Number Of The Beast* in voller Länge als Zugabe und zollten damit zwei universalen, klassischen Metal-Alben ihren hochachtungsvollen Tribut.

In den amerikanischen Clubs wurde das Vermächtnis des Heavy Metal während der Neunzigerjahre von Hardcore-Bands wie Integrity und Coalesce wieder ganz anders bearbeitet. Die neue Metalcore-Szene griff den Moshpit-Punk-Metal, wie ihn Sick of It All und Crumbsuckers in den Achtzigern geprägt hatten, ebenso auf wie den irren, tempoverliebten, emotionalen Stil von C.O.C. und The Accüsed. Gemessen am normalen Standard des neuen Jahrtausends erschien die Musik zwar immer noch schnell, aber die wahnsinnige verwaschene Geschwindigkeit des Grindcore erreichte sie nicht – wobei die hochgradig technisch versierten Dillinger Escape Plan die Ausnahme sind, welche die Regel bestätigen. Andere, beispielsweise Himsa, Freya und Poison the Well, kopieren dagegen den melodischen schwedischen Death Metal der frühen Neunziger.

Dann gab es noch Hatebreed, eine tödliche Band aus Connecticut, die mit einer für den Moshpit geradezu idealen Mentalität auftauchte und sich mit ihrem stampfenden Brutalo-Sound auf Tourneen mit Slayer und beim Ozzfest 2001 ins Rampenlicht katapultierte. *Perseverance,* ihr erstes auf einem Majorlabel veröffentlichtes Album, bricht eine Lanze für den verdichteten, grunzenden Heavy Metal, der seit dem Ende von Pantera in Vergessenheit geraten war. Converge aus Boston verfolgen eine vergeistigtere Herangehensweise und bringen rohe gequälte Emotionen ungebremst zum Ausdruck. Ihre prasselnden Gitarrenriffs verbeugen sich vor der hektischen Periode des Durchbruchs von Slayer und Metallica um 1984, und ihre meisterhafte CD *Jane Doe* klingt mehr nach *Reign In Blood* als alles andere, was Slayer selbst in einem ganzen Jahrzehnt hervorgebracht haben – wobei unkontrollierbare Angst berechenbare Bösartigkeit ersetzt.

Interessanterweise geschieht dieses jüngste Aufeinandertreffen von Metal und Hardcore Punk in einer Zeit, in der die Hardcore-Szene Auftrieb gebrauchen kann, um die als „Mallcore" verspotteten Bands – die frechen, aber wenig bedrohlichen Pop-Punk-Gruppen, die ihre Tätowierungen wie Designerlabels und nicht wie innere Narben tragen – vom Thron zu stürzen. Es erinnert an die Zeit, als sich Heavy Metal Mitte der Achtziger zum ersten Mal mit Hardcore-Einflüssen beschäftigte, um die uneingeschränkte Vormachtstellung des Haarspray-Metal in der Musikindustrie ins Wanken zu bringen.

Auch ohne lederne Schafthandschuhe oder lange Haare schienen die Metalcore-Bands ebenso wie ihre eindeutiger positionierten Zeitgenossen bereit, einen Heavy-Metal-Aufruhr vom Zaun zu brechen. Heavy Metal ist widerstandsfähig und unverwechselbar, auch wenn er neue Formen annimmt. Die Band Unearth aus Massachusetts bringt eine ganze Reihe von Rockstargesten zum Einsatz, die sie den Liveauftritten von Yngwie Malmsteen und den Scorpions abgeschaut haben; sie spielen ihre Gitarren beispielsweise hinter dem Kopf oder machen synchrone Uhrzeigerbewegungen. Vereint man derartige Traditionen mit den hochgereckten Armen und sonstigen Körperteilen eines Hardcore-Publikums, ist ein mächtiges Liveerlebnis garantiert.

Bei der Zusammenführung der unsteten Fanbasis spielen nach wie vor die Festivals eine ganz entscheidende Rolle, wie sich gerade in Europa über viele Jahre hinweg deutlich zeigte. Traditionsreiche Zusammenkünfte wie das Dynamo Open Air in Holland haben nun durch Bang Your Head und das Wacken Open Air in Deutschland sowie das Beast Feast in Japan Verstärkung bekommen. Amerikaner können sich darüber freuen, dass nach über einem Jahrzehnt der Vorherrschaft des unbeständigen Milwaukee Metalfest nun ein ganze Reihe neuer Veranstaltungen entstanden ist – darunter ProgPower, Classic Metalfest, Hellfest und Krazy Fest –, auf denen Genres und Spezialitäten jeweils aufeinander treffen. Das besonders erfolgreiche New England Metal and Hardcore Fest brachte, nachdem es in seinem zweiten Jahr bereits mehr als fünftausend Fans angezogen hatte, einen Ableger in New Jersey hervor, der sehr zum Vorteil der treuen Besucher zum ersten Mal eine direkte Konkurrenz für das Metalfest darstellte.

Obwohl die wegweisenden Alben dieser Epoche noch ausstehen, startet Heavy Metal mit der frischen Lebenskraft einer neuen Generation von Anhängern ins neue Jahrhundert. Während die ersten Headbanger bereits in ihren Fünfzigern angekommen sind, genießt die Musik allmählich ein Maß an Respekt, das zuvor undenkbar gewesen wäre. Die Berichterstattung in den Mainstream-Medien stellt Metal-Fans nicht mehr einseitig und stereotyp als begriffsstutzige Teenager dar. Wenn die Eigenheiten der Szene auch fremd und mysteriös bleiben und schlecht recherchierte Verallgemeinerungen noch immer die Norm sind, so nimmt die aktuelle Berichterstattung dieses beherrschende Problem des Metal zumindest einigermaßen würdevoll zur Kenntnis.

Die Langlebigkeit allein gereicht der Musik zur Ehre. Ihre Widerstandsfähigkeit in Zeiten nachlassender Popularität hat sie unabhängig und lebendig gehalten – und Angriffe von rückständigen Kräften zuhause oder im Ausland werden weiterhin nur dazu führen, dass ihre Außenseiterkraft weiter wächst. Ob im Irak, in Italien oder den Vorstädten Neuenglands, Heavy Metal bietet kulturelles Leben, wo auch immer es dringend gebraucht wird. Heavy Metal hat das allgemeine Bedürfnis nach lauter Äußerung in einen beständigen und immer wieder abgewandelten Aufschrei kanalisiert, seine Technik gefunden und mit ihr überlebt.

Im Jahr 2003 findet sich endlich auch der Begriff „Headbanger" im englischen Wörterbuch. Er wurde in der elften Auflage des *Merriam-Webster's Collegiate Dictionary* als 1979 neu entstandenes Substantiv aufgenommen, und seine Bedeutung ist folgendermaßen definiert: „ein Musiker, der Hardrock spielt" oder „ein Hardrock-Fan". Der Vollständigkeit halber: Der hier fehlende Begriff „Heavy Metal" wurde bereits eingeführt und als „energievolle und außergewöhnlich laute elektronische Rockmusik mit einem harten Beat" eher vage definiert. Mit dieser unzureichenden Definition bewahrt Heavy Metal sein Geheimnis und seine Lebendigkeit – er bleibt die Suche nach Wahrheit in einem Sturm der Tollheit.

ANHANG A

Die fünfundzwanzig besten Heavy-Metal-Alben aller Zeiten

AC/DC *Back In Black*

ANGEL WITCH *Angel Witch*

BATHORY *Under The Sign Of The Black Mark*

BLACK SABBATH *Black Sabbath*

CARCASS *Heartwork*

CELTIC FROST *To Mega Therion*

DESTRUCTION *Infernal Overkill*

DREAM DEATH *Journey Into Mystery*

EMPEROR *In The Nightside Eclipse*

EXODUS *Bonded By Blood*

HOLY TERROR *Terror And Submission*

IMMORTAL *Battles In The North*

IRON MAIDEN *Killers*

JUDAS PRIEST *Unleashed In The East*

KREATOR *Terrible Certainty*

MERCYFUL FATE ⚭ *Melissa*

METALLICA ⚭ *Ride The Lightning*

MORBID ANGEL ⚭ *Formulas Fatal To The Flesh*

MÖTLEY CRÜE ⚭ *Shout At The Devil*

MOTÖRHEAD ⚭ *Overkill*

NAPALM DEATH ⚭ *Fear, Emptiness, Despair*

RAINBOW ⚭ *Rising*

SAXON ⚭ *The Eagle Has Landed*

SLAYER ⚭ *Hell Awaits*

VOIVOD ⚭ *Dimension Hatross*

ANHANG B

Verzeichnis der Genre-Tafeln

Anhang C

Das Kleingedruckte – Metal-Charts

Die tollsten faustschwingenden einzig wahren Metal-Hymnen

1. „Denim And Leather“, Saxon
2. „Gloves Of Metal“, Manowar
3. „Metal Health“, Quiet Riot

Zum Träumen: die großartigsten Metal-Powerballaden

1. „Bringin’ On The Heartbreak“, Def Leppard
2. „Home Sweet Home“, Mötley Crüe
3. „In The End“, Linkin Park

Die großartigsten Powerballaden, getarnt als richtiger Metal

1. „Fade To Black“, Metallica
2. „Hallowed Be Thy Name“, Iron Maiden
3. „Cemetary Gates“, Pantera

Peinlich schwache, falsche Metal-Hymnen

1. „When The Children Cry“, White Lion
2. „Every Rose Has Its Thorn“, Poison
3. „Only God Knows Why“, Kid Rock
4. „The Final Countdown“, Europe

Die besten Liveplatten

1. *No Sleep ’Til Hammersmith,* Motörhead
2. *If You Want Blood, You’ve Got It,* AC/DC
3. *Live And Dangerous,* Thin Lizzy

Bester Konzertfilm

Live Intrusion, Slayer

Die besten unechten Liveplatten

1. *Unleashed In The East,* Judas Priest
2. *Live ?!*@ Like A Suicide,* Guns N' Roses
3. *Jump In The Fire* (EP), Metallica

Short Cuts: das Beste des Blipcore

1. „Micro-E!“, Wehrmacht, 0,1 Sekunden
2. „You Suffer“, Napalm Death, 0,7 Sekunden
3. „Mutually Assured Destruction“, Electro Hippies, 1 Sekunde

Videocore

„Collateral Damage“ (Video), Brutal Truth, 2,5 Sekunden

Epicus Metallicus in Extremo

1. „Llenándose De Gusanos“, Corrupted, 100 Minuten
2. „Jerusalem“, Sleep, 53 Minuten
3. „At War With Satan“, Venom, 23 Minuten

Die Bands, die den eigenen Namen am häufigsten in Songs verwendeten

1. Hanoi Rocks
2. Manowar
3. Suicidal Tendencies

Sie konnten nicht anders: Death

Die schrägsten Albumtitel

1. *Pink Bubbles Go Ape,* Helloween
2. *Rather Death Than False Of Faith,* Hydra Vein
3. *The Music Of Erich Zahn,* Mekong Delta

Was hätte Ozzy getan? Headbangende Wiedergänger

1. P.O.D.
2. Trouble
3. High on Fire

Zwitschern in der Schießbude: singende Schlagzeuger

1. Dan Beehler, Exciter
2. Barry Stern, Zoetrope
3. King Fowley, Deceased

Heavy Selassie: Pioniere mit Dreadlocks

1. Tommy Niemeyer (Gitarrist), The Accüsed
2. Mike „Puffy“ Bordin (Schlagzeuger), Faith No More
3. Max Cavalera (Sänger und Gitarrist), Sepultura

Heavy-Metal-Mediziner

1. Jeff Walker (Bassist und Sänger), Carcass (kompletter Autodidakt)
2. Chris Lykins (Gitarrist), Atrophy (Yale Medical School)
3. King Diamond (Laborchemiker, Dänemark)

Die schrägsten Bühnentricks

1. Wärmflasche aufblasen: Thor (Bodybuilder und Sänger)
2. sich die Fingerknöchel an einer an der Gitarre befestigten Käsereibe blutig reiben: Don Costa (M-80/Bassist bei Ozzy Osbourne)
3. Eine Hähnchenverpackung von *Kentucky Fried Chicken* verkehrt herum auf dem Kopf tragen: Buckethead (Gitarrist von Guns N' Roses)

Höllische Zahlen

Offizielle Mitglieder bei Black Sabbath von 1970 bis 2002: 29
Mitglieder bei Slipknot bis Ende 2002: 9, Tendenz fallend
Mitglieder bei Guns N' Roses bis Ende 2002: 9, Tendenz steigend
Aufnahmeprojekte mit Mitgliedern von Napalm Death: 34
Bands mit dem Namen Mayhem (Tommy Lees Methods of Mayhem nicht mitgezählt): 4
Völlig unterschiedliche selbstbetitelte Platten von Accept: 2
Plattenfirmen, bei denen Motörhead unter Vertrag standen: bislang 16
Vorkommen des Begriffs „Heavy Metal“ in diesem Buch: 555 bis 777

Chart-Jury: Jem Aswad, Rob Dyrenforth, Kevin Sharp, Phil Vera, Pat Delaney, Bret Witter

Seid gegrüsst

Der innere Kreis: Peter McGuigan, Bret Witter und Josh Behar wegen ihrer ausdauernden Tapferkeit, ihrer Geduld und ihrer Klugheit.

Spezial-Terroreinheit: Patrick Delaney, Anne Kugler, Kerri Culhane, Jaime Eldredge, Jeff Wagner, Thomas Fischer, Margaret Hallisey, Stephen O'Malley, Omid Yamini und Aaron Cantor wegen ihres Scharfblicks.

Bilder des Bösen: Dan Sokol, Tim Falke, Roy Dressel, Harry Maat, Jonathan Munro, Vidar Sandnes, Lucifera Elena Leon, Scott Colburn, Christy Davis, Samantha Nickerson, Austin Majors, Filip Malinowski, Morten Anderson, Dean Sternberg, Charles Peterson, Jean-François „Big" Lavallée, John Michaels, Raimo Autio, Jeanne Mitchell, King Django, Vicky Baron, Stew Milne – und besonders Todd Nakamine und Deborah Lynn Laws.

Stimmen aus der Hölle: Dan Lilker, Tom Warrior, Lars Ulrich, Monte Conner, King Diamond, Peter Steele, John Gallagher, Richie Stotts, Glenn Danzig, Tom Niemeyer, Blaine Cook, Rob Halford, Ronnie James Dio, Jess Cox, Dee Snider, Chuck D, Jeff Krulik, John Heyn, Shawn Crahan, Quorthon, Ihsahn, Samoth, Trym, Tim „Ripper" Owens, Joe Berlinger, Bruce Sinofsky, Chuck Billy, Alex Skolnick, Eric Peterson, Trey Azagthoth, Gary Holt, Kirk Hammett, Glen Benton, Michael D. Williams, Alycia Morgan, Max Cavalera, Katon W. DePena, Joey DeMaio, Bill Lindsey, Dan Clements, Nasty Ronnie, Dave Mustaine, Michael Sweet, Rob Zombie, Yamatsuka Eye, Nick Bullen, Dino Cazares, Burton Bell, Shane Embury, Barney Greenway, Mitch Harris, Mick Harris, Jesse Pintado, Jeff Becerra, Larry Lalonde, Treponem Pal, King Fowley, Mike Smail, Cliff Burton, James Hetfield, Scott Ian, John Bush, Tommy Victor, Ian MacKaye, Tommy Stewart, Steve Albini, Gene Simmons, Paul Stanley, Carmine Appice, Tom Araya, Kerry King, Jeff Hanneman, Away, Snake, Brian Slagel, Kevin Sharp, Les Claypool, Blackie Lawless, Ben Liemer, Katherine Ludwig, Billy Milano, Trey Spruance, Joe Preston, Ron Quintana, Derek Riggs, Wino und Bob Muldowney, MIA.

Virenüberträger: „Metal" Maria Ferrero, Chip Ruggieri, Mark Morton, Michael Mazur, Debbie Sellnow, Jamie Roberts, Jon Paris, Curran Reynolds, Steve Joh, Jocelyn Labelle, Veronique Cordier, Felice Ecker, Deborah Orr, Janet Billig, Steve Martin, Rayshele Tiege und Jonny Hart. Mein besonderer Dank gilt Jeff Stone beim *Pollstar.*

Höllische Legionen: alle Christes weit und breit, Greg Fiering, Rob Dyrenforth, Portia Jane Cook, Kris Durso, David Sprague, Martin Popoff, Ben

Ratliff, Jem Aswad, Vern Key, Don Weeks, Mark Vincent, Duff Kobrock, Shawn McCullough, Peter Paulson, Tom Russ, Chris und Scott Badger, Karin und Sandra Tidwell, Sheenah Van Spec, Simon Timony, Eric O'Brien, Mike Nicoletti, Tom Alessio, Tony Scialdone, Mary Ann Bella, Bob Apell, Anania O'Leary, Steve Peck, Rudo Anvilmeister, Frank „Killjoy" Pucci, „Terror" Ken McIntyre, Edward Field, Thurston Moore, Jake Vandervloed, Ky Anderson, Mike Anderson, Emmett Williams, Rob „The Saint" Francis, Phil Wilhelm, Michael Pebworth, John Race, Harvey Bennett Stafford, Chas Nielson, Brian Hageman, Ted Atherton, Christine Shields, Fritz Welch, Paige Martin, Nondor Nevai, Windy Chien, die AQ Thrashers, Tinuviel, Chew, Chris Orloski, Andy TerHaar, Shayne Stacy, Janice Steinschneider, Curtiss Pernice, Lily Samille Sickles, Carter Strickland, Nicole Gueron, Rich Hosey, Bob Plante, Jonathan Spottiswoode, Greg Brooks, Bill Stier, Mason Williams, James Plotkin, John Zeps, Jason Pettigrew, Scott Helig, Richard Karsmakers, Karin Kessels, Elizabeth Butler, Amy Miller, Phil Franklin, Steve Hurley, Mr. Snuggles, Nicole Noselli, Daphne Gutierrez, Beth Coleman, Greg Anderson, Rattlehead und Captain Anthrax, Warren Appleby, Gary Chechak, Pat Nyffeler, Gibbs Chapman, Brently Pusser, Mark Driver, Mike Peters, Sandra Gordon, Bill Landis, Nate Peone, Rich McMillan, Ben Siegal, Kei Katsunuma, Lita und Javier, Alain Tello-Christe, Nelvin Chee, Johnny Blue Eyes und die Navajo Nation sowie Mike, der Freak.

BESONDERER DANK gilt den wahren Gläubigen Christopher Anderson, Joe Banks, Kevin Imamura, Mark Woodlief, John Alderman, James Lo, Rob Cherry, Ira Robbins, Mike McGonigal, Joey Anuff, Scott Frampton, Melissa Weiner, Brian Monnin, Steven Daly und Harmony Korine.

UND GANZ BESONDERS BESONDERER DANK an Jessica, Gary, Greg Prevost, Armand Schaubroeck und das großartige House of Guitars in Rochester, New York, für irrsinnige Anregungen und Saft und Kraft.

ENTSCHULDIGUNG an alle, die mir entwischt sind!

Höllennummer (001-212) 69 666 83
www.SOUNDOFTHEBEAST.com

BEI VOLLER LAUTSTÄRKE LESEN!!!

ANMERKUNGEN DES HERAUSGEBERS

Die wunderschöne Gestaltung des Bucheinbands verdient die besondere Aufmerksamkeit aller Heavy-Metal-Fans. Das Gemälde der Metal-Priesterin Madeline von Foerster geht auf einen Ausschnitt der kostbar ausgeschmückten Decke des Baptisteriums San Giovanni in Florenz zurück. Es ist Teil eines riesigen Mosaiks, dessen Fertigstellung mehr als zweihundert Jahre in Anspruch nahm und das im dreizehnten Jahrhundert schließlich vollendet wurde. Das Baptisterium, eines der beeindruckendsten florentinischen Baudenkmäler, befand sich über Jahrhunderte im Besitz der Kaufmannsgilde. Das Gebäude wirkt von außen prachtvoll, durch seine einfachen geometrischen Formen gleichzeitig jedoch alltäglich. Das Innere birgt einen erhabenen Anblick: eine verschwenderisch gestaltete Mosaikdecke mit hunderten von Bildern von Christus, den Aposteln, heiligen Engeln und anderen religiöse Szenen, die gläubige Kunsthandwerker in hingebungsvoller Arbeit schufen.

Etwas versteckt neben einer großen Christusabbildung findet sich das auffallendste Element des Mosaiks: ein einzelner Fries, der die Anregung für den Umschlag von *Höllen-Lärm* lieferte. Ganz anders als die anderen Tafeln zeigt dieses Segment eine höllische und verstörende Darstellung des Jüngsten Tags mit einem gehörnten Monster, das dazu verdammt wurde, Sünder zu verschlingen und zu vernichten, während es gleichzeitig ein Heer von geflügelten Dämonen, gesichtslosem Ungeziefer und alles verschlingenden Schlangen befehligt.

Dieses Tableau hatte schon in früheren Zeiten großen kulturellen Einfluss. Dante selbst wurde im Baptisterium getauft, und als er dort später unsere dämonische Tafel zwischen den etwas gefälligeren himmlischen Engeln und dem goldenen Licht entdeckte, inspirierte sie ihn zu mehreren Gesängen des *Infernos.* Als wir das Bild zum ersten Mal sahen, brachen wir sofort in wildes Headbanging aus, machten das teuflische Fingerzeichen und begannen in Verehrung des Bildes den härtesten Metal aufzudrehen, dessen wir habhaft werden konnten. Zunächst suchten wir nach anderem Bildmaterial, aber dieses Bild war das einzige, das *Höllen-Lärm* gerecht wurde.

INDEX

A

B

C

D

E

F

G

H

I

J

K

L

N

O

P

Q

R

S

T

U

V

W

X

Y

Z